선전용으로 제작된 히틀러 초상화

히틀러가 어느 맥주 창고에서 그의 초기 지지자들에게 열띤 연설을 하고 있는 모습

열변을 토하는 히틀러 1918년의 패전을 불러온 원인을 유대인에게 돌리며 그들에 대한 증오와 마르크스주의에 대한 공포를 외치는 히틀러의 열렬한 애국심은 청중의 이성뿐 아니라 감정에도 강렬히 호소했고, 그들을 열광적인 흥분으로 끌어들였다. 사진은 1932년 독일 대통령 선거에 입후보한 히틀러가 베를린에서 연설하는 모습.

1933년 베를린 루스가르텐 대회에서 나치스 경례를 하고 있는 히틀러 유겐트 대원들

1935년 9월 뉘른베르크 당대회   나치스 돌격대·친위대·자동차군단 점호

선전용으로 제작된 나치스 휘장(하켄크로이츠)과 히틀러

1938년 9월 뉘른베르크 나치스 당대회

돌격대 행진을 사열하는 히틀러   뉘른베르크 나치스 당대회

폭스바겐 공장 조업개시를 선언하는 히틀러　1938년 5월, 폭스바겐 생산공장의 조업개시를 선언했
지만, 바로 이틀 뒤 체코 침공 명령으로 공장은 자동차 대신 군수품을 생산하게 된다(〈라이프〉지).

▲에바 브라운과 히틀러(두 아이는 누군지 밝혀지지 않음) 에바 브라운은 히틀러의 숨겨진 애인. 제2차 세계대전 패색이 짙어진 1945년 4월 29일 베를린 벙커에서 결혼했으며 이튿날 두 사람은 함께 자살했다.

◀1939년, 50세 생일 기념 생일 기념으로 콘도르 전투기 모형을 선물로 받고 있는 히틀러

1939년, 히틀러의 50세 생일축하 조명 브란덴부르크 문과 광장 돌기둥에 화려한 조명을 밝혔다.

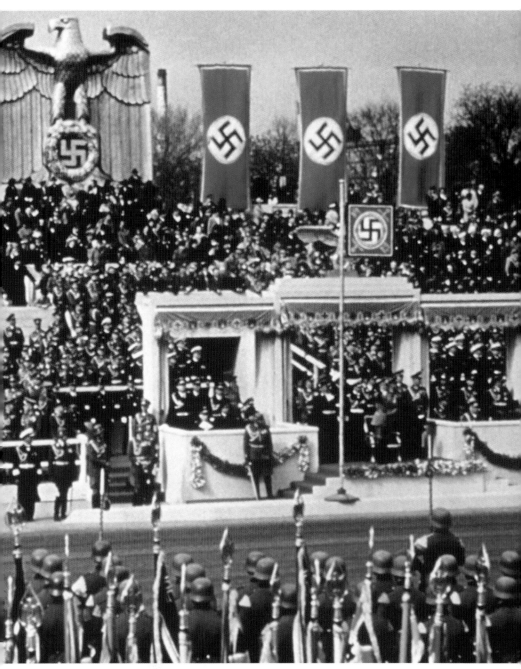

브란덴부르크 광장 1939년 4월 20일, 히틀러 50세 생일축하 기념식장. 행진을 기다리고 있다.

군악대 사열   히틀러가 그의 영광을 기리기 위해 군악대를 사열하고 있다.

중화기 사열   거대한 대포가 위용을 과시한다.

프랑스 공세 군사작전 중 히틀러　1940년 5월부터 6월까지 벌어졌던 프랑스 공세 군사작전 중 히틀러와 그의 참모들이 지도를 보며 이야기를 나누고 있다.

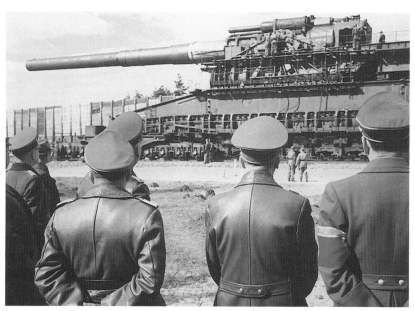

열차포 시찰　1941년, 히틀러가 구스타프 열차포를 시찰하고 있다. 이 열차포는 이탈리아 상륙전에서 연합군에게 큰 타격을 입혔다(280mm K5(E). 열차포 최대사거리 62.4km).

히틀러와 괴링 히틀러와 괴링이 1944년 4월 20일(히틀러의 55세 생일), 오스트리아 잘츠부르크 클레슈하임 성에서 새로이 개발된 '헤처 탱크 파괴 무기' 시연을 바라보고 있다.

1941년 4월, 총통 전용열차가 빈 근교의 역에 도착   뒤이어 유고슬라비아 침공이 시작되었다.

총통 전용기에서   히틀러의 우울한 모습(1942~43)

히틀러와 힘러 1945년 1월, 연합군의 공세로 전선은 급격히 위축되고, 전쟁이 바야흐로 막바지로 치닫고 있을 즈음 히틀러와 하인리히 힘러가 전선 시찰을 하고 있다.

파울 요제프 괴벨스(1897~1945) 나치스 정권의 선전장관·국회의원. 당 선전부장으로 선동정치에
크게 기여했다.

1934년 8월, 베를린의 루스트가르텐에서 연설하는 괴벨스 경고를 하거나 협박할 때 이런 손짓을
활용했다.

히틀러와 괴벨스(1943)

괴벨스 가족　괴벨스의 부인 마그다는 여섯 명의 아이를 낳았다. 군복 입은 청년은 마그다가 전 남편과의 사이에서 낳은 하랄드. 괴벨스는 최후까지 히틀러에게 충성했으며, 히틀러 부부가 자살한 이튿날 수상관저 벙커에서 아내와 아이들을 청산가리로 살해한 뒤 자신은 권총으로 자살했다.

괴벨스의 연인 체코의 여배우 리다 바로바. 괴벨스는 바로바와 결혼하려 했으나 히틀러의 반대로 뜻을 이루지 못했다.

히틀러 유겐트 가입 선서 포스터 "우리의 지도자를 상징하는 이 피의 깃발 아래 나는 조국의 구원자인 아돌프 히틀러에게 나의 모든 힘을 바칠 것을 맹세합니다. ……"

히틀러 유겐트 포스터   나치스 프로파간다 1933~34.

▲1933년 6월, 베를린 그루네발트 경기장에서 열린 히틀러 유겐트 대회

히틀러 유겐트

◀히틀러 유겐트의 사격훈련(1936) 히틀러는 국방 스포츠로 유겐트에게 총을 쥐어줬다. 그는 사격이 얼마나 청소년들의 마음을 흥분시키는지 알고 있었다.

북소리가 울려퍼지다   청소년들에게 나치스는 큰 선전그물을 깔았다.

하켄크로이츠를 부각시킨 선전 포스터

하켄크로이츠를 부각시킨 선전 포스터

1935년 뉘른베르크 당대회

1937년 뉘른베르크 당대회 퍼레이드

◀ 제프 힐츠의
〈농부 비너스〉를
위한 모델과 그
녀의 포즈

나치스
선전미술

▼〈다이애나〉
테오도어 보넨
베르거

〈나부〉 아돌프 치글러

〈산중 호수에서 미역감기〉 엥겔하르트   〈삼미신〉 에른스트 리버만

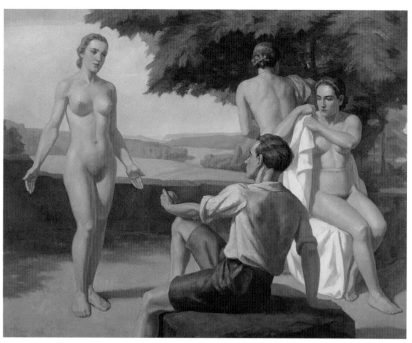

〈파리스의 심판〉 이보 살리거

〈수확 중의 휴식〉 G. 군터

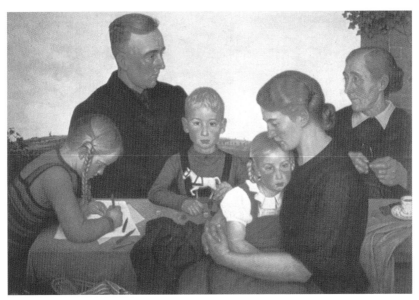

〈칼렌베르크에서 온 농민가족〉 아돌프 비셀

신무기 도안 우표   13종 가운데 10종. 그라비어 인쇄

GOEBBELS PROPAGANDA

괴벨스 프로파간다

추영현 옮겨 엮음

동서문화사

괴벨스 프로파간다

차례

히틀러 악의 발언

군중을 매혹시켜라!

1933년 1월, 사상 최고 선동가 파울 요제프 괴벨스의 절대적 도움을 받은 아돌프 히틀러는 독일 바이마르공화국 대통령 힌덴부르크에 의해 수상에 임명되어 45년 5월까지 12년 동안 그 자리에 있었다. 임기 내내 히틀러는 대독일을 부흥시킨다고 대중을 프로파간다로 선동하고, 이론이나 논의를 허용치 않는 독재체재를 밀고 나갔다. 그리고 영토 확장을 위해 제2차 세계대전을 일으킨다.

나치당이란 국가사회주의 독일 노동자당의 속칭인데, 오늘날에도 당 대회에서 열광하는 군중의 모습, 돌격대(SA)나 국방군의 행진영상 등이 때때로 방영되어 많은 사람들에게 강한 인상을 주고 있다. 나치스는 나치당원 또는 그 지지자를 말하며, 그들은 집회를 열거나 항공기를 이용한 대중 프로파간다를 교묘하게 전개해 성공을 거두었다. 그러나 히틀러는 제2차 세계대전을 일으키고 유대인을 무수히 살해했기 때문에 비난받는 존재가 되었다. 전쟁을 일으키기 전까지 히틀러는 세계 대공황으로 인해 독일에서 발생한 5백만 명에 이르는 실업자에게 일자리를 만들어 주고, 불합리한 베르사유체제를 타파해 독일 본래의 영토를 회복한 것으로 평가되고 있다. 그 무엇보다도 대독일을 부흥시킨다는 나치당의 정책은 독일 국민으로부터 압도적인 지지를 얻어 독재정치를 가능하게 했다. 나치당이나 히틀러, 그리고 그 협조자, 이른바 나치스는 오늘날 '악의 상징'인데, 왜 이성적인 독일 국민이 히틀러에게 그토록 열광해 나치스의 뜻대로 움직이고 만 것인가? 히틀러는 국민의 지지를 얻어 민주적인 선거로 최고의 지위에 오른 것으로 알려진다.

이와 같이 나치당의 히틀러가 괴벨스의 프로파간다를 효과적으로 사용해 합법적 정권을 장악, 독재정치를 시작했다는 주장을 여기에서 우리는 '나치 프로파간다 신화'로 이름을 붙이자. 그러나 이 책은 이러한 주장에 의문을 가지고 부정하려는 의도로 씌어졌다. 이를테면 제1차 세계대전이 끝나고 성립한 독일 바이마르공화국 정부에서 보수적인 정치가와 자본가는 권위와 자금을 지니고 있었는데, 그들이 학력도 없는 선동가 히틀러에게 영합한 것은 무엇 때문이었을까? 또 왜 볼셰비키(공산주의자)나 노동조합, 그리고 소련은 반공주의를 내거는 나치당에게 반격을 가하려고 하지 않았는가? 세계 대공황 속에서 나치당은 제1당이 되었지만 의석 득표율이 과반수를 넘은 적이 없었다. 그럼에도 이들의 독재가 독일 국민에게 지지(된 것처럼 보이는) 것은 무엇 때문일까? 프랑스, 영국, 이탈리아 등 유럽제국은 나치당 히틀러에게 압력을 가하려고 하지 않았던가? 나치는 아리아인을 지배자민족으로 내세우고 유대인, 슬라브인 등을 하등인종·열등민족으로서 국가적으로 배제할 것을 거리낌 없이 주장하고 있었는데, 이러한 비인간적인 논리가 독일 국민에 널리 받아들여진 까닭은 무엇 때문일까?

제1차 세계대전에서 패배한 독일에서, 또 세계 대공황으로 실업자가 넘치는 사회에서 나치스의 흥성(興盛)은 시대의 흐름 속에서 필연이었다고 할 만큼 역사는 단순하지 않다. 뚜렷하지 않은 부분을 조명하려면 나치당이 활동적일 때 그 이전의 시대와 함께 나치스 말고 다른 정치적 세력을 시야에 넣고, 더 나아가 히틀러 개인의 인격과 사상 또한 고려한 다음, 그 선전을, 그리고 나치스의 사상과 행동을 다시 점검할 필요가 있다.

이 글에서는 나치당이 합법적으로 독재정권을 개시해 히틀러가 대독일부흥을 성취했다고 하는 '나치 프로파간다 신화'가 창작된 거짓에 지나지 않았음을 논증할 생각이다. 따라서 제1차 세계대전 이후 오스트리아제국의 다민족성, 바이마르공화국의 성립과 붕괴 그리고 제3제국의 출현에서 또 다시 붕괴하기까지의 과정을 차례로 시대를 쫓아 살펴보고자 한다.

20세기 시작 무렵의 나치 프로파간다를 분석함으로써 현대에서 선전의 의미를 되짚어 볼 수도 있다. 헌법이 적으로부터 강요되었다, 전쟁은 적의 음모에 의해서 일으키게 되었다는 견해는 제1차 세계대전에서 패배한 독일에서 비롯된 '신화'이다. 또 정부 자체가 헌법이나 의회민주주의를 경시하고, 국민도 정치적 부패에 질려 강한 리더십을 지닌 정치가를 바라게 되는 상황도 마찬가지이다. 오늘의 우리가 나치 선전 신화를 검토함으로써 그 현대적 의미와 연관성을 조금이라도 해명할 수 있기를 소망한다.

나치스 이데올로기와 그 현실

1. 오만한 현실 경멸, 몽상에 몸을 맡기다

인간 히틀러

아돌프 히틀러의 청년시절, 즉 그의 자아 형성기에 대해서는 아직도 정확히 모르는 부분이 많다.

그 이유는 무엇보다 히틀러가 일찍부터 자신의 인생을 전설로 만들려고 힘을 쏟았기 때문이다. 정치가가 되기로 결심한 뒤, 그는 늘 과거 흔적을 감추고 아무도 신상을 모르게 하여 혈통과 집안을 꿰뚫어 보지 못하도록 신경 썼다.

히틀러가 1921년 11월에 쓴, 가장 오래된 그의 경력서는 이미 만들어진 사실을 무수히 많이 담고 있다. 또한 35세 때 쓴 정치적 자서전《나의 투쟁》은 히틀러의 청춘기를 기록한 정본(正本)이 되어, 그 뒤로 사람들이 히틀러의 과거에 더 이상 관심을 가지는 일을 허락하지 않았다.

히틀러가 빈에 살던 시절, 그의 이웃에 살면서 이른바 방랑자 히틀러에 대한 정보를 제공했던 동판화가 라인홀트 하니슈는 1938년, 독일 국방군이 오스트리아로 들어오자마자 체포되어 처형당했다.

1942년, 고향 집에 '여기서 총통이 어린 시절을 보냈다'는 간판이 걸려 있다는 이야기를 군수장관 알베르트 슈페어에게 들은 히틀러는 격하게 흥분해 바로 철거하도록 명령했다고 한다. 슈페어는 부유한 마을의 훌륭한 저택이었다고 전했지만《나의 투쟁》에 따르면 히틀러의 집안은 가난한 일용직 농부여야만 했기 때문이다.

히틀러가 죽은 뒤에도 새로운 전설이 만들어졌다. 1945년 4월 30일 이후로 연합군 쪽 전기 작가나 역사가들이 히틀러에 대한 수많은 전기를 썼는데, 그들은 패전국 독일에서 언제든 자신들 관점에서 좋은, 이득이 되는 정보를 얻을 수 있었기 때문이다.

현대 독일 역사가 에버하르트 예켈은 히틀러의 역사를 과소평가했지만 사실 그에 대한 평가는 참으로 다양하다. '우연한 장난으로 정점에 올라간 사기꾼', '전혀 원칙이 없고 눈치만 보는 사람', '줄곧 위선을 연기한 연기자', '허풍쟁이 촌뜨기', '무지몽매하면서 잘난 척만 하는 사람', '흑마술을 쓰는 최면술사', '무한한 권력욕에 지배당한 악마 같은 모험가' 등등.

그리고 사람들이 히틀러를 그리는 인간상의 많은 근거들이 수수께끼와 비밀로 가득한 그의 청춘시대 속에 있다. 예를 들면 영국 전쟁 역사가 앨런 와이크스는 히틀러의 독재자적 불합리성, 무책임함, 극단적으로 부풀려진 연설이나 행동은 그가 청년시절에 앓은 매독 때문이라고 주장하며, 일찍부터 있던 히틀러 매독설의 새로운 증언자를 1970년에 쓴 책에 소개했다.

와이크스의 말에 따르면, 히틀러는 빈에서 매독에 걸렸는데 그때가 21세인 1910년 일이다. 그러나 그즈음 한 유대인 매춘부로부터 매독을 옮은 빈민가의 이웃인 그에 대한 사실을 60년 뒤에 발견한 것은 기이한 일이라 할 수 있다.

이런 평가는 히틀러가 평범한 서민으로 태어나 아무것도 없이 시작했지만 이윽고 그토록 강대한 권력을 손에 넣고, 세계정복의 코앞까지 다가갔다는 분명한 사실과 비교해보면, 바로 그 빛을 잃는다. 그저 무지몽매한 시골 모험가가 매독으로 고통스러워하며 늘 눈치만 보는 위선적 사기꾼이라는 평가는 히틀러가 이루어 낸 업적과 비교할 수가 없다.

히틀러에 대한 이런 논의의 뿌리에는 그를 세기의 범죄자로 보는 역사관이 있으며 증오하는 원념이 숨어 있는데, 또 하나 본질적인 의미에서 히틀러의 진위를 파악하기 힘들다는 사실도 큰 영향을 미쳤다. 우리가 하나의 인간인 히틀러에게 다가가려 하면, 그의 표정이나 윤곽은 흐려져 버린다. 이를 비인격적 인간이라 표현하는 역사가도 있다.

그렇다면 그런 엄청난 일을 해낸 히틀러는 과연 어떤 인간이었느냐는 질문에 아직 모두가 이해할 수 있는 답은 없다. 인간 히틀러는 여전히 수수께끼로 남아 있다. 누구나가 자신의 진정한 모습을 보이는 게 청춘 시절이다. 많은 정보가 감추어져 있다고는 하지만 히틀러는 스스로 그 자아 형성기에 대해 꽤 많은 이야기를 남겼다. 베르너 마저(Werner Maser) 등이 열심히 히틀러 전기 연구를 해 그가 말하지 않았던 사실을 많이 밝혀냈다. 그런 배경에서 알 수 있는 히틀러의 청춘을 살펴보자.

아버지와의 싸움

앞서 이야기했듯 히틀러는 1889년 4월 20일 오스트리아 헝가리 제국 브라우나우에서 태어났다. 그의 부모님은 남독일의 바이에른인이며, 국적은 오스트리아인(《나의 투쟁》)으로 히틀러도 1932년에 독일 국적을 얻을 때까지는 외국인이었다(오스트리아 국적을 이탈한 1925년 뒤로는 무국적).

아버지 알로이스는 농촌에서 도시로 나와 경력을 쌓은 뒤 관리가 되어 오를 수 있는 가장 높은 신분인 세관 상급 사무관까지 출세한 인물이며, 은퇴한 뒤에도 충분한 연금을 받았다. 히틀러는 아버지가 전근 간 린츠를 둘러싼 도나우 강변 마을에서 살았다. 학교에서는 똑똑하지만 다루기 힘든 골목대장(《나의 투쟁》)으로 부유하고 즐거운 초등학생 시절을 보냈다.

다만 알로이스는 호적상 사생아였다. 그래서 독재자의 할아버지가 유대인이라는, 히틀러 유대인 설이 일찍부터 흘러나왔다. 가장 악랄한 반유대인주의자 히틀러가 실은 유대인의 피를 이어받았으며 이 사실을 안 그의 반유대주의는 광기 그 자체였다고 말하고 있다.

진실이 그렇다면 히틀러의 비정상적인 행동을 해석하기 쉬워지지만 이 히틀러가 유대인이라는 설은 최근 연구로 거의 전면적으로 부정되고 있다. 그러나 아버지의 선조가 뚜렷하지 않은 점이 히틀러 내면에 깊은 영향을 끼쳤다고 생각하는 전기 작가들은 오늘날에 많다.

1900년, 교외 마을 초등학교를 졸업한 히틀러는 9월 린츠의 실업학교(레알슐레)에 입학한다. 오스트리아 중등학교에는 인문계 김나지움도 있지만 히틀러 아버지는 아들이 그림에 재능이 있다고 생각해 실용적인 실업학교에 입학시켰다. 그러나 이 린츠 실업학교에서 히틀러의 성적은 그다지 좋지 못했다.

1학년 때는 필수 과목인 수학과 박물학에서 낙제했다. 한 번 더 1학년 과정을 마치고 올라간 2학년은 수학이 불합격으로 새 학기에 재시험을 치러 3학년으로 진급했다. 더욱이 2학년 겨울(1903년 1월)에는 아버지의 죽음으로 타격을 받았다.

3학년 때는 프랑스어가 불가, 이번에도 재시험을 치러 합격점을 받았지만 대신 슈타이엘 실업학교로 전학 보내졌다. 거기에서도 성적은 좋아지지 않았다. 그러다 갑자기 걸린 중병으로 학업을 중단하게 된다. 결과적으로는 16살부터 히틀러는 학교교육에서 완전히 멀어지게 된다.

보통 히틀러 전기에서는 이 실업학교에서 성적이 좋지 못했던 일을 히틀러의 첫 좌절이라 말하며, 그를 다른 사람들처럼 졸업자격을 얻지 못한 학생이라 평가한다.

한편 히틀러는 이런 상황들을 아버지와의 싸움으로 전설화한다. 《나의 투쟁》에 따르면 히틀러의 아버지는 아들이 그림에 재능이 있다고 여겨 실업학교에 입학시켰지만, 성장하면 자신과 같은 관리가 되기를 바랐다. 자신의 공무원 생활을 이야기하며 아들이 이 직업에 관심과 기쁨을 느끼게 하려 했다. 그러나 결과는 그 반대였다. 히틀러는 오히려 사무실에 얽매여 자유롭지 못한 인간이 되기는 싫다고 생각하게 되었다.

12살 무렵엔 이런 생각이 아버지에 대한 반항으로 발전한다. "그 일이 왜 일어났는지 지금도 모르겠지만(중대한 결정의 순간에 마치 계시를 받은 듯이 말하는 방법을 히틀러는 자주 쓴다) 언젠가 화가가 되리라는 것이 내 마음속에 분명히 느껴졌다." 뼛속부터 공무원인 아버지는 당연히 그런 꿈같은 이야기에 반대한다.

아버지는 엄청나게 화를 냈다. 나는 아버지를 무척 사랑했지만 나 또한 화를 냈다. 아버지는 어느새 내가 화가가 될 공부를 하는 것을 모두 금지했다. 나는 한 발 더 나아가 그러면 아무것도 공부하지 않겠다고 선언하고 그 뒤로는 아무 말 없이 실행에 옮겼다. 만일 아버지가 실업학교에서 성적이 좋지 않은 것을 보면, 그때는 아무 말 없이 내가 꿈꿨던 행복한 길로 보내줄 거라 생각했다.

말할 필요도 없이 이런 아버지와의 정신적인 갈등은 소년의 내면적인 성장에 중요한 의미를 가진다. 어른이 되기 위한 하나의 통과의례라 여겨도 된다. 그러나 히틀러의 경우 그가 말한 만큼 반항적이었을까? 1학년 때 낙제하는 것은 느긋한 시골 학교에서 도시 학교로 진학한 학생들에게 자주 일어나는 일이고, 히틀러의 성적이 본격적으로 나빠지는 것은 사실 아버지가 죽은 뒤의 일이다.

마저(Maser)는 아마도 히틀러가 거의 모든 경우 그래왔듯이, 패배를 나중에 승리라 말하며 실패는 처음부터 그렇게 의도해서 한 것처럼 보이려 했을 거라고 말한다. 분명 이것은 뒤에 만들어낸 히틀러를 위한 변명이다. 어쨌든 히틀러는 아버지라는 권위와 힘든 대결을 겪지 않았다.

자유로운 젊은 예술가

그렇다면 히틀러는 왜 성적이 나빴는가. 히틀러는 《나의 투쟁》에서 이렇게 말한다.

나는 이 계산이 맞았는지 틀렸는지 모른다. 그러나 학교 성적이 눈에 보일 만큼 떨어진 것은 분명하다. 나는 내가 좋아하는 것들 가운데 화가가 되기 위해 필요하다고 여겨지는 모든 것을 배웠다. 이런 점에서 의미가 없다고 생각되거나 마음이 내키지 않는 과목은 철저하게 게을리 했다.

린츠 실업학교 담임이었던 에두아르트 휴머 선생은 1924년 뮌헨 봉기 재판 때 학생시절의 히틀러에 대해 이렇게 증언했다.

'저는 깡마르고 창백한 소년을 꽤 많이 기억합니다. 풍부한 재능을 가졌지만 성격이 한쪽으로만 치우쳐 있었습니다. 그래도 폭력을 쓴 적은 거의 없고 특별히 반항적이거나 독선적이지도, 참을성이 없지도 않았습니다. 그러나 학교라는 규격에 순응하기 어려운 학생이었습니다.

부지런한 유형도 아니었고 재능이 있는데도 성적은 무척 나빴습니다. 느긋하게 스케치를 하는 화가였는데 과학 분야에도 뛰어난 재능이 있었습니다. 그렇지만 언제나 공부할 의욕이 금방 사라져버렸지요. 선생님들이 주의를 주거나 혼을 내도 귀찮아하며 억지로 듣고 있다는 사실을 감추려 하지 않았습니다.'

히틀러는 모범적인 우등생도 아니었으며 감당할 수 없는 열등생도 아니었다. 여기서 우리가 알 수 있는 것은 많은 재능을 가진 예술가 유형의 자유로운 젊은이라는 점이다. 꾸준한 노력이 필요한 과목을 게을리 하는 점이나 학교와 선생님이 정한 규율에 반항하는 점이 그들의 멋이며 자기표현이었다.

다만 이런 사춘기 시절은 이윽고 현실 경험 속에서 자아형성의 첫 번째 단계로 내면화된다. 이런 것은 얼마든지 극복할 수 있다. 그러나 히틀러는 갑작스런 병으로 말미암아 스스로 불러들인 학업 부진이라는 현실과의 싸움을 피해버리게 된다.

슈타이엘 실업학교를 휴학한 히틀러는 린츠에 사는 어머니 곁으로 간다. 여기서 16살 소년은 푹신한 이불에 싸인 품안의 자식으로 마치 아름다운 꿈만 같은 행복한 나날을 보낸다.

어머니는 많은 금액의 연금을 받았으며 경제적으로 어려움이 없었다. 아버지의 위압도 학교의 구속도 없다. 병 치료를 이유로 장래 계획도 모두 나중으로 미루고 히틀러는 날마다 자유롭게 보냈다.

그 시절 히틀러의 하나뿐인 친구 쿠비체크나 히틀러 집안을 아는 사람의 보고에 따르면 1905년 히틀러는 젊은 예술가로 나날을 보냈다고 한다. 많은 책을 읽으며 스케치북을 데생으로 가득 채우고 미술관이나 오페라, 밀랍 인형 전시관에 다니며, 마을에서 자주 만나는 소녀를 대상으로 가공의 연애시를 쓰기도 했다. 그는 또한 바그너 음악의 비장한 격정, 사람의 마음을 사로잡는 마력을 가진, 그를 끌어당겨 상처 입히는 음에 도취된다. 극장에서 고양된 마음으로 쿠비체크와 늦은 밤 산책하고, 한시도 손에서 놓은 적 없는 우아한 상아 손잡이가 달린 검은 지팡이를 휘두르며 오페라 영웅에 버금가는 연설을 했다.

젊은 히틀러는 거만하게 현실을 가벼이 여기고, 분방한 청춘의 몽상에 몸을 맡겼다. 조금이라도 예술적 재능을 가진 젊은이라면 누구나가 겪는 시절이지만, 히틀러에게는 그 기간이 지나치게 길었다. 어떤 의미에서 보면 그는 평생 그 속에서 빠져나오려 하지 않았으니까.

건축가라는 새로운 목표

1907년 9월 히틀러는 빈의 미술대학 입학시험을 치른다. 그해 4월 20일에 만 18세가 되어 아버지의 유산을 자유롭게 쓸 수 있는 자격을 얻었기 때문이다. 그러나 시험에 떨어졌고, 그해 12월에 어머니마저 돌아가셨다. 장례식을 치른 뒤 이듬해 1908년 2월, 히틀러는 정든 린츠를 떠난다. 그리고 그에게는 《나의 투쟁》

에서 말하는 빈에서의 배움과 고난의 시대가 시작된다.

많은 문제를 낳는 히틀러의 빈 시절이지만 먼저 미술대학 입학 실패부터 살펴보자.

사실 관계부터 말하자면 히틀러와 함께 회화과 수험을 치른 사람은 113명. 먼저 이틀 동안 4가지 주제를 그리는 구도 시험에서 33명이 실격. 히틀러는 일차시험에 합격했지만 가져온 작품으로 심사를 받는 작품시험에서 작품견본 불가, 초상화가 많지 않아 불합격. 결국 합격자는 고작 28명으로 어려운 관문이었다.

작품시험용 그림을 미리 준비해두지 않았던 것이 실패의 원인으로, 자주 일컬어지듯 히틀러는 독선적이고 실력 없는 그림쟁이가 아니었다. 남겨진 작품을 보면 그는 평균 수준 이상의 재능을 가졌다는 게 현재의 평가이다.

그렇지만 히틀러는 이 실패로 큰 충격을 받았다.

나는 합격할 거라고 확신했기 때문에 불합격 통지는 청천벽력 같았다. 그러나 그것은 사실이었다. 나는 좌절했고 청년 시절 처음으로 자신이 아무것도 모른다는 것을 느끼며 호화롭고 장엄한 대학을 뒤로했다. 《나의 투쟁》

게다가 히틀러는 이듬해 재도전에도 실패한다. 그러고는 빈 하숙집에서 공동생활을 하던 친구 쿠비체크에게 아무 말 없이 편지 한 통 남기지 않은 채 모습을 감춘다. 히틀러와 한방에서 지내며 음악학교에 다니던 쿠비체크는 이렇게 기록을 남겼다.

가을 새 학기가 시작될 무렵 내가 빈으로 돌아갔을 때 내 친구는 어디론가 떠나고 없었다. 아돌프 히틀러는 내 눈앞에서 흔적도 없이 사라졌다.

두 사람이 다시 만난 것은 그로부터 30년 뒤의 일이다. 그런데 히틀러가 도망치듯이 사라진 행동은 세간에서 말하듯이 흔한 입학시험 실패 뒤의 좌절감에서 비롯된 것일까?《나의 투쟁》에 따르면 히틀러는 실패와 함께 새로운 목표를 손에 넣었다.

히틀러는 학장과 면담을 해 불합격 이유를 설명해 달라고 했다. 학장은 당신이 가져온 그림을 보면 화가가 되기에는 어울리지 않지만, 건축 분야에 뛰어난 재능이 있어 보인다고 말했다. 이 말에 히틀러는 오랜 시간 속으로만 생각한 고민에 눈부신 번개가 떨어져 밖으로 드러난 기분을 맛보고 며칠 사이에 자신은 언젠가 건축가가 되리라는 것을 스스로 의식했다.

그러니까 그는 자신의 진정한 자질에 맞는 건축가라는 목표를 찾아, 막연히 예술가가 되고 싶어했던 방랑에 종지부를 찍었다고 말한다. 더 이상 입시에 실패한 화가가 될 필요가 없었다. 패배를 승리로 바꾸는 히틀러의 익숙한 솜씨이다. 예술가 기질을 가진 젊은이 특유의 거만함이 어느새 자신의 속성이 되어 버렸다. 그리고 히틀러는 말한다.

물론 험한 길이었다. 반항심으로 실업학교에서 고집스럽게 게으름을 피운 결과가 이제 험난한 현실로 돌아왔기 때문이다.

건축가가 되려면 미술대학 건축과에서 배우는 게 가장 좋다. 그러나 입학시험을 치르기 위해서는 실업학교 졸업시험에 붙어야 한다. 히틀러는 아직 졸업증서가 없었다.

그렇지만 나에게는 평정심과 결단력이 돌아와 있었다. 예전의 고집이 다시 나왔다. 나는 오로지 건축가라는 목표를 향했다. 의지로 저항에 맞서 싸우기 시작했다.

독학으로 건축가가 되려는 19살 청년에게 어떤 앞날이 펼쳐져 있었을까? 공모전에 참가해서 자신의 실력을 보여주려 했다고 뒷날의 독일제국 총통은 말한다. 그런 의미에서 그가 빈에서 보낸 나날은 배움의 시대였다.

고뇌와 배움의 시대
그러나 히틀러의 빈 시절에 대한 많은 전기 작가들의 견해는 혹독하다.

히틀러는 빈에서 고독한 생활을 했다. 임시직을 전전하며 가난한 화가로 생활비를 벌었다. 그는 곧 하숙집을 나와야 했으며 방랑자 수용소, 나중에는 독신자 합숙소에 머물렀다. 게으르고 변덕스러우며 방종한 망상에 빠지면서도 임시직으로 일해서 겨우 필요한 돈을 벌었다. (헤르만 그라더)

고독, 척박함, 허무한 길을 걸었다는 말이다.

한편 히틀러도 《나의 투쟁》에서 빈 시절의 자신을 가랑이가 찢어지게 가난한 가운데 굶주림을 벗삼아, 일용직에 종사하며 식비를 쪼개서 책을 사고 극장을 다닌 고학생으로 그렸다. 독재자의 자서전 안에서 가장 유명한 회상이면서 가장 거짓으로 가득한 부분이다.

히틀러는 빈에서 꽤 부유한 젊은이였다. 고아 연금과 유산 이자가 넉넉히 들어왔다. 20살 때는 도공 겸 수채화가, 오늘날로 말하자면 일러스트레이터로 스스로 생활할 만큼 돈을 벌었다.

히틀러는 경제적 여유를 쓸모 있게 이용해 공부를 했다. 그림 일은 하루에 한 장으로 정하고 공공도서관에서 킬로그램 단위로 책을 빌렸다. 주로 역사, 종교, 지리학, 기술, 미술사, 건축 등이었다. 일관성이 없지만 진심으로 건축가가 되려면 많은 지식이 필요했다.

하숙집을 떠돌면서 정착한 공영 독신자 합숙소를 저속한 방랑자 소굴처럼 말하는 전기도 있지만, 젊은 샐러리맨이나 기술자, 상인들이 머무는 꽤 호화스런 시설로 알려져 있다. 숙소엔 독서실이나 사무실이 있어서 그림을 그리거나 책을 읽으며 하루를 보내는 히틀러에게는 안성맞춤이었다.

다만 히틀러는 그 이전에 2개월쯤 방랑자 수용소에 머문 적이 있다. 그때 그와 같이 지내며 함께 독신자 합숙소로 옮겨 히틀러의 그림을 팔아주던 하니슈가 나중에 악의를 담아 방랑자 히틀러에 대한 소문을 퍼뜨린다. 둘은 그림을 판 돈을 둘러싸고 싸우다 헤어졌다.

히틀러가 방랑자 수용소에 잠입한 까닭은 병역회피를 위해서였다. 독일 민족 지상주의로 기울어지던 히틀러는 이민족 국가 오스트리아 헝가리 제국의 군인이 되는 일을 참을 수 없었다.

히틀러는 무엇을 위해서 자신의 가난하고 비참한 시절의 전설을 만들었을까? 그것은 무엇보다 《나의 투쟁》이 정치적 선전을 위해 쓰였기 때문이다. 독일의 구세주는 가난을 극복한 사람이어야만 했다.

그리고 말할 필요도 없이 책은 히틀러가 정치가로서 하는 전쟁 선언과 다름이 없다. 30살까지의 히틀러는 정치문제에 관심은 있었지만 정치활동에 관여할 의지는 전혀 없었다.

예술가에서 정치가로 그 방침을 변경하기 위해 히틀러는 자신의 자아형성 시기를 재편성해야 했다. 그렇지만 꿈속의 시공간을 방황하던 자아를 정치적 인간으로 받아들이기는 어려웠다.

그럴 때 가장 알기 쉬운 변화 계기는 위기와의 싸움이다. 태어나면서부터의 보헤미안은 반항과 방랑을 비참한 환경, 증오스런 가난함이라는 위기와의 전쟁으로 훌륭히 바꿔버렸다. 그러나 그 결과 히틀러의 진정한 얼굴은 어둠속으로 숨어버렸다.

정치가를 꿈꾸다

1913년 5월, 24살이 된 히틀러는 뮌헨으로 간다. 오스트리아를 떠나 독일 제국 땅을 밟았다.

이 독일 예술의 수도에서 나는 3년 더 공부를 할 생각이었다. 공모전에서 실력을 발휘해 설계사로 하일면 리튼 사에 들어가고 싶었다. 그래서 베를린 오페라 하우스 설계안 후보가 발표되었을 때 내가 생각한 것도 뒤떨어지지 않는다는 사실을 알고 가슴이 두근거렸다.

1941년 가을, 히틀러는 동부전선 군사령부 이리의 집에서 그 무렵을 이렇게 회상했다.

뮌헨에서의 삶도 빈과 큰 차이가 없었다. 가구가 달린 아파트에 살며 적당히 일하고 남은 시간에 공부를 했다. 그래도 세무서 조사에 따르면 히틀러는 매달 평균 100마르크를 받고 살았다. 그 무렵 그와 같은 세대인 은행원의 월수입은 70마르크였다. 모든 일이 순조로웠다.

이듬해 1914년 8월 1일 제1차 세계대전이 시작된다. 많은 독일 시민들과 다름

없이 히틀러는 전쟁 발발 보도에 기뻐했다.

이것은 나에게 청춘시절의 짜증스런 기분에서의 해방으로 느껴졌다. 폭풍 같은 감개에 무릎 꿇고 이 시대를 살아가는 행운을 주신 하늘에게 마음에서 흘러넘치는 감사를 드러내 고백하는 일을 부끄럽게 생각하지 않는다.

히틀러는 군에 바로 지원해서 바이에른 육군에 입대하고 그곳에서 독일 패전까지 보낸다. 히틀러는 일반 병사가 거의 받기 불가능한 훈장인 1급 철십자훈장을 받을 만큼 용감한 병사였다. 그러나 동시에 반년도 지나지 않아 상등병에 승진했는데, 아쉽게도 제대할 때까지 하사관이 되지 못했다. 군 조직에 잘 어울리지 못하는 조금 문제 있는 병사였다.

히틀러는 개인의 재치로 위험을 극복해야 하는 전령병 역할을 잘 완수했기 때문에 훈장들을 받았다. 그리고 독일 패전을 코앞에 둔 1918년 10월 13일 깊은 밤, 히틀러는 서부전선에서 영국군의 독가스탄 공격을 받아 부상을 입는다. 바로 머스터드 가스였다. 비교적 느리게 퍼지며 눈 점막을 자극해 장애를 일으키고 시력을 눈에 띄게 떨어뜨린다. 히틀러는 소리 없이 다가온 가스에 쓰러져 두 눈을 다치고 영원히 시력을 잃을지도 모른다는 두려움 속에서 한순간 절망할 뻔했다.

그 무렵에는 이 화학병기에 대해 잘 알려져 있지 않아서 육군병원에서는 히틀러의 시력저하를 히스테리 때문이라 생각해 정신과 의사에게 치료를 받게 했다. 건축가에 미래를 걸었던 히틀러가 공황상태에 빠진 것도 무리는 아니었다. 아마도 히틀러는 인생에서 처음으로 어찌 할 수 없는 좌절감과 공포를 체험했으리라. 그러나 시간이 흐르자 시력은 회복되어 갔고 그런 히틀러에게 독일 제국 붕괴와 함께 좌익세력이 주도한 공화국 수립이라는 소식이 들려왔다.

분노와 부끄러움, 수치스러움이 피부로 느껴졌다. 이 슬픔에 비하면 눈의 고통 따위는 아무것도 아니다. 며칠 뒤 나는 자신의 운명을 깨달았다. 나는 정치가가 되기로 결심했다.

히틀러가 자신의 부상과 독일 제국의 패배로 겪은 굴욕감과 좌절에서 서둘러 일어났을 때 전쟁터에서 고향으로 돌아온 병사나 그들을 맞이한 독일인들은 그 굴욕감과 좌절 속에서 헤어나지 못했다.

그래서 정치가가 된 히틀러는 자신이 어떤 행동을 취해야 하는지 이미 알고 있었다.

2. 잘못된 지도로 떠난 여행

뚜렷하게 설정된 기본구조

1941년 러시아 전선에서 겨울 파국이 찾아왔을 때 이제 더 이상 승리할 가능성이 없다는 것을 총통은 알고 있었다. (국방군 최고사령부 부장 알프레트 요들 대장)

1941년 12월 6일 모스크바 공방전에서 소련군이 겨울 대반격에 나서 독일군은 이 전쟁에서 처음으로 가장 큰 패배를 맛보았다. 동시에 멸망의 시작이기도 했다.

그 뒤 4년 동안 히틀러는 파국적인 실패를 이어간다. 정치는 물론, 군사적으로도 예전에 보여줬던 새로운 의견, 산뜻한 발상을 전혀 보여주지 못했다. 갑자기 다른 사람이 되어버린 듯 종말의 길로 들어섰다.

그렇게 된 이유로 성공에 취한 남자의 과대망상에서 비롯된 모험, 오만불손한 우쭐함의 실패, 본질적인 무능력의 드러남, 병으로 인한 육체와 정신의 쇠약 등 많은 설이 전해진다.

독일에서 특히, 마지막 나날의 히틀러는 이제 자신의 그림자에 지나지 않고 중병에 걸린 실패자이며, 결단력도 없고 주위의 파국을 그저 멍하니 바라볼 뿐이라는 이야기가 젊은 세대에 퍼졌다. 그 속에서 적어도 1945년 독일 패망의 고통에 히틀러는 책임이 없다고 생각하려는 듯이도 보인다.

어쨌든 이런 많은 가설들은 히틀러의 전쟁을 1941년을 기준으로 두 개로 나눠 마지막 4년을 끔찍한 패배 과정이라 말한다.

한편 새롭게 주목받는 견해는, 히틀러는 죽을 때까지 뚜렷한 목표를 가지고 이루려 했다는 것이다.

독일 역사학자 에버하르트 예켈은 다음과 같이 주장한다.

히틀러는 이미 《나의 투쟁》에서 후년에 수행한 일들의 기본 구상을 계획했다. 외교정책과 인종정책에 따른 두 가지 목표는 분명히 설정되어 있었다.

외교정책 목표는 영토 확대. 그러니까 독일의 유럽 지배와 함께 소련과의 전쟁으로 동방 생존권을 얻는 것이다. 인종 정책 목표는 최종적 해결. 그러니까 유대인 제거, 말살이다. 히틀러에게 국가와 그 체제, 국내정책, 경제정책, 사회정책, 당과 그 강령, 이데올로기는 모두 이 두 가지 목표를 이루기 위한 수단에 지나지 않았다.

중병에 걸린 폐인이라는 소문이 널리 퍼진 한편, 히틀러의 믿기 어려울 만치 굳은 의지력에 대한 증언도 많았다. '정권 말기 히틀러는 물리적 힘을 거의 잃은 뒤, 의지력만으로 전 국민을 통치했던 때가 있다.'(트레버 로퍼)

그렇다면 히틀러는 1942년을 기점으로 다른 사람이 되어 버린 게 아니라 옆에서 보기에는 안타깝게도 끔찍한 실패로 여겨지는 작전이나 행동에 나름대로 의미를 가졌다는 말이 된다.

예켈과 같은 견해를 가진 세바스찬 하프너의 분석에 따라 히틀러의 마지막 4년을 살펴보자.

유대인 근절의 목적 변환

1941년 12월 7일, 일본군이 진주만을 공격해 태평양전쟁이 시작됐다.

그 4일 뒤인 12월 11일, 히틀러는 국방군이 소련에게 파국을 맞이하는 와중에 미국에 선전포고를 한다. 이는 히틀러의 가장 큰 패착이며 동시에 가장 이해하기 어려운 결정이었다. 소련, 영국과 더불어 세계 최강의 나라를 적으로 공격하면 패배를 피할 수 없다는 것은 눈에 훤히 보이기 때문이다.

이것은 순전히 방위동맹으로 일본이 미국에게 공격받은 경우가 아니면 독일은 참전할 의무가 없었다. 실제로 일본은 독일이 소련을 공격한 전쟁에는 참가하지 않았다.

미국의 의회나 국민 또한 중립법을 방패 삼아 유럽 국가들 간의 전쟁에 참여할 생각은 없었고, 오로지 루스벨트 대통령만 안달복달했다. 그런 때 일본과의 전쟁이 시작됐다. 미국의 강대한 전력은 독일에게 거의 위험이 없는 태평양으로 집중된다. 걱정이 하나 사라졌다고 생각하는 게 보편적이다.

그런데 히틀러는 그런 미국에게 선전포고를 했다. 이것은 어떻게든 유럽으로 와서 전쟁을 해 달라는 초청장을 보낸 것과 마찬가지였다. 연합 함대든 장거리 폭격기든 히틀러가 대서양을 넘어 미국과 싸울 수 있는 수단이 없었기 때문이다.

몇 가지 해석이 있다. 미국, 영국, 소련 연합이라는 부자연스러운 연합을 만들게 해 적들에게 불화의 씨를 뿌리려 했다. 미국과 영국의 서유럽 침공을 불러들여 스탈린의 소련이 아니라 관대한 처우를 기대할 수 있는 서쪽에 지려 했다. 그러나 그 뒤 히틀러의 움직임으로 보면 이 해석들은 설득력이 없었다.

그런 가운데 하프너는 1942년 1월 20일을 주목한다. 바로 반제 회의이다. 국가보안본부장관 라인하르트 하이드리히를 의장으로 베를린 반제 호반에서 열린 이 비밀 회의에서 유대인 문제의 최종 해결법, 즉 독일을 포함한 전 유럽의 유대인을 죽음의 공장에서 살육하는 일이 조직화된다. 예켈이 말하는 히틀러의 두 가지 목표 가운데 인종정책이 처음으로 전면에 등장했다.

히틀러는 정권을 얻은 뒤 늘 외교정책 목표인 영토 확대를 내세우며, 최종 해결에 대한 욕구는 눈에 띄게 내보이지 않았다. 유대인의 조직적 살육도 폴란드와 러시아에 한정해 인력과 시간이 오래 걸리는 대량 총살을 선택했다.

독일이 서유럽을 지배하기 위해선 영국과의 화평이 꼭 필요했으며, 전격작전에서 소련을 굴복시키지 않으면 영국은 꺾일 것이라고 히틀러는 예상했다. 그런데 서쪽 국가에서 대량학살을 실시하면 바로 영국에 알려져 처칠이 교섭에 응하지 않을 뿐만 아니라 미국 참전까지 불러일으키게 된다.

그러나 이미 소련을 이길 수 없다면 영국과 화평을 맺을 수 있는 가능성도 적고 미국의 참전을 두려워할 필요도 없다. 서부전선 확대는 오히려 최종 해결 촉진에 도움이 된다.

> 영토를 확대할 가능성이 사라짐에 따라 히틀러에게는 유대인 근절이 유일하게 아직 실현가능한 전쟁목적으로 여겨졌다. 외교정책 구상이 파탄난다면 적어도 인종정책 구상만은 반드시 시작해야 했다. (예켈)

그리고 히틀러는 미국에 선전포고를 했다.

히틀러가 영토 확대에서 유대인 근절로 목표를 바꿨다면 그 뒤 무능해 보인 것도 이해가 된다.

히틀러는 이 무렵부터 아무리 작은 진지라도 지키라는 지도를 유일한 기본 원칙으로 삼아버렸다. 어떤 희생이 따르더라도 버티라는 원칙이었다.

그러나 희생도 따랐지만 버틸 수도 없다. 점령한 지역은 동부전선에서 1942년 연말부터, 서부전선에서도 1944년 뒤로 하나씩 잃어간다. 그래도 히틀러는 아무런 반응을 보이지 않는다.

히틀러가 바란 것은 시간과 공간이었다. 지금은 하나밖에 없는 목표인 대량학살을 수행하기 위한 시간을 벌고 히틀러의 희생이 될 사람들이 사는 동서 유럽의 공간을 유지하기 위해서만 작전지도를 했다. 그것이 전술적, 전략적으로 어리석게 보였다.

1942년 6월 아우슈비츠에서 유대인 대량 가스 살육이 시작된다. 반제 회의가 열린 지 반년, 이 속에서 매장까지의 체계를 정비하는 데 그만큼 시간이 걸렸다. 나치무장 친위대인 정예부대가 동원되고 원래는 전선 보급에 쓰여야 하는 차량이나 열차가 최종 해결에 최우선적으로 쓰였다.

히틀러는 1941년 12월 19일 폰 브라우히치를 해임하고 자신이 직접 육군최고사령관이 되는 등 육군사령관 전원 육군참모총장 전원 육군원수 18명 가운데 11명, 대장 37명 가운데 2명의 직위를 박탈함으로써 국방군의 불만을 억눌렀다. 군 상층부의 대량 인사변동은 권력자의 의심 많은 성격에서 비롯된 게 아니다. 전쟁의 목표가 바뀌었음을 뚜렷하게 나타낸다.

희망 없는 마지막 반공전

1944년 12월 16일 독일군은 서부전선 아르덴에서 대공세에 나섰다. 조국 방위를 위해 비축해둔 마지막 기갑사단을 히틀러가 운명을 건 승부를 위해 투입한 것이다.

그해 가을이 지난 다음 히틀러는 예전에 몇 번이나 군사 전문가들을 놀라게했던 권력과 행동력을 한 번 더 발휘했다. 군인들은 두려움을 모르는 군 지휘관이자 전략가인 총통이 다시 돌아왔다고 생각하며 라인 강 수비 작전에서 기적을 믿었다.

그러나 이에 대한 하프너의 분석은 냉정하다.

아르덴 공세는 제2차 세계대전에서 다른 어느 작전보다 히틀러가 독자적으로 명령했으며 군사적으로는 광기에 휩싸여 있었다는 사실을 보여준다. 그때 대군이 대치한 전선에서 공세에 나서 성공하려면 적어도 3대 1의 우세한 상황이 필요했다.

그런데 그 무렵 서부전선은 연합군의 압도적인 우위를 제외하더라도 땅 위에서 독일 쪽은 1대 1 상황으로도 몰아넣지 못했다. 국지적 공격전선에서 잠깐의 우위를 얻기 위해 히틀러는 동부방위 전선을 뼈와 살만 남을 때까지 줄여야 했다. 그때 마침 소련군이 모여서 대공세를 펼치려 해 육군참모총장은 필사적으로 경고했다.

그럼에도 불구하고 히틀러는 이 경고를 무시한 채 두 가지 운명을 건 승부에 나섰다.

아르덴 공세는 실패로 끝나고 독일 서부 땅을 지키던 병력은 모두 다 써버렸다. 1945년 1월에는 소련군이 동부전선을 돌파하고 아우슈비츠를 해방시켜 한 번에 오데르 강을 건넜다.

왜 히틀러는 아르덴 공세에 집착했는가? 군사상의 이유는 문제가 되지 않는다. 히틀러의 군사지식 수준에서 보면 작전이 성공할 가능성에 대해 환상을 가질 리가 없다.

이 문제의 답을 푸는 열쇠는 인종정책과 외교정책 두 가지 목표를 탄생시킨 히틀러의 세계관에 있다. 히틀러는 역사란 어떤 민족의 생존투쟁 과정을 저술한 것이며 모든 역사 위에서 일어난 일은 종족의 자기보존 본능의 표현이라고 말했다. 따라서 살려고 하는 사람은 싸우지 않으면 안 되며 이 영원한 싸움 속에서 싸우지 않으려는 자는 살 가치가 없다고 했다.

이렇게 히틀러는 제1차 세계대전에서 패한 뒤 독일 민족 선두에 서서 싸워왔다. 독일 국민도 그런 히틀러를 믿고 따랐다.

그러나 1944년 가을 뒤로 히틀러와 독일 국민 사이에는 깊은 틈이 벌어지기 시작했다.

독일 대중은 더 이상 히틀러가 바라는, 이길 가능성 없는 마지막 싸움을 원하지 않았다. 미국이나 영국 등 서쪽 나라들이 주도한 평화로운 마무리를 원했다. 어떤 보복을 할지 생각하는 것만으로도 온몸의 털이 쭈뼛 서는 스탈린의 소련군은 너무도 싫었다.

소련군은 다가오지 못하게 하고 서쪽 나라들을 편으로 만드는 것이 1944년 끝 무렵 많은 독일인의 숨겨진 마지막 전쟁 목적이 되었다.

히틀러는 그 소망을 아르덴 공세로 깨뜨려버렸다. 승산 없는 반공전으로 조금이나마 남아 있던 독일 군사력을 모두 헛되이 써버렸다.

스스로 독일을 멸망시키다

'만일 전쟁에 지는 일이 있다면 독일은 소멸할 것이다. 어떤 형태로든 살아 남으려 하지 말라. 비참하게 살기보다 스스로 독일을 멸망시키는 쪽이 낫다. 미래는 승리한 동쪽 나라 것이 된다.'

히틀러는 이 전쟁에서 꽤 이른 시기에 이렇게 말했다.

또 다른 독재자 스탈린을 유일하게 대등한 경쟁자로 생각하고 전쟁에 지면 독일은 소련군에게 짓밟힐 거라고 생각했다. 히틀러의 사상은 늘 일관됐으며 자신이 상황에 사상을 맞추는 게 아니라 사상에 상황을 맞추어야 한다고 생각했다.

스스로 독일을 멸망시킨다는 무서운 구상에 대해서도 예외가 아니었다. 1945년 3월 19일 히틀러는 그 유명한 총통명령 이른바 네로명령을 지시한다.

'제국 영토 안의 모든 군사시설, 교통, 통신, 산업, 보급시설 그리고 국내에 가치가 있는 물건 가운데 적이 바로 또는 가까운 장래 어떤 형태로든 전투를 계속하는 데 도움이 되는 것은 모두 파괴하라!'

이 명령을 받은 군수장관 슈페어는 이렇게 말했다.

'독일 국민에 대한 사형선고이며 생각할 수 있는 가장 무서운 초토화 작전이었다. 나는 이 명령을 듣고 힘이 빠져버렸다.

그 결과는 상상할 수도 없었다. 전기, 가스, 수도, 석탄, 또 모든 교통시설이 언제 회복될지 알 수 없다. 철도시설, 운하, 수문, 부두, 배, 그리고 기관차도 파괴될 것이다.

공업이 파괴되지 않은 곳이 있다고 하더라도 전기, 가스, 수도 공급이 불가능하면 생산할 수 없다. 창고도 없고 전화도 없다. 완전히 중세 시대로 돌아가 버리겠지.'

히틀러는 모든 독일 국민에게서 살아날 가능성을 모조리 빼앗으려 했다. 슈페어는 파괴명령을 방해하는 일에 온힘을 쏟았지만 다른 쪽에서는 점령당하지 않은 독일 지역들에서 아직 총통명령을 가장 높은 규정으로 삼는 SS순찰대나 파괴특별부대가 주민들을 공포로 밀어 넣었다.

총통을 마지막까지 따랐던 독일 국민에 대한 엄청난 배신행위였다. 그렇지만 히틀러 입장에서 보면 배신한 쪽은 국민이었다. 히틀러는 슈페어의 항의에 이렇게 설명했다.

'전쟁에서 지면 국민도 끝이다. 독일 국민이 원시적인 생존을 유지하기 위해 필요한 것들 따위는 생각하지 않아도 된다. 왜냐하면 이 국민이 약자라는 것을 증명했기 때문이다. 독일 국민은 스스로 민족 생존을 위해 마지막까지 피를 흘리며 싸우지 않았다.'

하프너는 말한다.

히틀러는 눈치만 보는 사람도, 니힐리스트도 아니다. 자신이 만든 프로그램에 따라 정치를 펼쳤다. 예를 들면 레닌이나 모택동 같은 정치가였다. 더 자세히 말하자면 히틀러는 자신의 실패를 이미 프로그램 속에 계산해 놓았다. 미리 생각해서 그 위에 프로그램을 짠 세계상은 잘못되어 있었다. 그리고 그 세계상을 바탕으로 만든 정책에서 잘못된 지도를 보는 여행자처럼 목표를 이루지 못했다.

1945년 4월 30일 히틀러는 아내 에바 브라운과 함께 잘못된 지도로 떠난 여행에 종지부를 찍었다.

3. 히틀러는 어떤 제국 건설을 꿈꾸었는가

생존 투쟁의 승리자 독일 민족의 세계지배

히틀러의 전쟁목적 중심에는 독일 민족의 영원한 번영을 위해 동방에 큰 영토를 확보하는 생존권(레벤스라움–Lebensraum) 구상이 있었다. 이미 1920년대 이후로 히틀러는 자신의 저서 《나의 투쟁》이나 《제2의 서》에서 이 목표를 이루기 위해 무력을 쓸 거라고 선언했다.

히틀러는 인간 역사의 의미는 토지(생존권)를 둘러싼 인종, 민족 간의 양보 없는 치열한 생존투쟁이며 이 싸움에서 이긴 사람이 지배인종, 지배민족으로 군림하며 진 사람이 멸망한다고 생각했다.

> 살려고 하는 사람은 싸우지 않으면 안 된다. 이 영원한 격투세계에서 싸우지 않으려는 사람은 살 가치가 없다. 《나의 투쟁》

이 투쟁에서 승리를 거머쥐는 것은 아리아 민족이며 그래서 독일 민족은 문화의 창조자로 세계를 지배할 임무가 주어진다. 뒤떨어지는 슬라브 민족은 지배민족에게 복종해야 한다. 더욱이 토지를 가지지 않은 유대민족은 땅을 둘러싼 생존투쟁에 부정을 저지르는 자로, 문화 파괴자의 낙인을 찍어 독일 민족뿐만 아니라 모든 민족에게 해충, 기생충, 인류의 결핵균이므로 근절해야만 한다.

이런 소화불량의 속류사회, 다윈주의(Darwinism)의 적자생존, 약육강식 사상과 특수한 인종이론에 깊이 감화된 히틀러의 머릿속에는 소련 정복으로 광대한 생존권을 확보해 거기서 독일 민족을 지배자로 삼아, 엄격한 인종 위계제도를 바탕으로 새로운 질서의 틀을 그리며, 슬라브 민족의 노예화, 추방 그리고 유대 민족 근절이 예정돼 있었다.

히틀러의 삐뚤어진 사상으로는 공산주의도 유대인이 생각해 냈다고 여겼다.

그래서 유대인적 볼셰비즘의 아성인 소련을 무찌르는 역사상 전례가 없는 잔혹한 인종근절 전쟁 양상을 보이게 된다.

《제2의 서(Zweites Buch)》에는 히틀러의 이런 사상이 뚜렷하게 나타난다. 즉 독일이 소련을 정복해서 동방 대제국을 건설하기 위해서는 이탈리아, 영국과 동맹을 맺어, 독일과는 같은 하늘 아래 살 수 없는 원수인 프랑스를 쓰러뜨려야 했다. 프랑스를 물리치고 등 뒤의 위험을 없앤 뒤에야 비로소 소련정복 전쟁을 마음 편히 시작할 수 있다.

그러나 소련을 정복하고 동방대제국을 완성한 뒤의 히틀러 미래구상은 분명치 않다.

현대 독일의 대표적 역사가 가운데 한 사람인 본 대학 힐데브란트의 연구에 따르면, 히틀러는 소련을 정복하고 유럽 패권을 확립한 다음, 미국에 식민제국을 세워 마지막으로 유대인에게 지배당하는 것으로 보이는 미국을 타파해 세계지배를 향한 단계적 구상을 가졌다고 한다.

이 견해에 함부르크 대학의 벤트는 이렇게 반론했다. 그가 보기에 히틀러 사고 속에는 뚜렷한 단계구상은 없고 유럽 패권을 손에 넣는 것만이 현실의 도달목표로 그려졌다고 생각되었다.

히틀러 자신이 《제2의 서》에서 '적어도 인간이 볼 수 있는 시기에는 동방에서 대 영토 획득'만을 목표로 삼았으며, 미국과의 대결은 앞으로 독일 민족의 과제라 말했기 때문이다.

평생 유럽 밖으로 한 발짝도 나간 적이 없는 히틀러에게 미국은 멀리 떨어진 미지의 대국이었다. 히틀러의 시야는 어디까지나 유럽 내부에 한정되어 있었다.

제3제국에서 대 독일제국으로

1937년 10월 5일, 히틀러는 육해공군 수뇌부와 국방장관 베르너 폰 블롬베르크, 육군사령장관 베르너 폰 프리치, 해군사령장관 엘리히 레더, 공군사령장관 헤르만 괴링, 외무장관 콘스탄틴 폰 노이라트를 베를린 총통 관사로 불러 비밀 회담을 열었다.

이 회의 내용은 회의 참가자 가운데 한 사람으로 히틀러의 부관이었던 프리드리히 호스바흐 육군 대사의 장문의 메모로 알 수 있다.

이 메모는 전쟁이 끝난 뒤 뉘른베르크 국제 군사재판에 제출돼 히틀러의 침략적인 전쟁계획의 움직일 수 없는 증거로 채택되어 단번에 눈길을 끌었다. 유명한 호스바흐 각서이다.

이 회의에서 히틀러는 열등인종인 동방의 슬라브 민족에게 토지를 빼앗아 거기에 독일 민족의 번영을 약속하는 광대한 생존권을 구축해 독일의 자급자족체제(아우타르키)를 수립하는 계획과 그 계획을 실현하기 위해 무력을 사용한다는 불퇴전의 결의를 주장했다.

계획을 이루는 첫걸음으로 오스트리아와 체코슬로바키아 합병도 이 회의에서 결정됐다.

이듬해 2월 4일 히틀러는 이러한 결정에 이의를 제기한 블롬베르크, 프리치, 노이라트를 해임시키고 국방군 총사령관에 취임함과 동시에 자신에게 충실한 나치당원 요아힘 폰 리벤트로프를 외무장관으로 임명해 군의 통수권과 외교 실권을 한손에 쥐었다.

3월 12일, 독일군의 빈 주둔과 함께 오스트리아는 독일에 합병됐다. 게다가 히틀러는 민족자결을 걸고 다음 목표인 체코슬로바키아를 공격했다.

이 국제 위기를 타개하기 위해 9월 29, 30일에 영국, 프랑스, 독일, 이탈리아 네 나라 수뇌를 모아 개최한 뮌헨 회담에서 히틀러는 체코슬로바키아 서부 독일인 거주지역 수데티 지방(독일명 : 주데텐란트)을 획득하는 데 성공했다. 이 회담에서는 영국 수상 네빌 체임벌린(Neville Chamberlain)이 주장한 독일 유화정책이 지배원리로 되어 있었다.

유럽 전쟁을 두려워한 영국, 프랑스는 두 나라에게 사활의 이해관계가 없는 남동 유럽을 거래재료로 삼아 히틀러의 독일을 스탈린이 통치하는 소련에 대한 반공 방벽으로 이용하는 일을 꾀했다. 또 두 마리 광견 히틀러와 스탈린이 서로 싸우다 함께 쓰러지기를 바랐다고도 할 수 있다.

히틀러는 유화정책의 의도를 꿰뚫어보고 영국, 프랑스의 소극적인 태도를 이용해 뮌헨 회담에서 합의되지 않은 남은 체코슬로바키아 영토 해체에 착수했다. 그 결과 1939년 3월 14, 15일 뵈멘-메렌은 독일 보호령이 되고 슬로바키아는 명목상 독립국가가 되어 체코슬로바키아는 소멸했다.

여기에 이르자 영국, 프랑스도 히틀러의 야망을 깨달아 독일과의 전쟁을 각오해야만 했다. 그리고 3월 23일 히틀러는 리투아니아에게 메멜 지역을 양보하라고 강요했다.

이렇게 제3제국의 영역은 예부터 내려온 독일 본국에 오스트리아, 수데티, 뵈멘–메렌, 메멜을 더해 동방으로 확대했다. 이 광역지배권의 공식명칭은 1939년 7월 이후로 제3제국으로 바뀌며 대 독일제국으로 불리게 된다.

폴란드 침공과 제2차 세계대전의 개막

1939년 3월, 히틀러 제3의 침략 목표가 폴란드라는 것이 누가 보기에도 뚜렷해졌다.

3월 21일, 독일은 단치히와 폴란드 회랑 반환을 폴란드에게 요구했다. 폴란드가 이 요구를 거절한 뒤 4월 11일, 히틀러는 국방군 수뇌에게 폴란드 공격 준비를 명령했다. 유럽 전쟁 위험이 현실이 됐다.

이 긴박한 정세 안에서 히틀러의 야망을 꺾을 유일한 수단은 영국, 프랑스, 소련의 반(反) 독일 삼국 동맹 체결이었다. 한편 제1차 세계대전에서 교훈을 얻은 히틀러도 이들 세 나라의 동맹으로 동서 두 개의 전선을 가진 전쟁을 피할 필요가 있어 스탈린과 잠정적 관계 회복을 서둘러야 했다.

이렇게 소련의 동향에 큰 관심이 쏠렸다.

한편 소련 지배자 스탈린은 영국, 프랑스의 유화정책이 독일의 창끝을 소련으로 향하게 하는 것이라 여겨 두 나라의 태도에 강한 불신을 가졌다. 이 무렵 소련은 전쟁 준비가 끝나지 않았고 스탈린은 폴란드 다음으로 예상되는 독일의 소련 침공을 피해 시간을 벌기 위해서라도 급히 방침을 바꾸어 독일과의 관계 회복을 꾀할 결의를 굳혔다.

그 결과가 8월 23일에 체결된 독일·소련 불가침 조약이다. 이 조약에 첨부된 4가지 조약으로 시작하는 부속 비밀 의정서에 따라 두 나라 사이에서의 폴란드 분할, 발트 제국에서의 소련 영향력 확대, 루마니아 베살라비아에서의 소련 권익 보장 등이 정해졌다.

9월 1일 새벽, 150만 독일군은 폴란드를 침공했다. 3일 영국, 프랑스는 독일에 선전포고를 하고, 이렇게 해서 제2차 세계대전은 유럽에서 막을 열었다. 17일 독일과의 사전협정을 바탕으로 소련군이 동방에서 침공, 양쪽에서 적의 공격을 받은 폴란드는 마침내 10월 6일에 항복했다.

그동안 서부전선에서는 히틀러의 예상대로 영국, 프랑스의 전쟁 의지가 약해 두 나라의 공격은 없었다.

소련 공격 작전에 담긴 히틀러의 결의

1940년에 들어서자 독일은 전격전에 의한 연전연승의 기세를 보였다. 4월에서 6월에 걸쳐 덴마크, 베네룩스 3국, 노르웨이가 차례로 항복하고 6월 22일, 프랑스도 독일에게 항복했다.

이 무렵 히틀러는 중립국 스페인, 포르투갈, 스위스, 스웨덴과 대치하는 영국을 제외한 유럽을 거의 손안에 넣어 권력의 정점에 선 듯이 보였다.

히틀러는 그의 인종이론에서 봐도 영국과 싸울 생각은 없고 영국이 강화수락으로 기울어지기를 기대했다. 이 기대가 물거품으로 돌아간 뒤 7월 16일, 히틀러는 총통지령 제16호를 발표, 영국 본토 상륙작전(아시카 작전)을 준비했다.

그러나 그 전제가 되는 제공권 확보 싸움에 져서 이 작전은 사실상 무기한 연기되었다.

영국이 항전을 계속하는 이유를 소련 때문이라 생각한 히틀러는 자신의 본래 소망인 소련 공격 결의를 굳혔다. 게다가 이 시기 핀란드나 남동 유럽에서 독일과 소련의 이해대립이 사실화되어 독·소 불가침조약에서의 합의 사항은 유명무실해져갔다.

히틀러의 계산으로는 유대적 볼셰비즘에 침략당한 소련은 일격으로 무찌를수 있고 드넓은 소련 영토 제패로 영국과의 장기전을 헤쳐 나갈 경제적 기반도얻을 수 있을 것이었다.

7월 31일, 남독일 베르히테스가덴의 히틀러 산장에서 군사회의가 열려 히틀러는 소련 공격 결의를 발표했다. 12월 18일, 히틀러는 총통지령 제21호를 발령하고 국방군 수뇌에게 소련 공격을 정식으로 명령했다.

공격 준비는 1941년 5월 15일까지 완료할 것, 작전 최종목표는 북해 아르한겔스크에서 볼가 강 유역까지 제압하는 것이라고 지시했다.

왜냐하면 이 지역을 군사적으로 점령하면 소련의 저항은 사라지고 남은 세력은 우랄 산맥 동쪽으로 밀려나게 되므로 앞으로의 위험도 없어진다. 또 소련

점령지의 모든 경제자원을 언젠가 찾아올 영국, 미국과의 싸움에 동원할 수 있기 때문이었다.

이 압제 지역은 나중에 국방군 총사령부가 아르한겔스크에서부터 아스트라한(볼가 강 하구)까지 선으로 구체화되었다(AA라인).

이 대소련 작전에는 바르바로사(십자군 전쟁에서 독일 황제 프리드리히 1세의 애칭)라는 암호명이 주어졌다. 소련 공격을 유대적 볼셰비키를 섬멸하기 위한 반공 십자군으로 본다는 히틀러의 큰 결의를 드러내는 말이었다.

1941년 6월 22일 새벽, 300만 독일군은 발트 해에서 흑해에 이르는 1600킬로미터 전선에서 일제히 소련 땅으로 쳐들어가기 시작했다.

잘 알고 있듯, 전쟁에서 독일군은 거리낌없이 진격해 갔지만 히틀러는 전략상 판단 잘못과 소련의 군사력에 대한 과소평가 때문에 12월 5일, 모스크바 바로 앞에서 소련군의 총반격을 받는다. 짧은 승리를 위해 죽기 살기를 다한 히틀러의 기대는 물거품이 되고, 동시에 오랜 소망이었던 동방 대제국 구상도 마침내 실패로 돌아갔다.

그렇지만 이 무렵 독일은 광대한 영역을 지배했다.

독일 본국 말고도 오스트리아, 뵈멘–메렌 보호령, 폴란드 서부(총독부), 제국편입 동부지역(단치히, 서 프로이센, 오버슐레지엔, 바르테란트, 남동 프로이센), 제국전권구 오스트란트(동국을 가리키며 에스토니아, 라트비아, 리투아니아, 백러시아를 포함한다), 제국전권구 우크라이나, 그리고 발트 해에서 흑해 연안에 이르는 드넓은 소련 점령지역이다. 이것이 히틀러가 그린 동방대제국의 최대 범위였다.

그리고 북유럽, 서유럽에서도 독일은 노르웨이, 덴마크, 베네룩스 3국, 프랑스(대서양 연안과 르와르 강 이북은 군정 아래에 놓여 그밖의 지역은 페탱을 수반으로 한 친독 비시정권에 맡겨졌다)까지 확대했다.

전유럽에 하켄크로이츠 깃발이 나부꼈다.

인종이론을 바탕으로 한 점령지역 지배구조

히틀러는 점령지역 지배에 대한 면밀한 구상은 드러내지 않았다. 특히 경제정책이나 행정기구에 대한 발언은 놀랄 만큼 적었다. 그 까닭은 히틀러가 그린 문제를 프리츠 토트나 알베르트 슈페어 등 유능한 전문가나 관료에게 맡겼기 때문이라 생각한다.

히틀러의 대략적인 지배구상은 《나의 투쟁》에서 보이는 지도자 원리(정치기구가 위에서 아래로 작동하는, 의회제 민주주의의 반대원리)와 인종이론을 바탕으로 한 독재적 신질서 구축이었다. 그 가운데 인종이론 실천에 큰 비중을 두었다고 여겨진다.

그래서 북유럽, 서유럽, 동유럽, 소련 점령지역에서는 독일 점령 통치 방법이 크게 달랐다.

북유럽 및 서유럽에서는 독일의 국가전권위원(제국사무관)의 지배 아래 대독일 협력 정부에 어느 정도 통치가 인정됐다. 노르웨이(크비슬링 정부), 덴마크, 네덜란드처럼 말이다.

그러나 동유럽과 소련에서는 가혹한 경제적 자원 수확, 주민 강제노동과 노예화나 추방, 학살이 따르는 인종이론의 철저한 실천이 행해졌다. 예를 들어 독일·소련 전 개전 때 히틀러는 친위대 전국 지도자 겸 독일 경찰장관 하인리히 힘러에게 이 전쟁에서 모든 유대인, 다양한 열등 민족, 공산당 정치위원, 집시 등 바람직하지 않은 것들을 살해하도록 명령했다.

이것은 독일·소련 전이 시작하면서 현실이 되었다. 힘러의 명령을 받은 4단 친위대 특별행동대는 1942년 끝 무렵까지 우크라이나나 동방 점령지역에서 50만 명이 넘는 유대인, 공산당 정치위원, 집시 등을 살해했다.

히틀러는 더 나아가 동 프로이센 라스텐부르크 근교 총통 사령부에서 열린 식탁 담화에서 동방 점령지역의 인정사정없는 통치책을 말했다고 한다. 1941년 9월 8, 9일에는 동방 점령지역을 독일 본국과는 다른 방법으로 지배하는 인종정책의 계획적 수행이 화제로 떠올랐다.

이듬해 4월 5일에서 11일에는 동유럽 점령지역 주민의 독일을 위한 경제적 봉사와 소련 점령지역에서 최대한 경제자원을 착취하도록 냉혹하게 말했으며, 러시아인, 우크라이나인들이 읽거나 쓸 수 없도록(문맹화) 이들 점령지역의 문화적 환경을 철저하게 파괴하라고 했다. 게다가 슬라브인 등 비독일인 인구 증가를 막기 위해 위생상의 처치를 철폐하라고까지 명령했다.

미완으로 끝난 동방대제국 구상

히틀러의 동방점령지역 지배구상의 핵심은 게르만 민족(독일인만이 아니라 노르웨이인이나 덴마크인도 포함한다)을 이주시켜 슬라브인 등 많은 열등 민족을 시베리아로 추방해 남은 사람들을 영원히 노예화하며, 해충 유대인, 바람직스럽지 않은 집시는 뿌리를 뽑아 동방점령지역의 게르만화를 실현하는 것이다.

냉혹하고 비정한 히틀러의 구상을 구체화한 것이 1942년 5월 28일 힘러의 지시로 작성된 동방점령지역 통합계획이다. 이에 따르면 앞으로 30년 동안 450만 명의 독일 민족을 폴란드, 발트 3국, 백러시아, 우크라이나로 이주시켜 해당 지역 주민 가운데 310만을 시리아로 추방하고 게르만화가 가능한 140만은 남겨서 혹사시킬 예정이었다.

이 계획은 전쟁이 격화됨과 동시에 탁상공론으로 끝났지만 예정대로 실현됐다면 동방점령지역 주민에게는 멸망이라는 운명만이 기다리고 있었을 것이다.

또 히틀러는 능률적이고 신속하게 지배하기 위해 이 지역과 독일 본국을 잇는 꿈같은 교통망 보강계획을 말했다.

예를 들면 우크라이나와 오버슐레지엔을 잇는 4미터 폭의 궤도를 가진 철도망을 정비해 3층짜리 열차를 시속 200킬로미터로 달리게 하는 계획, 또 크리미아, 동유럽과 독일 본토를 잇는 편도 11미터 차선을 가진 고속도로(아우토반) 건설 등이었다.

히틀러는 동방대제국 구상 실현에 건 광신적인 꿈을 그의 생애 끝까지 꾸었다. 제3제국 종말이 다가온 1945년 2월 7일 소련군의 베를린 침공을 눈앞에 두고 폐허로 변한 총통관사 지하 방공호에서 히틀러는 나치당 총리 마르틴 보어만과 대담하며 독일 국민에게 다음 과제를 달성하라는 유언을 남겼다.

'우리는 동부로 많은 사람들을 보내야만 한다. 그것이 자연이 알려주는 게르만 민족이 나아갈 길이다.'

4. 공화국 내부에 숨겨진 새로운 민족주의

베르사유 체제 아래에서

베르사유 체제란 제1차 세계대전 뒤 유럽 세계를 중심으로 한 국제적 체제를 말한다. 그 중심은 연합국이 1919년 패전국 독일과 맺은 베르사유조약이다. 이 조약에서 약속된 국제연맹 설립과 첫 유럽 집단 안전보장이기도 한 1925년 로카르노조약은 베르사유 체제의 꽃이었다. 그렇지만 역사가 보여주듯 베르사유 체제는 1933년부터의 나치스 독일의 침략외교 앞에 맥없이 무너져 버린다.

베르사유 체제 아래의 독일을 바이마르공화국이라 부른다. 세계대전 전 독일 제국은 1918년 혁명으로 무너져 공화국이 탄생했다. 괴테와 실러가 유명한 문예 고도 바이마르 국민회의에서 새로운 헌법이 비준되었기 때문에 바이마르공화국이라 불렀다. 공화국정부의 최대 여당은 사회민주당으로 세계대전 전 독일제국에서 이 당은 제국의 적, 비국민 취급을 받았다. 독일제국에 어울리지 않는 노동자 중심의 사회주의 정당이었기 때문이다. 공화국에서는 사회민주당이 민주당, 중앙당, 인민당 등 중도세력과 연합내각을 만들어 정국 운영을 맡게 된다.

바이마르공화국 이름을 역사에 드높인 것은 헌법이다. 바이마르 헌법은 그 무렵 이미 세계에서 가장 민주적인 헌법이라 일컬어졌다. 독일 제국헌법에 정해진 황제회의를 뛰어넘은 독재권 대신 인민주권을 가장 높은 이념으로 삼아 제도적으로는 제국 최대의 국가 프로이센에서 행해져온 납세액에 따른 제한 선거 대신 20살 이상 성인 남녀의 보통선거로 비례대표제 국회선거, 거기다 국민의 직접선거로 대통령제가 정해졌기 때문이다. 인민주권 정신은 제2차 세계대전 뒤 독일 연방공화국이 이어받았지만 의회보다 강한 대통령 권한은 공화국 끝 무렵에 겪은 경험으로 제한되었다.

이렇게 민주적 제도를 가진 공화국이 끊임없이 불안정한 정치적 상황으로 고민한 것은 잘 알려져 있다. 굴욕적으로 베르사유조약에 승인함에 따른 국민의 분노, 독일 혁명에서 사회민주당에게 억압받은 공산당 반공화국 봉기, 또 반동적 군인 카프의 반공화국 봉기, 1923년 배상 지불 불이행을 구실로 한 프랑스, 벨기에군의 루르 비무장지대 점령, 그리고 마침내 이해 프로이센 다음으로 큰 대국인 바이에른 주가 공화국에서 이탈했다.

1924년부터 이른바 상대적 안정기에 공화국은 조금 정치적 안정을 되찾지만 1929년 세계대공황이 일어나 직격탄을 맞은 독일 국민은 공황 상태에 빠져 정치적, 사회적, 경제적 혼란 속에서 1932년 히틀러 내각이 성립한다.

이제까지 독일의 역사적 전통과 관계 없는 돌연변이 나치스가 독일 정치를 주도하면서 민주적 공화국의 덧없는 운명은, 착한 사람은 일찍 죽는다든지 미인박명(美人薄命)이라는 말로 평가되게 된다.

국민적 대중 기반 모색

공화국의 역사는 그랬을지도 모른다. 그러나 일은 그렇게 간단하지 않았다. 왜 1918년에 혁명이 일어나 독일 제국이 무너지고 공화국이 되었을까? 영국이나 프랑스에서는 혁명이 일어나지 않았다. 전쟁에서 패색이 짙은 나라에서는 반드시 혁명이 일어나는 것일까? 그렇지 않다. 러시아와 독일에서 혁명이 일어난 것은 패전 때문이 아니라 세계대전 전 사회에 많은 문제가 있었기 때문이라고 생각해야 한다.

독일 제국은 영국이나 프랑스와 비교하면 조금 특수한 길을 걸었다. 세계대전 전 독일 제국은 경제에서는 근대화를 이루었지만, 정치나 사회 분야에서는 매우 권위주의적인 성격에 머물렀다. 황제 만능의 독일제국 헌법도 그런 상징 가운데 하나이다.

독일에서는 프랑스 혁명에서 볼 수 있는 부르주아지의 봉건귀족 배제가 없었기 때문이다. 사회 민주화를 촉진해야 할 신흥 독일 부르주아지는 노동자(사회민주당)의 진출을 두려워해 융커(토지귀족)와 손을 잡고 노동자의 대두에 맞서려 했다.

때문에 독일 사회 전체의 민주화가 늦어져 버렸다. 다만 상승 욕구가 강한 부르주아지가 귀족화, 봉건화되는 것은 그 무렵 유럽 나라들에게서 자주 보이는 현상이었으며 부르주아지도 의식적으로 마땅히 융커와 동맹을 선택했다. 그러니 문제는 독일 제국 창건에 비스마르크의 철혈정책에서 시작한 다소 늦은 제국주의국의 강인한 세계정책과 국민 통합 계획에 따른 사회의 뒤틀림 때문이다.

정치와 사회의 일원화는 미완성인 독일 국민국가의 과제였다. 그래서 융커와 부르주아지의 혼합 엘리트는 국민 통합의 방해가 되는 인터내셔널리즘(사회민주당)에 저항해 싸우기 위해 동맹을 맺고 보수적 군국주의 조류를 만들었다. 그리하여 독일제국의 국민적 통합이라는 과제는 제1차 세계대전까지 어느 정도 이루어졌다.

19세기 끝 무렵, 제국주의 나라들에서는 보편적으로 민족주의가 고취됐지만 독일의 경우 민족주의는 일찍부터 자유와 독립 정신을 상실하고, 반 인터내셔널리즘에 대한 대항 축으로서의 성격이 강해졌다. 게다가 거기에 인종론이 들어간 점에 특색이 있다. 반유대인주의이다. 세기가 바뀔 무렵 이미 독일에서는 인터내셔널리즘 계급투쟁에 대해 인종투쟁이라는 세계관을 대항시키는 풍조가 널리 퍼졌다.

이 새로운 민족주의는 엘리트 계층뿐만 아니라 시민이나 보수적인 민중에게도 스며들었다. 20세기에 들어서자 전독일 연맹 등 여러 국수적 단체와 조직이 만들어진다. 게다가 그들은 강력한 제국주의적 권력국가 수립을 위해 사회 재편성을 요구하며 그것을 위해서는 엘리트마저 공격 대상으로 삼을 만큼 과격한 자율성을 발휘한다.

제1차 세계대전은 역사상 첫 총력전이었다. 전쟁은 전선이나 후방 구별 없이 그 사회를 덮쳤고, 국민의 지지가 없는 나라는 전쟁에 이길 수 없다는 것이 엘리트건 민중이건 공통의 시대인식이 되었다.

베르사유조약 비준에 따른 영토, 식민지 축소, 육군 10만 명으로의 군비제한, 1320억 마르크의 막대한 배상금은 독일 국민의 대국의식을 깊이 자극해 민족주의를 급진화하게 된다. 지배적 엘리트는 세계대전을 겪고도 엘리트 의식을 잃지 않고, 그들이 혐오해야 하는 공화국에게 맞서기 위해 전국적으로 시선을 던지며 국민적 지지 기반을 바라게 된다.

뮌헨 폭동

여기서 베를린 공화국 정부에서 조금 떨어져 있는, 남쪽 바이에른 주를 살펴보자. 왜냐하면 그곳의 수도 뮌헨에서 나치당이 태어나 확대되었기 때문이다. 베를린에서의 상황에 비교하면 뮌헨 폭동의 특징은 정당 수준에서 사회민주당과 독립사회민주당이 함께 싸운 것이다. 공산당은 아직 활성화되지 않았다. 사회민주당이 우세했지만 혁명정부 수반은 독립사회민주당 당수 아이스너였으며 슬로건은 '모든 사회계층의 발언'이다.

모든 사회계층이란 구체적으로 노동자뿐만 아니라 중간계층도 쿠데타의 사회적 기반으로 동원한다는 뜻이다. 노동자와 중간계층이란 바이에른 사회민주당의 전통으로 뒷받침된 표현이다. 즉 노동자뿐만 아니라 중간계층에도 침투하지 않으면 바이에른 의회제도에 참여할 수 없었다.

바이에른의 이 사태는 19세기 끝 무렵 베를린 사회민주당 지도부의 혁명적이지 않은 수정주의 노선 때문에 비난받기도 했다. 그러나 현재 프로이센의 역사가 특수한 길을 걷는다고 여겨진다면 바이에른의 수정주의적인 역사는 독일의 특수한 길을 가기 위한 보통의 길이라 말할 수 있다.

또 하나 뮌헨 폭동에서 주목할 점은 프로이센을 향한 증오가 널리 퍼졌다는 점이다. 이것은 전통적인 반프로이센 감정의 분출이며 프로이센 군국주의 비판이기도 하다. 또 자연발생적인 노동자, 병사, 농민 레테를 중심으로 한 레테사상의 확대로, 가장 큰 기성정당인 사회민주당의 하부조직이 동요한 일도 기억해야 한다. 뮌헨 폭동은 베를린 정부가 제압하지만 이런 폭동 속에서 나치당이 탄생한다.

나치당은 뮌헨 폭동이 한창인 1919년에 탄생해 뮌헨을 중심으로 1923년까지 급속하게 커졌다. 일반적으로 나치스가 급격하게 떠오른 이유로 1920년 바이에른의 특수한 상황을 들 수 있다. 반동적인 반공화국 카프 봉기는 바이에른에서 성공해 독일의 반공화국 아성이 되었다. 나치스는 바이에른 정부, 보수당, 경찰, 국방군의 그림자 속에서 따스한 원조를 누리며 바이에른 지방구에서 진출했다.

그런데 나치당은 국민정당이었다. 이것은 1930년 전국구가 된 나치당을 뜻한다. 나치당은 압도적으로 중간계층을 중심으로 한 계급정당(중간 계급 정당)이 아니라 여러 계급(노동자, 중간층, 상층)을 규합한 국민정당이다.

이 배경으로는 1920년대부터 계급구조의 약화, 평준화 현상이 있다. 특히 노동자와 특권을 누리던 직원(샐러리맨) 사이에 생활수준 격차가 사라져갔다. 심한 계급 대립이 사라진 현대사회로 가는 과도적 계급사회로 옮겨가기 시작했다.

나치당은 지방구인 1922년 바이에른에서 이미 국민정당 당원구성을 가지고 있었다. 게다가 나치당 대두는 보수, 중도정당의 급락과 좌익의 활성화에 따른 것이었다. 이것은 1930년과 같은 유형이다.

계급구조 약화는 바이에른에서 나타나기 시작했다. 사회민주당이 노동자 이외의 계급에 침투하려는 전통이 이 사실을 뒷받침한다. 거기다 뮌헨 폭동 슬로건인 '모든 사회계층의 계급구조 약화'를 촉진했다고 여길 수 있다.

이런 바이에른의 정치적 사회적 현상 속에서 전통적인 우익사상이 파시즘화되어 간다. 나치당은 독일 민족주의의 급진화의 상징이 된다.

그리고 베르사유 체제 타파, 본질적인 반인터내셔널리즘, 반혁명, 반공화국, 반마르크스주의. 반공산주의, 반볼셰비즘뿐만 아니라 반공화국으로서의 국민혁명, 국민적 독재로 민족주의와 독일적 사회주의를 결합한 민족공동체를 주장한다. 그러나 이 민족 공동체는 독일인 말고는 배제한다는 인종적 색채가 짙었으며 나치스 인종론은 국민국가의 틀을 넘어섰다.

이런 나치당의 이면은 1923년 히틀러 봉기에서 현실이 된다. 베를린 공화국 정부를 밖에서 타도해 육군 최고 사령관 젝트를 등에 업은 군사독재를 둘러싸고 바이에른 보수파, 군부와 나치당은 이탈리아 무솔리니의 로마 진군을 흉내낸 베를린 진군을 계획한다.

보수파, 군부와 나치스의 협력체제는 이 또한 1933년 초연이라는 구조를 드러내며, 마지막에 나치당의 반엘리트적 행동성도 히틀러의 반엘리트 의식의 심오함을 나타내는 것이었다. 근대 독일 역사상 예를 찾아 볼 수 없는 바이에른주 반중앙 정부 독립행동은 1923년을 그야말로 공화국 위기의 해로 만들었다.

중도, 보수 세력의 쇠퇴

1924년 무렵부터 공화국은 상대적으로 안정된 시기에 들어간다. 국제적으로는 베르사유 체제 안전보장을 확실히 한 로카르노 조약 체결로 외무장관 슈트레제만은 노벨 평화상을 수상하고 독일은 국제연맹에 가입해 국제사회에서 처음으로 시민권을 얻는다. 국내에서는 공화국은 화려한 황금시대에 들어선다. 국회선거에서 압승을 거둔 사회민주당은 1928년에 대 연합내각을 조직해 정국 운영에 자신을 보인다. 바이마르 문화도 꽃을 피운다. 공화국은 사회보장제도를 충실히 한 사회국가로 가는 길을 굳혔으며 전쟁 뒤 독일연방공화국으로 가는 연속선을 그리기 시작했다.

그러나 1930년 3월에 대연합내각은 사회민주당과 인민당이 실업보험을 둘러싸고 대립하면서 이로 인해 공화국 마지막 의회제 민주주의 내각은 와해됐다. 사회민주당은 그 뒤로 여당이 되지 못한다. 바뀐 브뤼닝내각은 이미 구심력을 잃어 9월에 국회를 해산하고 이 국회선거에서 나치당이 사회민주당에 이어 제2당이 돼서 전국구에 화려하게 등장한다.

1930년 나치당의 급상승 원인은 세계대공황에 따른 대량 실업, 중간계급의 사회적 좌절을 들 수 있다. 그렇지만 나치당은 세계대공황이 독일을 덮치기 전 1929년에 이미 지방자치체 선거에서 큰 폭으로 진출했다. 9월 국회선거에서 나치당이 갑자기 선전한 것은 지방자치체에서 연속으로 승리한 연장선이었다.

1929년 독일의 제1차 세계대전 배상금 문제 해결을 위해 국제연맹이 채택한 영 안(Young Plan)을 반대하는 전국 위원회에서 나치당 당수 히틀러는 국가인민당 당수와 나란히 단상에 섰다. 히틀러와 나치당은 그 정도로 이름이 있었다.

나치당의 대승은 중도, 보수 세력의 후퇴이기도 했다. 그래서 여기에 문제가 있다. 본디 바이마르 헌법은 매우 민주적인 선거제도를 가졌다. 그러나 제도를 운영하는 것은 인간이다. 민주적 선거제도는 정치적 개방성을 확대하고 국민들이 다양한 의견을 낼 수 있었다.

중도, 보수정당은 이 무렵 많은 모순에 부딪혔다. 독일의 신분과 교양을 구현하는 국가 인민당은 온건파와 급진파가 분열을 거듭하며 급진적인 당수 후겐베르크는 군주제 복귀를 위해 우익의 결집을 노동자에게 호소했고, 그래서 시대 감각과 거리가 먼 아나크로니즘(시대착오적인 생각)이라며 야유를 받았다.

중도 우파의 인민당은 세상을 떠난 슈트레제만의 영광에 기대며 부르주아의 결집으로 사회민주당에 맞서려 했다. 그러나 하부 청년조직에서 지금 시대에 왜 부르주아만이 결집하느냐는 심한 비판을 받았다. 계속 쇠퇴하던 중도좌파의 민주당은 국가당으로 명칭을 바꿨지만 당 조직은 옛날 그대로였다.

종합적으로 보면 보수, 중도세력은 자신의 이익을 지키는 이익 정당으로 변했으며 그 조직적 경직은 특히 청년 지지자들의 혹독한 비판 대상이 되었다.

이렇게 근대 독일의 뿌리 깊은 사회적 모순이 분출하는 상황에서 나치당의 강점은 쉽게 알 수 있었다. 모든 독일인을 결집시켜 국민정당, 기성정당을 대신할 히틀러 운동, 국민혁명으로 나치당은 제3제국을 강렬하게 주장했다. 따라서 민족주의의 급진화로 공화국을 타도하려 했다. 게다가 근대적 정치선전으로 철저한 조직전과 풀뿌리 활동을 펼쳤다.

제1당인 사회민주당은 혁명의 성과를 이어 받은 사회국가라는 강령을 바꾸지 않았지만 중도, 보수세력보다 시대 추세를 잘 인식하고 있었다. 1920년대부터 독일 모든 지역에서 바이에른이 먼저 실시한 계급구조 약화에 대한 대응이 뚜렷이 나타난다. 계급 대립이 약해지면 노동자만을 당의 사회적 기반으로 삼는 것이 당 세력 확장에 난관이 된다. 중간계층을 나치당에게 빼앗겼으니 노동자 중심 계급 정당에서 국민정당으로 전환해야 하지 않느냐는 논의가 당내에서 일어났지만 그럼에도 국민정당 노선은 사회민주당의 주류가 되지 못했다.

사회민주당을 파시즘으로 보고 나치당보다 위험한 존재라 비난해온 공산당의 주장은 소비에트 독일이었다. 러시아 혁명을 바탕으로 한 당은 해가 떠오르는 기세였으며, 9월 선거에서 나치당을 압도해 득표수를 배로 늘렸다. 계급 구조의 약체화를 공산당도 인식했다. 그래서 한때 노동자뿐만 아니라 중간 계층까지 넓혀 인민혁명을 생각했지만, 노동자 혁명의 혁명적 기반을 위태롭게 한다며 이를 코민테른이 중지시켰다.

그래서 선거에서 대승을 거두었음에도 공산당 지도부는 이제까지 보수, 중도를 지지한 중간 계층(중·소 시민층)이 나치당으로 몰리는 현상을 막지 못했다. 이들은 독일 파시즘이 일어나는 것을 막지 못했다고 총평했다.

1930년부터 1933년까지 나치당과 공산당, 제3제국과 소비에트 독일, 급진화한 민족주의와 인터내셔널리즘의 치열한 사투가 펼쳐진다.

히틀러 운동의 승리

나치당은 1932년 7월 선거에서 제1당이 되었다. 그러나 이것은 이미 밀려들어온 파도와 같았다. 1930년부터 1933년까지의 공화국 붕괴기는 3대 수상 브뤼닝,

파펜, 슐라이허가 대신했다. 이 세 내각은 대통령내각이라 불리며 국민과 따로 떨어진 정부였다.

국회는 이미 분노에 차서 소리치는 나치당 의원과 공산당 의원으로 구심력을 잃고 법안은 모두 성립이 되지 않아, 정부는 헌법에 있는 대통령의 긴급권한을 발동시키고 법률을 대통령 급령으로 반포해 실행할 수밖에 없었다. 더욱이 여기에 정치가의 야심, 질투, 음모가 얽혀든다.

주권적으로는 공화제를 내내 유지하려 했다. 그러나 브뤼닝은 귀족 내각을 만드는 파펜 때문에 물러났고, 파펜은 프로이센 쿠데타로 사회민주당의 아성인 프로이센 정부를 추방하고 만다.

그런데 파펜 내각의 국방장관이었던 어둠의 권력자 슐라이허 장군이 파펜을 밀어내고 국민적 기반을 얻으려 노동조합과 나치당 일부를 손에 넣으려다 실패했다. 그 나치당 분당 사실은 히틀러의 원한을 사고 나중에 슐라이허 부부는 살해당한다.

수상 자리에서 쫓겨난 파펜은 나치당의 위험한 이빨을 길들이고자 잘못된 판단을 근거로 히틀러를 앞세우고 자신은 부통령이 되어 1933년 1월 30일 히틀러 내각을 성립시킨다. 이것은 국민적 기반을 나치당에게 기대하는 보수 세력과 파시즘 동맹이다. 이러한 과정 속에서 특히 나치당에 대한 국방군의 기대는 높았다. 베르사유 체제 타파를 전면적으로 약속한 나치당은 기다리고 기다리던 국민적 지지 기반을 제공한다.

정권을 차지한 나치스는 얼마 지나지 않아 국제연맹 탈퇴, 징병제 부활, 라인란트 주둔으로 로카르노 조약을 파기해 버리고 베르사유 체제를 무너뜨린다.

그 뒤 영국은 자국과 프랑스 그리고 이탈리아에 패전국 독일을 더한 4대국 유럽 질서 형성을 구상하지만 이 또한 나치스의 침략계획에 박차를 가하는 일이 되었다는 것을 보면 역사의 아이러니가 아닐 수 없다.

5. 나치스의 이데올로기와 그 현실

나치당과 민족사회주의

나치즘은 독일어로 Nationalsozialismus이다. 국가사회주의, 국민사회주의, 민족사회주의 등으로 번역된다. 문제는 National을 어떻게 해석하는가인데 어학적으로는 모두 가능하다. 그러나 이것은 민족사회주의라고 해석하는 것이 옳다. 나치즘이 독일 국가도 독일 국민도 아닌 독일 민족의 사회주의를 표방하는 이데올로기이기 때문이다.

독일 국민은 기본적으로 독일에 거주하는 독일 국적 보유자인데 독일 민족을 독일 국민이라 한정지을 수는 없다. 독일 민족은 오스트리아를 시작으로 중·동 유럽에 폭넓게 거주하며 여러 나라의 국민일 수 있다. 민족사회주의는 이런 독일 민족마저도 시야에 넣은 이데올로기이다.

한편 독일 국적을 가진 유대인은 독일 국민이지만 독일 민족이 아니다. 민족사회주의는 독일 민족의 사회주의이며 독일 민족이 아닌 유대인은 배척된다.

조금 의외로 느껴질 수도 있지만, 나치즘은 본디 독일에서 일어난 이데올로기가 아니다. 그것은 이민족국가인 오스트리아와 헝가리에서 발생한 이데올로기이다. 그 배경에는 19세기 독일 통일 역사가 있다.

잘 알려져 있듯이 독일 통일에서 프로이센을 중심으로 한 소독일주의와 오스트리아와 헝가리를 중심으로 한 대독일주의의 대립이 있었는데, 결국 프로이센을 중심으로 한 소독일주의가 승리하고 1871년 독일 제국이 성립한다. 그 결과 독일 제국 외부에는 방대한 오스트리아 헝가리의 독일 민족이 남겨지게 됐다.

나치즘은 사상사적으로 보면 대독일주의의 계보를 이은 독일 민족을 결집시키려는 계획의 하나라 해석할 수 있다. 그런데 민족사회주의를 처음으로 주장한 것은 1904년에 오스트리아와 헝가리에 성립된 독일인 노동자당이다. 그들은 마르크스주의 정당인 오스트리아 사회민주당의 인터내셔널리즘(이것은 국내 모든 민족의 우호를 외치는 것으로 국제주의라기보다 오히려 민족제주의로 해석해야 한다)에 맞서 내셔널리즘의 입장에서 다른 민족들에 대한 독일 민족 우선의 사회주의를 주장하며 이를 민족사회주의라 불렀다.

이 정당은 제1차 세계대전이 끝나갈 무렵인 1918년 5월, 당명을 바꿔 독일민족사회주의 노동자당이 된다. 또 1918년 10월 패전으로 오스트리아와 헝가리가 무너짐과 동시에 오스트리아 당과 체코슬로바키아 당으로 나뉘었다.

나치당의 전신 독일노동자당은 이 독일 민족사회주의 노동자당의 옛 당명을 이은 것이다. 독일노동자당은 1919년 1월 5일 독일 혁명 가운데, 극우 비밀결사 툴레협회의 대중조직으로 뮌헨에서 설립되었다.

히틀러는 1919년 9월에 입당, 그 활발한 활동과 뛰어난 웅변으로 차츰 이 당을 뮌헨의 주요세력으로 만듦과 동시에 스스로 당내 주요인물이 되었다. 그 가운데 히틀러는 당의 뮌헨 지부장 드랙슬러와 손을 잡고 툴레협회에서 파견된 당수 할러를 추방해 독일 노동자당을 툴레협회에서 독립시킨다.

그때 독일 노동자당은 오스트리아 독일 민족사회주의 노동자당과 연계를 계속하며 1920년 2월에는 당명에 민족사회주의를 걸고 민족사회주의 독일 노동자당(속칭 나치당)이라 바꾸게 됐다.

이처럼 나치당은 처음부터 대독일주의적인 민족사회주의 정당으로 출발했으며, 그 뒤로 오스트리아나 체코의 민족사회주의 정당과 밀접한 관계를 가지며 발전했다.

오스트리아의 당은 여러 변천을 겪다가 1926년에는 민족사회주의 노동자협회라는 이름을 내건 당이 나치당 오스트리아 지부로 편입되어 이른바 오스트리아 나치스가 된다. 그리하여 1938년 독일 오스트리아 합병에 중심적인 역할을 한다. 체코의 당은 1933년 해체된 뒤 그 구성원이 수데텐 독일인당의 중핵을 맡게 되고 1938년 수데티 지방이 독일 땅으로 흡수됨과 동시에 나치당으로 편입된다.

나치즘 이데올로기

그런데 나치당은 1920년 2월 25일 유명한 25개조 강령을 발표했다. 이것은 나치당의 유일한 강령이 됐으며 나치당 이데올로기의 본래 형상을 여기서 볼 수 있다. 강령은 대독일주의적 대외정책, 반유대주의적 인종주의정책, 반대기업적 사회경제 정책의 세 기둥으로 시작된다.

제1기둥에서는 특히 오스트리아의 독일 민족을 시작으로 한 독일 민족 전체의 결집을 호소함과 동시에 토지(식민지) 획득을 주장한다. 제2기둥에서는 유대인을 국가국민에서 제외함과 동시에 때에 따라서는 국가에서 추방하도록 주장한다. 그리고 제3기둥에서는 노동 의무와 전체의 이익이 먼저 강조됨과 동시에 불로소득 폐지, 이자 노예제 타파, 트러스트 국유화, 대기업 이익참가, 대형 백화점의 시 마을 소유화, 토지개혁, 양로제도 확충, 건전한 중산층 창설과 유지 등을 주장한다.

제1과 제2기둥이 민족사회주의의 민족주의를, 제3기둥이 사회주의를 대변하는 것이라 해석할 수 있다.

다만 이것이 나치즘 이데올로기의 전부는 아니다. 이 밖에 중요한 것으로 히틀러 숭배로 이어진 지도자 원리와 반자유주의·반민주주의 그리고 민족 공동체 이데올로기와 계급투쟁 비판을 들 수 있다.

민족공동체 이데올로기는 계급투쟁을 주장하는 마르크스주의에 맞서는 이데올로기이며, 특히 반유대인주의와 이어져 유대인 마르크스 사상을 신봉하는 공산당과 사회민주당을 공격한 히틀러 사상의 핵심을 이룬다.

한편 25개조 강령은 문제가 있었다. 특히 제3기둥의 사회주의적 요소를 둘러싸고 당내 우파와 좌파가 심하게 대립했기에 히틀러는 1926년 당 대회에서 강령을 바꾸지 않는다고 선언하고 논쟁에 종지부를 찍었다.

실제로는 바이마르 공화국 끝 무렵 당 지도부와 대기업이 가까워짐과 함께 강령의 사회주의적 요소는 사실상 속이 빈 것과 마찬가지로 제3제국에서는 거의 이야기되지 않는다.

그렇다면 히틀러는 사회정책에 전혀 관심이 없었는가? 그렇지 않다. 다만 히틀러는 약자를 보호하는 사회정책에 관심이 없었다. 히틀러의 사회사상 기본에는 다윈 진화론을 사회학설에 응용한 사회 다위니즘이 있다고 여겨지는데, 즉 생존경쟁을 통해 강자가 살아남고 약자가 도태되는 게 진보로 이어진다는 생각이다.

그래서 히틀러는 교육 기회의 평등을 말하며 능력주의에 따른 인재등용을 주장했다. 그러나 제3제국의 현실에서는 이 주장이 경제계나 관료조직에서 거의 실현되지 않고 나치당을 통한 정계 진출에 일정한 역할을 했을 뿐이다. 한편 노동정책에서는 노동조합 원리가 부정되었고 능력주의를 기초로 한 생산량에 따른 보수제도나 능률향상 경쟁이 장려됐다.

유대인 정복정책

나치즘 이데올로기에서 가장 중요한 역할을 완수한 것은 대외정책과 인종정책이다. 25개조 강령은 단순한 독일 민족 결집에 머물지 않고 영토 확대를 바라는 제국주의적 요구를 규칙으로 정해두었지만 히틀러는 1922년 말부터 영국과 동맹을 맺고 소련을 정복해 동방에 게르만 대제국을 건설하려 구상했다.

이 구상 자체는 대독일주의를 표방하는 모든 독일 연맹에게 큰 영향을 받았다고 생각되지만, 히틀러는 그 뒤 식민지 단체와 만나 지지를 얻기 위해 아프리카에 식민지 만드는 것마저 그 목적에 더해 동방대제국 건설을 제1단계로 삼았으며, 아프리카 식민지제국 획득을 제2단계로 삼는 2단계 정복 구상에 이르렀다.

다만 히틀러의 대외정책은 결코 구상대로 되진 않았다. 특히 영국·독일 동맹 구상은 아무래도 실현할 수 없었고, 반대로 영국과 싸울 처지에 놓였다. 그리고 해군력이 부족해서 영국을 굴복시킬 수 없음이 판명되었을 때 히틀러는 방향을 바꾸어 1941년 6월 소련을 공격하게 된다. 이 독일·소련 전쟁에서 히틀러의 인종주의적 정복구상이 전면적으로 펼쳐졌다.

히틀러는 일찍부터 현대에서 이민족 지배가 어렵다고 통감해 이를 실현하기 위해서는 이민족 지배층의 근절과 반항하는 광범위한 계층을 나라 밖으로 추방할 필요가 있다고 생각했다.

정복지의 지배층과 정치적 활동자층은 손에 닿는 대로 살해했고 광범위한 현지인 이주계획이 책정됐다. 그 가운데 유대인 근절정책이 수행됐다.

물론 반유대인주의는 히틀러가 처음 생각해낸 것은 아니다. 중세시대 이후 유럽문명에 뿌리 깊게 박혀 있었던 것이다.

특히 독일에서는 19세기 끝 무렵부터 정치적인 반유대인주의가 강화돼 모든 독일 연맹은 사회민주당이 유대인의 앞잡이라는 생각에서 유대인 국외추방을 주장했다. 나치당도 25개조 강령에 유대인의 국외추방을 규정했다.

히틀러도 처음에는 공산당이나 사회민주당을 비난하는 수단으로 반유대인주의를 이용했지 유대인 그 자체에 대해서는 국외추방 이상을 생각했다고는 여겨지지 않는다. 제3제국이 되어도 유대인의 반자주적인 팔레스타인 이주가 촉진되는 한편 1938년 11월 수정의 밤 전까지는 주로 당 활동가층의 주도로 행해지는 유대인 보이콧 이상의 일은 없었다.

그러나 제2차 세계대전이 일어나면서 유대인들의 팔레스타인 이주가 불가능해지자, 폴란드를 시작으로 방대한 동유럽 유대인들이 나치스의 지배 아래에 놓이게 되며, 근본적인 유대인 대책이 필요해졌다.

히틀러는 먼저 유대인을 게토에 모으고 유대인 이주지를 찾았다. 그리고 프랑스의 패전과 함께 식민지였던 마다가스카르 섬에 유대인을 이주하는 계획이 세워졌을 때, 유대인 대책은 이제 완성됐다고 생각했다. 전쟁 속에 방대한 유대인을 이주시키는 것이 불가능했기에 실행은 전쟁이 끝난 뒤에 하기로 했다.

그러나 독일·소련 전쟁이 시작되어 유대인은 소련 지배층 근절 정책의 일환으로 광범위하게 살해되기 시작했다. 한편 게토의 식량 부족과 전염병 유행으로 그들의 삶은 갈수록 유지하기 어려워졌다. 이런 상황에서 1941년 7월에 유대인 근절 정책이 결정된다.

유대인 근절에 대한 히틀러의 명령서가 없는 것은 사실이다. 그러나 히틀러가 이 시점에서 유대인 근절을 결정했다는 사료는 존재한다. 아마 말로 전해졌을 것이다.

물론 현재 유대인 근절 정책에 대해 모든 사실이 밝혀지지는 않았다. 그래도 나치즘이 600만에 가까운 유대인 살해에 관련된 것은 엄연한 사실이다. 한두 가지 작은 사실이 불명확하다고 이것을 부정하는 일은 정상적인 사고라 할 수 없다.

진상 규명은 어디까지나 객관적인 사실을 기초로 한 냉정한 과학적 태도로 해야 하며, 일반인들에게 알려진 통설을 단 하나도 바꾸지 않으려는 열광적 보수주의는 사실 탐구와는 멀리 떨어진 태도라고 할 수 있다.

6. 전쟁 준비가 목적인 독일 경제정책

군을 재정비하기 위한 4개년 계획

히틀러는 대공황의 깊은 늪 속에서 반년쯤 보낸 1933년 1월 끝 무렵쯤 권좌에 올랐다. 히틀러 정권의 모든 정책은 전쟁준비를 중심으로 움직였다. 전권위임법이 성립하자 바로 비밀각료 회의(4월 4일)에서 군 재정비책을 언급했다.

재계를 한데 모아 히틀러 정권 탄생에 큰 역할을 수행한 샤흐트는 라이히스방크(중앙은행) 총재로 임명돼 위장용 기관인 금속재료 연구소에서 발행하는 어음(메포 어음)을 고안하고 군사비 조달에 공헌했다. 더불어 샤흐트는 경제 장관에 임명되어 나치 정권 초기 군사재정비 정책을 추진했다. 회복세에 들어선 경제는 히틀러 정권의 군수주의 경기회복과 노동창출로 겨우 몇 년 만에 완전 고용 상태가 됐다.

비밀스런 군사재정비 진전과 그에 따른 경기 회복은 원재료와 식량 수입을 크게 늘였다. 그러나 수출은 길어진 세계 경제불황 속에서 침체에 빠졌다. 그 결과는 심각한 외화부족, 외환부족 현상으로 나타났다. 1935년 일찍이 군을 재정비하는 데 필요한 공업 원재료 수입을 제한해 군비확장 속도를 늦추거나 식량 수입을 제한해야 하는 어려운 선택의 길에 놓이게 된다.

국제적 권력정치 무기로 대군비(大軍備)를 가지는 것은 영토 확장, 동방 대제국건설 목표를 꾸준히 바란 히틀러에게 절대적인 명령이었다. 히틀러에게는 힘이 바로 정의였다. 군비 확장 속도를 떨어뜨릴 수는 없었다.

식량 수입을 엄격하게 제한하면 식량 부족과 가격 상승으로 이어져 정권의 대중적 인기를 떨어뜨리고 정권기반을 흔들 수 있다. 이에 따라 히틀러가 선택한 고육지책은 원재료, 식량의 국내 자급률을 높이는 아우타르키(자급자족) 정책이었다.

그리하여 히틀러는 1936년 가을 뉘른베르크 당대회에서 4개년 계획을 선언했다. 베르히테스가덴 산장에서 쓴 비밀 각서에 따르면 이 계획은 첫째 독일군을 4년 안에 출동 가능하게 만들 것, 둘째 독일 경제를 4년 안에 전쟁 가능한 상태로 만들 것을 목적으로 하고 있었다. 그러나 합성석유, 합성고무, 철강을 시작으로 하는 원재료를 아우타르키화하기 위해선 방대한 투자가 필요했고, 제품은 평균적으로 국제가격을 훨씬 뛰어넘었다.

샤흐트는 4개년 계획이나 전시 경제대책을 둘러싸고 괴링과 대립이 깊어져 1937년 11월에 경제 장관에서 물러났다. 샤흐트는 베르사유 체제의 무거운 압박 아래 일어난 엄청난 인플레이션을 통화위원·라이히스방크 총재로서 1923년 끝 무렵 수습한 일로 널리 알려진 공적을 올린 인물이었다.

샤흐트는 1938년 말부터 시작된 군비 대확장 계획에 중앙은행 총재의 직무로 동조하는 일은 이제 할 수 없어졌다. 거기에 재정금융 위기와 새로운 인플레이션 요인이 쌓여가는 것을 보고 1939년 1월 라이히스방크 총재직에서 물러났다.

전격전의 경제적 중요성

정권을 차지한 지 고작 6년 만에 장기전을 치를 수 있는 군수경제를 구축하는 것은 불가능했다. 전격전 전략은 독일 군수경제의 약한 잠재력을 벗어나기 위해서 꼭 필요했다.

폴란드 공격을 기점으로 영국, 프랑스와도 전쟁상태가 되어 군사지출은 갑자기 늘어났다. 히틀러는 우리의 권력이 미치면 뭐든 할 수 있다며 점령지의 물적, 인적 자원을 독일 군수경제에 투자했다. 그는 전쟁에서 승리하면 전쟁비 부담을 점령국에 부담시키는 방침을 계속해서 말했다. 그렇지만 대소련전의 교착화와 총력전화는 점령지 경제 파괴는 물론이고 독일 자신의 재정 부담도 심각하게 만들었다.

군사비 증대는 어쩔 수 없다 하더라도 민사문제 또한 연합군 공습과 전쟁으로 인한 사고가 심각해지고 소개 대량화 등으로 눈에 띄게 늘었다. 제5년도에는 저마다 2.5배 강해졌지만 실제로는 군사 관계비 급증을 감추는 처리를 해야 했다. 제3년도까지 군사관계 지출에 포함되었던 소개가족 부양 수당이 그 밖의 (민사) 지출 항목으로 옮겨졌다.

또 제4, 제5년도에는 라이히스방크의 국가 부채 이자 지불과 상환이 민사 지출에 포함됐다. 그래서 이 두 연도의 민사관계 지출증대는 민간인을 위한 지출이 늘어났음을 의미하는 게 아니다. 주요 원인은 군사지출 증대로 말미암은 누적 부채이며 전쟁의 장기화·총력전화의 결과일 뿐이다.

세출을 마련하기 위해서는 국내 조세나 그 밖의 통상 수입으로는 크게 모자랐다. 점령지에서 점령비 명목으로 빼앗은 공헌금으로 채워도 큰 적자가 나는 재정이었다. 온갖 빚(화폐·자본 시장에서의 신용)뿐만 아니라 라이히스방크에서 직접 빼내어 계산을 맞추어야 했다. 이것은 은행권이 증발하는 큰 요인이 되었다. 먼저 점령지에서 가져온 돈은 거액의 국방군 지출에서 보면 너무나 적었다. 그럼에도 그것은 점령지 민중의 생활을 압박해 파괴하는 요인이 된다.

이 인상은 저항요인이 늘어나는 것으로 이어졌다. 따라서 이 금액은 점령지에 대한 지배력·치안유지력 그리고 독일의 필요와의 아슬아슬한 선에서 줄다리기를 한 결과였다. 그리고 제5년도 점령지에서의 수익 가운데 43억 라이히스마르크는 이제는 적국이 된 이탈리아에서 온 것이다. 그것은 또한 이탈리아 레지스탕스의 저항의 불을 타오르게 하는 요인이 되었다.

빚으로 조달하는 국가재정

연도별 수입 부족액에 더해 이자와 상환해야 하는 부채 때문에 만든 되돌려줘야 할 자금 또한 국가가 빚을 내서 채워야 했다. 전시 5년 동안 늘어난 재정 적자는 2871억 3000만 라이히스마르크이다.

이 가운데 화폐와 자본시장에서 조달했던 부채가 2318억 5000만, 라이히 신용 금고에서 빌린 돈이 89억, 그리고 라이히스방크가 직접 부담하는 금액이 453억 8000만 라이히스마르크였다.

미국의 무기 대여법을 통해 거대한 물량과 전시 물자를 방패로 가진 영국의 전쟁 비용 조달은 가능한 한 큰 부분을 광범위한 대중의 장기적인 국채 구입에서 채웠다. 이에 비해 독일은 여러 금융기관을 통해 전시금융을 운영했다. 그래서 다른 잡음이 없었다. 그렇지만 그것은 국가부채를 더욱더 늘리는 부분이 단기적으로 부채가 된다는 것을 의미했다. 유동적인 부채가 국가 총부채에서 차지하는 비율이 제3년도에서 60퍼센트, 제4년도에서 65퍼센트, 제5년도에는 67

퍼센트나 된다. 국가 부채는 첫 연도에 비해 제5년도에는 747퍼센트 증가, 지불 수단 유통량은 211.2퍼센트, 저축은 316.9퍼센트로 늘었다. 이렇게 전시 5년 동안 잠재적 인플레이션 압력은 무서울 만큼 커졌다.

게다가 그뿐만이 아니다. 국가 수입 가운데 점령비인 수입항목은 그 지역이 한 번 연합군 손에 떨어지면 메울 수가 없다.

서부전선에서의 잇따른 패배로 큰 무게를 차지했던 프랑스, 벨기에의 징수가 사라지고 또 동부 전선의 후퇴로 우크라이나, 오스틀란트의 방위 부담금 등이 저마다 빠지기 때문이었다. 더욱이 이 다음해까지 라인란트나 동부 지역에서의 조세수입도 큰 폭으로 줄어들 수밖에 없었다.

해결법은 전쟁뿐

제5년도 겨우 1년 만에 국가부채가 870억 마르크나 늘어난 점과 절망적인 전쟁 상황을 생각하면 이 금액은 턱없이 부족한 예산이었다. 그래서 라이히는 더욱 지폐 인쇄에 의지해야만 했다.

1944년 9월부터 12월까지 고작 4개월 동안 지폐 유통량은 100억이나 늘어 연말에는 485억 라이히스마르크에 이르렀다. 5년 동안 국민 속의 현금과 라이히의 부채가 엄청나게 늘었다. 게다가 이는 시간이 흐르면 흐를수록 심해졌다. 때문에 흘러넘치는 과잉 현금 지폐를 회수하는 것이 급한 과제가 된다. 또 국가 지출 소멸도 과제가 된다. 그러나 전시 피해가 심각했으므로 지출을 줄인다고 문제가 해결되지는 않는다.

전쟁으로 말미암은 방대한 국가부채를 어떻게 평시 경제에서 소화시켜 회복할지는 제1차 세계대전 뒤의 인플레이션 경제, 그것과 이어지는 혁명적 위기와 관련해 재계 사람들의 중대 관심사였다.

문제는 전쟁을 누가 어떻게 끝내는가였다. 철저한 항쟁을 고집하는 히틀러 국가 지도부를 부수는 것 말고는 절망적인 재정상황에서 벗어날 수 있는 방법은 없었다.

에어하르트는 미국 점령군에게 발탁되어 합중국의 자유주의화 노선 속에서 통화개혁과 경제 기적을 만들어간다. 미국의 거대한 경제력과 신용을 배경으로 처음으로 성공을 거둔다.

7. 쾌적한 생활이라는 당근과 관리사회라는 채찍

히틀러의 업적

히틀러의 제3제국은 테러와 교묘한 선전만으로 민중을 지배하지는 않았다. 지금도 히틀러에게는 긍정적인 이미지가 덧붙여지고 있다.

예를 들면 몇 백만이 넘는 실업자에게 직장을 준 일, 아우토반 건설이나 국민 보양소 설치, 또 폭스바겐을 만들어 노동자들도 자동차를 가질 수 있게 한 일 등이다.

실업 극복에 대해 살펴보자면, 히틀러가 정권을 잡은 1933년 1월에는 500만 명을 넘던 실업자가 그 이듬해 400만, 2년 뒤에는 260만, 그리고 35년 여름에는 170만으로 줄었다. 그러나 이런 실업자 감소는 히틀러 정부만의 업적이라 볼 수 없다. 물론 히틀러 정부도 실업 극복을 위해 고용 창출 조치를 취했지만 히틀러 앞의 정부가 시작한 실업 극복책이 이제야 효과를 보인 점이 더 크다. 히틀러는 그야말로 공황으로 바닥에 떨어졌다가 위로 올라가기 시작했을 때 수상이 되었다.

그렇지만 많은 노동자는 제3제국이 되어 다시 직장을 얻은 것만은 아니었다. 그들은 여러 형태로 히틀러의 업적을 경험했다.

지금도 뿌리 깊게 남은 제3제국의 긍정적인 이미지를 만드는 데 독일 노동 전선이 큰 공헌을 했다. 이 조직은 나치당의 부속단체로 기존의 노동조합이 폭력적으로 해체된 뒤에 창설됐다. 그렇다하더라도 노동자와 화이트칼라 조직은 아니다. 경영자, 수공업자, 자유업자 등도 포함해 1939년에는 2000만이 넘는 회원을 가진 제3제국에서 가장 큰 조직이었다. 노동전선에 기대한 역할은 원래는 노동자의 사상 교육이었지만 조직 확대와 함께 이들이 많은 분야에서 활동하게 된다. 여기서는 노동전선의 '즐거움을 통한 강함(Kraft durch Freude)'의 활동을 살펴보자. 이는 파시즘 이탈리아의 직장 클럽(Dopolavoro)를 따라 만든 여가조직이다.

누구나 여행을

즐거움을 통한 강함은 또 여러 국으로 나뉜다. 먼저 스포츠 경기나 강습회를 여는 스포츠국. 연극이나 콘서트 등 문화 행사를 여는 저녁 행사국. 국민교양국은 오늘날로 말하면 문화센터와 비슷하다.

여가와 직접 관계는 없지만 노동미화국은 기업 설비를 개선하기 위해 대대적인 캠페인을 벌였다. 기업에 압력을 넣어 샤워 시설이나 휴게소 설치, 사내 식당 설비, 사택 건설 등 복리후생 시설을 큰 폭으로 확충시켰다.

그러나 무엇보다 '즐거움을 통한 강함'의 가장 중요한 활동은 여행국이 실시한 저렴한 국내·해외 단체 여행이었다. 원래 여행은 물론이고 해외여행은 부르주아만 즐겼으며, 노동자 같은 일반 서민에게는 닿을 수 없는 꿈이었다. 그것을 '독일 노동자는 여행을 즐긴다'는 구호를 내걸고 저렴한 요금으로 여행상품을 제공했다.

1936년 뷔르츠부르크를 출발지로 모집한 여행을 살펴보자. 숙박비와 세끼를 포함해 킴 호수 지역으로 떠나는 5박 6일 보도여행이 16라이히스마르크, 베르히테스가덴(히틀러 산장이 있는 지역)으로 가는 6박 7일 여행이 29라이히스마르크, 그리고 노르웨이로 가는 6박 7일 크루즈 여행이 60라이히스마르크였다.

이 여행 비용은 민간 여행 회사는 도저히 할 수 없을 만큼 저렴했다. 이탈리아의 무솔리니와 이른바 '베를린과 로마 추축'이 체결된 뒤로는 이탈리아 여행도 기획해 전쟁이 일어날 때까지 2년 동안 14만 5천 명이 참가했다. 1934년에는 230만이었던 여행 참가자가 38년에는 1030만으로 늘었다.

물론 '즐거움을 통한 강함' 프로그램의 여행 참가자 가운데 많은 사람이 참여할 수 있었던 프로그램은 하루만에 다녀오는 여행이나, 고작 1박 2일 여행에 지나지 않았지만, 나치당은 호화 유람선으로 노르웨이나 대서양에 있는 포르투갈의 마데이라 섬에 가는 여행을 효과적인 선전 도구로 이용했다.

'즐거움을 통한 강함'은 뒤에 자신들의 자금으로 건조한 여객선에는 일반적인 등급을 매기지 않았다. 회사 사장도 일개 노동자도 여행할 때는 모두 평등하다는 의미에서이다. 계급투쟁 없는 민족공동체라는 나치 주장을 실행한 것이었다.

참고로 유명한 폭스바겐도 '즐거움을 통한 강함'이 개발했다(히틀러도 설계에 아이디어를 제공했다고 한다). 이를 통해 부르주아의 상징이었던 자가용 차를 노동자에게도 제공하고자 했다. 33만 6천 명이 이 차를 손에 넣으려 주마다 돈을 모았지만, 아쉽게도 전쟁이 일어나 군용 자동차로 바뀌고 말았다.

노동 의욕을 자극하는 방법

그런데 노동자가 며칠 여행을 떠나기 위해서는 유급휴가가 필요하다. 노동전선은 이쪽으로도 활발한 활동을 했다. 제3제국 이전 독일에서는 노동자와 사무직 종사자의 격차가 너무나 컸고 그것은 유급휴가에서도 나타났다. 노동전선은 노동자의 노동조건을 될 수 있는 한 사무직 종사자와 비슷하게 만들어서 둘의 격차를 줄이려 했다.

노동전선은 유급휴가 권리에 힘을 쏟았다. 비록 노동자와 사무직 종사자에게 똑같은 유급휴가 규정을 강요할 수는 없어 격차는 그대로 남았지만 노동자에게도 해마다 6~12일의 유급휴가가 주어지는 등 얼마쯤 개선이 있었다.

이렇듯 노동전선은 임금을 올리지 않고 노동자 생활을 향상시키려 했다. 게다가 이 활동에는 민중, 특히 노동자의 합의를 받아 체제에 통합하려는 정치적 의도 말고도 경제적인 의도도 있었다. 바로 노동자의 생산성 향상이다. 노동전선의 한 고위관리는 이렇게 말한다.

'노동자를 우리들의 배로 여행 보내거나 그들을 위해 거대한 해수욕 시설을 만드는 것은…… 노동자를 즐겁게 하기 위함이 아니다. 오로지 노동자의 노동력을 유지하기 위함이며 노동자에게 기운을 북돋아 일터로 돌려보내기 위함이다.'

즉 민중의 여가 시간까지 조직화해 제어하려는 의도도 있었다. 노동전선 지도자 라이는 '지금 독일에서 개인적인 시간을 누릴 수 있는 이는 잠든 사람뿐이다'라고 말했다. 즉 노동전선의 업적은 일석이조(一石二鳥)가 아니라 삼조(三鳥), 사조를 노린 것이었다.

다음으로 노동자의 사회적 향상 의욕을 자극하려 만든 전국 직업 콩쿠르를 살펴보자. 1934년 나치당 청소년 조직인 히틀러 유겐트가 개최된 뒤, 노동전선도 참가해 해마다 열렸다.

참가자는 첫해 50만이었지만 이듬해 75만, 2년 뒤 104만, 3년 뒤 188만으로 해마다 크게 늘어갔다. 1938년 뒤로는 성인도 참가할 수 있게 돼 그 이듬해에는 400만이 참가했다.

지방에서 몇 번의 콩쿠르를 거쳐 베를린에서 최종 심사를 했다. 여기서 입상한 청년 노동자들은 수상 저택에 초대돼 히틀러에게 표창을 받았다.

이 콩쿠르에서 뛰어난 성적을 거둔 노동자에게는 온갖 특전이 주어졌다. 전국은 물론 지방 입상자들에게도 여러 형태로 도움을 주었다. 야간 직업훈련 과정이나 숙련공 양성학교로의 진학, 자신의 능력에 어울리는 직장으로의 이동, 훈련기간 단축 등이다. 또 숙련되지 않은 사람은 반숙련공으로 고용됐다.

히틀러 유겐트에 가입하는 것은 도움을 받기 위한 조건이었는데, 이 규칙을 얼마나 엄격히 지켰는지는 알 수 없다. 어쨌든 전국 직업 콩쿠르 실시와 입상자가 받은 상이 일부에 지나지 않아도 젊은 노동자들에게 직접 직업상 이익을 가져다주고 그들의 상승 의욕을 부채질했음은 분명하다.

이 콩쿠르에서 좋은 성적을 얻은 결과, 장학금을 받아 대학에서 공부할 수 있게 된 어느 광부의 아들은 그 기쁨을 이렇게 표현했다. '처음으로 내게 빛이 내려왔다.'

젊은이들과 여성도 조직화

히틀러 유겐트는 많은 여가 기회를 젊은이들에게 제공했다. 독일에서는 20세기 초 이후로 반더포겔 등 청년 운동이 활발해졌는데 이들 운동은 오로지 중간 계급 이상의 젊은이들만 참여했다.

히틀러 유겐트는 이 청년운동 방식(주말에 교외에서 캠핑을 하거나 휴가여행)을 참고로 노동자 가정이나 농촌 젊은이들도 즐길 수 있게 했다. 농촌에 수영장을 만들어 큰 반향을 일으켰다.

마지막으로 제3제국 여성들의 상황을 살펴보자. 나치스는 여성해방을 외치며 가정으로 돌아가라고 주장해 여성을 주부와 어머니 역할에만 가두려 했다. 그래서 나치스의 여성 정책은 억압적, 반동적이라고 간단하게 정리해왔지만 요즘에는 이런 평가를 다시 생각하기 시작했다.

확실히 여대생 비율이 줄고 공립병원 의사나 재판관에서 여성이 배제됐지만 공적인 영역에서 활약할 기회는 전보다 오히려 늘었다. 나치 여성단, 독일 여자 청년단 회원이 몇백만이 넘는 이런 단체는 많은 전문 지도자가 필요했고, 나치스는 남녀의 영역 분리를 주장했으며 지도자는 모두 여성이었다.

10살에서 21살의 여성으로 조직된 독일 여자청년단에서는 남자들의 히틀러 유겐트와 마찬가지로 스포츠가 장려되었고, 주말 캠프 활동이나 여름방학 합숙생활을 했다. 이런 활동은 많은 여성들에게 그야말로 첫 경험이었고 잊지 못할 추억이 되었다.

농촌에서는 여성이 체육복을 입고 스포츠를 한다는 것은 상상할 수도 없는 시대였다. 그러기에 소녀들의 해방감은 더욱 컸다.

이처럼 나치즘의 업적 또는 매력이 일부에 지나지 않은 것은 말할 필요가 없다. 그러나 국민 동포인 독일인에게는 온갖 당근이 주어졌지만 유대인이나 집시, 독일인이지만 장애를 가진 사람들, 공산주의자나 사회주의자처럼 정치적 견해가 다른 사람들에게는 자비도, 용서도 없는 탄압을 가했다. 또 독일인에게 준 당근도 노동조합 파괴나 언론의 자유 억압 대신이었다.

그럼에도 히틀러의 나치 지도자는 제3제국=히틀러 독재체재라고 생각하는 사람에게는 이상하게 여겨질 만큼 민중의 동향에 민감했다. 그들은 무엇보다 11월 혁명의 재현을 두려워했다. 즉 영토 확대에서 피할 수 없는 정쟁을 이기기 위해서는 제1차 세계대전처럼 국내에서 파업이나 혁명이 일어나면 곤란했다. 노동자들의 체제 지지를 단단히 해둘 필요가 있었다.

이렇게 생각하면 독일의 노동운동은 역사적인 강력함 때문에 제아무리 히틀러라 할지라도 노동자들에 대한 배려를 잊을 수 없었다고 할 수 있다.

8. 나치스의 대량학살과 강제노동 진상

유대인 학살을 위한 가스실은 존재하지 않았다는 주장은 역사적 사실과 반대된다. 그러나 문제는 역사적 사실에 반대되는가 아닌가에서 그치지 않는다. 그런 주장은 나치스의 유대인 근절을 스탈린주의의 숙청이나 제3세계에서의 대량학살과 비교하고 이러한 비교를 통해 나치스의 특이성을 상대화하는 주장과 통하는 면이 있다.

역사적 사실을 어떻게 해석하느냐는 연구자의 주관적 의도와 긴밀한 관계가 있다. 또 그 시대와 사회 전체와의 배경에 연연하지 않고 유대인 학살에 관련된 현상에만 초점을 맞추는 역사적 견해와도 상관있다. 유대인 근절=독가스=강제수용소=아우슈비츠라는 도식을 그냥 받아들이면 이런 주장에 반론할 여지가 없다.

나치스의 대량학살을 역사학적으로 구명하기 위해서는 오히려 나치스의 유대인 정책이 근절 정책으로 펼쳐진 과정, 유대인 대량학살의 진상을 외국인 강제 노동체제와 강제수용소 체제에 관련지어 해석하는 것이 중요하다.

따라서 문제로 삼을 논점은 첫째, 히틀러나 나치스는 과연 유대인 근절이 아니라 유대인의 강제이주와 노동력 이용을 계획했는가? 둘째 유대인을 체계적으로 살해하지 않았는가? 셋째 유대인 사망은 나치스가 의도한 일이 아니라 전쟁이 끝날 무렵, 생활 조건 악화로 피할 수 없는 결과였는가? 이 세 가지이다.

유대인 정책 전개

나치스의 중심 이데올로기라고 할 수 있는 '반유대인주의'는 인종으로 본 유대인에 대한 반감이다. 기본적으로 유대인을 독일에서 추방하자는 주의가 중심이지만 처음부터 통일된 유대인 정책이 있었던 것은 아니다. 유대인에 대한 정의를 내리기 시작하면서(1935년 9월 뉘른베르크 법), 1938년 11월 9일, '수정의 밤'

으로 상징되는 유대인에 대한 폭력시위가 있었다.

'수정의 밤' 사건이 일어난 다음, 가두시위를 통한 유대인 정책은 사라지고 국외추방이라는 형태로 유대인 정책 체계화를 시도한다.

독일은 1939년 9월 1일, 330만이 넘는 유대인이 살았던 폴란드를 공격하면서 독일 유대인 정책은 독일의 유대인만이 아니라 폴란드의 유대인도 그 대상으로 끌어들였다.

그해 9월 21일, SS 국가 보안본부장 라인하르트 하이드리히는 독일 라이히와 편입지역(60만의 유대인이 거주)에서 유대인을 폴란드 총독부(140만 유대인이 거주)로 추방한다.

동시에 게토를 조직해 앞으로 추방된 유대인을 격리하라고 명했다. 총독부 루블린에 특별거주지를 건설하는 계획도 그 가운데 하나였다. 이로 말미암아 유대인 대량 추방이 시작됐지만 이것은 독일인 민족을 소련에서 이주시켜 달갑지 않은 폴란드인을 추방한다는 SS 하인리히 힘러가 계획한 포괄적인 이주정책의 일부였다.

그러나 1940년 봄, 유대인의 국외추방 정책은 그 과정의 혼란을 이유로 중지되어 같은 해 여름, 유대인을 마다가스카르 섬으로 추방, 이주시키는 마다가스카르 계획이 있었지만 프랑스와의 교섭 결렬로 실행되지 못했다.

그해 가을까지 유대인 국외 추방이 나치스 독일의 핵심적인 유대인 정책이었다. 이런 가운데 유대인 게토 형성이 시작됐다. 그해 4월 로추, 10월 바르샤바, 이듬해 크라카우, 루블린, 라돔, 렘베르크에 게토가 만들어졌다. 1941년 끝 무렵, 총독부 안의 게토화는 거의 완료되어 편입지역과 총독부의 유대인이 게토에 거주하는 상황이 만들어졌다.

게토의 유대인은 SS의 지배 아래 유대인 평의회에 의해 간접적으로 통치됐지만 여기에는 강제노동 조직에 포함됐고 식량배급 통제를 받았다.

체계적인 대량 살해는 이 시점에서 실행되지 않았지만 로추 게토 20만 유대인 가운데 4만 5000, 바르샤바 게토 47만 유대인 가운데 8만 3000이 게토가 해체될 때까지 굶어 죽거나 역병으로 죽었다. 게토에서만 유대인 사망자 수가 50만을 넘는다.

나치 프로파간다 그 선동

1. 독일 바이마르공화국 탄생에서 제3제국 붕괴까지

제1차 세계대전의 패배는 '등 뒤에서 벌어진 비수(匕首)의 일격'

19세기 끝 무렵 유럽, 영국, 독일, 러시아 등의 제국이 영토를 나누어 차지하고 오스트리아 제국과 헝가리 제국은 프란츠 요제프 1세 아래 있었다. 오스트리아는 안으로 이민족 통치의 불안을 안고 밖으로 발칸반도에서는 범게르만주의에 의한 민족대립이 격화되어 갔다. 이 무렵 1889년 4월 20일, 오스트리아의 브레슬라우에서 세무관리의 아들로 아돌프 히틀러가 태어났다. 그는 빈에서 예술가가 되려고 열심히 노력했으나 실패하고, 1913년에 징병검사를 기피해 독일제국연방 바이에른 왕국의 수도 뮌헨으로 떠난다.

1914년 6월 28일, 오스트리아의 황태자 프란츠 페르디난트 대공 부부가 오스트리아령 보스니아 헤르체고비나 사라예보에서 암살되었다. 이 사라예보 사건을 계기로 오스트리아제국과 세르비아가 전쟁을 일으킨다. 오스트리아는 독일, 이탈리아와의 3국동맹에 가입하고 러시아제국은 같은 슬라브계 민족인 세르비아를 지원하기 위해 총동원령을 내렸다. 독일 제2제정의 황제(카이저) 빌헬름2세는 오스트리아의 동맹국으로서 러시아에 동원중지를 요청했는데, 받아들여지지 않자, 선전포고를 했다. 그렇게 되자 러시아와 협력관계에 있었던 프랑스, 영국이 독일에 맞서면서 제1차 세계대전이 일어난다. 이때 뮌헨에 있었던 오스트리아인 히틀러는 바이에른 왕국에 군인으로 지원, 서부전선에 상등병으로 출정했다.

제1차 세계대전에서는 병사뿐만 아니라 민간인도 공장노동, 농작업, 자원 절약, 여론형성 등을 통해 전쟁에 동원되어 서로서로 하나가 되어서 싸우는 대규모 총력전이 시작되었다. 그리고 전차, 항공기, 독가스, 잠수함 등의 신무기가 투입되어 대량파괴, 대량살육이 되풀이되었다. 이런 가운데서 국민의 협력을 얻기 위한 전쟁의 대의명분이 만들어지고, 그것을 국민에게 널리 알리기 위해 포스터, 신문, 잡지 등을 활용한 프로파간다(선전, 선전 활동)가 대대적으로 이루어졌다. 영국, 프랑스 등의 연합국 프로파간다는 독일인은 동쪽에서 오는 훈족의 야만성에 맞서 아이조차 죽이는 것과 같은 잔학 행위를 일삼았다고 선동하며 독일인에 대한 증오를 부추겼다. 아돌프 히틀러는 전쟁이 일어난 무렵 서부전선에서 군의 전령을 지내고 있었는데, 나중에 연합국의 프로파간다가 독일의 정당한 싸움에 의문을 품게 하고 사기를 떨어뜨린 것이 패전 요인이라고 여겼다.

1917년 3월, 러시아에서는 전쟁에 반대하는 노동자, 농민, 병사가 세계에서 처음으로 소비에트에 결집해 황제 니콜라이 2세가 물러나면서, 러시아혁명이 시작되었다. 그리고 러시아 공산주의 다수파, 즉 볼셰비키가 혁명을 지지해 국가의 행정, 입법, 사법의 권한을 장악하고 이제까지의 보수적 정치세력을 억압함으로써 새롭게 사회주의 정권이 탄생했다.

러시아정부가 혁명의 영향으로 세계전쟁에서 이탈했기 때문에 독일은 동부전선에 파견했던 남아도는 병력을 서부전선으로 옮겨 1918년 봄에 공세를 가했다. 그러나 미국 지원군도 곧 프랑스에 도착했기 때문에 전쟁에서 패배한다. 이와 같은 전국 악화 속에서 러시아혁명이 일어나고, 독일에도 소비에트를 모방한 노동자·병사평의회, 즉 레테(Räte)가 탄생해 독일혁명이 시작되었다. 전황(戰況) 만회가 불가능함을 깨달은 독일참모본부의 파울 폰 힌덴부르크 참모총장, 에리히 루덴도르프 참모차장은 휴전협정 체결이라는 굴욕을 회피하고 전쟁을 끝내기 위해 의회정부(잠정정권)를 수립해야 한다고 황제에게 역설했다. 독일의 새 수상으로 취임한 막시밀리안 폰 바덴 대공은 미국 대통령 우드로 윌슨의 제안으로 구성한 14개조의 강화조건에 따라 연합국과 평화교섭에 나설 것을 약속하고 황제퇴위를 선언했다. 그리고 18년 11월 11일, 휴전조약이 성립했다.

1919년 6월 28일, 독일 의회정부는 파리강화회의에서 베르사유조약을 체결했는데, 이 조약은 독일의 군비제한, 배상지불, 전범처벌을 요구하고 있었다. 한편, 독일국민의 대부분은 조약을 강요라고 반발했고, 국가주의자는 조약을 체결한 정부를 '독일의 배신자'로 비난하게 되었다.

국가주의란 전통적, 보수적인 가치관으로서 사회질서를 중시하고 정부의 사회, 경제, 문화에 대한 권한을 강화해 국가권위를 높이려고 하는 입장이다. 따라서 독일의 패배를 인정하지 않는 과격한 국가주의자도 적지 않았다. 그들은 독일이 전쟁에서 패한 것이 아니고, '독일혁명'이라는 이름으로 국내의 배신자들에 의해 패배로 내몰렸다고 주장했다. 그리고 혁명을 주도한 볼셰비키를 증오했다. 국가주의자들은 독일 제정시대의 영광을 되찾기 위해 독일은 숨은 배신자들에 의해서 전쟁에 패배했다고 하는 '등 뒤에서 벌어진 비수의 일격' 음모설을 창작했다. 그리고 이를 더욱더 왜곡해 국제유대인 볼셰비키가 독일을 패전으로 내몰았다고 주장한 것이 나치당이었다.

패배한 독일에서 나치당이 일어남

1919년 8월 20일, 튀링겐주 바이마르 헌법 제정 국민의회에서 의회민주주의를 내건 신 헌법, 이른바 바이마르 헌법이 발포되어 사회민주당의 프리드리히 에베르트가 대통령에 선출되었다. 이것이 이른바 독일 바이마르공화국의 시작이다. 그러나 정부는 독일혁명을 더욱 추진하려는 공산주의자와 반혁명의 국가주의자, 좌우 두 집단으로부터의 공격에 맞닥뜨린다. 또 군부와 국가주의자는 '등 뒤에서 벌어진 비수의 일격'이라는 음모사관에 따라서 퇴역군인을 중심으로 한 프라이코르프스(반혁명자유의용군)를 조직하고 혁명파를 제압하려고 했다.

아돌프 히틀러는 전쟁이 끝난 뒤에도 군에 머물면서 독일노동자당에 입당했다. 1920년, 독일노동자당은 국가사회주의 독일노동자당(NSDAP), 나치당으로 개명되어 좌우 이데올로기를 도입해 독일의 영광을 부흥하겠다고 주장한다. 그리고 이들은 연설회, 집회 등을 자주 열었다. 또 이들은 집회나 시위행진(데모)에서 반대파를 강제적으로 배제하는 돌격대(SA)를 편성해 가두에서 폭력, 테러를 되풀이해 주목을 모았다. 테러란 폭력을 배경으로 상대에게 공포심을 불러일으켜 특정 목적을 이루려고 하는 행동과 위협을 말한다.

1923년 1월, 독일의 배상지불이 지연되자 프랑스는 벨기에를 권유해 독일 최대 공업지대인 루르 지방을 무력으로 점령한다. 이에 반발한 독일국민은 공동파업 등의 소극적 저항을 했는데, 독일 경제는 도리어 혼란에 빠지고 독일 마르크의 환시세가 대폭으로 줄었기 때문에 과도한 인플레이션이 발생했다. 이 혼란 속에 바이에른주 수상 구스타프 폰 카르 등은 주의 분리독립을 바라고 있었기 때문에 국가주의자에 의한 공화국정부 공격을 받아들였다. 이를테면

1870년 대프랑스전에서 세단의 승리와 1914년의 타넨베르크 전투승리를 기념하는 '독일의 날'에 바이에른주 뉘른베르크에서는 히틀러의 돌격대, 프라이코르의 제국군기단, 오버란트 동맹 등이 가두에서 대집회를 열고 있다.

대통령 에베르트는 혼란을 수습하기 위해 루르점령군에 대한 저항을 멈추고 비상사태를 선언한다. 그러나 이에 반발한 카르는 11월 8일, 뮌헨에서 반정부집회를 가졌다. 이 회장에 돌격대를 이끌고 진입한 히틀러는 바이에른주 정부 간부에게 뮌헨 폭동, 일명 비어홀 폭동에 대한 참가와 신정부 수립을 강요했다. 그러나 폭동은 독일국군과 경찰에 의해서 진압되고 히틀러 등 주모자는 바이에른주의 재판에 회부되었다. 재판을 선전의 장으로 만들 생각이었던 히틀러는 독일을 구하기 위해 폭동을 일으켰다고 주장하고 모든 책임을 인정해 국가주의자로서 세간의 주목을 받았다. 나치당은 해산명령을 받고 히틀러에게는 금고 5년 형이 언도되었는데, 세계적 유명인이 된 히틀러 덕택에 1924년 5월 4일, 총선거에서 나치당의 후계당은 32의석을 획득한다. 히틀러는 복역 중에 《나의 투쟁》을 쓰고 출소한 뒤 나치당을 새로 조직, 그 지도권을 장악했다. 이에 따라서 그때까지 나치당 간부 가운데 한 사람에 지나지 않았던 히틀러가 당 지도자로서 당내의 독재적 권한을 갖게 되었다. 히틀러의 카리스마적 지배가 시작됐다.

카리스마란 원래 신의 은총을 뜻하는데, 그 무렵 독일 민주당 지지자였던 사회학자 막스 베버는 예언자, 구세주 그리고 영웅 등이 지닌, 사람들을 매료하고 기꺼이 그를 따르게 하는 인격적인 자질을 보유한 인물에 의한 지배를 카리스마적 지배로 부르고 있다. 히틀러에게 카리스마가 인정된 이유는 ①패전 뒤의 독일에서 연합국이나 베르사유조약에 배려함 없이, 대중에게도 영합하지 않고, 다른 정당과의 정치거래나 타협을 전혀 하지 않는다. ②스스로 사명감을 깨닫고 마치 신의 의지를 실행하듯이 운동한다. ③운동이 가져오는 모든 책임을 떠넘기지 않고 모두 한 몸에 떠맡는다는 점 때문이다. 히틀러는 변절자이고 학력은 낮은 데다 친구도 없는 것처럼 보였다. 그런데 그 카리스마에 반한 나치당 지지자가 늘었다. 나치당은 충분한 논의를 다해 구체적인 정책을 제시하는 일은 결코 없었는데, 오로지 현상타파라는 최대공약수적인 운동으로써 그들을 제창하는 세계관을 신봉하는 나치신자를 얻은 것이다.

나치당에 의한 일당독재

1929년 10월 24일, 뉴욕증권시장에서의 주가폭락을 계기로 세계대공황으로 일컬어질 정도의 대불황이 닥쳐왔다. 대불황의 원인으로서는 ①미국의 금융긴축 ②금본위제[1]의 결함 ③미국의 전시 채권 처리, 세계대전 배상처리의 부적절함 ④장기·단기 경기순환의 동시진행 ⑤디플레이션[2]정책의 실패 등 다양한 견해가 있다. 어쨌든 독일에서는 불황으로 실업자가 크게 늘어나고 노동운동이 격화했다. 보수정치가와 자본가는 공산주의자의 대두를 두려워해, 공산주의자의 탄압을 서슴지 않는 나치당에 기대하게 되었다. 그 무렵 유력한 정당이었던 사회민주당과 중앙당은 연립을 해도 의회에서 안정된 세력을 유지하지 못해, 내각은 의회의 지지를 얻을 수가 없었다. 그래서 브뤼닝 수상은 대통령 긴급령의 발령을 요청하고 강권적인 디플레 정책을 강행한다. 즉 채무부담 경감, 인플레 회피, 임금인하에 의한 기업이익 회복을 목적으로 증세와 실업보험 감액을 실시한 것이다. 독일 대통령직은 1925년부터 전 참모총장 파울 폰 힌덴부르크가 맡고 있어 전쟁패배의 책임을 져야 할 입장인 군수뇌이며 제정파의 인물이 국민투표에 의해서 바이마르공화국 원수의 지위를 얻고 있었다. 그리고 그 강력한 대통령 비상권한에 의존해 대통령 내각이 이어져 의회 민주주의는 물거품이 되고 만 것이다.

나치당은 돌격대를 이용해 폭력과 테러로써 반대파를 제압하고, 공화국정부의 실책에 의해서 곤궁에 빠져 있었던 중산층이나 정부의 부패와 무능에 신물이 난 대중으로부터 지지를 얻었다. 1930년 9월, 제5회 총선거에서 나치당은 득표율 18.3%로 107의석을 얻어 사회민주당에 이어서 제2당이 된다. 나치당의 정권 담당 능력은 매우 낮고 과격한 발언과 행동을 취하는 히틀러도 수상의 자리에 적합하다고는 생각되지 않는데, 보수정치가와 개개인은 공산당의 진출을 두려워해 히틀러의 나치당을 이용해 공산주의자와 노동조합 활동가를 억압하려고 획책했다.

정권 획득을 한 다음, 나치 프로파간다는 여당으로부터 재정자금이나 공공시설을 활용해 재계로부터의 정치헌금을 받으며 대규모로 펼쳐졌다. 또 대집

---

1) 금의 일정량의 가치를 기준으로 단위화폐의 가치를 재는 화폐제도.
2) 통화 수축.

회, 가두행진, 포스터, 라디오 등 프로파간다의 수법은 결코 나치당 특유의 것이 아니었고, 그 영향력도 오늘날 생각처럼 크지도 않았다. 1930년 이전, 나치당은 하나의 약소한 야당에 지나지 않고, 집회에 출석한 당 간부, 돌격대의 복장은 젊은이들에게 어울리지 않아 우스꽝스러울 정도였다. 나치당의 라디오방송이 가능하게 된 것도 정권을 획득한 뒤의 일이다.

다른 한편, 여당의 제1당이었던 사회민주당은 각지의 대집회에 독일국군, 경찰을 동원하고 국기단, 세 화살의 기를 내건 강철 전선도 가담해 위엄 있는 모습을 보여주었다. 사회민주당 에베르트 대통령은 국방장관과 국군의 육해군사령관을 거느리고 시내 중심부에서 의사병을 사열해 권위를 보여주었다. 힌덴부르크 대통령 또한 스스로 원수의 군복을 입고 베를린에서 국군의 행진을 열병해, 그 위엄을 나라 안팎으로 보여주었다.

독일에서는 1929년 무렵 세계 공황이라는 상황 속에 의회에 기반이 없는 수상이 대통령에 의해서 임명되는 대통령 내각이 이어져 의회와 대립을 피할 수 없었다. 1930년 9월, 총선거에서 나치당은 사회민주당에 이은 제2당이 되어 국군의 쿠데타도 고려하게 되었다. 의회에서 지지를 얻지 못했던 파펜 수상은 32년 7월, 총선거에서 제1당이 된 나치당 대표인 히틀러를 부수상으로 거느리려고 했다. 그러나 파펜을 사직으로 내몬 슐라이허 장군이 스스로 수상에 취임하고 다시 나치당 간부인 그레고어 슈트라서를 부수상으로 발탁하려고 했다. 보수정치가들은 잇따라 나치당을 포섭해 조종할 것을 생각한 것이다. 그리고 수상의 자리를 슐라이허에게 내준 파펜은 힌덴부르크에게 히틀러를 수상으로 앉혀 조종할 것을 제안했다. 힌데부르크는 히틀러를 경멸하고 있었지만 히틀러가 소유영지의 보장을 약속했기 때문에 1933년 1월 30일 히틀러를 수상에 임명한다.

수상 히틀러는 처음에는 헌법 준수를 맹세하고 예의 바르게 정무에 힘쓰는 듯한 모습을 보여주었는데, 2월 27일, 국회의사당 방화사건을 계기로 헌법의 인권규정을 대통령 긴급령에 의해서 정지한다. 그리고 돌격대와 친위대를 보조경찰에 채용해 공산당 등 나치 반대파를 강제수용소에 보호·구금한다. 3월 21일, 포츠담의 날, 히틀러는 포츠담 가르니송 교회에서 예배와 함께 국회 개회식을 하고, 프리드리히 대왕의 묘 앞에서 바이마르공화국에서 제3제국으로의 정권 이행을 연출했다. 그리고 3월 23일, 의원들을 폭력과 테러로 위협해 수상에게 입법제정의 권한을 부여하는 전권위임법의 국회에서 채택을 강행하고 나치당 이외의 정당을 금지 또는 해산으로 내몰아 일당독재를 시작했다.

1933년 3월, 제8회 총선거에서도 나치당은 여당으로서 많은 자금을 투입해 공권력을 남용, 선거에 간섭한다. 나치당은 돌격대 친위대를 보조경관으로 동원해 반대파를 강제수용소에 구금했다. 보호구금이란 사법수속 없이 경찰이 용의자를 구속하는 것이고, 의회민주주의도, 삼권분립도 부정되며, 인권은 유린되었다. 이렇게 강압적 수법을 썼음에도 나치당 득표율은 43.9%에 머물러 과반수에도 이르지 못했다. 결국 나치당의 히틀러 독재는 집권여당이 폭력과 테러를 배경으로 한 프로파간다를 펼쳐나가고, 권력을 남용해 투쟁을 펼친 결과 가능해진 것뿐이다. 결코 민주적 절차로써 독재정치가 성립한 것은 아니다.

나치의 인권침해와 전쟁준비

히틀러는 1925년, 저작 《나의 투쟁》에서 유대인 배제를 뚜렷하게 공언했는데 정권획득 2개월 뒤인 1933년 4월 1일, 전국적인 유대인 배척운동을 시작했다. 파렴치한 인종적, 민족적 차별이 독일의 정책으로 채택된 것이다. 돌격대(보조경관)가 유대인 상점의 배척운동을 알리는 간판을 내걸고, 길을 오가는 사람들에게 팸플릿을 배포했다. 이를테면 간판에는 '독일인은 주의하라. 상점의 유대인 소유자들 5명은 기생충이고 독일인의 묘를 파는 자들이다. 그들은 독일인 종업원에게 굶주림을 모면할 임금밖에 지불하지 않는다. 점주는 유대인 나탄 슈미트이다'라고 씌어 있었다. 그러나 이와 같은 과격한 반유대정책은 의식이 있는 독일시민에게 놀라움과 반발을 가져왔기 때문에, 히틀러와 괴벨스는 계속하기로 예정이 되었던 유대인 배척운동을 하루 만에 중단하고 말았다.

그러나 히틀러는 1933년 4월 7일, 직업관리 재건법을 제정하고 공산주의자, 사회민주주의자, 비(非)아리아인 공무원과 교원을 파면 또는 퇴직시킨다. 이어서 이듬해 1934년 1월 26일, 독일 공민규칙에서 독일인과 그 혈족만이 시민으로 인정되고 비아리아인에 대한 공적 서비스는 중지되었다. 그리고 같은 해 9월 16일, 뉘른베르크의 제7차 전국 당대회 '자유'에 맞추어 특별국회를 소집하고 뉘른베르크법을 정해 '공민이란 독일인과 같은 피를 지닌 국적소유자'이고 유대인과의 결혼이나 혼외관계를 금지해 이를 위반한 남성을 '합법적으로' 처벌하기로 했다.

히틀러는 정치 연장수단은 전쟁에 있다고 판단해 특정목표를 이루는 수단으로 언제든지 군사력을 곧바로 동원할 각오였다. 1935년 3월, 베르사유조약 수정을 의미하는 재군비선언을 하고 징병제를 부활해 군사평등의 주장을 각국이 인정하게 했다. 이듬해 3월, 베르사유조약으로 비무장지대로 인정된 라인란트에 독일국방군을 진주하게 하여, 사실상 베르사유조약을 파기했다. 그리고 7월, 스페인에서 프란시스코 프랑코 장군이 공화국정부에 대해 반란을 일으켜 스페인 내전이 일어나자, 즉시 프랑코의 요청이 들어와 반란군에 대한 군사지원을 시작한다.

이와 같은 군비증강을 배경으로 1938년 3월, 독일은 오스트리아를 병합하고 합스부르크왕조 이래 황제의 4대 표상인 검(劍), 보주(寶珠), 왕관(王冠), 홀(笏)을 전국대회 개최지 뉘른베르크로 가지고 돌아가 '대독일은 1000년 이어진다'고 선언했다. 제1차 세계대전의 패전국이었던 독일은 오스트리아를 병합하고 사실상 제3제국을 확립한 것이다. 더 나아가 '민족독일인'이 박해를 당하고 있다는 구실로 체코슬로바키아에 '민족독일인'이 사는 수데티 지방의 양도를 요구했다. '민족독일인'이란 독일 국외에 거주하며 독일어를 모국어로 하는 민족으로, 동유럽에서 러시아에 걸쳐 분포하고 있었다.

1938년 9월, 뮌헨회담에서 영국과 프랑스는 동맹국 체코슬로바키아가 독일에게 수데티를 양도하도록 했다. 히틀러는 더 이상의 영토확대를 추구하지 않겠다고 약속했지만 이듬해 체코슬로바키아를 해체하고 체코의 보헤미아 모라비아를 독일령 뵈멘-메렌(보헤미아 모라비아)으로 부르며 병합했다. 1939년 8월, 히틀러는 소련과 불가침조약을 체결하고 폴란드를 침공하면서, 영국과 프랑스는 전쟁의 위험을 무릅쓰지는 않을 것으로 생각하고 있었다.

제2차 세계대전의 발발

독일은 폴란드가 '민족독일인'을 박해한다는 구실로 1939년 9월 1일, 폴란드를 침공했다. 그러나 같은 달 3일, 폴란드와 상호원조조약을 맺고 있었던 영국과 프랑스는 독일에 선전포고를 해 제2차 세계대전이 시작된다. 소련군은 독일과의 불가침 비밀의정서에 의거해 폴란드 동부로 진주, 폴란드를 동서로 분할 점령했다.

나치당은 독일국민에 대해 테러리즘에 의거한 프로파간다를 전개하고 독재 체제를 확립했다. 전쟁은 독일 국내에서의 테러 방법을 외국에 응용하고 확장해 사용한 결과였다. 히틀러의 독일 국내 정권탈취를 위한 투쟁 연장선상에는 외국에 대한 전쟁이 있었고, 거기에 공통적인 것은 언제나 폭력과 테러였다. 실제로 1939년 1월 30일, 히틀러가 국회연설에서 국제 유대인이 여러 국민을 다시 대전으로 끌어들이면 그 결과는 볼셰비키와 유대인의 승리가 아니라 유럽·유대인의 절멸이라고 예언했다. 1939년, 50세를 맞이하는 히틀러는 자신의 건강과 국민에 대한 지도력의 한계를 인식, 만일 전쟁을 시작해야 한다면 지금밖에 없다고 결단을 내린 것이다.

독일군은 폴란드 점령지에서 수많은 지식인과 유대인을 체포해 총살했다. 또 폴란드 유대인에게 유대의 별(다윗의 별) 배지의 착용의무를 부과하고 고립화시켜 이들을 게토에 몰아넣었다. 이렇게 해서 폴란드인과 유대인을 추방하고 '민족독일인'에게 새롭게 토지를 주는 민족의 경지정리(耕地整理)가 시작되었다.

1940년 6월, 프랑스가 항복한 뒤, 8월에는 영국 수상 윈스턴 처칠과 중립국이었던 미국 대통령 프랭클린 루스벨트가 공동으로 대서양 헌장을 발표한다. 그들은 나치스의 침략으로부터 민주주의를 지키기 위해 계속 싸울 결의를 표명했다. 이듬해 41년 6월, 독일은 영국과 교전상태인 채 소련을 침공하고, 12월 일본이 미국을 공격해 태평양전쟁이 시작되자, 독일도 미국에 선전포고를 했다.

일본, 독일, 이탈리아 3국 군사동맹에 따르면, 일본이 미국에 공격을 가해도 독일이 참전할 의무는 없었다. 그러나 1941년 12월 11일, 히틀러는 볼셰비키와 국제금융을 지배하는 유대인이 전쟁을 선동한다는 이유로 독일과 유럽을 지키기 위해 세계전쟁을 개시한다고 선언했다. 이때 국회연설은 히틀러가 유대인 섬멸을 위해 위탁이 된 예언자 또는 구세주임을 자부하고 있다는 내용이었다.

다른 한편, 제2차 세계대전은 영국과 미국에게는 자유와 민주주의를 지키는 싸움이며, 소련에게는 국토방위를 위한 대조국전쟁(Great Patriotic War)을 의미하게 된다. 연합국 26개국은 1942년 1월 1일, 연합국 공동선언(유엔선언)을 발표하면서, 파시즘 제국과의 단독강화는 절대로 하지 않고, 철저하게 항전한다고 서

약했다. 여기에는 대영제국 자치령인 캐나다와 오스트레일리아, 식민지 인도, 중남미 제국도 참가하고 있다. 이 선언은 생명, 자유, 독립 그리고 종교적 자유의 옹호를 내세워 식민지 지배와 인종 및 민족차별의 재검토로 이어지게 된다.

나치스 제3제국 붕괴하다

독일은 세계전쟁 가운데 유대인 문제를 '최종해결'로 도모하려고 했다. 유대인은 강제수용소에 갇히고 그곳에서 다시 절멸수용소로 이송되었다. 그리고 나치스의 선별에 의해 수감되어 노예노동에 종사하거나 살해되도록 정해졌다. 이 유대인 대학살의 방침은 전쟁 전부터 계획되었는데 이 시기에 실행에 옮겨진 것이다.

1941년 10월 25일, 히틀러는 힘러, 하이드리히 앞에서 39년 1월 30일 국회에서 연설했던 유대인 절멸 선언을 인용해 '유대인은 유럽에서 사라져야 한다'고 명확하게 주장했다. 그 이유는 '이 범죄적 인종에는 제1차 세계대전 2백만 명의 사망자와 현재 몇 십만의 사망자에 대한 책임이 있다'는 것이었다. 이렇게 해서 폴란드의 트레블링카(Treblinka), 오시비엥침(Oswiecim), 브제진카(Brzezinka) 등 독일 점령지에 절멸수용소가 개설되어 가스, 질병, 기아, 형벌, 가혹한 노동에 의해서 대대적인 유대인 대량학살이 시작되었다. 유대인은 ①아리아인종 오염자, ②반독일적 볼셰비키 ③독일에 대해 전쟁을 일으킨 범죄자, ④반독일 빨치산, ⑤식량 자원의 불필요한 소비자로 평가되며 살해되었다.

그러나 1943년에 들어서며 스탈린그라드에서의 패배를 계기로 독일은 본격적으로 총력전을 수행할 것을 결의하고 유대인, 포로 등을 노예 노동력으로서 광범위하게 이용하게 되었다. 그러나 전황의 앞날을 비관한 독일의 민간인과 병사는 전쟁이 끝나기를 기다리고 바라게 되어 나치당과 히틀러에 대한 레지스탕스도 발생했다. 그러나 반란은 성공하지 못하고 44년 5월부터 6월에 걸쳐 헝가리 유대인들이 폴란드의 오시비엥침과 브제진카 수용소로 이송되었고 대량학살은 더더욱 극렬해졌다.

다른 한편, 나치스는 독일 본토에 대한 무차별 폭격에 대해서 비밀무기로 보복하겠다고 공언하고, 1944년 6월, 연합군이 대륙을 침공해오자 최첨단 기술을 활용한 순항미사일, 로켓과 제트기 등을 실전에 투입했다. 그러나 이러한 최신무기는 유대인을 비롯해 죄수의 노예노동에 의존해 생산되고 있었다. 또한 전쟁 말기에는 히틀러에게 충성을 맹세한 나치당 최고 간부들도 히틀러를 배신해 평화교섭을 시작하려고 강제수용소에 수용된 죄수와 포로를 이용하려 했다.

1945년 미군, 영국군은 다하우, 베르겐−벨젠 등 독일의 강제수용소를 해방하고 그 비참한 상황을 목격해 나치스의 죄악을 철저하게 추적해야 한다고 생각했다. 독일 국민 대부분도 이즈음에서야 비로소 강제수용소의 실태, 친위대에 의한 대량살육을 목격하게 되었다. 1945년 5월, 독일은 무조건 항복했다. 전쟁 중 대량학살과 대량살육을 진행한 나치당, 친위대 등의 조직은 전쟁이 끝나고 독일 바이에른 주의 뉘른베르크 군사재판에서 유죄판결을 받게 된다. 그리고 그 일에 가담했던 인물들은 나치스로서 처형되었다.

이렇게 해서 제3제국은 붕괴했는데 지금도 나치스 제3제국의 초기는 독일 번영의 시대였다고 평가한다. 나치당은 압도적 다수인 독일국민의 지지를 얻어 합법적으로 정책을 확립했다. 히틀러도 전쟁만 일으키지 않으면 일류의 정치가였다. 독일에는 여전히 최고 수준의 기술로 신무기를 만들어냈다는 등 다양한 나치 프로파간다 신화가 남아 있다.

2. 아돌프 히틀러의 제1차 세계대전

나치 프로파간다를 고찰하려면 그 사실상의 창시자인 히틀러의 성장과 청소년 시절을 무시할 수는 없다. 히틀러는 오스트리아 제국의 가톨릭 중산층 출신으로 아버지가 죽은 뒤부터 린츠, 빈에 살며 예술가의 꿈을 안고 있었다. 그러나 제멋대로 살며 노력을 하지 않았기 때문에 앞날의 진로를 정하지 못하고 병역을 기피해 독일의 뮌헨으로 이주했다. 그 뒤 제1차 세계대전이 시작된 것이다. 히틀러는 청소년 시절 경험에서 인생이란 승부를 가르는 양자택일의 도박이라고 생각해 독일군 병사로서 출정하는 것에 인생의 활로를 발견했다. 그리고 그 종군 경험을 통해 삶과 죽음을 가르는 생존투쟁이 사회를 지배하는 근본법칙임을 확신했다.

학교 교육에 친숙해지지 못했던 아돌프 히틀러

1889년 4월 20일, 아돌프 히틀러는 오스트리아 제국 북부, 독일 국경 도시 브라우나우에서 아버지 알로이스 히틀러, 어머니 클라라의 아들로 태어났다. 볼프강 슈트랄의 저서인 《아돌프 히틀러의 일족》에 따르면, 아버지 알로이스는 1837년, 오스트리아 북동 발트피어텔 지방에서 게오르크 히틀러의 서자(庶子)로 태어났다. 친아버지는 게오르크의 형 넴포크였다. 알로이스가 백부 넴포크의 유산을 상속한 것도 그 때문인데 진상이 가려져 있었기 때문에, 뒷날 아돌프에게는 유대인의 피가 흐르고 있다는 소문을 낳고 있다. 18세에 세관의 관리가 된 알로이스는 1877년, 어머니의 성을 따라 붙여졌던 시클그루버라는 성에서 히틀러로 성을 바꾸고 클라라 페르츨을 세 번째 아내로 맞았다. 클라라는 넴포크의 손녀이고 알로이스보다 23살 아래였다. 교회법은 근친상간을 인정하지 않기 때문에, 알로이스는 주교구 사무국에 근친결혼 허가를 청원했다. 알로이스의 아버지가 넴포크라면 상식적으로는 생각할 수 없는 삼촌과 조카 사이의 근친 결혼이었다. 그 때문일까, 클라라의 여섯 아이 가운데 4명은 이미 어릴 때 죽고 그녀에겐 셋째인 아돌프, 다섯째인 파울라(1898년생)만이 남았다.

1895년 알로이스는 린츠의 세관 상급사무관을 마지막으로 퇴직해 고등학교장의 연봉을 웃도는 2,420크로네를 가지고 그 뒤 1897년, 레온딩으로 이전한다. 1900년 9월, 아돌프는 레온딩 초등학교를 우수한 성적으로 졸업하고 린츠의 실업학교에 입학했다. 그러나 아돌프는 집에서 1시간 이상 걸리는 도보 통학과 게으름 때문에 1년간 성적불량으로 유급했다. 아우구스트 쿠비체크가 저술한 《아돌프 히틀러의 청춘》에 따르면 아버지는 아돌프에게 관리가 될 것을 지시해 엄하게 대했는데, 어머니는 그를 허약한 아이로서 응석받이로 키웠다.

1903년 1월, 아돌프가 13세 때 알로이스가 65세로 죽었는데, 그의 연금 가운데 반액인 1200크로네가 부인 클라라에게 주는 유족연금이 되어 4분의 1 상당의 일시금도 주어졌다. 아돌프는 린츠 실업학교에서 수학과 프랑스어를 불합격받아, 타교로 전학을 조건으로 4년생 진급이 인정되었다. 그 무렵 권위주의적인 중학교에서 열등생으로서 쫓겨난 아돌프는 오스트리아 린츠 남쪽 5킬로미터 떨어진 슈타일에 하숙을 정하고 그곳의 실업학교에 다녔다.

1905년 5월, 아돌프는 린츠대성당에서 성령 강탄제 때 가톨릭 견진성사를 받고 같은 해 6월, 클라라는 레온딩의 집을 팔고 린츠에 집을 샀다. 그 무렵, 아돌프는 린츠에 자주 오가며 그때 쿠비체크와 친구가 되었다. 그는 아돌프가 학교를 싫어하는 반면, 미술이나 연극을 보는 일에 흥미를 가지고 역사책이나 영웅전을 탐독했다고 한다.

1905년 9월, 수학과 기하에서 불합격을 받은 아돌프는 폐병을 이유로 슈타일 실업학교를 자퇴했는데, 일은 하지 않고 리하르트 바그너의 장엄한 오페라 등을 즐기면서 마음 내키는 대로 살았다. 그리고 스스로 극장이나 산장을 설계하고 린츠의 도시계획을 구상해 즐기기도 했다. 주로 이야기를 듣는 편이었던 쿠비체크는 17세인 아돌프가 스케치, 수채화, 설계도를 그리면서 "바그너도 나와 같은 처지였다. 그는 평생 주위의 무성의와 싸웠다"고 말하는 것을 듣곤 했다. 바그너는 시와 음악을 통일하고 신화적 세계에 바탕을 둔 악극을 창작한 예술가인데 아돌프는 그에게 자신을 겹쳐 생각할 만큼 바그너를 좋아했던 것 같다. 쿠비체크는 "히틀러의 생애에 걸쳐서 신앙심을 갖고 그가 안주할 수 있는 세계는 주로 독일 영웅전설에 의해 인도되는 세계밖에 없었다"고 단언한다.

1906년, 아돌프는 빈으로 가 박물관, 오페라 극장, 국회의사당을 보며 감탄했다. 그리고 연인 스테파니에게 인정받기 위해 예술가가 될 뜻을 세우고 1907년 10월, 빈 조형미술 아카데미에 예비 선발시험을 치렀는데, 2차 시험인 스케치에서 불합격했다. 12월, 유방암을 앓고 있었던 클라라는 유대인 의사 블로흐가 정성을 다해 치료했지만 세상을 떠났다.

그 무렵 오스트리아에서는 취학 중인 고아에 대해 최장 24세까지 1인당, 연 300크로네의 고아연금을 인정하고 있었다. 그래서 18세인 아돌프와 11세인 여동생 파울라는 둘이 합쳐 한달에 50크로네의 고아연금을 받게 되었다. 그러나 아돌프는 여동생의 나이를 두 살 어리게 거짓 기재해 그 만큼 오랫동안 연금을 받으려 했을 뿐 아니라, 여동생의 연금을 가로채기까지 했다. 아돌프는 취직을 하지 않은 채, 1908년 2월, 빈 하숙으로 거처를 옮겨 곧바로 쿠비체크를 불러들였다. 같은 해 여름, 아카데미에 다시 시험을 치른 아돌프는 1차 시험에서 불합격했지만 쿠비체크는 음악대학에 합격했다. 그리고 7월, 쿠비체크는 휴업과 병역 기초훈련을 위해 11월에 린츠로 되돌아갔는데 아돌프는 무단으로 빈의 하숙을 비우고 행방불명이 되고 말았다.

오스트리아에 대한 혐오와 독일제국에 대한 동경

《나의 투쟁 I》(1925년 초판)에서 히틀러는 오스트리아제국이 다민족국가로 타락해 독일민족의 이익에 반하는 배신을 되풀이하고 있다고 비난한다. 합스부르크가의 프란츠 요제프 1세는 1867년, 마자르인(헝가리인)에게 왕국으로서 자치를 인정해 주고, 불충분하나마 민족공생을 배려해 인종별로 민족 군대를 편성했다. 그 무렵 오스트리아에서는 독일인과 헝가리인의 주도 아래 보헤미아와 모라비아에 체코인, 슬로바키아인, 수데티인(독일계)이, 갈리치아에 폴란드인, 우크라이나인이 그리고 티롤과 트리에스테에 이탈리아인이 살고 있었다. 그리고 1908년 오스만제국에서 병합한 보스니아와 헤르체고비나에는 세르비아인과 크로아티아인이 살고 있었다.

다민족 국가 오스트리아에서는 민족 간의 경쟁을 이용해 황제의 권위를 높임과 함께, 정치적 안정을 위해 민족의 대립이 심각해지지 않도록 배려하고 있었다. 그러나 히틀러는 황위 계승자 프란츠 페르디난트 대공이 '슬라브 정치의 가장 교활한 기술'을 이용해 법규를 체코화하고 언어적 혼돈을 불러일으키며, 체코인 대공비 조피는 오스트리아를 '가톨릭파 슬라브 국가'로 만들 속셈이라고 비난했다. 오스트리아 군장교에 대해서도 궁정 오페라 극장의 군인용 입석이 정규요금의 50%로 싸게 책정되었는데, 관극이 아닌 치장으로 사교에 제정신을 잃고, 예술을 제대로 이해하지 않고 있다고 격분하기도 했다. 즉 히틀러는 오스트리아 정부로부터 고아연금과 거주 장소를 제공받고 있음에도 조금도 감사하지 않았다. 오히려 오스트리아는 반독일의 입장을 취하는 합스부르크 왕조의 국족(國族)이라는 범죄집단에 의해서 비독일화되고, 우수한 민족을 배제해 자멸했다고 생각했다. 그리고 뛰어난 독일인이 슬라브인(체코인, 세르비아인) 등 열등민족과 동등하게 다루어지고 있다고 분개하며 독일인에 의한 지배를 마땅한 일로 생각했다. 이처럼 히틀러에게는 독일민족을 통일한 대독일에 대한 동경이 언제나 함께했다.

그 무렵 오스트리아에서 제국이라고 하면 대독일제국을 뜻했고 17, 8세의 히틀러는 정치, 문화, 건축물 등 온갖 분야에서 '제국'을 중시했다. 예술가로서의 공상에 빠져 '제국무대장치', '이동제국 오케스트라'의 상세한 작품까지 구상하고 있었을 정도이다. 그는 합스부르크의 군주체제를 적대시하고 독일민족주의를 신봉했기 때문에 제2제정(帝政)의 독일황제 빌헬름 2세는 그의 제국에 전혀 등장하지 않는다. 히틀러의 '제국'이란 독일민족 공동체가 하나의 나라로 통합되어 다른 민족을 지배함으로써 성립하는 제국주의적인 대독일이다.

《나의 투쟁 I 》에 따르면, 히틀러가 빈 시대에 높이 평가한 인물은 1873년, 오스트리아 제국국회의원이 된 대농장주 게오르크 폰 쇠네러였다. 쇠네러는 국내에서 독일어만 구사하는 국가를 이상으로 여기고, 독일과의 합병을 추구한 범독일주의자이며, 국가주의를 위한 리하르트 바그너 동맹을 설립해 독일예술을 '날조와 유대화'로부터 구한다고 말하며 '기생인종을 절멸'할 것을 호소했다. 또 '인종의 순결한 통일'이란 슬로건 아래 국가공무원, 교원, 신문사에서 유대인을 배제하고, 대학과 군에서 유대인을 제한할 것을 요구했다. 1888년 《반 유대 청원》에는 '독일적 성격은 슬라브인에 의해서 이미 위험에 노출될지도 모르는 점으로 인하여 유대인의 위험성은 더욱 크다. 이 오리엔트 민족은 우리들 토착 민족을 완전히 추방하려고 계획하고 있기 때문이다'라고 되어 있다. 쇠네러는 부하에게 총통으로 불리고 '하일(만세)'로 인사를 시켰다. 1921년에 죽은 그의 사상이나 행동을 히틀러가 모방하고 더욱 과격하게 만든 것이다.

또 히틀러는 빈 시장 칼 루에거 박사를 '모든 시대를 통틀어 참으로 천재적인 최고의 독일인 시장'이라고 칭송하며 1910년 3월, 그의 장례에도 참석했다.

빈에서의 가난과 징병 기피

빈 시절 히틀러는 방랑자 수용소에 의지한 뒤, 1910년 2월에 새로 지은 독신 남자를 위한 숙소로 거처를 옮겼다. 이곳에서는 숙소 동료와 정치 이야기를 하고 건축물 등의 그림을 그려 잡화점에 팔기도 했다. 어머니 클라라의 언니뻘인 요한나 푈츨은 가벼운 정신장애가 있었는데, 히틀러가 보채어 교사 첫 급료에 상당한 924크로네를 빌려주고 1911년 3월에 세상을 떠났다. 이 시기에 히틀러는 배다른 누나 앙겔라로부터 고아연금으로 인한 소송이 제기되어 유죄판결을 피하기 위해 동생 파울라에게 모든 고아연금을 지불해야만 했다. 이렇게 되자, 장래 진로나 생활에 어려움이 닥쳐, 친족과 서로 다투고 소원해진 아돌프는 1913년 5월, 빈의 숙소를 떠나 뮌헨으로 향했다.

《나의 투쟁Ⅰ》 제1부 민족주의적 세계관, 제2장 〈빈 시절의 수업과 고난 시대〉에서 히틀러는 5년 동안 빈곤과 비참한 시기를 지냈다고 밝히지만 아침 일찍부터 밤늦게까지 박물관, 오페라 극장, 의사당, 환상도로 등 건축물을 중심으로 관람도 하고 건축학 공부도 했다고 전한다. 그는 '책만이 유일한 친구였다'고 말하고 보조노동자, 제빵 임시직도 함으로써 '세계상과 세계관을 형성했다. 그것이 나의 현재 행동의 탄탄한 기초가 되었다'라고 진술하고 있다. 노동자 생활이 세계관 형성에 커다란 영향을 주었다는 이야기는 노동자들로부터 공감을 얻기 위한 거짓이며, 실제로 히틀러가 냉혹한 육체노동을 계속한 일은 없고 그림 수입, 고아연금 그리고 친족의 자산으로 방탕한 생활을 했다.

《나의 투쟁Ⅰ》 제1부, 제4장 〈뮌헨〉 첫머리에서 히틀러는 '1912년 봄, 나는 드디어 결심하고 뮌헨으로 왔다'고 쓰고, 그 이유를 사랑하는 고향이 조국 독일에 병합될 것이 틀림없다는 강한 기대를 했기 때문이라고 말했다. 그러나 히틀러가 빈을 떠난 이유는 재능이 없어서 예술가가 되지 못했기 때문이었다. 쿠비체크에 의하면 히틀러가 정치에 관심을 갖게 됨에 따라 예술에 대한 관심으로 맺어졌던 쿠비체크와의 우정은 약해졌다고 한다. 히틀러는 정치적 고찰의 전망이 보이지 않게 되자 '이 문제는 제국(Reich)이 해결해줄 것이다'라고 말해 최종 해결을 독일제국으로부터 추구하고자 했다. 뮌헨 이전에는 히틀러의 '독일제국으로 가면 살길이 열릴지도 모른다'는 기대와 '냉혹한 현실로부터의 도피'라는 두 측면을 엿볼 수 있다.

히틀러는 1913년 5월 26일, 뮌헨에서 무국적자로서 거주하고 있었다. 그런데 《나의 투쟁》에서 그는 독일 이전의 날짜를 실제보다도 1년 빠르게 속이고 있다. 뮌헨으로 거처를 옮긴 날짜를 빠르게 한 이유는 오스트리아에서 병역기피를 숨기기 위해서이다. 13년 8월, 린츠경찰은 징병검사를 받지 않고 있는 히틀러를 수사했고, 빈의 육군관리국은 뮌헨으로 옮겨간 사실을 확인했다. 히틀러는 린츠경찰로부터 뮌헨주재 오스트리아 총영사관 앞으로 발부한 징병검사 영장을 받고 14년 1월, 뮌헨 경찰로부터 징병기피 용의로 출두하라는 명령을 받았다. 그리고 2월, 오스트리아의 잘츠부르크에서 징병검사를 받았는데, 허약체질이어서 병역부적격으로 판정되었다. 히틀러는 이 사실을 숨기고 '합스부르크 국가를 위해 싸우고 싶지 않았다. 그러나 내 민족과 그 구체화된 독일제국을 위해서는 언제라도 죽을 각오가 되어 있다'고 거짓을 말한다. 실제보다도 빠른 시기에 오스트리아에서 독일로 옮겼다고 말함으로써 병역기피를 은폐한 것이다. 그런 한편으로 제1차 세계대전, 러시아혁명도 경험하지 않은 채, 역사의 근본은 민족과 인종의 생존투쟁이라는 세계관을 확립했다고 주장하며 자신의 직관적 통찰력을 내세웠다.

히틀러의 반유대주의 형성

《나의 투쟁Ⅰ》제1부, 제2장 〈빈 시절의 수업과 고난 시대〉에서 히틀러는 자신이 빈에서 곤궁한 생활을 견디면서 독서를 하고 공부를 하는 가운데 문화생활의 부정이나 파렴치, 신문, 예술 그리고 문학 등의 해독에서부터 매음과 소녀 매매에 이르기까지 모두 유대인이 관여하고 있음을 알고 "육체적 불결 이상으로 뜻하지 않게 이 민족의 도덕적 오점을 발견했을 때 혐오를 느끼지 않을 수 없었다"고 말한다. 그리고 대중을 위한 예술생활 가운데 불결한 작품 창작자

이름들을 모두 주의 깊게 조사해 문학적인 오물, 예술상의 일시적인 유행물, 연극상으로 소란스러운 것은 모조리 90퍼센트 이상이 '정신적 페스트'인 유대인의 소행이라고 주장했다. 그는 나약한 세계시민에서 열광적인 반유대주의자가 되었고, 문화파괴자 '마르크스주의를 신봉하는 유대인'에 대해 그 마지막 수단으로서 오로지 투쟁만이 남았다고 말하며, 유대인을 막는 일들을 위해 적극적으로 싸울 것이라고 기록했다. 그러나 히틀러가 빈 시대에 유대인을 적극적으로 배격한 흔적은 없다. 자기의 그림을 구입한 유대인들이 있는 것도 알고 있었으며, 어머니의 주치의인 유대인 블로흐에게도 그림을 보냈다.

《유대인 최후의 낙원》에 따르면 1871년, 독일제국 성립에 의해 독일 유대인들은 완전히 독일국민이 되고 법적으로 그 시민권도 평등하게 얻었다. 이 유대인 해방에 의해서 시인 하인리히 하이네처럼 독일에 동화하기 위해 그리스도교 세례를 받아 개종하고, 이름까지 바꾼 유대인들도 있었다. 또 러시아 제국에는 폴란드, 우크라이나를 중심으로 5백만 명의 유대인이 살았는데, 1881년 황제 알렉산드르 2세 암살사건을 계기로 포그롬(반유대 감정에 의한 유대인 박해)이 심해졌다. 따라서 제1차 세계대전이 일어난 1914년까지 러시아계 유대인 250만 명 이상이 독일을 거쳐 미국 등 서방으로 몸을 피해야 했고 그 가운데 7만 명은 유대인의 고향인 팔레스티나로 이주했다. 독일에 머문 유대인도 10만 명 넘게 있었다. 거주, 직업, 토지소유로 차별을 당하던 유대인 가운데 금융이나 상업, 섬유, 화학, 전기 등 그 무렵의 새로운 산업에 투자해 부를 축적한 이들도 있고, 재능 있는 젊은이들이 의사, 법률가, 예술가, 저널리스트 등 자유직업 분야에 진출했는데, 차별이 많았던 정치인, 공무원 그리고 군부에는 진출하지 못했다.

1914년 여름, 독일 유대인 제국동맹과 독일 시오니스트 동맹은 전쟁이 일어나자 유대인을 군인으로서도 인정할 기회가 도래했다.

"독일인 여러분, 일찍부터 유대적 봉헌의 규정에 따라 여러분이 전심, 전령 그리고 전력을 다해 조국 독일에 봉사하길 호소하는 바이다"라는 성명을 발표한 그들은 지원병을 모집했다. 이렇게 독일계 유대인들은 독일 황제에 충성선서를 하고 국방군에 입대해 전쟁터로 나아갔다. 제1차 세계대전에서는 독일계 유대인 병사 10만 명 가운데 1만 2천 명이 희생되고, 오스트리아계 유대인도 오스트리아군에 입대해 시나고그(유대교회)에서 싸움에서 승리해 살아돌아오기를 빌고 전쟁터로 떠났다. 목숨을 걸고 싸워 조국에 충성을 다함으로써 유대인 병사들은 국민으로 동화되며, 동등한 권리와 지위를 누릴 수 있을 것이라고 생각했다.

다민족 국가 오스트리아제국의 붕괴 원인을 비독일화에서 찾은 것, 유대인이 민족의 오점이라는 인종·민족 차별 또한 히틀러의 망상에 지나지 않는다. 그러나 《나의 투쟁》을 써낸 1920년대 중반, 히틀러는 반유대주의, 반공산주의를 신봉하고 스스로 유대인을 배제하는 구세주가 될 생각을 했다. 히틀러는 나치당 정권획득 뒤, 유대인 상점 보이콧을 하고 전쟁 준비를 시작할 무렵, 병사로서 출정 경험이 있는 유대인조차 박해하게 되었다. 전쟁 시작 뒤, 독일계 유대인을 폴란드 수용소나 유대인 거주구(게토)로 이송하고 살해를 강행했다. 히틀러 자신은 어느 누구에게나 어떤 법으로부터 구속되지 않는 입장이었기 때문에 자신에게 충성을 다한 유대인에게는 정을 베풀었다. 1940년, 어머니의 주치의였던 블로흐에게는 전쟁 가운데도 미국망명을 허용했다. 42년에 히틀러의 요리사 엑스너도 반(半) 유대인임이 발각되어 해고되었지만, 히틀러의 배려로 아리아인 증명서가 발급되었다.

종군병사 히틀러의 세계관—생존투쟁

1914년 8월 1일, 뮌헨에 있었던 아돌프 히틀러는 제1차 세계대전 발발 소식을 접하자 기뻐하며, 이튿날 장군묘(將軍廟) 앞인 오데온 광장에서 독일 동원령 포고에 열광하는 군중 가운데 한 사람이 되었다. 오스트리아에서 징병기피, 징병검사 부적격의 낙인이 찍혔던 히틀러였는데, 군이 의식주를 제공하고 숭고한 임무를 부여해 주리라 기대해 8월 3일, 25세 나이로 지원병에 응모하고 모험에 나섰다. 그 무렵 독일제국에 대해서 일정한 독립주권을 행사한 바이에른 왕국 루트비히 3세는 독자 군대로서 바이에른군을 보유하고 있었기 때문에 히틀러도 바이에른군에 지원한다.

지원병이 쇄도하는 혼란 가운데 동맹국 사람인 히틀러는 8월 16일, 바이에른 제1보병연대에 입대가 허가되며, 바이에른 제2보병연대에서 기초훈련 뒤, 10월 21일, 바이에른 제16보병연대 보병 일등병으로 출정했다. 출정 흥분에 휩싸인 채, 뮌헨 역에서 열차를 타고 그는 처음으로 라인강을 보았는데, 이때 열차 내에 울린 군가 '라인의 수호'에 가슴이 찡했다고 한다.

서부전선으로 출정한 히틀러는 전령병으로 활약하고, 11월 1일, 제2급 철십자훈장을, 1918년 8월 4일, 제1급 십자훈장을 수여받았다. 《나의 투쟁I》제1부, 제5장 〈세계대전〉에서는 '이제야 비로소 운명과 지성에 거스름이 없이 맨 마지막 시험에 착수할 수가 있었다. 젊은 전쟁 지원병에서 고참이 되었던 것이다'라고 기록하고, 전쟁을 위한 굳은 의지를 자랑하면서 영국군 병사를 포로로 하는 무공도 세웠었다.

그러나 히틀러는 전쟁 끝 무렵에도 계급이 병장에 지나지 않았다. 그러나 뒷날, 나치당 총통 히틀러의 전우였던 프리츠 비데만 중위는 총통부관에 오르고, 루돌프 헤스 소위는 《나의 투쟁》의 구술을 기록해 나치당 부총통으로, 막스 아만 준위는 그 책의 판매담당으로 나치당 전국출판 지도자로 후대받는다.

러시아 혁명과 미국 참전

1914년 8월, 새로 부임한 독일군 8군 사령관 파울 폰 힌덴부르크 대장과 제8군 참모장 에리히 폰 루덴도르프는 군참모 맥스 호프만의 계획에 따라 동부전선 타넨베르크에서 싸워, 러시아군에 대승을 거두었다. 그 결과 힌덴부르크와 루덴도르프는 독일의 영웅으로서 국민 사이에 널리 알려져 제각기 참모총장과 참모차장으로까지 승진한다.

전황이 악화되어 패배한 러시아 정부와 군부의 고관들은 황제 니콜라이 2세와 황후 알렉산드라를 비난했다. 니콜라이 2세는 정부와 군의 신뢰를 잃은 것에 낙담하고 1917년 3월 15일 퇴위한다. 이것이 바로 3월 혁명인데, 그 뒤 스위스에 망명하고 있었던 레닌은 독일을 거쳐 러시아로 귀국, 11월 7일 무력으로 소비에트 정권을 수립했다. 이것이 바로 10월 혁명이고, 3월 혁명과 함께 러시아 혁명이라고 한다.

다른 한편, 독일의 무제한 잠수함 작전발동을 계기로 1917년 4월 6일, 미국 대통령 우드로 윌슨은 대독일 선전포고를 의회에 제출한 결과, 가결되었다. 참전 명목은 자유와 민주주의를 지키기 위함이었다. 포스터, 신문, 라디오를 통해서 반독일 여론 조성이 주도 면밀하게 이루어졌다. 영국과 프랑스가 발행한 외채를 매입하던 미국 투자가들에게는 채권 원리변제를 확보하기 위해서라도 두 나라가 승리를 거둘 필요가 있었다. 그 무렵 미국에는 징병제도가 없는 대신 지원병을 받았기 때문에, 아프리카계 미국인(흑인)도 전쟁에 지원이 가능했다. 이렇게 대대적으로 모집이 이루어져, 존 퍼싱 장군이 지휘하는 유럽 원정군은 대형 객선에 의해 파견되었다.

1918년 1월 8일, 윌슨은 의회연설에서 전쟁을 끝내기 위해 14개조를 제시했다. 윌슨의 14개조는 비밀외교의 금지, 해양교통의 자유, 자유무역, 식민지문제의 해결, 러시아 주둔군의 철수 및 체제변화 인정, 오스트리아 제국 민족자치, 루마니아와 세르비아를 비롯한 발칸제국들의 독립, 폴란드 독립, 국제평화기구(뒤의 국제연맹)의 설립 등으로, 독일이 받아들이기 가능한 평화제안이기도 했다.

러시아혁명으로 세워진 소련은 1917년 12월 22일, 독일과 휴전하고 18년 3월 3일, 브레스트-리토프스크 조약을 체결, 러시아가 집권했던 폴란드, 우크라이나, 발트3국(에스토니아, 라트비아, 리투아니아)을 펼쳐 독일의 세력권 아래 두는 것을 인정했다. 한편, 독일은 동부전선에서 철수한 군대를 서부전선에 투입하고, 18년 3월부터 춘계(春季)공세를 펼쳐 파리 동쪽 100킬로미터까지 진격했다. 이때 서부전선에 있었던 전령병 히틀러 병장은 영국군 쪽에서 도망쳐 온 테리어견을 '푹슬'(작은 여우라는 뜻의 이름)이라 부르며 애완견으로 삼았다.

1918년 5월, 미국군이 새롭게 전선에 투입되자 독일군의 춘계공세는 모두 격퇴되었다. 자금, 군수물자, 인력(병사, 노동력), 기술을 모으는 총동원 체제에서 미국은 훨씬 우위에 있었던 것이다. 그러나 《나의 투쟁I》 제1부, 제5장 〈세계대전〉에서 히틀러는 미국 국력보다 독일 국내에서 일어난 배신으로 혁명이 패배했다고 다음과 같이 말했다.

미군의 유산탄이 행군 종대의 철모 위에 친밀한 축복을 쏟아붓기 시작했다. 독일 노동자가 또다시 민족을 위한 살길을 발견했을 때, 국민을 그릇된 길로 이끌고 있는 선동자(유대인)를 절멸하는 것은 정부의 책임있는 의무였을 것이다. 전선에서 가장 선량한 자가 쓰러질 때, 후방에서는 적어도 해충을 없애버리는 일 정도는 할 수 있었다. (중략) 정직한 사람이 국토의 평화를 꿈꾸고 있는 동안, 거짓 맹세를 한 범죄자들은 혁명을 조직하고 있었다.

3. 독일혁명과 그 반동

　제1차 세계대전은 총력전이었다. 독일은 영국, 프랑스, 미국의 경제력과 전력에 대항하지 못하고 장병의 탈주와 반란, 노동자 파업까지 발생해 완전히 패배했다. 황제는 퇴위해 망명하고 독일혁명에 의해서 사회주의를 표방하는 공화국이 세워졌다. 공화국정부는 바이마르에서 신헌법을 공포하고 민주정치를 시작했다. 이것이 독일 바이마르공화국이다. 그러나 항복교섭을 담당해 베르사유조약을 체결한 공화국정부는 혁명을 추진하는 공산주의자와 반혁명의 국가주의라는 좌우 두 진영의 과격파로부터 공격의 표적이 되었다. 이 혼란을 수습하기 위해 폭력이 공공연하게 행사되어 민주주의에 대한 불신이 확산되고 나치당이 활발해진다.

노동자와 병사로 이루어진 레테(Räte)[1] 독일혁명

　1918년 춘계 공세에 실패한 독일국방군은 9월 26일, 공격개시 지점까지 밀리고 포로와 탈영병도 증가했다. 게다가 독일 본토 곳곳에서는 영국해군에 의해 해상이 봉쇄되고 식료품과 물자 부족 때문에 파업이 일어났다. 그리고 동맹국 불가리아가 연합국에 휴전을 제의한 9월 29일, 참모총장 힌덴부르크와 참모차장 루덴도르프는 군의 붕괴가 두려워 정부에 미국대통령 윌슨의 14개조 평화제안을 받아들이고 휴전과 함께 의회정부를 조직할 필요가 있음을 역설했다. 그때까지 과묵한 힌덴부르크를 조종해 전쟁을 지도해 온 루덴도르프도 서부전선에서의 춘계공세 실패와 불가리아 항복에 따른 마케도니아 전선붕괴 때문에 항전의지를 상실한 것이다. 이렇게 해서 막스 폰 바덴 대공이 수상에 취임하고 사회민주당, 중앙당 그리고 진보인민당에 의한 신 내각이 탄생했다. 이것은 독

---

1) 1918년, 독일 각지에서 만들어진 노동자 평의회, 노동자 주도의 직접민주주의 실현.

일 역사상 처음으로 의회가 책임을 지는 의원 내각이었다.

1918년 10월 2일, 베를린에서 참모총장 힌덴부르크 원수는 빌헬름 2세 앞에서 수상 바덴 공에게 루덴도르프가 주장하는 '즉시 휴전'을 옹호하고 이튿날 '독일과 그 동맹국의 국민을 무익한 희생에서 구하기 위해 전쟁을 멈추는 것이 필요하다'는 성명을 발표했다. 수상은 즉시 휴전하는 것은 항복과 같아 시간을 벌 필요가 있다고 호소했지만 10월 4일, 빌헬름 2세는 그 무렵 28대 미국 대통령, 윌슨의 휴전제의를 인정했다. 그러나 17일, 오스트리아 황제 카를 1세는 국내 여러 민족의 독립을 선언하고 27일, 동맹국을 이탈해 윌슨에게 단독강화를 제의했다. 황제들은 윌슨의 14개조에 있는 비병합, 비배상, 승리 없는 화평을 기대하고 있었다.

한스 몸젠의 《바이마르공화국사》에 의하면, 1918년 10월 5일, 윌슨에게 휴전제의가 송부되고 24일에는 윌슨각서가 전해졌는데, 거기에는 독일 전쟁지도자의 배제, 즉 사실상의 황제 퇴위와 독일민주화의 요구가 있었다. 독일참모본부는 이 회답에 반발해 스스로 즉시 휴전을 요구한 것을 잊고 군에 저항을 호소하며, 강화는 수락할 수 없다는 성명을 발표했다. 독일해군 총사령관 라인하르트 셰어 제독은 최종 결전을 각오하고 10월 19일, 대양함대사령관 프란츠 리터 폰 히퍼 제독은 빌헬름 항구에 대기하고 있는 함대에 출격준비를 명령한다. 그 목적은 전쟁에 패배하는 일이 될지라도 함대의 명예로운 싸움에 의해서 유종의 미를 거두고 새로운 독일함대 재생의 신화를 창조하자는 것이었다.

수상 바덴 대공은 군이 정부와 협의하지 않고 항전을 성명한 것에 분개하고 황제도 화평할 장래를 위해 수상을 지지했다. 이렇게 해서 10월 26일, 힌덴부르크는 유임했으나 루덴도르프는 참모차장을 사임한다.

같은 날, 독일제국헌법(비스마르크헌법) 개정이 국회에서 가결되어 독일은 정식 입헌군주국이 되고 수상은 이제 국회의 신임이 필요하게 되었다. 10월 28일, 즉 신헌법이 발포되는 날, 독일참모본부는 전쟁패배의 책임을 회피하기 위해 전쟁지도를 포기하고 의회정부 이행을 결정했다. 군사적 권위의 붕괴가 의회민주주의 도입 계기가 된 것이다. 10월 31일, 빌헬름 2세는 베를린을 떠나 사령부가 있는 벨기에의 스파로 이전했는데, 이를 황제의 베를린 탈출로 본 국민은 더 이상 제정을 기대하지 않게 되었다.

이 시기 독일예비군이나 전선후방에서 불복종과 반항적 태도가 확산되고 집단탈주도 발생해 전쟁을 지속하기가 불가능해지고 있었다. 1918년 10월 29일, 무모한 함대 출격명령에 반발한 빌헬름 항구의 독일 해군수병들은 군함의 보일러를 정지시켰는데, 반란은 진압되고 군인들은 체포되었다. 그리고 해군은 수병의 불온한 움직임을 경계해 킬 군항에 정박 중인 군함에서 반항적인 이들을 형무소에 구금했다. 11월 1일, 킬 군항 수병들이 형무소 전우들의 석방을 요구하고, 이것이 계기가 되어 수병들과 경찰 그리고 해군과의 충돌이 일어났다.

1918년 11월 4일, 킬 군항의 수병들이 반란을 일으키자 선원, 조선소의 노동자도 동조해 수만 명의 세력으로 확대되었다. 이렇게 해서 킬의 시정(市政)은 노동자와 병사가 선출한 레테(노동자 평의회)가 장악하게 된 것이다. 사회민주당의 국방장관 구스타프 노스케가 킬에 파견되어 과격한 수병을 설득했지만, 11월 7일, 킬의 반란으로 뮌헨 바이에른 왕이 퇴위를 선언하는 사태에 이른다. 프로이센의 호엔촐레른 왕조보다도 역사가 오랜 비텔스바흐 왕조가 무너진 것이다. 같은 날, 국무차관 마티아스 에르츠베르거를 수석으로 하는 독일대표단이 벨기에 스파의 대본영을 떠나 휴전 회담장으로 향했다.

과격화하는 독일 11월혁명

독일 의회정부의 사회민주당은 1918년 11월 9일까지 황제에게 퇴위를 통고했으나 회답을 얻지 못했기 때문에 수상 막스 폰 바덴 대공이 독단으로 황제의 퇴위를 발표했다. 루덴도르프로부터 참모차장을 물려받은 그뢰너가 빌헬름 2세에게 독일국방군은 혁명진압의 명령만큼은 따를 수 없다는 뜻을 전하자, 이튿날 10일, 황제는 열차를 타고 네덜란드 망명길에 올랐다. 오스트리아제국 카를 1세도 11월 11일 퇴위를 선언하고 스위스로 망명했다. 이미 7월 17일, 러시아 황제 로마노프 일족이 볼셰비키에게 살해되었기 때문에 이들은 망명을 서두른 것이다.

바덴 대공은 11월 9일, 독단으로 황제 퇴위가 이뤄진 것에 책임을 지고 수상 자리에서 물러난다. 그 뒤 사회민주당 간부이고 수공업자 출신인 프리드리히 에베르트가 후임이 된다. 그러나 베를린에서는 스파르타쿠스단의 카를 리프크네히트가 사회주의공화국 수립을 선언하려고 한다는 정보를 얻은 사회민주당 필리프 샤이데만은 에베르트 수상 승인 없이 국회의사당 앞 수상관저에서 군중을 향해 단독으로 독일공화국의 성립을 선언했다. 이것이 독일 11월 혁명이다.

제1차 세계대전 가운데 독일의 사회주의 사상가 카를 리프크네히트와 로자 룩셈부르크는 전쟁에 반대하고, 1916년 스파르타쿠스단을 설립했다. 이것은 로마제국에 반항한 노예 스파르타쿠스를 본보기로 독일을 사회주의공화국으로 변모시키기를 지향한 운동이었다. 또 사회민주당 내부에도, 끊임없는 전쟁을 반대하는 세력이 대두해 17년, 독립사회민주당이 분리되어 독립했다. 사회민주당은 독일혁명에 임해서 전쟁반대를 주장해온 독립 사회민주당에 협력을 요청했다. 독립 사회민주당의 다수파는 정치권력을 기피하는 무정부주의자(아나키스트)나 의회민주주의자였는데, 그 가운데에는 혁명파인 노동자, 병사들과 함께 레테(Räte) 지배를 꿈꾸는 공산주의자도 있었다.

공화국 선언 2일 뒤, 11월 11일 오전 11시, 파리 북방의 콩피에뉴 숲에서 조인된 휴전조약이 발효해 제1차 세계대전이 끝났다. 휴전협정에서 독일군은 라인 강까지 철수하고 독일함대는 포획되어 방대한 군사물자의 인도가 결정되었다. 이 휴전협정에 서명한 에르츠베르거는 퇴위한 황제나 독일군 대표는 아니었지만, 독일을 패전으로 이끈 '11월의 범죄자'라 불리우며 국가주의자로부터 분노를 사게 된다.

1918년 11월 12일, 공화국정부는 시정방침 연설 가운데 사회주의적 프로그램을 실시할 것을 선언한다. 따라서 계엄령의 폐지, 집회, 결사의 자유, 검열의 폐지, 노동자 보호입법의 부활 그리고 남녀 보통선거를 제안했다. 이러한 선언은 병사와 노동자의 요구를 충족했다고 생각해 토지와 자본의 국유화에 대해서는 언급하지 않고 완만한 사회개혁을 지향한 것이다. 그 무렵 정부개조는 혁명파의 병사로 이루어진 레테(Räte), 사회민주당 에베르트 수상, 독립사회민주당의 연립공화국정부 그리고 공산주의 혁명을 옹호하는 스파스타쿠스단으로 분열되어 매우 역동적인 상황에 있었다.

1918년 12월 16일부터 20일에 걸쳐 베를린 독일국회에서 혁명파인 레테(Räte) 전국대회가 열렸다. 여기에서 수상 에베르트는 헌법제정 국민회의를 개최하기 위해 이듬해 1월 19일, 총선거를 치르기를 요구하고, 레테 통제 아래 하급병사의 주도로 정부에 의한 군의 지휘장악, 계급장의 철폐, 병사에 의한 장교의 선거라는 과격한 혁명적 방침이 채택되었다. 그러나 참모총장 힌덴부르크는 이에 구속되지 않을 뜻을 밝혔고, 스파르타쿠스단은 군에 의한 반혁명의 음모를 선전해 혁명을 추진하려고 했다. 그러나 에베르트는 은밀히 참모차장 그뢰너로부터 레테 억제를 조건으로 공화정부로부터 지지를 얻게 되었다. 에베르트는 공화국의 방위와 동시에 혁명의 진정화(鎭靜化)를 원한 것이다.

프라이코르프스(Freikorps, 반혁명자유의용군)

1918년 11월, 참모본부 루트비히 베크 소령(뒷날 나치당 정권에서 참모총장)은 '곤란한 전쟁의 시기에 주도하게 준비된 혁명이 우리의 배후를 습격했다'고 일간지 〈노이에 취르허 차이퉁(Neue Züricher Zeitung)〉에 보도했다. 등 뒤로부터의 비수의 일격이 아닐 수 없었다. 그러나 즉시 휴전을 제의한 것은 독일 참모본부이다. 참모총장 힌덴부르크 자신이 윌슨의 14개조를 믿고 휴전을 기도한 것이다. 전선에서의 패퇴를 철회할 수 없다고 인정했기 때문이었다. 또 군은 서부에서 구 프랑스령을 잃을 것을 각오하고 있었지만, 동부의 실레지아 등, 구 폴란드령은 유지할 생각이었던 것 같다. 그러나 14개조의 민족자결의 원칙을 고려하면 구 폴란드령, 동아프리카 식민지의 상실은 당연히 예상해야만 할 일이었다. 결국 독일제국 붕괴는 군사적 패배, 곧 군의 강화에 대한 인식부족에서 비롯되었다고 말할 수 있다.

그러나 전선에서 귀환한 병사 가운데 패배를 인정하고 싶지 않다는 감정이 남아 있어, 독일 본국의 혁명이 질서를 파괴하고 패배의 원인이 되었다는 비수전설(匕首傳說)을 믿음으로써, 패배감을 혁명의 배신자에 대한 증오로 전환한 사람도 적지 않았다. 그들은 독일공화국정부와 군이 프라이코르프스(Freikorps, 반혁명자유의용군)를 모집하면 그것에 가담했다. 이 프라이코르프스란, 반공산주의의 지원병부대이고 지휘관이나 지역마다 편성되어 고유의 명칭이 붙여졌다. 독일의회정부는 확고한 정규군을 편성할 수 있을 만큼 강력하지는 않았기 때문에 비정규군의 프라이코르프스의 편성을 묵인하고 봉급이나 연병장 등의 편의를 제공했다.

1918년 10월 13일, 독일육군 병장 아돌프 히틀러는 영국군에 의한 독가스 공격으로 한때 시력을 잃고 폰메룬의 바제바르크 육군병원에 수용되었다.

《나의 투쟁Ⅰ》제1부, 제7장 〈혁명〉에서 히틀러는 자신이 입원했을 때, 해군이 동요하고, 11월에는 트럭을 타고 온 수병들이 전선에 나간 적도 없는 유대인 학생 밑에서 혁명을 외쳤다고 쓰고 있다. 11월 10일, 목사가 병원으로 찾아와 휴전과 함께 제정이 붕괴되고 조국이 공화국이 되었다고 알렸다. 히틀러는 그 말을 듣고 어머니의 묘 앞에 섰을 때 이래 처음으로 울음을 터뜨렸고 반항심에 불타올랐다고 한다.

이리하여 모든 것은 헛일이었다. 온갖 희생도 노고도 헛수고였다. (중략) 말 없는 진흙투성이, 피투성이 영웅들이 이 세상에서 자기민족에 바칠 수 있는 사나이들의 최고 희생을 이처럼 비웃음으로, 충만한 배신으로 또한 고향에 대한 복수의 망령으로 보내서는 안 되는 것이 아닌가? (중략) 이러한 모든 일은 이제 한 무리의 비열한 범죄자의 손에 조국을 건네기 위해 생긴 것일까? (중략) 황제 빌헬름 2세는 마르크스주의의 지도자들에게 너그러운 손을 내민 최초의 독일황제였는데 무뢰한들은 자신들은 명예를 지니고 있지 않은 것을 깨닫지 못했다. 그들은 한쪽으로 황제의 손을 쥐고 있으면서 한쪽으로는 일찌감치 단검을 만지작거렸던 것이다. 유대인에게는 계약 등은 없고 단지 엄격한 양자택일이 있을 뿐이다. 이쯤에서 나는 정치가가 되려고 결심했다.

공산주의자(코뮤니스트)는 마르크스주의자(맑시스트), 볼셰비키로도 불리고 《나의 투쟁Ⅰ》제1부, 제10장 〈붕괴의 원인〉에서 히틀러는 그들이 독일을 멸망시키기 위해 제1차 세계대전을 벌인 것이라고 말한다. 그리고 그들은 독일병사들이 전쟁을 싫어하도록 선동을 확산시켜 군수공장에 파업을 일으키게 하고, 프로이센의 바이에른과 대립을 조장하는 등, 온갖 방법을 통해 독일을 패전으로 이끌었다고 주장한다. 그리고 히틀러는 '군대의 패배에 붕괴죄를 뒤집어 씌우는 것은 참으로 유대적인 뻔뻔함이라고 말하고, 독일패전에는 자기보전 충동의 미약함, 정치적, 윤리적, 도덕적, 그리고 혈액적인 요소 즉 '거짓말의 대가(大家)' '병원체' 유대인이 가장 먼저 역할을 수행했다고 주장한다.

독일 의회정부는 전쟁에 패배했어도 국내 치안유지, 동부 국경경비를 위해 군대를 존속시키고 모병활동을 하고 있었다. 히틀러도 퇴원 뒤, 뮌헨 소속연대에 복귀신청을 하고, 1920년 3월까지 군에 머물렀다.

다른 한편, 혁명파인 비정규군도 커다란 세력을 유지하고 있었다. 레테전국대회가 1918년 12월 23일 끝나기 전, 혁명파 수병으로 이루어진 인민해병단이 봉급인상을 요구하며 폭동을 일으켰다. 정부는 군을 파견했는데 진압하지 못하고 독립사회민주당은 인민해병단을 지지해 정권에서 이탈했다. 이에 대항해 1919년 1월 4일, 사회민주당이 주도하는 가운데 프로이센 주정부는 독립사회민주당의 베를린 경찰청장 에밀 아이히호른을 파면했다. 독일혁명을 진행해온 세력은 레테, 인민해병단, 독립사회당, 사회민주당 등으로 분열하는 한편, 군, 의용군(Freikorps), 국가주의자, 보수정치가 등 보수세력들은 반혁명세력으로서의 지위를 회복해 왔다.

스파르타쿠스단을 모체로 하는 독일공산당은 러시아혁명을 거울삼아 소비에트정권을 세우려고 계획했다. 리프크네히트, 룩셈부르크 등은 아이히호른 파면에 반대하며 1919년 1월 5일, 베를린에서 시위를 벌인다. 이는 '스파르타쿠스단 시위'로도 불리는데, 인민해병단, 베를린 경찰청장 아이히호른이 이끄는 보안대는 참가하지 않았다. 1월 10일, 국방대신 노스케는 폰 뤼트비츠 남작이 이끄는 군과 의용군에 베를린진격을 명하고 이 시위를 진압했다. 의용군 공산주의자를 독일패전과 소란을 일으키는 범죄자로서 증오하여, 1월 15일 리프크네히트와 룩셈부르크를 참살했다. 에베르트의 의회정부는 공화국을 방위함과 동시에 과격화하는 혁명을 진정시키려고 했는데 이때, 의용군들은 반혁명세력에 힘을 북돋아 주었다.

1919년 1월 19일, 독일에서 헌법제정국민회의(사실상의 국회)를 위한 제1회 총선거가 있었다. 총투표수 3천52만 표(투표율 83.2%)이고 획득의석은 각각 사회민주당 161(득표율 37.9%), 독립사회민주당 22(7.6%), 가톨릭을 내세우는 중앙당 91(19.7%), 중도 자유주의 독일민주당 75(18.6%) 국가주의의 독일국가인민당 44(10.3%), 보수 독일인민당 19(4.4%)석이었다. 2월 6일, 혼란스러운 베를린을 벗어나 튀링겐주 바이마르에서 개최된 국회에서 제1당 사회민주당에 중앙당, 민주당이 가담했다. '바이마르연합'이 정권을 맡게 된 것이다. 2월 11일, 의회는 국민투표에 따르지 않고 에베르트를 대통령으로 선출했으며 13일, 사회민주당 샤이데만이 수상에 취임하면서 헌법 제정작업에 들어갔다.

1919년의 베르사유조약과 바이마르 헌법

1919년 1월 19일, 즉 독일 총선거의 날 연합국은 동맹국을 빼고 파리강화회의를 열어 5월 7일 독일 대표단에게 강화조건을 수교했다. 독일은 식민지를 모두 잃게 되고 프랑스에게 알자스와 로렌 할양(割讓), 폴란드의 포젠 할양, 그리고 라인란트의 연합군 점령이 결정되었다. 배상의무, 전쟁책임자의 인도 또한 결정되었다. 그리고 군비제한으로서 독일의 육군병력은 10만 명으로 하고, 참모본부와 육군사관학교의 폐지, 전차, 군용기 그리고 화포의 보유금지가 정해지며, 행군은 병력 1만 5천 명, 전함 6척, 순양함 6척, 구축함 12척으로 제한되었다. 이것이 5개월 뒤 베르사유조약이 된다.

1919년 5월 29일, 독일정부는 강화조약이 지나치게 가혹하다고 연합국에 항의하고 서면으로 개선을 제의했지만 거부되었다. 중앙당의 마티아스 에르츠베르거는 독일혁명이 과격화되지 않도록 조기의 조약체결을 호소했는데 수상 샤이데만은 계속해서 거부를 주장했다. 그러나 신참모차장 그뢰너는 서부전선에서의 전선유지가 불가능함을 정부에 전했다. 그 뒤, 6월 20일, 샤이데만은 수상자리에서 물러난다. 그리고 6월 22일, 연합국측에서 48시간을 기한으로 하는 최후통첩이 전해졌다. 대통령 에베르트는 참모본부가 항전이 가능하다고 판단하면 수락여부의 노력을 하겠다고 전했는데, 그뢰너는 가망이 없다고 말했다. 여기에서는 본디 참모총장 힌덴부르크의 판단이 있어야 하지만 패군의 장이란 오명을 쓰는 것을 피해 그는 방관했던 것이다. 각지에서 혁명이나 내분이 일어나 항전이 불가능함을 안 의회는 3분의 2라는 다수 찬성으로 베르사유조약을 승인했다.

1919년 6월 28일, 일찍이 프랑스 대 전쟁에 승리한 프러시아가 독일 제2제정(帝政)을 선언한 베르사유궁전에서 강화조약 조인식이 개최되었다. 사회민주당의 헤르만 뮐러 외무장관이 출석해 베르사유조약에 조인했는데, 지난해 11월에 휴전협정을 맺은 에르츠베르거는 국가주의자 강화의 주역이 되고 '유대인의 동포', '국적'으로 비방되었다. 에르츠베르거는 19년 6월, 재무장관에 취임하고 그 직후에 베르사유조약이 조인되었는데, 이듬해 3월에 사직하고 암살되었다.

베르사유조약은 배상의무, 군비제한, 영토할양 등 독일에게 굴욕적인 강화이고 그것이 나치당 창설의 계기가 되었다고도 말한다. 그러나 그 무렵 강화조약으로서 베르사유조약은 결코 어느 조약보다 가혹하지 않았다. 1918년 3월, 소비에트 러시아가 독일과 체결한 브레스트-리토프스크 강화조약에서 독일은 5천만 명 이상이 거주하는 우크라이나를 러시아에서 분리해 위성국으로 만들고, 철도부설 거리 3분의 1, 철광석 73%, 석탄 89%를 빼앗기고 배상금도 60억 마르크가 부과되었다. 연합국과 동맹국이 맺은 강화조약에서도 오스트리아제국의 생제르망조약(1919년 9월), 헝가리왕국의 트리아농조약(1920년 6월)에서 양국은 영토의 3분의 2를 잃었다. 오스만제국의 세브르강화조약(1920년 8월)에서는 오스만영토가 80% 가까이 축소되고 군비를 5만 7천 명 이하로 제한하는 재정관할권의 포기가 정해졌다. 따라서 독일이 동맹국의 핵심이었음을 생각하면 베르사유조약은 매우 관대한 조건이었다. 그러나 국가주의자, 군부, 프라이코르프스는 베르사유조약과 그것을 승인한 바이마르공화국정부와 국회를 '11월의 범죄자'로서 비난하고 증오했다.

강화조약체결 뒤인 1919년 8월 11일, 새로운 독일헌법이 발포되었다. 이것은 바이마르헌법으로 불리고 국민주권, 20세 이상 남녀에 의한 보통선거, 국민투표로 선출된 대통령(임기 7년)의 통수권, 장관 임명권 그리고 의회해산권을 인정했다. 그리고 '공공의 질서와 안정이 위기에 처해 국가가 헌법의 책임을 이행할 수 없는 경우, 대통령은 군의 지지를 얻어 신체의 자유, 주거불가침, 통신의 비밀, 언론의 자유, 집회와 결사의 자유, 사유재산의 보호 규정을 정지할 수 있다고 했다. 이것은 국내에서 빈발하는 시위, 혁명을 진정시키기 위함이었다. 또 반독립적 주권을 지니고 독자의 군대를 편성하고 있었던 프로이센, 바이에른, 작센 등의 왕국은 주로 격하되고 통일국가 독일의 결속은 고조되었다. 더욱이 노동자들의 권리, 특히 임금이나 노동조건의 결정에 참여하는 권리를 인정하고 독일혁명의 성과도 계승하고 있다.

바이에른 평의회 공화국 대의원 히틀러의 전향(轉向)

1919년 2월, 독일남부 바이에른주에서 혁명을 주도하던 독립사회민주당 쿠르트 아이스너가 국가주의 귀족청년에게 암살되자, 4월 공산당 혁명이 일어나고

'바이에른 평의회 공화국(Räterepublik)'이 성립했다. 가톨릭신앙이 활발한 바이에른에서 프로테스탄트 신앙의 프로이센에 반감을 품은 분리주의자도 상당히 있어, 그들도 바이에른 평의회 공화국을 지지했다. 또 임시회의에 소집된 평의회는 충실한 공산군으로 대변되고, 충성도를 확인하고자 새롭게 평의회 공화국 대의원 선거가 이루어졌다. 이 결과 4월 16일, 히틀러가 대의원에 선출되고 그 뒤, 아이스너의 장례에도 참례했다.

그러나 1919년 5월, 사회민주당 정부는 바이에른에 국군과 프라이코르프스를 파병하고 격렬한 시가전 뒤, 바이에른 평의회 공화국(혁명정부)을 타도했다. 이때 칼 마이어 대위가 바이에른 제4군단사령부의 계몽선전부장에 취임해 공산주의자의 정보수집을 하고, 반혁명 프로파간다를 할 병사를 구했다. 히틀러는 이때 전향해, 평의회 공화국 대의원이었던 경력을 살려 마이어 대위 밑에서 공산주의자 적발에 나섰다. 그리고 바이에른군의 정치교육을 받고 스스로 병사 교육을 맡게 된다. 결국 히틀러는 제1차 세계대전 직후, 우세해진 레테 공산세력에 참가하고, 그것이 정부에 진압되자 자신을 보호하기 위해 반혁명 측으로 전향한 것이다. 히틀러는 군대에서의 삶에 보람을 느꼈는데, 정치적으로 그는 기회주의자인 데다가, 권력의 포로가 되어 있었기 때문에 이데올로기에는 얽매이지 않았다.

프로이센주의 프로테스탄트, 연방주의에 대해서 바이에른주는 가톨릭, 분리주의이고 국가주의의 세력도 강했다. 그 때문에 바이에른의 가톨릭 정당중앙당에서는 공산주의의 위협을 앞에 두고 바이에른 분리독립파가 당에서 떠나 바이에른 인민당을 결성, 1920년의 총선거에서 20의석을 획득했다. 뒤에 나치당은 이러한 바이에른의 분리주의, 극기주의의 세력을 이용해 정권탈취의 폭동을 계획하게 된다. 좌파의 혁명에 흔들린 사회불안 가운데 바이에른에서 정계에 강력한 리더십이 요망되던 시기, 지도자 원리 아래 국가주의를 주장하는 나치당에게 이 조건은 유리하게 작용했다.

1919년 8월 20일, 전쟁의 장기화 이유, 정치에 대한 불복종, 잔학행위 등을 조사하는 일이 있었다. 공화국정부는 전쟁 책임을 스스로 조사하고 이에 따라, 연합국으로 전쟁 범죄자 인도 요구를 완화하고 동시에 독일참모본부 전쟁책임을 명확히 하려고 생각한 것이다. 조사위원회는 10월 21일, 제1회 위원회에서 그 무렵 재상이었던 베트만홀베크와 미국주재 독일대사 베른슈트루프 등을 불렀다. 그리고 11월 8일, 전 참모총장 힌덴부르크가 참모차장 루덴도르프와 함께 출석했다. 이 자리에서 힌덴부르크는 이렇게 말했다.

> "이 나라에서 군과 국민의 일치협력이 잘 되었었다면 우리가 싸움을 좀 더 유리하게 이끌 수 있었을 것이다. 이 나라에서 다양한 당파적 감정 대립이 깊어져 그것이 우리 정복 의지를 붕괴로 이끌었다. 혁명은 물에 빠진 사람이 잡은 지푸라기에 지나지 않는다. 어느 영국 장군이 '독일군은 그 등 뒤에서 찔렸다'고 말했는데 이것은 맞는 말이다."

국가주의자가 말하는 11월의 범죄자에 의한 '등 뒤로부터의 비수의 일격' 음모설이 공식석상에서 표명된 것이다. 힌덴부르크의 증언은 국가주의자, 군인의 지혜에 따른 것이었는데, 전쟁범죄 조사위원회는 군의 전쟁책임을 추궁해 그 신용을 떨어뜨릴 수가 없었다. 1차대전 끝 무렵, 힌덴부르크를 장으로 하는 독일참모본부는 전국(戰局) 호전을 기대할 수 없음을 깨닫고 즉각 휴전을 제의했다. 따라서 독일 패배는 독일군의 패배였는데, 조사위원회의 추적이 불충분했으므로 도리어 '등 뒤로부터 비수의 일격' 이라는 거짓을 믿게 되고, 11월 11일, 휴정협정을 맺은 의회 정치가들을 '11월의 범죄자'로서 비난하는 것을 허용하고야 마는 결과가 되었다.

4. 독일 바이마르공화국의 혼란

총력전이 된 제1차 세계대전에서 독일은 영국, 프랑스, 미국의 경제력과 전력에 더 이상 대항하지 못하고 장병의 탈주와 반란, 노동자의 파업도 잦아졌다. 지속적인 전쟁이 더는 불가능해졌음을 깨달은 독일참모본부는 황제 빌헬름 2세에게 의회정치로의 이행을 제안하고, 군의 지지를 잃은 황제는 자리에서 물러나 망명했다. 이것이 독일혁명의 시초이고 사회주의를 표방하는 공화국정부가 성립해 베르사유 강화조약을 맺었다. 그리고 1919년 8월, 바이마르에서 헌법이 제정되자, 이 새로운 독일정부는 '바이마르공화국'으로 불리게 된다. 그러나 독일패전의 책임을 떠맡게 된 바이마르공화국은 새로운 혁명을 요구하는 공산주의자뿐만 아니라 반혁명의 국가주의자와 의용군으로부터 공격을 받았다. 이 혼란을 틈타 나치당이 갑자기 세력을 넓혔고, 히틀러는 뮌헨 봉기로 정권탈취를 꿈꾼다. 이때, 비록 정권탈취는 실패했지만 히틀러는 재판을 선동으로 활용해 단번에 세계적 유명인이 되었다.

1919년, 나치당에 입당한 히틀러

바이에른군 제2보병 연대의 히틀러 상등병은 1919년, 혁명파 적발임무를 맡고 있을 때, 뮌헨의 독일노동자당을 잠입, 조사하라는 지시를 받았다. 그의 저서인 《나의 투쟁I》 제1부, 제9장 〈독일노동자당〉에 따르면 스무 명쯤 출석한 술집의 회합에서 히틀러는 바이에른 분리주의자에게 반론을 한 것을 계기로 입당권유를 받았다. 그는 8월에 7번의 가당원증을 얻고 그가 마치 최초의 당원인 것처럼 말했다. 그러나 당원은 이미 수십 명이 있었다.

독일노동자당은 1919년 10월 16일, 뮌헨의 집회에서 참가자 113명을 모아 당을 위한 헌금 300마르크를 모았다. 히틀러는 두 번째 연설자로서, 독일인들이 서로 단결해 유대인에게 맞설 것을 호소했다. 20년 2월 24일, 그의 당은 뮌헨의 비어홀 호프 브로이하우스에 2천 명의 청중을 모아 당 집회를 개최하고, 대중에 대한 영향력을 증대하기 위해 ①화제를 소수의 지점에 집중시킨다, ②같은 주장을 되풀이한다, ③확신을 가지고 주장을 요약한다, ④인내심을 강하게 한다는 것을 행동방침으로 규정했다. 그리고 당명을 국가사회주의 독일노동자당으로 고쳐서 적대세력으로부터 속칭 '나치당'으로 불리게 된다.

여기에서 채택이 된 25개조 당 강령에서는 독일인을 통합하는 대독일제국의 건국, 과잉 인구를 수용하는 식민지, 여러 외국과 독일의 평등, 베르사유조약 파기, 재군비, 불로소득 철폐, 전시이득 몰수, 공공을 위한 토지 무상 수용, 대기업의 이익 재분배, 대규모 점포의 공영화, 저리융자 확대, 유대인의 권리제한 및 공직추방, 1914년 8월 2일(세계대전 발발) 이후에 입국한 모든 유대인의 국외추방 등을 결정했다. 이 나치당의 강령은 국가주의자와 사회주의자 모두에게 도입되어 양당을 연결하기 위해 반유대주의를 명확히 한 것이고, 그 뒤 한 번도 바뀐 적이 없었다. 당원 수를 부풀리기 위해 당원 번호는 501번서부터 시작하고, 히틀러는 555번을 받았다.

《나의 투쟁 I》 제2부 국가사회주의 운동, 제1장 〈세계관과 당〉에 따르면 강령을 바꾸는 까닭은 다음 선거 추세가 걱정이기 때문이고 확고한 자기주장이 없는 선거인에게 아부하는 의회정치가가 하는 일이다. 게다가 나치당은 공산주의와 민주주의에 반대해 '인종과 인격에 입각한 민족주의적 태도'를 세계관으로 하는 투쟁운동이다. 따라서 이 정치적 신념에 의거해 '용감하고도 엄청난 함성을 질러, 전투조직을 군사적 권력수단이라는 형태로 획득해, 대중을 가능한 한 확실하게 조직해 파악함으로써, 민족주의적 세계관의 투쟁을 승리로 이끈다'는 운동방침을 정했다.

1920년 3월 31일, 히틀러는 군에서 제대하고 스파이에서 정치가로 변신했다. 그 이유로서 ①나치당에서 자신의 연설 재능과 정치적 사명을 확신했다. ②베를린에서 서로 알게 되는 공개적인 무대에서 유력자로 활약할 기회를 노렸다. ③상관 마이어 대위가 명령에서 일탈한 히틀러를 추방했다,는 세 가지 점을 생각할 수 있다.

히틀러는 뮌헨의 신문사 〈푈키셔 베오바흐터(Völkischer Beobachter, 민족 감시자)〉 사무소 가까이에 방을 빌렸다. 이 신문의 1920년 2월 25일자에서는 에스토니아 출신의 알프레트 로젠베르크가 '시온 장로 의정서'를 유대인에 의한 세계 제패음모의 증거라고 여기면서 반유대주의를 주장했다. 게다가 12월 17일 나치당은 당 창설자이며 금속공인 안톤 드레쿠슬라의 자금과 뮌헨 주둔 제7사단 보병단장 리타 폰 애브 소장의 군 기밀비로 그들을 동지로 매수해 당기관지로 활용했다.

다른 한편, 제1급 철십자훈장의 패용자 율리우스 슈트라이허 소위는 기관지 〈독일사회주의자〉에서 노동자를 향해 금융자본, 특히 유대인을 공격해야 한다고 호소했다. 그는 뮌헨의 비어홀에서 히틀러의 연설을 듣고 나치당에 입당하며, 1922년 10월, 뉘른베르크에서 당의 창설집회를 가졌다. 그리고 이듬해 주간지 〈슈튀르머(Der Stürmer)〉(돌격병)를 창간해 '열등인종 유대인은 몇 세기에 걸쳐서 인류의 피를 빠는 해로움 말고는 가져온 것이 없었던 세계의 기생충'과 같은 저속한 기사를 싣기 시작했다.

민족, 인종을 강조해 자본을 감싸는 국가주의와, 노동자의 단결을 표방해 사유재산을 제한하는 사회주의라는 2개의 이데올로기는 서로 맞서는 것으로 생각되었다. 그럼에도 반유대주의라는 인종과 민족의 차별을 중심으로 이 두 가지 주의를 감정적으로 조화시킨 것이 바로 나치당이었던 것이다.

카프 폭동의 갈고리 십자가를 모방한 나치당

1920년 3월 13일, 베를린 방위사령관의 직속 부하인 헤르만 에르하르트 소령이 지휘하는 프라이코르프스 에르하르트 해병여단의 병사 5천 명이 베를린 시내로 진군해 국가주의자 볼프강 카프를 수반으로 하는 신정권의 수립을 선언했다. 존 톨랜드의 저서인 《아돌프 히틀러》에 따르면 이 카프 폭동에 대해서 국방장관 노스케는 공화국군에게 진압을 지시했는데 군무국장(사실상의 참모총장) 한스 폰 젝트 장군은 동지끼리의 싸움이 된다고 진압을 거부했다. 그래서 대통령 에베르트는 노동자에게 총파업을 호소하고 3월 17일, 대규모 파업에 의해서 카프정권을 타도했다.

카프 폭동의 시기에 반유대주의 작가 디트리히 에카르트는 히틀러를 루덴도르프 장군에게 소개하고 피아노 제조업자인 헬레네 베히슈타인 부인의 살롱에서 개개인에게 대면을 시켰다. 에카르트는 새로운 지도자는 기관총 사격음에 견딜 수가 있으며 부인표를 모을 수 있는 독신자여야 한다고 말했다. 나치당은 재계와의 결부 또한 강화했다. 동시에 1919년, 나치당에 참가하고 있었던 에른스트 룀 대위는 프라이코르프스 바이에른 자위군을 편성하고 소요가 빈발하는 집회에서 질서를 유지시켰다. 결국 당의 활동은 자금과 폭력으로 지지되고 있었다. 나치당은 1920년 전반, 공산주의자의 적기(赤旗)를 능가하는 붉은 바탕에 갈고리 십자가(하켄크로이츠)의 당기와 당 마크를 제정했다. 갈고리 십자가의 기장은 국가주의자 단체인 툴레협회가 채용하던 것이고, 에르하르트 해병여단도 헬멧이나 선전용 트럭 차체에 이 갈고리 십자가를 그리고 다녔다. 그러나 나치당은 20년대까지 약소정당이고 이름 없는 당기 대신에 제2제정(帝政)의 흑·백·적색의 제국군기를 내걸고 있었다. 돌격대의 갈색 제복은 로스바흐 의용군이 착용했던 것이었고 그 전투 깃발도 이탈리아의 파시스트당을 본뜬 것이었다. 즉 나치당 프로파간다 상징은 고유의 발상으로 만든 것이 아니라 차용품이었다.

카프 폭동을 공동파업으로 쓰러뜨려 자신감이 고조된 노동자 무리는 독일 공산당의 적군에 가담해 1920년 3월 20일, 루르 지방에서 봉기했다. 그들은 혁명공산정권을 세우고 러시아와 연계해 사회민주주의를 지향해 싸울 것을 선언한다. 그러나 4월, 젝트 지휘하의 국군과 프라이코르프스에 의해서 무력진압이 되었다. 그 무렵의 독일에서는 우파와 좌파 모두의 폭동이 잦아서 정치적인 안정에는 오로지 폭력이 큰 역할을 맡고 있었다.

돌격대 SA 창설

1921년 1월 4일, 히틀러는 국가사회주의운동이 동포의 사기를 떨어뜨리는 집회나 강연이라면 '폭력으로 막겠다'고 선언했다. 1월 27일, 당원수가 6천 명이 된 나치당은 뮌헨에서 제1회 전국대회를 열고, 2월에는 트럭을 동원해 전단을 뿌리고 슬로건을 계속 외쳤다. 이렇게 해서 청중 수천 명을 모으고, 2월 3일 서커스회장에서 대집회를 가졌다. 여기에서 나치당은 방위대를 조직해 집회의 질서유지를 맡게 했다. 히틀러는 '미래인가, 파멸인가'라는 주제로 연설을 하고 그 뒤, 바이에른 주 수상 구스타프 폰 카르를 접견했다. 카르는 대중을 동원할 수 있는 히틀러의 이용가치를 인정한 정치가 가운데 한 사람이다.

1929년 4월, 런던회의에서 베르사유조약으로 정해진 독일의 전시배상액이 결정되었다. 총액 1,320억 마르크이고 매년 20억 마르크를 금의 가치척도에 따라 현금으로 지불하게 되었다. 이 방대한 배상청구를 앞두고 독일 중앙당 내각은 총사퇴를 하지만, 연합국의 최후통첩을 받고 배상지불을 승낙했다.

1921년 7월 29일, 히틀러는 자신에게 독재적 권한을 주지 않으면 당에서 떠나 겠다고 주장하며 제1위원 안톤 드렉슬러를 다그친다. 그리고 특별대회를 소집해 찬성 543표, 반대 1표로 나치당 지도자로 취임했다. 여기에서 당지도자는 당의 전 책임을 지고, 논의 모두를 배제할 수 있는 지도자 원리 또한 채택되었다.

8월 3일 방위대는 '체육스포츠부'로서 정식 당조직이 되고, 히틀러의 인솔로 바이에른주 분리독립파 파라슈테트의 집회를 습격했다. 이 사건으로 히틀러는 소요죄로 기소되어 뮌헨지방재판소에서 징역 3개월의 판결을 받았다. 10월 5일, '체육스포츠부'는 '돌격대'로 이름을 바꾸고, 뮌헨 군관구 참모이자 민간 무장단체를 관할하던 에른스트 룀 대위 소속 아래 프라이코르프스 병사와 에르하르트 해병여단의 무리인 콘술(Organisation Consul)까지 가담해 1000명 규모로 확대되었다. 돌격대 사령관은 격추를 잘 하는 헤르만 괴링 대위(나치정권의 공군 총사령관)였는데, 실제로는 룀 밑에서 바이에른군에 의해 군사훈련을 받았다.

히틀러는 집회의 질서유지를 경찰에 의존하는 정당은 대중으로부터 신뢰를 받지 못한다고 주장하며, 돌격대에 의해 나치당의 집회를 방위함과 동시에, 다른 집회를 막고 방해하는 공격력으로 또한 이를 이용했다. 나치당은 그 때문에 뮌헨에서 집회를 자주 열고 공산주의자, 사회민주당 지지자, 노동조합원들이 도발을 해 난투극을 벌이게 유도한 다음, 돌격대의 힘으로 그들을 진압했다. 이렇게 히틀러는 공산주의와 베르사유체제를 타파하기 위해서는 폭력도 서슴지 않는, 탄탄한 의지를 지닌 정치가로서 유명해졌다. 그리고 루덴도르프 장군, 에프 소장, 룀 대위, 괴링 대위와 같은 제2제정시대의 장교와 교분을 쌓고 공화국정부를 타도해 정권탈취를 계획하게 된다.

히틀러는 연설과 행동에 의한 투쟁을 중시하면서도 카리스마에 의한 지도자 원리를 관철하기 위해 다른 정당이나 국가주의 단체와의 밀접한 연계, 정치적 거래를 거부했다. 이 카리스마에 매력을 느낀 금속종합 회장 에른스트 폰 브르지히를 비롯한 많은 재계 인사, 예술가, 지식인들이 나치당 히틀러의 지지자가 되었다.

어둠의 공화국 군대와 소련의 협력

1921년 8월 16일, 제1차 세계대전의 휴전협정에 조인한 중앙당의 전 재무장관 마티아스 에르츠베르거가 '11월의 범죄자'로서 국가주의자에게 암살되었다. 또 독일공화국군의 군무국장 젝트는 연합국이 배상징수를 위해 루르 지방을 보장점령하는 것이 아닌지 두려워 해 22년 1월, 각 군관구에 모병 군수품 조달 부서를 설치하도록 지시했다. 베르사유조약의 군비제한을 은밀하게 초과하는 규모에서 어둠의 국방군과 프라이코르프스를 강화하고 있었다. 즉 바이마르공화국 설립 당초부터 재군비를 진행해 베르사유조약을 파기하고 있었던 것이다.

독일의 혼란이 여러 나라에 번지는 것을 우려한 영국 수상 로이드 조지는 1922년 4월, 이탈리아의 제노바 국제회의에서 소비에트 러시아에 제정러시아의 채무를 넘겨받는다면 독일에 대한 배상청구를 인정한다고 제안했다. 그러나 소비에트 러시아의 외무인민위원(외무장관) 게오르기 치체린은 국제적 고립을 피해 자본과 기술을 도입하려고 독일 외무장관 발터 라테나우와 제노바 근처의 라팔로에서 회담하고, 브레스트-리토프스크 조약, 베르사유조약에서 정한 영토 배상 요구를 서로 포기하기로 하는 라팔로 조약에 합의했다. 라테나우는 AEG(종합전기제품회사)의 총지배인의 아들이고 독일민주당에 속하는 자유주의 유대인 정치가였는데, 이때 독일국군은 소비에트 러시아와 비밀군사협정을 맺고 자본과 기술의 이전과 교환으로 러시아 본토에서의 비밀군사훈련과 병기실험을 인정할 수 있게 되었다.

독일이 소비에트 러시아에 접근한 목적은 ①베르사유조약의 배상지불과 무역제한 등 경제제재를 공동화한다. ②독일동부의 국경에서 대립하고 있는 폴란드에 대해서 공동전선을 결성한다. ③독일의 군비를 강화한다는 세 가지 때문이었다. 그러나 이러한 거래가 가능했던 까닭은 독일의 자본과 기술이 높은 평가를 얻고 있었기 때문이다. 이를테면 1929년, 첫 비행인 융커스 G38은 중량 20톤, 엔진 4기, 승객 최대 30명으로 루프트한자 항공에 채용되고 도르니에 Do X 비행정은 중량 50톤 이상, 엔진 12기이고 169명의 승객을 비행시키는 시범에 성공했다. 이와 같은 항공기술은 제1차 세계대전 때부터 활동하던 독일의 융커스, 도르니에 등의 비행기 제조업체가 개발한 것이고 소비에트 러시아도 그 기술을 도입하고 싶었던 것이다.

1922년 6월 24일, 외무장관 라테나우가 공산주의자와의 접근을 이유로 에르하르트 해병여단의 후계조직 콘술 대원에 의해서 암살되자 공화국 정부는 국가의 존립을 위태롭게 하는 단체를 단속해 처벌하는 공화국 보호법을 제정했다. 8월 11일의 바이마르헌법 반포기념일, 헌법에 충성선서를 하는 독일 국군병사를 국방장관 노스케와 함께 열병하는 에베르트는 공화국 보호법을 과시하는 듯했다.

외무장관 라테나우 암살로 말미암아 독일의 국가 신용도가 낮아졌으므로 외국자본의 유입이 끊기고 이와 함께 도피가 시작되어, 독일 은행은 외국과의 거래가 매우 곤란해졌다. 암살사건이 있었던 6월 24일의 환 시세는 1달러 350마르크였는데, 7월 말에 670마르크, 10월 말에 4,500마르크에 이르렀다. 독일통화는 가치가 하락하고 인플레가 발생해, 독일의 재정뿐만 아니라 배상지불도 막히게 되었다. 그리고 히틀러는 파라슈테트 집회의 습격사건으로 소요죄의 유죄판결을 받아 6월 24일부터 7월 27일까지의 5주간 슈테델하임 형무소에 수감되었다.

프랑스군의 루르 지방 점령과 바이에른주의 반항

1922년 11월, 대통령 에베르트에 의해서 수상에 임명된 빌헬름 쿠노는 함부르크–아메리카항로 기선회사의 총지배인으로, 미국을 통한 국제적 차관에 의해 배상지불을 하기 위한 프랑스와 교섭을 시작했다. 그러나 프랑스는 독일의 배상에 필요한 석탄과 목재의 조달이 지연되는 것을 구실로 벨기에를 꾀어 23년 1월 11일, 독일광공업의 중심지인 루르 지방을 군사적으로 점령했다. 프랑스와 벨기에군은 배상지불을 보장하기 위해 공장시설, 원자재, 임금, 조세까지 차압을 하고 비점령지와의 교통을 제한하며 군정을 폈다. 이에 대해 독일정부는 점령군에 대한 파업이나 불복종 등 소극적 저항(수동적 저항)을 국민에게 호소했다. 나치당은 바이에른주 경찰로부터 집회금지 통고를 받고 있었는데, 이를 무시하고 1월 27일부터 29일까지 제1회 전국당대회를 뮌헨에서 열고 6천 명에 이르는 돌격대의 시위행진으로 사회불안을 부추겼다. 그 10년 뒤에 정권을 탈취한 나치당은 당시 에센 시청사 앞 프랑스점령군의 사진을 게재하고 '그 무렵 독일인은 온 국민이 뭉쳐서 침략에 맞서 치열한 싸움을 개시했다. 프랑스 벨기

에는 전차와 장갑차를 준비하고 있어, 그 침략의 의도가 뚜렷함을 알 수 있다'
고 말했다.

1923년 3월 말, 루르투쟁에서는 프랑스군에 의해서 수많은 독일인 노동자가
체포되거나 살해되었고, 더욱이 구스타프 쿠르프와 같은 최고 경영 책임자도
체포되었다. 거기에서 국가주의자는 노동자와 기업가가 독일인으로서 단결하
는 '민족공동체'나 '국민통일전선'의 표어를 외쳤다. 여론 또한 베르사유조약은
배상지불을 요구해 독일파괴를 목적으로 하고 있는 것으로 믿게 되었다. 독일
정부도 배상의무를 다하는 것을 거부하고 프랑스와의 교섭을 거부했다. 피점령
지의 독일공무원은 점령군에 대한 업무를 거부했는데, 점령군은 이 파업에 참
가한 직원 14만 7천 명을 모두 추방했다. 독일연방 자료에는 그때 살해된 쿠르
프사의 노동자, 추방된 철도직원의 보도사진이 남아 있다. 프랑스와 벨기에는
점령지의 철도와 석탄을 지배하에 두었지만 독일정부의 현물급부를 포함한 배
상지불 거부, 수입정지 때문에 타격을 받았다.

다른 한편, 국군은 연합국의 군사감시의 혼란을 틈타 루르 점령지에 몰래 무
기를 공급하고 교통이나 프랑스군 시설의 파괴공작을 지원했다. 이 과정에서
1923년 5월, 파괴공작에 참가한 나치당원 알베르트 슐라게터가 뒤셀도르프의
프랑스 군사법정에서 사형판결을 받았는데, 국가주의자에 의해서 국민적 순교
자로 추앙되었다.

프로이센주로부터 분리독립의 기풍이 강했던 바이에른주에서는 공화국 보
호법으로 금지하고 있었던 국가주의 단체의 활동도 인정하고 있었다. 바이에른
주 경찰청장 에른스트 푀너, 그의 조언자이며 법률가인 한스 프랑크 박사(뒤에
폴란드 총독)는 나치당의 동조자이고 1923년 9월 말, 바이에른주 남부에서 폴란
드와의 분쟁에 쓰러진 실레지아의 프라이코르프스 오버란트 동맹대원을 기념
하는 식전이 열려, 루덴도르프 장군과 돌격대 사령관이 괴링과 함께 참가했다.
이렇게 해서 국가주의 단체가 통합해 독일투쟁동맹이 결성되고 히틀러가 정치
적 지도자, 헤르만 크리벨 중령은 군사지도자가 되었다.

그 무렵 독일의 광공업이 마비되어 세수입이 크게 줄었다. 그럼에도 공화국
정부는 공무원의 급여, 점령지 주민에 대한 식량공급, 공업계에 대한 자금지원
을 계속하기 위해 지폐 발행을 늘였다. 이 재정적자 보전을 위한 통화 과잉공

급 때문에 마르크 시세는 루르 점령이 있었던 1월 중, 1달러 2만 7천 마르크에서 4만 9천 마르크로 하락하고 6월말 1백만 마르크, 8월 8일 5백만 마르크, 8월 13일에는 1억 마르크, 10월 9일에는 10억 마르크로 감소했다. 이렇게 물가가 상승해 인플레가 일어났다. 상품의 매점매석이 횡행하고 인플레에 더욱더 박차가 가해졌기에 근로자나 연금생활자의 생활은 갈수록 어려워질 뿐이고 오로지 외화를 갖고 있거나 물자를 축적했던 사람들만이 인플레로 이득을 보고 크게 번성했다. 이렇게 큰 격차는 사회적 원망과 자본주의에 대한 비판의 온상이 되어 공화국정부를 비판하는 국가주의자와 공산주의자들은 정권을 차지할 수 있는 좋은 기회로 여기게 되었다.

1923년 8월 12일, 내각 불신임 결의 뒤, 인민당의 구스타프 슈트레제만이 수상이 되어 9월 26일, 루르 지방 피점령지의 주권회복을 조건으로 소극적 저항중지를 지시했다. 바이에른 주정부는 소극적 저항중지는 '제2의 베르사유'라고 여기고 공화국정부의 지시에 반발하며 비상사태를 포고했다. 그리고 21년 9월까지 주의 수상이었던 구스타프 폰 카르를 주의 총감에 임명한다. 이 바이에른주의 분리독립적인 움직임에 맞서 대통령 에베르트는 전 국토에 비상사태 선언을 포고했는데, 국방장관 게슬러, 군무국장 젝트 장군은 바이에른주에 대한 군의 투입을 거부한다.

소극적 저항중지 직후, 탄광연맹 회의에서 근무시간이 7시간에서 8시간 반으로 늘어나고, 민간기업, 특히 루르 지방의 중공업에서는 8시간 노동 원칙을 재검토해서 임금과 사회보장급여를 인하하려는 압력을 더욱 강하게 했다. 이처럼 독일혁명 이래, 사회정책을 폐지하려는 압력에 대한 노동운동이 고조되어, 1923년 10월 10일, 작센주의 에리히 차이그너 사회민주당 내각에 공산당이 입각하고, 튀링겐주에서도 같은 일이 일어났다. 그 무렵 소련의 코민테른은 유럽의 사회민주당과 연합정권을 수립하는 통일전선 또는 노동자정부에 의한 온건 개혁 노선을 받아들이고 있었던 것이다.

그러나 젝트 지휘 아래 독일국군은 1923년 10월 22일, 비상사태를 이용해 작센주의 주도인 드레스덴으로 진격해 노동자를 탄압했다. 국방장관 게슬러는 차이그너 주 수상의 파면을 요구했는데, 차이그너는 그의 요구를 헌법위반이라고 거부한다. 또 국군의 진격을 앞두고 공산당은 파업과 무장봉기를 호소했는데,

주정부와 노동자의 지지를 얻지 못해 실행되지 않았다. 단, 함부르크에서는 10월 23일, 공산당 지도부가 호소한 무장봉기로 말미암아 노동자와 군, 경찰과의 시가전이 벌어지고 이틀 뒤 폭동이 진압되었다.

그러는 가운데 민주당 소속 은행가 얄마르 샤흐트가 중심이 되어, 1923년 10월 15일 통화개혁을 맡는 렌텐 방크가 설립된다. 11월 15일의 환시세는 1달러 4조 2천억 마르크이고 1조 마르크를 1렌텐 마르크의 새 지폐와 교환해 1달러 4.2렌텐마르크가 되었다. 이듬해 렌텐마르크는 금과 교환이 가능한 라이히스마르크로 치환되었다. 초인플레이션은 진정되고 정부 부채도 줄었다. 그러나 동시에 재정긴축인 디플레 정책이 채용되고 공공사업 예산의 감액, 공무원 인원 감축이 이루어졌다.

뮌헨폭동과 히틀러 재판

바이에른주에서는 프로이센주나 공화국 정부로부터의 분리독립 움직임이 있었고 국가주의적 경향도 강했으므로 공화국보호법에 의해 금지되고 있었던 프라이코르프스나 돌격대와 같은 준 군사조직도 존속이 허용되었다. 또 1923년 9월 〈푈키셔 베오바흐터〉가 '슈트레제만과 젝트의 독재정부'라고 공화국 정부를 비난한 것을 이유로 국방장관 게슬러는 이 신문의 발매금지를 명했다. 그러나 바이에른 지방 제7군사령관 오토 로소브 중장은 명령을 따르지 않았다. 그래서 젝트는 로소브를 파면했는데 이에 반발한 바이에른 주 총감 카르가 로소브를 자기 지휘 아래 복귀시켜 바이에른주 경찰장관 한스 폰 자이서와 함께 삼두정치를 개시했다.

다른 한편, 젝트는 1923년 11월 초 재계의 지지를 얻으면서 사회민주당 공산당을 배제하고 노동조합을 해산시킨 다음, 독일 수상과 프로이센주 수상을 통합하는 군부독재 정권을 구상했다. 바이에른 삼두정치도 사회민주당 주도의 '붉은 베를린'에 반감을 안고 분리독립과 군주 부활을 꾀하고 있었다. 통일국가와 분리독립은 큰 차이가 있었지만, 의회민주주의에 대한 증오만큼은 공통적이었다. 히틀러는 이 틈에 베를린에서의 군부독재정권과 바이에른 삼두정치의 움직임을 이용해 정권탈취를 노리는 뮌헨봉기를 기도했다.

이에 앞선 1922년 10월 28일, 이탈리아 파시스트 당의 베니토 무솔리니는 검은 셔츠단을 이끌고 로마진군을 해, 사회주의자와 파업을 일으키는 노동조합을 혐오하던 국왕 비토리오 에마누엘레 3세에 의해서 수상에 임명되었다. 이 로마진군에 감명을 받았던 히틀러는 23년 11월 8일 오후 9시, 뮌헨에서 열린 바이에른 3거두의 집회에 돌격대를 이끌고 쳐들어가 '오늘의 독일을 파괴하고 있는 범죄자와 결말이 날 때까지 잠정적인 국민정부의 정치를 직접 지도한다'며 국가주의 혁명을 선언했다. 그리고 카르가 바이에른 총독, 바이에른군사령관 로소브가 국방장관, 전 바이에른 경찰청장 푀너가 바이에른 수상, 루덴도르프가 국민군사령관에 취임한다고 포고했다. 그 무렵의 돌격대는 3천 명 정도이고 봉기에 동원할 수 있는 병력은 그 절반이었는데, 국군장교로부터 군사훈련을 받고 있었던 부대도 함께 포함되었다.

이때 룀 대위의 제국 군기단은 비밀 국군용으로 숨기고 있었던 소총 3천 정으로 무장, 바이에른 주둔군사령부를 점거하고 있었다. 그러나 탈출한 카르는 나치당 등 국가주의 단체의 해산을 명하고, 로소브는 군에 룀의 부대를 포위시켰다. 거기에서 히틀러는 제1차 세계대전의 영웅 루덴도르프 장군의 명망과 2천 명의 돌격대 프라이코르프스를 믿고 룀 지원을 위해 중심가로 진군했다. 그러나 뮌헨 시내의 장군묘 근처에서 바이에른 경관대의 일제사격을 받고 거사 측 13명, 경관 3명이 사망한다. 이때 히틀러는 왼쪽 어깨가 탈구된 채 달아나고 11월 11일, 한프슈탱글 부부의 별장에서 체포되었다. 돌격대사령관 괴링은 총격에서 부상해 오스트리아로 도주, 루덴도르프는 부상 없이 체포되고 룀은 투항, 아만 대위, 슈르라이허 소위, 한프슈탱글은 오스트리아로 달아났다.

1924년 2월 26일, 반역죄용의자 10명에 포함된 히틀러와 루덴도르프의 재판을 개정했다. 루덴도르프 장군은 히틀러에게 속아서 거사에 이용당했다고 증언하고, 로소브 장군은 증인으로서 히틀러를 고발했다. 이처럼 책임을 회피하는 장군들과 달리 히틀러는 거사의 모든 책임을 인정하고 조국을 배신한 부패한 정부를 타도하는 것이 자신의 사명이라며 재판을 통해 자기의 주장을 펼칠 기회를 가졌다. 정권 획득 뒤 나치당은 이때의 사진을 공개해 '역사적인 평가를! 10년 전인 1923년 11월 9일. 우리의 수상 아돌프 히틀러가 뮌헨에서 거사를 했는데 배신자인 전 바이에른 정부의 방해가 있었다'라고 해설하고 있다. 바이에른주 란츠베르크 형무소에 수감된 히틀러에게는 배다른 누이 앙겔라, 베히슈타인 부인 헬레네, 바그너 부인 위니프레드 등의 여성들로부터 음식물과 책 등이 끊이지 않고 들어왔다고 한다.

1924년 4월 1일, 판결에서 루덴도르프에게 무죄, 룀에게 금고 1년, 히틀러에게 금고 5년이 언도되었는데 '히틀러처럼 독일적으로 사고하고 느끼는 인물에게 공화국 보호법은 적용될 수 없다'고 했다. 이 판결을 지지한 바이에른주 법무장관 프란츠 귀르트너는 32년부터 41년, 세상을 떠날 때까지 독일의 법무장관에 취임하게 된다. 바이에른 주정부의 사법 관계자에게는 국가주의를 지지하는 경향이 강했던 것이다.

재판으로 말미암아 세계적으로 유명해진 히틀러는 9개월 동안 형무소에 연금되고, 그 기간에 함께 감옥에 있었던 헤스의 도움으로 《나의 투쟁》을 완성한다. 이 책은 뮌헨 거사로 '민족의 재흥을 굳게 믿으면서 쓰러져 간' 16명의 사나이들에게 바쳐졌다.

5. 공화국 안정기에서 세계대공황으로

전시 배상지불을 둘러싸고 분규가 끊이지 않는 독일에서 베르사유체제 타파를 주장하는 나치당이 한때 융성했을지라도 독일의 경제부흥이 진전되자 나치당 세력은 쇠퇴하기 시작했다. 나치당은 세력을 만회하고자 돌격대와 친위대의 폭력을 확대했는데, 그 무렵 대통령(초대 에베르트, 2대 힌덴부르크)의 권력은 안정되었고 공화국 군대를 지휘하는 입장에 있었다. 바이마르공화국 정부의 권위나 무력의 수준은 나치당보다도 훨씬 강력했던 것이다. 그러나 1930년대, 세계는 대공황을 맞이한다. 이러한 상황 아래에서 나치당은 독일의 경제적 곤궁의 근본 원인을 공화국 정부와 유대인에게서 찾고, 그들을 배제하지 않는 한 독일 부흥은 있을 수 없다고 선동했다.

1925년, 나치당 부활과 힌덴부르크 대통령 취임

1923년 11월 23일, 뮌헨폭동을 일으킨 나치당은 독일 전역에서 금지되었지만, 감옥에 있던 히틀러는 이론가 알프레트 로젠베르크를 대리로 위임하고 대독일 민족공동체의 명칭으로 나치당을 유지하고 있었다.

1924년 초, 독일의 배상지불 유예 요청을 받아 미국의 은행가 찰스 도스는 독일에 차관 8억 마르크를 줄 것을 제안하고 프랑스도 이를 승인했다. 미국은 베르사유조약에 서명하지 않았기 때문에 중립적 입장에서 무역 투자 상대국으로 유럽 여러 나라들과 마찬가지로 독일이 부흥하기를 기대한 것이다. 그러나 '도스 계획'이 4월에 공표되자, 국가주의자들은 독일을 '노예화'하는 것이라고 공격했다.

히틀러에게 판결이 내려진 바로 뒤인 1924년 4월 6일, 바이에른에서 주선거가 있었다. 이 선거에서 구 나치당 세력이 결집해 민족 사회주의자 동맹을 결성하고 주의원 정수 129명 가운데 23명을 당선시켰다. 5월 4일, 총선거에서는 각지의 민족 사회주의자 동맹이 모여 국가 사회주의 동맹을 결성하고, 히틀러 자유 운동을 계승하는 민족주의 동맹으로서 선거에 임했다. 그 무렵 나치당은 포스터에 유대인 자산가가 독일 시민에게 증세, 가치 없는 지폐, 은행이자 부담을 짊어지게 하는 모습을 그려넣고 독일 곤궁의 원흉을 유대인에게서 찾고자 했다. 투표용지에는 15개의 정당 가운데 14번에 '민족주의 동맹'이 기재되어 있다.

1924년 5월 4일, 제3회 총선거(유권자 3,836만 명)의 결과는 투표율 77%이고 사회민주당 100석(득표율20.5%), 민주당 28석(5.7%), 중앙당 65석(13.4%) 인민당 45석(9.2%), 국가인민당 95석(19.5%)이었다. 공산당은 경제를 파탄시킨 여당을 철저하게 공격해 노동자로부터 지지를 받으면서 득표율 12.6%로 62석을 얻어 제4당이 되었다. 민족주의 동맹도 득표율 6.6%를 얻고 공인후보 34명 가운데 룀, 프리크, 루덴도르프 등 32명이 당선되어 제6당이 되었다. 이 약진은 뮌헨폭동으로 이름을 떨친 히틀러의 공적이었는데, 민족주의 동맹은 투옥 중인 히틀러의 지도 없이 주도권 다툼을 일으켜서 히틀러는 당에서 떠날 뜻을 밝힌다.

그 시대의 수상은 중앙당 빌헬름 마르크스이고 중앙당, 인민당, 민주당의 연립정권은 138 의석으로, 총의석수 472의 29%밖에 차지할 수가 없었다. 그래서 1924년 12월 7일에 제4차 총선거가 실시되었다. 투표율은 79%로, 획득 의석은 사회민주당 131석(득표율 26.0%), 민주당 32석(6.3%), 중앙당 69석(13.6%), 바이에른 인민당 19석(3.7%), 인민당 51석(10.1%), 국가인민당 103석(20.5%), 공산당 45석(8.9%)이었다. 수상은 무소속인 한스 루터이고 국가인민당, 중앙당, 인민당, 민주당, 바이에른 인민당의 대연립정권은 총의석수 493석 중 274석으로 56%를 차지했다. 국가사회주의 자유당(나치당)은 14석(3.0%)으로 참패하고 제9당으로 전락하자, 히틀러를 다시 지도자로 맞이하고 그의 나치당을 인정하게 되었다.

히틀러는 바이에른주 사법 당국으로부터 온정이 베풀어져, 형기 단축으로 1924년 12월 20일에 출옥하고, 이듬해 25년 1월 4일에 바이에른 수상 하인리히 헬트를 면회한 뒤, 정부에 대한 충성을 맹세했다. 이에 2월 16일에 비상사태 선언이 해제되고 나치당은 해금되었다. 2월 27일, 뮌헨 폭동을 일으켰던 장소에 청중 4천 명을 모아 나치당 결성대회가 열렸다. 그곳에 구 나치당 창설자 드렉슬러, 그레고어 슈트라서 등이 참가하지 않은 것은 히틀러에 의한 새로운 나치당의 창설을 말하는 것이며, 결코 구 나치당의 재건이 아님을 의미한다. 히틀러는 모든 국가 사회주의자는 나치당으로 결집해 공산주의자와 유대인을 타도하라고 호소했다. 이 과격한 주장을 경계한 바이에른 주정부가 먼저 3월, 주 내에서 히틀러의 연설 금지를 지시하고, 프로이센과 다른 각 주도 그를 금지했는데, 튀링겐주, 브라운슈바이크 자유주 등, 나치당 세력이 약한 지역에서는 연설금지를 내리지 않았다.

1924년 12월, 작센주의 국가주의 신문 발행자 로탈드가 대통령 에베르트는 1918년 베를린 군수공장에서 파업에 참가하는 반역죄를 범했다는 말을 퍼뜨려 명예훼손으로 고소되었다. 막데부르크 3심재판관은 로탈드에게 금고 3개월의 유죄를 선고하는 한편, 에베르트는 반역죄를 범했다고 판결했다. 공화국의 사법관은 오히려 뮌헨폭동에 이해를 드러내고 바이마르헌법에 경의를 표하지 않았던 것이다. 에베르트 대통령은 이미 제1차 세계대전에서 참전했던 아들 두 명을 잃었는데, 이러한 오명까지 뒤집어 쓰고 25년 2월 28일, 54세로 죽었다.

1925년 3월 끝 무렵, 첫 대통령선거가 치러졌다. 선거 득표수는 국가인민당의 야레스 1,040만 표, 사회민주당 오토 브라운 780만 표, 중앙당 빌헬름 마르크스 400만 표이고 나치당의 루덴도르프는 30만 표로 최하위인 제7위였다. 그러나 과반수에 다다른 후보자가 없었기 때문에 4월 26일, 2차선거를 치르게 되었다. 국가인민당과 국가주의단체는 제1차 세계대전 때 참모총장이었던 파울 루트비히 폰 힌덴부르크 원수를 새롭게 받들었다. 77세인 힌덴부르크는 하노버 별장에서 대중 앞에 나타나 국가주의 단체 대원부터 걸스카웃까지 다수의 지지자를 사열(査閱)했다.

2차선거 결과 힌덴부르크가 1,465만 표, 공화국파가 단일화한 후보이자 전 수상 마르크스가 1,375만 표, 공산당의 텔만이 193만 표를 얻어 힌덴부르크가 대통령이 되었다. 2차선거 때 투표한 유권자 350만 명 가운데 300만 명이 힌덴부르크에 투표했다. 힌덴부르크 원수는 본디 패군의 장으로서 전쟁의 책임을 질 처지였는데, 독일 국민은 자부심을 만족시켜주는 영웅으로서 이 원수를 선택한 것이다. 대통령 취임식에서는 왕정복고를 기대하는 군주주의자의 공화국기 '흑, 적, 금' 이 아닌 제정기 '흑, 백, 적'으로 장식했다. 이는 공화제 의회민주주의의 쇠퇴를 상징하는 것이었다.

1920년대, 나치당 프로파간다

1924년 초, 투옥 중인 히틀러로부터 돌격대의 전권을 위임받은 룀은 돌격대를 3만 명의 프론트반(frontbann, 전선명령)으로 개편해 자신의 사병(私兵)으로 삼았다. 그래서 대독일의 민족공동체는 히틀러의 뜻을 받아 프론트반을 비난하고, 출옥한 히틀러는 나치당의 정치적 군대로서 돌격대의 재편을 명령했다. 그러나 룀은 명령에 따르지 않았기 때문에 25년, 돌격대장 자리에서 물러나게 되고 28년, 볼리비아의 군사고문으로서 중령으로 부임하게 되었다.

1929년, 룀이 은퇴하자, 뒤에 계몽 선전 장관이 되는 요제프 괴벨스가 사회주의 노선을 명확히 해, 히틀러에게 반발하는 그레고어 슈트라서의 비서로 나치당에 가담했다. 그런데 괴벨스는 다리 장애 때문에 병역에 부적격이어서 제1차 세계대전에 참가하지 못하고, 본대학에 입학해 전후인 21년에 하이델베르크대학에서 박사학위를 수여받았다. 그 뒤 취직, 해고, 실업을 되풀이한 괴벨스는 24년, 국가주의 신문을 편집하는 직업을 얻었는데, 자신에 걸맞은 지위를 제공하지 않는 공화국을 몹시 원망하게 되고 사회주의를 신봉하게 되었다. 그러나 26년 4월 13일, 뷔르거브로이켈러 맥주홀에서의 연설 뒤, 열광한 청중 앞에서 히틀러와 포옹을 하게 되고, 괴벨스는 히틀러의 카리스마에 이끌려 그레고어 밑을 떠나게 된다.

《나치 독일과 언어》에서 괴벨스 등 많은 나치당원은 히틀러의 연설을 듣고 예언자에 의한 계시라고 감격해, 패배와 고난 속에 있는 독일을 부흥하는 구제자로서 그를 숭배했다. 국가 사회주의는 인종민족과 생존투쟁을 섭리로 하는 세계관을 실현하며, 번영의 천년왕국에 이르는 계시를 믿는 히틀러 운동으로 불리었다. 이 운동은 피로 물든 당 깃발의 성스러움, 지도자에 대한 복종, 오른손을 들어 '하일(만세) 히틀러'로 소리를 내는 독일식 경례 등 숭배를 핵으로 한 종교와 비슷한 모양새였다. 1926년 5월, 히틀러는 총통으로서 당 지도자의 임면권을 독점하고 7월 3, 4일에는 튀링겐주 바이마르에서 제2회 전국 당대회에 참석한 돌격대 6천 명을 시위행진하도록 해 그 통수권을 과시했다. 튀링겐은 히틀러의 연설이 금지되지 않은 얼마 되지 않는 주였는데, 그는 공화국 발상지에서 신생 나치당 대회를 개최함으로써 반대 정당으로서의 입장을 명확히 한 것이다. 이를 환영한 빌헬름 2세의 넷째 아들 아우구스트 빌헬름 폰 프로이센이나 철모단 간부도 행사에 참가했다. 철모단이란 1919년 국가 인민당을 지지하는 퇴역 군인이나 국가주의자가 중심이 되어 결성된 무장단체였다.

다른 한편, 나치당 이외의 정당도 당집회를 경호해 적대세력의 방해를 막기 위해 제복 차림의 병사를 본뜬 폭력 단체를 도입하기 시작했다. 사회민주당의 국기단은 공화국의 헌법을 지키는 방위조직이고 공화국기 '흑, 적, 금'의 수호자를 자임하고 있었다. 1928년 5월, 베를린 시를 둘러싼 브란덴부르크주 하벨에서 1만 명 이상의 국기단원이 집회를 했다. 같은 해 8월 11일, 바이마르 헌법 반포 기념일에는 성대한 정부 의식이 열렸다. 또 23년에는 국회의사당에서 대통령이 마련한 만찬, 의사당 앞 공화국 광장에서의 공화국군 의장병 열병, 베를린 대성당 앞 루스트가르텐에서의 보안경찰 사열 그리고 브란덴부르크 문과 그 문으로부터 이어지는 운터 덴 린덴 거리에서 정치단체, 경찰, 군 그리고 사회민주당의 국기단 행진이 있었다. 경찰과 군을 장악하는 공화국 정부의 위신은 돌격대 친위대보다도 훨씬 높았다. 또 공산당은 적색전선 투쟁동맹을 만들어 당집회를 돌격대의 습격으로부터 방위했다. 26년 5월, 베를린에 공산주의자 8만 명이 모여 적색전선 투쟁동맹의 대원으로 대집회를 열었으며, 폭동을 우려한 정부는 경관을 다수 동원해 경계에 임했다.

세계 제일의 선진적인 바이마르헌법 아래, 독일에서 거리낌 없이 화기를 소유하고 있는 것은 아니었지만, 국가주의자로부터 공산주의자까지 모두 폭력과 테러로 이어지는 무장단체를 조직하고 있었다. 이는 그 무렵 사회에서 의회 민주주의가 힘이 없고 인권보호 규정이 경시되고 있었음을 뜻한다. 폭력과 테러에 뛰어난 단체가 거리를 지배했던 것이다.

1928년, 총선거에서 기울어진 나치당

1925년 10월 16일, 독일 국가인민당의 외무장관 구스타프 슈트레제만이 온 힘을 기울여 노력한 결과, 로카르노 조약이 체결되었다. 여기에서는 독일과 프랑스 그리고 벨기에가 현재의 국경을 무력으로 바꾸는 일을 단념하고, 영국과 이탈리아가 그것을 보증했다. 그리고 앞으로의 분쟁은 무력에 따르지 않고 중재재판으로 해결하기를 약속했다. 이렇게 해서 이듬해 26년 9월 10일, 독일은 국제연맹에 가입해 상임이사국에 취임하고, 라인란트 북부에 주둔하던 프랑스군과 영국군이 철수했다. 또 독일의 민간항공 부활, 항공기 제조의 자유도 인정되어 사실상 베르사유조약의 개정이 진전되었다. 슈트레제만은 미국의 은행가 도스, 프랑스의 외무장관 브리앙, 영국 외무장관 오스틴 체임벌린과 함께 노벨평화상을 받았다.

1924년 12월부터 30년 9월까지 나치당은 여전히 제8당에 지나지 않았으며, 자금부족을 메꾸고, 편하게 주목을 끌기 위해 선동을 펼쳤다. 또한 가끔 돌격대를 이용해 공산당이나 사회민주당을 도발하며 난투극을 벌였다. 27년 5월 5일, 베를린 경찰청장 죄르기벨은 베를린에서의 돌격대 활동을 금지시켰는데, 같은 달 바이에른주에서는 그동안 금지되었던 히틀러의 연설이 풀렸다.

1927년 8월 19일부터 21일에 걸쳐 뉘른베르크에서 개최된 제3회 전국 당대회에서 히틀러, 돌격대의 새로운 지휘관 페퍼 폰 잘로몬 대위, 프랑켄 지역의 지도자 율리우스 슈트라이허가 돌격대의 시위행진을 사열하였다. 이 대회에는 돌격대 3만 명 말고도 10만 명이 더 참가한 것으로 보도되었다(그 무렵의 당원은 7만 2천 명). 그러나 주 경찰의 보고에서 대회 참가자는 1만 5천 명에서 2만 명에 그쳤고 야외대회에 참석한 사람들은 당원들뿐이었다. 회장 설비가 갖추어지지 않은 야외에서의 집회는 연설을 제대로 듣기 어렵고, 고작 악단을 붙여 시위행진을 했으리라 짐작된다. 그 무렵 남아돌던 동아프리카 구식민지 주둔군용 제복을 효과적으로 이용해, 돌격대의 제복을 갈색 셔츠와 넥타이로 했는데, 행진하는 돌격대는 갈색이 아닌 검은 모자를 써 제복 통일 상태는 불완전한 채로 나아갔다. 당 간부조차도 제복이 제각각이었다. 베를린당 대관구 지도자 괴벨스는 1928년 5월에 '선거전을 위한 자금 걱정은 분노의 씨앗이다'라고 말하고 있다.

사회민주당은 나치스는 죽음을 불러와 농업도 공업도 파괴한다며, 반나치당 선동을 펼쳤다. 나치당은 배상지불을 거부하기 위해 도스 안(Dawes Plan)[1]의 취소를 호소했는데, 사회 안정기에 이르면서 그 지지는 떨어지고 있었다.

1928년 5월 4일, 제5회 총선거가 치러졌다. 투표율은 76%이고 획득 의석은 사회민주당 153, 민주당 25, 중앙당 65, 인민당 45, 독일 국가인민당 73, 공산당 54, 나치당 12석이었다. 수상은 사회민주당 헤르만 뮐러로, 그는 사회민주당, 중앙

---

1) 1924년 독일 마르크화가 폭락했을 때, 미국의 찰스 G. 도스가 제안한 해결안이다.

당, 인민당, 민주당 그리고 바이에른인민당의 대연립을 성공적으로 이끌어, 총 의석수 491의 61%인 안정정권을 확립했다. 이 선거 무렵, 나라 안팎으로 모두 안정기였던 점도 있어, 사회민주당은 29명의 의석이 늘어난 것에 비해 사회불안을 부추긴 나치당은 2명이 줄었다.

국회의원으로 처음 당선된 괴벨스는 '이제 드디어 의원의 불가침 특권을 얻었다. 내일은 무료승차 버스표를 받을 수 있다. 이제 즐거운 소동을 시작할 수 있다'고 기뻐했다. 그러나 선거가 치러진 28년, 전당대회는 자금난으로 멈추었다.

나치당의 프로파간다라고 하면, 전국 당대회의 대군중, 군사 퍼레이드, 라디오와 신문을 이용한 선전술이 떠오르는데, 이런 것들은 모두 나치당이 정권을 차지한 뒤의 일이었다. 정권 획득 전, 히틀러의 열병대상은 국가주의자의 단체 뿐이고 전국 당대회는 자금부족 때문에 1923년, 26년, 27년 그리고 29년에만(4회) 열리는 데 머물렀다. 결국 정권획득 전의 나치당은 ①당자금과 지지자 부족, ②공공시설 이용 제한 ③재정(예산·조세) 관련 공무원에 대한 지령과 행정권 부족, ④경찰에 대한 명령권 결여, ⑤국군에 대한 통제권 결여와 같은 제약이 있어 국민을 동원하는 대규모 선전은 할 수 없었다. 때문에 거리에서 소요와 폭력 등 법을 어기는 방법으로 주목을 받는 선전을 펼쳐 나가기 시작했다.

히틀러는 이성이나 인간성을 경시하고, 종(種) 보전 충동과 생존투쟁이 인간의 본성이며 역사를 움직여 왔다는 세계관을 갖고 승리냐, 죽음이냐의 양자택일 인생을 걸어왔다.《나의 투쟁 I》제1부, 제12장 〈국가사회주의 독일노동자당의 최초 발전시대〉에서 그는 다음과 같이 말한다.

'거대한 혁명의 원동력은 어떤 시대에도 대중을 지배하는 과학적 인식에 있다기보다, 그들을 고무하는 열광, 때때로 그들을 압박하는 히스테리 속에 있었다. 대중을 얻으려는 자는 그들의 마음의 소리를 듣는 열쇠를 알아야 한다. 그 열쇠는 객관성도 아니고 우유부단도 아닌 바로 의지와 힘이다.'

세계 대공황 가운데 진행된 1930년 총선

1929년 2월, 미국의 은행가 오웬 영 등 전문가 회합에서는 독일의 배상을 연납이 가능한 60년 장기 지불로 하고, 연합국이 하던 독일 경제 관리를 그만두도록 결정했다. 이 안들은 6월에 만들어지고, 라인란트에 주둔하던 영국군은 연내에, 프랑스군은 이듬해 6월 말까지 모두 독일에서 철수하기로 했다. 이 평화적 해결은 사회민주당 정권의 업적이다.

다른 한편 1929년, 국가인민당 알프레트 후겐베르크, 철모단 지휘관 프란츠 젤테 그리고 히틀러 등 국가주의자는 영 안 반대 전국위원을 설치하고 독일민족 노예화 반대 법안의 국민 투표운동을 펼쳤다. 정부 수뇌는 배상부담과 점령을 인정하고 독일을 노예화한 것은 국가반역죄로 다스려야 한다고 주장했다.

1929년 10월 3일, 슈트레제만이 51세로 병사하고 6일, 대규모 장례가 베를린에서 치러졌다. 그의 관에는 독일의 표장인 독수리가 그려지고 육군총사령군 빌헬름 하이에, 해군총사령관 에리히 레더가 참례했다. 독일민족 노예화 반대 법안은 11월 30일, 국회에서 60대 312로 부결되고 유권자의 10%(413만 9천 명)의 서명을 모은 12월 22일의 국민투표에서도 찬성 14% 미만으로 부결되었다.

1930년 3월, 영 안이 국회를 통과하자, 실업보험 재원이 크게 부족해 노사 모두가 비용부담을 서로 나눠 함께 인상하는 법안이 제출되었는데, 이 법안은 노동조합과 사회민주당 의원에 의해 거부된다. 이렇게 해서 사회민주당의 지지를 잃은 수상 뮐러는 사임하고 3월 30일, 중앙당의 하인리히 브뤼닝 내각이 발족했다. 중앙당, 인민당 그리고 중산계급 등의 연립정권으로 171의석(총의석수 491의 35%)의 소수파 내각이었는데, 국가인민당의 지지를 얻어 성립된 것이다.

1929년부터 세계 대공황으로 말미암아 독일의 실업자 수(1월 단계)는 28년의 137만에서 29년 190만 명, 30년 308만 명, 31년 452만 명 그리고 32년 558만 명으로 갈수록 늘어났다. 이 대량실업을 배경으로 30년, 노동자의 날에는 공산당 주도의 노동자 시위행진이 대규모로 행해졌다. 그때까지 5년 가까이 내각에 가담하지 않았던 사회민주당이 수상 헤르만 뮐러가 이끄는 연립정권에 복귀했다. 그러나 뮐러가 대공황으로 계속 늘어나고 있던 실업 수당 삭감을 제안하자 사회민주당은 그것을 거부하고, 결국 중앙당의 하인리히 브뤼닝이 수상이 된 것이다. 그 무렵 베를린과 대도시에서는 정부나 교회, 지원단체가 집이 없는 사람들을 위한 보호소를 운영하며, 수프나 빵을 무상으로 주고, 무료로 숙박할 수 있도록 배려하고 있었다. 그러나 많은 실업자와 그 가족을 구제할 수는 없어 노동쟁의가 자주 일어났고, 재계인은 공산주의 세력의 신장과 혁명의 발발을 두려워하기 시작했다.

사회 불안이 고조되는 가운데 나치당은 정부의 부패와 무능을 비난하고 연 20억 마르크의 배상지불 중지를 주장했다. 국회 제9당인 약소 야당 나치당은 실업자, 집 없는 사람들의 구제에 나서는 일도 없이 오로지 현상타파를 호소할 뿐이고, 대중의 불만과 희망을 수렴하는 데 전력을 쏟았다. 1930년 9월, 총선거를 준비하며 나치당은 위기를 맞이했음에도 불구하고, 여당인 사회민주당이 여론을 더럽힌다고 비난한다. 사회민주당을 규탄하는 포스터는 공산주의자(의자의 붉은 별, 낫과 해머의 휘장)에게 조종받고 있는 정부를 쳐부수고 있는 그림으로 만들어졌다. 그리고 나치당은 유대인이 베르사유조약에서 독일에 배상 지불 의무를 부과한 것이며 동시에 독일 국내에서 고리대금을 해 독일인의 재산을 찬탈했다고 비난했다. 또 독일에 빌붙어 사는 유대인이 공산주의를 더욱 확산해 폭력혁명을 일으키려고 음모를 꾸미고 있다며 증오와 공포를 부추겼다. 이듬해의 올덴부르크 자유주선거 포스터에는 유대인 금융 기생충이 고리대금으로 전등 공장 등의 산업 시설, 부동산을 빼앗고 있다며 이를 박살내는 모습들이 그려졌다. 대공황으로 고통받는 대중은 나치당이 되풀이해 온, 유대인이 독일 곤궁의 원흉이라는 날조를 믿게 되었다. 이는 나치당이 대중에게 유대인을 불만의 분출구로 향하게 한 것이고, 이러한 사실은 선거에 유리하게 작용했다. 이렇게 해서 나치당은 세계 대공황을 이용해 대중의 불만과 증오를 부채질한 다음, 빚을 내어 베를린의 스포츠궁전을 빌리고 돌격대 집회와 선거집회를 개최해 사람들의 눈길을 더욱 사로잡았다.

1930년 9월 14일, 제6회 총선거(유권자 4296만 명)에서는 남자 6487명, 여자 673명이 입후보했다. 전쟁 뒤 최고의 투표율 82%를 보이면서 획득의석은 사회민주당 143석(득표율 24.5%), 민주당 20석(3.8%) 중앙당 68석(11.8%), 바이에른 인민당 19석(3.0%), 인민당 30석(4.5%), 국가인민당 41석(7.0%), 공산당 77석(13.1%) 그리고 나치당은 107석(18.3%)으로 단숨에 제2당으로 약진했다. 나치당의 대약진 이유는 ①독재 정치 채용 ②독일의 경제적 어려움을 불러온 유대인의 일소 ③대지주주의의 정치가 대중의 인기를 얻었다고 분석할 수 있다.

나치당은 1920년대까지 독일의 패배, 배상지불 이행을 공화국 정부, 공산주의자, 유대인의 책임으로 돌리고 현상타파를 호소해, 공산세력을 두려워하는 많은 중산계급, 재계인 그리고 국가주의자 등의 지지를 받았다. 그러나 나치당은 고작 국회 제9당의 반대 야당에 지나지 않고, 당의 활동자금도 모자라 노동자나 농민의 지지를 얻지 못했다. 나치당의 연설이나 돌격대 집회에는 주로 높은 전망대에 구경꾼이 많이 모여 있었는데, 그들이 반드시 나치당 지지자는 아니었다. 그러나 세계대공황으로 실업자가 늘어나, 생활이 어려워지자 공산주의 혁명에 대한 공포가 강해져, 그에 대처할 수 없는 공화국 정부에 대한 비난이 격렬해졌다. 기존 정당이 정치 거래에 날을 지새고, 국민들의 생활을 보호하지 못했기 때문에 대중은 의회민주주의를 믿을 수 없게 되었다. 그런 가운데 늘 야당이었던 나치당이 여당의 부패와 무능을 공격하고 갑부정치가, 공산주의자, 유대인의 음모가 소용돌이치는 현상을 바꿀 수 있는 힘찬 혁신정당을 연출한 것이다. 대중은 히틀러의 지도력과 카리스마를 믿게 되어 나치당을 선택했다. 총선거에서 제2당으로 약진해 자신감을 얻은 나치당은 유대인과 공산주의에 대한 증오와 공포를 이전보다 훨씬 더 선동하게 되었다.

10월 14일, 소집된 국회에서 나치당 의원은 프로이센주에서 착용이 금지된 돌격대 제복을 입고 의사당에 들어와 의회를 혼란에 빠뜨렸다. 의회 민주주의를 부정하던 나치당 의원들에게는 논의할 생각은 전혀 없었다. 그들은 불신임 동의를 남발하고 야유를 보내며 의회를 어지럽히고 의사 방해에 힘썼다.

수상 브뤼닝은 다시 경제재정 안정을 위한 대통령 긴급령을 발표하고 1931년도 예산을 통과시켰는데, 정부 전복을 공언하는 나치당의 약진으로 독일의 국제적 신용은 더욱더 떨어지고 독일 국내에서는 외국자본 철수가 이어졌다. 이 자본수지 적자를 해결하기 위해 관세 인상과 블록 경제화에 따른 무역수지 흑자화가 진행되었다. 그러나 오스트리아와의 관세동맹 체결에 실패하자, 1931년 5월, 오스트리아 최대 은행 크레디트 안슈탈트가 파산하게 되며, 7월 13일, 독일의 다나트은행이 영업정지 되자 예금주들이 환불을 요구하며 금융기관에 쇄도하는 금융위기가 일어났다. 그리고 12월, 브뤼닝은 기업경영 체질 개선을 위해 임금, 물가 그리고 금리를 7월 1일까지 10% 인하할 것을 명하는 대통령 긴급령을 발령했다.

돌격대 재편과 친위대 설립

나치당에는 슈트라서 형제를 중심으로 반자본가와 산업국유화를 내건 사회주의 혁명지지자가 있었는데, 1926년 2월 밤베르크 대회에서 히틀러는 사회주의 혁명노선을 부결했다. 그러나 오토 슈트라서는 베를린에서 〈베를리너 아르바이터 차이퉁(Berliner-Arbeiter-Zeitung)〉 편집장으로서 사회주의를 신봉하고 30년 7월 2일, 나치당에서 제명된 뒤 흑색전쟁동맹을 조직해 히틀러에 반항했다.

　그 무렵, 돌격대 중에서도 나치당 간부에 대한 반항적 태도가 보이기도 했다. 집회 정리나 행진에 동원된 하급 대원들 가운데에는 당 간부의 사치스런 생활에 비해서 자신들은 공평한 대우를 받지 못한다는 불만이 쌓여 가고 있었다. 돌격대 내의 팸플릿에는 '당 간부가 월 20마르크에서 5천 마르크 급여로 생활을 즐길 수 있도록 기꺼이 굶어죽자. 베를린 모터쇼에서 우리 히틀러가 메르세데스 벤츠에 4만 마르크를 지불했다는 말을 듣고는 기쁘기 한량없다' 는 노골적인 빈정거림으로 당 간부를 야유하기도 했다.

　1930년 8월, 돌격대 반항 분자들은 베를린 제31 돌격중대 발터 슈텐네스 대위의 지지를 얻어 총선거에서 돌격대 독자 후보를 내세우고, 자금 제공, 권력분담을 호소하면서 뮌헨과 베를린 당 사무소를 습격했다. 그리고 9월 1일, 히틀러는 그 책임을 돌격대사령관 페퍼 폰 잘로몬에게 물어 사임시키고 스스로 사령관에 취임한다. 히틀러는 돌격대에 대한 자금 증액을 약속하고, 이듬해 1931년 1월, 돌격대원들에게 신망이 있었던 룀을 돌격대 참모장으로 복귀시켰다.

　다른 한편 1929년 11월, 뮌헨 폭동기념으로 히틀러는 자신에게 충성을 다하는 호위대를 '친위대' 명칭으로 조직했다. 29년 1월 6일, 그 무렵 당의 선전을 담당하는 하인리히 힘러를 친위대 국가장관에 임명하고 그 확대를 꾀했다. 힘러는 1900년 10월 7일, 뮌헨에서 바이에른 왕가 가정교사의 아들로 태어나 1918년 9월까지 사관학교에 있었다. 패전한 뒤 프라이코르프스에 가담하고, 이듬해 19년 10월, 뮌헨대학 고등기술학교 농학부생이 되며, 재학 중에는 뮌헨 시민자위군에 참가했다. 20년 8월, 화학공장의 원예 조수가 된 뒤, 22년 룀 대위의 권유로 제국 국기단에 입대해 이듬해 뮌헨폭동에 기수로서 참가했다. 그 뒤, 25년 8월, 나치당원으로서 월급 120마르크에 그레고어 슈트라서의 비서가 되었다. 29년 1월 6일, 힘러가 친위대장관에 취임했을 때 SS(나치스 친위대) 대원수는 280명에 지나지 않았는데, 12월에는 1000명, 30년 12월에는 2727명으로 늘어나 사실상 힘러는 친위대 육성의 모체가 된다.

세계 대공황 가운데 나치당의 내부 대립이 드러나던 1930년 6월 말, 그때까지 베르사유조약에 의해서 라인란트에 주둔하던 프랑스군이 철수했다. 이 독일 해방을 기념해 7월 힌덴부르크는 라인란트 곳곳을 방문하고 열렬한 환영을 받았다. 힌덴부르크는 마인츠에서 메르세데스 벤츠에 승차하고 실러 광장에 세워진 해방기념 석상의 제막식에 참석했다. 이 기념 석상의 제작자는 유대계 독일인인 베노 에르칸이고 석상도 반나체 여성상이었지만 그 무렵에는 아무런 문제가 되지 않았다. 행사가 열리기 전에서는 흑, 백, 적의 제정 독일기가 나부끼고, 프라이코르프스를 승계하는 무장단체도 제복을 입고 참여하는 등 바이마르공화국을 가볍게 보는 경향이 뚜렷했다.

다른 한편 1927년, 정치범 특사로 귀국한 괴링은 이듬해 5월, 선거에서 국회의원으로 당선되고 쿠르프 재벌 프리츠 티센 등 재계인과 나치당을 연결하는 데 성공했다. 31년 초, 대공황의 영향으로 루르 지방에서 공장과 탄광 노동자들이 공산당계 노동조합에 모여 잦은 파업을 했다. 경영진은 나치당을 이용해 공산주의로부터 위협을 배제하려고 생각했고, 괴링은 그 중재에 나섰다. 31년 4월, 튀링겐주에서 바이마르 당 집회가 열렸다. 괴링은 히틀러와 함께 하우스 엘레판트 호텔 앞에서 돌격대를 사열하고 5월, 이탈리아와의 우호를 기도해 이탈리아 대통령 무솔리니와 교황 비오11세에게 파견되어 그들을 알현했다. 나치당은 재계 인사와 이탈리아에 접근함으로써 정권을 담당하는 여당 자격을 얻으려고 했는데, 이때 괴링이 수행한 역할은 컸다. 다른 한편 공화제 타파를 기도하는 보수정치가, 재계 인사, 군인 그리고 제정파 등의 국가주의자들은 1931년 10월 10일, 브라운슈바이크 자유주의 온천휴양지인 바트 하르츠부르크에 모였다. 이곳에서 국가인민당의 알프레트 후겐베르크 아래 히틀러, 철모단의 프란츠 젤테, 전 군무국장 젝트, 빌헬름 2세의 둘째 아들 프리드리히 폰 프로이센, 넷째 아들 아우구스트 빌헬름 폰 프로이센(1930년 나치 입당) 등이 결집해 공화국 정부를 규탄했다. 은행가 폰 슈타우스, 루르 철강재벌의 프리츠 티센, 독일 농업협회 회장 에버하르트 폰 칼크로이 백작도 참여하고 23년부터 30년까지 국립은행 총재를 지낸 얄마르 샤흐트가 정부를 탄핵하는 연설을 했다. 이것이 하르츠부르크 전선이다.

히틀러는 국가주의자로서 하르츠부르크 전선에 참가하고 재계 및 제정파와 연계하는 증표로 삼으려 했지만, 지도자 원리가 통하지 않자, 집회에서 일찌감치 자리를 떠 북쪽 40킬로미터의 브라운슈바이크시의 돌격대 집회 장소로 향했다. 1932년 1월 말, 쿠르프 재벌이 티센을 알선해 히틀러는 루르 지방 뒤셀도르프 공업클럽에서 공산당, 노동조합, 사회민주당을 비난하고, 정권 획득 뒤의 군비확장을 약속했다. 그리고 그해 여름, 샤흐트 철강연합회장 알베르트 페글러, 쾰른의 은행가 쿠르트 폰 슈레더 남작 등을 위원으로 하는 경제문제연구회를 창립했다.

경제문제연구회는 정권 획득 다음 친위대 친구들의 모임이 되어 화학공업의 IG 파르벤, 자동차의 다임러 벤츠, 전기의 지멘스, 총기의 라이온메탈, 더 나아가 독일은행, 함부르크 아메리카 기선, 콘티넨탈 석유도 나치당에 자금을 제공했다. 힘러는 회원 32명에게 친위대 명예 고급장교의 지위를 부여했는데, 그 무렵까지만 해도 해골 기장이 붙은 검은 SS 제복을 재계 인사가 착용하면, 이상한 사람으로 취급받았기 때문에 제복 착용 의무는 면제되었다. 친위대 국가장관 친구 모임에서 회원수와 지출액은 1932년에는 1만 3217명에 1만 7천 마르크였는데 정권 획득 후인 33년에는 16만 7272명, 35만 7천 마르크, 34년에 이르러서는 34만 2492명, 58만 1천 마르크로 늘어났다.

1932년 대통령 선거 프로이센주 의회 선거

1931년 12월, 임기 만료에 뒤따르는 대통령 선거에 대비해 사회민주당은 국기단을 모체로 좀 더 전투적인 철강전선(아이젠 프론트)을 조직하고, 이듬해 1월, 베를린 스포츠궁전에서 국기단, 철강전선 등에 의한 1만 명 규모의 대집회를 열었다. 그러나 32년 3월 13일, 사회민주당은 대통령 선거에서 유력후보를 내세우지 못해 중앙당, 민주당과 함께 현직인 힌덴부르크를 지지하게 되었다. 지난번 대통령 선거에서 제정파인 힌덴부르크를 저지하려고 했던 사회민주당이 오히려 이번에는 나치당의 히틀러(43세), 공산당의 텔만(45세)을 저지하기 위해 제1차 세계대전의 전 참모총장을 택한 것이다. 역사적 영웅, 힌덴부르크는 의회민주주의를 경시했지만 대통령 자리에 있을 때만큼은 헌법을 존중했다. 다만 이번 선거에서 걱정되는 점은 그가 85세 고령이라는 점과 건강상태였다.

히틀러는 1925년, 오스트리아 국적을 버리고 무국적자로 지내다가 선거 직전인 1932년 2월 26일, 법률가 한스 프랑크 박사의 지원을 받아 일시적으로 브라운슈바이크의 참사관이 되면서 독일 국적을 얻었다. 이 공식적인 수단을 취한 입후보자는 독일을 묶고 있는 사슬을 끊겠다며 대중에게 호소한 것이다.

선거 결과는 힌덴부르크 1865만 표(득표율 49.6%), 히틀러 1113만 표(득표율 30.2%), 텔만 498만 표(득표율 13.2%), 국가인민당 디스터베르크 256만 표(득표율 6.8%)로 과반수 이상을 얻은 후보자는 한 명도 없었다. 그래서 4월 10일, 세 후보의 2차 선거가 치러져, 힌덴부르크 1936만 표(득표율 53.1%), 히틀러 1342만 표(36.7%), 텔만 371만 표(10.1%)를 얻은 결과로 힌덴부르크가 재선되었다.

1932년 4월 5일, 프로이센주 내무장관 카를 제페링은 3월 17일에 모든 주 170곳의 나치당 지부를 수색했을 때, 히틀러파로부터 음모의 증거 문서를 압수했다고 발표했다. 그 발표에 따르면 히틀러가 당선했을 경우, 돌격대에 무기를 공급해 군대화할 계획이었다. 4월 13일, 국방장관 겸 내무장관 빌헬름 그뢰너는 나치당의 돌격대와 친위대는 위험한 사병 폭력단이므로 이 단체를 금지하는 뜻의 대통령 긴급령을 발령한다. 따라서 돌격대와 히틀러의 연설은 그 이전부터 때때로 법률로써 금지됐었고, 집회로 향하는 돌격대는 경찰에 의해서 무기 소지 유무를 검사 받았다. 나치당이 약진하는 가운데 대통령 긴급령이라는 비민주적 수단으로 억압하게 된 것이다.

한편 1932년 4월 24일, 프로이센주 의회선거에서 사회민주당과 국가인민당의 의석 감소와는 달리 공산당은 56명에서 57명으로, 나치당은 6명에서 162명으로 의석을 늘려, 마침내 나치당이 제1당이 되었다. 바이에른주 선거에서도 의석이 줄어든 바이에른 인민당(45명), 사회민주당(20명), 국가인민당(3명)과는 반대로, 나치당은 9명에서 43명으로 의석을 크게 늘려 제2당이 되었다. 프로이센주는 면적과 인구에서 전국의 약 61%를, 제2위 바이에른주는 면적에서 16%, 인구에서 12%를 차지했기 때문에 다음 선거에서 약진을 예상할 수 있었다.

1932년 브뤼닝은 농산물 가격 저하로 고통받는 농가를 구제하기 위해 '농업 공산주의'를 주장했으나 융커(대토지 소유 귀족)로부터 반대에 부딪쳐 파면으로 내몰렸다. 힌덴부르크는 1927년 생일에 융커로부터 동프로이센 노이데크 영지를 기증받아 먼저 토지를 확보했다. 게다가 힌덴부르크는 외아들 오스카와 국방장관 쿠르트 폰 슐라이허 중장의 조언을 받아, 프란츠 폰 파펜 남작을 후임 수상으로 지명했다.

6. 나치당 히틀러 독재의 시작

나치당은 대공황시대에 베르사유조약 때문에 바이마르공화국에 불만을 품은 국민들을 프로파간다로 선동하고 폭력과 테러를 이용해 약진했다. 1932년 7월, 총선거에서 제1당이 된 나치당은 보수정치가들을 끌어들이고 대통령 힌덴부르크의 지지를 얻어낸다. 그리고 이듬해인 33년 1월 30일, 히틀러 내각이 탄생했다. 그 무렵 나치당으로부터 입각한 사람은 3명뿐이었지만, 국회의사당 방화사건을 계기로 대통령 긴급령을 발령하고, 나치당의 돌격대와 친위대가 보조경찰로서 공권력을 행사하게 되었다. 이 폭력과 테러를 배경으로 반대파를 강제수용소에 보호 구금하고, 국회에서 전권위임법을 성립시켜 수상의 권한은 더욱더 막강해졌다. 이렇게 해서 짧게 끝날 것으로 생각되었던 나치당 정권은 장기 독재정권이 되어 12년 동안 이어진다.

1932년 나치당이 제1당이 되다

중앙당의 프란츠 폰 파펜 남작은 승마클럽의 명사로, 제1차 세계대전 때는 소령이었으며 참모경험자였다. 대통령 힌덴부르크에게 신뢰받던 그는 1932년 6월 1일, 같은 중앙당의 수상 브뤼닝을 내몰고 후계 수상이 되었다. 이 배신으로 중앙당에서 제명된 파펜은 각료 10명 가운데 7명을 귀족들로 선출한 '남작내각'을 조직했다. 그리고 6월 16일, 힌덴부르크 참석 아래 제2당 당수 히틀러와 회담하고, 돌격대와 친위대의 해금(解禁)을 조건으로 선거협력을 요청했다.

해금된 돌격대와 친위대는 거리에서 폭력이나 테러에 의한 위협을 되풀이하며, 7월 17일 알토나(함부르크의 이웃)에서 시가전을 벌여 17명의 사망자와 다수의 부상자를 냈다. 이에 파펜은 이 알토나 소요의 책임을 사회민주당 당원이며 프로이센주 수상인 오토 브라운과 내무장관 제페링에게 묻는다. 7월 20일, 두 사람을 파면한 파펜은 스스로 프로이센 총감에 취임했다. 이것은 오랫동안 사회민주당이 주도해온 프로이센 주정부의 해체를 의미했다. 이에 대해서 사회민주당은 나치당과 그들을 지지하는 제정파가 왕관을 쓰게 되면 인권이 유린된다고 주장하며 선거전에서 싸웠다. 이 시기의 프로파간다는 대중으로부터 주목을 받고 있어 사회민주당도 제복을 입고 기를 내세운 국기단이나 철강전선에 의해 힘찬 시위행진, 세 화살의 상징 도입 등, 나치당과 공산당을 본떠 비슷한 전술을 채용했다.

1932년 7월 31일, 제7회 총선거(유권자 4,421만 명)는 투표율 84%로 그때까지 독일 역사상 최고를 기록했고, 획득 의석은 사회민주당 133(득표율 21.6%) 중앙당 75(12.4%), 바이에른인민당 22(3.2%), 국가인민당 37(5.9%), 공산당 89(14.5%), 나치당 230(37.3%)석이었다. 국가인민당 지지율이 떨어지면서 공산당 23, 나치당 95가 늘어나 나치당이 제1당이 된다.

1933년 8월 13일, 파펜은 히틀러에게 부수상 자리를 주려고 했지만, 히틀러는 지도자 원리를 관철하기 위해 이를 거부했다. 그래서 다시 국회가 해산되고 총선거가 실시되었다. 제2당으로 전락해 위기감을 느끼던 사회민주당은 나치당 지배의 제3제국(다스 드리테 라이히–Das dritte Reich)이 출현하면 죽음의 나라가 된다고 비난했다.

여기서 제3제국이란, 사상가 묄러 판 덴 부르크가 제창한 개념으로, 그는 독일문화의 적은 자유주의라는 타락이며, 무솔리니를 본받아 질서와 규율을 되찾아야 한다고 주장했다. 그리고 1923년에 펴낸 저작 《제3제국》에서는 본디 군인인 지도자가 전선에서 살아남은 병사의 지지를 얻어 민족의 피를 기반으로 하는 반의회 반자유주의의 신생 독일을 수립하라고 호소했다. 즉 신성로마제국(제1제정), 호엔촐레른조(제2제정)를 잇는 제3제정의 건국이다.

나치당은 1925년 5월, 묄러가 죽은 뒤, 제3제국의 개념을 유리하게 이용해 1930년에 간행한 《제3제국》 제3판에 '국가사회주의는 제3제국의 초빙에 응했다'는 기술을 삽입했다. 본디 제국(Reich)이라는 언어는 정신적 영역, 그리스도교의 나라까지 포함한 종교적 위엄을 수반하는데, 제3제국이 되면 국가는 신화적 울림으로까지 높여져, 유럽의 강국 '대 독일'로 이어진다. 대 독일은 이성이 낳은 계약에 따른 공화국이나 인습으로 충만한 세습 제국은 결코 아니고, 유럽적인 역사적 사명을 잇는 신성한 '제3제국'이다. 히틀러는 이와 같이 신화적이며 낭만주의적인 제3제국의 건국을 예언하고 실현하는 구세주인 양, 스스로 연출하고, 국민으로부터 큰 희망이 되었다. 나치당의 경제정책이나 외교정책이 구체적으로 어떤 것인지 몰라도 민족공동체(Gemeinschaft)로서 제3제국을 건국한다는 애국적이고 열광적인 의지와 표현 자체가 평가된 것이다. 그러나 이 의지와 표현을 사회주의 공화국이나 레테 혁명정권에서 찾고 있었던 도시 근로자들은 결코 나치 신앙에는 빠지지 않았다.

베를린은 원래 노동조합을 중심으로 한 사회민주당과 공산당 세력이 탄탄한 도시이다. 1932년 4월 24일, 시정선거에서도 사회민주당 7명(30.2%), 공산당 7명(29.4%), 나치당 5명(2.1%)으로 나치당은 아직 성장도 하지 못한 상태였다. 그러나 32년 11월 6일, 히틀러가 돌격대에 공산당계 노동자의 파업을 지원하고 노동자에게 빵을 주는 등 사회주의 정당 분위기를 연출했다. 이는 재계 인사의 반감을 샀지만, 히틀러는 《나의 투쟁》에서도 겁많은 기회주의 재계인은 정권을 잡으면 정치자금을 제공한다며 도박에 나선 것이다.

1932년 11월 6일, 제8회 총선거(유권자 4.37만 명)는 투표율 81%, 획득 의석은 사회민주당 121석(득표율 20.4%), 중앙당 70(11.9%), 바이에른인민당 20(3.1%), 국가인민당 52(8.3%), 공산당 100(16.9%), 나치당 196(33.1%)석이었다. 국가인민당과 공산당 세력이 늘고 나치당은 34석으로 크게 줄어들었다. 나치당이 부진한 이유로서 ① 돌격대에 의한 폭력과 선거방해가 대중의 지지를 얻지 못했다. ② 나치당과 공산당과의 파업 공동투쟁에 국가주의자와 재계인이 반발한 점을 지적할 수 있다. 국가사회주의 독일노동자당(나치당)이라는 명칭 자체가 국가주의와 사회주의를 표방했고 재계인과 노동자 모두로부터 지지를 얻으려는 소망을 나타냈는데, 실제로 양쪽으로부터 동시에 지지를 받기는 어려웠던 것이다.

1933년 힌덴부르크 대통령에 의한 히틀러 수상 지명

1932년 11월, 총선거 뒤에도 고립된 수상 파펜은 거듭 히틀러에게 부수상 자리를 권했지만 히틀러가 계속 거부했기 때문에 정당과 노동조합을 해산해 독재정권을 세우려 했다. 이를 의심하고 두려워한 국방장관 쿠르트 폰 슐라이허는 힌덴부르크에게 나치당과 공산당에 의한 혁명이 일어난다고 호소해 파펜을 추방시키고, 스스로 수상에 자리에 올랐다. 파펜과 마찬가지로 수상 슐라이허도 의회와 대중의 지지기반이 없었기 때문에 제1당인 나치당 조직부장 그레고어 슈트라서에게 부수상 취임을 조건으로 협력을 요청했다. 그러나 그레고어는 히틀러에 의해서 모든 직무에서 사직, 퇴임당했다. 1933년 1월 10일, 공산당 베를린집회는 돌격대와 경찰까지 가담한 총격전으로 발전해 힌덴부르크와 재계인은 공산주의 세력의 확대, 군의 직접 개입으로 인한 혼란을 두려워했다. 1월 22일, 히틀러는 리벤트롭 저택에서 대통령의 아들 오스카와 회담하고 힌덴부르크가 소유의 땅 노이데크의 보전을 조건으로 수상 자리에 추천을 요청했다. 다른 한편 슐라이허는 대중의 직접 지지를 얻으려고 실업자를 독일 동부 농업지대로 이주시키는 정책을 공표했는데, 이것이 융커의 반감을 사게 되어 1월 28일에 수상직에서 물러나게 되었다.

1933년 1월 31일자, 베를린에서 발행하는 신문은 '대통령 힌덴부르크 원수가 국수(國粹) 사회당 우두머리 아돌프 히틀러를 후계 수상에 임명했다'고 전하고 있다. 그리고 1월 30일, 대통령 관저에서 히틀러는 힌덴부르크 앞에 서서 '국헌 및 법률을 준수한다'고 선서하고 수상에 취임했다. 이때의 나치당 수상 히틀러, 무임소장관(無任所長官)에는 프로이센주 내무장관인 국회의장 괴링, 내무장관에는 빌헬름 프리크 3인으로 정하고, 부수상은 파펜, 노동장관은 철모단 지휘관 젤테, 경제 및 농업장관은 국가인민당수 후겐베르크였다. 또 국방장관 블롬베르크, 법무장관 귀르트너, 재무장관 루츠 슈베린 폰 크로지크, 외무장관 콘스탄틴 폰 노이라트 등 각료의 대부분은 전 정권에서 유임했다.

수상관저로 들어간 히틀러는 '어떤 권력도 내가 살아 있는 한 이곳에서 나를 내쫓을 수는 없을 것이다'라고 말했다. 그날 밤 히틀러는 취임을 축하하는 돌격대와 철모단의 야간 횃불행진을 괴링, 프랑크, 헤스 등 오랜 당우들과 함께 발코니에서 바라보았다. 마주보는 대통령관저 발코니에서는 힌덴부르크가 행진을 바라보고 있었다. 이 야간 횃불행진은 전국 라디오로 방송된 최초의 나치당 행사인데, 영하의 날씨에 밤 행진을 성원하는 시민은 그리 많지 않았고, 행진의 규모도 작았을 뿐만 아니라 조명도 어두웠기 때문에 시각적 효과는 없었다. 그래서 전국 선전지도자 괴벨스는 이튿날, 대형 탐조등을 준비해 야간 횃불행진을 대규모로 다시 연출하고 그 영상을 전 세계에 보도했다.

1930년대 초, 대통령 주재 내각 시기에 복잡하게 뒤엉킨 의회에서는 국정이

헌법의 예외규정인 대통령 긴급명령에 의거해 운영되고 있었다. 그 때문에 나치당이 정권을 차지하기 전부터 의회 민주주의가 부실함에 따라 바이마르헌법의 공동화가 진행된다. 따라서 나치당 이외의 각료, 보수정치가들은 대통령 긴급령에만 따르면 여당으로서의 경험이 없는 나치당과 이렇다할 학력이 없는 수상을 조종하는 것은 쉬우리라 생각하고 있었다. 나치당 의석이 국회의석의 3분의 1에도 미치지 않는 이상, 헌법개정에 필요한 국회의석 3분의 2 동의를 얻을 수는 없을 것이고, 국정운영은 노련한 후겐베르크나 파펜에게 의존할 수밖에 없으리라고 생각한 것이다. 그리고 이제까지의 내각과 마찬가지로 문제가 있으면 대통령에게 수상을 해임하게 해 정권교체를 끝낼 계획이었다. 그러나 히틀러는 폭력과 테러로 투쟁, 독재적 권력 탈취를 각오했고 민주적인 선거와 의회는 물론, 대통령조차 내심 배제할 생각이었다.

슈데코프후의 《나치즘 아래의 여자들》에 따르면 이루제 슈트라서(1916년생)는 나치당에 심취했던 그녀의 아버지가 히틀러가 수상에 취임하던 날, 1932년의 선거구 입회인이었던 당시를 회고하며, 기쁜 듯이 '그야 나도 조금은 뒤에서 밀어주었지. 그러나 그렇게 하지 않아도 당은 선거에서 승리했을 거야'라고 말했다고 전한다. 나치당은 실제로는 정권 획득 전 총선거에서도 부정투표를 거리낌없이 실행하고 있었으리라. 그렇다면 정권 획득 뒤의 투표조작은 더욱더 쉽지 않았을까?

민족과 국가 보호를 위한 대통령 긴급령

1933년 2월 1일, 히틀러 수상은 지도자 원리가 미치지 않는 나치당 이외의 각료와의 연립을 해소하기 위해 국회를 해산했다. 2월 4일, 독일국민 보호를 위한 대통령 긴급령이 발령되어, 정부에 의한 신문이나 공공 라디오방송 등 미디어 관리와 여론조작이 가능해졌다. 게다가 여당인 나치당은 국가 기구와 예산, 대기업의 정치헌금을 이용, 유리하게 선거전을 진행할 수가 있었다. 2월 10일, 히틀러는 베를린 스포츠궁전에서 공산주의가 14년 동안 이어졌으므로 독일은 폐허가 되었다고 연설했다. 그리고 '위대함과 명예와 힘과 영광의 독일'을 창설한다고 말하고 '아멘'으로 끝맺자 커다란 함성이 울려퍼졌다. 후겐베르크와 파펜 등은 대중을 멸시하고 공개연설장에 모습을 드러내지 않았지만, 히틀러는 국민을 선동하고 각성하는 일에 힘을 쏟았다. 그리고 나치당은 사회민주당이 유대인을 배부르게만 하는 배신자라고 비난했다.

그러나 선전이나 언론만 선거 수단이었던 것은 아니다. 프로이센주 내무장관 (4월부터 주 수상) 헤르만 괴링은 경찰간부를 나치당 동조자로 바꾼다. 2월 22일, 전국의 경찰에 돌격대와 친위대 4만 명, 철모단 1만 명을 보조경관으로 채용했다. 그리고 24일, 괴링은 프로이센 경찰에게 베를린에 있는 공산당 본부 카를 리프크네히트 회관을 급습, 공산당에 의한 봉기계획의 문서를 압수하게 했다고 발표했다. 체포된 공산당원은 재판 없이 베를린의 '컬럼비아 하우스' 지하실에 구금되었는데, 이곳은 비공식적 최초의 강제수용소이다.

1933년 2월 27일, 공산당 위원장 텔만은 사회민주당 노동조합에 반파시즘 투쟁동맹 결성을 호소했는데, 그날 밤 국회의사당에 화재가 발생했다. 방화범으로 네덜란드인 노동자 마리누스 판 데르 루베가 현행범으로 체포되었는데, 그 배후에 공산당이 있고 그들이 봉기를 계획했다는 것이다. 이튿날, 민족과 국가의 보호를 위한 대통령 긴급령이 발령되어 헌법이 정한 인권보장이 정지되고 정부는 체포, 가택 수사, 언론 통제, 집회 결사의 금지를 수시로 실행할 수 있게 되었다. 돌격대(보조경관)는 공산당원과 노동조합원 등 나치당 반대파 4천 명 이상을 체포, 구속했는데 그럼에도 공산당은 금지되지 않았다. 공산당을 금지하면 그 지지표가 사회민주당으로 흐를 것으로 우려했기 때문이다.

또 민족과 국가 보호를 위한 대통령 긴급령은 공공의 안전과 질서를 유지할 수 없을 경우, 중앙정부가 주정부 내각의 권한을 일시적으로 집행한다고 했으므로, 전국 여러 주의 주정부 내각은 나치당과 그 동조자로 교체되었다. 이에 따라 연방공화국은 중앙집권국가가 되었다.

1933년 3월 5일, 제9회 총선거 (유권자 4천487만 명)의 투표율은 88%(과거 최고), 획득 의석수는 사회민주당 120석(득표율 18.3%), 민주당 5석(0.8%) 중앙당 73석(11.2%), 바이에른인민당 19석(2.7%), 인민당 2석(1.1%), 국가인민당 52석(8.0%), 공산당 81석(12.3%), 그리고 나치당 288석(43.9%)이었다. 국가기구를 이용해 유리한 선거전을 치르고 돌격대와 경찰로 선거를 방해했음에도, 나치당은 결코 과반수의 지지를 얻지 못했던 것이다. 이에 충격을 받은 히틀러는 두 번 다시 민주적인 국회의원 선거를 하지 않고 헌법을 위반하는 법률, 경찰, 돌격대의 폭력과 위협으로 독재화를 강행했다. 3월 14일, 괴벨스 아래 계몽 선전부가 신설되었다. 이는 선거결과에 상관없이 국가인민당, 철모단을 포함한 각료 변경은 하지 않는다는 약속을 위반한 것이었다.

테러 위협 아래 전권위임법 가결

1933년 3월 21일, 포츠담의 날, 포츠담 교회에서 예배와 국회 개회식이 치러져 정장차림을 한 히틀러가 프리드리히 대왕의 묘 앞에서 힌덴부르크에게 존경하는 마음을 표현했다. 또한 제정부활을 기대한 황태자 빌헬름 폰 프로이센에게도 예의바르게 인사했다. 그러나 이와 같은 신중한 태도는 보수정치가나 반대파를 안심시키기 위한 히틀러의 전략이었다.

3월 23일, 임시 국회의사당이 된 크롤 오페라 하우스 연단에는 거대한 나치당 깃발이 내걸리고 돌격대 제복을 입은 히틀러가 2월의 대통령 긴급령을 입법화한 '민족과 국가 보호를 위한 법률', 이른바 전권위임법(수권법)을 심의하도록 요구했다. 헌법이 정하는 수속뿐만 아니라, 정부에 의해서도 법률을 제정할 수 있다고 정한 것으로 수상독재를 합법화하는 법률이다. 의사당에 공산당원은 전혀 없었고 다른 의원들조차 돌격대에게 위협당했는데, 사회민주당 당수 오토 벨스는 헌법에 정하는 법치국가, 평등, 사회적 정의를 옹호해 이 이념을 망가뜨리는 힘을 히틀러에게는 주지 않을 것이라고 연설했다. 히틀러는 '제군은 어리석다. 박해라고 말한다면 지금의 시대에 걸맞는 인간이라고는 할 수 없다'며 그와 상대도 하지 않았다. 국가인민당이나 중앙당 의원이 전권위임법에 찬성해 주면 무언가 대가가 있으리라 기대하고 찬성을 지지했기 때문에 법안은 사회민주당 의원 94명의 반대만으로 가결되었다.

1933년 3월, 5천 명을 수용할 수 있는 다하우 강제수용소가 설치되었다. 그리고 24일, 전권위임법 시행과 함께 전국회의원, 주의회의원 403명이 체포되었다. 58명이 투옥, 311명이 강제수용소에 구금되어 적어도 186명이 살해 또는 처형되었다. 또한 4월 말까지 반대파 2만 5천 명이 경찰과 돌격대에 의해서 보호 구금되었다.

1933년 11월 12일, 제10회 총선거와 정부신임 국민투표에서는 나치당 말고는 어떠한 정당도 존재하지 않았다. 11월 10일자, 한 신문의 베를린 특파원은 〈나치스 독단의 공포의 독점선거〉라는 제목으로 총선거와 정부 불신임투표의 '이면에는 일반민중의 이루 말할 수 없는 공포심이 흐르고 있다'고 보도해 '이 국민투표에서 반대투표를 한 사람의 성명을 밝혀내 이를 처벌하는 조치가 강구되고 있다는 소문이 나돌자 민중은 엄청난 공포에 사로잡혔다'고 전했다. 그리고 686명의 후보 가운데 15명 말고는 모두 나치당의 후보이고 '결과가 명백하기 때문에 민중은 결코 마음이 내키지 않았는데, 정부는 물론 나치스도 히틀러를 앞에 내세워 연일 문자 그대로 요란하게 선전'하고 '돌격대원 등은 집집마다 찾아가 투표참가를 경고하고 이 경고에도 불구하고 기권하는 사람은 국가의 공적으로 여긴다고 위협하고 있다. 따라서 이러한 공포심에서 총투표수는 대단히 높게 오른다'고 말했다.

선거기간 동안 여당에 대한 투표와 정부신임에 도장을 찍어야 한다는 포스터가 붙여졌다. 또 투표용지는 예전처럼 정당을 번호로 선택하는 것이 아니라 나치당과 그 동조자인 국회의원으로서 아돌프 히틀러를 필두로 루돌프 헤스, 빌헬름 프리크, 헤르만 괴링, 요제프 괴벨스, 에른스트 룀, 발터 다레(이상 나치당), 프란츠 젤테(철모단 지휘관), 프란츠 폰 파펜(부수상, 무소속), 알프레드 후겐베르크(경제·식량장관, 국가인민당)로 모두 10명의 성명이 기재되어 있을 뿐이었다.

제10회 총선거는 투표총수 4429만 5009명, 여당(나치당, 국가인민당, 무소속) 득표수 4398만 6647명(92%), 야당 0명, 무효투표 33만 8362명이고 나치당과 그 동조자는 288명에서 660명으로 늘어나 전 의석을 석권했다. 정부 신임 국민투표는 투표총수 437만 9046명, 신임 찬성 투표 4405만 8804명(93.8%), 신임반대투표 21만 181명, 무효 투표 7만 5061명 그리고 독일 총인구의 62.5%로부터 지지를 얻었다. 투표일인 12일, 나치당은 전 수상 마르크스 등 중앙당과 사회민주당의 정치가를 공금 횡령죄로 재판에 회부한다고 발표했다.

정당 선택의 여지가 없는 국회의원 선거(독점선거)를 실시한 시점에서 나치당 말고 다른 정당, 의원의 정치생명은 끝나고 말았다. 나치와 프로파간다 신화가 말해주듯이, 나치당이 총선거에서 국회를 합법적으로 지배한 것은 결코 아니다. 폭력과 테러를 배경으로 한 독점선거로써 가능했던 일당 독재가 마치 총선거로 합법적인 방법들을 통해 실현된 것처럼 보여주는 음모가 이루어졌다. 즉 수단을 가리지 않고 국민의 총의를 연출한 것이다. 이 선거는 독일국민이 하나가 되어 나치당 히틀러를 지지하고 있음을 여러 나라에 과시하는 프로파간다였는데, 폭력과 테러에 의한 선거간섭에도 불구하고 4할 가까운 독일국민이 나치당 독재에 사실상 반대한 것은 주목할 만하다.

그리스도교회와 나치신앙

나치당에는 알프레트 로젠베르크 등 그리스도교회를 탄압하는 문화투쟁을 시작해야 한다고 주장하는 반 교회파도 많았다. 그러나 히틀러는 그리스도의 카리스마에 동조한 프로파간다를 중요시했다. 실제로 히틀러는 《성서》의 한 구절을 자신에게 편리하게 곡해한 것으로 여겨진다.

히틀러는 '당신들이 듣고 있는 말은 나의 것은 아니고 나를 보내신 아버지의 말씀입니다'(요한복음 14장 24절). '성령은 스스로 말씀하는 것은 아니고 들은 그대로를 이야기하고, 또 머지않아 일어날 일을 그대들에게 보여준다'(요한복음 16장 13절) 등과 같은 《성서》 구절을 영감에 의한 번득임, 자신을 절대 정의라고 맹신하는 근거로 삼은 것으로 생각된다. 또 반유대주의에서 '믿으려고 하지 않는 유대인들은 이방인들을 부추겨 형제들에게 악의를 품게 했다'(사도행전 14장 2절). '이 사내(바오로)는 마치 페스트 같은 존재이고 전 세계의 유대인 사이에 소동을 일으키고 있는 자'(사도행전 24장 5절) 등의 어구로 하등인종 열등민족의 배제를 정당화했다. 이와 같은 《성서》의 자의적이며 왜곡된 해석은 히틀러에게 자신의 세계관을 정의로 확신하게 한 하나의 요인이 되었다.

나치당은 폭력과 음모로 정권탈취를 꾀했는데, 동시에 독일국민들도 교묘한 선전술에 의해서 '나치신앙'을 받아들이는 경향이 있었음을 지적할 수 있다.

바이마르공화국 시대 14년 동안에 여러 차례 내각이 바뀌고 1929년 세계 대공황 이후, 국민은 불황을 극복하지 못하는 정치나 기존 정당에 실망하고 의회 민주주의도 불신했다. 그래서 국민은 정권을 장악하면 현상을 타파할 수 있다고 확약을 계속하며 독일의 영광을 되찾는 굳은 의지를 밝혔던 나치당 히틀러에게 정권을 맡겨보자는 생각을 갖게 되었다. 빅토르 클렘페러의 저서 《제3제국의 언어》와 이언 커쇼의 《히틀러》에 따르면, 독일국민은 히틀러의 카리스마에 기대해 나치당을 믿으려고 했다. 이것은 논의를 다해 숙고한 논리적 귀결은 아니지만 신화적이며 낭만주의적인 제3제국으로서 대독일 부흥에 대한 기대였다. 나치당이 현상을 타파할 수 있는 정권이라는 확신의 근원은 이성이나 논리적 사고가 아니라, 나치신앙에서 비롯된 것이라고 볼 수 있다.

나치당은 그리스도교, 특히 가톨릭 의식이나 언어를 받아들였다. 뮌헨폭동에서 갈고리 십자의 나치당 깃발은 거의 쓰이지 않았기 때문에 희생자의 피로 물든 당기가 정말로 있었다고는 생각되지 않는다. 그러나 나치당은 피로 물든 당기를 날조했다. 폭동의 희생자를 '순교자' '나의 사도'로서 히틀러는 자신을 '독일의 구세주' '예언자'라고 했다. 그의 《나의 투쟁》은 나치스의 《성서》로 알려졌다. 히틀러의 인격과 행동은 《성서》로 동화되고, 연설할 때에도 복음의 언어를 구사해 종교적인 수식어로 치장했다. 《나의 투쟁 I》제2부, 제6장 〈초기 투쟁—연설의 중요성〉에서는 '언어만이 대혁신을 초래한다'고 주장한다.

이는 《성서》의 '신앙은 듣는 것에서 시작되고 듣는 것은 그리스도에 대한 말씀에 따른 것이다'(로마서 10장 17절)라는 구절을 떠올리게 했다. 이렇게 해서 민족사회주의, 히틀러 운동을 독일의 복음으로 여기게 되었다. 결국 '나는 히틀러를 믿는다'는 나치신앙을 받아들이는 신자가 탄생한 것이다.

유대인 절멸에 대해서는, 히틀러의 견고한 의지가 결정했다는 의도설과, 독일로부터의 유대인 추방이라는 당초 정책이 전쟁 수행과 함께 어려워져, 살육을 지향하게 되었다고 하는 기능설이 있다. 확실히 히틀러는 《나의 투쟁》에서도 유대인 절멸의 의도를 명확히 했는데, 이를 과격한 선동적 표현에 지나지 않는다고 본 사람들도 많다. 그리스도교도에게 대량살육은 신앙적으로 한 인간으로서 용서받을 수 있는 일이 아니었기 때문이다. 만일 유대인을 공공연하게 살육하면 등 뒤에서 일격을 당할 것이고, 독일국민의 반발과 국군의 반란으로 나치당정권은 무너졌을 것이다. 그런 의미에서는 전쟁수행 과정에서 유대인을 격리하고 추방할 여유가 없어 절멸을 선택하기에 이른 것으로 생각되기도 한다.

그러나 히틀러는 처음부터 유대인을 절멸할 생각을 하고, 전쟁 시작과 함께 실시하기로 결정했다고 생각하는 쪽이 현실을 잘 설명할 수 있다. 《구약성서》 〈여호수아기〉 10장에는 에리코, 네게브 등 이스라엘인이 공략해 빼앗은 도시에서 '한 사람도 살아남은 자가 없도록 살아 있는 자는 모두 죽였다'고 하고 〈민수기〉 35장 33절에서는 '우리가 있는 토지를 더럽혀서는 안 된다. 피는 토지를 더럽히기 때문이다'라고 씌어 있다. 이 구절을 편리하게 곡해한 자칭 구세주 히틀러는 독일 본토를 피로 더럽히는 일이 없도록 전쟁 전에 유대인을 국외로 추방했는데, 전쟁이 일어난 뒤에는 점령지에서 유대인을 근절하려고 결심하고 있었다고 생각할 수 있다. 전쟁으로 동방에 생존권을 획득해 그곳의 유대인을 격리하고 독일의 유대인을 점령지로 이송해 기아, 강제노동, 처형으로 살육한다—이 유대인 섬멸 전쟁이라는 '숭고한 사명'을 받아들이기 위해 히틀러는 인종, 민족에 의거한 생존경쟁의 세계관을 독일국민에게 수용하게 하고, 충신들을 확보했다. 이 목적을 위해 교회와의 투쟁(문화투쟁)은 전후의 문제로서 나중으로 두고 국가 사회주의 운동을 방해하지 않는 범위에서 통제조직으로서의 그리스도교와 타협한 것이다.

존 콘웰의 《히틀러의 교황》에 따르면 1931년, 카톨릭 중앙당의 당수였던 하인리히 브뤼닝 수상은 교황 비오 11세와 회담하고, 사회민주당은 비종교 정당이지만 그리스도교에 관용하다고 전하며, 나치당과 종교적으로 관용하지 않은 연계를 거부했다. 33년 3월, 중앙당의 집회에서 전 수상 브뤼닝은 히틀러에 대한 비협력을 주장했는데, 중앙당수 루트비히 카스 신부는 히틀러에게 유화적 태도를 보여주기로 결정하고 교황 비오 11세도 가톨릭교도의 나치당 가맹을 인정했다. 중앙당은 전권 위임법에 찬성표를 던지고 그 대신 가톨릭의 권리옹호를 나치당에 인정하게 하려고 했다. 이를 수락해 히틀러는 국회에서 그리스도교의 두 종파(가톨릭과 프로테스탄트)는 민족성을 보유하는 중요한 인자(因子)이므로 그 권리를 침해하지 않도록 호소했다.

이렇게 해서 1933년 7월 20일, 부수상 파펜, 교황청 국무원장 파첼리 추기경이 정교협약(콘코르다트)에 서명한다. 이에 따라서 나치당 정권은 세계의 그리스도 신자들에게 받아들여지게 될 소지가 생기고, 독일민족공동체의 정신적 지주는 예언자 히틀러가 되었다. 가톨릭의 권위를 인정하는 정교협약은 24년 3월에 바이에른주, 29년 6월에 프로이센주가 체결하고, 29년 2월에는 무솔리니가 라테라노 조약에 의해서 가톨릭을 이탈리아 국교로 인정했다.

다른 한편 1930년 11월 11일, 베를린 스포츠궁전에 모인 프로테스탄트 신자 2만 명은 예배와 신앙고백에서 비독일적인 것을 배제하고, 인종에 걸맞은 영웅적인 그리스도를 희망했다. 그리고 12월 11일, '독일이 우리의 사명이고 그리스도는 우리의 힘이다'라는 운동방침 아래 '히틀러의 나치당 국가이고 전 독일민족을 포함하는 독일의 그리스도교 민족교회'를 육성해 '하나의 민족, 하나의 신, 하나의 국가, 하나의 교회'를 지향하게 되었다. 이것은 《성서》의 '주도 하나, 신앙도 하나, 세례도 하나이다'(에베소서 4장 5절)의 반영이며 나중에 나치당도 '민족은 하나, 국가는 하나, 총통은 한 사람'이라고 외치게 된다. 고참 나치당원인 프로테스탄트의 루트비히 뮐러 목사가 프로테스탄트 국가 주교로 임명되어 1934년 9월의 뉘른베르크 제6회 전국 당대회에서는 가톨릭 사제 샤흐라이터 주교와 함께 히틀러를 축복했다.

그러나 나치당의 독재화에 대한 그리스도 신자의 저항도 끈질겼다. 마르틴 니뮐러 목사는 교회에 대한 국가의 개입, 민족주의적 인종적 세계관에 반대했다. 그리고 1935년, 고백교회[1]는 피와 인종, 민족성과 영원한 독일이라는 맹신은 우상숭배이고, 반그리스도교적이라고 주장했다. 37년 니뮐러는 투옥되고, 이듬해에 고백교회는 금지되었다. 로마교황 비오 11세도 37년 3월 4일, '불타오르는 불안한 생각으로'란 제목의 회칙으로 인종, 민족, 국가를 신격화하는 세계관은 이단이라 하고 게르만민족주의, 독일적 그리스도교라는 신앙은 사람을 현혹하는 잘못된 가르침이라고 비난했다.

강행적 독재화의 진행

강행적 일원화란 나치당 아래 모든 조직과 개인을 관리해 총통에게 복종하는 지도자 원리를 끝까지 철저히 주지시키는 것이고, 다른 의견을 허용하지 않는 강제적인 동질화이다. 정치적 독재화는 1933년 3월의 전권위임법, 6월 22일의 사회민주당 해체, 7월 14일의 정당 신설 금지법으로, '독일에 존속하는 유일한 정당은 국가사회주의 노동당'이라고 정해짐으로써 완성되었다. 이렇게 해서 나치당 원수는 28년의 9만 7천 명에서 30년 13만 명, 33년 84만 9천 명, 35년 249만 4천 명, 37년 279만 3천 명으로 갑자기 크게 늘었다. 이 나치당원의 갑작스런 증가는 가입하지 않은 유력한 자에 대한 입당 압력도 있었기 때문에, 반드시 국가사회주의의 지지자가 늘어났음을 의미하지는 않는다.

---

1) 1930년대 독일 히틀러의 나치화에 대항한 교회.

1933년 4월, 노동법 지국이 설치되어 근로봉사가 의무화되었다. 5월 1일 메이데이는 '독일민족의 국민축일'로 고쳐져 베를린 교외의 템펠호프 공항에 노동자 10만 명을 동원한 히틀러는 '명예로운 일과 노동자는 존중받아야 한다'고 말했다. 이튿날 돌격대는 노동조합 사무소를 습격하고, 조합간부를 체포해 강제수용소에 구금했으며, 노동조합은 해산되었다. 10일에는 구 노동조합을 독재화하는 독일노동전선(DAF)이 창설되어, 2천5백만 명의 노동자와 노동조합의 자산을 회수했다. 그 지휘관은 23년 이래의 고참 당원 로베르트 라이 박사로, 그는 노동자 보호를 약속했는데, 독일 노동전선은 지휘관에게 통제된 오로지 군사적인 체재를 채택해 종업원은 단체교섭권을 잃고, 경영자의 지시대로 움직이는 노사관계가 정해지게 되었다. 이것은 전쟁 동원 준비단계로 접어들었음을 의미한다.

1933년 7월 15일, 강제 카르텔법에 의해 기업연합회가 조직되고, 이듬해 1월 20일, 국민노동질서법으로 노사교섭에 의한 노동조합은 사라지며, 국가직속의 노동위임관이 임금교섭과 결정에 개입하게 되었다. 고속도로는 함부르크에서 프랑크푸르트를 지나 스위스 바젤을 꿰뚫는 자동차 전용도로로 구상되었는데, 1929년 그 명칭은 아우토반으로 정해졌다. 1935년 7월 1일, 청소년도 포함해서 정식으로 노동봉사단이 창설되고 농업노동, 아우토반 건설을 위한 근로 봉사가 의무화되었다.

히틀러 유겐트는 1926년 7월, 바이마르의 전국 당대회에서 공인된 나치당 유일의 청소년 단체였는데, 단원은 700명에 지나지 않았다. 그런데 1929년 8월, 뉘른베르크 전국 당대회 때에는 단원이 1만 3천 명으로 늘고, 2천 명이 행진했다고 한다. 이듬해 6월, 여성을 대상으로 한 독일소녀동맹(BDM)이 정식으로 결성되었다. 1931년 10월 30일, 히틀러 유겐트 지도자로 1925년 이래의 고참 당원 발두어 폰 시라흐가 임명되었는데 이때 대통령 긴급령으로 단체는 금지되었다. 그러나 1932년 6월 15일에 해금되자, 시라흐는 나치당 전국청소년지도자로 임명되고 10월 1일 포츠담의 야외회장에서 히틀러 유겐트 전국대회를 개최한다. 이날 밤, 히틀러는 '제군은 미래의 국민이고, 우리가 오늘날 싸우고 있는 일의 완성은 제군의 두 어깨에 걸려 있으며, 국가사회주의는 젊은 제군들을 신념을 지닌 이상주의자로 교육하려 하고 있다'고 격려했다. 그러나 이튿날의 단원행진은 제복도 걸음걸이도 서로서로 맞지 않았다. 걸스카웃 제복을 본뜬 독일소녀동맹도 대회를 성대하게 하기 위해 참가했는데, 역시 통제는 가해지지 않았다.

레너드 브라이덴솔의 편저 《생물학이 운명을 결정했을 때》에 따르면 국가사회주의는 제1차 세계대전 전의 독일과 마찬가지로 '킨더(Kinder, 아이), 쿠체(Küche, 주방), 키르헤(Kirche, 교회)'라는 3K를 중시하고, 여성을 가정에서 남편에게 봉사하는, 아이를 낳아 키우는 존재로 자리매김해 그들의 경제력 자립을 부정했다. 이러한 입장에서 나치당은 정권 획득 뒤에, 우수한 아리아인을 낳기 위한 체력, 그리고 건강증진을 도모하는 활동을 채택하지만, 여성의 고학력화, 도시화, 사회진출은 '타락한 여성'을 만든다고 주장하며 농촌에서의 봉사활동만을 강요하게 된다. 1920년대 끝 무렵, 독일 여성의 처지를 보면, 38명의 여성이 행정상 고위자리에 오르고, 국회에도 30의석을 차지하고 있었다. 그런데 나치당 정권이 되자, 여성해방에 진력해 온 독일여성단체연합(BDF)이 해산되고 여성은 고위직과 국회에서 추방되었다. 남편과 이중으로 돈벌이를 한다고, 여성은 공무원에서 배제되고, 공무원 자격은 35세 이상의 여성에게만 주어졌다. 대학에서도 여학생 수는 10%로 제한했다.

히틀러 유겐트 단원수는 1932년 5만 5천 명, 33년 1월 7만 명, 그 연말에는 56만 명으로 늘어났다. 이것은 교육현장에서 히틀러 유겐트 가입이 반쯤 강요되었기 때문이다.

히틀러 유겐트는 하이킹, 사이클링이나 농촌에서의 근로봉사를 했다. 이때 채용된 활동적인 스포츠복은 1920년대부터 슈판다우의 프로이센 체육아카데미와 하노버 체육학교에서 입는 옷을 본뜬 것으로, 독일국장인 검은 독수리 대신 갈고리 십자기장이 붙어 있다. 1936년, 그리스도교 단체, 사회민주당과 공산당이 연관된 청소년단체가 해산되고 히틀러 유겐트 법에 따라서 전 독일청년의 히틀러 유겐트 가입이 의무화되었다. 이렇게 해서 단원수는 543만 7천 명으로 갑자기 늘어났는데, 일원화로 말미암아 젊은이의 개성은 억압되고 획일화 되어 갔다. 그들은 규율과 단체행동을 몸에 익힘과 동시에 나치당의 세계관 교육을 받고, 거리선전에 동원되었다. 그리고 소총사격, 통신, 오토바이를 타거나 비행 훈련, 간호 등 전쟁을 위한 초보적인 군사훈련을 중시하게 되었다.

친위대에 의한 강제수용소 관리와 룀 숙청

나치당은 정권 획득 직후인 1933년 3월, 돌격대가 관리하는 오라니엔부르크 수용소를 베를린 북서쪽에, 친위대가 관리하는 다하우 강제수용소를 뮌헨 근교에 개설했다. 이곳에는 나치 반대파가 사법 수속이 생략된 채 '보호구금'되어, 가혹한 갱생조치와 고문이 이루어졌다. 그리고 고문을 당한 죄수를 석방해 강제수용소의 참혹함을 시민들 사이에 퍼뜨리게 했다. 이것이 국가에 의한 테러, 공포정치의 시작이다.

1933년 4월 2일, 강제수용소의 최고지휘권이 맡겨진 바이에른 정치경찰장관 힘러는 6월 말, 다하우 강제수용소 지휘관(소장)으로 경찰 출신이며 형사범죄 경력이 있는 테오도어 아이케 친위대 준장을 임명했다. 아이케는 해골 표장을 착용한 수용소경비대(간수) 120명 앞에서 관용은 인간의 약점이고, 국가의 적에게 연민의 정을 갖는 자는 친위대 자격이 없다고 훈시했다. 이 경비부대는 이듬해 3월 29일, 친위대 해골부대로 명명되고, 3천5백 명을 거느리게 되었다.

앞서 말한 바와 같이, 돌격대는 나치당 간부에 비하면, 자신들의 이익은 노력한 결과에 걸맞지 않다는 불만을 품고 있었다. 돌격대 참모장 룀도 제2혁명을 주장하고, 돌격대를 독일 국군에 대신하는 국민군으로 만들 희망을 갖고 있었다. 그러나 히틀러는 1933년 5월, 돌격대와 친위대, 그리고 투구단은 국방성의 관리 아래 들어가기로 결정하고 군 조직이 연간 25만 명의 돌격대원에게 국군 편입을 위한 교육훈련을 실시한다는 것을 알렸다. 히틀러에게 질서를 어지럽히는 돌격대는 군이나 경찰과의 협력관계를 파탄시키는 위험한 존재로 여겨졌기 때문에 6월, 히틀러는 혁명 종료를 선언하고 게슈타포로부터 돌격대를 배제했다. 그리고 1934년 6월 30일, 히틀러는 갑자기 룀을 비롯한 돌격대 간부가 반란을 준비하고, 동성애 행위를 널리 퍼뜨리고 있다는 이유로 그들의 숙청을 친위대에게 명했다. 이렇게 7월 2일까지 과거에 히틀러를 방해한 인물을 포함해서 85명이 살해되었다. 룀은 슈테델하임 형무소에서 아이케에게 사살되었다. '장검의 밤'으로 불리는 숙청사건이다.

뮌헨 경찰서장, 브레슬라우 경찰서장 등, 6명의 돌격대 간부도 체포되어 슈테델하임 형무소에서 친위연대 라이프슈탄다르테의 제프 디트리히 명령으로 총살되었다. 그리고 나치당 붕괴를 꾀한 전 수상 슐라이허 대장부부, 뮌헨 폭동에서 히틀러를 배신한 전 수상 파펜의 보도담당관 보제, 전 프로이센주 경찰부장 에리히 클라우제너 박사 등 지난날 히틀러의 정적도 살해되었다.

'장검의 밤'의 숙청 뒤, '국가 반역죄 행위를 진압하기 위해 취해진 조치는 국가에 의한 정당방위로서 적법하다'고 규정하며 살해는 합법화되었다. 신 돌격대 참모장 빅토르 루체는 조직 경찰장관 달리케 친위대 중위에게 돌격대 최고사령부의 사무소, 자동차 등의 자산인계를 포함한 해체 작업을 위촉하는 뜻을 알려 돌격대 재편을 위해 돌격대 장교의 소행조사를 명했다. 군 간부는 돌격대의 약체화를 환영했는데, 히틀러의 다음 목표는 국군의 통제였다.

히틀러의 총통과 군 최고사령관 취임

1934년 8월 1일, 대통령 힌덴부르크의 건강이 악화된 것을 눈치챈 히틀러는 대통령직과 수상직을 겸임하는 국가원수법을 작성하게 했다. 국법은 대통령이 사망한 이튿날, 즉 2일 뒤 발효된 법이고 독일수상이 대통령을 겸임해 육해공군의 국방군 최고사령관에 취임까지 보장하는 것이다. 그리고 국방장관 블롬베르크, 육군총사령관 프리치 원수, 해군총사령관 레더 제독, 공군총사령관 괴링 원수, 네 사람은 '독일과 그 국민의 총통이고 국방군 최고사령관인 아돌프 히틀러에 대한 절대적 복종을 신 앞에 맹세하고, 용감한 전사로서 생명을 걸고 이 맹세를 지킬 것을 서약한다'는 군인충성선서를 했다. 헌법과 대통령에 대한 선서는 히틀러 개인에 대한 선서로 바뀐 것이다.

1934년 8월, 힌덴부르크의 국장은 그의 유언에 있었던 노이데크가 아닌 제1차 세계대전 전승기념비가 있는 타넨베르크에서 치러졌다. 이때 국방장관 블롬베르크는 '히틀러 씨' 대신 '우리의 총통'으로 통칭을 바꾸었다. 국장을 치른 뒤, 8월 19일, 국가원수 히틀러에 대한 신임투표에서 찬성표는 무려 89%였다. 반대나 무효표를 던지면 위험했던 상황에서 유권자의 10%가 위험을 무릅쓰고 신임하지 않았던 것이 오히려 놀라운 사실이었다.

1934년 9월 4일부터 10일에 걸쳐서 개최된 뉘른베르크 제6회 전국당대회 '의지(意志)'는 치밀하게 준비되었다. 체펠린펠트에는 28세의 건축가 알베르트 슈페어가 전장 440미터, 높이 27미터의 석조로 된 회의장을 건설했다. 130기의 대공 탐조등을 배치하고 야간집회에서 빛의 신전을 연출했다. 또 32세의 여성 영화감독 레니 리펜슈탈이 카메라맨 16명 말고도 200명의 제작진을 이끌고 대회 2주 전부터 당 선전영화를 제작했다. 레니의 《회상》에 의하면 1932년 2월, 베를린 스포츠궁전에서 히틀러의 연설이 시작된 순간, 땅이 갈라져 물이 치솟고 흔들리는 것 같은 환영을 보았다고 한다. 히틀러를 숭배하는 레니는 히틀러에게 접근해 계몽선전장관 괴벨스로부터 지원을 받을 수가 있었다. 레니의 영화 《의지의 승리》는 1935년 베네치아 비엔날레에서 금메달, 1937년 파리 세계 박람회에서 그랑프리를 획득했다.

전국 당대회는 지도자에게 복종하는 군대의 프로파간다였다. 1934년 9월 4일 아침, 청중 3만 명을 모아 뮌헨폭동에서 죽은 나치당원들 성명이 낭독되고, 라디오에서는 '앞으로 천년간 독일 생활형태가 확립되었다. 불안정한 19세기는 끝났다. 앞으로 천년 동안 독일에서 혁명을 일으키는 일은 없다'고 말하는 히틀러의 연설이 방송되었다. 제3제국은 천년 동안 이어진다는 천년 제국의 선언을 한 것이다. 7일, 체펠린펠트에서 나치당원 20만 명이 2만 개의 당기를 휘날리면서 행진을 하고, 밤하늘에 탐조등 신전이 빛을 발했다. 9일, 돌격대 5만 명 앞에서 히틀러는 룀 사건의 관련자 모두에게 특사를 주었다. 최종일인 10일, 30만 명의 대 관중을 모아 국방군 퍼레이드가 이루어지고, 부총통 루돌프 헤스가 '독일이 히틀러이고 히틀러는 독일이다, 하일(Heil) 히틀러 승리만세!'를 외쳤다. 군중도 '승리만세'를 되풀이해서 외쳤는데, 이 '승리'란 국가사회주의 신앙의 승리를 말한다.

뉘른베르크법에 따른 유대인 박해의 본격화

《나의 투쟁 I 》 제1부, 제11장 〈민족과 인종〉에서 히틀러는 '투쟁이 종(種)의 건전함과 저항력을 촉진하는 수단'이라고 말하고 혼혈 인종교배의 결과는 첫째로 고등 인종의 수준 저하를 불러오며 둘째로 정신적 퇴행과 질병 및 퇴폐의 시초라고 말한다. 다른 한편, '오늘날 인류문화, 즉 예술, 과학기술의 성과에 대해서 눈앞에서 발견하는 거의 모든 것은 아리아 인종의 창조적 소산이다.'라고 결론을 짓고 있다. 이는 주목을 끌기 위한 과격한 발언이 아니라, 진심으로 그의 인종 민족 차별을 드러내는 것이었다.

1933년 4월 1일, 공권력이 된 돌격대를 이용해 유대인 상점에 대한 대규모의 조직적 배척운동이 시작되었다. 슈트라이허가 '유대인에 의한 잔학행위 배척 선동에 대한 방위 중앙위원회'의 위원장에 임명되어, 유대인을 배척하는 이유는 유대인이 먼저 공세로 나온 배척에 대한 보복으로 여겨졌다. 돌격대는 지나다니는 사람들에게 반 유대 팸플릿을 배포했다. 유대인 상점의 진열창에 페인트로 '유대인'으로 쓰거나 '독일인은 유대인의 잔학한 프로파간다로부터 스스로를 지킨다. 독일인은 독일인의 상점에서만 쇼핑한다'고 쓴 포스터를 붙이기도 했다. 나치당은 '등 뒤로부터 비수의 일격'이라는 음모설과 마찬가지로 유대인이 반독일 음모의 일환으로서 독일 상점 배척운동을 전 세계에서 펼치고 있다고 주장해 자신들의 보복을 정당화했다. 나치당은 그 뒤, 유대인과 민족 독일인 등의 인종 민족문제를 구실로 침략과 전쟁을 계속하게 된다.

디트무트 마예르의 저술인 《제3제국하의 비독일인》에 따르면 1933년 4월 7일 직업관리 재건법에 의해서 정치 또는 인종적으로 걸맞지 않은 관리, 즉 공산주의자, 사회민주주의자, 비아리아인인 공무원, 교원은 파면되거나 퇴직당했다. 이 법률에서 아리아인 조항은 눈에 띄지 않는 형태로 도입되어 있다. 프로이센 주 사법부의 보고에서는 법 시행 시, 사법관계자 4만 1302명 가운데 비아리아인은 1704명이었는데, 그 가운데 66%인 1114명이 배제되었다. 그리고 그 뒤의 지령에서 유대인 변호사 금지, 유대인 의사의 의료행위에 대한 건강보험 적용정지, 대학 학적의 1% 제한이 정해졌다.

교육분야에서는 공산주의적인 교육 문화시설과 교사들이 배제되고 계몽 선전장관 괴벨스 박사의 주도로 1933년 5월 10일, 비독일적 정신을 담은 서적을 불태우는 분서(焚書)가 행해졌다. 대상은 전국 도서관 등에 소장되어 있는 공산주의자, 유대인 그리고 반 나치스파로 간주된 저자의 서책이었다. 베를린 대학 건너편 오페라광장에서는 대학생과 돌격대가 도서관의 서적 등 2만 권을 불태웠다. 분서 전후에 유대인과 나치스 반대파인 인텔리(지식인)로서, 32년에 알베르트 아인슈타인(1921년에 노벨상), 33년에 토마스 만(1929년에 노벨상), 프리츠 하버(1918년에 노벨상), 발터 메일링, 38년에 지그문트 프로이트 등이 망명하지 않을 수 없게 되었다. 차별이 심할수록 유대인은 대등하게 인정 받으려고 교육에 힘을 쏟아, 1901년에서부터 32년에 걸쳐 독일은 유대인 가운데 무려 11명의 노벨상 수상자를 낳았다. 그러나 이제 뛰어난 유대인을 배제함으로써 독일은 큰 손실을 입게 된다. 9월 22일, 전국 문화원법에 의해 저작, 신문, 출판, 방송, 연극, 음악, 조형미술은 계몽 선전자의 일부로 전락했다.

분서가 행해지자, 곧바로 미국과 영국에서 독일에 맞선 항의 행동이 일어났다. 특히 미국에서는 뉴욕에서 10만 명, 클리블랜드에서 1만 명이 참가해 분서와 유대인 박해에 대한 항의가 있었다. 이러한 반 유대인 박해 시위는 일시적인 현상이 아니고 그 뒤에도 종종 행해져 폴란드 등 세계 각지로 확산되었다. 나치스는 그러나 이것 또한 국제 유대인에 의한 반 독일 모략의 증거라고 선전했다.

1934년 1월 26일, 새로운 독일공민규칙이 정해져 독일인과 그 혈족만이 시민으로 규정된다. 비아리아인은 직업을 얻었다고 해도 복지 등 공적 서비스를 받지 못하게 되어, 인권침해가 시작되었다. 공무원은 또한 나치당에 충성을 맹세하게 해 행정의 정치적 중립성은 포기했다.

1934년 9월 16일, 뉘른베르크에서의 제7회 전국당대회 '자유'의 마지막 날 오후 9시, 특별국회가 개최되어 '독일인의 혈통과 명예 보호법'과 독일공민법이 공포되었다. 이 둘을 합친 뉘른베르크법은 '독일의 피의 순결성이 독일민족 존속의 전제'라고 해 이러한 정치적 권리를 지닌 공민을 독일인으로 한정할 뿐만 아니라, 독일인과 유대인과의 결혼, 혼외관계 또한 금지했다. 독일인과 유대인 혼혈아에 대해서는 부계 쪽 모계 쪽의 조부모 가운데 한 사람이 유대인인 자만을 허용했는데, 유대인의 정의는 생물학적인 거짓 인종론을 기준으로 하면서 유대교 신앙이라는 민족 기준을 받아들인 자의적인 것이었다. 히틀러 자신조차 이 정의를 최종 결정하지 않았다. 그 이유는 첫째, 혼혈아에 대한 다수 독일인 근친자의 반발을 방지한다, 둘째, 히틀러 자신은 지도자 원리상 법규에 구속되지 않는다는 것이다. 그러나 뉘르베르크법에 따라서 비아리아인인 유대인은 독일인일 수 없게 되어, 재산등록 회사등기 상점경영 등의 경제활동에서 교육, 문화 그리고 스포츠까지 '합법적'으로 차별을 받게 되었다.

7. 나치스 재군비와 대외팽창

대독일의 영광을 다시 찾겠다고 선언한 히틀러는 징병제를 부활해 군비를 늘리고, 대외적으로 영토를 확장하는 길을 걷기 시작했다. 제1단계는 베르사유조약으로 잃은 영토와 주권의 회복이고, 1935년 자르 병합에 이어, 라인란트 무력진주까지 계획했다. 또 볼셰비키에 대한 싸움으로서 스페인내전에 콘도르군단을 파견했다. 1938년, 히틀러는 모국 오스트리아를 병합하고 이웃나라 체코슬로바키아에 수데티(독일명 : 주데텐란트) 양도를 요구했다. 그 지역에 독일계 주민, 즉 민족 독일인이 살고 있고 그들이 슬라브계 민족에게 박해를 당하고 있는 것을 구실로 삼은 것이다. 히틀러는 영국, 프랑스의 군사개입이 없으리라 낙관하고 전쟁이 일어난다 해도 결코 두렵지 않았다. 영국, 프랑스는 대전의 재발을 우려해 독일에 유화적 태도를 취했기 때문에 1939년 8월, 소련 공산당 서기장 스탈린은 영국, 프랑스가 독일의 동방침략을 허용해 공산주의 소련과 싸우게 하려는 게 아닌가 위구심을 느껴 독일과 불가침조약을 맺었다. 이에 따라 히틀러는 폴란드침공의 준비가 갖추어졌다고 판단했다.

독일의 국제연맹 탈퇴와 재군비 선언

1933년 5월 17일, 수상 히틀러는 베르사유조약의 군비제한을 철폐하고 영국과 프랑스에 독일 군사평등권을 인정하도록 요청했는데 거부당한다. 그러자 10월 14일, 제네바 군축회의와 국제연맹으로부터 탈퇴를 선언한 다음, 국회를 해산하고 11월 12일, 총선거와 함께 국제연맹 탈퇴를 국민투표에 부쳤다. 여기에서 92%의 찬성을 얻은 히틀러는 구제협조를 중요시하는 집단주의적인 틀에서 벗어나 독자적 대외정책을 추구하고, 다시 군사를 증강하기 시작했다.

1934년 1월 26일, 히틀러는 소련을 경계하는 폴란드 국가주석 유제프 피우수트스키와 독일–폴란드 불가침조약을 체결하고 10년간 무력행사 정지와 함께 대화에 의한 문제 해결을 약속했다.

동방에 생존권을 구상하고 있었던 히틀러에게는 폴란드 외교관이나 군인들의 불만을 충분히 이해하며, 군비확장 시간을 벌기 위한 동부 안전보장을 확보한 것이다. 그리고 9월, 베르사유조약으로 10만 명으로 제한되었던 독일군 병력을 3배로 늘리는 비밀명령을 내렸다.

1935년 1월 13일, 국제연맹 관리 아래 있었던 독일과 프랑스 국경 자를란트에서 귀속 가능성을 둘러싼 주민투표가 이루어졌다. 90.8%가 독일귀속을 지지했다. 이러한 움직임에 대해 독일 군비강화를 경계하던 프랑스는 3월 초순, 병역의무를 현행 1년에서 2년으로 연장하는 계획을 진행하고, 영국은 공군강화를 중심으로 하는 국방예산 증액을 결정했다. 그러자 히틀러는 3월 16일 세계를 향해, 군비평등을 근거로 징병제를 부활하고 병력을 3배인 30만 명으로 증원하는 독일 재군비를 선언했다. 프랑스 주독일대사 프랑수아 퐁세는 재군비선언은 베르사유조약 위반이라고 항의했다. 더욱이 이탈리아 총리 베니토 무솔리니도 4월 12일, 영국 수상 램지 맥도널드, 프랑스 외무장관 피에르 라발에게 권유해 북이탈리아의 스트레사에서 로카르노조약 준수를 재확인했다. 이 독일 재군비 반대 움직임은 '스트레사 전선'으로 불리었는데, 이를 유지하기 위해 지난해 10월에 일어난 이탈리아의 에티오피아 침공은 국제적으로 묵인되었다. 5월 2일, 프랑스는 독일을 견제하기 위해 소련과 상호 원조협정을 맺는다.

그러나 히틀러는 국제적 고립을 개의치 않았다. 5월 21일, 국방법이 공포되어 만 20세, 즉 제1차 세계대전이 일어난 1914년에 태어난 젊은이에 대한 징병검사가 시작되었다. 이 국방법에 따라서 국군이 국방군으로, 군무국이 참모본부로 이름이 바뀌고 제정시대의 국방군이 부활한다. 또 국방부가 육군부가 되고, 히틀러가 국방군국 최고사령관에 취임하고, 국방장관 블롬베르크는 비록 육군장관으로 격이 떨어졌지만 국방군 총사령관의 지위가 주어졌다. 육군총사령관 프리치, 해군총사령관 레더 제독, 참모총장 루트비히 베크 대장은 모두가 공화국 시대부터의 그 자리에 있었다.

베르사유조약은 독일에 무기개발을 금하지만, 독일은 공화국 시대의 군무국장 젝트의 지휘로 스웨덴이나 스위스에서 화기를 개발해 민수용으로 속였고, 독일 국내에서는 장갑차량을 개발하고 있었다. 이를테면 10.5센티 leFH18, 15센티 sFH18과 같은 유탄포는 제1차 세계대전을 치르던 1918년 양식으로 위장하고 있었는데 실제로는 20년대 끝 무렵에 개발된 신형포였다. 베르사유조약에서 금지된 전차는 크루프사에서 트랙터로 위장해 개발되어 재군비선언 전인 34년, 7.92밀리 기총 2정을 장비한 장갑차량, 즉 1호 전차로서 많이 만들어졌다. 즉 바이마르공화국과 제3제국과의 사이에서 군의 인사와 병기에는 연속성이 있어 히틀러 재군비는 이전 공화국시대에 군무국(사실상의 참모본부) 때부터 은밀하게 갖추고 있었던 것이다.

라인란트 진주(進駐)와 국방군총사령관 블롬베르크 육군총사령관 프리치의 해임

1936년 3월 4일, 파리에서 프랑스–소련 불가침조약이 비준되었는데, 3월 7일, 히틀러는 국방군을 베르사유조약에서 비무장지대로 되어 있었던 라인란트에 진주시켰다. 만일 프랑스군이 반격하면 열세인 독일국방군은 철수할 수밖에 없어 군과 외무부 간부는 진주를 망설였다. 히틀러는 그러나 양자택일의 도박을 무릅쓰고 '몽유병자의 확신을 가지고 나아간다'며, 라인탄트 무력진주를 강행했다. 그 무렵 독일이 진주를 결정한 이유로는 다음과 같다. ①라인란트 주민이 독일군을 환영했다. ②라인란트의 영국·프랑스주둔군은 이미 철수하고 있었다. ③프랑스는 독일 국경에 마지노선 요새를 건설해 방비를 굳히고 있었다. ④프랑스 정치의 관심이 주로 국내의 좌우대립과 파업에 돌려져 있었던 것을 지적할 수 있다.

1936년 3월 29일, 히틀러 정책에 대한 국민투표가 이루어져 찬성은 98.8%에 이르렀다. 9월 8일 뉘른베르크에서 열린 제8회 전국당대회 '명예'에서는 베르사유체제로부터 해방이 선언되고, 37년 9월 6일, 뉘른베르크에서의 제9회 전국 당대회 '노동'에서도 히틀러의 고문 건축가 알베르트 슈페어가 고안한 탐조등이 빛의 신전을 연출해 독일의 영광이 다시 살아났다는 인상을 주었다.

이와 같은 경험을 거쳐 1937년 11월 5일, 히틀러는 국방군총사령관 블롬베르크, 육해공 3군의 총사령관(프리치, 레더, 괴링), 외무장관 노이라트를 소집해 오스트리아, 체코슬로바키아, 폴란드, 소련 등 동방에 독일의 생존권을 확립하기 위한 전쟁준비를 4년 이내 갖추도록 전한다. 이 방침은 회합에 출석한 참모이자 총통의 군사담당 부관 프리드리히 호스바흐 대령의 의사록(호스바흐 각서)에 기재되어, 8년 뒤, 뉘른베르크 군사재판에서 전쟁 공동모의 증거가 되었다. 그러나 그 무렵 블롬베르크와 프리치는 영국과 프랑스의 군사개입을 우려하고 체코슬로바키아의 군비도 무시할 수 없어, 영토확장에 회의적이었다.

1938년 1월 11일, 국방군총사령관 육군장관 블롬베르크 원수(59세)는 사무원 에르나 그룬(26세)과 재혼했다. 입회인은 히틀러와 괴링이었는데 보안경찰장관 하이드리히는 에르나가 창녀였다는 소문을 퍼뜨렸다. 이 추문에 의해서 1월 26일, 블롬베르크는 국방군총사령관에서 해임되고 외국으로 떠났다. 또 하이드리히는 육군총사령관 프리치 상급대장도 추방하려고 은밀히 조사를 벌여 동성애죄(당시는 형법상의 범죄)의 혐의를 씌워 38년 2월 4일, 육군총사령관직에서 물러나게 했다. 국방군 총사령관에는 히틀러 자신이 취임하고 16명의 장군이 경질 혹은 퇴장되었으며 44명은 전임이 불가피해졌다. 군 수뇌 가운데 전쟁준비에 의문을 품은 장군은 모두 추방된 것이다. 육군성은 해체되어 히틀러 직속 국방군 최고사령부(OKW)가 설치되고, 국방부 최고사령부 총장에 히틀러를 추종하는 빌헬름 카이텔 대장이 임명되었다.

1935년, 신년축하를 위해 국방군 총사령관, 육해공군 총사령관이 총통관저를 방문했을 때, 히틀러는 정장을 입고 이들을 맞이했다. 그러나 36년, 재군비 선언 뒤 히틀러는 줄곧 돌격대의 갈색 제복을 입게 된다.

전쟁 준비가 시작되어 제3제국의 군 수뇌뿐만 아니라 경제, 외교도 전환기로 접어들고 있었다.

1934년 8월, 경제장관으로 임명된 얄마르 샤흐트는 35년 5월부터 전쟁 경제 준비 전권위원으로 취임한다. 그러나 무역적자, 영국-프랑스와의 대립 등의 우려를 표명한 이유로 말미암아 37년 11월, 경제장관에서 해임되었다. 전쟁준비는 36년 9월 공표된 제2차 4개년계획에 포함되는데, 이 전권을 장악한 사람은 바로 새롭게 경제장관으로 취임한 괴링 공군총사령관이다.

1934년 4월 20일, 히틀러는 외교경험이 없는 요아힘 폰 리벤트로프를 군축회의 전권대사에 임명했다. 존 바이츠의 《히틀러의 외교관》에 의하면 32년, 파펜 수상의 요청으로 부수상에 취임하도록 히틀러를 설득하려던 리벤트로프는 오히려 히틀러에게 감화되어 나치당에 입당한다. 리벤트로프가 영국에 파견되어

35년 영국-독일해군협정의 체결을 성공시켰다. 영국이 해군협정을 받아들인 이유로서 첫째, 해군협정체결에 따른 독일 군함 만들기 경쟁회피, 둘째, 독일해군에 의한 발트해 소련해군 봉쇄를 지적할 수 있다. 이 공적으로 리벤트로프는 36년 8월, 주영국대사로 임명되었다.

다른 한편, 공화국시대부터 여러 해 외무장관을 지낸 콘스탄틴 노이라트는 1937년, 나치당에 입당해 안전을 도모했는데, 전쟁준비에 의문을 드러냈기 때문에 이듬해 2월 4일, 프리치 육군총사령관 사임과 동시에 외무장관에서 해임되었다. 후임은 리벤트로프였다. 이렇게 해서 그해 초, 히틀러는 자신이 내세우는 전략방침에 동의하지 않는 군수뇌와 고급관리를 모조리 몰아내고, 자신에게 순종하는 부하를 등용해 본격적으로 전쟁준비에 들어갔다.

오스트리아 병합과 수데티 양도요구

1938년 2월 12일, 히틀러는 오스트리아 수상 쿠르트 폰 슈슈니크를 베르히테스가덴의 산장으로 불러 오스트리아 독립을 보장하는 조건으로서 오스트리아 나치당수 자이스잉크바르트 박사를 내무장관에 임명한다. 그리고 그에게 경찰을 인도하도록 압력을 가했다. 슈슈니크는 압력에 굴하지 않고 국민투표에 따라서 오스트리아 독립을 유지하려고 했는데, 자이스잉크바르트는 소요를 일으키게 해 국민투표 전날인 3월 11일, 독일군의 오스트리아 파견을 긴급 요청했다.

이튿날 3월 12일, 독일군은 '오토' 작전에 따라서 오스트리아에 무력으로 진주한다. 슈슈니크는 사상자가 발생하지 않도록 독일군에 대한 저항을 경고하는 라디오방송을 한 다음 망명했다. 히틀러는 13일, 새로운 수상 자이스잉크바르트에게 독일과 오스트리아 재통합법 제출을 권하고 '하나의 민족, 하나의 국가, 한 사람의 총통'이라는 법률을 실현했다.

1938년 4월 10일, 독일과 오스트리아에서 국민투표가 치러졌는데, 제1차 세계대전 패배의 열등감을 안고 있었던 많은 시민은 대독일부흥의 꿈에 현혹되어 98.7%(독일측 98.9%)의 찬성표를 던졌다. 이 국민투표 용지는 총통지지, 병합 찬성을 유도하기 위해 찬성 쪽의 기입부분을 반대쪽보다도 2배나 크게 그렸다.

독일에서 국민투표는 찬성표가 1933년 11월, 국제연합 탈퇴 95.1%, 34년 8월의 히틀러 대통령 겸임 89.9%, 35년 1월의 자를란트 편입 90.8%, 36년 3월의 라인란트 진주 90.8% 등 압도적인 국민의 지지를 얻었다. 그러나 이러한 국민투표에서 지지율은 32년 12월 총선거에서 나치당이 획득한 득표율 33.1%에 비교하면 이상하게 높고 투표에서는 테러에 의한 위협이나 부정도 이루어지고 있었다.

안슐르스(오스트리아 병합)에 의해서 오스트리아에서도 뉘른베르크법, 직업관리재건법이 적용되어 유대인에 대한 공직추방과 박해가 시작되었다. 보안정보부장관 하이드리히는 빈에 유대인 이주중앙사무국을 창설하고 아돌프 아이히만 친위대 소위를 파견해 유대인과 그들의 재산 등록을 시작했다. 나치당과 그 동조자들은 유대인 대학 입학저지와 거리 청소 등, 눈에 띄는 장소에서 공공연하게 유대인 박해를 시작했다. 아이히만은 전시 중, 유대인문제 최종해결 담당자였고, 전쟁이 끝난 뒤에 아르헨티나로 달아났으나 이스라엘 비밀정보기관에 의해 납치되어 예루살렘 재판에 회부된 뒤 처형당했다.

1938년 4월 21일, 히틀러는 국방군총사령부 총장 카이텔에게 체코슬로바키아 침공작전 '녹색 작전'을 준비하게 하고, 전쟁 구실을 얻기 위해 슬로바키아인에게 체코인으로부터의 독립을 시사한다. 그는 친위대 보안 정보부를 이용해 슬로바키아에 소요를 일으키게 했다. 체코슬로바키아에서는 35년부터 민족독일인 콘라트 헨라인이 지도하는 수데텐 독일당이 친위대의 자금원조를 받아, 독일복귀운동을 전개하고 있었기 때문에 이를 이용한 것이다.

1938년 9월 24일, 히틀러는 체코슬로바키아 대통령 에드바르트 베네시에게 수데티 지방의 민족독일인이 박해를 받고 있다는 구실 아래 수데티 양도의 최후통첩을 들이댔다. 이에 대해서 프랑스 수상 달라디에는 체코슬로바키아와의 상호원조조약을 준수해 프랑스군을 총동원했기 때문에 독일참모총장 루트비히 베크(8월 10일 사임), 후임 프란츠 할더를 비롯한 국방군의 수뇌는 전쟁발발 위기에 두려워했다. 9월 29일, 무솔리니는 전쟁 회피를 위해 4개국에 의한 뮌헨회의를 제기한다. 히틀러는 이것이 마지막 영토 요구라고 속이고 수데티 양도를 인정하게 해, 10월 1일 수데티에 독일국방군을 진주시킨 뒤, 무력으로 병합했다.

그 무렵 스페인 공화국정부에 대해 프랑코 장군 반란군(국민전선)과 독일, 이탈리아의 파견군이 내전을 부추기고, 소련은 공화국정부를 군사적으로 지원하고 있었다. 그 때문에 뮌헨회담에 초청받지 못한 소련 공산당 서기장 스탈린은 영국과 프랑스가 독일과 이탈리아를 이용해 소련을 상대로 전쟁 위협을 하고 있는 것으로 의심했다.

영국과 프랑스의 대독일 유화정책 배경에는 다음과 같은 이유가 있다. ① 전쟁회피를 바라는 여론을 존중했다. ② 독일을 소련 볼셰비키에 대항시키려고 했다. 이 두 가지 점은 자주 지적되어 왔다. 영국의 외무장관 핼리팩스 경은 1937년 11월, 히틀러와 회담 때 '독일은 공산주의에 대한 서유럽의 방파제'라고 일컬은 인물이었다. 그러나 ③ 영국공군이 증강될 때까지 시간을 번다는 군사적인 이유도 중요하다. 독일공군은 스페인 내전에 메서슈미트 전투기, 하인켈 폭격기 등 신예기를 실전에 투입, 위력을 과시했다. 그러나 영국공군의 호커 허리케인 전투기는 37년 10월에 첫 비행을 했을 뿐이고, 36년에 설계된 4발중폭격기는 아직 시작단계였다. 독일공군에 대항하는 공군력을 정비하지 못하는 동안 영국이 대독일 유화정책을 채택한 것으로 생각된다.

수정의 날 직후의 유대인 재산동원령

1937년 11월, 경제장관 샤흐트가 물러나자 4개년계획 총감 괴링이 경제장관에 취임한다. 독일경제의 탈유대화 및 아리아화를 진행하기 위해 유대인기업에 외화 할당을 삭감했다. 그리고 38년 3월, 유대인기업에 대한 정부발주를 중단한다. 4월 16일, 유대인 재산신고령에 따라서 유대인의 재산을 등록시킨 다음, 그것을 대기업에 싼값으로 넘기게 했다. 또 유대인에게는 7월 의사 불인가, 8월 성명제한(남자는 이스라엘, 여자는 사라), 9월에 변호사 개업금지를 명했다.

1938년의 동맹 뒤에, 친위대는 4만 5천 명의 오스트리아 출신 유대인을 나라 밖으로 이주시켰는데, 폴란드는 유대인 수용을 거부했다. 히틀러 친위대는 10월 28일, 독일 국내 폴란드 국적 유대인 1만 7천 명을 폴란드 국경으로 강제 이송하고 그들이 폴란드 경비부대와 소란을 일으키게 하여, 유대인에 대한 국제적 박해를 현재화하려고 기도했다.

1938년 11월 7일, 파리의 독일공사관 3등 서기관 에른스트 폼 라트가 유대인 그륀츠판(17세)이 쏜 총에 맞아 9일 죽었다. 그륀츠판의 아버지는 독일에서 폴란드 국경으로 강제 이송된 유대인이었기 때문에, 독일의 유대인 박해에 항의한 암살이었다.

11월 8일 괴벨스는 서기관 라트 암살사건의 보복으로 돌격대에게 유대인, 유대인상점, 시나고그(유대교회)를 습격하도록 명령했다. 이 사건은 수많은 유리창이 깨졌다고 해서 크리스탈나흐트(수정의 밤)로 불린다. 친위대 보안 경찰국장 하이드리히는 11월 11일 날의 피해중간보고에서 상점 815, 창고 29, 주택 171, 시나고그 76개소가 파괴되고, 유대인 사망자 36명, 중상자 36명, 체포된 약탈자 171명을 기록했다. 또 이때, 다하우 등의 강제수용소에 3만 명 가까운 유대인이 구속되었다.

1938년 11월 12일, 공군성에서 괴링 경제장관, 괴벨스 계몽선전장관, 하이드리히 친위대 보안경찰국장, 크로지크 재무장관, 귀르트너 법무장관이 회담을 하고 유대인의 재산이 외국으로 유출되기 전에 과세 10억 마르크를 요구하며, 손해배상의 보험청구도 금지하는 조치를 취했다. 또 유대인의 여권에 J(Jude, 유대인) 도장을 찍어 거주를 제한하도록 했다.

1938년 12월 13일, 유대인 재산동원령으로 말미암아 다수의 유대인 기업은 매각 또는 정리를 요구당해 사실상 대기업에 넘어갔다. 12월에는 비유대인 학교로의 통학금지가 지시되고, 이듬해 전쟁 시작과 함께 오후 8시 이후 외출도 금지되었다.

독일국방군이 전쟁을 준비하던 시기, 독일정부는 공공연하게 독일경제의 탈유대화와 아리아화를 진행해 유대인의 자산과 재산권을 행정수속의 일환으로서 수탈했다. 대다수의 독일인은 경제 아리아화에 영향받아 폐업한 유대기업, 추방된 유대인학생과 생도의 일을 알게 되어 유대인의 살림살이부터 부동산까지 공인된 경매를 통해 모조리 손에 넣을 수가 있었다. '크리스탈나흐트와 홀로코스트'가 간파했듯이, 탈유대화와 아리아화는 많은 독일 국민에게 유대인 배제란 곧, 합법적으로 이익을 얻을 수 있는 기회로 인식돼 버렸다. 인종차별에 대해서 방관자 입장을 취하게 한 것이다. 이렇듯 법률적·사회적으로 유대인을 고립시킴으로써 나중에는 유대인 대량학살이 가능해졌다.

독일과 소련의 불가침조약

히틀러는 민주주의국가는 타락해서 전쟁을 싫어하는 분위기가 만연하기 때문에 오히려 전쟁에서 위협하는 강압적 외교 자세가 유효하다고 낙관하고 있었다. 그래서 체코슬로바키아를 해체한 뒤, 폴란드침공을 준비한다. 그러나 체코 해체에 이르자 영국 수상 체임벌린은 독일에 대한 유화 정책을 버리고, 1939년 3월 31일, 폴란드에 군사원조를 하겠다고 약속한다. 4월 13일, 프랑스와 함께 그리스, 루마니아에도 똑같은 원조를 제의했다. 그리고 4월 15일, 영국은 소련에게 폴란드, 루마니아에 똑같은 보장을 할 것을 요구하는 각서를 보냈다. 이를 받아 소련 외무인민위원 막심 리트비노프(유대인)는 영국, 프랑스, 소련의 3국 군사동맹을 제시했는데, 체임벌린은 5월 3일, 전쟁발발 위험을 이유로 동맹을 거부했다. 스탈린은 소련의 외무인민위원을 리트비노프에서 뱌체슬라프 몰로토프로 바꾸어 친영국노선을 수정하고 독일로의 접근을 꾀했다.

독일은 폴란드에 대해서 제1차세계대전이 끝난 뒤에 폴란드 영토가 된 단치히의 반환, 독일 본토와 프로이센을 잇는 폴란드 길의 통행권을 요구했는데, 폴란드는 이를 거부했다. 다른 한편, 영국과 프랑스는 독일이 폴란드에 침공했을 경우, 소련적군의 폴란드 통행권을 인정하도록 폴란드에 요청했다. 그러나 18일, 폴란드 외무장관 유제프 베크는 외국군의 국내통과를 모두 거부한다고 통고한다.

1939년 6월 26일, 소련주재 독일대사 슈렌부르크의 적극적 막후활동으로 소련은 발칸제국의 안전보장을 목적으로 한 독일과 소련의 불가침조약과 경제협정 체결을 언급했다. 8월 15일 외무인민위원 몰로토프는 슈렌부르크에게 의향을 타진하고, 8월 20일, 히틀러는 스탈린 앞으로 보낸 불가침조약 체결을 위한 서신에서 외무장관 리벤트로프 전권대사를 파견할 뜻을 전했다.

1939년 8월 22일, 리벤트로프 일행이 베를린을 떠났다. 히틀러는 베르히테스가덴의 산장에서 육군참모총장 할더 대장을 비롯한 사람들 앞에서 8월 26일, 폴란드와 전쟁을 시작한다고 전했다. 여기에서 히틀러는 영국, 프랑스는 전쟁에 개입하지 않는다고 생각했다. 그 이유는 ①소련이 전쟁에 개입하지 않는다. ②지중해에서 이탈리아가 영국을 견제하고 있다. ③아시아에서 일본이 영국을 견제하고 있다. ④중동에서 이슬람세력이 영국을 견제하고 있다. ⑤프랑스는 인구감소로 인해서 장기전에 견딜 수 없다. ⑥민주주의국가는 정치적으로나 인종적으로나 퇴폐하고 있어 싸우고자 하는 의지가 낮다는 점이다.

1939년 8월 23일, 리벤트로프는 심야에 독일과 소련이 불가침조약을 맺고 그

조약의 비밀의정서에 폴란드를 중앙부에서 분할해 독일이 동프로이센과 인접한 리투아니아를 세력권으로 하고, 소련은 에스토니아, 라트비아, 핀란드를 세력권으로 하도록 합의했다. 국가사회주의와 공산주의의 연계는 세계에 커다란 충격을 주었는데 스페인내전 말기 소련 군사원조 중단, 영국과 소련 군사교섭 실패라는 경위를 보면 충분히 예측할 수 있는 일이었다.

8. 제2차 세계대전의 발발

히틀러는 폴란드에 독일인 박해 중지, 단치히 등 구 독일령의 반환을 요구했으나 이것이 거부되자, 1939년 9월 1일, 폴란드를 침공한다. 영국과 프랑스는 전쟁회피를 우선해 군사개입은 없다고 판단했기 때문이다. 그러나 영국, 프랑스는 즉각 독일에 선전포고를 했다. 이로써 제2차 세계대전이 시작되었다. 독일은 점령한 폴란드 땅에서 하등인종과 열등민족으로 여긴 유대인을 배제했는데, 그 까닭은 유대인이 전쟁을 원하고 독일을 멸망시키려고 했다는 황당무계한 이유 때문이었다. 히틀러는 독일 본토에서 독일계 유대인을 줄곧 박해했는데, 가능한 한 피를 흘리는 것만은 피해 왔다. 그러나 폴란드에서는 독일인 땅을 만들기 위해 유대인을 비롯 슬라브인의 피를 흘리는 것을 서슴지 않았다. 1940년 6월, 독일은 프랑스를 항복시키고 제1차 세계대전의 패배를 씻어냈다.

폴란드 침공

1939년 8월 31일, 히틀러의 지령 제1호가 상급지휘관 앞으로 8부 복사되어 직접 전달로 발령되었다. 그 내용은 '평화적 해결을 지향하는 정치수단은 바닥이 났다. 따라서 나는 이에 무력으로 해결할 것을 결심했다'고 폴란드 침공을 지시한 것이다. 동시에 '서부전선에서는 영국, 프랑스에게 먼저 손을 쓰게 해 개전책임을 지게 한다'고 하고 '어떤 지점에서도 먼저 국경을 넘는 일은 인정하지 않는다'고 했다.

1년 전 10월 7일, 히틀러는 점령지에서의 파괴활동, 위험분자를 제압하는 치안유지를 친위대에 맡기는 것을 인정했다. 그리고 폴란드 침공 이틀 뒤, 친위대 국가장관 힘러는 독일의 잠재적 적인 공무원, 교사, 의사, 성직자, 지주, 상점주와 유대인의 처형을 지시했다. 이것을 실행한 것이 보안경찰국장 겸 보안정보부 장관 라인하르트 하이드리히 휘하의 아인자츠그루펜(Einsatzgruppen, 특수행동부대)이다. 아리아인의 피와 독일의 흙이라는 민족주의적인 개념을 중시한 히틀러는 독일 본국의 땅에서는 유대인의 피를 흘리는 것을 삼가고 있었는데, 점령지 폴란드에서는 아리아인의 피를 쏟아 독일의 땅으로 만들기 위해 적의 유혈을 명한 것이다.

1939년 9월 1일, 하이드리히는 전쟁 구실을 만들기 위해 독일인 100명을 거짓 폴란드병사로 만든다. 그리고 그들이 독일 동부의 글라이비츠 방송국을 습격하게 하고 〈푈키셔 베오바흐터〉는 '폴란드 폭도, 독일국경을 침범'이라는 기사로 위기를 부채질했다. 9월 2일자 조간 신문은 1면에 '공군 바르샤바 맹폭격'을 전하고 9월 1일 오전 10시 10분(전쟁개시 후)에 이루어진 히틀러에 의한 국회 선전 포고를 게재했다.

나는 폴란드의 도전에 대해서 인내에 인내를 거듭했는데, 드디어 오늘 오전 5시 45분에 전투를 지시했다. 우리의 무적 육공군은 폭격을 감행하고 있다. 나 또한 병졸로 전선으로 향할 것이다. '승리인가 그렇지 않으면 죽음인가?' 이것이 나의 금언이다. 내가 불행히 싸움터에서 쓰러지면 후계자는 괴링 원수이다. 괴링이 쓰러지면 헤스 당 부총재를 지명한다. 어떤 사태가 벌어져도 독일에서 1918년의 재현은 절대로 불가능하다.

히틀러는 공격을 시작한 지 4시간 반 뒤, 국회에서 전쟁을 선언하고 '등 뒤로부터의 비수의 일격'이라는 제1차 세계대전과 같은 배신(혁명)은 이제 더 이상 있을 수 없다고 확언했다. 그러나 영국, 프랑스는 폴란드와의 상호 원조조약의 약속을 지켜 1939년 9월 3일, 독일에 선전포고를 했다.

제프리 헤르프의 저서인 《적 유대인》에 따르면 9월 3일, 히틀러는 독일을 멸망시키려는 국제유대인의 음모로 말미암아 세계대전이 일어났다는 지론을 펼친다. 국가출판소장 오토 디트리히가 감수한 〈주간서비스〉에서는 '영국과 유대 자본주의 지배로부터의 해방을 진행하는 독일'에 반대하는 국제 유대인세력이 전쟁을 일으켰다고 말하고 있다.

1935년 9월 17일, 소련은 폴란드정부가 괴멸해 불가침조약이 무효가 되었다는 해석을 내리고 폴란드 동부에 침공했다. 소련 적군(赤軍)은 독일을 모방해 폴란드 동부의 갈리치아에 거주하는 우크라이나인, 벨라루스인(백러시아)의 보호를 명목으로 그들의 땅에 머물고 루블린에서 독일군과 합류해 비밀의정서에 따른 것이라며, 폴란드를 분할했다.

독일의 폴란드침공 뒤 유대인 살육이 즉시 시작되었다. 가이 마이론 편《게토 백과사전》제1권에 따르면 라돔 가까이 위치한 쳉스토호바에는 인구 4분의 1에 달하는 2만 8500명의 유대인이 살고 있었는데 1939년 9월 3일, 독일군에 점령된 이튿날 독일 국방군 병사와 아인자츠그루펜이 300명에서 500명의 폴란드인과 유대인 주민을 모아 집단 학살했다. 그리고 9월 15일, 경제 아리아화의 일환으로 허가를 얻은 유대인의 공장이나 상점 말고는 모두 폐쇄되고, 12월 중순부터 모든 유대인은 유대의 별(다윗의 별) 기장을 달도록 지시받았다.

1939년 9월 27일, 보안경찰과 보안첩보부가 통합되어 친위대 국가보안본부가 되고, 장관으로 하이드리히가 취임했는데, 이 조직은 비공개로 유대인을 박해했다.

제2차 세계대전 발발 직후부터 시작된 유대인 살해

전쟁개시를 들은 폴란드의 유대인 교사 하임 카플란은 역사기록으로서 일기를 쓰기 시작했는데, 1942년 말, 트레블링카 수용소에서 살해되었다. 그는 이송 직전, 일기를 친구에게 맡겼다. 이것이 하임 카플란《바르샤바 게토 일기》이다. 39년 9월 1일, 전쟁 시작 무렵 그는 '독일 야만인이 인류로부터 찬탈하려는 자유에 맞서 마지막에는 많은 문명국가가 일어설 것이다', '히틀러는 어느 연설에서 전쟁이 시작되면 유럽의 유대인은 절멸한다고 위협했다'라고 썼다. 카플란이 언급한 히틀러의 연설은 전쟁 7개월 전인 39년 1월 30일, 정권획득 6주년의 국회연설이다. 이것은 히틀러 자신이 뒷날 전쟁선포 연설로 여겼을 만큼 전쟁의 의의를 단적으로 말해주는 내용이다.

'나는 태어나서 이제까지 종종 예언자였고 그 때문에 비웃음을 사 왔다. 나는 다시 한번 예언자가 되려고 한다. 유럽 안팎으로 국제 유대인 금융자본들이 다시 제국민을 전쟁으로 몰아넣는 것에 성공한다면, 그 결과는 세계의 볼셰비키화나 유대인의 승리가 아니고 유럽과 유대인의 절멸일 것이다.'

독일연방 아카이브에는 독일군이 붙잡은 '유대인 여성 빨치산'이라는 사진이 있고 본디 해설에는 '그녀는 폴란드 병사 제복을 입고 도주하려고 했는데, 정체는 잔혹한 살인자들의 우두머리이다. 유대인의 뻔뻔함을 보이며 살인행위를 부정했는데, 그것은 성공하지 못했다'라고 기록되어 있다. 똑같은 여성병사의 사진은 대소전 때에도 선전에 사용되고 있는데, 이런 것들은 유대인이 독일에 비겁한 싸움을 걸고 있는 증거로 활용되었다.

독일은 폴란드의 유대인에 대해 자금보전, 물자배급, 노동임무를 위한 것이라는 핑계로 유대인 등록을 시켰다. 등록을 거부하면 가족이 모두 처벌받았다. 유대인은 가족의 성명, 주소, 재산을 등록하고 전쟁 뒤처리나 청소작업에 종사했다. 그러나 독일군 병사는 유대인을 빨치산 용의자라는 명목으로 가택을 수사해 현금과 시계 등을 약탈했다. 유대인의 은행 예탁 재산(예금이나 증권)도 동결되었고 사업이나 노동자를 위한 지불에는 증명서가 필요했다.

그러나 아인자츠그루펜에 의한 폴란드인, 유대인의 즉결총살에 대해서는 국방군 가운데서도 반발이 있었다. 1939년, 국방군 정보부(아프베어) 장관 빌헬름 카나리스 제독은 육군참모본부 차장 슈타르부너너 대장에게 친위대가 재판 없이 하루에 200명의 유대인, 귀족, 성직자 등 폴란드인을 처형하고 있다고 경고했다. 9월 20일, 제14군 리스트 상급대장의 보고서에서도 아인자츠그루펜에 의한, 유대인을 다수 처형하는 불법행위는 국방군 병사를 동요시켜 분노를 사게 하고 있다는 기록이 보인다. 11월 중순, 신임 동부방면 총사령관 요하네스 블라스코비츠 상급대장은 불법 처형, 구속, 재산몰수는 군기의 유지를 위태롭게 한다고 말하며, 재판 없는 처형을 조속히 금지하도록 육군총사령관에게 요구했다. 이러한 국방군의 태도를 히틀러는 낡은 귀족주의라고 멸시하고 힘러도 인격적 나약함의 증거로 보았다.

민족적 경지 정리

독일의 폴란드 점령지에는 구정이 시행되었는데, 1939년 중순 이후 양분되었다. 독일 동부에 인접한 폴란드 회랑(回廊)은 대독일에 병합되고 단치히와 서프로이센, 바르테란트, 슐레지엔(폴란드명 실롱스크)의 세 제국 대관구가 되어 당의 대관구 지도자와 내무부의 제국주 지사가 통치했다. 다른 한편, 폴란드 동부는 폴란드 총독령이 되어 한스 프랑크가 수도 바르샤바를 비롯해 루블린, 라돔, 크라쿠프의 4구역을 통치했다. 이렇게 해서 폴란드 유대인 박해에 국방군이 개입할 수는 없게 되었는데, 국방군 병사도 유대인을 학대했다.

1939년 10월 7일, 즉 폴란드가 항복한 이튿날, 힘러는 독일민족 강화전권에 임명되어 동방으로의 대독일 건국을 위해 '다른 분자의 해로운 영향 배제'라는 지시를 받았다. 그리고 하이드리히는 폴란드인·유대인을 추방하고 민족독일인을 폴란드에 개척하도록 했다. 이러한 피와 흙의 개변정책은 '민족적 경지 정리'로 불린다. 동시에 바르테란트 등 대독일 병합지역의 폴란드인은 독일 본토로 옮겨 농업노동자, 공장노동자로서 일하도록 강요받았다. 《나치스·독일의 외국인노동》에 따르면, 전쟁 전 폴란드인 노동자가 농업을 중심으로 독일에 유입되고 있었는데, 노동력 이송계획 개시부터 40년 4월 중순까지 농업노동자 16만 명, 공장노동자 5만 명이 독일에서 노동배치로 취업을 하였다. 목표는 50만 명이었기 때문에 본인의 뜻에 의존하는 것만으로는 목표를 이루기 곤란해 강제연행이 시작되었다. 또 독일에서 노동배치로 취업되었던 폴란드 전시포로 28만 명은 40년 5월의 포고로 민간인 노동자가 되었는데, 계속 노동을 강요받았다.

1939년 11월 3일 〈주간서비스〉는 '독일인과 폴란드인의 혼혈은 독일인의 피를 인종적으로 더럽힌다'고 해 친위대는 바르테란트 제국 대관구의 우치에 추방자 센터를 만들고 40년 3월까지 독일병합지역에서 30만 명 이상의 폴란드인, 유대인을 총독령으로 배제했다. 이렇게 해서 41년 6월, 독일의 소련침공까지 100만 명이 고향에서 쫓겨나고 그 토지나 가옥이 오로지 민족 독일인에게만 분배되었다. 다른 한편 총독령의 민족독일인 주민은 41년 6월까지 20만 명이 독일 병합지역으로 이주하고, 농가 4만 7천 호, 토지 922만 헥타르가 양도되었다. 또 경제 아리아화에 의해서 42년 말까지 6만의 폴란드 기업이 독일인과 민족 독일인에게 양도되고 수공업 사업소 2만 개가 민족 독일인에게 이관되었다.

독일국방군에게는 민족적 경지정리와 그에 뒤따른 폭력도 지나쳐버릴 수 없는 문제였다. 동부전선 총사령관 요하네스 블라스코비츠는 1940년 2월 6일, 친위대와 경찰이 행한 폴란드인과 유대인에 대한 박해와 약탈은 '독일제국의 대표자로서 있을 수 없는 행위'라고 말했다. 이에 반발한 폴란드 총독 프랑크는 히틀러에게 호소해 3개월 후, 이 총독부의 육군수뇌를 서부전선으로 전출시켰다.

폴란드 게토 설치

가이 마이론 편《게토 백과사전》제2권에 따르면 1939년 10월 4일, 독일은 바르샤바에 유대인 아담 체르니코프(60세)를 의장으로 하는 유대인평의회(유덴라트)를 설치하고 명부작성 등의 주민관리, 행정(배급, 과세, 교육, 복지, 공공사업)을 대행하게 했다. 그리고 11월, 전염병이 널리 퍼지는 것을 막는다는 핑계로 바르샤바의 유대인 거주 지역을 격리하고 유대인은 푸른 유대인 별 완장을 착용하도록 의무화했다. 이 유대의 별 기장 착용은 독일에서는 아직 도입하지 않았고, 점령지에서 처음으로 도입된 것이다. 또한 유대인의 소지금 제한, 은행예금 동결, 상점과 기업의 몰수 등 경제 아리아화가 시작되었다. 1940년 1월, 바르샤바에서 식량배급제가 도입되어 12세부터 60세까지의 유대인은 2월 10일까지 노동징용 후보자로서 유대인평의회에 등록하게 되었다. 5월 유대인에 의한 정규 상거래는 정지되고 행상, 노점상 등 거리에서 이루어지는 거래로 옮겨갔다. 7월 8일 카플란의 일기는 강제노동을 위한 인간사냥을 다음과 같이 말하고 있다.

시내에서의 근로봉사는 정복자들이 유대인평의회에 책임을 지게 한 것으로 노동부대라는 특별한 이름으로 알려졌는데 이 부대에 대한 명령을 완전히 실시하게 되었다. 일시적인 일을 위해 유대인평의회는 하루에 1만 명을 차출해야만 했다. 게다가 거리를 걷던 죄 없는 유대인 가운데 수백 명에 이르는 사람들이 붙잡혀 갔다.

1940년 8월 29일, 강제노동법이 시행되어 12세에서 60세까지의 유대인이 다시 등록명령을 받고 도로건설, 늪지대 간척, 치수(治水) 등의 일에 혹사되었다. 유대인 노동자는 천막에서 지내며 하루에 빵 250그램으로 버텼는데, 일이 없는 사람은 소지품이나 폐품을 거리에서 팔거나 전매 등으로 수입을 얻었다. 또는 구걸이나 절도를 하는 수밖에 없었다. 나치스는 유대인을 곤궁에 빠지게 하고 정신적으로 고달프게 했다.

1940년 3월, 바르샤바에서의 아리아인 지구와 유대인 지구의 경계가 이제까지의 울타리나 철조망에서 높은 벽으로 바뀌기 시작했다. 8월이 지나, 그 벽의 건설은 유대인평의회가 맡게 되었다. 10월 12일, 게토 설치명령이 발령되어 10

월 말까지 유대인은 게토로 이주하도록 지시받았다. 10월 3, 4주에만 폴란드인 그리스도교도 11만 3천 명이 게토지구에서 추방되고 전장 8킬로미터의 벽 안쪽에 13만 8천 명의 유대인이 이송되었다. 11월 16일, 게토는 봉쇄되고 노동허가증을 지닌 유대인 말고는 게토에서 나올 수 없게 되었다. 유대인을 게토에 격리한 배경으로서 ①아리아인을 인종오염으로부터 지킨다 ②독일에 전쟁을 거는 적대민족을 배제한다 ③유대인의 재산약탈 ④노예노동·저임금 노동으로서의 노동력 활용 등을 지적할 수 있다.

이 시기에는 유대인 경찰도 모집했는데, 9천 명이 등록료 5즈워티를 지불하고 신청해 12월에 4천 명이 채용되었다. 그들은 게토 내 치안과 교통 유지, 행정명령 전달, 집행 및 형벌을 담당했다. 그 무렵 1즈워티의 가치는 빵 250그램, 감자 100그램, 버터 40그램, 전차승차권 1장이고 일당은 2~3즈워티였다.

바르샤바 게토의 인구는 근교로부터의 이송, 유입도 있어 1941년 초, 30만에서 40만 명이었는데, 게토 폐쇄로 말미암아 식료품과 물자부족이 심각해졌다. 유대인평의회는 게토의 빈곤자와 아동을 배려해 무료 식당, 학교, 시나고그, 인쇄소를 운영했지만, 41년에는 바르샤바와 게토 인구의 10% 이상인 4만 3천 명이 사망했다. 유대인은 게토 내에서 생존하기 위해 밀수업자나 암상인이 노면전차, 지하수도를 사용하고 바깥의 폴란드인에게 뇌물을 건네는 방식으로 물자를 반입했다. 시체를 운반하는 짐차를 사용해 암시장 물자를 가지고 돌아오기도 했다. 이렇게 해서 반입이 된 물자는 암시장이나 유흥시설에서 고가로 팔려 동포의 궁핍을 틈타 부를 쌓은 유대인도 조금 있었다. 게토에는 지하 바도 있었는데 재산을 탕진해가는 생활은 지속하기 어려웠다. 미하엘 융거《최후의 게토》에 따르면 바르샤바에 못지않은 규모를 가진 우치 게토에는 1940년 5월, 16만 명이 수용되고 전기간 동안 유입자를 포함해 20만 명이 거주했다. 게토에는 유치원에서부터 고교까지 47개교가 있고, 1만 5천 명이 배우고 있었다. 우치의 유대인평의회 의장 모르데카이 룸코프스키는 생존을 위해 유대인을 독일에 도움이 되는 노동력으로서 인정하게 만들려고 독재적 권한을 행사한 한편, 어린이를 위한 식료배급, 교육 그리고 위생에도 힘썼다. 42년 7월, 유대인평의회의 결정으로 10세 이상의 어린이도 일하는 것이 정해져, 독일군의 주문에 응하기 위해 우치 게토에서 유대인 7만 명이 고용되었다. 그러나 우치 게토에서 유대인 아사자와 병사자 4만 3천 명, 헤움노 절멸수용소에서 살해 7만 7천 명(1942년 7만 명, 1944년 7천 명), 아우슈비츠(폴란드명 : 오시비엥침) 수용소에서 살해 6만 5천 명(1944년 8월), 노예노동으로 인한 사망 1만 1천 명 등 전쟁이 끝났을 무렵 생존자는 겨우 1만 명뿐이었다.

프랑스 침공작전

히틀러는 스웨덴산 철광석의 독일 수송루트를 확보하기 위해 1940년 4월 9일, '베젤강 연습지령'이란 명목으로 노르웨이를 침공했다. 영국 수상 체임벌린은 그것을 막는 일에 실패해 사임하고, 5월 10일, 새 수상으로 윈스턴 처칠이 취임한다. 같은 날 독일군은 지령 제6호에 의거해 벨기에와 네덜란드로 침공, 연합군을 뒹케르크로 추격했다.

1940년 5월 20일, 프랑스 수상으로 취임한 제1차 세계대전의 영웅 필리프 페탱 원수는 6월 10일에 파리를 무방비도시로 선언하고 이튿날 11일 독일에 휴전을 제의했다. 그때까지 입은 프랑스군의 손해는 사망 10만 명, 부상자 12만 명, 포로 150만 명에 이르렀고, 독일군은 사망 4만 명, 부상자 15만 명이었다.

1940년 6월 22일, 히틀러는 제1차 세계대전의 휴전조약 서명이 있었던 날 식당차를 운반하게 해 프랑스에 복수했다. 휴전협정은 첫째, 세계대전을 종결하고 독일에 대한 전쟁이 다시 일어나지 않도록 한다. 둘째, 영국에 대한 화평의 실마리를 잡는다. 셋째, 세계 신질서에 프랑스를 포함하는 것이었다. 그러나 처칠은 히틀러와의 평화교섭을 거절했다.

1940년 7월 19일, 크롤 오페라 하우스의 국회에서 히틀러는 대 프랑스전의 승리를 경축해 12명의 원수 승진 등, 국방군 수뇌에 서훈과 승진을 허용했다. 원수 승진은 육군에서 육군총사령관 브라우히치, 국방부총사령부 총장 카이텔, 제1군 사령관 에르빈 폰 비츨레벤 등 9명, 공군에서는 괴링이 원수에서 국가원수가 되고 세 사람이 원수로 승진했다. 또 참모총장 할더, 에리히 회프너, 프리드리히 프롬 등 상급대장으로 승진한 장관도 있었다. 히틀러는 많은 국방군 장군을 승진시키고 충성과 복종을 요구하면서 카리스마를 높였다.

프랑스는 독일협력을 조건으로 존속이 허용되고 7월 1일 빈을 수도로 한 새로운 정권이 발족했다. 이 정부의 국가원수는 페탱, 부주석은 피에르 라발이고 영토는 '자유구'로 일컬어진 내륙부에서 지중해까지의 범위였다. 종래 프랑스 영토의 45%에 머물렀다. 그러나 모로코, 마다가스카르 등 아프리카의 식민지와 인도차이나 식민지, 상하이 조계(租界)는 영유가 허용되었다. 프랑스 육군은 무장해제되어 베르사유조약과 같은 조건에서 10만 명으로 제한되었는데, 프랑스 해군과 식민지군은 프랑스령 식민지에 대한 영국군 진격을 막기 위해 존속이 허용되었다.

1940년 10월 끝 무렵, 프랑스·영국의 전시포로 120만 명이 독일에서 노동배치가 되었고 아프리카 식민지군 출신 포로는 열악한 조건의 수용소로 보내져 아사하거나 처형되거나 했다. 히틀러는 독일의 해외식민지 지배보다도 유럽대륙, 특히 동방 소련에 대한 생존권 확립을 비장한 소원으로 삼았다. 식민지에 의존한 아리아인이 타락하는 것을 우려한 것이다. 전쟁은 동방에 생존권을 획득할 때까지 끝나는 일은 없는데, 프랑스에 승리한 독일군 장병은 파리의 카페에서 느긋하게 휴식을 즐기거나 프랑스 여성과 해수욕장에서 즐겼다.

비시정부의 유대인 박해

전쟁 전 프랑스에서는 1938년 11월 12일, 외국인취체법에 의해 외국인의 거주조건이나 프랑스 국적 취득조건이 엄격해져 '위험분자'의 국외추방, '특별센터'수용이 정해져 소련의 폴란드 침공 후인 9월 26일, 공산당이 비합법화되었다. 40년 7월 9일, 프랑스헌법이 개정되었다. 개정헌법에서 의회민주주의와 개인주의가 부정되고 '모든 권력을 페탱 장군에게 위임한다'고 했다. 프랑스의 영광을 부활하기 위해 국가에 대한 충성, 종교 부흥을 꾀하는 '국민혁명'을 표방하게 되었다. 제1차 세계대전 후 독일의 상황과 마찬가지로 국가주의 강화와 반유대주의가 성행했다.

《나치점령하의 프랑스》에 따르면, 항복했을 무렵 프랑스 본토에 있었던 유대인 33만 명의 절반은 다른 나라 출신의 유대인이었다. 거기에서 비시정권(Régime de Vichy)은 국제 유대자본이 프랑스를 약체화했다고 반유대주의를 목표로 내세웠다. 이것은 군사적 패배의 책임을 국내의 배신자에게로 전환했음을 의미한다. 독일점령군은 1940년 9월 27일, 점령지구에서 유대인의 인구조사를 명령하는 칙령을 포고하고 비시정부도 잇따라 10월 상순 유대인에 관한 법을 제정했다. 유대인의 지위에 관한 법에서는 뉘른베르크법에 준거해 유대인종을 규정하고 유대인이 관료, 장교, 방송·문화관련 직업에 종사하는 것을 금하고 다른 나라 출신의 유대인종에 관한 법은 외국출신의 유대인을 특별수용소에 수용하고 거주지를 지정하는 권한을 현지사에게 부여했다.

1941년 5월 14일, 파리에 거주하는 외국 출신 유대인 3747명이 프랑스 국내의 강제수용소에 수감되었다. 이때 체포한 유대인이 프랑스인과 접촉하는 것을 피하기 위해 수용소로 가는 열차에는 '전염병 주의 깃발'이 걸렸다. 전염병의 확산을 막는다는 이유를 내세운 유대인 격리는 폴란드 게토와 같았다. 또 6월, 소련침공에 맞추어서 독일은 프랑스에 유대인 10만 명 강제이송을 지시하고, 7월 16일부터 파리에서 유대인 일제검거를 실시했다. 검거에 동원된 4600명의 프랑스인 경관과 헌병은 2일 동안 유대인 1만 2884명을 검거했다. 약 6천 명을 파리 교외의 드랑시 수용소로 보내고 아이를 포함해 약 7천 명을 벨디브 경륜장에 임시로 수용했다.

1942년 5월, 프랑스에 주둔한 친위대 2천여 명, 독일국방군 병사 25만 명에 대해 프랑스경찰은 파리에서만 3만 명을 거느렸고 게슈타포의 스파이나 용병(민병)이 된 프랑스인도 3만 2천 명에 달했다. 결국 프랑스에서도 유대인박해, 레지스탕스 탄압을 위해 다수의 프랑스인 관헌과 민간인이 참여했던 것이다.

비시정부도 1941년 8월 26일부터 자유지구를 대상으로 일제검거를 하고 6600명을 검거했다. 드랑시 수용소는 41년 8월부터 44년 8월까지 유대인 강제수용소로 쓰였고 모두 8만 명의 유대인이 수감되었으며 그 가운데 90% 가까운 6만 7천 명이 폴란드의 절멸수용소로 강제 이송되었다. 43년 1월 24일에는 프랑스 남부 마르세유에서 비시정부의 경찰과 독일의 친위대—국방군이 4만 명의 유대인을 구속하고 항구에 가까운 유대인 주택 밀집지를 테러리스트 소굴로 간주해 폭파했다. 유대인은 남녀가 분리되어 버스나 자동차로 마르세유 철도역으로 연행되어 이곳에서 화물열차로 프랑스 북부 드랑시 등의 강제수용소로 보내졌다.

장애인 안락사 T4작전
나치당은 정권 초기부터 독일민족을 우수한 아리아인으로 자리매김하는 한편, 유대인을 하등인종 혹은 열등민족으로 차별하고 박해했다. 1933년 7월 14일, 친자간 유전병방지법이 제정되고 이듬해 1월부터 시행되었다. 이것은 선천성 정신박약, 조현병, 간질 등 유전성 질환으로 고통받는 자에게 강제적으로 생식 능력을 없애는 법률이다. 아리아인의 우수성을 손상하는 유전병 질환으로 판단된 사람은 자손을 두는 것을 금지하여 정신 장애인의 배제를 결정한 것이다.

1939년 10월, 히틀러는 전쟁 시작 하루 전, 9월 1일자로 총통관방장(總統官房長) 필립 보울러와 히틀러의 주치의 카를 브란트 박사에게 회복이 불가능한 신체적·정신적 장애인에 대한 안락사에는 살인죄를 적용하지 않도록 지시했다.

이것은 ① 적자생존과 자연도태를 인간사회에 적용한 사회적 진화론 ② 인종오염 및 유전자오염에서 벗어나 우수한 아리아인을 지키기 위한 인종 우생학 ③ 전시에 자원, 자금, 인재에 대한 부담이 되는 장애인을 배제하는 비인간적 합리성 등 세 가지 이유를 근거로 하등, 열등한 혈통의 유전자를 배제해 사회부담을 줄임과 동시에 아리아인의 순결을 유지하는 시도이다. 나치스는 전쟁 개시와 함께 유대인 절멸과 마찬가지로 인종 간의 생존투쟁이라는 섭리에 따라서 인위적 생명의 도태를 시작한 것이다.

장애인 안락사 계획은 그 중심이 된 총통관방이 있었던 베를린 티어가르텐 4번지의 지명을 따 T4작전으로 불리었다. T4 작전에서는 하르트하임, 하다마르 등 6개소의 시설에서 독일인, 폴란드인, 유대인 등의 장애인을 주로 일산화탄소 가스로 살해하고 유해는 화장했다.

이름가르트 헌트의 《히틀러의 산 위에서》에 따르면 오버잘츠베르크에서 이름가르트(1954년 태생)는 이웃의 다운증후군 여자가 동네 의료시설로 끌려가 그곳에서 감기로 죽었다는 말을 들었다고 했다. 그러나 주민들은 장애인이었기 때문에 살해되었을지 모른다고 남몰래 생각하고 있었다. T4작전에 대해서는 독일 장애인의 부모로부터 의혹 제기가 있어 이를 들은 가톨릭의 클레멘스 폰 갈렌 주교 등 항의가 있었다. 전시 중 여론 악화를 회피하려고 한 히틀러는 1941년 8월 24일 작전을 중지했다. 그러나 이때까지 T4작전으로 7만 273명이 살해되었고 그 뒤로도 정신과 의사들에게 장애인 말살이 추천, 장려되었다. 그리고 장애인 안락사 방법은 노동을 할 수 없는 유대인의 선별에서 말살이라는 수속(가스 살해, 약물 살해, 굶겨 죽이기)으로 이어져 갔다.

9. 소련에 대한 볼셰비키 전쟁

제2차 세계대전이 일어났을 때, 동유럽의 헝가리, 루마니아, 불가리아, 발칸 제국인 그리스, 유고슬라비아, 알바니아, 발트 3국인 리투아니아, 라트비아, 에스토니아는 중립을 유지하고 있었다. 그러나 히틀러는 소련을 경계하면서 동방에서 독일의 생존권을 찾고자 했다. 한편 스탈린은 유럽에 공산주의 이데올로기를 확산시켜 소련의 영향하에 두려고 했다. 이렇게 해서 동유럽 발칸제국, 발트 3국은 독일과 소련이 대치하는 지역이 되고, 1941년 6월, 독일의 소련 침공과 함께 전쟁에 휩쓸리게 된다. 독일에게 소련과의 전쟁은 볼셰비키를 섬멸하는 이데올로기 전쟁이자 동방에 생존권을 획득하는 제국주의 전쟁의 양면성을 지니고 있었다. 다른 한편 소련은 영국과 미국의 군사원조를 받는 처지에서 이데올로기를 강조하지 않고 국토방위를 위한 대조국 전쟁을 외치며 연합국의 일원이 되었다.

독일군의 발칸 침공

소련은 1939년 10월, 발트 3국에 붉은 군대를 진주시켜 40년 6월에 발트 3국, 루마니아 동부의 베사라비아와 북부코비나를 병합했다. 이에 대항해서 독일은 41년 1월 루마니아, 3월 불가리아에 군을 진주시키고 유고슬라비아와 군사동맹을 체결했다.

1940년 12월 18일, 히틀러는 지령21호 '바르바로사 작전'을 발령하며, 영국과 교전 중임에도 불구하고 '전격전에 의한 소련격멸'의 준비를 이듬해 5월 15일까지 완료하도록 지시했다. 소련침공을 결정한 이유로서 첫째, 소련을 대독일의 생존권으로 한다. 둘째, 소련의 식료품과 자원수입에 의존하고 있는 독일전쟁 경제를 자급자족으로 이행한다. 셋째, 언젠가 볼셰비키는 공격해올 것이므로 선제공격한다. 넷째, 영국은 소련에 의지해 싸움을 계속하고 있으므로 소련을 분쇄해 그 항전의지를 꺾는다. 다섯째, 영국에 화평을 원하게 해 미국의 유럽 참전을 막는다는 것 등을 들 수 있다.

유고슬라비아는 1941년 3월 25일, 독일과 군사동맹을 맺었는데 이튿날 세르비아인 시모노비치 장군이 이끄는 신 소련파 유고슬라비아군이 베오그라드에서 쿠데타를 일으켰다. 이 쿠데타에 격노한 히틀러는 3월 27일, 급히 지령 25호를 발령하고 유고슬라비아를 할 수 있는 한 빨리 격멸해야 한다고 말하며 크로아티아군을 지원해, 국내를 긴장시켰다. 한편, 낮과 밤 연속 폭격으로 베오그라드를 괴멸하도록 명령했다. 4월 3일, 지령 26호 '발칸반도 구축협력'에서는 헝가리, 루마니아, 불가리아에 압력을 가해 영토를 나누어 줄 것을 조건으로 유고슬라비아에 공동으로 출병시켰다. 이렇게 해서 중립이었던 발칸제국은 추축국에 서서 참전하게 되었다. 4월 17일, 유고슬라비아는 항복하고 독일은 베오그라드에서 크로아티아 경찰을 이용해 유대인을 성채에 수감한다. 그 뒤, 유대인평의회에 등록작업을 담당하게 했다. 그리고 강제노동과 재산 몰수 대상으로 규정했다.

소련 침공 '바르바로사 작전'

1941년 6월 22일 오전 3시 15분, 독일군은 소련(점령지 폴란드)을 느닷없이 공격했다. 동부전선의 병력은 독일군 300만 명, 이탈리아, 헝가리, 루마니아, 핀란드 동맹군 50만 명, 전차 3500량, 화포 7천 문, 차량 60만 대, 말 75만 두, 항공기 1800대가 투입되었다. 여기에 대치하는 소련 적군은 450만 명, 항공기 6천 대(신예기는 1500대) 이상을 배치하고 있었다.

1941년 6월 23일자 언론보도에 따르면, 22일 오전 4시 스탈린은 독일군 대부대가 소련정부에 아무런 이유도 명시하지 않은 채, 또 선전 포고도 없이 소련 내로 진입한 것은 도적과도 같은 공격이며 비전투원인 국민을 다수 살상한 것은 역사에 전례가 없는 폭거라고 말했다.

독일군은 전격전으로 크나큰 성과를 올렸다. 윌리엄 샤이러의 《제3제국의 흥망》에 따르면 9월 19일에 제6군은 키예프를 점령하고 포로 66만 5천 명을 얻었다. 이날 모스크바를 10월 2일에 점령하라는 타이푼작전이 발령되고, 10월의 브랸스크 방면의 포위전에서는 포로 65만 명을 얻었으며 전차 1200량, 대포 5

천 문을 노획했다. 10월 20일, 독일군 선발부대는 모스크바 전면 80킬로미터까지 육박하고 소련의 관청은 모스크바에서 남동 800킬로미터인 쿠비셰프까지 물러났다. 그러나 1942년 1월 6일, 게오르기 주코프 장군이 이끄는 소련 적군이 모스크바 전면에서 반격으로 전환했다. 이에 따라서 독일군은 2월까지 사망 20만 2천 명, 행방불명 4만 6천 명, 부상 72만 5천 명의 대손실을 입었다.

무적 독일군의 신화가 깨진 원인으로 독일 측은 ①도로와 철도의 미정비에서 비롯한 수송능력의 한계 ②진흙이나 혹한으로 말미암은 병기와 병사의 능력저하를 들었다. 그러나 소련의 우위성으로서 ③아시아 방면에 배치된 극동군과 예비군 투입 ④시민과 노동자의 완강한 저항 ⑤영국과 미국으로부터의 원조물자 도착 ⑥뛰어난 소련병기의 배치 및 설비도 지적할 수 있다. 독일군 최신예의 Ⅲ호 전차는 42구경 5센티미터포, Ⅳ호 전차는 24구경 7.5센티미터포를 장비하고, 차체 전면 장갑은 5센티미터였다. 다른 한편, 1939년 12제식의 소련 T-34전차는 30구경 76.2밀리포를 장비하고 포탄을 다시 튕기는 5센티미터의 경사장갑이 있고 KW-중전차도 똑같은 포와 8센티미터의 중장갑을 자랑하고 있었다.

점령지의 소련 주민은 그때까지 스탈린의 독재, 공산당의 압제 아래 있었기 때문에 독일군을 해방자로 환영한 이들도 있었다. 독일군이 우크라이나인, 러시아인, 체첸인 등에게 자치를 허용하면 제1차 세계대전 때와 마찬가지로 독일의 괴뢰국을 만들 수가 있었을 것이다. 그러나 독일군은 점령지의 슬라브인(폴란드인, 러시아인 등)을 열등민족 또는 하등인종으로 간주해 식료, 자원 에너지를 약탈했다. 이 가혹한 점령정책이 주민을 독일에 맞서는 파괴공작, 저항운동으로 향하게 했기 때문에, 오히려 스탈린은 독일점령지에서 빨치산이나 그 지원자를 얻을 수가 있었다.

볼셰비키와 빨치산 섬멸전

1941년 3월 3일, 히틀러는 대소전을 세계관의 투쟁으로서 '유대적 볼셰비키 인텔리'의 배제를 국방부 간부에게 통고하고 코미사르(소련공산당 정치위원) 무력화를 위한 친위대 투입을 참모본부에 검토하게 했다. 거기에서 참모본부 병참부장 프리드리히 와그너 소위는 3월 13일, 국가보안본부 장관 하이드리히 친위대 대장과 회담하고 친위대인 아인자츠그루펜의 투입을 결정했다. 4월 28일, 유고슬라비아에서는 제2군단 폰 바이히 사령관이 빨치산 대책을 강화하고, 만일 습격으로 인해서 독일인이 한 사람 살해되면 100명의 세르비아인을 사살한다고 보복을 선고했다. 민족주의 크로아티아 군사조직 우스타샤도 전쟁 전까지 우월한 지위에 있었던 세르비아인과 빨치산을 사살하거나, 강제수용소에 가두는 등 독일에 협력했다.

하인츠 헤네가 쓴 《해골의 결사》에 따르면 1941년 3월 30일, 히틀러는 총통관저에서 2백 명 이상의 국방군 고급장교에게 비밀연설을 하고 '반사회적 범죄'를 저지른 코미사르(Kommissar, 소련인민위원)이니, 내무인민위원회(NKVD)의 국제정치국(GPU)을 섬멸하기 위해 '대소련 전멸전쟁'을 하도록 요청했다. 4월 28일, 육군총사령관 브라우히치 원수는 전선후방 주민에 대한 친위대의 재량권을 인정해 행군과 보급, 야영을 지원하도록 군에 지시했다.

4월, 아인자츠그루펜 지휘관으로서 북방의 A대에는 친위대 소위 발터 슈타흘레커 법학박사, 중앙의 B대는 형사경찰국장 네베(뒤에 반히틀러 음모에 가담해 교수형), 남방의 C대에는 보안정보부 내무국장 오토 라슈 법학·경제학박사, 똑같이 C대에는 보안정보부 내무국장 오토 올렌도르프(전 베를린대학 경제연구소 연구원)가 취임했다. 아인자츠그루펜 1대는 4개 대대 편성으로 총 3천 명, 1개 대대 당 6백에서 천 명이고 대대는 70에서 120명의 아인자츠코만도(특수행동중대)와 존더코만도(Sonderkommando, 특무중대)로 편성되었다. 대원은 보안정보부원(SD), 게슈타포, 형사경찰에 할당되고 조직경찰, 무장친위대, 히비스(소련인 지원 보조경관)에서도 선출되었다.

1941년 5월 13일, 국방군 총사령부는 전시재판 명령을 포고하고 소련 민간인이 국방군에 대한 범죄를 저지를 시 병사의 보복을 인정, 군사법정에 고발될 우려를 배제했다. 6월 6일 국방군 총사령부 총장 카이텔 원수가 서명한 코미사르 사격명령에서는 ① 코미사르에 대해서 국제법을 적용하지 말 것. ② 야만인 아시아적 싸움의 주모자 코미사르를 원칙적으로 말살할 것 등을 정했다. '코미사르로부터 우리 포로에 대한 증오로 가득 찬 잔혹한 비인도적인 취급이 예측되기' 때문에 보복으로 처단한다는 것이었다.

《홀로코스트의 역학》에 따르면 친위대 국가보안본부 간부는 〈사건통보—소련〉(50부 정도 작성)에 의해서 소련 점령지의 치안보고를 거의 매일처럼 받고 있었다. 그곳에는 독일인, 독일 협력자와 히비스에 대한 습격, 철도, 도로, 공장 그리고 창고의 파괴와 방화, 반독일, 반전 전단 배포, 소련 공작원의 낙하산 침투, 파괴공작원을 지원하는 여성간호사 및 비서의 존재가 기록되어 있었다. 러시아어는 물론 우크라이나어도 모르는 독일군 병사는 포로나 주민에게 적절한 심문을 하지 못해 공산당원, 행정관, 법률가, 인텔리 등을 위험분자로서 일률적으로 처치하는 수밖에 없었다.

스탈린은 1941년 7월 3일, 적 점령지에서의 빨치산투쟁을 호소하고 교통, 통신망 파괴, 열차나 창고의 습격, 방화 등, 적과 그 공범자에게 견딜 수 없는 상황을 만들어내도록 호소하고 전 소비에트 인민의 싸움, 즉 대 조국전쟁을 싸울 것을 명령했다. 이를 받아 히틀러는 7월 16일, '대 빨치산전쟁은 우리에게 유리하다. 앞으로 우리에게 적대하는 모든 세력을 소탕할 기회를 준다'고 말하고 7월 31일, 괴링을 통해 하이드리히에게 독일 영향 아래 있는 유대인 문제에 대해서 전반적 해결을 위해 필요한 모든 준비를 갖출 것을 지시했다.

아인자츠그루펜(Einsatzgruppen)과 히비스에 의한 유대인살육

소련 지배지역에서는 반소련 위험분자로 간주된 민족독일인, 리투아니아인, 라트비아인. 에스토니아인 그리고 우크라이나인 다수가 처형되고 있었다. 예를 들면, 소련령이었던 우치현 테르노필 형무소 등에 우크라이나인을 중심으로 죄수 5천 명이 수감되어 있었다. 그러나 독일군의 소련침공 직후인 1941년 6월 24일부터 28일에 걸쳐 내무인민위원회(NKVD)의 국제정치국에 의해서 많은 죄수가 죽임당했다. 이것은 소련이나 공산주의를 지지하는 유대인의 소행으로 여겨져 독일점령 뒤, 우크라이나인은 그 보복으로서 3일 동안 유대인 4천 명을 살해했다. 또 독일군은 소련점령지의 반공산주의 주민을 수송대원, 군통역, 히비스(지원보조경관), 민병·자경단 등에 채용해 유대인 박해를 선동했다.

가이 마이론 편 《게토백과사전》 제1권에 따르면, 1941년 6월 28일 개전 1주간에 독일군은 벨라루스(백러시아)의 수도 민스크(Minsk)를 점령하고 2천에서 3천 명의 유대 지식인을 위험분자로서 처형했다. 그리고 유대인 스스로 유대인평의회를 설치하게 해 7월 9일과 10일에 모든 유대인에게 등록을 명했다. 이때 5만

5천 명이 등록하고, 7월 20일 이후, 8월까지에 가까운 곳의 강제소개자도 포함해서 유대인 7만 5천 명에서 8만 5천 명을 민스크 게토로 이송하게 되었다.

7월 13일 독일군은 벨라루스 모길료프(Mogilyov)를 포위했는데, 방위전에 참가한 유대인 병사와 민간인 2천 명이 사망했다. 7월 25일 모길료프를 점령한 독일군은 유대인평의회를 설치하게 하고 유대인을 등록시켜 재난지역 청소를 지시했다. 유대인의 노역은 등록으로써 유대인의 정보를 파악하기 위한 함정이었고 도망을 가면 가족이 처벌되었다. 또 현지 독일협력자에 의한 밀고의 위험도 있었다. 근교의 유대인은 모길료프 시내로 강제절멸 명령을 받고 9월 25일 게토가 설치되었다.

10월 2일과 3일, 아인자츠그루펜 B대의 아인자츠코만도(Einsatzkommando) EK8과 제322 경찰대대는 현지 경찰의 협력을 얻어 모길료프 근교에서 2270명의 유대인을 살해했다. 또 10월 17일부터 19일에 걸쳐 아인자츠코만도와 제316 경찰대대는 현지 벨라루스 경찰의 협력을 얻어 3700명의 유대인을 살해했다. 그리고 9월 28일과 29일, 우크라이나의 수도 키이우(러시아명 : 키예프) 교외의 바비야르 계곡에서 아인자츠그루펜 C대가 유대인 3만 3771명을 살해했다. 유대인은 볼셰비키 지도자인 데다가 빨치산이거나 그 지원자이고, 범죄자로서 처형해야만 한다고 주장하면서 살인은 정당화되었다.

1941년 6월에서 이듬해 초까지 아인자츠그루펜이 보고한 처형자 수는 A대 24만 9420명, B대 4만 5467명, C대 9만 5천 명, D대 9만 2천 명에 달했다. 42년 말, 아인자츠그루펜, 조직경찰, 국방군 등의 대빨치산부대는 독일인 1만 4953명, 우크라이나인·라트비아인 등의 히비우스 23만 8105명에 달하고 있다.

유대인과 위험분자의 살육은 '배제' '특별조치' '이주' 그리고 '소탕'과 같은 언어로 완곡하게 표현되었는데, 이는 첫째, 살육의 은폐, 둘째, 처형자의 심리적 부담 완화가 목적이었다. 대원에게는 처참한 총살임무가 끝난 뒤, 알코올이나 휴양기간이 주어졌다. 1941년 12월 12일부로 힘러가 내린 상급 친위대 경찰지도자에 대한 명령에 따르면 상관에게는 부하에 대한 보호의무가 있다고 해 '곤란한 의무를 수행해야 할 우리 대원이 거칠어지거나 정서·성격장애에 빠지거나 하지 않도록 배려할 것, 전우끼리의 휴식, 가정요리, 음악 등 정서영역으로 대원을 끌어들일 것'을 요구하고 있다.

독일경찰 산하의 형사 범죄기술연구소는 1939년 9월부터 시작된 독일인 정신 장애인의 안락사계획(T4작전)에서 일산화탄소를 사용하고 있었다. 그곳에서 형사 경찰출신의 네베는 41년 9월, 자동차의 배기가스(일산화탄소)를 사용한 가스 살해 실험을 모길료프 정신병 시설에서 했다. 여기에서 이동이 가능한 가스실 딸린 트럭이 가장 효과적이란 것이 밝혀져 그해 10월, 하이드리히는 보안경찰기술 담당자에게 제조를 명령했다.

무장친위대와 외국인 노동자·동방 노동자의 확대

국방군은 징병제로써 병력을 보충했는데, 친위대는 지원병에 의존할 수밖에 없었다. 그래서 친위대 집행부대 고틀로프 베르거 친위대 소장은 1939년 9월말 이후, 병력을 늘리기 위해 조직경찰과 수용소 감시병을 무장친위대에 편입했다. 전쟁이 장기화 되자 베르거는 국방군의 징병대상 밖이었던 대독일 또는 점령지 민족독일인 그리고 외국인 모병을 실시했다. 《무장 SS》에 따르면 1940년 9월 19일, 국방군 총사령부는 노르웨이, 덴마크, 네덜란드 등의 '게르만인'으로 이루어지는 친위대 사단편성을 육군에 지시했다. 이에 따라 41년 4월, 발칸침공에는 '바이킹' 사단(뒷날 친위대 제5장갑사단) 게르만인 1143명과 핀란드인 421명이 참전하고 7월 '노르웨이', '네덜란드', '프랑들(벨기에)' 그리고 '덴마크'의 4개 의용병단이 무장친위대에 편입되었다. 42년 1월, 무장친위대는 노르웨이 1883명, 네덜란드 4814명 등 게르만인 1만 2천 명, 루마니아·크로아티아 민족독일인 6200명을 포함하고, 이들 부대는 독일인 장교 지휘 아래 반공산주의의 십자군으로서 소련에 파견되었다.

네덜란드에서 1940년 5월, 자이스잉크바르트가 제국고등판무관으로서 부임하고, 대독일협력과 국가사회주의 운동당인 안톤 무세르트 아래서 41년 9월, 네덜란드인 2600명으로 이루어지는 무장친위대 의용여단 '네덜란드'를 편성했다. 이 부대는 레닌그라드 방면에서 소련군과 싸웠는데, 네덜란드 경찰도 친위대나 게슈타포 아래 녹색제복의 경찰로 다시 편성되어 국내 유대인이나 위험분자 적발에 나섰다.

1941년 12월, 모스크바 전면에서 패배해 물러나게 되자, 히틀러는 구데리안과 보크 등 현지 장관을 파면하고 육해군총사령관 브라우히치를 사임시키면서 스스로 그 뒤를 이었다. 그리고 육군보다도 무장친위대를 확충하는 방침을 취했는데 아리아인 지원병은 전쟁으로 열악해진 군 상황 때문에 전혀 늘지 않았다. 그래서 동유럽 민족 독일인, 크로아티아인, 무슬림(이슬람교도), 소련점령지 우크라이나인, 카자크인, 발트 3국의 리투아니아인, 라트비아인, 에스토니아인을 모집하고 무장친위대에 편입했다. 이를테면 42년에는 민족독일인을 모집해 무장친위대 프린츠 오이겐사단(뒤에 제7SS의용산악사단)이 편성되고 이들은 세르비아인이나 빨치산 소탕전에 투입되었다. 무장친위대에는 인종별로 등급부여가 이루어져, 독일인과 북유럽인 등, 아리아인은 '의용사단', 우크라이나인과 무슬림은 '무장사단'으로 이름이 붙여졌다. 친위대측이 행한 인종차별에도 불구하고 악화된 국면으로 인해 비아리아인의 동원이 강화되고 무장 친위대 병력은 40년 중반 10만 명, 41년 말 22만 명, 42년 33만 명, 43년 54만 명 그리고 44년 91만 명으로 크게 늘었다.

그러나 비아리아인은 병사로서 그 충성심에 의심이 갔으므로 대다수가 병사보다 외국인 노동자로서 군수공장이나 농업에 동원되었다. 《나치스 독일의 외국인 노동자》에 따르면, 소련에 대한 조기 승리가 불가능해진 1941년 10월 끝 무렵, 소련 적군(赤軍) 포로를 독일에서의 노동에 동원하는 결정이 내려졌다. 그때까지 소련점령지에서는 식료품과 자원의 수탈이 우선시되어 점령지 주민이나 적군 포로는 수백만 명이 사망할 것으로 예측되었다. 실제로 1941년 후반에 포로가 된 300만 명이 넘는 소련 공산당 포로 가운데 반 이상은 이듬해 2월 전 사망했다.

그러나 1940년 5월부터 1년 사이, 독일인 노동자는 160만 명이 감소하고 이 노동력 부족을 빠르게 보충할 필요가 있었다. 그래서 42년 2월에 군수장관으로 취임한 알베르트 슈페어가 4년계획 군수공장 노동배치를 위임했다. 3월에 신설한 노동배치 총감에 취임한 자우켈이 농업과 군수동원력의 확보를 맡게 되었다. 따라서 권한이 복잡하게 섞여, 어지러운 가운데 외국인과 포로 동원 강화를 지속했다. 소련 민간인에 대한 노동자 모집도 실시했는데, 폴란드의 경우에서처럼 강제연행을 수반한 것이었다. 그들은 동방노동자로서 기장을 착용하도록 지시받고 프랑스와 네덜란드의 외국인 노동자들보다 더 나쁜 조건에서 일을 했다.

1942년, 독일에 들어온 외국인 노동자 390만 명 가운데 소련 민간인은 148만 명(징용은 80만 5천 명), 공산당 포로는 59만 4천 명이며, 자연유입의 60퍼센트를 차지했다. 1943년 초부터 이듬해 가을까지 독일 내 외국인 노동자는 250만 명이고, 그 3분의 2는 소련, 폴란드를 포함한 동방점령지 곳곳에서 모이도록 한 것이다. 44년 8월, 독일 국내 외국인 노동자는 761만 6천 명, 그가운데 전시포로는 193만 명, 이들은 전 노동자의 26.5%를 차지했다. 출신별 수치는 소련인 275만 8천 명, 폴란드인 168만 8천 명, 프랑스인 125만 5천 명 등이고 외국 민간인 노동자 3분의 1은 여성이었다. 분야별로 농업 274만 7천 명(외국인 노동자의 33.6%), 금속산업 169만 1천 명(22.2%), 건설 47만 8천 명(6.3%), 광업 43만 4천 명(5.7%) 등으로 조사되었다. 폴란드인 노동자는 농업에서 112만 5천 명(폴란드 노동자의 66.7%), 소련 노동자는 금속산업에서 88만 3천 명(소련인 노동자의 29.3%)이나 일했으며, 독일의 동방점령지 작전구역에서는 43년 7월 시점, 점령지 주민 등 639만 2천 명이 동원되어 대부분 농업에 종사했다.

10. 유대인 대학살을 위한 세계전쟁

태평양전쟁 시작으로 독일이 미국에 선전포고를 해 제2차 세계대전은 그 상대가 유럽 국가들에서 미국으로까지 확대되었다. 히틀러는 독일의 적 국제 유대인이 전쟁을 걸어왔기 때문에 유대인 학살전쟁을 시작할 것을 결의한다. 이 것이 오로지 유대인문제를 해결하는 마지막 방법이라고 생각했다. 유대인은 재산, 직업, 자유를 빼앗긴 채 게토에 둘러싸였다. 그리고 그곳에서 수용소로 다시 이송되어 강제수용소에서 노예처럼 일하고, 끝내 가스로 살해되었다.

유대인 대량학살은 히틀러가 제2차 세계대전을 일으키기 전부터 친위대, 나치당 간부, 독일과 현지 경찰, 독일 국철 등의 협력으로 은밀하게 계획되어 실행에 옮겨졌다. 연합국은 암호해독, 스파이나 탈주자들로부터의 정보제공, 항공기 정찰 등으로 나치에 의한 유대인 대학살 계획을 알고 있었음에도 유대인 해방을 위한 작전은 채택하지 않았다. 독일국민 또한 유대인의 생명이 위기에 처했음을 깨달았지만, 나치에 의한 유대인 박해에 적극적으로 반대하지 않았다.

유대인 대학살의 결정

1941년, 바르샤바 게토에서는 이미 식료품과 의약품이 부족해 발진티푸스 등 질병과 굶주림으로 날마다 수십 명의 병사자, 아사자가 속출했다. 에마누엘 링겔블룸의 《바르샤바 게토 기록물》에서는 그해 4월 17일을 다음처럼 기술한다.

묘지 매장준비를 하는 오두막 광경은 소름이 끼친다. 길에는 날마다 사체가 반은 알몸으로 뒹굴고 있는 것을 발견한다. 누더기를 걸친 시체가 산더미를 이룬 광경은 끔찍하다.

유해는 매장하기 전에 오두막에 산처럼 쌓여 있고 시체를 싼 누더기조차 도

난당했다. 사체는 거의 알몸 상태로 거대한 구덩이 속에 겹쳐져 메워졌다.

1941년 5월 27일, 독일은 바르샤바 유대인평의회에 게토에서 더는 일할 수 없는 이들을 없앨 것을 지시했다. 이 유대인 재이송은 비위생적인 게토를 축소 또는 해체하여 음식과 자원 낭비로 이어지는 일하기 어려운 노인과 부녀자를 줄이는 살해가 그 목적이었다. 8월 15일, 대독일령 폴란드, 바르테란트 제국 대관구 우치 북서 60킬로미터에 위치한 헤움노의 가스실이 딸린 트럭 안에서 일산화탄소로 유대인 살육이 시작되었다. 트럭 짐칸을 가스실로 개조해 배기가스를 주입해 살해하는 것이다. 3톤형은 한 번에 50명에서 60명을, 5톤형은 100명을 가스로 살해할 수 있었다. 이 가스실이 딸린 트럭은 운용 초, 가스를 채우는 데 지나치게 시간이 걸리거나 수용자들이 몸부림을 쳐서 지장이 있었는데, 실용시험을 통해 가스실을 개조하고 살육을 기계적으로 진행하는 방법도 고안되었다. 헤움노 절멸수용소에서는 42년 1월 16일 이후, 우치 게토에서 유대인 4만 4152명이 이송되고, 43년 초까지 15만 명이 죽임당했다.

히틀러는 지도자 원리를 떠받들어 각의를 거의 열지 않고 나치당 당수부장 마르틴 보어만, 국가수상부장 한스 라머스 등 측근에게 구두로 명령할 때가 많았다. 그래서 보어만은 히틀러의 대화를 기록하고 보관해 이를 근거로 구두명령을 작성했다. 이것이 《히틀러의 탁상담화》이다.

1941년의 소련침공 뒤, 9월에서 10월에 걸쳐 '탁상담화'가 있었다. 그 가운데서 히틀러는 자연도태 규칙상 뛰어난 민족이 문명의 이름에 걸맞지 않은 자들의 비옥하고 드넓은 토지를 점령해야 한다고 말하고 있다. 10월 25일, 히틀러는 힘러와 하이드리히 앞에서 "국회에서 나는 유대인에게 예언했다. 전쟁이 불가피하므로 유대인은 유럽에서 사라져야만 한다. 이 범죄적 인종에는 제1차 세계대전 2백만 명의 사자와 현재의 몇십만 명의 사자에 대한 책임이 있다. 우리가 유대인을 절멸하려 한다는 공포가 앞지른다면 그 소문은 나쁘지 않다"라고 말했다. 그의 발표는 유대인 절멸의지를 엿볼 수 있는데 11월 5일, 그는 전쟁 목적은 유대민족 절멸을 목표로 한다고 명확하게 밝혔다.

1941년 10월 중순, 독일이 소련에게 더이상 승리할 전망이 사라지고 소련 적군포로와 유대인 처형이 일상화된 가운데, 히틀러는 유대인 대량살육을 결의한 것으로 보인다. 대량살육의 이유는 유대인을 ①아리아인을 오염(유전자오염)

시키는 하등인종 ② 독일의 전통문화를 파괴하는 볼셰비키 ③ 전쟁을 일으킨 범죄자 ④ 전선후방의 빨치산 위험분자 ⑤ 생활용품 투기와 헛된 낭비를 일삼는 자로 여겼기 때문이다.

무기대여법, 대서양헌장에서 미국참전으로

1940년 9월 2일, 미국과 영국 상호협정으로 미국은 영국 해군과 캐나다 해군에 오래된 구축함 50척을 넘겨주는 대가로 카리브해 서인도 제도와 뉴펀들랜드 섬 영국군 기지에 주둔할 수 있고, 99년 동안 사용권을 얻게 되어 활동을 개시했다. 중립국 미국은 사실상 독일 잠수함 U보트를 적으로 여겨 영국과 신대륙을 잇는 해상교통 호위 임무를 떠맡은 것이다.

1941년 1월 6일, 미국 대통령 프랭클린 루스벨트는 자신의 연설에서 4가지 자유를 주장했다. 즉 '독재정치 신질서와 대치하고 있다' 말하며 ① 언론과 표현의 자유 ② 신앙의 자유 ③ 결핍으로부터의 자유 ④ 공포로부터의 자유를 세계가 누려야 한다고 호소한 것이다. 3월 11일, 아메리카에서 무기 대여법이 성립되어 연합국에 전략물자를 제공하고, 그 지불은 전쟁이 끝난 뒤 변상하기로 했다. 다른 한편, 영국은 독일이 소련을 침공하자, 7월 21일, 소련과 상호 원조조약을 체결하고 미국도 대통령 고문 해리 홉킨스를 모스크바에 파견하며, 7월 말, 무기대여법에 의거한 대소 군사원조를 약속했다.

1941년 8월 9, 10일, 루스벨트는 처칠과 뉴펀들랜드 섬 앞바다에서 은밀하게 회담한 뒤, 8월 14일 대서양 헌장을 공표했다. 이 평화구상은 첫째, 영토변경을 추구하지 않는다 또는 인정하지 않는다, 둘째, 여러 국민은 자유롭게 정치체제를 선택할 수 있다고 발표해 독일 점령지들의 해방을 위한 전쟁을 추구했다.

9월 4일, 미국 구축함 그리어가 독일잠수함 U-652를 폭뢰(爆雷)로 공격하고 10월 18일, 미국 구축함 커니가 U-568로부터 발사된 뇌격(雷擊)으로 손상을 입어 사망자 11명이 발생했다. 10월 31일, 미국 구축함 제임스 루벤이 U-552의 뇌격으로 격침되고 사망자 115명이 발생했다. 이와 같은 긴장이 계속되는 가운데 10월 27일, 루스벨트는 히틀러가 중남미를 나치속령으로 분할한 비밀지도 및 종교의 자유를 박탈해 나치신앙을 강요한 계획서를 입수했다고 발표했다.

1939년, 미국 여론조사에서 참전 지지는 고작 2%였으며 중립지지가 62%였다.

루스벨트와 처칠은 이 반전 분위기를 전환해 미국을 대 독일전에 참전시키려고 획책했다. 다른 한편 히틀러는 루스벨트의 고문 홉킨스와 윌리엄 해리먼, 대부호 로스차일드 가문 등 국제 유대인이 볼셰비키 유대인과 공모해 독일에 전쟁으로 도전하려 한다며 의심하였다.

그런데 미국이 참전하기 전, 태평양전쟁이 시작되었다. 일본에 의한 하와이, 괌 그리고 필리핀 기습공격이 이루어진 다음 날인 1941년 12월 8일, 미국의회는 일본에 대한 선전포고를 승인했는데 아직 독일과 전쟁상태는 아니었다. 그러나 12월 11일 오후 3시, 히틀러는 미리 소집한 크롤 오페라 하우스의 국회에서 루스벨트가 전쟁을 부추기며 전쟁 원인을 날조하고, 마지막으로 그리스도교적 위선을 몸에 걸쳐 착실하게 인류를 전쟁으로 이끌어간다고 비난하면서 미국에 선전포고를 했다. 추축(樞軸) 3국 군사동맹에서 적으로부터 공격을 받은 경우, 공동방위를 약속했는데, 스스로 선제공격을 한 경우에 참전의무는 없었다.

히틀러가 미국에 선전포고한 전략적인 이유로서 ①미국은 대서양상에서 독일 잠수함을 공격해 전쟁상황을 조성하고 있다. ②미국은 영국과 소련을 군사 원조해 독일을 간접 공격하고 있다. ③국제금융과 미디어를 조종하는 유대인이 미국참전을 선동하고 있다. ④일본에 대소전을 시작하게 한다. ⑤사기가 떨어진 독일군 수뇌와 국민이 물러날 길을 단절해 전쟁완수의 각오를 다진다. ⑥국제유대인의 힘을 두려워 선전포고를 하지 못한다는 비판이나 나약함을 없앨 것 등을 들었다. 유대인 문제에 대한 최종 해결이 늦어진 까닭은 유대인을 절멸한다는 협박적인 암시가 미국의 참전을 망설이게 한다는 전략에 따른 것이었는데 더 이상 이 이유로 유대인을 살려둘 필요는 없어졌다.

1941년, 12월 12일, 카플란은 《바르샤바 게토 일기》에서 "먼저 선전포고를 한 것이 히틀러일지라도 이와 같은 상황으로 이끈 것은 루스벨트이다. 이전부터 이 2대 열강은 이미 사실상 전쟁상태에 있었다"고 말하며 정확하게 국제관계를 파악했다. 또 독일은 라디오를 통해서 유대인이 만든 볼셰비키 러시아와 유대인이 조종하는 금권주의 미국과 싸울 것이라고 선전하며 히틀러가 '유대인의 세계음모'라는 환상에 사로잡혀 있는 것도 간파하고 있었다.

태평양전쟁을 시작한 다음 날 1941년 12월 8일, 히틀러는 지령 제39호에서 동부 정면에서의 방어작전을 채용했는데, 육군총사령관 브라우히치 원수는 진지

사수 명령에 반대해 철수를 요청했기 때문에 이튿날인 19일 사임당했다. 스스로 후임 육군총사령관으로 취임한 히틀러는 20일, 제2 장갑 집단사령관 구데리안 상급대장, 제4 장갑 집단사령관 에리히 회프너 상급대장을 경질하고 며칠 안에 중앙 군집단 사령관 보크 원수, 남방 군집단 사령관 룬트슈테트 원수 등 사단장 이상의 장관(將官) 35명을 해임했다. 히틀러에게 미국 참전에 의한 세계 전쟁 발발은 유대인 책임이고 전국 악화는 무능한 독일 육군 장관들 책임이었던 것이다.

1942년 반제(Wannsee) 회의 후 시작된 라인하르트 작전

1942년 1월 1일, 국제연합선언은 미국, 영국, 소련, 중국을 중심으로 대독일과 대일본 전쟁에 자원과 인원을 총동원한다고 했다. 단독강화를 거부하며 이 선언에 인도, 망명정부(폴란드·네덜란드·노르웨이 등)를 포함한 26개국이 서명했다. 또한 제1차 세계대전 '연합국'을 대신해 '국제연합'이라 불리는 용어가 쓰이고, 민주주의와 국제평화주의를 받들어 독일과 일본에 대응하는 싸움을 수행하게 되었다.

국가보안본부 장관 하이드리히 친위대 대장은 1941년 12월, 베를린 교외 반제(Wannsee)에서 유대인 문제 회의를 개최할 예정이었는데, 이 회의는 미국에 대한 선전포고로 말미암아 1개월 지연된다. 42년 1월 20일, 반제 회의에서 하이드리히가 소집한 기관들은 동방점령자, 내무부, 4개년 계획청, 법무부, 외무부, 폴란드 총독부, 나치당 서기국, 내각수장, 친위대 인종 식민본부, 국가보안본부, 보안경찰보안부 차관급 간부 14명이었다. 이들은 자신이 유대인 문제해결 전권으로서 유럽의 천 백만 명에게 '유대인 문제해결'을 준비할 것을 알리고, 그 일을 위해 관련 부서들의 협력을 요청했다.

히틀러는 1941년 11월 5일, 《탁상담화》에서 다음과 같이 유대인 절멸을 정당화했다.

> 유대인은 유럽에서 사라져야만 한다. 그렇지 않으면 우리 유럽이 상호이해에 다다를 수 없게 된다. 유대인은 무슨 일에나 장애가 되고 있다. 그러나 그들이 자유의사로 나가지 않으면 절멸이 있을 뿐이다. 유대인을 러시아인 포로

와 다르게 다룰 이유가 있는가? 포로수용소에서는 많은 자가 죽고 있다. 그것은 내 책임이 아니다. 전쟁도 포로수용소도 내가 바란 것은 아니다. 유대인 때문에 이 상황으로 내몰린 것이다.

히틀러는 1942년 1월 23일 《탁상담화》에서 유대인을 러시아 포로와 똑같이 절멸할 수밖에 없다고 되풀이한다. 1월 말, 스포츠궁전에서 개최된 정권획득 9주년 집회에서도 "이 전쟁은 게르만 국가의 전멸이 아니면, 유럽으로부터 행해질 유대인 소멸에 의해서만 끝난다"라고 단언했다. 영국 금융자본가, 소련 볼셰비키, 미국 미디어는 모두 유대인에 의해 조종되고 그들이 독일에 전쟁을 걸어왔다고 생각한 것이다.

《홀로코스트》에 따르면 1941년 11월 1일, 루블린(Lublin) 남동 150킬로미터의 땅에 가스실을 지닌 베우제츠 절멸수용소의 건설이 시작되어 이듬해 2월 말 완공된다. 3월, 여기에서 루블린 게토 등 5만 8천 명 폴란드 총독령 유대인이 살해되고, 12월까지 모두 60만 명이 살해되었다. 42년 3월, 브레스트-리토프스크의 남쪽에서 건설이 시작된 소비보르 절멸수용소에서는 5월부터 가스살해가 시작되어 43년 10월까지 폴란드, 소련 등 유대인 25만 명을 살해했다. 42년 7월 23일부터 가동한 바르샤바 북동 120킬로의 트레블링카 절멸수용소에서는 43년 11월까지 바르샤바의 게토, 독일과 그리스의 유대인 등 70만에서 90만 명이 살해되었다.

1941년 9월, 독일보호령 뵈멘-메렌 부총독으로 임명된 라인하르트 하이드리히 친위대 대장은 체코 레지스탕스를 탄압하는 동시에 노동자에게 식료배급을 늘이고, 사회보장제도 도입, 노동자 보양시설 개설로 후대했다. 이 유연한 체코 점령 정책에 대해 베네시가 이끄는 런던 망명정부와 영국정보부는 위기감을 느꼈다. 그래서 독일인에 의한 체코인 탄압을 유발해 치안을 악화시킬 목적으로 영국에서 체코로 특수부대를 들여보내고, 42년 5월 27일, 프라하에서 하이드리히 암살을 감행했다.

라인하르트 하이드리히가 암살되자, 친위대는 복수전의 명칭을 '라인하르트 작전'이라고 정했다. 게토 유대인을 동방소개로 위장해 총독령 폴란드의 베우제츠, 소비보르, 트레블링카에 있는 절멸수용소로 이송해 일산화탄소가스로 살해하는 것이 바로 '라인하르트 작전'이다. 절멸수용소에서 탈출한 두 유대인, 이스라엘 사임리크, 오스카 스트라브친스키의 《지옥 트레블링카로부터 탈출하다》에 의하면 트레블링카 절멸수용소에 건축이나 사체·유류의 처리작업을 위해 유대인 노동자 1000명, 폴란드인 100명 정도를 일하게 했다. 유대인은 가스펌프를 연결한 가건물에서 살해되고, 시체는 사체 처리반이 운반해 거대한 구멍에서 불태워졌다. 또한 고급의류에서 누더기, 귀금속 및 외화 그리고 도자기에 이르기까지 종류별로 온갖 소지품이 회수되었는데, 사진이나 편지처럼 살해한 증거가 되는 유류품들은 불태워졌다. 그러나 대다수 게토 주민은 독일이 군수산업에 쓸모 있는 유대인 노동자를 대량학살할 리가 없어 '동방소개(疏開)'는 문자 그대로 단순히 소련 점령지에 설치된 노동수용소로 옮기는 것이라고 했다.

유대인 박해는 ①포그롬 ②뉘른베르크법에 의한 유대인 인정 ③공직추방 ④재산약탈 ⑤국외추방 ⑥게토 또는 강제수용소로의 수감 ⑦ 아인자츠그루펜에 의한 동방유대인의 총살 ⑧ 절멸수용소에서의 유럽 유대인의 살육 과정으로 진행되어 왔다. 1941년 11월부터 유대인 절멸수용소 건설이 시작되어 유대인을 기계적으로 다수 살육하는 홀로코스트가 나치운동의 귀결이 된 것이다.

그러나 절멸수용소 가동 다음, 동방 점령지에서는 유대인 살해가 이어졌다. 점령지 우크라이나인, 리투아니아인 등이 안고 있었던 볼셰비키 유대인에 대한 증오를 나치스가 선동하고 현지 보조경찰들에 의한 살육이 이어진 것이다. 또 치안유지를 위해 빨치산이나 그 지원자로 판단되는 자에게 가혹한 조치를 취해, 소련 점령지인 게토에서 철도 등 이송수단이 한정되었던 경우, 현지에서 곧바로 살해할 때도 있었다.

1942년 10월 13일 밤, 우크라이나 미조츠(1939년 9월, 소련이 점령)의 게토를 우크라이나인 보조경찰이 급습해 집들을 불태우고 유대인들을 연행했다. 강제노동에 종사하던 자도 용서받지 못했다. 유대인 일부는 손에 든 무기로 저항하다가 이튿날까지 모두 1천 명이 총살되었다. 독일군 병사와 경찰이 감시하는 가운데 우크라이나인 보조경관이 유대인들에게 옷을 벗도록 명령하고 움푹 패인 곳에 줄을 서게 하여 총살을 감행했다.

서유럽에서도 대소전이 정체상태에 빠지자, 과격한 방법으로 유대인을 배제하게 되었다.

아우슈비츠, 비르케나우 강제수용소의 크레마토리움과 분커

이스라엘 굿맨《아우슈비츠 죽음의 수용소 분석》, 바츨라프 들루고보르스키·프란치셰크 파이퍼 편《아우슈비츠 1940~1945》제1권〈설치〉에 따르면, 친위대 국가장관 힘러는 1940년 4월, 폴란드, 크라코 남서 50킬로미터의 땅, 대 독일에 병합된 오버슐레지엔의 아우슈비츠(폴란드명 : 오시비엥침)에 있었던 폴란드군 병영 자리에 1만 명 규모의 죄수들을 위한 강제수용소를 설치하도록 지시했다. 그리고 5월 1일, 아우슈비츠 강제수용소 지휘관 루돌프 헤스 친위대 중령 밑에 친위대 간수 15명과 기간으로 작센하우젠 강제수용소에서 보낸 독일인 범죄자 30명을 죄수장 감독자로 지명하여 죄수 관리를 맡게 하고 수용소를 개설했다. 41년 3월 1일, 힘러는 아우슈비츠 첫 시찰 때, 다가올 소련 침공에 대비, 현재의 1만 명(폴란드 죄수 등) 규모의 수용능력을 3만 명으로 확장하도록 전했다. 10월 14일, 아우슈비츠에서 3킬로미터 떨어진 비르케나우(폴란드명 : 브제진카)에 10만 명 규모의 수용소(1943년 이후, 아우슈비츠II로 명명) 건설을 지시하고 죄수 1만 명을 혹사해 종합화학 IG 파르벤의 합성고무 등을 이용한 화학플랜트(아우슈비츠III 모노비츠)의 건설도 시작되었다.

1941년 8월 15일, 헤움노 절멸수용소의 가스실 딸린 트럭에서 일산화탄소를 사용한 살해가 시작되며, 아우슈비츠에서도 제11 블록 지하 독방에서 수십 명의 소련 적군포로를 살충제 치클론B로 가스 살해하는 첫 실험이 이루어졌다. 이 임시 가스실은 분커(지하호)라고 하는 비밀명칭으로 불리고, 9월 3일, 수용소 병약자 250명, 소련적군 포로 6백 명을 치클론B로 살해했다. 이튿날 수십 명의 죄수가 시체를 옮겨 옷을 벗긴 다음 호에 묻었다. 그러나 가스 배기와 사체 운반이 불편했기 때문에 새로운 가스실을 크레마토리움이라 이름을 붙이면서 정비하게 되었다.

테레사 쉬비보카《범죄의 건축학》에 따르면 1941년 초, 아우슈비츠에 있었던 크레마토리움은 신체나 의류의 병충해를 살균하는 샤워, 의류를 열 또는 치클론B로 살균하는 사우나를 갖춘, 귀중품 약탈의 장이기도 했다. 그러나 1940년 8월에 가동하기 시작한 크레마토리움은 사체 하치장, 사체 소각로(화장장), 유해 하치장의 총칭이며, 41년 9월, 사체 하치장에 가스실을 설치해 제1분커로 부르게 되었다. 42년 7월 15일, 힘러가 두 번째 아우슈비츠 시찰 때, 비르케나우

철도역에 인접한 제2분커에서 치클론B에 의한 가스살해를 견학했다.

그 무렵 수용소 지휘관 헤스는 수용자의 증가와 살육능력의 확장에 힘쓰고 있었는데, 여죄수를 직접 감독하는 지위에 오른 독일인 여성 억류자는 전과가 있는 범죄자로, 그녀는 그가 저열하고 극악해 유대인에게 소름이 끼치는 학대를 했다고 진술했다. 그는 가스살해를 안락사처럼 여겼다. 다른 한편, 아우슈비츠수용소에는 친위대 사무를 담당한 독일인 여성보조원이나 친위대병원에 근무하는 간호사도 있었다. 이들은 수용소와 가까운 숲에 있는 호화로운 목제 방갈로에서는 음악을 즐기거나, 과일을 먹을 수 있었기 때문에, 수용소 근무는 전선에서 병사로 근무하거나 군수공장에 동원되기보다 안전한 일이었다. 바츨라프 들루고보르스키와 프란체셰크 파이퍼 편의 《아우슈비츠 1940~1945》 제3권 〈대량살육〉에 따르면 크레마토리움 I 소각로의 1일 처리능력은 1942년 5월 당시 340명뿐이고, 나머지 사체는 노천에서 불태워 가까운 곳에 묻었다고 한다. 그러나 힘러는 대량살육이 발각될까 두려워한 나머지 사체를 다시 파내 소각, 증거인멸을 하도록 지시했다. 또 처리능력 1440명의 크레마토리움 II·III, 768명의 크레마토리움 IV·V가 43년 3월부터 7월에 걸쳐서 가동되었다. 전 크레마토리움의 1일 처리능력은 4756명이었는데, 소각시간을 30분에서 20분으로 단축해 노에 넣는 사체를 2체에서 3체로 늘린 결과 하루 8천 명에 이르렀다고 한다.

《가스실 안에서》의 저자 실로모 베네치아(1923년생)는 1944년 4월, 아우슈비츠에서 노동 가능자로 선별되어 검역한 시체를 크레마토리움의 사체보관소까지 운반하는 일에 3주간 종사했다. 그 뒤 제2분커에서 긴 머리 여성의 유해에서 머리카락을 모으고, 금니를 빼는 8명의 유대인 노동자 가운데 한 사람이 되었다. 이처럼 가스실이나 사체처리에 종사하는 노동자는 존더코만도 (Sonderkommando, 특무중대)로 불리었다.

크레마토리움 III의 탈의장에 도착한 죄수는 샤워를 하기 위해 옷을 벗으라는 지시를 받는다. 그리고 간수나 존더코만도로부터 자기의 옷을 잊어버리지 않도록 옷걸이 번호를 외워둘 것, 샤워한 뒤 식사를 할 수 있다는 안내를 받았다. 물론 이 방법은 혼란 없이 가스실로 들여보내기 위한 구실이다. 처음에는 여성이, 다음에 남성이 샤워실로 보내지고 가스실 입구 여성을 남성이 뒤에서 밀어 넣도록 계산되어 있었다. 가스실의 육중한 문이 닫힌 뒤, 친위대가 존더코만도에게 치클론 B의 마개를 따 투입구에서 넣게 지시한다. 고체였던 치클론은 기화되어 가스실 밑에서 차오르기 때문에 죄수는 공기를 찾아 다른 죄수 위로 앞을 다투어 오른다. 10여 분 뒤, 가스실 내부를 점검창으로 안을 들여다보고 전원사망이 확인된 뒤 문을 열고 환기시킨다.

환기가 끝난 뒤, 존더코만도는 사체의 목에 지팡이 자루를 걸어 끌어낸다. 긴 머리카락을 자르고 금니를 빼서 모은 다음, 사체를 태우는 호나 소각로로 운반한다. 크레마토리움의 바닥은 피, 분뇨, 구토로 인해 미끄러지기 쉽기 때문에 사체를 운반한 뒤 바닥을 청소한다.

1944년 6월 27일 날짜로, 존더코만도 57명이 1인당 1에서 13마르크의 보너스 (식료품 등을 구입할 수 있는)를 받은 영수증이 남겨져 있다. 절멸수용소는 대량 살육공장처럼 비인도적으로 운영되고 있었다. 친위대는 대독일건설을 위해서 이처럼 냉혹한 임무를 냉철하게 수행해야 했고, 오히려 이러한 임무를 영예로 여겼다. 이와 같은 도착(倒錯)된 가치관을 정당화하고 보급한 것이 나치 프로파간다였다.

친위대 국가장관 힘러의 유대인 절멸연설

1943년 4월 19일, 바르샤바 게토에 독일군 2천 명이 진격해, 그곳에 남아 있는 약 6만 명의 유대인 전원을 다시 이송하려고 계획했다. 이때 게토의 유대인은 군사조직연합(ZOW) 등 759명의 전투원을 중심으로 은밀하게 모은 무기로 저항했다. 봉기는 5월 16일에 진압되었다. 유르겐 슈트로프 친위대 소위가 작성한 사진을 첨부한 보고서에 따르면, 파괴한 분커 631개소에서 일어난 반란에 사살 7천 명, 유대인 체포자 5만 6065명이 기록되어 있다. 체포자 7천 명은 트레블링카에서 살해되고 나머지 4만 2천 명이 루블린 절명수용소와 곳곳의 노동수용소로 보내졌다. 독일 측의 피해는 사망자 16명, 부상자 85명이었다.

이미 폴란드 망명정부와 연합국은 1942년 7월 1일과 12월 17일, 유대인 살육을 비난하는 성명을 냈다. 또한 43년 8월 2일, 트레블링카 절멸수용소에서 죄수가 발란을 일으켰고, 친위대원 가운데에는 이미 전범재판을 걱정하기 시작하는 자들도 있었다. 그래서 힘러는 부하들이 유대인 배제에 소극적으로 행동하는 것을 우려해 43년 10월 4일, 바르테란트 제국 대관구 포젠에서 친위대 장교를 앞에 두고 '하나의 곤란한 과제에 대해 제군에게 확실하게 말한다'며, 유대인을 절멸해야 하는 이유를 연설했다.

어느 곤란한 문제에 대해서 나는 여러분에게 확실하게 말할 생각이다. 우리는 이 과제에 대해서 대화해야만 함에도 공개적으로 이야기하지 않았다. 이것은 명령이며, 또 필요한 것이라면 모두 즉시 실행해야할 뿐이다. 나는 유대인 절멸을 말하고 있다. 제군 앞에 누워 있는 100구의 시체, 500구의 시체, 1,000구의 시체를 볼 때 그것이 무엇을 의미하고 있는지 여러분은 잘 알 것이다. 이 임무를 견디는 것, 인간적인 나약함과 인연을 끊어 시체를 앞에 두고 우리는 정신을 강인하게 만들어 품위를 유지해야 한다. 이 임무는 결코 말로는 표현될 수 없고, 표현해야 할 일도 아니다. 이 임무로써 우리는 이제껏 없었던 영광을 역사에 남기게 된다. 오늘날 모든 도시가 폭격되고 전쟁의 무거운 짐과 물자 부족에 시달리고 있을 때, 게으른 자, 선동자인 유대인을 우리들 밑에 두는 것이 얼마나 곤란한 일인지 우리는 알고 있다. 만일 유대인이 독일 민족에게 기생(寄生)한다면 독일은 1916년, 17년과 똑같은 어려운 상황에 빠지게 된다.

힘러는 유대인 자산을 개인적으로 약탈하는 자는 사형에 처한다고 말하고 우리가 이 곤란한 임무를 수행하는 것은 독일민족에 대한 사랑 때문이라 주장했다. 또한 우리의 혼 가운데, 인격 가운데에는 부끄럽게 여길 만한 것은 아무 것도 없다고 말을 맺었다. 2일 뒤, 그는 나치당 대관구 지도자 앞에서도 마찬가지로 부녀자를 포함한 유대인의 절멸을 명령했다.

1943년 그 무렵, 전세 악화와 노동력 부족을 반영해 강제수용소에서는 새로 도착한 유대인 가운데서 노동이 가능한 사람을 선별하여 수용소 운영과 군수 생산에 임하게 했다. 그러나 이 또한 노예노동을 통한 유대인 절멸이 최종목적이었다.

힘러는 유대인 대량살육이 국내외에 뚜렷해지는 상황에서 나치당과 친위대 간부 모두를 유대인 절멸의 공범자로 만들려고 했다. 유대인 절멸이 공개적으로 언급된 이상, 나치당과 친위대는 독일이 항복하면 전쟁범죄자로서 처벌

될 것이 뻔해 마지막까지 싸울 수밖에 없었다. 실제로 소련군이 눈앞에 다가온 1945년 1월까지 아우슈비츠 강제수용소의 죄수들은 질병, 기아, 학대, 처형으로 끊임없이 죽어 갔다.

아우슈비츠 강제수용소 지휘관 루돌프 헤스는 자신의 회고록 《아우슈비츠 강제수용소》에서 1941년, 아우슈비츠에 대량살육 설비를 준비해 실행하라는 명령을 받았으며, 그것을 실행하지 않을 수 없었다고 말했다.

유대인 대량살육이 필요했는지에 대해서 내게는 어떤 판단도 허용되지 않았다. 그의 원칙적인 명령은 총통의 이름으로 거룩한 것이었다. 그에 대해서는 어떤 고려, 어떤 설명, 어떤 해석의 여지도 없었다. 그 명령은 철두철미하게 완수해야만 했다. 국가를 위해, 동시에 그들의 신인 천황을 위해 자신을 희생하는 일본인이 본보기로 찬양되었다.

폴란드 총독 한스 프랑크도 뒤에 자기 자신을 포함해 "아무것도 모른다는 것을 신용해서는 안 된다. 우리는 상세하게는 모를망정 이 체제는 심상치 않다고 누구나 느끼고 있었다. 요컨대 우리는 알고 싶지 않았던 것이다. 체제에 따라서 생활하고, 가족을 부양하고, 그것이 올바르다고 믿는 쪽이 편했다"라고 말하고 있다.

독일의 지도자부터 일반시민까지, 유대인이면 집과 일터를 잃고 게토나 수용소로 보내지는 것을 알고 있었고, 1942년 6월 말부터 7월에 걸쳐서 '백장미'가 뿌린 반전 전단에서는 폴란드의 유대인 학살을 비난하였다. 그러나 누구도 유대인이 대량 살육되고 있다고 생각하고 싶지 않았고, 유대인 배제에는 무관심하려고 마음먹었던 것 같다. 나치당 독재가 10년 이상 이어지는 상황에서 부당한 현실이라도 어쩔 수 없다고 체념하는 허무주의가 널리 퍼지고 있었던 것이다.

11. 히틀러 제3제국의 붕괴

1943년, 전황이 악화된 독일은 총력전을 치르기로 결심하고 유대인, 포로 등을 노예노동에 폭넓게 이용하는 한편, 유대인 섬멸전쟁을 자국의 병력, 자원을 나누어 속행했다. 그런 가운데 독일의 민간인과 병사 사이에서도 나치당이나 히틀러에 반대하는 레지스탕스가 일어났다. 가장 큰 사건이 이듬해 7월 20일 진행되었던 히틀러 암살사건이었는데, 유감스럽게도 실패하고, 히틀러의 독일국 방군에 대한 불신이 커져 도리어 나치당의 전력을 강화하게 된다. 독일 본토가 여기서 파괴되고 연합군이 본토로 육박하자 괴링, 힘러처럼 나치당 히틀러에게 충성을 맹세한 최고지도부는 전쟁종결을 생각하게 되었는데, 히틀러가 살아 있는 동안 평화는 불가능했다. 그러다가 히틀러가 사망한 사실이 밝혀지자 독일 최고지도부는 미국과 영국 측에 항복할 결심을 한다. 볼셰비키의 소련과는 싸움을 이어갈 의향이었던 것이다.

독일 청소년 '백장미'의 반전활동

게슈타포는 1942년 6월 끝 무렵부터 7월에 걸쳐 4종류의 반전 전단 '백장미'가 뮌헨 시내 곳곳으로 우송된 것을 깨달았다. 플레이스트 블라이나스도르파의 저서, 《'백장미' 심문조서》에 따르면, '백장미' Ⅰ호에서는 '무책임하고 떳떳하지 못한 충동에 사로잡힌 지배자 무리에 저항도 없이 통치를 허용하는 것만큼 문화민족의 이름에 걸맞지 않은 것은 없다'고 씌어 있고 '백장미' Ⅱ호에서는 '폴란드 정복 이래 그 땅에서 30만 명 이상 유대인이 잔학한 방법으로 살해되었는데, 이 살인을 묵인하는 자 또한 죄인과 같다. 갈색의 일당(나치스)을 박멸할 때가 왔다'고 호소했다.

전단 '백장미'를 만든 사람은 뮌헨대학 의대생 한스 숄(25세)과 알렉산더 슈모렐(26세)이고 뒤에 뮌헨대 학생 조피 숄(22세, 한스 숄의 여동생), 뮌헨대 의대생 크리스토프 프롭스트(24세) 등도 협력했다. 전단은 각각 100부쯤 인쇄되고 백장미 Ⅲ호에서는 '악의 독재체제'에 대해서 '병기공장이나 군수공장에서의 사보타주', '집회, 식전, 대학, 신문, 모금에 대한 사보타주 등 소극적 저항을 시작하자!'고 주장했다.

1942년 7월 23일, 백장미 단원은 학생중대에 소속해 동부전선의 후방 근무로 출정했다. 이때, 폴란드에서의 유대인 박해를 목격하거나 소련 현지주민과 교류를 통해 이 전쟁이 잘못되었음을 확신한다. 연말에 귀국한 그들은 새로운 반전전단을 대규모로 배포했다.

뮌헨 게슈타포는 1943년 1월 28일부터 29일에 걸쳐 배포된 '백장미' V호 〈모든 독일인에게 호소한다!〉를 1천 3백 부 회수했다. '백장미' V호는 '히틀러는 수학적인 확실성으로 독일민족을 파멸로 이끌고 있다. 히틀러가 이 전쟁에 승리할 수는 없다. 그는 전쟁을 지연시킬 뿐이다!'라고 꿰뚫어 보고 있었다. 전단은 2천에서 3천 부로 인쇄되어 뮌헨 말고도 프랑크푸르트, 잘츠부르크, 린츠, 빈의 시민에게도 보내졌다. 검찰사무관 로베르트 모아는 1월 29일, 뮌헨 게슈타포장관에게 자신이 집무실에서 전단을 보게 되었는데, 이 전단은 커다란 동요를 불러일으키고 있으니 당과 국가 최고지도부에서 사건 조기 해결을 바랄 수밖에 없다며 레지스탕스 수색 엄명을 부탁받았다.

1943년 2월 3일부터 4일에 걸쳐 뮌헨 시내의 20개 이상 장소에 '자유', '히틀러 타도'와 같은 표어가 낙서로 쓰였고, 이러한 반국가적 행위도 동일범에 의한 것으로 추측되었다. 2월 8일부터 9일에 걸쳐서, 그리고 15일부터 16일에 걸쳐서도 뮌헨 시내 곳곳에 '대량 살육자 히틀러'와 같은 낙서가 쓰였고 '백장미' Ⅳ호(최종호)인 '여학생 여러분! 남학생 여러분!'이 3천 부 배포되어 다음과 같이 호소했다.

히틀러 유겐트, 돌격대, 친위대가 인생에서 가장 많은 열매를 얻을 학업시기에 우리를 획일화하고 선동해 마비시키려고 했다. 세계관 학습이라는 이름 아래 경멸해야 마땅할 방법으로 자립한 사고나 자존심이 싹트는 것을 가로막았으며 의미없고 공허한 언어 속에서 우리를 암살하려고 했다. 우리 민족은 나치즘에 의한 유럽 예속화에 맞서 일어나 새로운 자유와 명예의 신념을 관철할 것이다.

1943년 2월 18일, 뮌헨대학에서 '백장미' IV호 전단을 배포하던 숄 남매는 경비에게 붙잡혀, 통보를 받고 달려온 게슈타포에게 연행된다. 그 이틀 뒤, 프롭스트도 인스부르크에서 체포되었다. 군적(軍籍)이 있는 두 사람(한스 숄과 프롭스트)이 제적되어, 군법회의가 아닌 민족법정(인민재판소)에서 재판관 롤란트 프라이슬러의 심리를 받았다. 그리고 2월 22일, 조피를 포함한 3명이 그날 심리에서 사형 판결을 받아 슈테델하임 형무소 단두대로 보내졌다.

1943년 2월 21일, 뮌헨대학장은 숄을 독일의 모든 대학에서 영구히 추방하고 2월 22일 밤, 뮌헨지구 학생 지도자는 충성대회를 개최한다. 그들은 백장미단 학생 범죄행위는 일반학생과는 무관하다고 선언했다. 2월, 슈모렐, 뮌헨대학 의학부의 동지 빌리 그라프, 그들의 은사 쿠르트 후버 교수도 체포되어 4월 19일, 민족법정에서 사형판결을 받고, 7월과 10월에 나뉘어 슈테델하임 형무소에서 처형되었다.

다른 한편, 독일에서 망명했던 작가 토마스 만은 6월 BBC방송에서 은밀하게 국외로 반출된 백장미의 반전 전단에 대해서 언급하고 7월, 영국 공군기가 '백장미' IV호의 복사본 1만 장을 독일 상공에서 살포했다. 독일대학 연구소의 학생 한스 라이페르트는 '백장미' IV호에 '그래도 그들의 정신은 계속 살아 있다!'라고 덧붙여 타이핑을 하고 함부르크에서 배포했다. 그러나 그 또한 10월에 체포되어 1945년 1월 슈테델하임 형무소에서 처형되었다.

스탈린그라드 패배 뒤 총력전 포고를 분쇄한 독일 본토 공습

1942년 11월 23일, 제6군사령관 프리드리히 파울르스는 스탈린그라드에서 소련군에게 역포위되는 것을 피하기 위해 철수를 요청했지만, 히틀러는 고집스럽게 이를 허락하지 않았다. 스탈린그라드를 흐르는 볼가 강은 운하교통의 요충으로써 미국에서 소련으로 보내는 군사지원이나 카프카스 석유 등의 수송로로 쓰였다. 그래서 그들은 소련의 동맥을 끊는 지점에 있는 스탈린그라드 포기를 인정하지 않았다. 또한, 그 무렵 북아프리카의 이탈리아군을 지원하기 위해 파견된 에르빈 롬멜 원수의 아프리카 군단은 영국 제8군에게 격파되어 동부 정면에서의 퇴각은 결코 정치적으로도 허용할 수 없었던 것이다.

1943년 1월 30일, 히틀러는 독일군의 원수가 항복한 사례는 없으므로 파울루스를 원수로 승진시켜 스탈린그라드를 사수하라고 엄명했다. 그러나 이튿날 파울루스 원수는 적군에게 항복하고 제6군의 각 부대도 2월 3일까지 모두 항복했다. 소련적군은 독일병사와 동맹국병사 23만 3천 명을 포위했는데, 그 가운데 약 12만 명이 죽고, 포로가 된 생존자도 63년까지 귀국한 사람은 6천 명에 지나지 않았다. 히틀러는 파울르스가 자결하지 않고 항복한 것에 격노했는데, 포로가 된 일부 장교는 반 나치스로 전향해 소련의 프로파간다에 협력하기도 했다.

동부전선의 전황이 악화된 1943년 1월, 히틀러는 전투력을 지닌 남성을 확보하기 위한 포괄적 노동배치 포고를 통해 모든 남녀를 능력에 따라서 노동배치할 것을 결정했다. 그 무렵, 독일동방 점령지역에 5천 5백만 명이나 되는 사람들이 살았는데, 42년 1년 동안 독일로 징집이 된 소련 민간인은 80만 명이고, 점령지역 안에서 농업, 교통확보, 진지구축 등 노동배치를 참작해도 독일 본국으로의 노동력 이송은 가능할 것으로 여겨졌다. 2월 28일, 계몽 선전장관 괴벨스는 베를린 스포츠궁전에서 총력전을 알리는 연설을 했다. 여기에서 그는 스탈린그라드 영웅의 고난은 후방에도 의무를 부과했다고 말하며, 독일 국민은 총통과 고락을 함께 할 결의를 다지고 있다고 언급했다. 더 나아가 전쟁의 무거운 짐이 귀천이나 빈부 차별 없이 평등하게 나누어지길 바라는지를 물음으로써 청중을 도발했다. 한편, 전시통제를 강화해 자원에너지 노동력을 군수 일변도로 집중할 것을 요구했다.

그러나 독일 남성 노동력은 병역 중시 때문에 더욱더 줄어들었고, 여성 노동력 증가도 나치스 모성보호와 출산장려 때문에 한계가 있었다. 그래서 외국인 노동자의 동원이 진행되었다. 독일에서 일하는 소련 민간노동자만 1943년 끝 무렵 180만 명, 이듬해 8월엔 212만 명으로 늘었으며, 더욱이 소련 전시포로 62만 명이 강제노동에 동원되었다.

1943년, 슈페어는 쉽게 생산할 수 있는 종래형의 방공전투기, 돌격포, 그리고 자주포의 양산을 서둘렀다. 돌격포란 구식전차의 포탑을 없애고 차체를 넓혀 대구경화포를 탑재한 장갑전투차량이다. 또 신형병기로서 4월에 수중에서 고속으로 장시간 운항할 수 있는 잠수함, 7월에 미사일의 A4로켓, 이듬해 1월에 제트전투 폭격기 메서슈미트Me-262를 개발하고 양산할 방침을 정했다. 1943년 9월 2일, 슈페어는 4개년계획 총감 괴링의 양해를 얻어 탄약병기 장관에서 군수생산 장관이 된다. 외국인 노동자부터 강제수용소의 죄수 노예노동까지 총동원하고, 기업자 주권을 확대해 생산능력을 향상시켰다. 1942년 봄부터 1944년 가을까지 독일의 탄약, 항공기는 3배, 장갑 전투차량은 7배까지 생산량을 증가시킨 것이다.

그러나 병기생산은 늘어났을망정, 항공기나 전투차량의 연료는 자연 제약을 받아 석탄액화를 진행시켰지만 수요를 채우지 못했다. 그리고 미 육군항공대에 의한 공장지대 주간폭격, 영국공군에 의한 도시 야간폭격으로 인해 독일은 인적, 물적으로 엄청난 피해를 입었다. 독일 국민은 처음에 공습에 대한 보복감정을 높여 항전의지가 꺾이는 일은 없었다. 그러나 공습을 막지 못하는 독일의 방위체제와 하루가 다르게 나빠지는 전황 앞에 차츰 전쟁을 기피하는 기운이 확산되어 갔다. 이러한 변화는 게슈타포나 경찰의 비밀보고에서도 드러난다. 따라서 국내를 향한 프로파간다가 더욱 강화되고 패배주의자, 탈주병에게는 엄벌로 임하게 되었다. 독일에 대한 전략폭격은 1945년이 되어서도 이어졌고, 2월에는 소련군의 공격을 피해온 난민이나 민족독일인이 피란하고 있었던 드레스덴에도 대공습이 가해져 수만 명이 죽었다.

비밀무기 생산에 노예노동을 투입

1943년 10월 6일, 군수생산 장관 알베르트 슈페어는 나치당 지도자를 앞에 두고 소비재 산업에 종사하는 600만 명의 노동자 가운데 150만 명을 군수생산에 이관하도록 요청했다. 그러나 슈페어는 독일인 노동자를 동원하는 권한이 없어, 강제수용소의 죄수 노예노동을 이용하게 된다. 군수확대라는 군부의 요구, 값싼 노동력 확보라는 산업계의 요구, 독일국민에 대한 생활유지라는 당의 요구를 채우는 형태로 대량 노예노동이 동원된 것이다.

1942년 6월, 독일공군은 값싼 순항미사일(무인비행폭탄) V-1을 개발하고, 육군도 6월 13일 페네뮌데 기지에서 탄약병기 장관, 슈페어 등이 견학하는 가운데 A4 로켓의 시험발사를 성공시켰다. A4는 액체산소를 이용한 사정 300킬로미

터의 장거리 탄도미사일로 전장 14미터, 중량 12톤(폭약 1톤)이고 보복병기 V-2
로 불리게 된다.

육군은 1943년 10월, 공습을 피해 V-2를 양산하기 위해서 튀링겐 당 대관구
노르트하우젠 지하에 중앙공장의 건설을 결정한다. 이 지하공장의 건설에 도
라-미텔바우 노동수용소의 죄수를 동원했다. V-2의 생산에는 독일인기사·노
동자 2500명, 노예노동 죄수 5천 명이 투입되어, 생산된 V-2는 44년 9월 8일 네
덜란드의 헤이그 기지에서 런던을 향했다. 1945년 3월 27일까지 실제로 3천 발
이상이 안트워프와 런던을 목표로 발사되어 7천 명이 목숨을 앗아가는 피해를
주었다. 또 오스트리아의 마우트하우젠 수용소의 지소(支所) 구젠노동수용소
에서는 44년 1월부터 구젠II로서 제트전투폭격기 Me-262와 V-2생산을 위한
지하공장건설이 시작되었다.

다른 한편 미국군은 독일군의 최첨단 병기기술을 획득하기 위해 페이퍼클립
작전을 개시하고 베르너 폰 브라운 등 독일인 기술자의 전범기소를 취소하고
지하공장 시설과 재료 확보에 힘썼다. 전쟁 가운데 연합군은 강제수용소에 부
속된 군수공장을 공습했는데, 강제수용소 자체를 공습한 적은 한 번도 없었다.
그 이유로서 ①강제수용소 공습으로 독일 암호를 해독하고 있는 것이 드러난
다. ②유대인 등 강제수용소를 해방하는 작전을 수행함으로써 종전이 늦어진
다. ③죄수를 해방하면 그들을 비호하기 위해 방대한 자원·자금이 필요하게 된
다. ④인권문제보다도 병기기술의 획득을 우선했다. 이와 같이 4가지를 지적할
수 있다. 도라-미텔바우 노동수용소에서는 처형을 통해 500명, 노예노동에서
9천 명이 죽었는데, 그 책임을 독일 기술자가 지는 일은 없었다.

아우슈비츠-비르케나우 강제수용소 대량학살

1944년 3월 19일, 독일은 전선이탈의 움직임을 보인 동맹국 헝가리를 점령하
고 국가보안본부 아이히만 친위대 중령은 유대인평의회를 이용해 유대인 43만
7402명을 5월 14일부터 7월 8일까지 148회의 열차수송으로 아우슈비츠 비르케
나우 강제수용소로 이송했다.

아우슈비츠에 도착한 이송자는 열차에서 내린 뒤 줄을 서도록 명령받고 큰
소지품은 버리게 된다. 그리고 친위대에 의해서 노동가능자와 노동불능자로 선

별된다. 전자는 죄수등록사진을 찍고 등록이 되는데, 후자는 즉시 크레마토리움의 가스실에서 살해되었다. 이송자로부터 빼앗은 짐은 죄수가 구분 작업을 해 '카나다'로 불리는 창고에 운반, 보관되어 강제수용소 내부나 각지에서 재이용 또는 재생산 자원화되었다. 결국 이송기간의 약 1개월 반 남짓 만에 부녀자, 노인 등 노동 불가능으로 분류된 헝가리계 유대인 33만 명이 크레마토리움에서 가스로 살해되고 10만 8천 명이 노예노동자로 보내졌다.

프란치셰크 파이퍼가 쓴 《아우슈비츠 죄수노동》에 따르면, 아우슈비츠 비르케나우 강제수용소 죄수의 수는 1942년 1월 1일, 1만 1632명(남성만), 이듬해인 1월 4일, 2만 9306명(남성 2만 3922명), 1944년에는 1월 20일, 8만 839명(여성 2만 3922명) 그리고 8월 22일, 10만 5165명(여성 3만 9234명)으로 늘어나고 있었다.

바츨라프 들루고보르스키, 프란치셰크 파이퍼는 《아우슈비츠 1940~1945》 제3권 〈대량살륙〉에서 아우슈비츠에서 노동가능으로 선별된 죄수의 수는 1940년 8천 명, 41년 2만 650명, 43년 8만 950명, 44년 15만 2천 명, 45년 1만 1천 명으로 모두 40만 명이라 밝혔다. 내역은 유대인 110만 명, 폴란드인 14만 명 이상, 집시 2만 3천 명, 소련 적군포로 1만 5천 명, 소련, 체코와 같은 타국적자 2만 5천 명이었다. 노동 불가능으로 선별된 유대인은 등록되지 않고 살해되었기 때문에 정확한 인원수 파악은 어렵다. 그러나 이송수와 등록수의 격차와 친위대 보고로 추측하면 유대인 96만 명, 폴란드인 7만 명, 집시 2만 1천 명, 소련군포로 1만 5천 명 등 합계 110만 이상이 가스살해, 처형, 아사 그리고 병사한 것으로 추측된다.

위에서 언급된 《아우슈비츠 1940~1945》의 제5권 〈에필로그〉는 1944년 10월 이후 죄수는 아우슈비츠-비르케나우 강제수용소에서 독일 본토 강제수용소로 다시 이송되고 11월 2일, 비르케나우에서 가스살해는 멈췄다. 전쟁 말기에 대량살육이 억제된 이유로서 ①전황이 악화되어 친위대가 전후의 전범 처벌을 두려워했다. ②친위대가 서방측 연합국과의 평화교섭 인질로서 죄수를 이용하려고 했다. ③침공해 오는 연합군으로부터 전쟁범죄 증거를 은폐하려고 했다. 이 세 가지를 생각할 수 있다.

1944년 12월부터 45년 1월에 걸쳐, 친위대는 크레마토리움을 파괴해 대량살육의 증거 은폐를 꾀했다. 또 45년 1월 17일 이후, 아우슈비츠 강제수용소의 죄수 5만 8천 명 이상이 서방으로 이송되었다. 그러나 철도역까지 10킬로미터에서 35킬로미터, 긴 경우는 2백 킬로미터나 걸어야만 했기 때문에 이 죽음의 행진으로 죄수 3천 명 이상이 사망 또는 처형되었다. 1월 27일, 소련적군은 전사자 231명을 내면서 오시비엥침 시와 아우슈비츠 강제수용소를 해방시키고 수용소에서 반죽음 상태인 7천 명 이상의 죄수를 발견했다.

연합국군 노르망디 침공 후의 히틀러 암살미수 사건

1943년 11월 28일부터 12월 1일에 걸친 테헤란회담에서 44년 5월, 서방측 연합국군이 유럽대륙에 침공하기로 결정했다. 다른 한편 히틀러는 11월 3일, 지령 제51호에서 서부 정면에 상륙하는 적을 요격하기 위해 대서양 방벽 구축을 지시했다. 그러나 전쟁의 주도권을 잃은 히틀러는 그 뒤로 지령에 통하는 번호를 붙일 수 없게 되었다.

연합군 원정군 최고사령관 드와이트 아이젠하워 대장은 지상군으로서 미군 21개 사단, 영국군 17개 사단 외에 전투기와 폭격기를 3천 대 이상 준비하고 1944년 6월 6일 프랑스 북부 노르망디로 침공했다. 이때 독일의 17세, 18세 소년병사 2만 명으로 이루어진 무장친위 장갑사단 '히틀러 유겐트'도 전선에 투입되어 '포로는 필요 없다'는 명령에 충실하게 따라 무장 해제된 포로 100명 이상을 사살했다. 그러나 9월까지 8천 명의 인명 손실을 보고 물러나야 했다. 상륙한 연합군은 D데이 1일째에 9만 명, 15일 뒤까지 41만 명, 50일 뒤까지 96만 7천 명에 이르러 독일군을 쉽게 압도했다. 동부전선에서 소련적군이 독일군 포로를 가혹하게 다루고 있는 것이 널리 알려졌기 때문에 사기가 유지되었는데, 서부전선에서는 포로가 국제법에 따라서 다루어졌기 때문에 다수의 독일 병사가 항복했다.

1944년 7월 19일, 히틀러는 동부전선으로 보낼 사단을 조달하기 위해 국민돌격대 편성을 지시했는데, 이는 나치당이 지휘하는 군대이다. 국민돌격대의 동원과 훈련을 맡는 것은 국내 예비군이고 7월 20일, 그 참모장 클라우스 폰 슈타우펜베르크 대령이 상황 설명을 위해 라스텐부르크 총통 사령부에 출두했다. 그리고 작전회의실로 들어가 가방을 테이블 아래 두고 떠났는데 그 뒤 12시 42분에 큰 폭발이 일어났다. 이때 장군 2명, 대령 1명, 속기사 1명이 죽었지만 히틀러는 경상에 그쳤다. 히틀러의 개인 비서 트라우델 융에의 저서 《나는 히틀러의 비서였다》에 따르면, 신경이 날카로워진 히틀러는 융에게 말을 걸어 '이번에도 잘 모면했다. 역시 나는 천명(天命)을 받은 인간이야' 이렇게 말했다고 전한다. 히틀러는 자연의 섭리가 자기편을 들어 전쟁수행을 지시하고 있음을 새삼 확신했다.

슈타우펜베르크는 국내 예비군 사령부에 히틀러 암살 성공을 보고하고 발키리 작전을 시작하도록 요구했다. 발키리 작전이란 독일 본토에서 반란이 일어날 경우 국내 예비군이 펼치는 반란진압 계획이며, 반 히틀러 정권을 세우려고 이 작전을 계획한 것이다. 오후 4시 각 부대에 발키리작전 발동 소식이 전송되고 비즐레벤 원수의 국방군총사령관 취임, 전 참모총장 루트비히 베크 상급대장의 국가 최고권력 장악 소식들을 전했다. 그들은 일찍이 히틀러에 의해 사임이 된 장군들이었다.

한편, 총통사령부에서는 오후 4시 45분, 카이텔이 반란군의 명령을 취소하는 자체 명령을 각 군관구에 지시하고 오후 6시 반, 라디오 방송으로 총통 폭살이 실패해 총통이 다시 집무를 수행할 것이라는 취지의 뉴스 속보가 전해졌다. 이 대항조치로 반란군 측 사기는 떨어지고 육군 베를린 경호대대장 오토 레마 소령이 수도의 반란을 진압했다.

반란장군들이 직접 부대를 진두지휘하지 않았기 때문에 괴벨스, 히틀러는 반란을 가차없이 신속하게 진압했고, 체포한 반란군들을 프라이슬러 민족법정으로 보냈다. 그리고 반란장군 16명이 처형되었다.

국민돌격대 편성

1944년 5월 31일, 당의 당수부장 마르틴 보어만은 "당의 대관구 지도자 전원에 대해서 적이 전선, 후방의 패배주의자와 반정부활동가를 총동원해 당의 파괴를 꾀하고 있으므로 지도자는 병사의 마음가짐을 하고 행동의 중심으로 달려가야 한다"고 말했다. 그러나 연합군에 대한 반격에 실패한 뒤 본토방위 준비를 시작했다.

8월 24일과 9월 1일, 히틀러는 민간인을 동원해 본토 서부의 정면을 견고하게 하는 지크프리트전 구축 명령을 내렸다. 이는 나치당의 제국고등 판무관과 당대관구 지도자를 담당자들로 해서 연속된 대전차 장애물과 전투정면에 무인지대를 구축하려는 것이었다.

1944년 8월 25일 핀란드에 이어 이튿날 루마니아가 항복하고 9월 22일 '제국영내 작전지역 지휘권에 대한 총통의 제2포고'가 발령되었다. 여기에서는 군사령관에 대해서 작전지역 방위담당인 제국고등판무관이 전권을 갖는 것으로 하고 본토에서 친위대 국가장관 힘러가 책임을 지는 것으로 정했다. 이것은 군보다도 당에 의존한 본토방위계획으로, 당이 직접 동원, 지휘하는 군대로서 9월 25일, 국민돌격대를 편성하게 되었다. 대상은 16세에서 60세 독일인 남성들이다.

1945년 1월 28일, 국민돌격대 투입에 대한 지령으로 동부전선에 투입된 국민돌격대는 독자적으로 전투를 할 경우, 전투력은 거의 없고 바로 괴멸한 것이 밝혀졌으므로 실전 경험이 있는 정규군과 섞어서 부대를 편성한 다음 서부전선에 투입할 것을 요구하고 있다. 3월 8일, 서부전선에서 연합군이 라인강 전 유역에 다다른 상황 아래 국방군총사령부는 탈주병은 곧바로 사살하며 부상당하거나 최후까지 싸운 흔적이 없는 병사들의 가족을 처벌하라는 명령을 내렸다. 그리고 3월 20일, 히틀러는 '제국령 파괴에 관한 건'으로서 적의 전투력을 약화시켜 진격을 늦추기 위해 철수할 때, 수송기관, 통신설비, 산업시설 그리고 보급소까지 모두 파괴하는 초토작전을 명했다. 그러나 슈페어는 독일의 패전을 예상하고 독일국민이 곤궁하게 되는 이 명령을 지키지 않았다.

동서분열을 기대했던 히틀러의 최후

전황 만회가 불가능함을 깨달은 독일 병사들의 사기는 크게 떨어져 서부 정면에서 이들은 잇따라 항복하고 물러섰다. 히틀러는 장군들에게 패배의 책임을 물으며, 1945년 3월 28일, 참모총장 하인츠 구데리안을 해임하고 한스 크렙스 대장을 후임으로 임명해 수도 베를린의 방위를 맡겼다. 전황이 악화하는 가운데서도 마지막 순간까지 철저하게 항전해, 동서분열을 계기로 승기를 잡는다는 것이 히틀러의 전략이었다. 이데올로기와 전후 패권을 둘러싸고 소련이 미국과 영국에 맞서는 상황이 생겨 독일은 동서 어느 한쪽과 단독 화평을 이룩할 수 있게 되리라고 생각한 것이다.

다른 한편, 히틀러에게 충성을 맹세했던 최고지도자들은 전쟁 끝 무렵에도 살아남기 위해 필사적이었다. 1945년 4월 23일, 국가원수 괴링은 베를린에 포위된 히틀러와 연락할 수 없게 되자, 자신이 대리로서 임무를 대신 행할 허가를 요청하는 전보를 쳤다. 그러나 당수부장 보어만으로부터 괴링이 반역을 꾀하고 있다는 말을 들은 히틀러는 괴링의 모든 권한을 박탈했다. 힘러도 3월 이후 서방측 방송에서 스웨덴을 경유해 서방 측과 화평교섭을 시도하던 것이 드러나, 4월 28일 체포명령이 떨어졌다.

한편, 이미 강제수용소를 해방하고 있던 연합국은 그 비참한 상황을 직접 목격한 뒤, 나치스의 잔학행위를 전범으로 심문할 생각이었다. 소련적군이 해방시킨 강제수용소는 1945년 1월 27일, 아우슈비츠-비르케나우, 30일, 라벤스부르크, 5월 8일 테레진슈타트, 10월 슈투트호프였다. 서방 측 연합군이 해방시킨 수용소는 4월 11일 도라-미텔바우, 부헨발트, 12일 올도르프, 베스터보르크, 15일 베르겐-벨젠, 29일 다하우, 5월 2일 뵈벨린, 4일 노이엔감메, 6일 노르트하우젠이다.

강제수용소가 해방되었을 때 깡마른 죄수와 사체도 남아 있어 그 비참한 상황을 목격한 서방 측 연합군은 주위 독일인들에게 수용소를 보여주고 유해를 매장하게 했다. 예를 들면 도라 미텔바우 강제수용소를 해방한 미 제3기갑사단은 3천 구의 사체와 생존자 750명을 발견했다. 그리고 노르트하우젠에서는 남성시민 2천 명을 동원해 한 무리에게 건물 안에 있었던 유해를 건물 앞에 늘어놓게 하고, 다른 무리에게는 구덩이를 파 유해를 매장하게 했다. 이 참상은 〈런던 텔레그래프〉 4월 28호에 보고되었는데, 수용소 사망자 수는 하루에 9백 명이고, 8천 명만 수용할 수 있는 수용시설에 5만 9천 명이 수용되어 있었다고 전한다. 연합국 시민도 독일국민도 전쟁 끝 무렵에야 비로소 강제수용소의 실태, 친위대에 의한 대량살육을 직접 알게 되었다.

명운이 다 한 것을 인정한 히틀러는 해군총사령관 카를 되니츠 제독을 대통령 국방군총사령관에, 괴벨스를 수상에, 페르디난트 쇠르너 원수를 육군총사령관에, 당수부장 마르틴 보어만을 나치당수에 임명했다. 나치당수, 수상, 대통령 그리고 국방군 총사령관을 겸한 히틀러 후계자의 권력은 분권화되었다. 이는 히틀러가 누구도 전폭적으로 믿지 않았기 때문이다. 1945년 4월 29일, 자살하기 하루 전, 융에에게 구술해 필기를 시킨 히틀러의 정치적 유서에서는 제1

차 세계대전에 지원병으로 출정한 이래 자신의 사고, 행동, 생활을 독일민족을 위해 바치고 '누구에게도 비교할 수 없는 가장 어려운 결단'(세계대전과 유대인 절멸의 결단)을 내렸다고 말하며, 다음과 같은 변명을 했다.

이 전쟁은 의도적으로 유대인들과 유대인들의 이익을 위해 일하는 국제적 정치가들에 의해서 일어났다. 화평제안이 거부된 까닭은 영국 정치지도자가 전쟁을 원하고, 국제 유대인들에 의한 프로파간다에 영향을 받고 있는 국제 비즈니스계가 전쟁을 원했기 때문이다. 유대인은 살인범이므로 책임을 지도록 해야 하고(…) 민족사회주의의 건국이라는 멈추지 말아야 할 임무(…) 인종 제법을 준수해 전 세계에 독소를 퍼뜨리는 국제적 유대인에 대해서 가차 없이 저항할 것을 요구한다.

즉 히틀러의 정치적 유서는 전쟁 시작 전인 1939년 1월 30일 국회연설, 1942년 12월 13일의 대미 선전포고에 이어서 민족사회주의 핵심이 하등인종, 열등민족의 배제에 있음을 말해준다. 그리고 독일의 평화부흥에 대한 관심도, 어려움을 겪고 있는 국민에 대한 자책의 마음도 없이, 끝까지 유대인 섬멸전쟁을 수행하도록 명령했다. 그리고 히틀러는 1945년 4월 30일 13년 동안 애인으로 있었던 에바 브라운(33세)과 지하 벙커에서 결혼식을 올리고 다음 날 권총과 청산가리로 자살한다. 그의 나이 58세였다.

그러나 후계자들은 히틀러를 배신했다. 5월 1일, 수상 괴벨스, 당수 보어만은 소련과의 강화를 위해 러시아어를 구사할 수 있는 참모총장 크렙스 대장을 소련군에 파견했다. 당연히 소련은 무조건 항복을 요구했다. 낙담한 괴벨스는 부인과 아이를 살해한 후 자살하고, 보어만은 탈출하던 중, 지하철 터널에서 죽었다. 같은 날, 대통령 되니츠는 히틀러가 베를린에서 전사했다는 거짓 발표 후 "나의 첫째 임무는 밀려오는 볼셰비키에 의한 파괴로부터 독일인을 구하는 것이다"라고 외치며 동부전선에서 싸움을 계속한다. 한편 영국, 미국과 강화하려고 했다. 물론 아이젠하워는 무조건 항복을 요구했고, 되니츠는 이를 수락했다.

5월 7일 오전 2시 41분, 프랑스 랑스의 연합국 원정군 총사령부에서 항복문서 조인식이 이루어져 정오에 휴전이 발표되었다. 그리고 이튿날 8일, 베를린 적군 사령부에서도 소련에 대한 항복문서 조인식이 이루어졌다.

히틀러가 죽자, 즉시 전쟁은 끝났는데 이는 독일 수뇌들은 한결같이 히틀러로부터 처벌이 두려워 무조건 그의 지시에 따르고 있었음을 예증하는 것이다. 독일 국민이 자신이나 가족의 생명을 지키기 위해 싸우면서 두려워했던 것은 바로 소련적군과 히틀러였다.

독일에 대한 보복―뉘른베르크 국제군사재판

1944년 8월 25일, 파리가 해방되고 난 뒤 독일 협력자였던 사람들은 그 나라 사람으로부터 심한 처벌 또는 사형선고를 받았다. 독일인과 사귀던 프랑스 여성은 대중 앞에서 머리가 깎이고 치욕을 당하기도 했다. 이것은 독일군 병사가 유대인의 머리카락을 가위로 잘라낸 것을 상기하게 한다. 이렇게 같은 나라 사람들에 대한 처벌이 이루어지는 상황에서 적국 독일인에 대한 보복은 격렬했다. 독일 점령 동안 가족이 살해되고, 집과 재산을 빼앗긴 뒤 강제노동에 종사하게 되는 등, 쓰라림을 맛본 사람들에게는 전쟁이 끝난 뒤 독일인을 벌하려는 마음이 커져 관용, 인류애란 정상의 감각은 여지없이 마비되었다.

다른 한편, 모든 독일시민이 강제수용소 죄수의 대량살육을 정확하게 알지는 못했다. 살육의 진상을 알고 싶지 않았고, 진상을 확인하려고 하지도 않았다. 그래서 연합군은 전쟁 뒤인 5월 8일, 미국 제82공수사단의 명령에 의해서 루트비히슬루스트 시민에게 뵈벨린 강제수용소를 견학시켰으며, 살해된 유대인의 유해를 강제로 보여주었다. 수용소 참상을 기록한 영화들이 만들어져 독일을 포함한 세계 각지 전쟁범죄 재판에서 상영되었다. 1945년 4월 28일자 〈런던신문〉은 올드로르프 수용소의 참상을 시찰하는 아이젠하워 사령관 등 서방측 연합군에 의한 독일 수용소 해방과, 그곳에 흩어져 있는 사체 및 비참한 죄수들의 사진을 넣어 크게 보도했다. 연합국 시민들은 수용소 살육에 분노해 나치의 잔학상을 비난하고 그들을 엄벌하도록 요구했다.

1945년 8월 8일, 미국, 영국, 프랑스, 소련은 독일의 전쟁 책임을 묻는 국제법정 설정을 결정하고 10월 18일, 전국 당대회 개최지 뉘른베르크에서 국제군사재판을 열었다. 여기에서는 평화에 대한 죄, 일반의 전쟁범죄(민간인 처형과 포로 학대), 인권에 대한 죄(유대인 박해 등 비인권적 행위)를 기준으로 24명의 주요한 전쟁범죄자와 6개의 전쟁범죄 조직, 즉 나치당, 친위대, 친위대보안본부, 게슈타포, 돌격대, 국방군총사령부 및 참모본부가 심판받았다.

판결은 1946년 10월 1일에 선고되고 사형은 나치당수(당수부장) 보어만(궐석재판), 폴란드 총독 프랑크, 네덜란드 제국고등판무관 자이스잉크바르트, 내무장관 프리크, 외무장관 리벤트로프, 동방점령장관 로젠베르크, 노동 배치총감 자우켈, 〈슈튀르머〉 편집장 슈트라이허, 공군총사령관 괴링, 국방군총사령부 총장 카이텔, 국방군총사령부 통수부장 요들, 국가보안본부장관 칼텐브루너, 종신형은 나치당 부총통 헤스, 경제대신 풍크, 해군총사령관 레더, 금고 20년은 군수장관 슈페어, 히틀러 유겐트 지도자 시라흐, 금고 15년은 보헤미아 모라비아 총독(외무장관) 노이라트, 금고 10년은 잠수함대사령관(해군총사령관·대통령) 되니츠, 무죄는 전 수상(부수상) 파펜, 전국립은행 총재(경제장관) 샤흐트이다. 나치당, 친위대, 친위대보안본대, 게슈타포는 범죄적 조직이라 하여 유죄로 판정되고, 돌격대, 국방군은 무죄가 되었다. 여기에서 독일국방군은 유대인 박해와 포로 처형에 전혀 가담하지 않았다는 국방군 신화를 낳게 된다.

1945년 7월, 아르덴 공세 시 미국군 병사 72명의 학살에 대한 전범재판이 다하우에서 열려 제프 디트리히 등 무장친위대 73명이 재판을 받았다. 판결은 사형 43명, 종신형 22명이었다. 또 바덴바덴에서 12킬로미터 떨어진 라슈타트에서는 46년 12월부터 B·C급의 전쟁 전범재판이 프랑스법정 주도로 시작되었다. 피고는 2만 5천 명 이상 죄수의 죽음에 관여한 강제수용소 간수 등이고 550명에게 사형이 집행되었다. 그뒤 63년, 헤센주 수석검사 프리츠 바우어가 주도하는 아우슈비츠 전범재판이 프랑크푸르트에서 열려 20명의 피고가 재판받았다.

12. 나치 프로파간다 신화의 진실

프로파간다와 폭력, 테러에 의한 국민지배

1933년 1월 30일, 독일국회 제1당인 국가사회주의 독일노동당(나치당) 지도자 아돌프 히틀러는 대통령 파울 폰 힌덴부르크에 의해 수상에 임명된 뒤, 45년 4월 30일, 자살하기까지 12년 동안 독재정권에 몸담고, 제2차 세계대전을 일으켰다. 전쟁은 히틀러 죽음 일주일 뒤, 새 대통령 카를 되니츠가 무조건항복을 제의해 종료되고 나치스 제3제국은 붕괴되었다. 그 끝은 비참했다. 특히 유대인을 절멸하려고 했던 사실이 밝혀지자, 왜 독일국민은 나치당 히틀러를 지지해 전쟁과 함께 유대인 절멸 실행까지 이르게 되었는지에 대해서 묻지 않을 수 없게 되었다.

독일국민은 배상지불, 군비제한을 정하는 베르사유조약의 속박에 굴욕과 고통을 느꼈다. 더욱이 세계대공황으로 인해 생활이 곤궁했기 때문에 바이마르공화국의 의회민주주의가 무력하다고 실망했다. 이때 절대적인 권력을 지닌 지도자 아돌프 히틀러가 이끈 나치당이 베르사유조약, 바이마르공화국을 분쇄하고 새로운 독일을 부흥시킬 것을 주장하자 국민들은 기대를 걸게 되었다. 다른 한편, 보수적인 정치가들과 재계 인사들은 권위와 자금 모두 가지고 있었지만, 대중의 지지가 없어서 대공황에 뒤따르는 공산주의 세력의 확대를 두려워한 나머지, 공산당 탄압을 주장하는 나치당을 이용했다. 대중 선동자 히틀러를 수상으로 내세워 그 배후에서 조종할 생각이었던 것이다. 이렇게 해서 국민 반수 남짓한 지지 가운데 나치당 히틀러는 보수정치가와 재계인사의 정치거래에 의해 수상에 취임할 수 있었다.

나치당은 정권 획득 후, 노동조합 해산, 근로봉사 도입, 공공사업 확대 등으로 실업자에게 일자리를 주었는데, 노동자의 임금이나 지위는 더욱 낮아졌다.

공산당, 사회민주당, 노동조합 운동권의 간부들은 체포되고 사무소가 습격되는 등 탄압이 이어졌기 때문에 나치당에 대해 파업과 같은 효과적인 반격을 할 수 없었다. 바이마르공화국 때와 달리 정권을 잡은 나치당은 당의 무장조직인 돌격대와 친위대를 보조경관으로 삼아 강제수용소를 설치하고, 사법절차를 거치는 일 없이 보호구금을 도입해 공권력을 남용했으며, 반대파를 폭력과 테러로 탄압했다. 실업 상태에서 벗어나 노동자는 일이 주어지는 것만으로도 기뻐하고, 임금수준은 권리보호까지 고려할 여유는 없게 되었음에도 상황이 좋아지고 있는 것으로 착각하기 시작했다. 제국 근로봉사의 첫 단계로서 근로봉사 숙박소, 긴급실업대책 노동 숙사가 설치되고 그곳에 실업자가 흡수되어 최저임금의 근로봉사에 참여하면서 명목적인 실업자 감소로 이어졌다.

세르주 코세론의 저서 《제3제국의 거짓》에 따르면, 아우토반 건설은 바이마르공화국시대, 1924년 자동차 도로 건설조사단체, 그 후계 조직인 1926년의 한 자도시 프랑크푸르트, 그리고 바젤 자동차준비협회가 계획한 것이었다. 나치당 정권은 이 민간협회를 1933년 6월 국유화하고 제국 아우토반으로 인수해 9월 29일 아우토반 기공식을 치렀다. 이렇게 해서 아우토반은 나치스의 성과로 평가되고 전쟁 때까지 3천 킬로미터가 건설되었는데, 전황이 악화한 1942년, 건설은 중단되었다.

경기회복에 대해서는 경제장관 얄마르 샤흐트가 주도한 공공사업의 확대 등 확장적 재정정책이 성과를 올렸는데 이를 지나치게 강조하는 것은 잘못이다. 재정지출을 늘려도 불황에서 벗어날 수 있다고 볼 수 없으며, 그것은 오늘날 세계 장기불황 상황으로도 뚜렷하게 알 수 있다. 그 무렵 세계 대공황에서 경기순환의 바닥(최저수준)은 1939년 중반쯤이었고 이듬해 1월 끝 무렵, 나치당 정권획득은 경기순환 상승 국면을 타고 있었다. 이 순환은 나치당 히틀러에게 이롭게 작용해 히틀러 덕분에 대공황에서 벗어날 수 있었다는 신화가 만들어졌다. 또 나치당 정권 아래에서 선거 부정이나 투표조작이 이루어졌으며, 실업통계는 이 이상으로 조작되었고, 독일 부흥은 거짓 자료를 바탕으로 날조되었을 가능성을 충분히 지닌다. 소비자와 노동자 경기상승에 대한 기대감, 즉 소비자심리와 사회심리는 나치당 히틀러의 확장적 재정정책의 영향을 받기는 했지만 실제 경기상승에 수행한 역할은 한정적이었다.

다른 한편, 세수증가가 뒤따르지 않는 재정지출 증가는 적자 확대를 뜻했고, 식료나 원료 수입은 외화준비를 무너뜨리고 있었다. 그리고 1935년, 재군비선언 이후 소비재보다도 군수가 크게 늘어나 그것이 고용확대로 이어졌는데, 동시에 재정적자를 더욱 누적시켜 변상은 어려워졌다. 은행가였던 경제장관 샤흐트는 이 이상의 차입증가, 그 원인이 되는 군비확장에 반대하다가 히틀러에게 추방되었다. 그래서 재정적자를 어떻게 해결해야 하는지에 대한 문제는 그대로 미루어지고 말았는데, 히틀러가 준비했던 해결책은 바로 전쟁에 의한 약탈이었다.

히틀러는 평화를 추구하기 위해 노력한다고 약속하고 전쟁을 회피하면서 재군비와 영토회복에 성공하고 베르샤유조약의 속박으로부터 독일을 해방했다며, 독일국민들의 지지를 받았다. 그러나 베르사유 조약 배상지불 문제를 해결한 것은 나치당 히틀러가 아니고, 1931년 영 안(Young Plan)을 성립시켜, 외국으로부터의 대규모 신용공여를 얻는 데 성공한 수상 하인리히 브뤼닝 내각, 외무장관 구스타프 슈트레제만의 공헌이다. 그리고 6월 20일, 미국 대통령 후버에 의한 후버 모라토리엄은 모든 배상지불을 1년 동안 정지했는데, 이로써 나치당 히틀러정권 획득시 베르사유조약 배상지불의 속박은 이미 없었던 것이다.

결국 독일국민은 나치당 히틀러의 정권획득 뒤, 본디 공화국의 전 정권시대와 시간차를 두고 나타난 경제적 성과, 배상문제 해결이 마치 나치당 정권의 성과인 것처럼 그들의 프로파간다를 믿었다. 프로파간다로 확산된 1933년 이후 독일부흥은 시간적으로 조금 늦춰졌지만 평화롭게 성취되었는데, 이 성과를 올린 것은 사실 나치당 히틀러가 아니다. 그럼에도 나치당 히틀러는 대대적으로 힘찬 프로파간다를 펼쳐 이 성과를 자신이 이룩한 것으로 연출했다. 이렇게 해서 나치당 히틀러 독재는 실업문제와 배상문제의 해소라는 성과를 자신의 업적으로 돌리고 기적을 연출, 히틀러 숭배와 나치신앙을 퍼뜨리는 데 성공했다.

정부자금을 투입해 대규모 나치 프로파간다가 되풀이되고, 나치당 히틀러 전쟁의 애초의 의미는 애매해졌지만, 동방에 생존권을 획득하기 위한 동유럽 여러 나라와의 전쟁만큼은 피할 수 없었다. 1937년 11월, 히틀러는 나치신앙이 확산되어 그 이상 국민 사기가 높아질 가능성이 없다는 것, 자신의 신체적, 정신적 조건은 앞으로 떨어질 수밖에 없음을 깨닫고 국방군 수뇌와 내무장관에게 전쟁준비를 명했다. 이때 전쟁준비를 망설인 국방군 간부, 외교담당자 및 경제담당자는 쫓겨나고 만다. 전쟁준비 일환으로서 자급자족을 지향해 합성연료와 합성고무 생산확대도 명령되었는데, 이것은 독일 재정악화, 수입증가 그리고 외화준비 감소로 이어져 이를 해소하기 위한 세금 인상은 '등 뒤로부터의 비수의 일격'을 믿고 있었던 나치당 정권에게는 어쩔 수 없는 선택이었다. 히틀러는 전쟁을 치러 동방에 생존권을 확보해 그곳에서 획득할 수 있는 자원과 식료로 재정을 충당할 것을 생각했던 것이다.

나치당 히틀러의 목표는 생존권을 확보한 대독일 제3제국을 건설하는 것이고, 그것을 위해 자신이 50세가 되는 1939년, 생존권을 확대하기 위한 전쟁을 결의했다. 이것이 1월 30일 히틀러 스스로 '예언자'로서 연설한 "유럽내 국제유대인 금융자본가들이 다시 제국민을 세계전쟁으로 몰아넣는 데 성공한다면 그 결과는 세계 볼셰비키화도, 유대인의 승리도 아닌, 유럽 유대인들의 절멸을 의미할 것이다."라는 전쟁선언이다. 그리고 히틀러는 세계대전을 다시 전개하는 잘못을 저지르면서 폴란드에 영토를 요구하고 체코슬로바키아를 해체했다.

동방으로 생존권을 확대하는 전쟁을 결의했기 때문에 이러한 강경외교가 가능했다. 영국과 프랑스가 시도했던 대 독일유화정책이 계속되지 않더라도 히틀러의 전쟁결의에는 변함이 없었다. 전쟁에 승리하면 재정적자나 외화준비 개선 등은 더 쉬울 것으로 생각했으며, 나치당과 히틀러가 전쟁만 일으키지 않았다면 독일부흥의 영웅으로서 평가되었을 것이라는 등 '나치 프로파간다 신화'는 결코 성립하지 않는다. 생존권의 획득과 전쟁을 전제로 경제문제를 방치하고 군비를 확대해온 것이 나치당 히틀러이며, 군비확장은 고용대책이 아닌 전쟁준비가 목적이었다. 나치당 히틀러 독재와 생존권, 전쟁은 불가분의 관계에 있었다.

독일에 적대하는 유대인을 대상으로, 독일국민 속에는 인종차별 편견이 더욱더 각인되었다. 1933년 4월 이후, 유대인 점포에 대한 보이콧, 유대인에 대한 직업과 재산의 제한 등 반유대법이 제정되었다. 1935년 9월, 뉘른베르크에서 열린 제7회 전국 당대회 임시국회에서 유대인을 정의하고 그 공민권을 박탈하는 뉘른베르크법이 만들어졌다. 이렇게 해서 독일 유대인을 독일국민으로부터 분리해 고립화시킨 다음, 1938년 11월, 대규모 박해를 조직적으로 시작했다. 나치당의 강령에도, 히틀러의 사상에도 반유대주의 인종민족차별이라는 증오가 포함되었던 것이고, 나치당 히틀러가 독일부흥을 성취해 평가를 받았다는 나치 프로파간다 신화는 독일 유대인에 대한 인종차별을 긍정하는 것을 의미하며, 윤리적으로도 받아들일 수 없다는 것이었다.

로버트 젤라틀리의 《히틀러를 지지한 독일국민》에서도 다음처럼 국민 지지 역할을 말한다.

> 전반적으로 보면 나라의 비 나치 조직의 숨통을 끊어놓기 위해서, 다수파 그리고 활발한 소수파를 온순하게 만들기 위해서, 나치는 결코 테러가 필요하지 않았다. 대부분의 독일인은 자신들이 안고 있는 깊은 불안감과 은밀한 희망을 향해 끊임없이 호소해온 히틀러의 말에 이끌려, 감정과 이해 타산의 양면에서 나치독재에 열광한 것이다. 이를 저울질해보면, 대부분의 사람들은 범죄 없는 거리, 번영으로의 복귀, 그리고 자신들이 원하는 정부를 추구하고, 그 대가로 자진해서 감시 사회를 받아들이며, 보통 자유민주주의와 뗄 수 없다고 여겨지는 자유를 포기한 것이다. 여론을 자기편에 머물게 하고 있었으므로 나치 정권의 기초를 다지기 위해 국민에게 전면적 테러를 행사할 필요는 전혀 없었다.

독일국민 6천만 명이 모두 나치 프로파간다에 세뇌된 것은 아니다. 프로파간다에 의거해 독재와 전쟁, 유대인 절멸을 핑계 삼는 것은 잘못이다. 자유선거에 의한 나치당 득표율이 과반수에 다다른 적이 한 번도 없었다고 해도, 독일국민이 현상타파를 외치는 힘찬 나치당에게 커다란 기대를 안고 있었던 것은 사실일 것이다. 그리고 젤라틀리에 따르면, 테러는 이미 사회에서 고립되었거나 위협이 되리라 여겨지는 위험분자를 제거하는 것이고 나치당 테러는 전국을 통치, 통제하기 위해 구상된 전략도 아니었다고 말한다. 그러나 이 견해에는 찬성할 수 없다. 나치정권 아래에서는 폭력과 테러를 일삼아 온 당의 무장조직인 돌격대와 친위대가 보조경찰이 되었고 나중에 경찰도 친위대로 조직되어갔다. 국회의사당 방화사건 이후, 대통령 긴급령이 발령되고 폭력과 테러의 위협 속에서 정당이 서서히 약체화, 금지, 해산되며, 전국 위임법이 강행 채택되었다. 대통령 긴급령으로 헌법의 인권규정 정지 아래 이루어진 영장 없는 체포는 '합법'이고, 수상에게 독재를 인정하는 국회의원 3분의 2 이상으로부터 의결을 얻고 있다는 의미에서는 '민주적 선택'이다. 따라서 수속과 형식상은 국민의 지지를 얻어 나치당 히틀러 독재가 시작된 듯이 보이기도 한다. 여기에서 말하는 합법성, 민주제 그리고 국민지지란 폭력과 테러를 배경으로 이루어진 부정선거, 투표의 허구, 프로파간다 신화 위에 성립한다. 국민은 프로파간다와 테러의 2중 전략에 놓이고 말아 그 체제의 틀 안에서 행동하지 않을 수 없게 되고 만다.

나치당 히틀러는 '등 뒤로부터 비수 일격'이라는 대중의 혁명과 반항을 두려워했다. 그래서 국민의 지지를 얻고 있는 것처럼 보이면서 지도자 원리에 의거한 독재를 정당화하려고 했다. 히틀러가 대중적 연계를 지향해 어린이를 선호한다는 평가를 얻으려고 한 프로파간다는 대중에게 자신의 카리스마를 유지해 복종시키기 쉽게 만들기 위한 수단이다. 자연의 섭리로 살 것인지 죽을 것인지 생존투쟁을 신봉한 히틀러는 대중을 진정으로 사랑한 적은 한 번도 없었고, 국민의 지지를 얻으려고 한 것은 어디까지나 독재를 하기 위해서였다.

투쟁시대, 복장이 갖추어지지 않은 채 집합한 돌격대는 당지도자 히틀러의 명령에 따라 우스꽝스러울 만큼 충실하게 시위행진을 했다. 국가사회주의 히틀러 운동은 대중의 지지를 얻지 못해 독선적이고 고립된 운동처럼 보였다. 나치당은 논의하는 정치, 즉 의회민주주의를 부정하고 거리에서의 투쟁으로써, 강한 자에게 빌붙는 대중을 획득하려고 한 것이고, 대중을 당의 지배 아래 두어 복종시키려고 했다. 이에 뛰어난 괴벨스는 입당해 1년 반이 지난 1926년, 베를린 대관구 지도자로 임명되었다. 28년의 총선거에서 국회의원이 된 괴벨스는 4월 20일의 〈슈튀르머〉에 다음과 같이 썼다.

우리가 국회로 들어가는 것은 민주주의의 무기고에 들어가 민주주의의 무기를 우리의 것으로 하기 위해서이다. 우리가 국회의원이 되는 것은 바이마르적인 사물의 사고방식을 사고방식 그 자체의 도움으로 마비시키기 위해서이다. 우리에게 국철 무료승차권과 식사를 줄 만큼 어리석다고 해도 그것은 우리가 알 바가 아니다. 우리가 60에서 70명의 선동가나 조직원을 의회로 들여보내는 것에 성공하면 국가 자체가 우리의 투쟁에 필요한 장비를 공급하고 자금을 마련해주게 된다. 우리는 적으로서 쳐들어가는 것이다! 양 떼에 덤벼들 듯이 우리는 쳐들어가는 것이다!

즉 국민의 선거에서 국회의원이 된 나치당원은 권력과 급여, 의원의 특전을 얻은 것을 기뻐했는데, 국민은 물론 국회의원도 존중하지 않고 어리석은 자라고 경멸해 그들을 적으로 삼아 덤벼들었다. 그리고 정권획득 뒤, 전권위임법에 의해서 헌법의 인권규정을 정지하고 나치당 히틀러의 독재를 지향했다. 총통이 독일국민에게 요구한 것은 지지가 아닌, 복종과 충성이었다. 고참 돌격대나 당원에게는 그 노고에 대한 보답으로 대관구 지도자나 지구 지도자 등의 직책을 주었는데 이 또한 복종과 충성을 요구했다.

히틀러는 생존권을 지닌 대 독일 건국을 위해 전쟁준비를 시작했는데 전쟁은 대중의 적극적인 지지를 얻을 수 없다고 보고 강행하기로 결정했다. 이언 커쇼의 《히틀러》가 소개하는 지방행정기관, 당지구지도자, 경찰 등의 보고에 따르면, 독일국민은 오스트리아 병합을 환영했는데 이것은 세계대전의 공포를 느끼던 와중에 '유혈 없이' 진주한 것에 대한 안도감의 표명이었다. 수데티 양도 요구 때에는 "전쟁 위험이 다가온 9월 위기의 나날, 많은 당 동지와 당원에게 불가결한 총통에 대한 무조건적인 신뢰감이 결여되어 있어 유사시에 그들을 믿을 수가 없다"고 해 휴가병사도 '전쟁을 피할 수 있었던 것은 영국과 프랑스 덕택이다'라고 공공연하게 말했다. 수데티로 진주한 뒤인 9월 27일, 베를린에서는 군사행진이 있었는데, 시민은 그 행진을 '보려고 하지 않고 지하철로 들어가 버렸으며 말없이 거리에 서 있는 얼마 되지 않는 사람들 입에서도 영광스러운 싸움터로 향하는 최정예 젊은이에 대한 격려의 말은 없었다'고 한다. 거기에서 미디어에 대한 독일국민의 감격이 전쟁을 피한 안도감에서 비롯된 것과 같은 표현을 피해 히틀러에 대한 감사, 찬양, 맹목적 복종을 강조하게 되었다. 국민은 물론 군인도 전쟁을 바라는 자는 없었던 것이다.

1939년 1월 30일, 국회연설에서 히틀러는 '지금 다시 한번 예언자가 되고자한다' 말한 다음 '국제 유대인 금융자본가들이 다시 국민을 세계전쟁으로 끌어들이는데 성공한다면 그 결과는 유럽과 유대인의 절멸일 것'이라고 선언했다. 그리고 4월 30일, 국가 탄생일에 국방군과 돌격대의 화려한 군사퍼레이드를 보여주었는데, 히틀러는 50세가 되었고 자기자신의 건강상태와 국민 사기의 한계를 이해해 전쟁을 시작하기로 결의한 것이다.

1939년, 폴란드에 대한 영토 요구는 독일국민을 불안하게 해 지방행정기관의 보고에서는 '주민 다수는 압도적으로 이제까지의 동부지방 병합처럼 단치히 문제가 유혈 없이 빠르게 해결되기만을 바라고 있다. (…) 1914년과 같은 제1차 대전의 흥분은 볼 수 없다. 병합에는 찬성(ja), 전쟁은 반대(nein)였다'고 기록되어 있다.

세계대공황, 그에 이어지는 실업자의 증대 속에서 나치당은 제1당이 되었는데 의석 득표율이 과반수를 넘은 적은 없었다. 그럼에도 독일 국회에서 공공연하게 반쯤 테러의 위협이 있는 가운데 전권위임법이 가결되었다. 합법적으로 보이는 독일국회에서 전권위임법 제정은 반대파가 국회에서 배제되고 남은 의원에게까지 테러 위협을 받는 등 나치당 간계로 이루어진 기만적인 결과였다. 국가주의자와 보수적 정치가, 사회주의자와 공산주의자도 나치당 정권은 이제까지의 대통령내각과 마찬가지로 일시적인 것이며 정치운영에 미숙한 단계에서 정권교체가 가능할 것으로 안이하게 생각하고 있었다. 그러나 폭력과 테러로써 나치당은 정권을 계속 유지했다. 독일국민에게 나치당을 제외한 선택지는 강제적으로 배제되고 말았다.

나치 프로파간다는 대중선동에 성공했는데, 독재정치를 확립하기 위해서는 폭력과 테러가 필수였다. 이 폭력과 테러가 유감없이 발휘된 것이 독재정치, 전쟁, 인종민족차별, 유대인 절멸이다. 나치당은 아리아인을 지배자 민족으로 여기고 유대인, 슬라브인 등을 하등인종과 열등민족으로 배제하려고 했다. 당초의 '배제'는 독일국민으로부터 유대인을 차별해 고립시키는 것이었다. 사회 요직을 차지한 것으로 여겨진 고소득 유대인에 대한 불만과 증오는 비인간적인 논리로 전환되었다.

나치 프로파간다에 확실히 선동되었던 독일국민은 인종차별을 받아들였는데, 그렇다고 느닷없이 유대인 대량학살로 이어졌다면 반대했을 것이다. 실제로 양식이 있는 독일국민의 반발이 예측되어 유대인에 대한 과격한 박해, 이를테면 유대인 초등학교 폐쇄나 유대인 아동에 대한 괴롭힘과 폭력은 자제되었다. 자신들은 여러 해 독일에 살고 있어 스스로 독일의 애국자로 자처하는 유대인들도 많아 이들은 유대인 학교나 스포츠 단체에서 활동하고 있었다. 이를테면 프랑크푸르트의 유대인 학교 필란트로피움(博愛學校)에서는 일반학교에서 쫓겨난 유대인 아동을 받아들여 학교를 계속 다닐 수 있게 했다. 1935년, 베를린의 스포츠대회 관전을 위해 와 있었던 아이들은 아직 천진난만한 미소를 보였다. 유대인 스포츠단 바르 코크바는 독일 국내에서 전국대회나 국제대회를 대대적으로 열 수 있었다. 이는 유대인의 단결과 활발한 저항의 표출이기도 하다. 나치당 히틀러도 유대인 독자의 교육과 문화활동, 특히 아이들의 활동을 탄압하면 그것이 독일국민의 반감을 사게 될 것을 알고 있었다. 따라서 유대인 살육에 국민 동의를 얻는 것은 생각할 수도 없어 박해에는 얼마쯤 한계가 있었다.

그러나 1939년 9월, 제2차 세계대전이 시작되자 유대인은 급속하게 배제되었다. 처음의 폴란드 침공에서는 점령지 유대인에 대한 다윗의 별 기장 착용 의무화, 수용소로의 유대인 수용, 아인자츠그루펜에 의한 폴란드에서의 유대인 지식인에 대한 총살이 이루어졌다. 점령지에서의 토지와 재산 약탈, 강제연행 및 강제이주 등의 민족적 경지정리도 이루어졌다. 1941년 여름, 소련과의 전쟁에서 빨치산, 민간인 위험분자 유대인의 총살이 시작되었는데, 부녀자와 어린이까지 포함한 대량살육으로 이어졌다. 처형하는 사람의 정신적 부담을 줄여주기라도 하듯이 폴란드 총독령으로 일산화탄소를 사용한 가스살해가 시작되었다. 이것은 처음에 가스실이 딸린 트럭을 배치한 헤움노 절멸수용소, 이어서 가스실을 설치한 베우제츠, 소비보르, 트레블링카의 절멸수용소에서의 대량살육이다. 즉 게토에 수용된 유대인을 이러한 절멸수용소로 '재이송' '소개'해 살육했고 이것이 바로 라인하르트작전이다. 그 뒤 대 독일령인 오버슐레지엔에 있었던 아우슈비츠 비르케나우 강제수용소에 살충제 치클론B를 사용하는 가스실, 소각로를 갖춘 크레마토리움이 정비되어 대량살육이 시작되었다. 전쟁 끝 무렵에는 독일 본국의 다하우, 베르겐─벨젠과 같은 강제수용소에서도 기아, 질병, 학대, 사살로 인한 많은 사망자가 생겼고, 강제수용소를 해방한 서방측 연합군은 나치스의 비인간적인 행위 앞에 자신들의 눈을 의심했다. 그들은 이러한 잔학성을 독일국민에게 알릴 필요가 있다고 생각해 근교의 시민에게 강제수용소를 강제로 둘러보게 하고 남은 유해를 매장하도록 했다.

나치당 히틀러에게 유대인 배제는 맨 처음 당을 설립할 때부터 세워진 방침이었는데, 대량학살은 전쟁이 격화하는 가운데 비밀리에 진행되었다. 대량 살육에 대해서 독일국민이 설명을 듣거나 논의한 적은 없었다. 독일국민은 유대인 대량학살 상황을 명확하게 이해했던 것도, 적극적으로 지지한 것도 아니었다. 그러나 유대인이 독일 본토나 게토에서 이송되고 있는 사실은 알고 있었고, 유대인 대량학살 소문도 나돌고 있었다. 히틀러가 유대인 살육을 공언했기 때문에 독일국민이 살육을 몰랐던 것은 아니지만, 알고 싶지 않았거나 어쩌면 알려고 듣지 않았던 것이다. 지도자 원리에 따라서 총통에 대한 복종과 충성을 규범으로 삼고 있었던 독일국민은 유대인 대량살육에 대해서 뚜렷한 지지는 하지 않았지만, 방관자와도 같은 암묵 속에 학살을 동의한 셈이다. 따라서 마땅히 해야 할 일을 하지 않은 책임을 지게 되었다.

프로파간다에 대항하는 미디어 리터러시

나치 프로파간다 신화는 히틀러의 독재정치와 제2차 세계대전의 본질, 즉 폭력과 테러에 의한 지배, 대량 파괴, 대량 살육을 은폐할 목적으로 창작되었다. 나치당이 시작하기 전 바이마르공화국 시대, 나치스 이외 정치적 세력까지도 시야에 넣고, 히틀러 개인의 인격과 사상을 배려해 나치 프로파간다 사상과 운동을 재점검해 신화의 거짓뿐만 아니라 나치당 히틀러가 숨기려고 했던 것까지 명확히 알아보도록 하겠다.

독일사회민주당은 베를린 등 각지에서 대 집회를 열고, 제복을 착용해 국기를 든 국기단으로 거리를 행진하고, 3개 화살 기를 든 강철전선을 꾸려 나치당 돌격대에 맞섰다. 독일공산당도 힘이 센 사내들로 적색전선동맹을 만들어 돌격대에 맞섰다. 사회민주당의 프리드리히 에베르트 대통령은 국방장관과 육해군 사령관을 거느리고 시내 국가 중심부에서 의장대를 사열하며 권위를 과시했다. 힌덴부르크 대통령은 스스로 국가 원수 군복을 착용하고 국군의 분열행진을 열병해 안팎으로 위엄을 과시했다.

1920년대까지 나치당은 하나의 약소정당에 지나지 않아 집회나 돌격대 제복에 자금을 쏟을 수는 없었다. 제복을 갖추지 못해 전국 당 대회에서는 우스꽝스러운 모습을 보였다. 대중도 모였으나 그들은 나치당이 과격한 주장을 되풀이하고 엉뚱한 짓을 하는 데 흥미를 보인 구경꾼이었다.

나치 프로파간다가 효과적이었기 때문에 독일국민이 나치당 히틀러 독재를 선택해 제2차 세계대전에 돌입했다는 견해는 나치 프로파간다 신화라고 말할 수 있을 뿐, 절대로 진실은 아니다. 1933년 1월, 나치당 정권 획득 전의 프로파간다는 연설집회, 돌격대 행진, 포스터 등 거리에서의 선전을 염두에 두고 있었는데, 그 방법은 결코 나치당 특유의 것은 아니었으며 그 규모와 영향력도 오늘날 생각처럼 크지는 않았다. 이것이 나치 프로파간다 신화에 대한 비판의 실마리이다. 프로파간다란 진실 또는 날조된 단편을 근거로 여론에 특정 정치적 견해를 넓혀나가는 적극적인 선전활동이다. 이를테면 나치정권 획득 3년째인 1936년, 히틀러 전속사진가 하인리히 호프만은 저서, 《아돌프 히틀러》를 간행하고는 지도자 히틀러의 맨 얼굴을 보여주겠다고 말했다. 그는 실제로 장대한 전국당대회와 힘찬 지도자의 품격을 비쳐주는 사진, 공장시찰에서 근로자들과 대화하고, 어린이를 베르크호프의 산장으로 초대하는 등 독일국민에게 친숙해지기 쉬운 지도자를 연출한 사진을 여럿 게재했다. 이런 모습들이 용의주도하게 촬영된 것은 당연한데, 놀랍게도 책에 수록된 사진은 모두 정권획득 뒤의 것이고 그 이전의 것은 히틀러가 그린 회화 5점뿐이다. 게다가 촬영 날짜를 기재하지 않고 자동차로 유세를 하던 사진이나 주위에 있었던 제복의 친위대원들을 트리밍으로 처리, 마치 투쟁시절에 촬영된 것처럼 게재된 사진들이 있다. 히틀러가 돌격대 행진을 열병하는 사진에서 뉘른베르크는 1923년 이래, 성대한 전국당대회가 열렸다고 기록해 실제보다 10년 이상 전 전국당대회 사진인 것처럼 말하고 있다. 사실 이때 히틀러가 탔던 차량은 메르세데스 벤츠770 그로서였고, 촬영 시기는 1934년 전국당대회 때였다. 어쨌든 나치당정권 획득 전을 촬영해 국민에게 강렬한 인상을 주는 나치당 히틀러 사진은 일찍부터 전속사진가인 호프만조차 촬영은 물론 입수도 하지 못했다. 그래서 새로운 사진을 써서 그럴듯하게 마치 나치당이 일찍부터 분별 있는 대중의 지지를 받았던 것처럼 거짓 연출을 한 것이다.

　나치당의 전국당대회는 1920년대까지 자금부족으로 돌격대원 당원 행진도 소규모이고 제복도 통일되지 않아서, 교양 있는 시민에게는 그저 구경거리쯤의 의미 말고는 없었다. 뉘른베르크 중심가인 호텔 엘리펀트 앞은 그리 넓은 광장은 아니었는데, 그곳을 돌격대에게 시위행진을 시켜 마치 대부대인 것처럼 과시했다. 그러나 길거리는 좁아 구경하는 사람들은 건물 위에서 바라보고 있다. 뉘른베르크 전국당대회는 규모를 크게 보이도록 하는 연출을 했는데, 시민은 구경거리로 모여드는 정도이고 당의 과격한 주장은 사람들의 공감을 얻지 못해 지지자 확산으로 이어지지는 못했다.

화상 등 미디어가 제공하는 정보를 평가하고 식별해 활용하는 능력을 '미디어 리터러시(Media Literacy)'라고 하는데, 이에 입각해 정보 매개수단의 관리자의 의도를 알 필요가 있다. 프로파간다에서 흘러나오는 정보가 사실과 일치하지 않는 경우, 사실에 근거해 그것을 강조하고 특정 견해를 선전, 많은 정보를 비판적으로 검토하는 능력이 미디어 리터러시이다. 그러나 프로파간다는 미디어 리터러시에 맞서기 위해 권력과 권위만이 아니고 폭력과 테러를 병용한다. 나치 프로파간다는 당국이 사고와 여론을 유도하기 위한 정보 관리로써, 전시에는 정보전과 심리전으로 확대되었는데, 보도관리에 의해 정면으로 비판을 드러내는 일은 없고, 비판이 발각되면 체포, 처벌되었다.

프로파간다의 역할

나치 프로파간다를 요약하면 다음의 5가지 특징을 지적할 수 있다.

1) 프로파간다는 보내는 자(당국)가 특정 가치관을 받는 자(수용자)에게 단기간에 정보전달을 이전, 증식시키는 활동이다. 즉 나치당은 그들이 원하는 쪽으로 여론을 형성하기 위해 정보를 조작했다. 제1차 세계대전 패배는 '11월의 범죄자'에 의한 배신이 원인이다. 베르사유조약을 파기하지 않으면 독일은 결코 부흥할 수 없다. 볼셰비키 유대인이 독일을 멸망시키려고 전쟁을 걸어온다는 등 프로파간다는 정보조작이다. 이를테면 절멸수용소로 끌려온 유대인은 결코 바로 살해되리라고는 생각하지 않았다. 이것은 나치스가 노동력으로서 유대인을 소개(疏開)한다고 통고했던 것을 믿었기 때문이고 정보조작으로 진실은 은폐되었다. 실제로 아우슈비츠 비르케나우 수용소에 대해서 유대인 단체, 폴란드인 지하조직, 독일인 실업가, 탈주 죄수로부터 살육 정보가 서방측 연합국으로 보내졌고, 독일 경찰 암호 해독에서 가져온 정보도 있었다. 그러나 이러한 정보는 처음에 연합국은 물론 유대인에게도 '프로파간다'로 여겨져 믿는 사람이 없었다.

리처드 브라이트먼의 저서 《봉인된 홀로코스트》에 따르면, 독일인 실업가로부터 스위스 세계 유대인회의 제네바 주재대표 게르하르트 리그너를 거쳐, 미국전략사무국(OSS)에 350만 명의 유대인 살육 계획 정보가 전해졌다. 그러나 전략사무국은 이 리그너 리포트를 유대인들의 공포심에서 비롯된 황당무계한 풍문이라고 판단했다. 그 뒤, 정보를 접하면서 적의 잔학행위에 대해 조금도 정확성에 의문이 들지 않는 증거를 요구해 유대인 절멸계획의 진위는 불확실한 것으로 여겨졌다. 전시 중, 귀중한 노동력이 될 수 있는 유대인을 살육하는 것은 합리적이지 않으며 동방이송은 대 소련 군사시설구축을 위한 것으로 여겨진 것이다. 프로파간다 전문가는 정보가 조작되고 있다는 의심 아래 생각하는 습성이 있어 그의 의심 많은 전문성이 도리어 적의 프로파간다에 도움이 되고 있었다.

1942년 10월, 강제수용소에 잠입한 폴란드 지하조직 코드네임 '카르스키'는 프랑스, 스페인을 경유해 11월 런던에 도착했다. 그리고 폴란드 망명정부의 지원 아래 '카르스키 보고서'를 작성해 트레블링크, 베우제츠, 소비보르 등 절멸수용소에서 100만 명 이상의 유대인이 살해되었다고 보고했다. '카르스키 보고서'는 유대인 단체를 통해 결국 윈스턴 처칠, 프랭클린 루스벨트에게도 전해져, 12월 17일, 유엔선언에서는 연합국 공식성명으로서 처음으로 나치스의 유대인 학살을 비난했다. 그리고 연말부터 43년 1월까지는 BBC가 유대인 절멸계획을 강조하며, 잔학행위를 한 전범들에게는 엄정한 판결을 내릴 것을 예고했다. BBC를 비밀리에 들은 독일국민들은 나치스의 유대인 절멸 계획에 겁먹은 듯했다. 독일점령 아래 놓인 시민은 나치스가 저지르고 있는 잔학행위를 증오해 반항심이 더욱더 강해지게 되었다.

2) 프로파간다는 송신자에게 유리한 정보는 한층 크게, 불리한 정보는 더욱 작게, 동시에 적대자에게 유리한 정보는 작게, 불리한 정보는 크고 떠들썩하게 선전하는 행위이다. 그리고 전달하는 정보의 신빙성을 확보하기 위해 송신자가 취사선택한 진실에 거짓이 뒤섞여 있다. 즉 나치는 광범위한 정보를 보유했는데, 기밀정보는 명확히 하지 않고 한정된 정보만을 송신자에게 전달했다. 그 때문에 송신자와 수신자 사이에는 정보의 비대칭성이 존재했다. 국회에 방화를 한 것은 볼셰비키이고 공산당 폭동을 계획했던 유대인 그륀츠판은 파리에서 독일대사관 서기관 라트를 암살해 독일에 대한 테러를 개시했다. 체코슬로바키아 정부는 수데티, 폴란드 정부는 실롱스크에 거주하는 독일인들을 박해하고

있다는 등 나치의 프로파간다는 정보의 비대칭성을 바탕으로 독일국민의 증오를 선동하고 사기를 높여, 여론을 전쟁협력으로 이끌 목적이 있었다.

3) 프로파간다는 수신자가 지닌 감정과 가치관에 접합되고 이식되어 공감과 동조를 얻으면서 진행하며, '정말로 진실이다'라고 여겨지는 정보가 전달된다. 즉 나치는 정보의 수용성을 고려해 정보 수신자가 받아들이기 쉬운 내용의 프로파간다를 펼친다. 아리아 민족은 뛰어난 능력을 지니고 세계의 지배자에 걸맞다, 유대인은 그리스도를 말살한 수전노이다, 스탈린그라드의 독일 제6군은 영웅적으로 전사했다, 영국·미국은 모겐소 플랜에 따라서 독일을 항복시켜 파괴할 것이다는 등 프로파간다는 수신자인 독일국민에게 정보 수용성을 인정하게 된다.

히틀러는 정권획득 전, 독일이 제1차 세계대전에 패배한 것은 전선 배후에 있었던 배신자 탓이며, 부패하고 무능한 공화국 정부를 분쇄해 독일을 영광스러운 모습으로 회복한다고 선전했는데, 이런 주장은 독일국민이 받아들이기 쉬운 정보였다. 또 히틀러는 전쟁준비를 시작하면서 전쟁에 반대한다고 해 평화를 약속했는데, 독일국민은 마찬가지로 이 바람직한(거짓) 정보를 믿으려고 했다.

다른 한편, 1934년 초부터 연합국의 라디오2 방송국은 유대인 절멸계획의 공포를 폭로했는데, 외국방송을 비밀리에 들은 독일국민은 쉽게 믿을 수가 없었다. 암스테르담 시가에 숨어 살던 안네 프랑크 등 유대인들도 처음에는 이 정보를 믿지 않았는데, 절멸은 너무나도 비상식적인 잔학행위이고 그것이 독일에게도 전쟁의 승리로 이어질 것으로는 생각할 수 없었기 때문이다. 유대인 절멸의 정보 수용성이 낮았기 때문에 이것은 연합국에 의한 반독일 과격 프로파간다로 여겨졌다. 오늘날에도 유대인 절멸 계획은 없었다고 믿는 사람들은 '전시 중에 노동력을 제공하는 유대인을 절멸수용소로 이송하거나 그곳에서 살해하는 것은 운수교통이나 군수생산의 부담만 늘 뿐이고 전시 중에 그러한 비합리적인 짓을 할 리가 없다'고 주장한다. 이 또한 정보 수용성이 낮은 정보를 프로파간다로 여겨 기만당하고 있는 사례이다. '유대인은 독일을 멸망시키려고 인종을 오염시켜 전쟁을 걸어 온 범죄자이고 적이기 때문에 위험분자로서 배제한다'는 인종민족차별에 바탕을 둔 비인간적인 합리성이 나치당 히틀러의 유대인 절멸 배경에 있었다.

4) 프로파간다 수신자는 전달된 정보에 충격을 받으면서 송신자와 일체감을 느끼거나 동경에서 자신의 영향력을 과시할 수 있는 것처럼 착각한다. 프로파간다 수신자는 정보를 수용함으로써 자신도 당국과 같은 권위 있는 존재 또는 고위층 지도자와 같은 착각에 빠지기 쉽고, 당국의 유력한 대변자로서 행동하는 경향을 갖게 된다. 이는 정보공유 일체감이 불러오는 환각인데, 이런 사람들은 자기도 모르게 나치의 정책이나 동원에 협력하게 된다. 라인란트식 무력진주 때 독일인, 안슐루스 때의 오스트리아인, 수데티 할양 때의 민족독일인, 세르비아인을 박해한 크로아티아인, 독일점령하의 대독일 협력자와 무장친위대원, 반유대주의를 공유한 히비오스 등은 지배자 독일인과 정보공유 일체감을 갖고 있었다. 민족통일, 제민족의 독립이라는 정보도, 유대인이 볼셰비키와 협력해 학살을 주도했다는 정보도 진실은 아니었다. 그러나 권위자가 조작한 정보를 공유함으로써 나치스를 자발적으로 지지하고 전쟁에 협력한 사람들을 낳게 되었다.

5) 조직적으로 이루어지는 프로파간다에 대해서 수신자인 개인과 대중은 전문지식이 없고 발언력도 낮기 때문에 수동적 존재일 수밖에 없다. 전달된 정보를 검증하고 분석할 여력이 없는 수신자에게 기정 사실을 들이대는 나치스에 대한 비판 및 저항은 무익한 것처럼 여겨졌다. 정보의 영합성과 무비판성은 소시민 생활을 앞세우는 자기방어 본능이다. 그러나 내심, 자기를 무력한 상태로 만든 나치를 적극적으로 지지할 생각은 없다. 나치당 정권 직후 독일국민은 히틀러 수상의 대통령 겸임 국민투표, 재군비 선언에 의한 독일방위 필요성에 연관된 국민투표 등은 시정방침에 의거해 기정사실을 들이댄 것이고 높은 지지율에는 정보의 영합성과 무비판성이 드러난다고 볼 수 있다. 제2차 세계대전 후기 전황이 악화하는 가운데 준비 중인 신형 보복무기가 투입되면 전황은 역전한다. 마지막 순간까지 멈추지 않고 싸움으로써 연합국은 동서로 분열하고 독일은 승리한다는 황당무계한 프로파간다에 기대를 걸었던 독일인들이 있었던 것은 정보의 영합성과 무비판성이 확산되고 있었기 때문인 것으로 생각된다.

프로파간다에 대한 비판과 저항을 막기 위해 송신자에 의해서 경찰권을 통해 조직적 폭력이 행사되고, 또는 그런 위협이 이루어져 특정정보를 받아들이게 하려고 했다. 즉 나치는 초기에는 돌격대, 후기에는 친위대와 게슈타포라는 폭력장치를 이용해 독일국민을 위협하고, 공포심을 퍼뜨리는 테러에 의해서 특정정보를 수용하게 해 정치목적을 이루려고 했다. 폴란드나 소련으로부터 독일 본토에서 일할 외국인 민간노동자가 모집되었을 때도 응모자가 적으면 지구마다 인원을 할당해 노동자를 보내도록 지시했다. 만약 노동자로서 지원하지 않으면 가족도 포함해서 징벌대상이 되었다.

따라서 겉보기에는 독일로의 지원 노동자 모집은 아니었지만 폭력과 테러로써 노동징용을 위한 강제연행과 같았다. 유대인 절멸 정보에 대해서도 반발하거나 진상을 공표하라고 요구하면 반역죄나 선동죄로 처벌받고 강제수용소에 구금되었다. 즉 나치 지배 아래 독일국민은 폭력과 테러에 의한 프로파간다 진상을 확인할 수가 없었다. 그리고 폭력과 테러의 대상이 되지 않도록 주어진 정보를 의심 없이 받아들일 수밖에 없는 상황이 정보의 영합성, 무비판성을 널리 퍼뜨린 것이다.

폭력과 테러에 대한 국민의 책임

나치 프로파간다의 가장 큰 특징은, 전달된 정보와 미디어의 의도를 주체적으로 해독한다는 미디어 리터러시를 폭력과 테러를 통해 배제한 것이었다. 국내뿐만이 아니라 외국 미디어로부터 전달된 정보에도 배려하면, 나치에 의한 정보관리와 정보조작은 보편적으로 완벽하게 행해질 수는 없다. 조직적으로 대규모로 이루어지는 나치 프로파간다에 대항하기란 쉽지 않은데, 다양한 가치관을 지니고 있었던 독일의 모든 국민을 프로파간다로 완전히 통제하지는 못했을 것이다.

그러나 폭력과 테러에 따른 프로파간다로써 독일 국내에 있었던 절반 정도의 반대파를 위협해서 부정한 총선거 국민투표를 실시해, 겉보기에 합법적인 형태로 독일국민으로부터 완전한 지지를 얻은 것처럼 가장했다. 그리고 폭력과 테러로써 일당독재를 개시해 히틀러의 독재를 줄곧 유지했다. 독일국민이 나치당을 제1당으로 선택한 것은 사실이지만, 히틀러를 총통으로 해 나치당의 1당독재를 인정한 것은 돌격대를 중심으로 한 폭력과 테러에 의한 위협이 컸기 때문이다. 그리고 나치당이 정권을 맡음으로써 돌격대와 친위대가 보조경찰로서 경찰권에 편입되고, 나치당 지배 아래 있는 경찰로서 공적 테러를 일삼았다. 전권 위임법 가운데 히틀러의 의지가 국가권력을 통해서 행사되었다. 나치 프로파간다는 결코 선전과 선동만으로 대중을 장악할 수는 없었다. 나치당 히틀러 독재는 프로파간다에 폭력테러를 짜맞춤으로써 비로소 달성할 수 있었다.

그래도 1937년까지는 독일국군, 재군비선언 뒤에는 독일국방군, 특히 참모본부가 히틀러에 대항할 수 있는 국방장치로서 엄연한 힘을 지니고 있었다. 그러나 국방장관 육군총사령관이 쫓겨나고 히틀러가 국방군총사령관에 취임한 뒤 참모총장마저 사임으로 내몰렸다. 이렇게 해서 국방군도 히틀러에게 완전히 장악되고, 그에 복종하는 폭력기관으로서 폭력과 테러의 담당자가 되었다. 즉 독일 국외에 대한 폭력과 테러가 시작된 것이다.

안슐루스(오스트리아 병합)는 오스트리아 국민에게 지지받았는데 국방군의 폭력을 배경으로 한 테러 위협 없이 달성하는 것은 불가능했다. 체코슬로바키아의 수데티 할양도 영국과 프랑스를 끌어들인 테러 위협의 성과였다. 전쟁을 피하고 싶다는 민주주의 세력에 전쟁을 망설이지 않는 나치가 큰 도박에서 성공한 것이다. 따라서 대전 가운데 나치의 정치, 외교는 폭력과 테러로 이룬 성과였는데 그것을 국제법적으로도 합법적인 행위처럼 보여준 것이 나치 프로파간다였다.

나치당 정권에 의한 유대인 박해는 독일 국내에서 1933년 4월 1일, 유대인 상점 배척으로 시작되었다. 그러나 대부분의 국민이 찬동, 협력하지 않았기 때문에 하루 만에 배척운동은 멈추었다. 그 대신 '합법적'으로 유대인의 직업이나 재산을 제한해 빼앗고 아이들을 공적 교육에서 몰아내 사회에서 고립시켰다. 38년 11월 9일의 크리스탈나흐트(Kristall-Nacht, 수정의 밤) 이후, 유대인 박해는 유대인의 경제적 지위와 인간성을 깎아내리는 것만이 아니고 폭행은 물론 집, 점포 그리고 교회당이 방화되고 파괴되었다. 유대인 대량살육에는 아직 이르지 않았지만 인권은 유린되고 재산은 몰수되었다.

그리고 1년도 지나지 않은 1939년 9월 1일, 제2차 세계대전의 계기가 된 폴란드침공 이후, 유대인 박해가 다시 시작되었다. 독일군 병사와 친위대는 유대인의 수염을 직접 또는 동포 유대인에게 밀게 했다. 이와 같은 유대인에 대한 모욕은 독일과 병합한 뒤 오스트리아에서도 행해지고 있었는데, 전쟁 개시와 함께 친위대인 아인자츠그루펜이 투입되고 인텔리와 관료 등 위험분자로 여긴 유대인과 폴란드인을 총살하고, 유대의 별 모양 기장을 도입해 게토에 격리했다. 그리고 1941년 6월 22일, 대소련 볼셰비키 전쟁 개시 뒤, 유대인 추방이 어렵다는 것을 알자, 유대인을 폴란드에 설치한 절멸수용소로 다시 이송해 대량살육을 하는, '유대인 문제 최종해결' 실행이 결정되었다. 12월의 대미 선전포고 후, 미국참전을 억제하는 유대인 인질도 필요치 않게 되었고 1942년 1월의 반제(Wannsee)회의에서는 친위대 아래 당 조직과 독일 행정기관이 협력해 유대인 문제 최종 해결을 도모하기로 합의가 되었다. 폭력과 테러가 제3제국과 그 점령지역 전역으로 확대된 것이다.

레온 골든손의 《뉘른베르크 인터뷰》에 따르면, 1946년 뉘른베르크 군사재판에 기소된 경제장관 발터 풍크는 유대인 절멸에 대해서 다음과 같이 말했다.

"아니, 절멸이라니! 전혀 몰랐다. (1937년) 11월 11일, 회의에서 유대인은 국외로 이주해야 한다고 말은 했다. 그런데 절멸시키다니, 생각할 수 없다! 게토는 알고 있었지만…… (중략) 검찰이 유대인의 재산몰수가 유대인 절멸계획의 첫걸음이었다고 말한다면 그것은 잘못되었다. 나는 단 한 사람의 유대인 살해에 관여하지 않았다. (중략) 내가 저지른 죄는 하나뿐이다. 그것은 정권을 떠나 처음부터 이곳에 있는 범죄자들과 연관된 일을 피해야만 했는데 그렇게 하지 않았다는 것이다. 나중에는 이미 늦었다. 이미 깊이 관여해서……"

독일경제의 탈유대화, 아리아화가 진행되는 가운데 많은 독일인은 유대인 배제가 합법적으로 이익을 얻을 수 있는 수단으로 여겨 인종민족차별의 방관자가 되었는데, 1943년 초부터는 연합국 BBC 라디오 독일어방송과 항공기 전단 살포로 강제수용소에서 대량살육이 진행된다는 소문이 퍼지기 시작했다.

그러나 전시 중 부족한 식료품과 물자뿐만 아니라, 공습으로 말미암은 생활곤궁, 노동징용 그리고 징병을 맞닥뜨렸던 독일국민이 유대인 대량살육 사실을 알았다고 해도 이미 반대하기에는 너무 늦었다. 국민이 허용해온 나치당 히틀러독재, 전쟁수행 그리고 인종민족차별에 이미 지나치게 방관했기에 연합국이 살육자의 전범처벌을 전쟁 뒤 통고한 이상, 새삼 살육의 책임을 인정할 수는 없었다. 또 살육 등 나치당 히틀러에 반대하거나 의심하여 게슈타포나 밀고자에게 발각되면 처벌 대상이 되었다. 폭력과 테러가 지배하는 가운데 독일 국민들은 방관자가 되어 어쩔 수 없었다며 자신의 무력함과 수동적 입장을 강조했다. 또는 절멸인 줄 몰랐다고, 그 모든 책임을 나치당 히틀러 아래 간부에게 떠넘기는 수밖에 없었다.

바이마르공화국의 붕괴, 나치당 히틀러독재 그리고 제2차 세계대전으로의 이어지는 과정은 나치즘 흥망의 역사였다. 그리고 그 일련의 역사와 사회 변동을 나치 프로파간다를 중심으로 검토하면 프로파간다 자체보다도 폭력과 테러에 결부되는 돌격대, 친위대 그리고 국방군의 권력이 큰 것을 알 수 있다. 나치당 독재는 독일국민 대다수의 선택으로 탄생하지 않았으며 제2차 세계대전 또한 모든 독일국민이 지지한 것은 아니다. 그러나 독일국민은 폭력과 테러 가운데 인종민족차별과 전쟁에 방관자적 태도, 또는 수용적 태도를 보였다. 그 결과, 독일국민은 주관적으로는 조국과 가족을 지키는 전쟁에 협력했다고 말할 수 있는데, 객관적으로는 인종민족차별을 극한까지 추진하는 섬멸전쟁에 협력하게 되었다. 이 전쟁은 전투원이나 민간인도 동원된 총력전이 되어 대량 파괴, 대량 살육을 시도해 세계를 황폐하게 만들었다.

나치 프로파간다 신화란 나치는 교묘한 프로파간다를 펼쳐 독일국민 대다수의 지지를 얻어 히틀러 수상을 탄생시켜 일당독재를 열었다는 착각이고, 전쟁만 일어나지 않으면 나치스 제3제국은 대독일의 영광 그 자체였다는 오해를 일으킨다. 제3제국 붕괴에서 오랜 시간이 지난 오늘날에도 이 거짓 신화는 살아 있다. 히틀러는 전쟁을 일으키지 않았으면, 독일부흥의 영웅으로서 내내 찬양이 되었을 것이다. 전쟁은 누구나 바라지 않지만, 그래도 인류는 전쟁을 되풀이한다고 하는 전쟁필연설(전쟁필요악설)은 아직도 사라지지 않은 듯하다. 이 풍조는 나치 프로파간다 신화가 여전히 살아남아 있는 것과 무관하지는 않다.

다른 한편, 프로파간다의 영향력을 지나치게 크게 평가해 민주주의의 파괴, 유대인박해, 전쟁 등의 악행은 히틀러의 교묘한 프로파간다 결과라고 하는 관점도 나치 프로파간다 신화를 확산하는 데 도움이 되었다. 프로파간다의 기술적 우월성 앞에 국민들이 무력해 세뇌되고 만 것이라면, 국민은 제정신이 아니었던 것이며 책임능력도 없는 셈이 된다. 나치의 교묘한 프로파간다에 속아 세뇌된 결과, 독일국민도 국방군도 나치당 히틀러를 지지하고 말았다. 그리하여 과오에 휩쓸리고 만다. 따라서 만일 신화가 사실이라면 오늘날에는 생각할 수 없을 만큼 암흑과도 같은 상황에 놓여 있었던 국민이나 국방군은, 교묘한 프로파간다에 의해서 궤도를 벗어나 현재의 시점에서 그 잘못에 책임이 없다는 것이다. 이렇게 비겁하게 나치 프로파간다 신화를 믿게 되는 것에는 이유가 있다.

그러나 독일 바이마르공화국의 탄생에서 나치당 히틀러독재, 제2차 세계대전 그리고 제3제국 붕괴까지 재검토해보면 그 배후에 있는 과거의 사실은 나치 프로파간다 신화의 거짓을 보게 된다. 독재정치, 전쟁이라는 어리석은 행동을 국가의 영광을 늘리는 행위로 오해하고 국가의 적을 날조해 그것을 타도하고 배제한다는 알기 쉬운 프로파간다가 되풀이되었는데, 공교롭게도 그 거짓 신화를 믿었던 국민도 많았다. 그러나 국가사회주의와 그 운동을 의심스러운 눈으로 바라본 독일국민도 나치당의 협력자 또는 방관자가 된 것은 나치당 정권 아래 폭력과 테러를 반대하는 것은 위법행위로 처벌되고, 강제수용소에 보호구금되는 것을 의미했기 때문이다. 아우슈비츠 강제수용소와 마이다네크 강제수용소의 지휘관을 지낸 알토르 리베헨셸 친위대 중령도, 친위대 여자보조대원들도 유대인에게 직접 잔학무도한 폭행을 가하거나 살육하려고 한 적은 없었지만 그것을 간접적으로 허용했거나 어쩔 수 없이 명령에 따랐다. 국민은 무관심이나 수동적 태도를 취함으로써 인종민족차별이나 전쟁을 방관했는데, 이것은 국민국가의 총력전 가운데서 인종민족차별이나 전쟁에 가담한 것을 의미한다. 나치당 히틀러독재 체재 아래 놓인 독일국민은 폭력과 테러에 의한 피해자임과 동시에 가해자이기도 하다.

나치 프로파간다 신화가 거짓일지라도 인권침해, 전쟁의 책임을 나치당 히틀러에게만 모두 돌릴 수는 없다. 지도자 원리에 바탕을 둔 나치당 히틀러독재가 성립하기 위해서는 독일국민의 지지와 복종, 방관을 전제로 합법적인 지배라는 외관을 갖추었기 때문에 행정, 입법, 사법, 경찰 그리고 군의 권력을 장악하는 일이 허용된 것이다. 게다가 합법적인 지배를 연출하는 프로파간다가 이루어지고 폭력과 테러는 몇몇 범죄자, 위험분자에 대한 것뿐이어서 대다수의 선량한 국민에게는 무관하다며 안심시켰다. 지도자는 국민에게 병사로 지원하게 하고 생산에 종사하도록 요청했다. 또한 근로봉사와 자금제공을 강요했고, 정부 지지 여론을 가장하기 위해 집회, 행진에 참가시켰다. 국민이 정부에 협력하고, 복종함으로써 비로소 독재정치가 가능해져 총력전을 수행할 수 있었던 것이다. 그런 의미에서 독재정치와 전쟁은 다수 국민이 주권을 직접 행사하지 않고 지도자에게 의존, 복종하고 방관적, 수용적 태도를 취할 때 발생하는 것이 아닐까?

제1차 세계대전의 대량살육과 대량파괴라는 과오를 인정하면서도 '등 뒤로부터 비수의 일격' 음모설, 베르사유조약에 의한 속박이라는 과거의 망령을 믿은 국민은 과거를 부정하는 수밖에 없고, 망령을 물리칠 수 없는 바이마르공화국의 부패와 무능에 낙담해 미래를 믿는 희망도 더 이상 가질 수 없었다. 망령을 두려워한 사람들은 잠시라도 나치신앙에 의존하면서 망령을 뿌리치려고 했다.

그러나 망령이 날조된 것이라면 망령을 뿌리치는 신앙도 거짓 사교이다. 우리는 역사 속에서 살아온 사람들의 과거를 알지 못하고 앞으로 걸음을 내디딜 수는 없다. 무엇보다 미래에 대한 확신의 근원은 망령의 공포나 망령의 거짓 신앙이 아닌, 과거를 솔직하게 뒤돌아보면서 망령은 더 이상 존재하지 않음을 확인하는 것이다. 강제수용소가 해방되고 살아남은 죄수들은 자신의 생각이나 경험을 전하는 것이 고통스러워, 그런 일들을 잊고 싶다고 말한다. 그러나 쓰라린 일들을 몸으로 겪은 그들조차 자신이 겪은 과거를 솔직하게 재점검하고 있다. 과거를 직접 모르는 우리도 이제 망령을 두려워하거나 믿을 필요는 없다. 대량살육, 대량파괴를 저지른 과오는 무서운 일일지라도 과거를 인정하는 것은 두렵지 않다. 과거의 망령을 두려움 없이 바라보고 그 속임수를 드러냄으로써 비로소 미래로 솔직하게 나아갈 수 있지 않을까?

슬로건과 선전술

1. 제복 디자인

개성 없는 매력

나치 군복은 매력 있다고 한다. 군복은 보통 매력적이지만 나치 군복은 특히 더 큰 흡인력을 갖고 있었다.

개성적인 옷맵시라기보다는 제복 그 자체에 매력이 있었다. 개성이 없음에 오히려 매력이 있는 것이다. 하지만 개성이 없다는 것은 항공기 승무원 제복의 균일함이 시각적인 매력을 선사하는 것과는 다르다. 균일성에 의해 권위가 주어지고, 이로 말미암아 사람들의 허영심을 부추긴다고 생각하겠지만 꼭 그렇다고 말할 수는 없다.

군복이 지닌 매력은 권력을 상징하는 그 이상의 무언가가 있다. 그것은 바로 죽음에 대한 동경 또는 두려움이 아닐까.

인간에게 죽음은 공포 그 자체지만, 살아 있는 한 알 수 없는 세계가 바로 죽음이다. 다만 확실한 것은, 죽음은 언젠가는 모든 사람에게 반드시 찾아온다는 사실이다. 죽음은 공포 그 자체이겠지만 우리는 죽음을 앞두고 있어도 스스로 그 죽음을 체험할 수는 없다. 인간에게 죽음은 영원한 미지의 세계이며, 미지는 매혹의 원천으로, 죽음은 인간에게 영원히 공포스럽고도 매혹적인 것이다.

군복에서는 죽음에 대한 매력이 발휘된다. 나치 군복이 세계 각국의 군복 중에서 가장 매력을 느끼게 하는 걸작이라면, 그 이유는 죽음의 향기가 더해진 것 때문이 아니겠는가.

제복이 나서다

나치를 증오하는 사람에게 나치 제복은 그야말로 악몽 그 자체일 것이다. 대량학살도 제복을 입었던 나치 병사가 직접 했다. 이것은 제복이 그러한 잔학한 행위를 했다고 해도 과언이 아니었기에 제복을 증오하는 것은 마땅하다. 만일 그들이 병사가 아니었다면 학살에 가담했을지는 알 수 없다.

제복=명령복종

제복을 입는다는 것은 명령에 복종하겠다는 의미이며, 복종하지 않겠다는 것은 반역을 뜻한다. 그런 의미에서 평범한 인간이 대량학살을 행한 것이 아니라 군복을 입은 잔혹한 인간이 학살의 손을 뻗은 것이라 할 수 있다. 군복을 입음으로써 더 이상 자신이 정상적으로 사고하는 인간이 아님을 말하고 싶은 것이다.

군복의 비인간적인 기능

보통 사람이 군복을 증오하는 것은 군복이 지닌 비인간성의 기능을 증오하는 것과 같으며 이와 달리 군복을 동경하는 것은 비인간적임을 동경하는 것과 같다. 인간적이라는 것은 곰곰이 생각해보면 생각이 많고 그 때문에 번잡한 일이 많이 생기는 것이라 할 수 있다.

그러나 이런 번거로움은 제복을 입음으로써 단번에 해방될 수 있다. 만일 제복의 기능이 없다면 죽음과 마주하는 전쟁에서 몸 바쳐 싸우는 것은 불가능할 것이다.

제복을 입기만 하면 인간은 10만이 100만으로 변모한다. 나치의 증원계획은 유대인 대량학살을 위한 요원을 만들어내기 위함이었다. 그래서 제복을 입히고 살인이 가능한 요원을 만들어내는 것이 목적이다. 그리하여 제복은 사람을 죽일 수 있으며, 제복을 입지 않은 일반 사람들은 살인하지 못한다는 이론까지 성립된다. 군복을 입은 사람의 살인은 인간의 살인이 아니라고 하지만, 그 군복을 입게 된 사람의 진짜 의지는 어떠할까? 군복의 기능을 잘 헤아리고 있는 사람의 의지는 또 어떨까?

전쟁을 일으키고 패배한 나치들만 군복을 입었던 것은 아니었다. 전쟁에 참전했던 연합군도 군복을 입었고, 군복을 입음으로써 살인의 권리를 얻었다고 할 수 있다.

생활보증을 의미한 돌격대 제복

나치 정권이 수립되기 전, 정치가 활개를 펼쳤지만, 많은 당이 분열하는 시대이기도 했다. 대부분의 국민들은 정치에 관심이 없었다. 히틀러가 서서히 시민들을 회유 할 수 있었던 것은 나치의 정치적 견해를 이해시켜서가 아니었다. 그저 나치를 따르는 것이 곧 인간적인 생활을 할 수 있다는 것을 느꼈기 때문이다.

돌격대에 들어가면 의식주는 보장되었다. '나는 지금까지 평균 이하였다. 하지만 제복을 입음으로써 한 사람 몫을 해낼 수 있다'는 것이었다. 제복은 생활보증을 뜻했다. '제복 입은 인간'으로 거듭나게 되었다. 하지만 평균 이하였던 사람들이 도움을 받아도 그들은 여전히 무기력했고, 절제력 없이 달려드는 것에 대해서 속 좁게 비난할 수도 없었다.

시민들은 언제고 빈곤에 허덕였다. '허둥대는 거지는 손해 본다'와 '싼 게 비지떡'은 그들에게 벗어날 수 없는 영원한 굴레였고, 나치는 이 약점을 파고들었다.

사람들은 '상징'을 달고 '충성심'을 경쟁한다

신문, 영화 그리고 라디오를 모두 장악한 나치의 선전공작은 정권을 획득한 후 더욱 치열해졌다.

국회선거 포스터는 광고탑 위에서부터 아래까지 나치가 독점으로 붙였다. 거리에는 흑백적 삼색기와 하켄크로이츠(갈고리 십자가) 깃발이 집집마다 게양되었다. 이 깃발이 거의 보이지 않는 거리도 있다. 그러나 음식점들은 예외 없이 깃발이 나부꼈고, 많은 상점들도 그러했다. 충성심 경쟁이 시작된 것이다.

공산당에서 하켄크로이츠 완장을 차고 다니는 사람도 조금씩 나타났다.

'X는 우리 단체에 속해 있지만 3월 5일 국회선거 후, 갑자기 돌격대 제복을 입고 돌아다니는 것을 우리는 보았다.'

나치는 유대인 배척을 크게 외치고 상점 앞에는 '독일인 영업', '국산품 순수 국내 제조품!'이라고 써 놓은 간판이 걸렸다. 간판 뒤에는 크게 금은으로 각인된 히틀러 사진이 걸렸고 동으로 장식한 것들도 있었다. 이렇게 나치에 영합하는 모습이 나타나게 되었다.

이 가벼운 세태가 비난받기 전 독일인들은 '하일 히틀러!'라고 인사해야 한다는 지령이 내려졌다. '안녕하세요'도 '안녕히 가세요'에 해당하는 인사말도 모두 '하일 히틀러!'로 통일해야 했다. 히틀러의 이름이 급속하게 떠오르면서 모든 독일인들 머릿속에 각인되었다.

독일 공산당원들은 '외관만 보는 사람들이 독일은 민족사회주의에 물들었다고 생각할지라도 어쩔 수 없는 일이다'라고 불쾌하게 이야기할 수밖에 없었다. 그러나 인간은 언제나 '외관만 본다.' 내면은 보기 힘들기 때문이 아니라, 내면을 보려고 하지 않기 때문이다.

제복행진과 군집의 관계

통일된 인상을 심어주기 위해 각 정당은 되풀이 되는 시위운동과 집단행진을 실시했다. 히틀러식 시위운동에 대해서는 관심 없는 시민뿐만 아니라 적대감을 가지고 있던 사람조차 현장에서 그 광경을 보고 소용돌이처럼 빨려 들어가지 않을 수 없었다.

군악대를 앞세운 연대 분열 행진만 하더라도 호기심 넘치는 사람들을 흥분시켰다. 무엇보다 같은 옷을 입고 빈틈없이 훈련한 한 무리 사람들의 당당하고 정연하게 행진하는 태도는 군집에서 가장 좋은 효과를 나타내는 것 중에 하나다.

우정과 건강을 드러내는 포스터는 온갖 선전에 공통분모이다. 아이들의 윤무, 스포츠에 흥분한 젊은이들, 흥얼거리며 수확하는 농부처럼 여러 나라 선전 영화와 같은 형태는 행복과 자유에 대한 열망, 각기 다른 사무실에서 기계와 같이 고정되어 진짜 인간다운 접촉을 빼앗겨버린 도시인들의 탈출욕구에 대리만족을 주었다.

영웅이 된 기분을 느끼게 하는 제복과 장식

인간은 호기심이 강하다. 호기심은 개인의 주의, 주장과는 전혀 다른 곳에서 발동하게 된다. 호기심에 의한 흥분과 감격은 신호를 받는 입장에서는 '통일성' 욕구를 불러일으키지만, 이 호기심을 버리고 사람이 호기심에 노출되는 처지가 되면 완전히 꼭두각시 인형으로 전락하게 된다.

장 마리 도므나크는 이렇게 이야기했다.

"당원들의 제복은 배경이 완벽한 영웅 같은 분위기를 자아낸다."
"통일성은 동시에 힘을 과시하기도 한다. 아군이 가까이에 있다는 것과 적군에 대한 우위성을 나타내는 것이 전언의 근본적인 목적 가운데 하나이다. 온갖 상징, 표장, 깃발, 제복 그리고 제창은 선전에서 빠질 수 없는 것으로 권력의 분위기를 만들어 낸다. 문제는 '우리가 여기에 있다.' '우리는 그 누구보다 강하다'는 것을 드러내고 있다는 것이다."

인간은 위험하다. 자애가 없다. 항상 편하려고만 하는 생리욕구가 있다. 기분 좋게 있고 싶다는 생리욕구도 있다. 이상한 이유를 되뇌며 생각하기 싫다는 생리욕구도 있다. 부화뇌동할 때도 있다. 감염 원칙은 이렇게 편안함만을 좇는 인간의 욕망 그 자체에 있다.

2. 상징, 하켄크로이츠

이성적으로 거스를 수 없는 하켄크로이츠의 매력

이 장에서는 하켄크로이츠의 탄생으로 거슬러 올라가보자.

히틀러는 《나의 투쟁》에서 자신의 구상에 확신을 가졌지만, 다른 사람이 더 좋은 구상을 할 것이라는 사실은 알리지 않고 결국 당원들의 치과의사가 제안한 하켄크로이츠를 살폈다. 흰색 원 안에 십자가가 안으로 굽어 있는 형태의 하켄크로이츠가 들어 있었다.

하켄크로이츠가 당을 상징하는 깃발로 결정되면서 이 깃발 명칭을 모집했다. 히틀러가 속으로 생각했던 것과 치과의사가 제출한 제안이 어떤 하켄크로이츠였는지는 알 수 없다.

'붉은 바탕에 흰색 원을 그려 그 중앙에 검은 십자가를 그려 넣은 것이다. 오랜 시간 연구한 결과 나는 흰색 원의 크기와 십자가 모양의 크기 사이에도 일정한 관계가 있다고 생각한다.' 최종적으로 히틀러가 생각한 것이 결정되었다. 이러한 결정은 1920년에 내려졌다고 추정된다.

요아힘 페스트(Joachim Fest)는 저서 《히틀러》에서 이에 대해 이의를 제기한다.

실은 치과의사인 당원이 1920년 5월 중순, 슈타른베르크 지부 창설에 맞춰 고안해낸 것으로, 그는 민족주의자 진영 안에서 널리 알려진 기호를 이미 1년 전 건백서(建白書)에서 '국가사회주의자 정당 상징'이라며 칭찬했다. 히틀러가 무언가를 위해 공헌했다는 것은 직접 이 기호를 생각해 낸 것이 아닌, 깊은 신뢰를 바탕으로 나타난 '상징'에 그 나름대로 심리적 선언력이 있다고 판단해, 그 자리에서 당을 상징하는 기호로 인정하고 일관된 태도를 보였다는 점이다.

페스트는 '상징은 심리적 전달력이 있다'고 강조한다. 누구나 이 다툼에 빗대어 이야기할 수도 있다.

하켄크로이츠는 새로운 도안이 아니었기 때문이다. 하지만 히틀러가 내세운 가장 큰 공헌은 하켄크로이츠를 만든 것과 이 하켄크로이츠를 나치의 상징으로 끌어올린 것이다. '흰색 원의 크기와 갈고리 십자가 크기에도 일정한 비율이 존재한다'는 히틀러의 감상이 엄청난 마력을 가지고 있던 셈이다.

하켄크로이츠는 고대에서부터 마력을 상징했으나, 히틀러가 원하는 건 수많은 하켄크로이츠 가운데에서도 히틀러의 치과의사가 제안한 갈고리 모양으로 굽어 있는 하켄크로이츠여야만 했다.

베르너 마저의 저서 《히틀러》에서는 이런 구절을 읽을 수 있다.

'1905년 학창시절부터 히틀러는 책 표지를 디자인했다. 그 디자인 가운데에는 1920년 뒤 나치가 사용한 갈고리십자가 깃발이 그려져 있었다. 필자가 'A. 히틀러'로 되어 있는 책 제목은 《게르만 민족의 혁명》이 될 뻔했다.'

히틀러는 그가 생각해 낸 갈고리 십자가를 바탕으로 금 세공사 요제프 퓨스와 상담했고, 오랜 상담 끝에 히틀러의 세공사가 제안을 받아들여 나치당원들의 완장을 디자인했다. 초기에는 'DAP'라는 이름이 세겨져 있었지만 당이 민족사회주의 독일 노동자당으로 불리게 되면서 'nat. Soz. DAP'로 변경되었다. 1920년 8월, 잘츠부르크 회의 뒤, 히틀러의 제안으로 갈고리 십자가는 나치 공식 기호로 지정되었다. 이와 동시에 '회장정리대를 위한' 완장이 추가되었다.

갈고리 십자가를 당 깃발로 사용하려는 발상은 꽤 오래전부터였음을 이 글을 통해 알 수 있다. 문제는 언제 어느 때 디자인이 결정되어 당의 상징으로 쓰여지느냐였다. 금 세공사가 제안한 디자인도 들어 있었겠지만, 결정적으로는 히틀러가 아트디렉터인 셈이었다.

이미 하켄크로이츠를 사용하고 있었다는 사실을 앞서 페스트가 소개했다.

수데티 및 오스트리아 지반의 카를 융이 속해 있는 당에서부터 비롯되어 국가사회주의 독일노동자당(NADAP)이 되었다. 동시에 카를 융이 사용했던 갈고리 십자가를 자신들의 당에서 투쟁의 상징으로 사용했다.

1920년 1월은 베르사유조약이 발효된 달임에도 불구하고 DAP의 시대로써, 그때 일어난 시위 사진에는 하켄크로이츠가 당 깃발로 펄럭이고 있으며, 당원들도 완장을 차고 걸어 다니는 모습이 담겨 있었다.

1919년, 슈테른 에커브로이 지하실에 있던 당 사무실 벽에도 하켄크로이츠 장막이 걸려 있었지만 그 디자인은 매우 달랐다. 백색을 바탕으로 하켄크로이츠의 비율이 전체적으로 틀어져 있었다.

이런 상황을 종합해 보면 독일이 하켄크로이츠를 사용했던 것은 꽤 오래전부터였음을 알 수 있다. 그러나 언제부터 정식으로 당을 대표하는 상징이 되었으며 조직적으로 사용되었는지가 문제였다.

베르너 마저는 1921년 9월 각 지부에 보낸 안내장을 인용했다.

1920년 8월, 공식적으로 당의 상징이 결정되었지만 1년 뒤, 꽤 많은 당원들에게 다시 한번 철저한 마음가짐을 가지도록 했다.

당 지부는 집회와 그 밖에 회장 정리대를 비롯한 일반근무를 하는 당원들 모두가 돌격완장을 차고 있어야 했고, 그 누구도 예외 없이 단번에 당원임을 알아볼 수 있어야 했다.

돌격완장은 폭이 10cm쯤 되는 빨간 완장으로, 바깥쪽에는 9cm쯤 되는 흰 원 안에 검은색 갈고리 십자가가 수 놓여 있었다.

돌격완장은 근무 중인 모든 당원이 차고 있어야 했고, 이것은 서로 알아볼 수 있는 표식과 동시에, 당원 사이에 절대적 연대감을 높일 수 있는 것이었다.

지부는 모든 당 깃발을 제작해야만 했으며 2대 3 비율인 장방형으로 빨간 바탕 위에 흰색 원을 수 놓고, 그 안에 검은 갈고리 십자가를 넣게 된다. 견본이 없는 지부에서 주문이 들어오면 지도부에서 순서대로 도안을 보낸다. 당 깃발은 모든 공개집회 연단, 회장 입구에 걸렸고 시위 중에는 반드시 지참해야 했다.

완장은 연대감이라는 내적 선언을 중시했지만 부대 깃발은 대외적인 시위를 의식했다. 그러나 완장은 당원이 늘어나면서 빠른 속도로 외적 선언효과까지 발휘할 수 있었다.

세르게이 차코틴(Sergei Tschachotin)의 저서 《대중은 움직인다》에는 '상징'에 대해 많은 시사적 발언이 담겨 있다. '기술의 진보 덕분에 현대는 급속도로 변화했고 오늘날 사람들은 순차적으로 긴 문자를 연속으로 쓰지 않게 되었다. 히틀러는 전보, 속기와 같은 기호를 좋아했다. 우리는 간단하고 집중적인 사상 감정을 표현하는 방법으로 돌아가게 되었다.'

인간은 한 가지 기호로 통합되길 바란다

'인간은 자신에게 다가오는 것에 대해 알아볼 필요가 있다. 예를 들자면 얼굴도 모르는 사람에 대해 알아보고 그 사람의 의도를 파악하고, 친구인지 적인지 또는 자신에게 아무런 해가 되지 않는 사람인지를 판단하려는 준비가 필요하다.'

그러나 속도가 최우선인 현대사회에서는 확실히 기호가 난무하는 시대지만 그 활발함으로 말미암아 인간관계가 복잡해지고 적과 아군을 구별하기가 어렵게 되었다. 나치 시대에도 이런 양상을 보였지만 마지막에는 독일 국민 전체가 하켄크로이츠를 중심으로 기호화되었다.

당원을 헐뜯는 유대인들을 짓밟으라고 지시한 히틀러의 최후는 아군인지 적군인지 가리지 못할 만큼 모든 것을 하켄크로이츠 하나로 통일했다. 20세기 끝 무렵 인간은 온갖 기호를 받아들이며 사용하고 있으며, 이는 나치 시대 사람들과 동일할지도 모른다.

세르게이 차코틴의 상징설은 파블로프(Pavlov)의 조건반사에 뒤처지지 않았다.

파블로프의 조건반사, 상징의 동일화 효과

히틀러의 숙련된 조직자들은 북소리를 넣은 집회에서 떠들썩한 선전 말고도 한 가지 상징 즉, '하켄크로이츠'라는 간단한 상징을 이용해 히틀러 연설에 대한 효과를 끌어올렸다.

이는 '손쉽게 재현할 수 있다'는 이유로 수백만 사람들이 따라할 수 있어 하나의 자극이 되었고 파블로프의 실험과 결론은 우리들이 잘 알고 있는 신경반사를 불러왔다.

'동일성의 강제'를 뜻하는 나치 언어 '동일화(Gleichschaltung)'는 현상에 대해 정치적, 사회적으로 이름을 붙였을 뿐이다. 그 계획은 다음과 같다. 히틀러가 이야기하거나 직접 쓴 격한 언어는 듣는 사람의 마음속에서 상징으로 결합되어 상징은 차츰 히틀러의 연설이나 협박을 상기시키면서 기호화되는 것이다. 상징은 어느 곳에서도 볼 수 있었으며, 늘 대중에게 영향을 미치고, 히틀러를 더욱 믿게 만들었다. 이에 따라 그의 열렬한 연설에 의해 생겨난 '동일화'가 유지될 수 있었다.

폭력과 상징의 깊은 관계

어떤 효과를 깨부수려면 상징을 우습게 만들어야 한다. 북을 울리거나, 비난을 퍼붓거나, 협박이 난무하는 연설을 멈추었어야 했지만 정부가 아무것도 하지 않았다고 차코틴은 비난했다. 다시 말해 나치가 폭력과 상징을 가리지 못하는 대중을 파악하고, 이를 빌려 효과를 보았다고 한다면, '이런 통속적인 상징을 가진 선언은 주로 협박이 많았다. 히틀러는 이런 의도에서 하켄크로이츠를 이용했다.'라고 말할 수 있다.

차코틴은 나치 진출을 막으려는 라이히스 배너(Reichsbanner Schwarz-Rot-Gold, 흑적금 국기단)에 속한 심리학자였지만, 이 당을 상징하는 3개의 화살로 기독교 십자가와 엮어, 단순함을 드러내고 하켄크로이츠를 문양 아래에 두었다. 이하 '회교의 초승달 망치와 낫, 마지막은 파스케스, 독수리, 사자가 엮인 복잡한 상징'이라 하고 있다.

무솔리니의 '파스케스'는 '그리기 어렵다'고 비난받았다.

십자가처럼 그리기 쉬운 기호는 없다. 1972년, 안데스 산맥을 지나던 비행기가 불시착했고, 여기서 살아남은 사람들은 죽은 사람의 인육을 먹고 목숨을 부지해 유명해졌다. 그들은 눈 위에 십자가를 그려 구조요청을 했다. 간단명료한 기호가 시각적으로 눈에 띈다는 것을 증명하는 예이다.

하켄크로이츠의 마력을 없앨 방법

라이히스 배너의 3개 화살은 하켄크로이츠보다 그리기 편했지만 관능성은 없었다. 적의 상징, 하켄크로이츠의 상징성을 깨뜨리기 위해 그것을 조롱할 수밖에 없었던 차코틴이었지만, 그들은 '하켄크로이츠 위에 선을 3개 그어 화살로 꿰뚫는 것처럼 했다.' 또는 '화살 3개가 히틀러의 하켄크로이츠를 쫓고 있는 상징화'를 그리거나 '벽 구석에 그려져 있는 하켄크로이츠를 분필로 진한 선을 그려 십자가를 지우는 방법'을 쓰거나 '하켄크로이츠가 히틀러 머리 모양을 한 구두를 뚫고 화살을 피해 달아나는 그림'을 그려 맞섰다. 그는 그림에 대해 자화자찬했지만 그 결과는 패배자가 발버둥치는 모습으로 비춰졌을 뿐이다.

하켄크로이츠에는 사상이 없다

세르게이 차코틴은 십자가, 망치와 낫의 상징에 그 나름의 사상을 인정했지만 하켄크로이츠만큼은 인정하지 않았다.

무엇이든 고유의 의미를 가지고 있지 않으며, 고대 힌두족 기호로서 국민사회주의와는 아무런 관계가 없다. 언뜻 보기에는 그 어떤 것도 느껴지지 않는다. 뜻밖의 형태를 하고 있어 눈에 띄기 쉽고, 거미나 벌레를 연상시켜 불쾌한 인상을 주기도 한다. 히틀러주의자는 이것이 고대 '아리안'의 기호로, 북유럽의 기호라는 것을 증명하고자 노력했지만 이는 중국이나 아프리카에서조차 찾아볼 수 없었다.

고고학자 하인리히 슐리만(Heinrich Schliemann)은 트로이 안에서 발견한 뿔 모양 받침대 안의 십자가는 고대 아리안이 썼던 것이라고 했다. 북유럽인종들의 보편적 상징으로 예를 들어 핀란드인은 몽골계통이며, 나치는 몽골의 상징을 으스대고 있는 것이다. 히틀러가 하켄크로이츠를 갖다 쓴 것은 사실이지만 차코틴의 말에 따르면 '형태가 이상해서 눈에 띄기 쉽다'는 이유로 다시 되돌리지 않았다.

차코틴의 《대중은 움직인다》는 1939년 그가 파리로 망명한 뒤에 펴낸 책이었다. 빌헬름 라이히(Wilhelm Reich)의 《파시즘의 대중심리》는 1933년 나치가 정권을 장악하던 해에 씌었다.

'성, 에너지 경제론 통찰'에 의해 '집단현상인 오르가즘 욕구'에 대해 관찰한 라이히의 책 《파시즘의 대중심리》에서는 '갈고리 십자가 상징작용'에 대한 이야기만으로 한 장을 할애하고 있다. '궁핍한 대중들은 어떤 이유에서인지 극단적인 반동정당을 열광적으로 지지하게 된다'고 하면서 이처럼 라이히는 상징조작이 중요하다고 생각했다. 그는 처음부터 '히틀러의 성격이나 나치당 정책의 문제가 아니다'라는 것을 눈치 채고 있었다.

인종차별에 대한 방어적 상징 갈고리 십자가

적과 백, 이 두 색은 평범한 인간이 갖고 있는 모순된 성격을 나타내는 색이다. 명백하지 않지만, 갈고리 십자가에 정서적인 역할을 하는 셈이다.

하켄크로이츠는 어떻게 정신적 감정을 자극하는 상징으로 자리 잡았을까? 히틀러는 먼저 하켄크로이츠가 반유대인주의를 상징한다고 강조했다.

인종차별이론을 연상시키는 히틀러의 비합리적인 주장은 자연스러운 성욕을 '불결한 감각'이라고 오해한 것과 같다고 설명할 수 있다.

파시스트들에게 유대인과 흑인은 똑같았다. 이는 독일인들이 유대인들을 보는 관점과 미국인들이 흑인을 보는 관점이 일치하는 것과 같기 때문이었다. 미국인과 흑인 사이에서 벌어진 인종투쟁의 본질은 성(性)에 대한 방어태세를 갖추고 있었다.

라이히는 차코틴처럼 하켄크로이츠 같은 단순한 기호가 협박적으로 쓰인다는 조건반사보다 더 심오한 부분을 파고들었다. 파시스트의 변명을 터무니없는 기만적 주장으로 몰아가지 않고 '우리는 주의 깊고 신중하게 검토하며 자기훈련을 하지 않으면 안 된다'고 이야기했다. 하켄크로이츠는 차코틴이 지적한대로 이미 고대에도 존재했던 상징이었다. 이에 라이히는 이렇게 지적한다.

갈고리 십자가는 스페인령 그라나다시에 있는 알함브라 궁전의 유대민족 사이에서 처음 발견되었다.

그리고 어떻게 조합하는가에 따라 다이아몬드 모양으로 보이기도 했다. 갈고리 십자가는 남성지배원리를 상징하는 표현이었고, 다이아몬드는 여성 지배원리를 상징하는 표현이었다. 퍼시 가드너(Percy Gardner)는 이것을 헤메라라고 불리는 태양의 상징, 다시 말해 남성을 상징하는 것으로 그리스어의 어원을 추구했다. 레벤터는 스에스트 벌판에 있는 마리아 성찬대 위를 덮은 보자기에서 배신당한 여성의 외음부를 표현하는 것이라 말한다. 이렇게 갈고리 십자가는 나쁜 날씨를 상징하는 것으로, 다이아몬드는 비옥한 땅으로 생각된다.

이렇듯 갈고리 십자가의 기원을 따지자면 '성(性)'을 상징한다.

하켄크로이츠는 유대민족도 사용했다

하켄크로이츠를 유대민족도 사용했었다면 히틀러가 내세운 반유대인주의 상징설은 역설로 전락하게 되지만, 이를 '성에 대한 방위'로 보자면 이상하지 않고 그저 여러 민족이 사용하는 상징 가운데 하나로 볼 수 있다.

히틀러는 생산적 노동 승리사상에 힘을 실어주는 상징이라고 주장했지만 라이히가 말했듯이, 노동을 내세우는 것이라면 이 또한 이상한 억지가 아니었을까?

라이히는 갈고리 십자가를 '두 사람이 뒤얽혀 있다'고 보았다.

옆으로 누운 성행위 또는 선 채로 하는 성행위라고 보고 '무의식의 정서적 생활을 엿볼 수 있는 갈고리 십자가의 효과', '성 능력 자극'이 있다고 생각했다.

상징은 상징일 뿐, 그 의미는 그다지 중요하지 않았다. 태양의 상징, 천지의 표현, 여성의 섹스, 노동, 불교적으로는 공덕원만. 여러 민족 사이에 널리 퍼져 있는 하켄크로이츠는 온갖 의미를 열어 보이고 있지만 상징이 상징다운 것은 그렇다할 의미가 아닌 상징 그 자체에 있는 것이다. 라이히의 주장처럼 뒤얽혀 있는 남녀라고 보아도 좋다.

이 상징을 보는 사람들은 기호 속에 숨어 있는 성 체위와 같은 것들을 하나하나 도해하지는 않지만, 그 시비를 뛰어넘는 관능의 눈은 모든 것을 꿰뚫어 보아 그 속으로 아찔하게 흡수되는 것은 아닐까? 틀림없이 알아차린 것이다. 다시 말해서 라이히가 주장하는 '성 능력 자극'인 것이다. 라이히는 이런 말을 덧붙였다.

결국 인간은 성욕이 강해짐에 따라 불안정해진다. 만일 명예와 충성을 나타내는 상징이라면, 그 상징은 오히려 더욱 쉽게 이해될 것이다. 왜냐하면 성을 방위하는 도덕적 경향에서 이 상징을 이해시키기 때문이다.

즉 나치는 하켄크로이츠에 의해 국민들의 성적 불만을 더욱더 끌어올리게 된다. '애매한 혁명 감정과 동시에 반동감정을 품은 대다수의 노동자, 실업노동자, 젊은이'들이 성적으로 억압당하는 기분을 자아낸 것이다. 그러나 라이히는 히틀러가 이를 '의식적으로 채용하지 않았다'며 트집을 잡았다. 그러나 히틀러는 '의식' 이상 또는 이하의 눈으로 촉감을 발달시켜 정치에 활용한 것이 아닐까?

히틀러가 정권을 쥐게 되면서 그가 자랑하는 국방군의 군 깃발에도 하켄크로이츠를 넣고 싶었지만 이를 말리는 세력이 있었다. 그들은 200년 전통을 가진 깃발에 독수리 이외의 것을 집어넣을 수는 없다며 반대했다. 이에 히틀러는 한 발 물러나 깃발 끝에 하켄크로이츠를 넣어야 한다고 주장했고, 국방군은 애써 만들어 놓은 좌우대칭이 무너진다며 거부했지만, 히틀러의 의견이 반영되어 정 가운데 하켄크로이츠가 새겨지게 되었다.

훈장을 달고 목욕하다

헤르만 괴링. 히틀러를 뒤따르는 권력자인 그는 훈장을 좋아했다. 괴링은 목욕할 때에도 고무로 특수 제작한 훈장을 달고 들어간다는 소문이 날 만큼 훈장을 좋아한다고 알려졌다. 이 소문은 한 희극연기자가 지어낸 소문이지만, 이 소문을 여러 사람들이 이해했을 만큼 괴링은 훈장을 좋아했다고 전해진다.

훈장은 하나의 표창이지만 몸에 달면 역설적이게도 비호감으로 보이는 장신구이다. 디자인이 문제는 아니다. 훈장은 받은 사람에게는 자랑스럽고 권위를 상징하는 것이 된다. 그러나 권위와 명예를 싫어하는 사람들에게는 몸에 다는 순간 우습게 보일 수도 있다.

오늘날은 훈장을 좋아하는 권위주의적인 모습이 시대착오로 여겨져 점점 사라지고 있지만, 나치는 이 권위주의의 우스움 혹은 견디기 힘든 인간의 어두운 면에 작게 남아 있는 불씨를 자극해 활활 타오르게 했다.

헤르만 괴링은 제1차 세계대전 '하늘의 영웅'이라 불렸다. 1917년 중순까지 적군의 전투기 17대를 격추하고, 하켄크로이츠장 말고도 두 가지 훈장을 더 받았다. 1918년에는 공중전에서 죽은 리히트호펜(Richthofen)을 대신해 '하늘을 나는 서커스'의 후계자로 임명되었다. 이 통지서는 《제3제국 연출자》 속에서 찾아볼 수 있다.

독일 전군 최고 사령관의 지령에 의거해 제27전대 지휘관, 푸르 르 메리트 훈장, 제1급 철십자장, 검장 달린 체링거 라이온훈장, 제3급 검장 달린 호엔촐레른가 기장배수자, 헤르만 윌리엄 괴링 중위를 제1리히트호펜백작 편대군지휘관으로 임명한다.

자신이 받은 훈장을 모두 나열하자면 명찰에 박혀 있는 직함과 겹치는 경향이 있다. 훈장은 금, 은의 값어치만큼 빛났지만 지나치게 번쩍번쩍하게 광이 나면 보기조차 힘들었다. 통지서에는 겨우 4개의 훈장이었지만 거창한 느낌이 깃들어 있어서, 이것을 사람이 달게 되면 사람보다 오히려 그 장식이 주인공자리를 차지하게 된다.

젊은 시절의 괴링은 호리호리했다. 이 시절 괴링의 사진을 찾아보면, 훈장 4개를 달고 있는 사진도 있고, 5개 훈장을 달고 있는 사진도 있다. 가슴 부근에 훈장을 달 수 있는 여유가 충분해보였지만, 이 여유 자체가 훈장병을 일으키는 위험한 공간이었다. 남은 공간을 훈장으로 메우지 않으면 불안해했다. 그는 훈장이 있으면 있는 대로 모두 달고 싶어했다.

제1차 세계대전이 끝나고 괴링은 나치당에 들어가게 된다. 이때 하늘의 1인자가 단숨에 SA(돌격대) 대장이 된다. 1923년 나치는 비어홀 폭동을 일으켰고, 괴링 또한 이 폭동에서 크게 다쳤다. 루덴도르프 장군 옆에 서 있던 괴링의 모습은 목 아래에서부터 허리춤까지 훈장으로 도배된 상태였다. 옆에 서 던 루덴도르프 장군도 이미 훈장이 포화 상태였으며 왼쪽만으로 부족해 오른쪽에 하나가 삐져 나와 있었다. 한두 개 달지 않아도 될 법한 것들이었지만 한번 장식 욕심을 내게 되면 조금이라도 여백을 만들어내 모두 달지 않으면 안되는 것이었다.

독일 육군 최고 지휘관이었던 힌덴부르크가 그 무렵 참모차장이었던 루덴도르프와 나란히 있는 사진을 찾아보면 힌덴부르크의 훈장이 압도적으로 많은 것을 볼 수 있다. 루덴도르프는 4개를 갖고 있는 반면, 힌덴부르크를 15개를 달고 있어 지위 차이를 엿볼 수 있었다. 힌덴부르크가 대통령 자리에 올랐을 때는 무려 15개보다 더 많은 훈장을 지니고 있었다.

비어홀 폭동 때 루덴도르프 장군은 정장 차림으로 등장했지만 폭동 실패 뒤 재판에서도 제복으로 일관했다. 그 무렵 배심원은 장군이 과로상태였으며 책임이 없다고 판단해 '무죄'를 선언했다.

레너드 모슬리는 그 무렵 루덴도르프 장군의 행동을 다음과 같이 묘사했다.

그는 법정에서 아무렇지 않게 나서 훈장을 매만지고 발언했다. '나의 무죄 석방은 내가 입고 있는 제복과 훈장에 대한 모욕이라고 생각한다.'

법정에서도 훈장을 달고 있었던 루덴도르프

훈장의 수가 많으면 많을수록 잘그랑거리는 소리가 난다. 훈장은 다른 사람에게 눈부신 위압감을 주기도 하지만 대부분은 웃음거리일 뿐이다. 그러나 믿을 수 없을 만큼 자신의 의식을 확장할 수 있는 것이기도 하다.

비어홀 폭동에서 전세를 역전 당한 히틀러는 체포영장을 받게 됨과 동시에 철퇴명령까지 내려졌지만, 루덴도르프 장군이 이를 거부하고 시내로 행진할 것을 명령하게 된다. 거리는 군대가 점령하고 있음을 고하자, '하늘이 무너지는 일이 일어난다 해도 바이에른 국군 병사가 나에게 칼을 겨누지는 못할 것이다'라고 장군은 단정 지었다.

루덴도르프의 마력과도 같은 이야기는 그들을 보호해줄 것이라는 믿음을 주었고, 루덴도르프는 괴링에게 SA대원과 돌격대원을 비어홀 안으로 집합시켜 달라 요청했다. 곁에는 훈장을 주렁주렁 달고 있는 장군을 두고, 괴링은 대원들에게 루덴도르프를 향한 엄숙한 맹세를 하게 했다. 이것은 교묘한 심리작전으로 이로써 일체감, 목적의식을 공통으로 가질 수 있게 되어 패배주의가 침범하고 있는 힘을 회복시키는 데 성공했다.

이는 어디까지나 모슬리의 판단이었다. 실제로는 행진하는 자들을 향해 발포되었다. 그러나 여전히 '루덴도르프 장군은 그를 향해 발포하는 자가 없다고 믿었고, 막상 일이 벌어지게 되자 현실을 부정하기 바빴다.'

뮌헨 비어홀 폭동에서 크게 다친 괴링은 스웨덴으로 달아났지만 그곳에서 신경증에 걸려 모르핀중독으로 호르몬 균형이 무너졌다. 그가 겨우 정신을 차렸을 즈음에는 비대한 몸이 되어버렸다.

그의 훈장에 대한 집착은 다른 이들의 비웃음을 사면서까지 외형적으로 없어서는 안 될 군인 특유의 자기 과시욕, 권위주의, 그리고 권력욕이 얽혀 있기 때문이 틀림없지만, 그 이상 괴링이 신경 썼던 것은 비대해진 몸집을 어떻게 가리느냐는 것이었다. 그는 거대한 몸을 가리려고 훈장을 모으기 시작했다고 여겨진다. 물론 괴링을 호의적으로 생각하는 사람들도 있었다.

태생적으로 멋내기를 좋아했던 괴링은 130킬로그램이 넘는 체중이 돼서도 살찐 그의 몸에 더욱 멋내기를 포기하지 않았다. 살이 찌면 찔수록 단추가 튀어나왔고, 옷깃이 목을 조르게 되었으며, 땀이 많이 났다. 결벽증이 있었던 괴링은 땀을 많이 흘리는 것을 싫어했고, 이를 본 모슬리는 '괴링은 땀을 많이 흘렸기 때문에 사람들 앞에 나설 때 하루에도 몇 번이고 새로운 제복으로 갈아입었다.' 라고 변호하듯 이야기했다.

손톱에 매니큐어를 칠하고 수염을 깎은 뒤 파우더를 바르고 끈으로 된 속옷을 입고 땅에 끌리는 긴 외투를 입거나 화려한 조끼와 가죽으로 된 외투를 입는 것은 그럴 만한 경제적 여유가 있었고 군장 봉제점 '스티치 패스'의 주임재단사와 디자인에 대해 토론할 만큼의 관심이 있었기 때문에 그랬을지도 모른다. 그러나 무엇보다 살찐 몸을 조금이나마 가리기 위해 장신구로 뒤덮었을 것이다.

그러나 어디까지나 괴링 개인 사정이었으며, 그 모습을 보는 사람들은 크게 비웃었다.

괴링은 죽은 아내를 기리며 봉건시대 왕후를 대하듯 칼린 홀을 지었다. 이 홀에서 손님맞이를 할 때면 고무로 만든 비행복을 입거나 하얀 체조복과 하얀 테니스신발, 하얀 플란넬 셔츠 위에 가죽으로 만든 초록색 상의를 걸치고 그가 자랑하는 숲을 소개했다. 그러나 손님들은 그 모습을 비웃는 듯 쳐다봤다.

비만으로 고민이 많았던 괴링은 옷에 장신구를 많이 달고 나서야 만족해 사람들 앞에 나섰고, 그 만족에 취해 사람들의 싸늘한 눈빛을 읽지 못했다. 괴링이 지닌 물욕은 허영심이 가득했다고 말할 수 있지만, 화려한 장신구들로 살찐 몸을 가렸다고 생각하는 것에 대해서는 그가 엄청난 자기만족에 빠져 행복한 순간을 보냈다고 단언할 수 있을 것이다.

하지만 괴링은 히틀러 앞에서는 늘 소심했다. 라이프치히 광장 뒤, 정원이 있는 저택을 괴링이 개조했지만, 히틀러는 개조된 저택을 보고 '너무 어둡지 않은가! 이렇게 어두운 곳에서 누가 살겠는가! 나의 교수 작품과 비교해 보아라. 모든 것이 빛으로 둘러싸인, 소박함을 나타내는 작품이다' 말하며 소리쳤다. 히틀러가 말한 '나의 교수'는 군수장관이었던 건축가 알베르트 슈페어를 지칭한다.

괴링은 히틀러에게 지적을 받은 뒤, 슈페어를 찾아가 자신의 저택에 대한 전면개조를 의뢰했다. 빈티지 풍으로 꾸며진 작은 방, 스테인드 글라스 창문, 두꺼운 벨벳으로 된 덮개, 르네상스 양식 가구를 모두 들어내고, 넓은 방과 청동으로 된 초록빛 도는 유리창문으로 교체되었다.

히틀러는 꾸미기에는 그다지 관심이 없었다. 그의 옷차림만 봐도 알 수 있었다. 괴링과 달리 히틀러의 복장은 무채색이었다. 그리고 훈장과 같은 장신구는 주렁주렁 달지 않았다. 히틀러는 제1차 세계대전 하사로서 2급 하켄크로이츠 훈장 및 여러 훈장을 받은 전력이 있다. 그럼에도 훈장에 대해서 '우리의 투쟁'이라고만 말했다. 오늘날도 찾아볼 수 있는 그의 사진들을 보면 알 수 있겠지만, 히틀러가 몸에 지닌 장신구는 하켄크로이츠 완장과 제복 왼쪽가슴 주머니에 달려 있는 하켄크로이츠 훈장 하나뿐이다. 이따금 작은 하켄크로이츠 넥타이 핀을 옷에 꼽기도 했지만 이처럼 간소한 그의 장신구는 히틀러가 언제나 외치는 '단순함'이 복장에서 드러나고 있음을 알 수 있었다.

히틀러가 달고 있는 훈장이 어떤 것인지는 정확이 알 수 없으나, 그가 받은 하켄크로이츠 훈장은 두 가지가 있었다. 하나는 제1차 세계대전 때 받았던 것이며, 다른 하나는 나치 정권시대에 들어가면서 받은 것이 있었다.

히틀러가 달아야 하는 훈장은 괴링처럼 많지 않았다고 해도, 그의 군복에 아무것도 달려 있지 않은 것은 틀림없이 어떤 의도가 있었다고 볼 수 있다. 나치 정권 우두머리로서 히틀러는 디자인 계획을 한 것이었다. 이 계획은 히틀러가 추구했던 '간소함'을 훨씬 뛰어 넘는 수준이었다.

히틀러는 장신구를 과하게 착용하는 괴링을 심하게 꾸짖었지만, 그것은 어디까지나 개인적인 사생활문제였고, 제3국 총체로서 디자인 계획을 살폈을 때는 오히려 괴링이 적극적으로 장신구를 과다하게 착용하는 것을 이해했다.

장신구는 훈장뿐만 아니라 제복, 제모, 와펜, 완장, 인식표, 단검 그리고 배지를 포함한 모든 것이다. 이 모두는 단순한 상징을 넘어, 사람들을 하나로 묶어 공동체로 모으는 힘이 있다.

계급장 하나만 보더라도 복잡할 정도로 괴링이 걸친 까닭은 계급이 곧 절대적인 힘을 지닌다는 사실을 기억하도록 노력하는 것이며, 계급이 사람들에게 공동체 의식을 가지게 할 수 있는 마력을 발휘한다는 것을 매우 잘 알고 있었기 때문이다. 히틀러는 이 마력을 통해 사람들이 자기 자신이 계급장에 둘러싸이게 되면, 그에 따른 영역이 없어질 뿐만 아니라 개인의 영역도 함께 줄어들게 되어 나치가 바라는 효능을 가지게 된다는 것을 모두 꿰뚫고 있었다. 사람들의 몸도 마음도 온갖 종류의 상징으로 묻히게 되는 현상 속에서 어떤 장식도 달지 않은 히틀러가 그들 머리 위에 있는 것은 대단한 효과를 의미했다. 그리고 히틀러는 이 효과를 아주 잘 이해하고 있었다. 히틀러 개인의 취향에서 보자면 참을 수 없는 괴링에 대해서도 관용을 베풀게 된다. 이에 괴링은 무슨 장식으로든 자신의 비대한 몸에 균형을 맞추기 위해 대외적인 만남이 있을 때에는 흐트러짐 없이 훈장을 반짝반짝하게 닦아 잘 보이는 곳에 달았다.

3. 히틀러의 연설

나에게 맞설 자는 없다

그는 독일 역사상 그 누구도 대적할 수 없을 만큼 위대한 웅변가였다. 총통의 연설을 단 한 번이라도 들어본 독일인이라면, 웅변가 아돌프 히틀러라는 첫인상에 대해 잊을 수 없을 만큼 뛰어난 연설을 한 사람으로 기억한다. 히틀러 목소리 자체에는 사람 마음을 매료시키는 강력한 힘이 담겨 있었다. 그 목소리의 강력한 힘은 군대에서 중요하고 확신에 찬 연설내용을 도왔다. 그 안에 담긴 의미는 사고의 뚜렷함만 나타내는 것은 아니었다. 히틀러가 지닌 개성적인 목소리에서 우러나오는 불가항력적인 내적 확신과 진실성이 드러나는 것이었다.

제1차 세계대전 당시, 이름 없는 병사였던 그가 최초 국가 사회주의 노동당 7인이었던 동지들과 함께 전체 독일 국민들의 마음을 사로잡으려 나섰을 때, 히틀러는 웅변 말고는 아무런 힘도 능력도 없었다.

아돌프 히틀러는 13년에 걸친 고난의 세월동안 고달픔이 극에 다다라 두려울 만큼 내부가 분열되어 있던 8천만 독일 국민들을 오로지 웅변 하나로 통일했다. 히틀러의 웅변의 힘은 하나된 국민협동체 의지에 불을 지폈고, 마침내 독일 국민들을 역사상 본 적 없는 암흑시대에서 벗어날 수 있게 했으며, 유럽대륙 지도자로 자리매김하게 되었다.

이 글은 일본·독일 문화협회주사 월터 도나드가 쓴 글이다. 기괴한 글이 아닐 수 없다. 도나드가 나치에 심취한 것은 아닐까 의심되는 서문이 아닐 수 없다.

일개 병사에서 갑자기 출세한 히틀러는 오로지 그의 입 하나로 '유럽대륙 지도자'가 되었다는 그 경멸의 눈빛은 그를 찬미하는 문장 안 어딘가에 숨어 있는 듯하다.

그저 히틀러의 연설에 단순히 반해버린 것이 아니라, 왜 그의 연설이 사람을 매료시키는가에 의심을 품은 느낌이라고 할 수 있다. '튀어나오는 목소리 안에 담긴 불가사의할 만큼의 내적 확신과 진실성을 드러낸다'라고 말하며 애매한 결론을 내기보다는 다른 곳에서는 발견할 수 없었던 익숙한 고백을 하는 듯 보인다.

혼자서 8천만 사람들을 장악한 히틀러의 언변능력을 칭찬하고는 있지만, 한편으로는 그 힘에 이끌려오는 사람들을 의아하게 생각하고 있다. '목소리의 장중함', '사고의 명확함'과 같은 것을 그도 이해한다면, 아마도 그이상의 것에 대해서는 망설임을 보이는 듯하다.

이 점은 히틀러에게 전혀 의심할 여지가 없다는 것을 그의 대화록인 헤르만 라우슈닝(Hermann Rauschning)의 책 《영원한 히틀러》에 뚜렷하게 나와 있다.

나는 대중을 둔감하고 무기력한 상태에서 구했다

나는 대중을 열광시키고 정신을 혼탁하게 한다고 비난받았다. 이러한 견해는 대중을 진압해 둔감하고 무기력한 상태를 유지하는 것이 의무였기 때문이다.

제군, 하지만 그 반대였다. 내가 대중들을 지도하게 된 이유는 무기력한 상태에서 그들을 구하기 위해서일 뿐이었다. 무기력한 상태에서 몹시 둔감했던 대중들은 여러 공동체 안에서도 가장 위험한 존재였다. 무기력함은 대중들에게 자기를 방어하는 보호색이었던 셈이다.

히틀러는 대중들이 쉽게 잊어버리는 점을 이용해 '대중들에게 모든 것을 설명할 의무가 있지 않습니까?'라는 이상주의적 지식인, 라우슈닝이 던진 질문을 '그렇지 않다'고 단번에 부정했다.

지식인은 언제나 회의로 가득 찬 사람들로, 자신들이 인식할 만한 것이라면 언제든 무엇이든 굴복할 준비가 되어 있는 자들이라고 할 수 있다. 이런 지식인들에게 히틀러의 연설은 절대로 좋은 평가대상은 아니었다. 그것은 그들이 히틀러의 연설에 대해 인식의 병을 거절하고 있었기 때문이다.

월터 도나드는 근본적으로 '지식인'에 포함되는 사람으로서 어딘가 확실하지 않은 감정에 사로잡혀 있었다.

국가선언에서 일부 지식인들을 감복시키려는 노력은 무모한 일이었으므로, 인식의 병이라는 단점을 갖고 있지 않은 국민들을 사로잡는 것이 더 중요했다. 국민들을 먼저 굴복시킨 뒤, 힘으로 뒤처져 성가신 존재인 지식인들은 천천히 힘으로 제압하면 된다는 것이 히틀러의 생각이었다.

지금 문필과 관계 있는 이들이나 나르시시스트들은 모두 다음 사항을 머릿속에 넣어두었으면 한다. 세계의 가장 위대한 혁명은 결코 거위털로 만들어진 펜으로 인해 이끌어지는 것이 아니라는 사실을.

아니, 이미 펜에는 혁명의 기반을 이론적으로 다질 수 있는 것만이 남아있었다. 그러나 예부터 종교적, 정치적 방법으로 위대한 역사적 인물을 일으키는 힘은 오로지 선동적 마력뿐이었다.

많은 국민들은 무엇보다 연설의 힘이 토대가 되었고, 위대한 운동은 모든 대중운동으로, 인간적 정열과 정신적 감수성을 폭발하게 했고, 잔인한 여신이 곤란함을 불러일으켰으며 이것이 대중들에게 옮겨가 이들은 불지른 횃불처럼 빠르게 선동당했다.

히틀러의 특기는 지식인들을 겨냥해 욕설을 퍼붓는 것이었으며, 지식인들이 지어낸 억지스러운 연설은 대중들의 관심을 끌지 못했다. '고달픔의 끝, 두려울 만큼 내부가 분열되었던 8천만 독일 국민을 하나로 통일'하지도 못했다. 히틀러가 나타나기 이전, 독일 내부가 분열되었던 것은 국민들 때문이 아닌, 지식인들 사이에서 분열이 나타나면서 그 여파가 확산되어 만들어진 혼돈상태 때문이었다.

적당한 표어로 편집증처럼 열심히 말하다
앨런 와이크스는 저작 《히틀러》에서 그의 연설을 비웃는 듯한 구절을 남겼다.

히틀러는 그의 싸구려 연설을 몇 번이고 반복해 사람을 속일 수 있는 방법을 터득했다. 적당한 표어로 편집증이 있는 것처럼 열변을 쏟고 나면 마치 게르만 민족의 구제자가 불어대는 트럼펫처럼 울려퍼졌다.

이 글은 히틀러가 처음부터 천재적인 연설가가 아니었음을 알게 해준다. 히틀러는 어떻게 말로 사람들을 속였을까? 그는 물론 거짓말을 늘어놓지는 않았을 것이다. '편집증이 있는 사람처럼 열변을 쏟았다.' 바로 그의 연설 구절 속에 '사람을 속이는' 비밀이 있었다.

연설할 때 히틀러의 말은 언어로서의 말이 아닌, 히틀러 그 자체이며 그는 사람들이 옳고 그름을 가리기 전에 군중들을 집어삼키듯 연설했다. 즉, 일종의 스킨십을 일으켰다고 말할 수 있다. 히틀러 말 자체에 매력이 있다기보다, 말하는 히틀러 자체를 보는 것으로 대중들은 흥분했다. 이렇게 되면 목소리의 장중함이나 또렷한 사고 같은 것은 부수적인 요소가 되고 그것들이 하나의 진실처럼 연설의 힘이 되어 주었다.

히틀러의 연설을 귀담아 듣는 몇 천 명의 청중들은 신을 모시듯 어떤 종교적 염원을 갖고 있었고, 히틀러가 열변을 토하는 동안 청중들 몇몇에게 히스테리(병적흥분) 현상이 나타나기도 했다. 이 현상은 히틀러의 말처럼 자연적으로 일어난 것이 아니라, '여러 사람의 약점을 세세하게 계산한 성공 확률이 높은 전술'이라는 것이다.

뛰어난 연설가는 자연스러움을 이용한다

오늘날 지식인들은 히틀러를 언급할 때, 채플린이 연기한 '독재자'와 같은 우스꽝스러운 표현을 중심으로 그를 소개해야만 했다. 그렇지 않다면 인류의 적이 되지 않을까라는 염려가 있었기 때문이다. 히틀러가 치밀한 계산 아래 만들어진 인물이라고 해도, 자연적으로 발생되는 부분을 기회로 삼아 이를 놓치지 않고 계산했다는 것은 지금까지 사람들이 믿어 왔던 다른 종교인이나 영웅들에게도 그 점은 마찬가지였다.

내면의 자연스러움을 이용하는 것은 저마다 매력을 가지고 살아가려는 인간들의 공통점이다. 대중들은 이러한 인간들을 갈망하고 소원한다.

언어의 에로티즘

언어에는 성적인 속성이 있다. 속삭임만으로도 여성을 흥분시킬 수 있다며 자랑하는 남자들이 있듯, 히틀러는 자신의 언어가 지닌 성적인 속성을 최대한으로 끌어올렸다. 히틀러는 자신이 자아내는 관능적 매력을 가능한 한 끌어올렸다기보다 그 관능성을 다시 정비해 확대시켰다.

요제프 괴벨스는 히틀러의 연설을 처음 들었을 때의 감상을 다음과 같이 표현했다.

처음에 나는 알아차리지 못했지만, 누군가가 갑자기 연단에 올라서서 이야기하기 시작했다. 그는 처음에는 망설이며 부끄러워했다. 마치 보통의 언어로는 감당할 수 없는 오로지 위대한 사상에 들어맞는 단어를 감으로 찾고 있는 듯했다. 그리고 느닷없이 언어의 반향을 증가시켰다. 나는 그에게 이끌렸다.

청중은 수군거렸다. 수척해진 얼굴에 희망이 드리워졌다. 연단에 서 있는 그를 향해 누군가가 손을 흔들며 일어났다. 그 옆 사람은 넥타이를 느슨하게 풀고 이마에 땀을 닦았다.

내 왼쪽에 한자리를 차지하고 있던 늙은 사관은 어린아이처럼 울고 있었다. 나는 차가움과 화끈거림을 번갈아가며 느꼈다. 무엇이 일어나고 있는지 전혀 눈치채지 못했다. 어디선가 마치 대포를 쏘아대는 느낌이었다. 나는 이성을 잃었고 정신을 차려보니 나도 모르게 만세를 외치고 있었다. 하지만 그 누구도 놀라지 않았다. 순간 저 멀리 단상 위에 올라 있던 남자가 나를 쳐다보았다. 그의 이글거리는 푸른 눈동자는 불꽃처럼 내 눈을 쏘아봤고, '그의 목소리는 신의 목소리였다!' 라는 생각이 들었다. 나는 다시 태어났다. 내가 나아가야 할 길을 찾았다.

이 글은 괴벨스가 히틀러의 연설에 어떤 반응을 보였는지 정확히 보여주고 있다. 동시에 히틀러가 대중을 설득하는 방법과 최면술과도 같은 연설의 매력적인 구성에 대해 엿볼 수 있었다.

'처음에는 망설이며 부끄러워했다. 느닷없이 언어의 반향을 증가시켰다'는 수법, 즉 더듬는 말투는 '망설임'을 연기하는 것이라고 생각했지만 반대로 시선을 이끌어내는 '더듬는' 말투가 매력이었다. 괴벨스는 사람들의 온갖 반응을 낱낱이 관찰했지만 그들의 반응은 단지 성적 흥분이라고 단정지을 수밖에 없었다.

괴벨스는 '순간 저 멀리 단상 위에 올라있던 남자가 나를 쳐다보았다. 그의 이글거리는 푸른 눈동자는 불꽃처럼 내 눈을 쏘아보았다'며 그 감격스러움을 일기에 적었다. 그러나 히틀러가 정말로 괴벨스를 쳐다본 것은 아니다. 히틀러는 연단에 서서 어느 관중이 되었든 '나를 봤다'고 생각하게끔 행동했음에 틀림없다. 히틀러의 연설이 어떤 식으로 미리 계산되었는지는 알 수 없지만, 그의 표현에는 전체를 휘어잡는 카리스마가 깃들어 있다고 말할 수 있었다. 오로지 인식과 계산만으로 카리스마가 드러나지는 않는다. 소질이 없다면 꼭두각시 인형조차 될 수 없다.

사자후만으로 연설할 수 없다

히틀러는 연설 그 자체만으로 대중을 조작했다고 생각할 수 있다. 그러나 그의 사자후는 연설이 절정에 이르렀을 때 매듭짓는 말이다. 때문에 사자후만으로는 결코 연설이 이루어질 수 없었다. 대중들을 '흠뻑 빠지게' 하는 부분은 물론 사자후 직전임에도 불구하고 히틀러는 자신의 말재주로 높은 자리에 오를 준비를 하고 있었다.

다음은 1939년 9월 1일, 폴란드 진군에 앞서 히틀러가 국회에서 펼친 연설이다.

의원 제군.

독일의원 제군.

몇 달에 걸쳐 우리는 여전히 매우 어려운 문제에 처해 있다. 이 문제는 베르사유조약을 시작으로 더욱더 악화되어 가는 한편, 오늘날 더 이상 두고 볼 수 없는 지경에까지 이르게 되었다. 그단스크(독일명 : 단치히)는 예부터 독일의 도시였고, 지금도 그러하다. 회랑지대 또한 예나 지금이나 독일의 영역이다.

하지만 지금 그단스크는 우리의 영역이 아니고 회랑지대도 폴란드에 병합되었다. 따라서 이 지방에 살고 있는 소수 독일민족은 잔인한 학대를 받아야 했고, 1919년부터 무려 20년 간 수많은 독일계 사람들은 고향을 등지고 살아야만 했다.

늘 그랬듯, 나는 평화적인 방법으로 걷잡을 수 없는 폴란드 사태를 바로잡고자 제의했다. 하지만 바로잡고자 하는 쪽으로 나아가지 못했고, 그 뒤에도 나는 여러 경로를 통해 또다시 제의했다. 결론적으로는 모두 거절당했다는 것은 제군들이 더 잘 알고 있을 터이다.

이렇게 된 이상 이 사태를 평화적으로 해결하는 것은 불가능해졌다. 하지만 이러한 상황임에도 불구하고 베르사유조약은 결코 우리 독일인들이 지켜야 할 법이 아니다. (우레와 같은 박수)

나는 그단스크와 회랑지대 문제를 토론해 나아가며 평화적으로 해결하고자 시험했지만 이루어지지 않았다. 이 문제는 반드시 해결해야만 한다. (우레와 같은 박수)

하지만 서유럽제국은 문제해결을 위한 노력도, 문제해결 기간에 대해서도 관심이 없었다. 그렇지만 그들은 들어야 하고 우리들은 이 상황을 절대로 잊지 말아야 한다. 나는 독일이 제시한 제안이 성실하고 겸허함 자체로써 그 어디에서도 볼 수 없는 것을 다시 한번 강조하고 싶다. 이 제안은 내가 새로 시작할 곳이며 나는 지금 이렇게 세계를 향해 성명하고 싶다. (우레와 같은 박수)

왜냐하면 당시 나는 이 제안이 수백만 독일인들의 견해에 어긋나는 일임을 인지했음에도 불구하고 제출했다가 거절당했기 때문이다. 하지만 그걸로 끝나지 않았다. 제안에 대한 답을 구하기 위해 사람들을 동원하기도 했고, 그단스크에 살고 있는 독일 민족에게 심한 테러와 박해를 가함과 동시에 경제적·정치적 압박을 더한 것도 모자라 군사적·외교적인 압박수단까지 총동원했다.

폴란드가 자유도시 그단스크를 상대로 투쟁을 시작한 것이다. 처음부터 그들은 회랑문제를 두고 한 발씩 양보해 가며 공평한 방법으로 해결하고자 하는 마음이 없었다. 소수민족에게 지켜야 할 의무에 대해서도 그들은 생각하지 않았던 것이다.

나는 지난 4개월 동안 사태의 진전을 조용히 지켜보았다. 무언의 경고를 보냈던 셈이다. 이제는 무언의 경고를 겉으로 드러내고자 한다.

3주 전, 폴란드 외교관에게 그단스크를 상대로 최후통첩을 내린 것과 함께 독일 민족에 대한 지속적 압박행위를 가함은 물론 관세정책수단이라는 명목으로 그들이 살고 있는 곳을 경제적 파탄으로 몰고 간다면 독일은 이를 더이상 묵시할 수 없다고 통보했다. (우레와 같은 박수)

오늘날의 독일을 예전의 독일과 혼동하는 듯하여 한마디 덧붙였다. (박수) 명예를 자아내는 대국의 상태에 대해 더 이상 방관할 수 없는 일이라고. (우레와 같은 박수)

그럼에도 나는 마지막 시도를 하려 한다. 즉 영국정부 조정안을 채용했다. 영국은 처음부터 협의를 주도하지 않고 독일과 폴란드 사이에서 직접적인 연락만 취하면서 토론을 하자고 제안해 왔다. 그리고 나는 나의 관료들과 함께 꼬박 이틀 동안 폴란드 정부의 전권이 도착할 때까지 기다렸다. (우레와 같은 박수)

하지만 폴란드 정부는 어젯밤까지 전권을 파견하지 않았다.

의원 제군! 독일 및 수상에 대해 이렇게 업신여기는 행위를 묵시한다면 독일 국민의 정치기반은 무너지게 되고 그러면 나도 정치권으로부터 없어지게 될 것이다. (우레와 같은 박수)

평화를 사랑하고 평화를 바라는 정신에 대해 약점이 있거나 겁쟁이라고 생각하는 것은 큰 잘못이다. 지난밤, 나는 영국정부에게 폴란드 정부가 우리와 진심으로 협의하려는 의지를 보이고 있지 않음을 인정하자고 말했다. 조정안이 좌초되었다는 뜻이다. 이런 이야기를 나누는 동안에 폴란드는 우리가 제시한 조정안에 대한 대답으로 오히려 더욱 잔인한 행동을 벌였다. 오늘 밤까지도 이 같은 사실이 되풀이되었다.

나는 몇 개월 동안 폴란드가 우리를 향해 써 왔던 수단을 써서 그들에게 대화를 청하려 한다. (우레와 같은 박수가 이어지고, 의원들은 일제히 일어나 '하일 히틀러'를 제창했다.)

히틀러의 논법은 결코 맥락 없는 문장이 아니었다. 세계를 향한 비중 있는 연설임에도 당황치 않으며, 뜻밖으로 이치에 맞고 질서가 있어 마치 긴장감 넘치는 소설을 읽는 듯 했다. 사리 정연한 글이라기보다 극작품으로 분류할 수 있을 정도였다. 분위기를 서서히 고조시키는 기술은 보통을 뛰어넘었으며 아무 의미 없이 사자후를 외치지지는 않았다.

히틀러는 지금까지 독일인들이 얼마나 은인자중해 왔는지를 자연스럽게 설명하고 있었다. 국외적 책임을 모두 상대에게 떠넘겼고, 생색내는 듯한 협박으로 국내에서 보았을 때 그는 자신만만하게 상대를 제압한 분위기를 조성했다.

특히 '독일'이라는 이름을 여러 번 되풀이했다. 작은 언덕을 여러 개 만든 것이다. 다시 말해 히틀러가 만들어 놓은 작은 언덕은 연설의 주요 지점이다. 보통 단정의 의지를 보일 때 나타났다. 아마도 이 부분에서 히틀러 특유의 과장된 몸짓이 나타났고, 머리카락을 휘날리며 장대함을 연출했을 것이다. (박수)라는 주(註)를 붙인 것은 그 무렵 청취자들이 히틀러의 연설에 감동해서 박수 친 것이기보다는, 히틀러가 몸을 움직이는 걸 지켜보던 의원들이 그 순간 박수를 쳐야 한다는 신호로 받아들였던 것이다.

그는 청중들이 '흠뻑 빠져드는' 계기를 여러 차례에 걸쳐 조금씩 부여했다. 꽃잎 같이 흩날리는 청중들이 국회의원이라 할지라도 그들은 다음 박수 칠 곳에 대비해 모든 준비를 해야 한다는 기분을 느끼게 했다. 이 작은 기대감을 몇 번이고 느끼는 순간마다 청중들은 독일이 위기에 처하도록 조성한 비열한 상대에 맞서 크게 들고 일어나야만 할 것 같은 기분이 들게 되었다. 연설은 언제쯤 선전포고가 나올지에 대한 기대와 함께 긴장감이 고조되었다. 나머지 연설내용을 마저 읽어보자.

우리는 서방제국에게 지금, 그리고 앞으로도 어떠한 요구도 하지 않을 것이다. 나는 영국에 대해 끊임없는 우정을 표했고 필요하면 서로 밀접한 체제를 맺기를 바랐다. 그러나 외교는 한 방향에서만 제시하는 것이 아니라, 상대 방향의 반응도 봐야 할 필요가 있다.

몇몇 유럽제국은 우리의 태도를 경계하고 있다. 하지만 이탈리아만큼은 내내 우리를 지원하고 있다.

제군들은 내가 이 전쟁을 거행함에 다른 나라의 원조를 구하려 하지 않는 것은 경계할 것이다. 그렇지만 우리는 우리의 문제를 스스로 해결해야 한다. (우레와 같은 박수) 중립제국들이 중립을 고집하는 한, 우리들 또한 중립제국을 침략하지 않기를 약속해야 한다. 이 약속은 우리들에게 너무 엄숙했고, 제3국이 이 중립을 갈라놓지 않는 한 엄격하게 지켜야 한다.

나는 여기서 이 특수한 사건을 여러분 앞에서 이야기할 수 있음에 행복을 느낀다. 제군들은 독일과 러시아가 서로 다른 이념에 의해 통솔되고 있다고 알고 있다. 하지만 독일은 자신들의 이념을 유출할 의지가 없었고, 러시아로서는 그 이념을 독일이 유출하려 하지 않는 것이 명확하므로, 독일과 러시아가 서로 칼부림을 벌여야 할 이유가 없다. 두 국가는 양국 국민들이 투쟁하면 제3자에게 그 이익이 넘어가게 된다는 같은 생각을 갖고 있다. 따라서 우리는 앞으로 서로 폭력사용을 자제하고, 여러 유럽제국 간의 문제에 대해서는 서로 의견을 교환하며 경제적 협동 활동을 가능하게 했고, 특히 독일과 러시아가 서로 적대시하며 싸우지 않는다는 것에 대한 협정을 맺기로 결심했다. (박수가 끊이질 않는다.)

나는 모든 독일 국민이 이러한 정치적 태도에 찬성하리라 믿는다. (우레와 같은 박수)

러시아와 독일은 제1차 세계대전에서 서로 싸우다가 결국 함께 고난을 짊어지는 사이가 되었다. 이 같은 상황은 두 번 다시 일어나서는 안 되며, 일으켜서도 안 된다. (폭풍과 같은 찬성의 목소리)

상호협의 불가침 협정은 어제 모스크바와 베를린에서 비준이 교환되어 서명과 동시에 유효해졌다.

내가 정한 우리의 목표는 첫째로, 그단스크 문제

두 번째, 회랑지대 문제 해결

세 번째, 독일과 폴란드 양국의 관계 변화를 불러일으키는 평화적인 공동생활 확립(일제히 결심하듯 목소리를 높인다.)

나는 이에 대해서 폴란드 정부가 현재 변화에 동의하게 될 것인지, 폴란드에 다른 정부가 생겨나 이를 승낙할 때까지 끊임없이 싸움을 계속할 것인지 결정해야 한다고 생각한다. (격렬한 박수)

나는 결코 여자와 아이들을 상대로 전투하지 않는다. 나는 나의 공군들에게 군사목표만 공격해야 한다는 명령을 내렸다.

그러나 만일 그들이 적으로서 변화를 뒤집을 만한 수단을 가지고 시비를 걸어온다면, 나는 그들이 질겁하며 후퇴할 정도로 보복할 것이다. (모두 일제히 자리에서 일어나 결의의 목소리를 높였다.)

오늘 처음으로 우리 영토 안에 있는 폴란드 정규군을 향해 사격을 시작했다. (여기저기서 휘파람을 불었다.)

5시 15분을 기점으로 우리 군이 반격을 시작했다! (환호하는 목소리)

지금부터는 폭탄에 맞서 폭탄을 던질 것이다!(환호하는 목소리)

나는 국방군을 상대로 마땅히 독일 국민을 상대로 하는 희생이 필요하다면, 그들은 모든 희생을 요구할 권리가 있다고 믿는다.

왜냐하면 나 자신도 과거와 마찬가지로 현재도 모든 희생을 바칠 각오를 갖고 있기 때문이다. (긴 우레와 같은 박수)

나는 나 자신이 4년 동안 견디지 못했던 큰 각오 이상으로 독일인들에게 희생을 요구하지 않겠다.

나는 나 자신이 견딜 수 없었던 고난을 독일인들에게 겪게 하지 않을 것이다. (국회의원들 모두 찬성의 목소리를 높였다.)

나의 목숨은 이제부터 나의 국민들 것이다. 나는 지금 독일제국의 일개 병사로써 최전선에 서서 전쟁에 임할 것이다. 이 전쟁에서 만일 나 자신에게 무슨 일이 일어나면 내 뒤는 동지인 괴링에게 맡긴다.

만일 괴링에게 무슨 일이 일어난다면, 그 뒤는 그의 동지 헤스가 맡게 된다. 헤스에게도 만일의 일이 일어나게 된다면 법률상 최고평의회를 소집해 평의원 안에서도 가장 어울리는, 즉 가장 용기 있는 사람을 후계자로 뽑아주길 바란다.

나는 한 국가의 사회주의자로서, 독일 병사의 한 사람으로 한 번 먹은 마음은 흔들리지 않는 정신을 품고 이 전쟁에 임할 것이다. 나의 모든 생활은 끊임없는 투쟁이었다. 나는 나의 국민들을 위해, 나의 국민의 재건을 위해, 그리고 독일을 위해 계속 싸워 왔다. 이 투쟁을 통한 변함없는 나의 유일한 신조는 '독일 국민을 향한 신뢰'다.

내가 입 밖에 내지 않는 유일한 단어는 바로 '항복'이다.

국가의 명령에서 조금이라도 벗어나려 하는 자는 죽음을 각오해야 할 것이다. 우리는 배신자와 함께 할 수 없다! 우리의 의지가 온갖 곤란함에 굴하지 않고 굳건하다면, 그때야말로 우리 독일인의 무쇠와 같은 의지는 곤란함을 뚫고 승리를 거머쥘 것이다.

독일 제국 만세!

마치 모노드라마를 보는 듯한 연설이다. 히틀러는 연기를 했다. 그는 마치 자신의 명연기에 취한 연기자라고 할 수 있을 정도였다. 스스로 행하면 행할수록 그의 연기는 깊어졌고, 의원들을 압도했다. 나치당 국회의원들은 밀랍인형처럼 히틀러의 연기에 취해, 흥분하는 대중관객이 되었다. 때로는 주역을 맡은 히틀러를 빛나게 하는 군중역할을 연기하는 것처럼 보이기도 했다.

어쩌면 이 연설의 초고는 괴벨스가 손보았을지도 모른다. 그 대본을 히틀러가 생생하게 빛이 나듯 연기한 것이다. 히틀러의 몸짓이 포함된 부분은 모두 초고에 있던 것으로 이미 예정된 시나리오일지도 모른다.

'동지인 괴링에게 일이 일어난다면, 그 뒤는 그의 동지 헤스가 맡게 된다'고 히틀러가 지목한 루돌프 헤스는 뒷날, 나치스가 무너진 다음에 뉘른베르크 재판에서 종신형을 받게 된다. 그리고 그는 슈판다우 감옥에서 히틀러의 연설에 대해서 다음과 같이 이야기했다.

총통은 작은 것 하나하나 고집하며 연습을 거듭했으며, 엄청나게 소란스러웠다. 히틀러는 사람들을 매료시키는 연설가였다. 그는 청중 마음을 흔들어 놓았고, 그들의 마음을 손에 넣었다. 우리는 그의 문장력이 이렇다저렇다 지적할 부분은 없었다. 연설이 시작되면 아돌프 히틀러만큼 청중에게 깊은 인상을 남길 수 있는 인물이 없었기 때문이다.

히틀러가 동작을 연습한 효과는 실제 연설에서 몇 배 더 박력 있게 드러났다. 그와 동시에 청중이었던 국회의원들은 군중의 본분을 잊지 않았다. 그들이 그 연설을 볼 만한 것이라고 느낄 수 있도록 히틀러와 서로 연설의 작은 단점을 보완하고 있었다는 점도 부정할 수 없다. 국회의원들도 저마다 듣는 연습을 했다고 볼 수 있다.

연습한 연설문이 실제로 옮겨져 압도적인 연설로 바뀌게 되면, 히틀러와 의원들은 서로가 서로에게 취해 '열광의 도가니'를 만들었다.

'우레와 같은 박수' 또는 '일제히 결의에 찬 목소리를 높이다' 등의 주석은 정부기관지 '푈키셔 베오바흐터(Völkischer Beobachter)' 기자의 손에 의해 만들어진 허구에 지나지 않았지만, 오늘날까지 연설집으로 남아 있는 히틀러의 연설을 문자로 읽을 때 그 주석에서도 생생한 긴장감을 느낄 수 있다.

4. 슬로건

요제프 괴벨스는 다음과 같은 슬로건을 만들었다.

1. 제군들의 조국은 독일이라고 불린다!
2. 무엇보다 조국을 사랑하라!
3. 말보다는 행동으로!
4. 독일의 적은 제군들의 적이다. 마음속으로 적을 미워하라!
5. 독일을 매도하는 자는 제군들을 매도하는 자와 같다.
   그들에게 주먹을 날려라!
6. 독일인은 언제나 외국인과 유대인들보다 우수하다!
7. 유대인도 틀림없는 인간이지만 그렇게 따지면 벼룩도 동물이다!
8. 미래를 믿어라! 그것만이 제군들이 승리자가 될 수 있는 길이다!

인간은 명령을 본능적으로 싫어한다. 본능이 아니라고 해도 반사적으로 울컥하며 입을 배쭉거리게 된다. 그러나 이 버릇은 일단 속으로 이해하려 하거나 힘으로 눌러버리면 안 된다. 처음은 억지로 따라오는 듯하지만 나중에는 절조 없이 기쁘게 명령에 따르게 되기도 한다.

괴벨스의 슬로건들은 명령형으로 만들어졌다. 그런데 어떻게 이 슬로건에 대한 반발이 일어나지 않았는지를 생각해보자.

아마도 슬로건을 받아들일 때 정치적 선언이라는 인식이 깃들어 있었을 것이다. 때문에 우리는 반발심을 불러일으키지 않았다고 생각할 수 있다. 명령조로 이루어졌지만 결코 명령 그 자체는 아니었다. 느낌표가 붙어 있는 문장임에도 꼭 명령형 문장은 아니었다. 강조 또는 요청, 그리고 격려, 계몽이었다. 이러한 것들에는 반발할 필요성이 없고, 여유를 갖고 행동할 수 있다. 그저 슬로건에 지나지 않는다고 생각하면서 말이다. 다만 그 여유로움이 심상치 않은 적으로 변할 것이다.

슬로건을 거듭 수용함으로써 끊임없이 되풀이되는 리듬이 어느새 사람들 머릿속을 지배하게 되는 것이다.

'독일을 매도하는 자는 제군들을 매도하는 자와 같다'는 말은 당연한 말이었지만, 그 속에는 묘한 논리가 숨어 있는 듯했다. 만약 국민들에게 의식이 있다면 자신을 헐뜯는 기분을 느꼈으리라. 이러한 당연함이야말로 이 슬로건이 지닌 단순한 장치임과 동시에 걸작인 이유이다.

슬로건 문구는 애국심이 희미해지는 국민의식 풍조를 전제로 만들어진 것으로, 어떤 마땅한 논리, 논리라고 할 수 없는 논리를 되풀이함으로써 애국심을 다시 끌어올리기 위해 기획되었다.

그러나 사람들은 이미 슬로건에 사로잡혀 있었고, '독일을 매도하는 자는 제군들을 매도하는 자와 같다.' 그리고 그 뒤에 붙은 '그들에게 주먹을 날려라!'라는 문구에 내재되어 투쟁심을 불러 일으키게 된다. 그러나 국민들이 슬로건에 의해 이끌리는 힘이 약해졌을 때 독일은 이미 패전국으로 전락해버리고 만다.

언뜻 보아도 뒤틀린, 교묘한 표현을 담는 다섯 번째 슬로건은, 첫 번째로 인용되었던 '제군들의 조국은 독일이라고 불린다!'는 문장만큼 이상했고, 계몽이라고 하기에는 지나치게 단순한 문장이었다. 마치 어린아이가 외치는 것 같다.

첫 번째 슬로건은 두 번째 슬로건과 같은 내용을 말하는 셈이었다. 만일 다섯 번째 슬로건이 허를 찌르는 문장이라고 한다면 그렇다 할 수 있다. 슬로건은 단순해야 한다는 관점에서 보았을 때 다섯 번째 슬로건은 이에 반대되는 듯 보이나, 내용이 간단명료하고 순간적으로 망설임을 줄 수 있다는 점은 하나의 미끼인 셈이다. 망설임이 사라짐과 동시에 말끔하게 사람들의 머릿속에 꽂히는 것을 계산했다.

일곱 번째 '유대인도 틀림없는 인간이지만 그렇게 따지면 벼룩도 동물이다!'라는 괴벨스식 비유와 솔직함을 담은 슬로건 또한 순간적으로 망설이게 할 수 있는 표어다. 슬로건의 속효성으로 보자면, 지나치게 돌려 말하는 것 같은 느낌이 들 정도지만, 이 정도 솔직함을 바로 알아채고 웃는 순간에는 자신도 모르게 유대인에 대해 혐오감을 쌓게 된다.

히틀러는 이렇게 말하기도 했다.

선언은 말하고자 하는 사상을 축약해서 그것을 꾸준하게 되풀이하는 것이 중요하다. 대중들은 몇 백 번이고 되풀이하지 않으면 아주 간단한 사상이라도 외우지 않는다. 대중들에게 주어지는 변화는 퍼뜨려야 하는 가르침을 바탕으로 하지 않고 그저 형식적인 범위 안에 머물러야 한다. 슬로건은 이처럼 여러 형태로 나타나야 하지만 결론적으로는 반드시 변하지 않는 일정한 공식에 따라서 나타나야 한다.

이 이론을 바탕으로 살펴보면 괴벨스의 다채로운 슬로건들은 원칙에서 벗어나지 않는 것임을 알 수 있다. 또 다른 나치 슬로건을 보자.

9. 목표하자, 독일!
10. 유대인은 우리들의 재앙이다!
11. 가톨릭을 무너뜨려라!
12. 우리들의 빛나는 총통 만세!
13. 오늘은 독일을, 내일은 세계를!
14. 유대인을 때려 부수자!
15. 유대인이야말로 우리들의 적!

나치 슬로건은 같은 내용을 다른 표현으로 여러 차례 반복하고 있음을 알 수 있다. 물론 이에 따른 효과가 확산되기 쉬울 것이라고 생각했을 것이다. 히틀러를 비롯한 나치 당원들은 장렬하게 선언하는 도중, 한 가지 슬로건을 앵무새처럼 되풀이했다. 이처럼 반복을 통해 이념을 주입시켰다 해도 과언이 아니다.

나치 슬로건은 들으면 들을수록 변화를 불러 일으켰고, 그 변화가 하나의 노래처럼 들리기 시작하면서 마치 오락서비스를 제공 받는 듯한 착각을 불러일으키기도 했다. 나치 슬로건의 주제는 실제로 얼마 되지 않는다. 애국심을 호소하거나 유대인을 배척하는 것. 이 두 가지가 사람들을 사로잡고자 했던 궁극적 목표였다.

괴벨스의 슬로건을 조금 더 알아보자.

1932년 1월 6일.
베를린전에 대비해서 '전장에 잠입하라!'는 표어는 그 힘을 바탕으로 대규모 행동을 계획했다. 이에 돌격대, 친위대, 신문, 당, 선전을 총동원해 집중 공격했다. 무엇보다 공장을 근거지로 삼는 것이 가장 중요한 문제였다. 노동계급을 획득하는 것은 그 안에서만 가능했기 때문이다. 표어는 이미 정해졌다. '잠입하라!'

명령조로 만들어진 표어는 당원들을 향한 것으로, 계몽적 요소가 전혀 없음을 알 수 있다. 그렇기 때문에 표어는 오히려 구호처럼 보인다.
슬로건이 구호가 되는 순간, 아군에 대한 정치선언이 국가선언 규모에 큰 변화를 주게 된다. 그렇지만 이 구호는 전투적이며 간결했다. 쓸데없는 사고를 부여하지 않기 위해 명령조로 만들어진 것이다.
마음만 먹는다면 기분 좋게 명령에 복종할 수 있게 되었다.

2월 20일.
올해 선거운동 선전을 걸작으로 만들고 싶은 마음이 매우 크다. 첫 번째 선거 표어는 '공격하라!'

'공격하라!'라는 슬로건은 간단하기 그지없다. 쓸데없는 꾸밈이 있거나 늘 독특한 수식어를 붙이던 괴벨스도 여기서만큼은 모든 것을 잘라냈다. 이즈음 나치당은 정권을 장악하지 못했다. 하지만 괴벨스가 '첫 번째 선거 표어는 '공격하라''라며 자신 있게 쓴 부분은 당원들뿐만 아니라, 선거의 대상인 국민들을 포함한다. 그는 투표에 앞서 이들을 아군으로 포섭해 놓고 '공격'하는 기분을 느끼게 하려는 전략을 내세운 것은 아닐까? 그렇다면 '공격하라!'는 자칭 '선언의 걸작'이라고 했던 괴벨스의 야심에 어울린다고 할 수 있다.

11월 4일.

나는 이런 표어를 제시했다. '진정한 국민이 되려면 싸우는 노동자의 배후를 공격할 필요는 없다' 이 표어는 눈 깜짝할 사이에 시내에 퍼졌다.

이 표어는 명백하게 선거의 대상인 시민들을 향해 외친 것이다. 수식어가 좋지 않게 드러나면, 걸작이 될 수 없지만 괴벨스는 장담했다. 그리고 이 표어는 노동자 계급에 깊이 파고든 공산당에 대한 도전이었다. 공산당을 지지하는 노동자들을 빼앗으려 했던 것이다.

1933년 2월 1일.

라디오에서는 독일 국민들에게 이야기하는 총통의 성명이 울려 퍼졌다. 아주 감동적이며 감탄할 만한 이야기였다. '1918년 11월, 항거하라'가 표어였다. 이는 반드시 실행되어야 하는 것이다.

히틀러의 라디오 연설에 맞춰 만들어진 표어였다. 숫자를 슬로건에 썼다. 이 연호는 독일이 1차 세계대전에 패배한 해다. 첫 번째 슬로건, '제군들의 조국은 독일이라고 불린다!'의 변형된 예로 보아도 좋을 것이다.

정권을 획득하기 전, 괴벨스의 표어는 '1918년 11월에 항거하라'처럼 나치의 정책방침을 반영해 제1차 세계대전의 굴욕을 환기하려는 것들이 많았다. 베르사유조약을 거부하는 것이기도 하며, 독일인들에게 애국심과 배타정신을 심어주기 위한 수단이기도 했다.

16. 후방의 중상!
17. 부끄럽기만한 베르사유조약!
18. 국가 명예회복!
19. 11월의 범죄!
20. 우리들의 슬로건은 프랑스 타도가 아닌 모국의 배신자를 타도하는 것이다. 12월의 범인을 타도하라!

히틀러는 1914년, 1차 세계대전 이전의 '국경회복'을 표어로 내걸었다. 이는 국내를 비롯해 세계를 향해 외친 슬로건이었다. 히틀러는 '나라마다 이 슬로건에 놀라 위협을 느낄 것이다'라며 자신만만하게 생각했다.

'말하자면 슬로건을 지난 밤의 환영 속에서 현실화하려는 강력한 수단이 빠져 있다. 만약 실제로 실현된다 하더라도 나중에 그 결과는 비참해질 수 있다. 그 결과를 위해 또다시 우리 민족이 피를 흘리게 되면 이는 결코 유리하지 않다.' 이렇게 히틀러는 평화적 발언을 늘어놓았다.

1914년 국경을 회복한 것도 국민들의 피로써 달성되었다. 하지만 그 누구도 의심하지 않았다. 어린아이와 같은 순진한 머리의 소유자에게만 무언가를 나누어주거나 구걸하는 방법으로 베르사유조약의 수정을 초래하게 되었다는 생각에 빠져드는 것은 거의 불가능하다.

이러한 말투는 히틀러 특유의 언변술이었음을 알 수 있다. 일단 내건 슬로건은 인도적인 관점에서 터무니없는 생각임을 부정하고 그럼에도 다른 제국들의 부당한 압박에서 벗어나기 위해 손을 놓고 있다고 영토가 되돌아오는 것은 아니므로 반드시 슬로건을 실현시켜야만 했다.

1914년, 국경회복을 위한 계획 때문에 우리 민족 전체가 더욱 심한 유혈사태를 맞이할 것이 틀림없다. 그리고 그 결과 국민들의 생활과 앞날을 진심으로 보장하는 결의와 행동을 이행하기 위해 주입해야 하는 귀중한 피는 어쩌면 존재하지 않을지도 모른다.

히틀러는 연합국 측에 위압적으로 책임을 떠넘긴다. 그리고 '이에 대해 우리 국가주의자는 흔들림 없는 자세로 우리들의 외교정책 목적, 다시 말해 독일 국민에 걸맞는 영토를 확보할 것을 고집할 것이다. 이러한 행위는 신과 우리 독일의 자손들 앞에서 유혈을 정당화하는 유일한 행위다'라며 슬로건을 그대로 실행할 것을 맹세한다. 유혈사태에 대한 각오를 다진 슬로건이었기 때문에 어떤 이가 비난한다 할지라도 그 무엇과 비교할 수 없었다.

불성실함, 성실함이라는 논리를 조금도 고집하지 않았고 그저 정치선언의 비정함을 가리키고 있었다. 나치는 선거운동에서 또한 대외정책을 슬로건으로 만들어버렸다. 그뿐만 아니라 국내정책에서도 슬로건을 내걸었다.

21. 공익을 사익보다 우선시하라!
22. 이자의 노예를 타파!
23. 각자에게 개인의 것을!

다시 말해 나치가 내건 슬로건들은 '중상층을 분노하게 하지 않고 그들에게 의존하며 노동자와 농민으로 이루어진 대중을 사로잡기 위해 고안한 미끼'였다. 여러 사회 계급들이 나치에게 기대와 환상을 가지도록 했다. '노동자들에게는 보다 나은 임금을, 고용주에게는 보다 큰 이익을, 농민들에게는 보다 높은 가격을, 도시인들에게는 보다 싼 음식을'이라는 망상을 골고루 퍼뜨린 슬로건 효과를 발휘해 선거운동에 유리하게 작용하도록 한 것이다.

앞에 열거했던 슬로건들 가운데 나치 이념과 가장 맞아떨어지는 것은 '각자에게 개인의 것을!'이라는 문장이다. 이 표현을 만든 사람은 어쩌면 괴벨스처럼 요묘한 역설의 표현을 가지고 있었을지도 모른다. '만인이 만인을 위해서'라는 사회주의자의 슬로건, '만인은 한 사람에 속한다'는 자본주의 진영의 슬로건 안으로 '각자에게 개인의 것을!'이라는 슬로건을 투입시켰다. 이 슬로건은 적군 진영에 폭탄 역할을 했다.

지방 선거전에서 슬로건은 어떤 형태로 전개되었을까? 프로이센의 가공 도시를 예로 들어 이야기한 윌리엄 셰리든 앨런(William Sheridan Allen)의 《히틀러가 마을에 찾아왔다》에서 조금 살펴보자.

먼저 '각자에게 각자의 것을!'이라는 표어가 이 마을 사회주의자들 사이에서 웃음거리가 되는 부분이 나온다. 이 마을에서는 2주에 한 번 가축 거래소에서 나치스 집회가 열렸는데, 그때마다 외부에서 나치스 전속 연설가가 초대되어 입장료를 거두어들인다.

한편 반대 정당에서는 이 슬로건을 비아냥거렸다. 그러나 이 비아냥은 나치스를 조금도 위협하지 못했다. 비아냥대는 쪽이 소극적이었기 때문이다.

사회민주당과는 지방 도시에서도 자주 폭력이 따르는 충돌이 일어나, 경찰은 마침내 시위를 금지하기에 이르렀다. 나치스는 이 조치에 대해 재빨리 슬로건을 내세워 되받아쳤다. 새로운 슬로건은 다음과 같았다.

24. 금지를 묵살하자 —그러나 죽지 말라!

시위는 3km 떨어진 마을에서 일어났고 2,000명이 넘는 사람들이 모였다. 슬로건이 지시한 대로 금지를 묵살하고 3km 떨어진 마을에서 합법적으로 질서정연하게 시위함으로써 대중의 마음을 사로잡으려는 책략이었다. 이 집회에 대해 앨런은 이렇게 기록했다.

집회가 끝나자 나치스 돌격대원이 트럭 3대에 올라타 탈부르크 시내에 전단을 배포했다. 이 탄력성 뛰어난 조직력을 과시한 시위를 통해 나치당은 사회민주당의 집회를 막았을 뿐만 아니라 언론도 제압했으며, 탈부르크 시민들을 그 규모와 의연한 태도에 '몹시 감탄했다.'

이 사례에서는 슬로건을 단호하게 정하는 모습을 볼 수 있다. 이 슬로건은 '금지를 묵살하자'에서만 그치지 않고 '그러나 죽지 말라'로 이어지는 점에서 듣는 이의 마음을 사로잡는 힘이 있다. '죽지 말라'는 말은 어떤 의미에서는 살아남아야 한다는 뜻임과 동시에 죽을 각오로 싸우자는 뜻이기도 하기 때문이다.

슬로건은 전단이나 포스터로 인쇄되었을 뿐만 아니라 포장도로나 벽에도 붙었다. 그러나 연설을 통해 가장 좋은 효과를 낳았다. 연설 도중이나 마지막에 끼워 넣으면 연설을 극적으로 만드는 데 도움이 되었다.

이를테면 "함부르크에서 초대한 나치스 당원이 시 광장에서 맹렬하게 연설하면서 '조만간 머리가 나뒹굴겠지'라는 슬로건을 입에 담았다"고 앨런은 말한다. 이 표어는 독살스러우면서도 골계적이다. 머리가 나뒹굴게 되는 것은 유대인이었다. 이 슬로건은 그것만으로 유대인 배척의 부호였다. 이 마을에서는 사회민주당이 세력을 뻗치고 있었는데, '아는 것이 힘!'이라는 그들의 슬로건은 차츰 나치스의 독살스러운 매력을 지닌 슬로건 앞에서 빛을 잃어갔다.

이 마을 돌격대원은 열정적으로 활동했고, 시민들은 자주 페인트로 '유대인을 몰아내자!'라든가 '유대인이야말로 우리의 적!'이라고 쓴 전투적인 슬로건을 보게 되었다.

슬로건은 일정한 간격을 두고 되풀이하는 방식으로 가장 효과적이라고 생각되는 장소뿐만 아니라 온갖 방법을 동원해 곳곳에 걸렸다.

나치는 파장공격과 같은 기술이야말로 대중들의 머릿속에 가장 확실히 주입시키는 방법이라고 이해하고 있었다.

프로이센 주 선거에서 당마다 슬로건을 내걸었다. '탈부르크 나치의 거짓말'이라는 슬로건을 내건 당도 있었다. 그러나 이런 대항 자체로 나치의 힘을 인정해버리는 셈이었다. 슬로건 또한 힘과 비례했다. 국가당 슬로건은 '우리들은 히틀러의 프로이센을 원하지 않는다'였다. 독일 하노버당은 '독일을 위해 프로이센을 반대한다'라는 심술부리는 듯한 슬로건을 내걸었다.

나치는 '구호는 프로이센'이었다. 슬로건 안에 구호까지 넣어 사람들을 나치당으로 선점했다. 승부는 불 보듯 뻔했다.

선거에 앞서 나치 선언은 여러 번 신문광고를 이용했다.

'날마다 규정되었던 우리들의 빵은 궁핍함이다. 우리들이 견딜 수 있는 생활 조건을 요구한다!' 그러나 이 신문 광고에서는 나치다운 시원시원함이 묻어나지 않았는데, 이는 이즈음 나치당이 초조했음을 드러내는 슬로건이다.

그도 그럴 것이, 나치당 특유의 격렬한 선언기술 이전, 다른 당들이 그저 원래 흐름대로 수수방관해서인지, 나치당은 불안한 마음에 공산당에 대한 적대적 슬로건도 내걸었다.

25. 마르크스주의를 분쇄하라!
    반동에 죽음을 내려라!
    양측의 항복으로 인해 우리들의 국가는 되살아난다!

이 표어는 공산당과 사회주의당을 동시에 공격하고 있다. 욕심을 부렸지만 나치당은 자신들의 당 이외 모든 당을 적으로 여기고 싸우고 있었으며, 결코 적을 하나로 엮지는 않았다.

26. 우리들은 형제로서 이어진 국민임을 희망한다.

이것은 프리드리히 실러의 작품 《빌헬름 텔》 속의 유명한 문구를 슬로건으로 삼았다. 나치의 슬로건은 머리를 써서 만들어낸 것뿐만 아니라 여기저기서 인용했다는 사실을 알 수 있다. '목표하자, 독일!'이라는 표어도 디트리히 에카르트의 시를 인용했다.

그래서 나치당의 표어가 독자적이지 않다는 꼬투리를 잡아 기회를 잡은 것처럼 비난하는 경향도 있었다. 이는 나치당의 표어가 독창적이라고 생각했던 자신을 탓하는 말에 지나지 않는다. 나치당은 다른 곳에서 인용문을 따와 자신들의 것으로 만들었기에 표절은 아니었고 비록 표절이라고 하더라고 선전 논리로 볼 때 허용할 수 있는 일이었다.

공산당도 본디 슬로건을 능숙하게 만들었다. 거리에 나가 여럿이서 구호를 외치며 슬로건을 알렸다. 그 슬로건을 따라 외치는 사람들은 소리의 리듬 속에서 마비된다. 얀 페테르센의 《우리 마을》은 나치당과 싸우는 독일 공산당원 관점에서 묘사한 소설인데 한 등장인물이 "그런데 이번에는 누가 슬로건을 만들어 왔어?" 이렇게 동료에게 묻는 장면이 있다. 서로 슬로건을 생각해 와서 정했다는 사실을 알 수 있다. 다음은 여기서 정한 슬로건이다.

마가린 가격은 올라가고 버터는 훨씬 더 비싸졌다!
인민이여 무기를 들어라!

"이건 우리 공장에서 일하는 노동자가 한 말을 그대로 가져온 거야." 슬로건을 만들어 온 사람이 말했다. 이는 공산당 하부 조직에서 슬로건을 어떻게 만들었는지를 잘 보여준다. 인간의 식욕을 자극하는 슬로건이다. 나치당은 괴벨스가 '일터로 쳐들어가라!' 이런 슬로건을 만들었듯이 대도시 노동자 계급이 있는 일터로 돌격하려고 했는데 '일터로 쳐들어가라!'는 자기 당 동료에게 보내는 메시지이기는 했지만 노동자들의 마음을 공산당의 슬로건처럼 사로잡았는지는 의문이다. 공산당처럼 식욕을 자극하지 않는다. 그러나 나치당이 도시 거리로 나가려고 한 것은 사실이며 그들은 다음과 같은 슬로건을 내걸었다.

27. 베를린으로 진군하라, 공화정부를 무너뜨려라!
28. 거리에서 거둔 승리는 국가권력을 손에 넣는 열쇠다!

나치가 정권을 잡은 뒤, 대전에 돌입할 무렵에는 국민들의 식욕을 떠올리게 하는 슬로건을 내세웠다.

'빵 대신 대포를!' 오히려 식욕을 억누를 만한 표어였다.

나치당이 천하를 누리기 전에는 '선언=공산당'이었다. 하지만 공산당뿐만 아니라 독일 사회주의당도 철전선당이라는 단체를 조직해 선언전에 뛰어들었다. 선거 당일, 철전선당은 나치의 포스터와 그들이 붙이는 전단지마다 자신들의 당 포스터와 전단지를 덧붙여 방해 행동을 할 만큼 격렬하게 싸웠다.

히틀러는 권력을 가질 수 없다!
철전선이 지켜보고 있다!
만약 당신이 공격을 계획하고 있다면
철전선이 타격을 가할 것이다!
괴벨스의 이름을 듣고 히틀러를 아는 자들은 말하라!
힌덴브루크가 대통령이 된다!
아돌프여 걱정하지 말라!
일요일 아침이면 걱정이 사라질 것이다!

위 슬로건들은 나치당을 철저하게 의식함으로써 자신들의 당이 내세우는 주장을 성립시키려고 한다. 과격한 슬로건이지만 오히려 패배를 뜻하기도 한다. 패배를 스스로 인정하는 것이었고 '행동의 부활!' '철의 규율!' '프롤레타리아의 연대!'와 같은 표어도 있었다.

그러나 '대중들의 머릿속에 우리의 상징인 힘을 신용하도록 주입시켜 투쟁정신을 신뢰하도록 환기시키자'라는 말을 함으로써 자신들이 기대했던 만큼의 결과를 내지 못하고 있음을 증명했다. 마지막에는 신경질적으로 다음과 같은 슬로건을 내걸었다.

히틀러는 유대인!
타도! 히틀러!

히틀러의 이름을 직접적으로 연발하는 것은 오히려 나치를 위한 슬로건이었다 해도 과언이 아닐 것이다. 사실 나치에서는 히틀러 이름을 그대로 슬로건으로 만들고 있었다. 한마디로 슬로건의 '상징화'였다.

29. 독일 상공을 날아다니는 히틀러!

선거유세에서 히틀러가 비행기를 이용해 회장에 도착할 때, 청중들을 열광시키려고 만든 슬로건 가운데 하나이다. 지금 읽어보면 목가적으로 들릴지도 모르지만 그때로서는 성공한 예 가운데 하나였다.

그러나 무엇보다 최고의 걸작으로 꼽히는 슬로건은 '하일 히틀러'이다. 이 슬로건은 사람들의 일상생활 속 상징처럼 자리 잡아 그 성공성이 더욱 극대화 되었다고 할 수 있다.

나치당과 사회민주당, 공산당의 선언 전쟁은 소등시간이 될 때까지 이어졌고, 마지막은 일제히, 그러나 문구가 다르기 때문에 틈을 조금 두고, 3종류의 팽팽한 외침으로 마무리하게 된다. 마치 잘 자라는 인사를 하는 듯, 마지막 도전을 예기하는 듯한 끝맺음이었다.

나치당—하일 히틀러!
사회민주당—프라이 하이트(자유만세)!
공산당—로테 프론트(적색전선)!

각각 세 당의 구호였다. 여기에는 명령이나 요청 등 단어의 기본 의미는 모조리 잘라냈지만 슬로건 목표 관철 의지는 분명히 포함되어 있었다. 차코스틴이 언급한 '마르크스주의'는 마르크스의 행동 및 학설이 명명된 이론상의 명칭이었지만 차츰 정치적 투쟁의 슬로건이 되었다.

나치는 정권을 잡고 얼마 지나지 않아 독재정권을 수립하고, 전쟁에 돌입했다. 그리고 그 뒤에도 수많은 슬로건을 남발했다. 변함없이 활기찬 슬로건이었지만, 전쟁에 패하면서 상황이 나빠짐에 따라 그 활기는 저주로 바뀌었고 죽음의 외침과도 같은 것들이 생겨나게 되었다. 기운차 보였지만 초조함도 묻어났다.

30. 전선에 편지를 보내라!
31. 노동을 존경하라! 노동자를 구하라!
32. 일에 착수하라! 총을 들어라!
33. 러시아인을 끌어들이지 말라!
34. 불러일으킨 폭풍우여 불어라!'

선전의 신 괴벨스는 패색이 짙은 상황에서도 열심히 슬로건을 만들었지만 나치를 향한 폭풍은 여전히 불어오지 않았다.

5. 민중 선동1-술렁이는 유언비어

유언비어의 특징은 진실성과 구체성

유언비어의 특징은 진실성을 덧붙여 사람들의 눈을 속인다는 데에 있다. 그러므로 이 히틀러에 대한 유언비어 또한 매우 구체적이다.

히틀러와 에바 브라운을 태운 비행기는 30분쯤 지나 다시 돌아와 톤데른 비행선 기지 위를 빙빙 돌다가 상자 하나를 떨어뜨렸습니다. 그 상자를 열어 보니 안에는 튜브가 들어 있었고 그 속에서 편지 한 통이 나왔습니다. 편지에는 히틀러와 에바 브라운 말고 다른 네 명의 장군을 해안에 숨겨두었다고 씌어 있었습니다.

더욱 정성을 들인 부분은 자신이 극적으로 목숨을 건진 사건까지 덧붙여서 신빙성을 높인 점이다.

5월 9일 아침 나는 비행기를 타고 스페인 말라가로 가고 있었습니다. 마르세유 상공에 다다르자, 갑자기 30기나 되는 라이트닝 전투기 무리가 공격해왔고, 우리 비행기는 4000m 고도에서 명중탄을 맞았습니다. 3000m로 추락했을 때, 구름의 습기와 더불어 바람이 위로 불어준 덕분에 비행기는 가까스로 균형을 잡을 수 있었고, 나는 기적적으로 목숨을 건질 수 있었습니다. 그러나 다른 승객 30명은 모두 죽고 말았습니다.

유언비어의 신빙성을 높이려면 관련 없는 이야기를 덧붙여라

이 이야기는 히틀러 생존설과 전혀 관련이 없지만 그래서 더욱더 사실처럼 꾸밀 수 있는 것인지도 모른다. 이러한 유언비어가 얼마나 근거 없는 이야기인지 논하는 사람들도 있지만, 인간은 보통 처음부터 의심하기보다, 먼저 그대로 받아들이는 경향이 있다. 그리고 그때 사람들은 그럴듯한 구체성에 맥없이 속아 넘어가 버리고 만다.

숫자 속임수 그 구체성의 마술

앞선 예에서 '5월 9일 아침'이라든가, '30기나 되는 라이트닝 전투기', '우리 비행기는 4000m 고도', '3000m로 추락' 그리고 '승객 30명' 등등 이렇게 숫자가 구체적으로 나오면 쉽게 믿게 된다.

그 밖에 '확실한 근거에 따르면 히틀러와 당수부장 마르틴 보어만은 유럽 어딘가에 살아 있다!'라든지 '알프스 산속에 사랑의 보금자리를 마련하여 살고 있는 히틀러 부부'라는 유언비어도 있다. 히틀러의 자살은 이제 확실히 알려졌지만 그 시체를 불태워버린 까닭에, 오늘날까지도 히틀러가 살아 있다는 유언비어는 계속 떠돌고 있으며, 그 말고도 새로운 유언비어가 잇따라 생겨나고 있다.

유언비어는 전설과 비슷한 부분이 있다

유언비어와 전설은 서로 같은 부분이 있다고 하는데, 히틀러가 살아 있다는 유언비어는 이제 전설의 세계로 들어가고 있다고 말할 수 있을지도 모른다.

하지만 히틀러가 살아 있다는 유언비어는 나치스가 패배한 바로 뒤, 지하 나치스의 모략 유언비어로서의 효력을 지녔겠지만, 오늘날에는 그저 호기심을 자극하는 유언비어로 금세 잊혀진다. 그러나 이런 유언비어가 생기는 까닭은 나치스에 대한 공포와 매력의 기억이 동시에 뿌리 깊게 여전히 남아 있기 때문이다.

모략 유언비어와 자연발생 유언비어는 뒤섞이기 쉽다

여기에서는 유언비어를 일반론으로 다루려는 것이 목적이 아니다. 선전으로서의 유언비어, 즉 모략으로 생겨난 유언비어, 전술로서의 유언비어를 살펴보고자 한다. 그러나 전쟁때에는 모략 유언비어와 자연발생 유언비어가 서로 뒤섞여 버리기도 한다.

히틀러는 죽은 뒤에 더욱 '살아 있다'는 유언비어가 많이 떠돌았지만 반대로 살아 있을 때는 '죽었다'는 유언비어가 나돌았다. 그러한 유언비어는 '히틀러 암살 사건'이 일어났을 때 가장 심했다. 이 경우도 모략으로서의 유언비어는 아니었다. 사실 암살 계획은 단행되었고 실패했다 하더라도, 하나의 선전으로서 반란자 측이 유언비어를 여기저기 퍼뜨릴 수 있었을 테지만 실제로는 그렇게 하지 않았다. 암살은 시도했지만 확증을 잡을 수 없는 애매한 시점에서 자연스럽게 생겨난 유언비어였다.

불안과 희망적 관측에서 비롯된 유언비어. 그 자연발생 유언비어를 반란을 일으킨 쪽에서 재빨리 이용했다면 그것은 모략의 유언비어가 되었을 것이다. 하지만 반란자 측은 히틀러가 죽었다고 확실히 보도되고 난 뒤, 행동하자고 생각했다. 그러나 아직 안심할 수 없었던 그들의 꼬리에 꼬리를 무는 의심 때문에, 그 자연발생 유언비어는 그들에게 이로운 쪽으로 쓰이지 못했다.

로저 맨벨(Roger Manvell)의 《히틀러 암살 사건》으로 그 사이의 사정을 조금 살펴보자.

히틀러 암살 실행자는 슈타우펜베르크 대령이었다. 그는 설치해 둔 장치가 히틀러 발 밑에서 폭발하는 것을 확인하고 탈출했다. 히틀러가 죽은 것을 확인하지는 못했지만 그 상황으로 볼 때 죽었으리라 확신했다. 그리고 가담한 장군들에게 쿠데타를 개시하라고 재촉했지만 장군들은 의심하며 망설였다. 히틀러가 죽었다는 확실한 증거가 없었기 때문이다.

카이텔 장군, '히틀러는 살아 있다'
올브리히트 장군, '카이텔은 거짓말을 하고 있다'

베크 대장은 히틀러가 라스텐부르크에서 건강하게 살아 있다는 카이텔의 말에 불안을 느꼈다. 올브리히트 장군은 '카이텔이 거짓말을 하고 있다'고 주장했다. 그러나 베크 대장은 이런 의혹을 생각해서 이 점을 헬도르프가 똑똑히 확인해야만 한다고 강조했다.

베크 대장은 만일 공식발표가 있으면 나치 지도자가 취하는 태도는 카이텔이 말하는 정도가 되리라고 말했다.

이제 쿠데타를 개시하자는 명령이 파리와 빈을 포함해서 각지 사령부에 보내졌다. 히틀러의 총통대본영인 라스텐부르크도 틀림없이 반격 태세를 취하고 있으리라.

하지만 슈타우펜베르크는 히틀러 죽음에 의문을 품을 여지가 없다며 쿠데타를 일으키기 위해 동료들을 설득했다.

슈타우펜베르크 대령, '한 사람도 살아남았을 리 없다'

"나는 모든 것을 이 두 눈으로 보았다. 나는 펠기벨 장군과 함께 서 있었다. 150㎜ 포탄이 병사들이 거처하는 곳에 명중해 폭발했다. 한 사람도 살아남았을 리 없다."

이렇게 슈타우펜베르크는 강조했다.

베크 대장, '히틀러가 아직 살아 있는 것처럼 꾸미고 있을지도 모른다'

베크 대장은 슈타우펜베르크의 말을 진실로 받아들였다. 그러나 그가 깊이 걱정했던 일은 상대측이 히틀러가 아직 살아 있는 것처럼 꾸미는 연극이었다. 그렇게 되면, 군대나 독일 국민은 혼란에 빠지고 만다. 이것은 쿠데타의 결과를 좌우하는 의혹과 곤란을 불러오는 것이기도 하다.

그런데 이들은 왜 히틀러의 죽음에 그토록 연연했을까. 이미 폭발물은 터졌기에 쿠데타가 시작된 것이나 마찬가지인데, 죽음을 확인하고 나서 움직이려는 장군들의 망설임은 좀처럼 이해하기 어렵다. 그만큼 히틀러는 공포의 존재이며, 그 까닭에 만일 살아 있다면 자신들의 몸을 지키기 위해 서둘러 달아나야 했던 것일까? 베크 대장은 사망설을 믿기로 결단을 내리면서도 상대측이 살아 있다는 유언비어가 퍼지면 계획을 수행하기 힘들다는 불안에 사로잡혀 있었다. 이미 주사위는 던져졌다는 생각은 전혀 없었다.

살아 있는 히틀러에게 곤란한 것은 '죽었다'는 소문이 떠도는 것이다

그러는 사이 살아 있던 히틀러 측의 반격이 시작되었다. 하지만 그때 히틀러 측에도 곤란한 일이 일어났다. 히틀러가 죽었다는 소문이 이미 떠돌고 있다는 것이었다. 살아 있는데도 그 증거를 보여주는 것이 좀처럼 어려워졌다. '살아 있다'고 발표를 해도 베크 대장이 생각했듯이 '살아 있다'는 것 자체도 유언비어로 여겨질 가능성이 컸기 때문이다. 쿠데타를 일으키려는 진영은 꼬리에 꼬리를 무는 의심으로 혼란에 빠졌기에 섣불리 방송국을 점령하지 않았다. 그래서 괴벨스는 유럽에 다음과 같은 발표를 전했다.

오늘 폭탄으로 총통의 목숨을 노린 계획이 있었다……. 총통은 가벼운 화상과 타박상을 입은 것 말고는 다친 곳이 없어 곧바로 일을 다시 시작했다. 그는 이탈리아 무솔리니 대통령과 만나 긴 시간 동안 회담했다. 총통의 목숨을 노린 계획 바로 뒤, 국가 원수 괴링이 총통 곁으로 급히 달려왔다…….

괴벨스로서는 참으로 드물게 정직한 발표였다. 그러나 일단 사망설은 퍼져나가고 있었고, 그즈음에는 이미 무엇을 이야기해도 믿기 어려운 선전성의 발표였다. 무엇보다도 히틀러의 죽음에 관련되어 '살아 있다'고 발표하는 것은 오히려 더 큰 의혹을 낳았다. 그러나 실제로 살아 있으니 '죽었다'는 헛소문을 그대로 내버려 두면 결국 히틀러 측의 반격의 기회를 잃게 될지도 모른다.

살아 있다는 발표가 참인데 거짓으로 보인다. 사망설은 확실하지 않아도 그렇게 믿는다면 어떠한 힘을 발휘해낼지 알 수 없다. 아울러 유언비어를 만들 생각은 없지만 또 유언비어를 퍼뜨리는 결과처럼 되어 버렸다.

따라서 히틀러는 살아 있다는 것을 증명하기 위해 스스로 마이크 앞에서 연설을 했다.

비열하고 용서하기 힘든 어리석은 몇몇 장교 일당이 야망에 굶주려서 나를 쓰러뜨리고, 아울러 독일 국방군 최고사령관을 뒤엎으려고 계획을 꾸몄다.

슈타우펜베르크 대령이 장치한 폭탄은 나의 왼쪽 2m 지점에서 폭발했다. 폭탄은 충실한 참모 장교 몇 사람에게 중상을 입혔고 그들 가운데 한 사람은 숨을 거두었다. 나는 아주 가벼운 찰과상과 타박상, 그리고 화상을 입은 것 말고는 전혀 다치지 않았다.

이것은 내가 생애의 목적을 지금까지와 같이 앞으로도 추구해 나아가야 한다는 신의 뜻이 드러난 것이다…….

그러나 이 히틀러의 살아 있는 목소리까지도 쿠데타 측에게 평소와 다름없는 생생한 목소리로 들린 까닭에 오히려 의심스럽게 여겨졌다. 맨벨은 그러한 심리를 이렇게 설명했다.

'음모를 꾸민 자들은 이 목소리가 진짜 총통의 목소리인지 아닌지 의심했다. 그 목소리는 죽은 자(히틀러)를 흉내 내는 배우의 목소리가 아닐까 말이다'

한번 믿은 사람은 진짜를 보고도 의심을 한다

무언가를 한번 믿게 된 사람은 좀처럼 자기 생각을 쉽게 바꾸지 않는다. 진실조차 상대의 책략이리라 생각한다. 히틀러가 죽었다고 믿는 사람에게는 살아 있는 히틀러가 눈앞에 모습을 드러낸다고 해도, 거짓이 아닐까 의심할 것이다. 인간의 존재와 인식은 그만큼 애매하다.

한때, 모택동 사망 유언비어가 떠돌았다. 죽었으면 좋겠다고 생각하는 사람, 죽으면 곤란하다고 생각하는 사람, 죽으면 어떻게 될까 호기심을 가진 사람들이 모두 유언비어를 믿었다. 그리고 그 유언비어가 안팎에 미치는 영향을 생각해 유언비어 깨부수기 공작이 행해졌다. 그 공작 결과, 모택동이 살아 있다고 생각하게 하기보다 오히려 정말 살아 있는지 의혹을 키우는 일이 더 많았다. 수영하는 건강한 모택동 사진을 발표해도 사람들은 가짜라고 생각하고, 닉슨과 대담하더라도 가짜라고만 생각했다. 한번 믿어버린 사람들에게 손쓸 방법이 없었다.

6. 민중 선동2–히틀러 암살 사건

히틀러가 살아 있다는 유언비어

히틀러가 총통 지하 방공호에서 스스로 목숨을 끊은 것은 거의 정설이 되었고 이제 그것을 의심하는 사람은 없었다. 그러나 전쟁이 끝난 뒤 몇 년 동안, 그가 탈출해서 어딘가에 살아 있다는 유언비어가 세상에 떠돌기 시작했다.

그러한 유언비어가 왜 나돌았는지 생각해보기 전, 살아 있을 때 히틀러가 그 반대로 '죽었다'는 소문의 대상이었음을 먼저 검토해 볼 필요가 있다.

히틀러가 죽었다는 유언비어

히틀러가 '죽었다'는 소문이 가장 많이 돌았던 때는 1944년 7월, 히틀러 암살 사건 때였지만 그 이전에도 비슷한 사례가 있었다. 유언비어는 때때로 아주 하찮은 의혹에서 생겨나며 무시무시한 속도로 널리 퍼져나간다. 1939년, 히틀러가 살해당했다는 소문이 떠돌았지만 윌리엄 샤이러(William L. Shirer)의 《베를린 일기》를 읽으면 '과연 이런 순간에 유언비어가 생겨나는구나' 하는 점을 느낄 수 있다.

윌리엄 샤이러는 그즈음 미국 CBC 특파원으로, 베를린 현지에서 라디오 보도를 하고 있었다. 1939년 4월은 그 전해에 나치스 독일이 오스트리아와 체코를 무혈점령하고 계속해서 폴란드로 나아가기 시작해서 세계의 주목을 모았던 때이다.

이 하찮은 유언비어로 말미암은 혼란은 4월 1일에 일어났다. 이날 히틀러는 빌헬름스하펜에서 연설을 했다. 샤이러는 미국에 실제 상황을 중계하기 위해 방송국 조정실에서 대기하고 있었는데, 드디어 연설이 시작되었을 때 외국으로 보내는 보도를 멈추라는 명령이 전해졌다. 샤이러는 이때 상황을 다음과 같이 추측했다.

'히틀러가 말하기 시작하고 나서 우리를 보도에서 제외한 것은 무엇 때문인가? 나는 독일인들에게 강하게 항의했다. 하지만 빌헬름스하펜에서 내린 명령은 명백했다. 히틀러 자신이 연설을 시작하기 바로 전에 그렇게 명령한 것이다. 독일에서도 연설은 생방송이 아닌, 나중에 녹음한 것을 방송했다. ……히틀러가 그 자리에서 격정에 사로잡혀 말하는 것이 널리 알려지기 전, 다시 한번 생각해보고 싶다는 의미가 아닐까. 녹음이라면 언제라도 손댈 수 있으니까.'

강력한 무기, 라디오의 치명적인 약점=방송되면 정정할 수가 없다

라디오 방송은 참으로 강력한 선전 무기다. 그러나 편리한 기계에는 불편이 따라오기 마련이라서 한번 방송되고 나면 더는 바로잡을 수가 없다는 단점이 있었다. 그러므로 생방송은 추진력이 있지만 선전 매체로서 온갖 이용을 다하려는 이들은 때때로 라디오의 그 날카로운 기능에 자기 발목을 붙잡히기도 한다.

정해진 원고가 있는 생방송이라면 큰 문제는 없지만, 이때 히틀러는 무척 망설였던 모양이다. 갑작스럽게 중지 명령을 내리고 녹음은 하되 나중에 천천히 손을 댄 다음, 방송하도록 했다고 한다. 히틀러다운 변덕스러움이라기보다, 오히려 시국의 절박함으로 보아야 할 것이다. 그리하여 이때 연설 방송은 도중에 뚝 끊겨 버리고 음악 방송으로 바뀌어 버렸다.

연설방송 중지와 히틀러 암살 소문

15분도 지나지 않아서 폴 화이트(Paul White)가 다급하게 뉴욕에서 샤이러에게 전화를 걸어왔다. 어째서 히틀러 연설이 중간에 끊겼는가? 뉴욕에는 히틀러가 암살당했다는 소문이 나돌고 있는데, 그는 과연 살해당했는가? 폴 화이트는 그렇게 물었다.

물론 마땅히 있을 수 있는 일이다. 때가 때이니만큼 히틀러 연설이 끊기자마자 곧 음악이 흘러 나온다면 암살이라는 돌발사고가 일어난 것은 아닌가 자기도 모르게 생각하게 되며 이는 그리 이상한 일도 아니다. 본능적인 예상이다.

이 암살 유언비어는 샤이러의 설명과 함께 바로 뒤, 허가를 받은 연설 부분을 방송했기에 널리 퍼져나가지는 않은 듯했다. 이 사건에서 유언비어의 달인인 나치스도 하나의 교훈을 얻었음이 틀림없다.

이 경우, 독재자 히틀러의 너무나도 갑작스러운 명령이 미국인들에게 온갖 상상력을 불러일으켜서 그만 암살 소문이 되었지만, 방송매체의 고장 문제로 유언비어가 일어날 수도 있음을 말해준다. 사람들이 분명하지 않은 상태에 빠져 있을 때 유언비어는 생겨난다. 또한 암살 소문이 일어날 만큼, 히틀러와 그가 이끄는 나치스 독일은 전 세계 사람들에게 무시할 수 없는 위협의 존재였다는 것도 의미할 것이다.

히틀러 암살 계획은 1938년 즈음, 군부에 의해서 진행됐지만 그것을 실행하는 나치스를 찾기는 어려웠다고 한다. 로저 맨벨과 하인리히 프란켈(Heinrich Fränkel)의 《게슈타포에 대한 도전》에 따르면 다음과 같다.

> 히틀러는 물론 자기 신변의 위태로움을 잘 알고 있었고, 암살자 또한 책임감 때문에 행동으로 옮기기 몹시 어려웠다. 음모자들이 서로 겨우 뭉치기 시작한 1938년 즈음, 히틀러는 이미 사람들 앞에 모습을 드러내지 않았고, 겁쟁이 추종자들에게만 둘러싸여 있었다. 물론 그들의 지지를 기대할 수 없었으며 여행할 때조차 히틀러가 정해진 경로나 시간표에 따르는 것은 드문 일이 되어버리고 말았다.

히틀러가 사람들을 경계하게 된 때는 1938년 즈음이라며 《게슈타포에 대한 도전》을 쓴 저자들은 그의 위기를 말했지만 히틀러 전속 운전사 에리히 켐프카(Erich Kempka)의 증언에 따르면 히틀러가 극도로 경계하기 시작한 때는 1939년 11월 8일 이후라고 한다. 이때 나치스가 폴란드에 침입하면서 결국 세계대전이 시작되었다.

그때까지 '총통부 자동차 공장장'으로서 켐프카는 히틀러에게 몸을 보호하기 위한 자가용 장갑차를 만들라고 조언했다고 한다. 그러나 히틀러는 독일과 유럽을 위해서 자신은 없어서는 안 될 사람이기에 나라 안에서든 외국에서든 암살될 일은 없을 것이라 믿었다고 한다. 따라서 그 이야기를 듣자마자 거절했다고 한다. 샤이러는 환호하는 대중 사이를 행진하는 히틀러를 보고 누구나 쉽게 그를 암살할 수 있으리라 느꼈다고 하지만, 이 허술한 빈틈은 오히려 그를 더욱더 안전하게 만들어 주었는지도 모른다. 마침내 실제 암살 미수 사건이 1939년 11월 8일에 일어난다. 샤이러가 쓴 《베를린 일기》에서 그 과정을 살펴보면 이렇다.

히틀러와 당의 거물급 지도자 모두가 어젯밤 뮌헨 뷔르거브로이켈러를 떠난 12분 뒤, 9시 9분이 넘어 폭탄이 터지고 맥줏집이 날아가버렸으며, 7명이 죽고 63명이 다쳤다. 폭탄은 히틀러가 연설한 연단 바로 뒤 기둥에 설치되어 있었다.

나치스 신문은 영국의 모략이라고 마구 떠들어댔다. 반면 독일에 머물던 외국 기자들은 이 테러는 국회방화 사건의 되풀이이며, 나치스가 국민에게 영국에 대한 증오를 불러일으키기 위해 꾸민 모략이라 여겼다.

진상은 지금까지도 확실하지 않지만 켐프카가 쓴 《히틀러를 불태운 사람은 나다》에 따르면 이 사건이 있고 나서 히틀러는 장갑차를 타는 데 동의했다고 한다. 켐프카는 총통이 거부했음에도 자신의 책임 아래 독단으로 벤츠사에 몰래 부탁해 장갑차를 이미 만들고 있었다. 그리고 이 사건을 계기로 어쩔 수 없이 그 차를 히틀러에게 보여주게 된다.

자동차 유리는 두께 45mm의 다층 유리로 만들어져 있었고 측면 강철판은 3.5~4mm의 특수 장갑판으로 만들어졌다. 또 자동차 바닥은 두께 9~11mm의 구리판이어서 만약, 자동차 밑에 설치되는 지뢰나 폭탄 공격이 있다면 잘 막아준다. 따라서 자동차는 모든 휴대 화기와 약 500g의 다이너마이트 작약에도 안전했다.

이렇게 켐프카는 그 성능을 자랑하듯이 말한다. 히틀러는 '만족스러운 태도'로 이 장갑차를 바라보며, '나는 앞으로 이 자동차만 탈 거야. 어떤 어리석은 멍청이가 또다시 자동차에 폭탄을 던지더라도 끄떡없을 테니까.' 이렇게 농담하기도 했다고 한다.

그러나 히틀러는 밤에 일반 자동차를 타고 호위 없이 베를린 시내 곳곳을 돌아다녔다고 한다. 그렇게 다니면 베를린 상황을 잘 관찰할 수 있다는 것이 그의 생각이었다.

물론 이 이야기만으로 자세한 진상은 알 수 없지만, 히틀러에게 죽음에 대한 의식이 생겼다는 것은 확실하다. 미신과도 같은 그의 신념이 이따금 죽음을 떠올리게 하기는 했지만 그때까지는 그다지 자신의 죽음과는 연결시키지 않았다. 하지만 이번에는 달랐다. 그는 죽지 않는 신념을 갖기로 했다. 그러나 그것은 죽음을 의식하는 행동이다. 그 신념에 빈틈이 생겼을 때 하나의 위험이 찾아온다.

1944년 7월 20일, 마침내 군대 중추부 대다수가 참여한 히틀러 암살 계획이 실행에 옮겨졌다. 슈타우펜베르크 대령이 동프로이센 라스텐부르크로 옮겨진 본영 지하호 회의에 참여해서 총통 가까이에 있는 탁자 아래 '점화한 폭탄이 든 가방'을 놓아둔다는 계획이었다.

그렇지만 폭발로 4명이 죽고, 히틀러는 고작 바지가 너덜너덜해졌을 뿐 무사히 살아남았다. 폭탄을 설치한 대령은 급하게 탈출하면서 '설마 이 무시무시한 폭발 속에서 살아남을 수는 없겠지.' 생각하고 현장을 떠났다.

소문은 사람의 발걸음을 멈추게 한다

확인을 게을리했다기보다 확인할 시간이 없었다는 것이 뒤에 '히틀러는 죽었다' '히틀러는 살아 있다' 이러한 혼란스러운 소문을 불러일으키고, 거기에서 의심과 망설임이 생겨나 끝내 쿠데타는 실패하고 만다. 그리고 가담한 장군들은 잇따라 처형당한다.

'사망자 가운데 젊은 장교가 폭발이 일어나기 1~2분 전에 우연히 가방을 발로 움직여서' 히틀러가 부상을 피할 수 있었던 것이다.

이때 괴벨스는 베를린에 있었는데, 히틀러는 그날 저녁 그에게 전화를 걸었다. 그 상황은 《게슈타포에 대한 도전》보다 로저 맨벨이 쓴 《히틀러 암살 사건》에 더욱 자세히 나온다.

괴벨스는 어떠한 군사 쿠데타가 베를린에서 일어날 것 같다고 경고하고, 히틀러가 살해당했다는 소문을 부정하기 위해 스스로 방송을 할 필요가 있다고 말했다. 히틀러는 적당한 성명문 작성과 그 전달을 괴벨스에게 맡겼다.

히틀러의 판단은 과연 날카로웠다. 살아남은 히틀러는 암살자 측이 죽었다고 믿든지, 목숨을 건졌을지도 모른다는 의문을 품든지 소문이 퍼져 유언비어의 소용돌이에 사로잡히게 될 위험도 물론 잘 알고 있었다. 유언비어 선전의 위력을 지겨울 만큼 잘 알고 있었고, 이를 교활하게 이용해 온 히틀러에게 이 선전이 오히려 가장 큰 걱정거리였다.

소문은 부정할수록 사실처럼 되고 만다

한번 퍼진 소문은 부정하면 부정할수록 오히려 사실처럼 여겨진다. 이것이 인간의 비이성적인 심리이다. 평소에는 이 심리를 반대로 이용해서 유언비어를 퍼뜨리는 데 전문이었던 괴벨스도 이때만큼은 진땀을 뺐다.

히틀러 암살뿐만 아니라 당의 중요 인물도 잇따라 체포되었다는 소문까지 나돌기 시작했을 즈음, 먼저 6시 30분에 DNB 문자 전송이 있었고 6시 40분에는 히틀러가 살아 있음을 알리는 방송이 유럽에 전해졌다.

······다친 곳이 없어 곧바로 일을 다시 시작하여 이탈리아 무솔리니 대통령과 만나 긴 시간 회담했다.

쿠데타을 일으킨 부대는 베를린으로 가라는 명령을 받았지만 히틀러가 죽었는지 확신할 수 없어, 우물쭈물하며 방송국도 점령하지 못하고, 괴벨스도 체포하지 못하고 있는 사이, 먼저 방송할 기회조차 빼앗기고 말았다.

하지만 늘 그렇듯 음모자들은 괴벨스의 유언비어가 시작되었다 생각하고 히틀러 생존 소식은 오히려 믿지 않으며, 즉각 '라디오에서 발표한 내용은 잘못되었다. 총통은 죽었다. 이미 명령한 조치는 되도록 빨리 실행해야만 한다'고 되받아쳤다.

되받아쳤으므로 재빨리 행동에 옮기면 되지만 같은 진영에서도 의심했기에 결국 그들은 괴벨스에게 반격을 당하고 만다.

괴벨스의 유언비어 깨부수기

바그너의 음악을 계속해서 연주하고 오늘 밤 히틀러의 국민에 대한 연설이 있으리라 예고하는 등 괴벨스는 여러모로 애를 썼다. 다음 날 새벽 1시, 즉 한밤에 마침내 히틀러의 목소리가 라디오를 타고 흘러나왔다. 그는 살아남은 것은 신의 예언, 신의 뜻이라 말하며 쿠테타 주모자를 숙청하겠다고 떠들어댔다.

죽지 않는 영웅의 선전

히틀러는 이 사건으로 '죽지 않는 영웅'을 선전한 셈이다. 이 암살 미수의 날, 무솔리니는 라스텐부르크를 방문할 예정이었다. 이 정보는 음모자 측에게 아주 좋은 암살 조건이었지만 히틀러가 살아 있는 이상 오히려 불리한 증인을 남기게 되었다.

무솔리니를 유언비어를 깨부수는 증인으로 이용하다

무솔리니는 그날 4시, 예정대로 정차장에 내려서 히틀러의 마중을 받았다. '히틀러는 죽음을 피한 사실을 최대한 이용하리라 마음먹고, 폭탄 사건 이야기로 무솔리니의 눈이 휘둥그레지게 만들었다'고 로저 맨벨은 말한다. 그의 문장을 가져오면 이렇다.

> 그는 당장에라도 비가 내릴 것만 같은 무더위 속에서도 몸을 감추기라도 하듯 긴 외투를 두르고 있었다. 얼굴은 하얗고 팔은 붕대로 묶었으며 귀를 솜으로 막고 있었다. 불타버린 머리카락은 짧게 잘라 깔끔하게 손질되어 있었다. 하지만 히틀러는 기운이 넘쳐서 귀한 손님 무솔리니에게 파괴된 회의실을 보여주러 갔고 또 총통복이 불에 탄 흔적을 보여주었다.
>
> 무솔리니는 '신께서 당신에게 보호의 손길을 내미셨다'고 말했다고 한다. 하지만 그런 찬미보다, 그는 히틀러에게 기적의 증인이었다.

유언비어를 깨부수는 외투

한여름인데 외투를 입고 무솔리니를 마중한 것도 연출로 볼 수 있다. 무솔리니에 대한 연출이라기보다 사진을 의식했다. 아무리 살아 있는 사진을 보여주어도 유언비어가 한번 떠돌면 대역이라는 말까지 튀어나오며, 사람들은 믿으려 하지 않는다. 그래서 한여름의 외투로 진실성을 더하려고 했다. 무솔리니를 마중하고 나서 둘이 나란히 걷고 있는 사진이 있다.

괴링이 파괴된 방을 두루 살펴보는 사진도 있다. 이 사진으로는 히틀러가 살아 있다는 증거가 되지 않지만, 무솔리니에게 히틀러가 몸소 설명하고 있는 사진만큼은 증거가 될 것이다.

'부상당한 장군들을 병문안하는' 증거 사진

한편, 무솔리니와 이야기를 나누는 사진에서는 두 사람 모두 신기하게 비옷을 입고 있다. 천에 물방울 같은 얼룩이 있는 것은 비가 내려서일까? 같은 날 찍은 사진 속에서 히틀러는 외투가 아니라 비옷을 입고 있다. 부상당한 장군이나 장교를 병문안하는 사진도 조금 수상하다.

히틀러는 이렇게 쿠데타를 진압했을 뿐만 아니라, 죽지 않는 전설을 만들어 내는 데 성공한다. 그러나 이미 전쟁 상황은 나치스에 불리해졌고, 그로부터 1년도 지나지 않아 히틀러는 스스로 목숨을 끊고 독일군은 연합군에 항복하게 된다.

하지만 자살한 히틀러의 모습은 어디에서도 볼 수 없었다.

휴 트레버–로퍼의 《히틀러 최후의 날》은 명저로 알려진다. 그는 역사학자이지만 영국 정보부의 요청으로 히틀러의 최후를 조사해 1947년에 그 결과를 발표했다. 의뢰를 받은 것은 1945년 9월이었다고 하는데, 그즈음 히틀러의 사망설과 도주설이 여러 가지로 나돌고 있었다. 영국 정보부는 '히틀러에 대한 이러한 신비화는 불필요한 분규를 가져오는 원인'으로 보고 트레버–로퍼에게 그 진상을 해명하라고 명령한 것이다. 어떤 소문이 퍼져나가고 있었을까?

베를린에서 전사했다고 하는 사람도 있는가 하면 티어가르텐 공원에서 장교에게 암살되었다는 사람도 있었다.

이것은 히틀러의 죽음에 관련된 소문이지만 자살인지 암살인지 전사인지에 따라 같은 죽음이라도 그 의미는 매우 달랐다. 어느 쪽인가에 따라 히틀러를 영웅화하는 화근을 세상에 남길 수도 있었다. 살아 있다는 소문이 가장 곤란하다. 소문에 그치지 않고 실제로 살아 있다면 더욱더 곤란했다. 소문에는 다음과 같은 말이 있었다. 트레버–로퍼의 증언이다.

비행기나 잠수함을 타고 탈출해 지금은 발트해 안개에 둘러싸인 섬에 살고 있다고 주장하는 사람이 있는가 하면, 라인란트의 암석이 겹겹이 쌓인 천연 요새에 숨어 있다는 설도 나왔다. 때로는 스페인 수도원이 있는 남미 농장에 있다든가 알바니아 산속에서 히틀러에게 우호적인 산적이 몰래 숨겨주고 있다는 소문이 떠돌기도 했다.

유언비어는 더욱 널리 퍼져 히틀러를 신비화할 위험성도 있었지만 무엇보다 히틀러의 죽음이 분명하지 않았다는 사실이 유언비어의 끝없는 온상이 되었다. 게다가 더욱 불리한 사실은 연합군 소련이 히틀러의 죽음에 대해 애매한 태도를 취하고 정치적으로 이용할 위험성이었다.

그들에게 의지가 있을지라도, 사실을 밝히기 가장 좋은 입장이었던 러시아 측은 오히려 이 애매함을 영원히 이어가려는 태도로 나왔다. 러시아 측은 때때로 히틀러가 죽었다고 발표했다가 덧붙여 그 발표에는 의심스러운 점이 있다고 말했다. 그러다가 나중에는 히틀러와 에바 브라운의 시체를 발견하고 치아로 그들을 확인했다고 말했다. 그리고 그 다음에는 영국 점령지대 안에 에바 브라운과 함께 틀림없이 히틀러도 몰래 숨겨져 있을 것이라며 비난했다.

아마 영국 정보부가 나선 이유는 바로 불똥이 자기 머리에 튀었기 때문일 것이다. 즉 정치가 얽히게 되었다. 그런데 베를린에 가장 먼저 도착한 것은 미국도 영국도 아니었다. 국회의사당은 붉은 깃발이 나부꼈다. 총통 지하호를 발견한 것도 소련이었다. 소련은 히틀러의 행방을 찾는 데 가장 좋은 조건 아래에서 철의 장막을 친 것이다.

좋은 뜻의 뜬소문=희망, 나쁜 뜻의 뜬소문=부러움
고든 윌러드 올포트(Gordon Willard Allport)와 레오 포스트먼(Leo Postman)의 《유언비어의 심리학》에 따르면 뜬소문에는 좋은 뜻이 있는 것과 나쁜 뜻이 있는 것이 있으며 좋은 것에는 희망이 숨겨져 있고 나쁜 것에는 부러움이 숨어 있다고 분석했다. 그 결과, 민중의 간절한 바람이 소문을 그렇게 만들 뿐만 아니라 승리자인 연합국 측 나라들의 정치적인 욕망 탓도 있다고 보았다.

1946년에 발표된 《유언비어의 심리학》은 유언비어 모략의 심리 전쟁이기도 했던 제2차 세계대전 과정에서 생겨났다고도 말할 수 있다. 세계대전은 끝났지만 여러 나라의 정치적 욕망이 오히려 유언비어를 그대로 내버려 두어 '히틀러는 살아 있다'고까지 주장하는 '죽지 않는 영웅 전설'을 키우게 되었다.

전설과 유언비어

《유언비어의 심리학》의 저자들은 전설과 유언비어가 '상기·망각·상상·억지로 갖다 붙이는 과정에서 생기는 부작용'이라는 공통점을 가지고 널리 퍼지기에 이른다고 하며 기본적으로는 같다고 말한다. 히틀러의 죽음은 결국 전설 영역에까지 이르렀다. 승리한 나라들의 정치적 욕망이 또다시 나치스가 살아나리라 예언한 히틀러의 유서에서 결과적으로 그 저주의 실현을 돕고 있다.

군사통역으로서 1945년 5월, 총통 관저에 돌입한 엘레나 르제프스카야(Elena Rzhevskaya)의 《히틀러를 찾아라》는 소련 측의 진상 보고를 담고 있는데, 이 책이 세계에 발표된 것은 훨씬 나중의 일이다.

애매함은 전설을 낳는 어버이이다

《히틀러를 찾아라》에 따르면 지하호에 있던 불탄 사체와 치아 모양을 서로 맞추어 히틀러의 죽음을 확인했다. 엘레나 르제프스카야의 말처럼 '히틀러에 대한 진상 확인을 맡은 사람들은 큰 책임감과 함께 임무를 수행했다. 그들에게는 이와 관련한 어떤 애매함도 해로웠다. 그리고 이 애매함은 나치즘 부활에만 도움이 되는 전설을 낳으리라 생각했다.' 그럼에도 소련이 취한 태도는 애매함을 부추기는 일에만 도움이 되었다.

트레버-로퍼는 소련의 애매한 정치적 전술에 맞서는 영국 정보부의 명령에 따라 소련이 은밀하게 이르게 된 것과 같은 결론을 얻는다. 트레버-로퍼의 설을 인정한 것은 실제로 스탈린이 죽은 뒤였다. 그는 저서 《히틀러 최후의 날》 제3판 머리말에서 소련 즉, 스탈린이 취한 태도를 다음과 같이 추측했다.

스탈린은 히틀러의 사망설이든 생존설이든 모두 '정치상의' 문제로 여겼다. 정치적으로 생각하면 어떠한 증거가 있든지 히틀러는 폐허로 변한 수도에서 장렬한 죽음을 맞이할 생각이 없고, 몰래 달아나 숨어 살고 있다고 공적으로 주장해 둘 필요가 있음을 판단했기 때문일까…….

히틀러의 죽음을 인정하면 나치즘이 부활했을 때 성지라든가, 순례라든가, 성묘라든가, 혹은 신성한 유물이라든가 이러한 의미깊은 존재를 확인하는 형태가 되어, 그 결과 다음 세대에 반러시아, 반볼셰비키 정신을 키우게 될까 봐 두려워했던 것일까?

소련은 왜 히틀러의 죽음에 대한 진상을 숨겼을까?

트레버–로퍼는 소련이 히틀러가 여전히 살아 있다고 주장한 까닭은 스탈린과 장군들의 고집도 있었지만 '이데올로기에 따른 전제주의 형태의 관료기구'였기 때문이라고 그 추리의 영역을 넓히고 있다. 스탈린이 모든 히틀러에 관련한 유물을 은폐한 이유는 '히틀러 신화의 재탄생을 막기 위해서'였다. 트레버–로퍼는 그러나 증거를 그렇게 숨기기보다 오히려 발표하는 편이 낫다고 생각했다. 그 이유는 이렇다.

신화가 필요할 때 진실을 숨기는 일이 신화 탄생을 막은 적이 있었던가? 신성한 유물을 바랄 때 진짜 유물이 존재하지 않는다고 가짜 유물 발견을 막은 적이 있었던가? 참된 영지가 어디에 있는지 불확실이라고 가짜 영지 순례를 막은 적이 있었던가?

믿고 싶지 않은 사람에게는 어떠한 진상도 유언비어나 다름없다

이것은 하나의 진리이지만 진상을 이야기하는 편이 낫다는 트레버–로퍼의 논리에 잘 들어맞는다. 그러므로 《유언비어의 심리학》의 저자들이 지적하듯, '정보를 주는 것, 그것을 논파하는 것만으로는 공포나 증오를 키우는 유언비어를 수습할 수 없으며', 제아무리 '상세하게 기록된 진실이라도 그 사실이 듣는 사람의 마음에 들지 않을 때는 그것에 유언비어나 전설이라는 경솔한 낙인이 찍혀버릴지도 모르는 것'이다.

트레버–로퍼가 보여준 히틀러의 죽음에 얽힌 진상은 이제 거의 정설이 되었는데 믿고 싶어 하지 않는 사람들에게는 여전히 진상이 아니다. 그뿐 아니라 그것은 공들인 유언비어라고조차 단언한다.

한번 생겨난 유언비어에 수습하기 어렵다는 원칙이 성립할 수 있는 이유는 괴벨스가 말했듯이 '소문은 우리가 일용할 양식'이기 때문이다. 이 말은 나치스 선전이 유언비어를 가장 큰 무기로 삼은 것만을 뜻하지 않으며, 괴벨스가 말하는 '우리'란 나치스를 가리킬 뿐만 아니라 모든 인간에게 '일용할 양식'이기 때문이기도 하다.

트레버–로퍼는 있는 그대로 역사를 읽으면 히틀러의 죽음이 '공들여 연출한 하나의 연극'이었던 사실을 알 수 있기에 히틀러 신화는 생겨날 리도 없다는 신념을 이야기하지만, 그 또한 그저 신념에 지나지 않는다. 오히려 그 연극성이야말로 '우리에게 일용할 양식'으로서 남아 있게 된다.

7. 선거운동

공명(公明)할 수 없다는 것이 선거의 본질이다

선거는 결국 사람을 다스리기 위해 선택한, 정치가들이 꾸며낸 책략이라고 할 수 있다. 자기를 알리고 싶고 상대를 알고 싶다는 운동 형식인 한, 공정도 불공정도 없으며, 여기에는 모든 선거 운동이 가능하리라 생각해도 좋을 것이다. 그러나 선거가 공명이라는 간판을 앞세우는 이상, 제도로서의 규제가 있다. 그러나 그 규제가 '공명'의 참모습인 한, 그 규제를 빠져나가려는 운동이 일어나는 것 또한 그 성격상 마땅하다. 실제로 '공명선거'라는 슬로건은 선거에 공명은 있을 수 없다고 크게 외치는 것과 같다. 선거의 공명은 훌륭한 인간의 이상이라기보다, 오히려 인간의 자기기만이다. 사람들 또한 다스려지는 법으로서 이 자기기만을 선택할 수밖에 없다.

히틀러는 선거의 기만을 속속들이 알고 있었다

히틀러는 선거의 기만을 가장 잘 알고 있었다고 말할 수 있다. 그러므로 나치스 선거 운동 그 자체가 민주주의 선거에 깃든 기만을 폭로했다고도 말할 수 있다.

……우리 나치즘 해방 운동 지도자는 이 운동을 자기 일로 삼아 12년이나 되는 긴 시간 동안 독일을 위해서 국민정신을 북돋는 데 노력해 왔고, 이제는 독일 국민의 이름으로 현재 제도에 도전한다. 우리는 알고 있다. 우리 지도자를 그 대표로 하여 투쟁하고 있는 모든 국민은 이제야말로 진정으로 지도자의 편이 되어 독일 국민을 위해 함께 싸우고 승리를 거두리라는 것을.

이제 돌격대로서 지도자 주위를 둘러싸고 결집한 나치즘 운동은 온 독일 국민에게 호소한다. 아돌프 히틀러가 국민 앞에 서서 자유 독일의 지도자가 되는 길을 개척할 수 있도록 협력해 주기를.

히틀러야말로 독일 부흥을 믿는 모든 사람의 표어이다.

히틀러야말로 집도, 땅도, 저축도, 생활도, 일꾼도 모두 빼앗겼지만 그저 그에게 하나 남은 정의의 독일(민족 동포에게 또다시 명예와 자유와 빵을 주는 독일)을 믿는, 이 시대 사람들의 마지막 희망이다.

히틀러야말로 수백만 국민에게 구원의 말이다. 왜냐하면 국민은 오늘 절망하고 있으며 그저 히틀러라는 이름에만 새로운 생활과 창조로 나아가는 길이 있으리라 인정하기 때문이다.

히틀러야말로 세계대전에서 죽은 2백만 동포의 유언을 실행하는 사람이다. 이 2백만 명은 독일 국민을 차츰 멸망시키고 있는 현재의 제도를 실현하기 위해 죽은 것은 결코 아니다. 그들은 독일의 다가올 앞날을 위해서 죽었다.

히틀러야말로 국민을 이해하고 국민을 위해 싸우기 때문에 국민을 대표해서 적들에게 미움을 받는 사나이다.

히틀러야말로 독일 청년의 격렬한 의지이다. 청년은 지친 사람들 속에서 새로운 정세를 바라며 계속 분투하고, 더 좋은 미래의 독일이 있으리라는 확신을 버리려고 하지 않는다. 그 까닭에 히틀러야말로 독일의 미래를 바라는 모든 사람의 밝은 등대이다.

오는 3월 13일, 여러분 모두가 현재의 제도를 지키는 사람들(여러분에게 자유와 가치를 공약하지만 빵 대신 돌과 말만을 안겨주는 사람들)을 향해 이렇게 외쳐야 한다.

우리는 여러분을 이미 잘 알고 있다. 이제는 여러분들이 우리를 잘 알기를 바란다!

히틀러는 승리했다.

국민이 승리하기를 바랐기에!

1932년 3월 1일, 뮌헨에서

이 선전문은 나치스 선거 형태를 잘 보여준다. 이 선전문은 인쇄된 문장인데도 이야기하는 투로 씌어 있다는 점에 주목해야 한다.

선언문은 이야기하는 말투가 좋다

그 요령이 좋다는 것은 문장의 음률이 좋다기보다 이야기하는 방식의 요령이 좋다는 뜻이다. 그 요령을 조금 분석해 볼 필요가 있다.

먼저 좋은 요령의 비결은 전달할 말을 저마다 조항으로 정리하는 것에 있다. 앞선 글에서 '히틀러야말로'는 여섯 번 등장한다. 이 여섯 번 뒤로 이어지는 말은 독자적인 정치적 견해이다.

그러나 그 정치적 견해는 지나치게 추상적이고 구체성이 없다. 이 추상성은 처음부터 정치적 견해를 이야기하지 않음으로써 생겨났다.

히틀러에게 기대하고 '기분'이 들도록 만드는 선언문

이 선언문의 장점은 기분을 이끌어낸다는 점에 있다. 읽는 사람이 히틀러에게 기대를 걸고 싶은 '기분'을 이끌도록 힘차게 나아간다.

'히틀러야말로 집도, 땅도, 저축도, 생활도, 일꾼도 모두 빼앗기고 그저 하나 남은 것은 정의의 독일(민족 동포에게 또다시 명예와 자유와 빵을 주는 독일)을 믿는, 사람들의 마지막 희망이다' 이 부분을 한번 살펴보자.

집도, 땅도, 저축도, 생활도 안정되게 만들겠다는 공약은 어느 정당이라도 내세울 것이다. 그러나 이 나치스 선언문에서는 그런 공약을 절대 하지 않는다. 그러한 것은 국민에게 빼앗기고 만 지금의 정치 형태에서는 불가능하다고 단정하고 있으며, 그렇다고 해서 청사진을 내걸고 나치스가 그것을 가능하게 하겠다고 말하지도 않는다. '그저 하나 남은 것은 정의의 독일'을 믿는 것이라는 생각으로 갈수록 범위를 좁혀나간다.

정의의 독일, 즉 나치스 시대가 오면 빼앗긴 것들은 모두 되찾을 수 있다는 뜻은 포함되지만, 이 선언문은 이에 대한 구체적인 말이 없다. 그런 내용을 말하더라도 사람들이 따라오지 않으리라는 것을 잘 알고 있다. 공약을 아무리 해보았자 늘 거짓 약속에 속아온 국민은 전혀 거들떠보지도 않으리라는 것을 알고 있다. 따라서 이 선언문은 무엇이 정권을 쥐고 싶다는 의지를 드러내는지, 그리고 그 의지의 표시 저편에 희망의 빛이 있다는 기분을 안겨줄 수 있는지에 대해서만 힘을 쏟고 있다.

이 되풀이 되는 '히틀러야말로'라는 구절만이 절대적인 힘을 발휘한다. 히틀러라는 이미지가 갈수록 희망의 빛으로 보이게 된다. '나야말로' 이렇게 연이어 외치는 것은 후보자들의 습관이지만 희망을 떠오르게 하는 밑바탕이 없었더라면 한심하게만 느껴졌을 것이다. 그러나 이 선언문은 오히려 너무도 확신하는 말투로 이야기함으로써 사람을 끌어들이는 힘을 발휘한다.

이 잇달은 외침인 '히틀러야말로' '새로운 생활과 창조로 나아가는 길', '정의의 독일', '마지막 희망'이라는 공허한 단어와 긴밀하게 연결되어 저 멀리서 빛이 반짝이고 있는 듯한 착각을 불러일으킨다.

불경기가 나치스를 성장시켰다

나치는 1929년에 서서히 각 주 선거에서 성적을 올려 그해가 끝나갈 즈음 튀링겐주 선거에서는 총득표수 11%를 획득. 프리크가 나치스 당원으로서 처음 내무대신으로 취임했다. 당원 수도 1929년 여름, 12만에서 1930년 봄, 21만으로 껑충 뛰었다. 이 성장은 세계를 덮친 불경기가 도와준 것이라는 평가가 있다.

1929년 9월, 130만이었던 실업자가 1930년 9월, 300만으로 뛰어올랐다. 게다가 1년 뒤 435만에 이른다. 이 불경기로 말미암은 타격은 노동자뿐만이 아니라 중하류 계층에까지 미쳤다.

《아돌프 히틀러》를 쓴 앨런 불럭의 말에 따르면 '지진이 덮친 마을 주민처럼 몇백만 독일인은 자신들이 일궈온 탄탄한 생활이 와르르 무너지며 힘없이 사라져 가는 모습을 똑똑히 지켜보았다. 이럴 때, 사람은 더 이상 도리에 귀를 기울이려 하지 않는다. 이럴 때, 사람은 자칫하면 까닭 없는 공포심이나, 무턱대고 남을 미워하는 기분 또는 터무니없는 희망을 품는다. 이럴 때, 터무니없는 히틀러의 선동정치는 그때까지 예가 없을 만큼 수많은 신봉자를 모으기 시작했다'고 한다.

히틀러는 '노동자들은 빵과 서커스가 있으면 만족한다'고 말한다

"자, 들어보게. 노동자들은 빵과 서커스가 있으면 만족을 하지. 어떤 성격의 사람이든 그들은 관념을 이해하는 힘이 없으니 관념에 호소해서 노동자를 조금이라도 획득하겠다는 기대를 해서는 안 된다네."

히틀러는 빵을 희망의 등대로, 서커스를 나치스 선거운동 형태로 표현했다. 즉 서커스란 시위행진이며 폭력적이고 자극적인 집회였다. 그것은 구경거리에 그치지 않고 노동자 스스로 참가할 수 있는 오락이었다.

1930년 9월, 총선거에서 나치스는 모든 선전 수단을 이용해 힘을 모았다. 앨런 불럭 식으로 말하면 '벽에 그린 슬로건, 포스터, 시위행진, 당세력진흥대회, 대집회, 노골적이고 제한 없는 선동, 게다가 노동력, 결의, 성공이라는 인상을 주는 데 도움이 되는 것이라면 무엇이든 동원했고, 이렇게 해도 따르지 않을 것인지 강조하며, 온갖 방법들을 이용'했다. 이들은 곡예 비행기에서 전단지를 뿌리기도 했다.

바이에른 정부는 선거전이 진행됨에 따라 경찰을 강화하기 시작했다. 폭력사태가 너무나도 많이 일어났기 때문이다.

술과 음식, 그리고 선전의 관계

술과 음식은 참으로 선전 분위기를 만드는 데 빼놓을 수 없었다. 피를 부르는 오락성을 띤 대중 집회는 나치스 선거 운동을 대표했다.

집회에서는 특히 불경기 영향을 받는 중산 계급을 겨냥했다. '독일의 고지식한 국수주의 기질과 외국인을 싫어하는 성격을 잘 이용한 것'이다. 지방에서는 청년층을 겨냥했다. 나치스는 '그들에게 일할 장소를 주지 않는 현재의 사회조직에 대한 나치스 공격에 진심으로 호응하며, 노동력을 발휘하고 규율을 지키며 희생하고 묵묵히 행동하는 미덕'을 제시하기에 이른다. 답답한 심정을 견디지 못하고 무언가를 향해 거침없이 나아가고 싶어 하는 청년들도 중산 계급 못지 않은 나치스의 아주 먹기 좋은 먹잇감이었다. 이들은 또한 장소에 따라 선전 방법을 바꾸었다. 2300여 명의 당 연설자가 여러 지역을 돌아다녔다.

'직접선거와 관계없는 행사를 그때그때 여는' 선전술

나치당이 다른 당 선거운동과 다른 점은 그때그때 직접선거와 관계없는 행사를 여는 것이었다. 정원 콘서트, 스포츠 대회, 청년 야외 활동, 돌격대가 지내는 전사자 위령제 등이다.

개표 결과는 나치스조차도 놀라게 했다. 총득표수는 1928년 81만 표에서 649

만 9600표로 단번에 뛰어올랐다. 의석도 12석에서 107석으로 늘어나 제2정당으로 올라섰다.

큰 성과를 올린 히틀러는 뮌헨에서 다음과 같이 연설했다.

오늘 우리의 행동이 여러 무기 가운데 의회라는 무기를 사용하고 있다고 해도, 의회의 모든 정당이 그저 의회적인 목적을 위해서만 존재하는 것은 아니다. 우리 당에게 의회 그 자체는 오로지 목적을 위한 수단일 뿐이다. ……우리 당은 본래 의회 정당이 아니다. 그렇다고 하면 우리 당의 근본 견해와 모순된다. ……우리 당은 압박을 받아 강제로 어쩔 수 없이 정당이 된 것이며 그 강제란 헌법을 말한다. 우리 당의 투쟁 목적은 단순히 의석을 얻는 것에 있는 것이 아니라 우리 당이 독일 국민을 마침내 해방시킬 수 있기를 바라는 마음의 실현이다.

이 연설은 어떤 의미에서 보면 구차한 변명처럼 느껴진다. 하지만 선거라는 현체제의 합법적인 부분에 따르고 나서 권력을 쥐고, 그 다음에 혁명을 일으키려는 생각으로 변화했음을 알 수 있다. 타협했다고 말하면 타협한 것이고 성장했다고 하면 성장한 것이다. 불럭의 판단에 따르면, '국가 권력은 1923년 11월, 예상이 빗나가 실패했던 사건을 마음에 깊이 새겨두고 있었기에, 굳이 죽기 살기로 혁명을 일으키며 길거리에서 격파당할 만한 위험을 또 다시 무릅쓰려고 하지는 않았다'

선거전, 강력한 선전술+돌격대의 폭력

나치스 선전은 그 강력한 선전술을 발휘하면서 늘 배후에 돌격대의 보호를 받는 폭력이 따라다녔다. 나치스가 아무리 합법적인 수단으로 선거 운동을 한다고 해도 그들은 선거의 기만을 이미 꿰뚫어 보고 있었기에 법에 걸리지 않는 선전술을 아슬아슬하게 구사하며, 폭력도 자주 행사했다. 그런데 그 폭력이야말로 대중에게 매력적으로 느껴졌다. 대중은 온갖 말보다 폭력을 더 믿었다.

1930년 전반 6개월 동안 당국은 이러한 사회 불안이 커지는 것을 막으려고 수많은 금지령을 내려 널리 알렸다. 프로이센 집회 및 열병분열행진 금지, 제복과 휘장 착용 금지였다. 그러나 '다갈색 셔츠 착용을 금지하자 나치스는 흰 셔츠를 입고 행진했다. 밤이면 밤마다 돌격대와 공산당은 대열을 맞춰 노래를 부르고 행진하면서 서로 경쟁 정당 집회를 방해했고, 상대를 급습해 다른 세력권을 공격'했다. 목숨을 잃는 사람도 많았다. 사람들은 얼굴을 찡그림과 동시에 몹시 흥분했다. 1931년, 40만이었던 당원이 한 해가 끝나갈 무렵, 80만을 넘었다. 주회의선거에서도 잇따라 승리를 거두었다.

폭풍 속 '히틀러 집회'

파펜 정부는 시위행진을 모두 금지했다. 돌격대의 폭력 사태가 과격한 탓도 있지만, 길거리 행진을 자주하는 폭력단 돌격대의 선전력을 어쩔 수 없이 인정하고 두려워했기 때문이라고 말할 수 있다. 그러나 나치스의 인기는 더욱더 높아졌다. 프리덤은 다음과 같이 국회 선거에서 나치스가 취한 선전 방침을 말한다.

당은 그해에 선거권 자격을 얻은 청년층의 표를 얻고자 힘을 기울였다. 청년 유권자들의 마음을 사로잡는 전문 연설자를 뽑아 분야마다 더욱더 교묘하게 선전했다. 7월 6일, 데르츠 온천에서 열린 히틀러 집회에는 알프스에 가까운 이 지방 특유의 격렬한 여름 폭풍우가 휘몰아쳤음에도 5천 명의 군중이 모였다. 가까운 온천장 손님까지 포함해 수많은 사람이 인근 마을에서 몰려들었다. 그들은 빗속에서 참고 기다렸다가 뮌헨에서 기차로 몇 시간이나 늦게 도착한 나치 지도자의 연설에 귀를 기울였다.

이즈음 '히틀러 집회'가 이미 신의 도래에 가까운 관심을 받고 있었다는 것을 상상할 수 있다. 폭풍우 속에서도 사람들은 그를 기다렸고, 히틀러는 이 기회를 마치 하늘이 주신 은혜처럼 받아들여 몇 시간 늦더라도 그 자리에 나타났다. 날씨 때문에 늦은 것도 더없이 좋은 기회였다. 뒤늦게 도착함으로써 생기는 효과 또한 히틀러는 잘 알고 있었다.

나치스 최후의 선거

나치스 최후의 선거가 지방에서는 어떠했는지 윌리엄 셰리든 앨런이 쓴 《히틀러가 마을에 찾아왔다》에서 자세히 볼 수 있다.

3월 1일부터 선거 전날인 4일까지 확성기가 광장과 브라이테 거리에 설치되어 밤마다 히틀러의 목소리가 마을에 울려 퍼졌다. 낮에는 돌격대가 선전문을 나누어주었다. 3월 2일 사격 클럽 하우스는 사람들로 넘쳐났다. 연설을 한 사람은 부인단 전국 지도부 엘리자베스 첸더였다. 청중에게 먼저 히틀러 라디오 연설을 들려준 첸더 부인은 다음과 같이 선언했다.

"지금이야말로 세계는 '히틀러가 볼세비즘의 근절을 진지하게 생각하고 있다'는 것을 알고 있다. 앞으로 독일 여성의 임무는 독일 상품을 사는 것, 아이들에게 '공정과 조국애와 종교심과 훈련과 도의'를 철저히 가르치는 것이다."

위의 연설 내용을 읽으면 나치스 선거 운동이 지방 곳곳에서 가려운 곳을 긁어주는 것처럼 참으로 면밀하게 실행되었음을 알 수 있다. 각종 단체 조직이 친밀하게 움직이며 공산주의를 반대하거나 외국 상품 불매운동을 벌이는 것도 단순히 슬로건으로 외치는 것에 그치지 않고, 매우 성실하게 실행에 옮겼다. 광장에는 확성기가 설치되어 끊임없이 히틀러의 목소리가 마을을 지배했다. 선거 전날 밤은 마치 축제처럼 소란스러웠다. 히틀러는 대중에게 계속 서커스를 보여주었다.

그날 밤, 나치스는 횃불 행진을 했다. 6백 명이 넘는 제복 차림의 돌격대, 친위대, 히틀러 청년단 그리고 철모단으로 이루어진 무리들이었다. 행진은 시립 공원 화톳불 대회에서 끝났다. 수많은 군중은 확성기에서 흘러나오는 히틀러 연설을 동시에 들었다. 확성기는 광장, 브라이테 거리, 교회 앞, 시청 앞, 즉 많은 사람이 모이는 곳이라면 어디에도 설치되어 있었다.

축제는 결코 이것만으로 그치지 않았다. 마을은 갈고리 십자가 모양 깃발과 삼색 깃발을 내걸고 군중은 '독일! 독일! 세계에서 가장 뛰어난 독일' 국가와 '호르스트 베셀의 노래'를 불렀다. 그리고 불꽃이 밤하늘을 물들이고 나면 그때서야 집으로 돌아갔다.

유권자를 투표소까지 트럭으로 실어다 주었다

갈고리 십자가 모양 깃발과 옛 독일제국 깃발은 아직 곳곳에 펄럭이고 있었다. 나치스 당원과 철모단은 자동차로 선거민을 투표소에 실어다 주기까지 했다. 한편 돌격대원과 친위대원 집단은 마을을 행진했고, 정오쯤 비행기 3대가 마을을 낮게 날며 독일 국가인민당 선전을 했다.

투표 결과는 전 회차보다 104표를 더 받아, 나치스는 마을 전체의 63%를 차지했다. 63%라고 하면 압도적 승리로 생각할 수 있지만 이 마을을 물들인 나치스 정경을 인상적으로 보았다면, 적은 득표율이라 생각할 수도 있다.

전국 개표 결과는 어땠을까? 득표수는 5백만 표가 넘게 늘었고, 의석은 288석에서 340석까지 늘어났지만, 새로운 국회의 과반수를 겨우 얻는 데 그쳤다. 득표수에서는 과반수를 놓친 것이다. 정권을 획득한 이상 나치스 선전술도 그때까지보다 더욱 철저했을 텐데도 이 정도 승리로 그치고 만 것이다.

그러나 이것이 바로 나치스 선거 선전이라는 수단의 한계였다. 사람들은 나치스의 축제 같은 분위기와 선전에 참여하며 즐겼지만, 투표한 사람은 겨우 과반수에 이르지 않았다. 바로 대중의 지혜라고 해야 할까?

나치스는 이제 어떻게 해야 좋은 것일까? 합법 수단의 한계를 깨달은 이상 그들의 새로운 수단은 뻔했다.

행진

나치스 군수 장관이었던 알베르트 슈페어는 단순한 이유에서 입당한다. 괴벨스의 연설에 흥분한 군중이 찻길에 넘쳐나는 바람에 자동차도 전철도 꼼짝할 수 없었다. 말을 탄 경관이 길을 열기 위해 군중 속으로 뛰어들어 해산시키려는 모습을 보고 슈페어는 분노와 함께 흥분했다. 그는 '정치적 동기와는 아무런 관계도 없을 테지만 동정과 반항심이 뒤섞인 감정을 제삼자 입장에서 느꼈다'《나치스 광기의 내막》고 스스로 말하며 그 결과 며칠 뒤에 나치당에 들어가는 절차를 밟게 된다. 무엇보다 그는 히틀러의 연설에서 이미 흥분하고 있었다.

내가 이해하기에 앞서 히틀러가 먼저 나를 붙잡았다

내가 나치당을 선택한 것이 아니라 나치당의 등장이 첫 만남에서부터 나에게 암시를 걸었다. 그 뒤 나를 놓아주지 않는 히틀러에게 내 모든 것을 걸었다. 그의 설득력, 결코 아름답지 않은 그 목소리가 지닌 독특한 마력, 오히려 진부하다고 해도 좋을 억지스러운 꾸밈에서 나오는 기이함, 우리의 복잡한 문제를 척척 해치우는 지도자다운 맹쾌함, 그 모든 것이 나를 마구 휘저어 꼼짝할 수 없게 얽어매어버렸다. 나는 그의 정책에 대해 아는 것이 없었다. 내가 이해하기에 앞서 그가 먼저 나를 붙잡고 말았다.

이 고백은 중요하다. 설득은 말로 표현된다. 그러나 설득으로서 말이 가지는 의미는 설득이라는 사실에서 언제나 대단한 것은 아니다. 남을 내 손바닥 안으로 끌어들이는 데는 어떠한 말을 다 한다고 해도 한계가 있다. 그것을 돌파하는 것은 말의 내용이 아니라 말을 이용해서 설득하는 자세 그 자체다. 슈페어의 말로 바꾸면 '내가 이해하기에 앞서 그가 먼저 나를 붙잡았다'는 것이다. 즉 이야기하는 사람 그 자체의 힘이다.

'이야기하는 사람 그 자체'의 힘

설득당한 인간에게는 마음을 빼앗겨서는 안 되는 사람의 모습을 보게 된 것이 약점이 된다. 그 사람을 직접 보게 된 것이 그의 매력에서 도망칠 수 없는 가장 큰 원인이 된다. 설득이 그 사람의 존재 그 자체라고 한다면 히틀러라는 인간이 다른 사람에게 주는 그 전체적인 인상에 강한 구속력이 있었다는 말이 된다.

이것은 히틀러가 태어날 때부터 지닌 천성일까? '천성'이라는 분석할 수 없는 애매한 표현은 처음부터 사람의 천성을 믿을 때만 쓸 수 있다. 이때 이것을 피한다면 어떻게 말해야 좋을까? 히틀러의 힘이란 천성을 가장한 것이다, 이렇게 말할 수 있을까?

어쨌든 슈페어는 흥분했다. 흥분이 입당으로 이어졌다. 이것만은 움직일 방법이 없다. 흥분은 하나의 힘이며 피가 끓어 이성적인 판단력조차 단번에 밀어

내버리고 마는 힘이다. 그러한 흥분제를 나치스가 두루 잘 갖추고 있었다고는 해도 슈페어에게는 특히 효과가 있었다. 그 하나의 흥분제로서 행진이 있었다. 슈페어는 자신의 어머니에 관련해서 다음처럼 말한다.

> 나의 어머니가 하이델베르크 거리에서 나치스 돌격대(SA) 행진을 본 것도 아마 이즈음이었을 것이다. 혼란스러운 시대에 질서 정연한 모습, 수많은 사람이 무력감에 빠져 있는 가운데 그 강한 인상이 어머니의 마음까지 사로잡은 것이 틀림없다. 어머니는 연설 한마디 듣지 않고 한 장의 문서도 읽지 않은 채 입당을 지원했다.

슈페어의 어머니는 행진만을 보고 입당했다

슈페어의 어머니는 연설도 듣지 않고 최면에 걸린 듯 곧바로 입당한다. 행진을 본 것만으로도 흥분해서 입당한 것이다. 사람을 흥분시키는 것은 연설 내용의 힘이 아니라 그 행위자의 말을 매개로 하는 행동 그 자체이다. 즉 이치에 맞는 언어의 힘이 흥분제가 된 것은 절대 아니었다. 그에 대해 행진의 흥분이란 인위적인 질서 정연함이다. 그런데도 이 인위가 왜 사람을 흥분시키는 것일까?

행진이 선전 효과를 높이는 시대 상황, 혼란과 무기력

슈페어는 사람들이 인위적인 행진에 흥분한 이유를 그들이 그즈음 무기력에 빠져 있었기 때문이라고 말한다. 시대가 혼란스러웠기에 그 질서 정연한 행진 모습에 강한 인상을 받은 것이라고 평한다. 그렇다면 히틀러 연설처럼 격렬한 모습도 사람을 흥분시키는 원인이 됨과 동시에 그 맞은편에 있는 질서 정연한 모습에도 사람은 흥분한다는 결론이 나온다.

가능한 일이다. 왜냐하면 극도의 혼란과 극도의 질서 정연은 서로 등을 맞대고 있는 것이기 때문이다.

슈페어의 어머니는 혼란스러운 시대 속에서 사람들의 무기력을 보았다. 혼란이 지나치면 오히려 사람은 무기력해지며 그 반대로 질서 정연함도 일상화되면 무기력에 빠지기도 한다. 그렇다면 나치스의 행진이 지닌 박력이란 '무기력이라는 힘' 그 자체였다는 것이 될 수도 있다.

혼란과 질서 정연은 인간의 머리를 텅 비게 만든다

행진은 연출이다. 질서 정연함을 연출한다. 혼란이 인간을 바보로 만들 듯이 질서 정연함도 인간의 머리를 동굴처럼 텅 비게 만든다. 그렇다면 이 두 가지 방법은 저마다 다르다고 하더라도 사람의 마음을 상실시킨다는 점에서는 같다. 그래서 나중에 나치스 간부로 행진 효과 계략에 참여하게 된 젊은 슈페어는 이렇게 말한다.

해마다 체펠린 비행장에서 당의 중급 및 하급 간부 모임인 이른바 정당 사무 담당자를 위한 행사가 열렸다. 돌격대, 근로봉사단, 그리고 물론 국방군 등이 대집단을 동원하면 조금도 흐트러짐 없는 규율로 히틀러와 귀한 손님들에게 강한 감명을 줄 수 있다. 그러나 정당 사무 담당자들을 행렬로 이끌어내기는 힘들었다. 그들 대부분은 적은 부수입을 미끼로 볼만한 뚱보를 대신 내보내어 조금도 흐트러짐 없는 대열을 요구해도 문제가 되지 않았다. 당대회 조직 모임에서 이러한 상황이 문제되었을 때 히틀러는 야유하듯이 말했다. '그들을 칠흑 같은 어둠 속에서 행진하게 하자.'

행진의 선전 효과를 높이는 요소=규율성, 질서 정연, 씩씩함

조금도 흐트러짐 없이 규율을 지키는 행진이야말로 사람을 흥분시킨다면 뚱보 간부들의 행진은 그러한 규율성을 무시하는 것이나 다름없었다. 그렇다고 하면 조금도 흐트러짐 없는 규율을 부하에게 요구하는 간부들은 이제 이 행진에 참여할 힘이 사라졌다는 말이 된다. 이는 날마다 육체를 단련해야 한다는 것을 잊은 간부의 타락 때문이라기보다 과연 행진은 연출되는 것이며 더 나아가 행진을 연기하는 것은 바로 젊은 사람들이라는 것이다.

혈기와 흥분은 젊은이의 특권이지만 조금도 흐트러짐 없는 이러한 규율에 순종하는 것도 젊은이의 특권이라는 것이다. 흐트러짐 없는 규율화는 젊은이의 혈기를 진압하는 것처럼 보이지만 혈기야말로 그 흐트러짐 없는 규율에 따르게 한다는 것도 알 수 있다.

행진하는 인간에게 미치는 효과

행진은 사람을 바보로 만든다. 행진을 통해 인간의 의지가 한 점으로 집중되는 것처럼 보이지만 사실 의지는 얼어붙고 만다. 확실히 행진하는 인간은 흥분이라는 감정에 충실해서 몸을 움직인다. 그러나 그것을 의지라고 믿는 것은 착각이며 의식이 텅 비어 육체가 기계처럼 움직이는 것에 지나지 않는다. 기계 인형이 되어 저도 모르는 사이 자기의식이 두꺼운 밧줄로 꽉 묶여 있다는 것을 알아채지 못한다.

행진 형식= 시각적 기술

본래 행진은 제복과 함께 규율을 필요로 하는 군대가 개발한 최면 기술이다. 나치스는 전쟁이 일어나기 전에 이 군대 기술을 썼다. 이 기술을 이용한 것은 공산당도 사회민주당도 마찬가지였지만 나치스의 규모는 더욱 컸다. 돌격대라는 유사 군대를 이끌어 싸워온 나치스는 마침내 세련에 박차를 가했다.

밀집 행진

군대 행진이나 체코의 집단 체조인 소콜(Sokol)처럼 질서 있게 군중이 호령에 맞추어 같은 동작을 함으로써 정신을 빼앗기고 마는 것은 쉽게 이해할 수 있다. 이것은 군중의 의지를 빼앗고 최면을 걸어 이끌어가는 가장 좋은 수단이다.

이 점이 군대에서 밀집 행진이 큰 역할을 맡는 이유이다. 기술적 합리화의 대중(단, 때로는 조직화 자체를 목적으로 하여 과도한 조직화로 빠지는 일도 있지만) 독일인은 이러한 훈련을 열심히 했다. 이미 프리드리히 2세 때 유명한 '구스 스텝'을 발명했다.

구스 스텝

널리 알려진 '거위 걸음' 이른바 구스 스텝 행진은 역사가 깊다. 재향군인 철모단이 구스 스텝으로 행진하는 모습을 보면 나치스와 어떤 관계인지 의아하게 생각할 수도 있지만 나치스가 철모단의 '거위 걸음'을 적극적으로 흉내를 내고 있었음을 알 수 있다. '군대의 기계처럼 일률적인 겉모습을 대중 심리를 빼앗기 위한 선전의 한 가지 수단으로 이용한다'는 것이 나치스 발상이라고 보면 조금도 이상하지 않다.

청년과 행진

선전을 위한 행진에 큰 부분을 차지했던 히틀러 청년단에 대해 이야기하지 않을 수 없다. 그 무렵 이 마을 청년의 말에 따르면 이렇다.

마음이 부풀어 오를 만한 행동을 다른 동료와 함께할 수 있기를 바랐습니다. 더욱이 그때는 위기의 시대였고 곳곳에 나쁜 영향이 넘쳐나고 있어서 성실한 청년들은 그곳에서 달아나고 싶어 했습니다. 어쨌든 청년단에 입당하는 주된 이유가 정치적인 것은 아니었으리라 생각합니다. 우리는 시위행진을 하고 사민당을 미워했습니다. 하지만 이것은 일반적으로 잘 맞아도 개인에게는 맞지 않습니다.

이 이야기를 들으면 이 무렵 청년들은 나치스 선전 원칙에 스스로 솔선해서 빠져들고 마는, 마치 등불로 뛰어드는 여름철 벌레와 같았음을 알 수 있다. '마음이 부풀어 오를 만한 행동'이 마구 솟구쳤기 때문이다.

그렇다면 나치스 선전 목적은 대중의 청년화에 있었다고 볼 수 있다. 그렇기 때문에 히틀러의 '청년은 청년이 지도해야만 한다'는 말은 매우 깊은 뜻이 있으리라 여겨진다. 청년화를 꾀하는 것이 대중의 나치화에서 가장 큰 목표였음을 알 수 있다. 모두 하나가 되고 싶다는 기분이 들도록 할 것, 즉 청년화를 꾀하지 않으면 독일의 모든 국민을 마음대로 조종할 수 없으며 전쟁으로 돌입할 수도 없다. 전쟁은 글자 그대로 청년을 주체로 해야만 하기 때문이다.

행진이 주는 관념

나치스는 독일 국민에게 절대복종 정신과 한 국가 한 민족 사상도 불어넣어 주었다. 그들은 사회봉사, 공정한 봉사, 자기희생, 모두 같은 제복을 입는다는 무차별, 자기감정을 억제하는 관념을 그때그때 적절하게 흥분하기 쉬운 대중의 정신 속에 심어주었다. 이렇게 해서 뉘른베르크 나치스 전당대회야말로 히틀러 청년단의 대시위행진의 최고조라 할 수 있으며 전국에서 선발된 지방 부대는 저마다 깃발을 앞세워 길게 이어진 1000m가 넘는 행렬을 이루어 총통 앞에 이른바 아돌프 히틀러 행진을 실연해 보이며 전체 시위에 참여했다.

신문 통제

나치스 정권이 확립되기까지 독일의 신문계는 정당 또는 사상단체 기관지가 그 중심을 이루었다.

약 3,400여 개의 신문 중에서 순수 영리를 목적으로 하는 신문은 고작 300개로 10%에도 미치지 않았다. 그 밖에는 정당 기관지 또는 정당에 관련된 신문이었다. 이즈음 미국이나 영국은 영리를 기준으로 하는 신문이 많았다.

신문은 20세기 인간에게는 호흡과 같았다. 마치 공해로 오염된 하늘과도 같았다. 신문 없이도 인간은 살아갈 수 있지만 한번 버릇이 들어 생활 속에 신문 보는 동작을 포함시켜 버린 사람에게 신문을 보지 않는 것은 몹시 견디기 힘든 일이다. 흡연과도 같았다.

그렇게 보면 텔레비전이 없던 시대에 신문이 광고 매체로서 해내는 역할은 컸다. 영리를 목적으로 하는 신문은 마땅히 광고의 장을 펼쳤고 만약 어떤 신문이 정당 기관지라고 하더라도 광고의 장을 열지 않을 수 없다. 그러나 만일 정당 기관지가 영리를 목적으로 한 기업 광고 홍보를 모두 차단해도 경영에 영향받지 않을 만큼 그 정당의 힘 자체가 크게 발전한 경우, 즉 독재체제에 들어갔을 때에는 거기에 게재된 기사 전체가 '선전' 그 자체가 된다. 공산주의 여러 나라의 신문 상황은 이러했다.

판단의 자유는 오히려 망설임의 씨앗을 키운다

판단은 정신의 자유라고 하지만 실제로는 자기 안에 망설임의 씨앗을 키우는 일이기도 하며 한편으로는 그러한 망설임, 혼란에서 벗어나고 싶은 기분이 인간의 마음에 잠재한다. 그러므로 사람들은 신문에 씌어진 것은 무엇이든 믿게 된다.

인간은 믿는 것이 아니라 믿고 싶어 한다.

그러나 이 탈출은 자기 힘으로는 거의 불가능에 가깝다. 무언가를 믿으면 속아 넘어 가게 되고 스스로 판단하는 것 또한 귀찮을 때, 다른 사람의 힘으로 판단의 혼란에서 벗어나고 싶은 기분이 들기 쉽다. 그러한 상황 아래 나치스가 정권을 불법적으로 차지하기 쉬워졌다.

나치스는 정권 장악 12년 전, 즉 당을 조직한 1920년에 이미 신문 정책을 공표했다. 잘 알려진 나치당 강령 25개 조에 뚜렷이 나와 있다. 공표라고 하기에는 아직 매우 작은 조직이었으므로 하나의 언명(言明)이라 할 만했다.

신문은 민중 교화의 도구

'신문은 민중을 교화하는 도구이며 신문을 국가 및 민중의 서비스로 삼기 위해 국가는 더 할 수 없이 많은 힘을 쏟아 그것을 통제한다' 이러한 히틀러의 사고방식은 착착 실행되어 갔다. '신문의 자유라는 대단한 허풍에 현혹되거나 설득당해서는 안 된다'는 주장이 타력으로 실행에 옮겨졌다. 신문은 교육 수단이 되었다. 독재 정치에서 신문은 경쟁 상대가 없었기에 교육 선전 기관으로 변했고, 나치스의 앞잡이가 된다.

이 신문 통제가 세계 여러 나라에서 나쁘게 평가된 것은 마땅했다. 훨씬 나중이지만 1938년 나치스 당대회에서 독일 신문 장관 디트리히는 여러 나라 신문 기자들 앞에서 다음과 같은 연설을 했다.

······우리 독일 당국자가 신문의 거짓 보도와 그 남용을 막기 위해서 하는 투쟁을 보고 신문 자체에 대한 압박이다, 또는 언론의 권익에 대한 공격이라고 할 수도 있다. 하지만 이것은 큰 오류이며 사실 심한 오해라고 말해야 한다. 우리가 허위나 거짓 보도에 맞서 이토록 열심히 계속해서 싸우고 또 허위와 거짓 보도를 퍼뜨리는 신문계의 어떤 상태를 압박하는 이유는 절대 언론의 이익 침해가 아니라 오히려 옹호가 되리라 믿기 때문이다. 우리는 성실하게 의무를 다하는 기자의 사명은 어떠한 경우라도 우리 당국의 사명이라고 생각해 왔다. 그러나 경제적 이익이 없는 지위의 신문 기자들이 여러 나라에서 책임감 없이 큰 자본력의 검은 막에 조정당하는 도구가 되어 스스로 불구덩이로 뛰어들고 죄책감도 없이 배후에 있는 사람들의 희생양이 되는 일이 너무나도 많다. 그렇기 때문에 신문 기자는 이 자유와 이상을 진심으로 지키기 위

해 어떻게 싸워야 할지 깊이 반성하고 살펴보아야만 한다.

히틀러와 괴벨스라면 이러한 서툰 연설을 했을까 의심스럽다. 그러나 나치스의 '자유와 이상' 관점에서 말하면 과연 이러했을 것이다.

교육의 세뇌성

신문이 문화적이라는 것은 어떠한 것일까? 그것은 영리적이면서도 문화적일 수 있기 때문이다. 그러므로 오히려 나치스가 말하는 문화적이라는 것은 교육적이라고 바꾸어 말해도 좋을 것이다. 괴벨스가 단순히 선전장관이 아니라 '국민 계몽 선전장관'이라는 이름을 가지고 있었던 것은 그것을 의미한다. 교육이란 때때로 세뇌일 수 있다. 그러므로 나치스에게 신문은 '국가와 국민에 봉사하는 기관'이었다. 그러므로 괴벨스는 명석하고 대담하게 다음과 같이 말한다.

오늘 기자들 사이에서 독일 신문이 단조로워진 것에 대해 투덜투덜 불평이 있었는데, 신문이 단조로워진 것은 사실 정부의 의사가 아니다. 일찍이 나치스 운동을 공격해온 신문에 대해 오늘 법왕보다도 법왕적이라고 바랄 수 없지 않을까? 우리는 신문에 대해 성격을 없애라고 강요하지는 않는다. 우리는 신문이 만세를 외칠 기분이 아니라면 특별히 만세를 외치라고 요구하지 않는다. 우리는 그저 신문이 국가에 맞서는 어떤 일도 하지 않기를 바랄뿐이다. 신문이 그때그때 변하는 여론에 따라서 변해가는 느낌을 가진다는 것은 우리에게 나쁜 일이 아니다. 여론 형성의 다양성에 대해서는 어떠한 간섭도 하지 않는다. 이 권리를 행사하는 것은 그저 신문 기자 저마다의 착상과 재능일 뿐이다.

신문을 표어나 포스터처럼 다루다

신문 제목은 〈앙그리프(Der Angriff)〉 즉 '공격', 표어는 '피압박자를 위해서! 착취자에 대해서!'였다. 베를린 초기 괴벨스가 이미 자본가와 손을 잡은 히틀러에 반대하고 프롤레타리아적이고 도회적이었다는 사실은 이 표어에서 이미 엿볼 수 있다. 괴벨스 신문의 새로움은 바로 신문을 표어나 포스터처럼 다룬 것에 있다. 취재는 필요 없었다.

> 나치즘 신문은 나치즘 선전의 한 부분에 지나지 않는다. 그것은 뚜렷한 정치적 목적을 갖고 있다. ……독자의 모든 생각 및 감정은 일정한 방향으로 이끌어져야만 한다. 연설가가 나치즘을 위해 말로써 청중을 얻는 것만을 임무로 하듯이 기자도 펜으로 같은 목표 및 같은 목적을 이루는 것만을 그 임무로 삼는다. 이것은 온 독일 언론에 단 하나뿐인 것이었다. 그리고 그 까닭에 처음에는 자주 오해와 공격을 받았으며 그렇지 않으면 비웃음거리의 씨앗이 되기조차 했다.

신문=선전

괴벨스의 글을 보면 신문은 선전이라는 생각이 분명히 드러난다. 괴벨스는 '보도의 정확성이나 취급해야 할 재료 범위에서 유대 신문과 경쟁하자'는 발상을 버렸다.

신문이 곧 선전이라는 발상은 당 기관지이기 때문에 당연하다고 하면 당연하다. 하지만 그 발상의 뿌리에 제1차 세계대전의 독일과 연합국 신문 정책 차이에 따른 패배라는 인식이 있다. 이것은 히틀러의 전매이기도 하다. 연합국 신문은 '선전 목적으로 도움이 되었다'는 것에 비해 독일 신문은 '과학적인 객관성' 같은 것을 따르고 있었다. 그렇기 때문에 제1차 세계대전으로 쓰디쓴 경험을 맛본 히틀러의 방식이 괴벨스 안에까지 침투했고, 그는 〈앙그리프〉 창간에 즈음하여 온갖 나쁜 조건을 반대로 이용해 신문의 선전성을 극단으로 응축했다고 말해도 좋을 것이다. 나치스는 이미 당 기관지를 통제하고 있었지만 괴벨스만큼의 응축성을 보이지 않아 과연 그의 자랑처럼 '단 하나뿐인' 것이었다.

> 우리는 정치적 논설, 정치적 주간지 개관 및 정치 만화라는 새로운 양식을 생각해냈다. 정치적 논설은 우리에게 씌어진 게시, 또는 더 좋게 말하면 종이 위로 옮겨진 길거리의 외침이었다. 그것은 간단하고 함축적이며 선전적이라 여겨지고 또 선동적 효과를 지녔다. ……. 정치일지는 간단한 개관 형태로 그 일주일에 있었던 정치적 사건의 지식을 제공했다. ……다양성 속에 빛을 내기

보다 오히려 두세 개의 아주 큰 정치적이고 주도적인 사상을 표현한다. 하지만 나중에는 몇백 개나 되는 종류로 집요한 일관성을 독자의 머리에 주입시키고 강요한다…….

게다가 더욱 새로운 양식의 정치 만화가 있다. ……우리는 펜 공격을 막는 곳에서는 붓으로 그림을 그렸다. 말에 대해서는 예민한 감수성을 가진 사회주의당의 원형은 이제 적극적인 공중 앞에 만화로 나타났다.

괴벨스는 '논설과 정치일지, 만화와 부수적 기사는 전체에서 하나의 선동적인 통일성을 낳는다'고 자화자찬한다. 〈앙그리프〉는 어떤 의미에서 매우 과격하고 소문이 나쁜 정보지 요소를 가지고 있었던 것이 아닐까? 또한 시각적인 형상을 많이 사용했으리라 생각한다.

분서(焚書)

악명 높은 사건들 가운데 하나로, 나치스가 수많은 책들을 불태워 버린 사건이 있다. 괴벨스는 어째서 이와 같은 헛수고를 일부러 공들여 했을까? 악명 높은 진나라 시황제의 분서갱유에 대해서 몰랐던 것일까?

1933년 5월 10일 괴벨스의 지휘 아래 실행되었던 분서 사건(페젠트)은 기세가 오른 나치스가 이성을 잃었었다는 사실을 보여줌과 동시에 20세기의 분서갱유 그 자체였다. 그날은 나치스가 만든 제1회 노동자 대회가 열렸고, 히틀러의 연설에 따라 괴링이 사회민주당 건물과 신문사를 점령했다. 괴벨스 또한 그날 나치스의 결단적 행사에 맞춰 단단히 기회를 노리고 있었다.

책을 불태우는 광경

책들을 쌓아놓고 불태우는 광경을 바라보는 일은 인간에게 어떤 심리적 영향을 끼칠까? 괴벨스는 과거에 작가를 지망했던 사람으로서, 그리고 그 꿈에 좌절했던 사람으로서 원한을 푸는 듯한 얼굴로 그 불꽃을 바라보고 있었을까? 그게 아니라면, 괴벨스는 어떤 감상도 없이 냉철하게 대외선전을 하는 처지에서 그 행동이 역효과를 일으킬지도 모른다는 사실을 빨리 깨달았을까? 그 이유야 어찌 됐든 많은 책들이 불태워졌고, 이미 때는 늦은 뒤였다. 남겨진 대응책이라면 기껏 해봐야 독일 국내에 그 일이 언론에 나오는 것을 막는 일밖에는 없었다.

괴벨스는 반체제 책들을 없애는 것이 악의 씨앗을 뿌리뽑는 일이라고 믿었던 것이 아닐까? 독일에 있던, 나치의 사상에 어긋나는 이야기를 하는 책들을 모두 불태워버린 정도의 일로 나치스에게 악영향을 끼치는 작가들을 침묵하게 만들고, 국민들이 그 오염에서 벗어난다고 생각했던 것일까?

만일 그렇다고 한다면 그 생각은 너무나 안이했다. 세계 정보망으로 봐도 있을 수 없는 이야기다. 대중매체를 너무나 한심하게 인식했던 것이다. 그것은 분명하게 괴벨스의 실책이었다. 진나라 시대와 달리 나치스 때는 인쇄 시대였고, 한 번 간행된 책은 이 세상에서 완전히 없앨 수 없다. 진나라 시대에도 불가능했던 일이었다. 그리고 그들이 불태운 것은 어디까지나 종이로 된 책이었다. 그 책을 이루는 작가의 정신, 언제든지 몰래 펜을 들어 다시 글을 쓸 수 있는 그들의 마음까지 막을 수는 없었다.

분서=불꽃 축제

11시, 갈색 셔츠를 입은 학생 연합의 가장 앞줄 사람들이 오페라 광장에 들어섰다. 그 맨 앞에는 베를린 대학 정치교육학 새 주임교수 알프레드 보임러 박사가 행진하고 있었다. 그들은 이 넓은 광장을 행진해 광장 한가운데 만들어진 산더미 같은 장작에 횃불을 던졌다. 불꽃이 일렁이며 하늘로 치솟아 올랐다.

베렌 거리 쪽에서 큰 투광기가 광장 전체를 밝게 비췄다.

오페라 광장의 이 산처럼 쌓인 장작 근처까지 비독일적인 책을 옮겨온 짐차에서부터 기나긴 학생들의 행렬이 만들어졌고, 책들은 차례차례로 불타오르는 불꽃 속으로 사라져 갔다.

헬베르트 구트야르 사법 수습생은 독일 학생들과 대중에게 간단한 연설을 했다. 전문 분야별로 책을 할당받은 학생 조합 9명의 대표자들이 인상적인 구호를 외치며 독일 정신에 어긋나는 책들을 모두 재가 될 때까지 계속 불태웠으며 그러는 동안 SA 및 SS 부대가 순수 독일식 창가와 행진곡들을 연주했다.

불꽃이여 책을 집어삼켜라!

책을 태운 행위는 하나의 의식이었다. 베를린 대학에서만 열린 것도 아니었으며 여러 지방 대학에서 열린 이 분서 때문에 2만 권의 책들이 불태워졌다. 그러나 이것은 책의 박멸, 말 그대로 산처럼 쌓인 장작의 불꽃 속으로 책을 던져버리는 것이 주요 목적은 아니었다. 괴벨스가 정권을 획득한 뒤 잇따라 실행한 공산·사회민주당 계열의 신문 발행 정지, 유대인을 비롯한, 나치가 말하는 '비독일적 이분자'들을 예술분야에서 추방하는 등 문화숙청의 마무리로써 이러한 분서 의식은 이루어졌다.

의식은 그야말로 마무리 단계였으며 정치선전에서 이것이 확실한 효과를 낼 것을 괴벨스는 알고 있었다. 무엇보다도 불꽃, 불이라는 것이 이 시연을 장관으로 만들어, 보는 이들의 마음을 훔치고 사람들을 흥분시킬 것을 알고 있었다. 책을 불태우는 불꽃축제는 수개월 전 국회의사당이 불타올랐던 일에 버금가는 사건이었다. 분서는 횃불과 빛에 비춰지면서 이루어졌다.

〈신(新) 라인 신문〉 기자가 '상징적 행위로서 불태워지는 책들'이라고 쓴 기사는 그런 의미에서 옳았다. 주로 대학 도서관에 있는 책들이 불태워졌는데, 그곳 책들은 독일 전체에 있는 책들의 아주 일부에 지나지 않았다. 이미 세상은 거대한 인쇄시대에 들어섰으므로 모든 책들을 불태우려 한다고 해서 모두 불태울 수 있는 것도 아니었으며, 그럴 거라면 아예 책의 발행을 멈추고 서점에서 책들을 회수하도록 명령하는 편이 사람들 눈에 띄지 않는다는 의미에서 훨씬 더 효율적이었다. 이미 사람들이 산 책들까지 불태운다고 한다면 대학 도서관의 책들은 빙산의 일각에 지나지 않았다.

그런 사실들을 괴벨스처럼 똑똑한 사람이 몰랐을 리 없다. 그러므로 이 분서는 문학가들을 향한 도발이며 경고인 동시에 무엇보다도 '상징적 의식'으로서의 효과를 노린 폭로 방침이었다. 괴벨스는 '집행 장소로서' 학문의 장인 대학으로 표적의 범위를 줄인 것이다. 발행금지와 같은 방법들은 그 뒤에 해도 충분했다.

진열효과. 분서를 보게 된 교수들

5월 6일 베를린 대학생 집단은 나치스에 의해 매우 좋지 않은 평판을 받던 유대인 교수 마그누스 히르슈펠트의 성(性)과학 연구소를 습격해 많은 성과학

관계 도서를 압수했다. 나치스가 정한 이른바 유대인 작품, 마르크스주의자, 평화주의자, 코스모폴리탄, 자유주의자, 반신론자의 작품, 퇴폐적 주관주의적 문학작품, 고향과 동떨어진 도시 중심적 작품, 제1차 세계대전의 유물적 해석가, 비독일적인 외국 작가의 작품들은 모두 불태워지는 분서 형벌을 받았고, 사실상 그 책들의 보급이 금지되었다. 히르슈펠트의 성과학이나 프로이트의 정신분석도, 일정 범위를 뛰어넘은 것은 용서받을 수 없었다.

이 일을 감행하는 데 괴벨스가 쓴 수법은, 중국 문화혁명처럼 억압받고 흥분하기 쉬운 학생들의 습성을 이용해 선동하고, 겁이 많은 지성파 대학 교수들도 치켜세워주는 일이었다. 이 사실은 베를린 화형식 광경을 담은 신 라인 신문 기자의 눈으로도 확인할 수 있었다. 그리고 여기에서 다시 9명의 학생 연합 대표자에 의해 용맹하게 소리 높여 외쳐졌던 슬로건을 되돌아볼 필요가 있다.

예를 들어 이런 호령이 있다.

"위대한 인물을 가볍게 보는 것에 반대한다. 우리의 과거로의 경외를 위하여! 에밀 루트비히와 베르너 헤게만의 책을 불태워라!"

이것은 선창으로, 즉 "~을 불태워라"라는 관중의 외침을 이끌어내기 위한 것이다. 그러나 이 간단명료한 슬로건을 외침으로써, 그에 대응하는 잠깐의 '공백'이 생기게 된다. 그것이 이치에 맞는지를 생각하게 만드는 '공백'인 것이다. 이 '공백' 때문에 사람들은 마치 스스로 생각해낸 것 같은 착각에 빠져 '~을 불태워라' 외치며 흥분하게 된다.

이 슬로건은 두서없이 반대를 외치는 것이 아니라 그 반대의 이유를 제시하고, 거기에 반대의 목적, 나치의 목적까지 간략하게 포함하고 있다. 그 호령은 나치스의 제멋대로 이론으로 가득하지만, 논리적인 것을 좋아하는 학생들에게는 제격이었고, 그 논리에 대해 깊게 생각하기 전에 그 논리의 '그럴듯함'에 현혹되어 마무리 구절인 '지크문트 프로이트의 책을 불태워라'는 엄숙한 선언을 들었을 때, 그들의 마음은 이미 불타올라 스스로 그 불꽃이 되어버린 것이다. 나치스는 지식층을 바보로 여겼지만, 지식층을 대할 때는 그들을 겨냥한 선동을 했다.

지식층을 겨냥한 선언법. 절차를 논리로 속이다

의식이란 절차이다. 절차는 본디 감각적 계단이며, 감각의 에로티시즘을 질서화한 것이다. 괴벨스는 학생을 상대로 한 경우에는 절차를 논리라 속여 넘기는 재능을 발휘했다. 그가 가장 잘 이용하는 전술인 각개격파인 것이다.

괴벨스는 단 위에 올라서서 이런 연설을 했다.

> 계급투쟁과 유물주의를 적대하고 민족공동체와 이상주의적 생활태도를 옹호하기 위하여! ……데카당스와 도덕적 퇴폐에 적대하기 위하여! ……가정과 국가에서 규율과 좋은 풍습을 옹호하기 위하여! ……영혼을 죽이는 충동 생활의 과대평가에 적대하여 인간의 영혼의 고귀함을 옹호하기 위하여! ……우리의 역사를 위조하고 그 위대한 인물을 배제하는 행위에 적대하고 그 위대한 과거의 경외를 옹호하기 위하여! ……민주주의적 유대적인 특색을 가진, 민족과 관계없는 저널리즘에 적대하고 국민의 건설 사업에 대한 책임을 자각한 협력을 옹호하기 위하여! ……세계대전 병사들에 대한 문학적 배신에 적대하고 방위 정신에 따른 민족 교육을 옹호하기 위하여! ……독일어의 저속한 왜곡에 적대하고 우리 민족의 귀중한 재산 보호를 옹호하기 위하여! ……철면피라 생각하게 되는 것을 적대하고 불멸의 독일민족정신에 대한 존경과 경외를 옹호하기 위하여! ……. (헤르만 글레이저, 《히틀러와 나치스》)

이 연설의 일부분을 읽어보면 다음과 같은 사실을 알 수 있다. 괴벨스가 도착하기 전에 9명의 학생대표가 돌아가며 외친 슬로건을 이번에는 그 혼자서 절묘한 '공백'을 두어가며 복습하게 만드는 것이다.

이것이야말로 괴벨스의 세심하면서도 대범한 절차라고 할 수 있다. 학생들의 슬로건도 사실은 괴벨스가 만들어 학생들에게 준 시나리오가 아닌가 여겨질 정도였고, 아마도 그것은 사실일 것이다. 대중을 설득하기 위한 연설 요령은 반복에 있다는 말이 있지만, 괴벨스는 이 분서 의식을 통해 2단계에 걸친 복습을 할 수 있도록 여러모로 머리를 쓴 것이다.

주제별로 잇따라 외치는 연설 형식의 강점

나치스의 적들은 넓게 퍼져 있었고 그들은 여러 갈래로 나누어져 복잡했다. 이럴 때 연설에서 되풀이되는 말들은 오히려 번잡함을 주지만, 괴벨스는 항목

별로 잇따라 외치는 연설 형식을 취함으로써 그 결점을 보완했다. 그의 연설에서 '위하여'라는 말이 계속 되풀이되는 것 또한 마찬가지다. 나치스는 사람들에게 '목적'이라는 배지를 부여한 것이다. 그것은 연설 형식에도 드러난다.

목적을 스스로 찾아내지 못하고 헤매고 있는 굶주린 사람들의 입 속에 차례차례로 '목적'을 주어 포만감을 느끼게 한 것이다.

또한 괴벨스는 마이크를 앞에 두고 이렇게 외쳤다.

"과거의 사악한 망령들은 정당하게 화형에 처했다. 이것이야말로 위대하면서도 상징적인 행위이다. 오늘만큼 청년들이 발언권을 가진 시대는 이제까지 없었다. 이제 학문도 꽃을 피우고 사람들의 정신이 깨어나고 있다. 이 잿더미 속에서 새로운 정신이 불사조처럼 날아오를 것이다."

괴벨스는 이런 식으로 청년들을 치켜세워주는 것도 잊지 않았다. 그들을 치켜세워줌으로써 이 화형의식은 완성되었다.

그리고 그는 '혁명은 모든 것을 시도해보고 나서 그 결과를 얻어야만 한다. 그것은 가치 건설에서도 마찬가지이며, 가치가 없는 것을 파괴할 때도 위대해야만 한다'고 힘주어 말했다.

가치 없는 것의 파괴란 무엇일까? 괴벨스는 책을 불태우는 의식을 '가치 없는 것의 파괴'라고 생각했던 것일까? 이 자기정당화 속에야말로 그의 불안이 숨겨져 있던 것은 아닐까? 괴벨스의 불안은 연설을 한 뒤에 찾아왔을지도 모른다.

괴벨스가 불안함을 느꼈다고 한다면, 그것은 분서 의식 때 불태워진 작가들이 반발하게 될 미래이지 않았을까? 그 반발은 틀림없이 그의 계산에 들어가 있었을 것이다.

그러한 반발은 책들을 불태우지 않았어도 이미 엄중한 대책을 마련해둔 괴벨스가 예상했던 일이다. 그 뒤에도 문화인들의 통제와 탄압 수단이 느슨해지지 않은 것을 보아도, 반발하는 작가들의 발언에 괴벨스가 눈 하나 깜짝하지 않았다는 사실을 확인할 수 있다.

그런 것들을 확신하고 있었을 괴벨스의 마음속에도 문득 스쳐지나가는 불안이 있었다고 한다면, 그것은 대체 무엇이었을까? 그는 지식층 말살을 계획한 것이 아니다. 그는 어용 문학자를 환영했고 육성하려 생각하기도 했다.

괴벨스의 분서는 시황제적인 발상, 즉 나치스를 따르지 않고 나쁜 독을 퍼뜨리는 시끄러운 지식인들을 말살하려는 의도가 있는 한편, 피터 비렉의 말을 빌리자면, 예술을 인정하는 반응이기도 하다. 어떤 악취미를 가지고 있다고 해도 나치스는 예술국가였다. 그렇다면 괴벨스가 분서 의식이 끝난 뒤 불안을 느꼈다고 해도 이상하지는 않다. 그는 자신의 악취미적인 '예술을 사랑하는 마음'에 걸려서 불안해진 것이 아니었을까?

인간 그 자체를 불태우는 것은 그 신념을 불태우는 것이 아니다. 그 불의 혓바닥은 쉽게 자신에게까지 뻗어온다. 육체는 불꽃에 집어삼켜진다. 실제로 괴벨스는 1945년, 그의 아내와 함께 가솔린을 뒤집어쓰고 죽게 된다. 그러나 책을 불태우려는 괴벨스의 신념은 아직까지 살아 있다. 이 세상에 책이 있는 이상 그 신념은 죽지 않는다.

때로는 힘을 발휘하며, 또 때로는 무력해지는 '책'에는 그런 끈질긴 힘이 있다. 그것은 책이 인류가 처음으로 인간이 된 것을 기념하는 물건이기 때문이지 않을까? 하지만 그것은 어쩌면 슬픈 일일지도 모른다.

로젠베르크와 신화

'독일예술과학국가상'은 노벨상 위원회가 독일의 저널리스트이자 평화주의자인 오시에츠키에게 평화상을 준 것에 대한 반동에서 생겨난 상이다.

이것은 노벨상이 정치적으로 이용된 하나의 예이다. 독일인이 노벨상을 받았다는 사실을 나치스의 굴욕이라고 느낀 히틀러는, 그때부터 독일인이 노벨상을 받는 것을 금지하고 그것을 대신하여 '독일예술과학국가상'을 만들어냈다. 그 제1회(1937년) 수상자 중에는 알프레트 로젠베르크가 있다.

로젠베르크는 1893년 발트해 연안에 있는 작은 나라 에스토니아의 수도 탈린에서 상인의 아들로 태어났다. 로젠베르크가 어린 시절, 그곳은 제정 러시아 영토였다. 《메타정치학 : 낭만주의자로부터 히틀러까지》를 쓴 피터 비렉은 이렇게 말했다.

제1차 대전을 러시아에서 보낸 로젠베르크는 당연하게도 200% 독일 애국자가 되었다. 가장 광신적인 독일 애국주의자들은 독일이 아닌 다른 나라에서 태어난다. 국내처럼 독일 숭배가 당연하지 않은 외국에서, 다른 문화에 독일 문화가 압도될 것이라는 불안감에 내내 노출되어 있다는 점이 오히려 애국주의의 아주 좋은 토양이 된다.

참고로 히틀러도 독일이 아닌 오스트리아 출신이다.

로젠베르크는 모스크바대학 공학부를 졸업한 지식인이지만, 그의 동방정책은 청년시대까지 그가 겪어온 경험에 뿌리를 두고 있다 여겨진다. 히틀러의 《나의 투쟁》이 동방에 준 유명한 한 구절은 로젠베르크와 하우스호퍼의 설을 그대로 베껴 쓴 것이다. 하우스호퍼는 부총통 헤스의 뮌헨 대학시대 은사로, 히틀러에게 그를 소개한 사람도 로젠베르크와 헤스였다. 즉 로젠베르크는 뮌헨 초기부터 히틀러의 열렬한 지지자였던 것이다.

읽든 안 읽든, 알든 모르든 책을 사게 한다!

《나의 투쟁》은 물론 로젠베르크의 《20세기 신화》도 그 내용은 결코 읽기 쉽거나 외우기 쉬운 문장으로 만들어진 책이 아니었다. 대중의 머릿속에 내용을 박아 넣는 기술적 조치는 나치스들이 다른 곳에서 사람들의 정서를 어지럽히는 수단으로 착실하게 이루고 있었다. 다만 책을 통한 방법이 아니었을 뿐이다. 나치스는 책 속에 숨겨진 의미의 힘을 믿지 않았기 때문이다.

한 독일 문학가는 '결혼이나 크리스마스 선물로 이런 책들을 보내는 일이 판매량을 올리는 원인 가운데 하나였지 않을까' 말한다. 그런데 그의 지적처럼 단순한 원인 가운데 하나가 아니라 그와 비슷한 동기로 책을 사는 사람들이 많았고, 그것이야말로 나치스의 선언이 그대로 이루어지는 일이었다. 대중의 유행병적 성질이 나치스라는, 사람들이 '책을 사서 갖고 있는 것'이 가장 효과적인 세뇌로 이어져 갔다.

독일학자는 로젠베르크의 '이 책은 독일 국민 생활의 일부가 되었다'는 말이 독일 국민들에게 크게 영향을 주었다고 해석하고 있다. 로젠베르크 스스로도 그렇게 해석했을지도 모르지만, 그가 말하는 '생활의 일부가 되었다'는 말은, 조금 더 넓게 해석해 읽어야 한다. 오히려 글자 그대로 '생활의 일부'가 된 것이다. 독일 사람들은 직접 책을 삼으로써 하켄크로이츠와 같은 존재가 될 수 있었다. 그 책을 산 것만으로도, 집 안 책꽂이에 두는 것만으로도, 나치즘을 향한 충성의 증거가 되었다.

《20세기 신화》가 팔린 의의에 대해 또 다른 독일학자는 이렇게 말한다.

"민족주의적 철학 관점에서 강하고 선이 굵은 표현으로, 일부러 니체적으로 모든 가치를 전도하는 그 책이 나치 청년들에게 미치는 감화 작용은 헤아리기 어려울 정도였다."

이것은 나치스 청년들을 과대평가하는 것이다. 청년이라고 해도 부녀자들과 비슷하게 그들은 책 속에 있는 관념을 추구하는 끈기가 없었다. 그러나 《20세기 신화》가 지니고 있는 관념은 책에 의지하지 않아도 대중들에게 전해졌으며, 나치스는 그 대책을 세우는 것에 전혀 게으름을 피우지 않았다. 그렇기 때문에 청년들은 책을 읽지 않고도 《20세기 신화》와 거의 똑같은 관념을 가질 수 있었다. 연설이나 교육, 다른 대중성이 있는 매체와 수단으로써 이 난해한 학문은 얼마든지 흡수될 수 있었다. 그렇게 주어진 관념의 마무리 단계로서 이 책을 지니고 있게 한 것이 틀림없었다.

책을, 사람에게 해가 되기만 하고 도움되는 것은 없다고 본 나치스에게 출판은 그야말로 상징물에 지나지 않았다는 뜻이며, 상징의 침투는 판매량에 따라 측정할 수 있었다.

그러나 나치스를 부정하는 지식인들도 그 책을 읽었다. 특히 책이 불태워질 때 지명을 받아가며 공격받은 '지식체'인 사람들은 《20세기 신화》를 더욱 자세히 읽었다. 그 책 내용은 독일학자가 말하듯이 '여러 부분에서 논란을 일으켰으며 특히 로마 가톨릭교로부터는 게르만 민족정신만을 절대시하는 생각이 교양으로 받아들여지지 않았으므로 1935년 이래로 금지되었을 정도'였다. 그런데 이 책을 향한 공격을 반박한 로젠베르크의 팸플릿 《현대의 비개화주의자에게》는 오히려 70만부나 팔렸으며 《20세기 신화》의 정신을 사람들에게 더욱더 깊게 침투시키는 결과를 내고 끝났다고 할 수 있을 것이다.

하늘에서 내린 사람 논리의 대중성

인간이 짧은 일생 속에서 몇 번인가 세상이 보이지 않을 때가 있어야 한다면 로젠베르크에게는 《20세기 신화》를 쓰고 있을 때야말로 그런 순간이 아니었을까? 32살 때 그는 원고를 탈고했다. 그 책에는 분명히 나치에 알맞은 '통쾌한 강림 논리'가 있다. 그러나 이 '통쾌한 강림 논리'는 그 책을 산 50만 명 가운데 기특하게도 그 책을 읽어본 사람들은 도무지 감당할 수 없는 내용이었을 것이다. 학식의 발휘가 대범하고 방약무인인 만큼 그 광신적인 논리는 나치 지식인들밖에 끌어들일 수 없었다. 그리고 로젠베르크는 이 학식의 자유분방함을 연설이나 소논문 안에서 무엇 하나 보여주지 못 했다.

《20세기 신화》는 나치 제3제국의 존립을 지지하는 이론이지만, 그 이론화에 있어서 고대신화를 빼고 새로운 20세기 신화를 만들어내고 있다. 즉 고대신화를 현대에 가져옴과 동시에 나치 제국 그 자체를 현대 그대로 신화로 만들었다는 것에 의의가 있다.

독일학자의 입을 빌리자면 이렇게 말할 수 있을 것이다.

'그러나 역시 신화라 제목 붙여진 것처럼, 이 책은 과학적 인식의 글이 아닌 신앙적 고백의 글이다. 민족의 혈통과 국민의 명예에 바쳐진 위대한 신앙고백이다. 신앙고백인 이상, 열렬한 신자임과 동시에 인연 없는 많은 중생들을 거느리는 것은 어쩔 수 없는 일이다. 그러나 그것이 민족 이론이라는 새로운 세계관에 따라서 2천 년의 역사와 20세기의 현실 위에서 세워진 신화라는 점이 그 책의 독특한 점이다.'

이를 요약하자면, 《20세기 신화》는 '독일민족의 혼을 새로운, 그러나 태고보다도 더 오래된 혈통의 신화로써 새롭게 만들어 내려고 도모한 것이었다. 혈통의 신화를 혈관으로 보고, 고대 역사에서 북방적 게르만적 민족의 탁월함을 드러내며 새 국가 건설의 위대한 이상적인 근본 토대를 구하려고 하는 것이다.' 우리들에게는 더 이상 이 중심 논점을 웃어넘길 권리가 없다. 로젠베르크의 말을 인용하자면 다음과 같다.

죽은 자의 피는 되살아나려 하고 있다. 독일 민족혼의 새로운 세포 건설이 그 신비하고 미세한 계절에 들어서려 하고 있다. 현재와 과거는 갑자기 새로운 빛 속에 뚜렷하게 나타나고, 미래에 대한 새로운 사명이 생겨난 것이다. 역사와 미래의 과제는 이미 계급 간의 투쟁을 의미하지 않고, 교양 사이의 갈등을 의미하지 않고, 확실히 피와 피, 종족과 종족, 민족과 민족 사이의 상호결별을 의미한다. 바꿔 말하면, 영혼의 가치에 대한 영혼의 가치의 씨름인 것이다.

위에서는 피(혈통)에 가장 큰 가치관을 둠으로써 계급투쟁도 종교에 의한 암투도 한 번에 지양해버리고 있다. 나중에 일어나는 유대인 학살은 이 피의 관념을 통치 형태로 바꿔 놓고, 그것을 버리지 않고 고집함으로써 현실화되고 정당화되었다. 유대인들은 산 제물이었다. 피의 관념은 전율할 만한 매력을 사람들에게 부여했다. 순수한 피를 믿게 함으로써 모든 악의 근원은 게르만 민족에 반대하는 피에 요구받아, 자본주의와 공산주의의 원흉으로서, 그런 것들로 유대인을 말살할 이유를 찾은 것이다. 나치스의 정당화를 위하여 '게르만 민족'이 화두에 올랐다.

수수께끼와 환상의 대륙 아틀란티스와 게르만민족

게르만 민족(나치스)의 피가 우월하다는 것을 증명하기 위해서 신화가 이용되었다. 그것은 바다 속에 가라앉은 신화의 대륙, 수수께끼의 아틀란티스까지 거슬러 올라가게 된다. 과학적 논리로 보면 신화란 애매하기 짝이 없는 것이지만, 혈통 또한 마찬가지로, 순수한 게르만인 같은 것이 있을 리가 없다. 그럼에도 혈통은 일종의 신앙이기 때문에 신화와 같이 때로는 사람들을 따르게 만드는 힘이 있다. 그렇게 하여 '피의 맥락 없는 고독한 자아는 이미 우리들에게 절대적 가치를 뜻하지 않는다'는 단언까지 하게 되는 것이다.

로젠베르크의 연설 억양은 애매하게 얼버무려 피하는 억양 이상으로 격렬하다. 사람의 머릿속에 인상 깊게 남는 것은 그 강한 억양이며, 그는 그 위에 서서 광신적인 논리를 철저히 주입시켜 간다.

'신화나 가치의 혼합과 동시에 피의 잡종화였으며, 그리스 민족의 많은 전설들은 여러 혈통이 다른 사람들의 싸움을 생생하게 표현한 것이다' 로젠베르크는 혈통의 잡종화 가능성에 대해 이런 식으로 인정하면서도 그 혈통의 순수보존을 믿었다.

그러나 혈통을 믿고 피의 정책을 추진해 갈 때 그 혈통을 선별하는 일 나치스 간부들에게도 되돌아왔다. 히틀러는 유대인 혈통이라느니, 로젠베르크는 유대인 이름이라느니, 괴벨스의 조상에는 유대인이 있다는 식으로 말이다. 비렉은 이러한 의심들이야말로, 즉 아무도 의심하지 않는 일이야말로 광신으로 이끌어가는 길이라고 말한다.

혈통은, 태고까지 거슬러 올라간다면 어떤 사람이라도 애매하게 되어버린다. 그러나 신앙화된다면 부정할 수 없다. 전체는 애매함을 집어삼킨다. 이윽고는 나치스 그 자체를 신앙의 대상으로 끌고 가는 것이다. 그 신앙의 성과가 올라감에 따라 혈통의 신앙도 매력적인 것으로 바뀌어 간다. 셰익스피어도 단테도, 북방 아리아인종이라는 억지가 정당화되는 것이다.

히틀러는 난센스의 왕

애초에 신화란 이치에 맞지 않는 일 투성이다. 로젠베르크는 신화의 올바른 이야기 방식을 알고 있었다. 독일학자식의 '통쾌한 강압적 논리'를 천성으로 여겼기 때문이다. 인간의 마음속에 염원으로 잠들어 있는 신화에는 옳고 그름이 없다. 이성으로 빛나는 지식인들이 그 논리를 부정해 보아도 아무것도 시작되지 않으며, 무엇보다도 무서운 것은 로젠베르크는 발끝에도 미치지 못하는 히틀러나 괴벨스의 재능이 그 난센스에 의해서 정서를 정복해 대중을 조직화해 갔다는 사실일 것이다. 동심을 소중히 여기는 히틀러는 난센스의 왕이었다. 제 3제국 나치스는 신성화되었고, 그야말로 신격화되어 갔다. 이렇게 된 이상 그것은 이미 신화의 이용, 신화의 조작 범위를 뛰어넘어 있었고, 로젠베르크는 쓸모없는 자리로 떠넘겨진 것에 지나지 않았다.

나치스는 로젠베르크의 이론서 《20세기 신화》에 따라 신화를 이용한 것이 아니다. 연설뿐만이 아니라 음악, 문학, 미술, 스포츠, 영화, 연극을 통해서도 북방 게르만 신화를 침투시켜 갔다. 무솔리니도 프랑코도 신화를 이용하려 했다. 그러나 나치스만큼 국민들을 열광시키지는 못했다.

오늘날에도 신화 만들기는 이어지고 있다. 고대신화는 쓰이지 않지만, 케네디는 신화화되었고, 모택동은 신격화되었고, 장정(長征)[1]도 신화화된다. 체 게바라는 좌익 지식층의 신이 되었다.

도므나크는 《정치선전》에서 '근대적 선전은 정치적이라기보다 시적으로 표현되었다고 생각해서 꺼려지지 않는다'고 했다.

---

1) 1934년에서 1936년까지 중국 공산당 홍군(紅軍)이 국민당군의 포위망을 뚫고 370일을 거쳐 9600km를 걸어서 옌안으로 탈출한 전략적 대이동 사건.

정치선전은 사람들이 자신의 혈통이나 자신의 앞날에 대해 가진 몽상이나 행운을 갈망하는 것을 교묘한 말로 붙잡았다. 정치선전은 신화를 그들의 양식으로 삼는 대신 신화를 다시 확장해 나갔는데, 그 신화의 힘을 빌린 정치선전은, 각성상태에서는 인간이 일부러 손을 대지 않고, 손을 뻗지도 못하는 상대에게 욕망이나 증오를 꿈에서처럼 우스울 만큼 가깝게 끌어들였다. 이런 종류의 몽상은 반드시 불건전한 것이 아니다. 살아있는 온갖 민중들은 그런 몽상을 품고 있다. 하지만 그것은 교묘한 마키아벨리즘에 부추김 받아 악몽으로 뒤바뀐다.

이 말은 여러 번 되새겨볼 필요가 있다. 신화는 그야말로 자장가였다. 로젠베르크가 논리화할 때 그 신화의 애매함에 망설이면서도 억지로 강행해 버렸지만, 어떤 신화이든 그것은 자장가이며, 난센스의 서사시인 이상 그 결단은 정당하다. 히틀러의 북유럽 신화의 목적이 헤르만 라우슈닝처럼 북유럽의 금을 채취하는 광산들을 얻기 위해서였다고 해도, 아무런 이의를 제기할 이유는 없고, 신화의 꿈은 어느 시대에도 선전의 바람을 타고 불어온다.

8. 장례식

장례식만큼 근대인의 영혼을 뒤흔드는 것은 없다

관혼상제(冠婚喪祭)는 하나의 볼거리이다. 의식(儀式)은 구경거리이기 때문이다. 의식은 그것을 치르는 방법에서, 틀을 만든다. 저마다의 의식이 역사의 흐름 속에서 틀을 물려받아 이어져 나가고 있기 때문인데, 그것을 유명무실하게 만들지 않기 위해서는 끊임없는 연출이 필요해진다. 틀이 있기 때문에 연출을 할 수 있게 된다. 연출의 힘으로 차츰 하나의 축제로 만들어져서, 사람들을 압도하고 사람들을 취하게 하는 볼거리가 된다.

나치스가 이것을 그냥 지나칠 리가 없었다. 도므나크는 《정치선전》에서 이렇게 쓰고 있다.

> 선전은 장례식에까지 도입되었다. 어떤 볼거리도 이만큼 깊게 근대인의 영혼을 뒤흔들지는 못했고, 이만큼 깊게 종교적인 영적 교섭에 영혼이 살아 숨 쉬는 느낌을 주지도 못했다. 이것이야말로 세속적이고, 종교에 대해 중립적인 공화국이 조금이라도 드러나게 화려한 성공을 과시한 유일한 일이었으며, ……. 괴벨스는 세심한 주의를 기울이고 인상적인 형식으로 당 간부들의 장례식을 요란스럽게 거행했다.

죽은 아군은 모두 영웅으로 만들어라

폭력투쟁이 과격해지면서 죽는 사람까지 생겨났다.

히틀러를 비롯한 간부들이 병원 침대에 누워 있는 부상자들을 찾아가 꽃을 보내고 그 용기와 순교 정신을 영웅이라 칭송하며 치켜세우는 것만으로는, 괴벨스는 만족하지 못했다.

괴벨스는 죽은 영웅 이야기를 제 손으로 쓰기 시작한다. 가장 처음 성공한 것이 1930년 호르스트 베셀이라는 청년의 죽음을 영웅화한 것이었지만, 이러한 시도는 이미 1929년에도 있었다.

스포츠궁전에서 히틀러가 연설을 했던 날 밤, 젊은 나치당원이 동료와 함께 술을 마시고 잔뜩 취했다. 다음 날 그의 시체가 운하에서 발견되었다. 가난에 지쳤다는 유서가 발견되었고, 경찰도 자살이라고 판단했다. 그러나 괴벨스는 그가 공산당에게 살해당했다고 말하며, 그의 죽음은 마땅히 당의 명예로서 기억해야 한다고 거짓선전을 펼쳤다.

그러나 이 나치당원의 영웅화는 괴벨스가 기대한 만큼 효과를 얻지 못했다. 1930년 2월, 그가 지어낸 이야기에 가장 잘 어울리는 당원이 죽었다. 그 사나이가 바로 호르스트 베셀이다.

'죽은 영웅'으로 맨 처음 바쳐진 제물 호르스트 베셀

호르스트 베셀은 괴벨스가 베를린 지구당 위원장으로 나타난 1926년에 입당했다. 쿠르트 리스(Curt Riess)가 쓴 《요제프 괴벨스》에 따르면, 호르스트 베셀은 '남에게 굽힐 줄 모르는 강한 의지를 가지고 있었고, 키가 크며 냉혹한 느낌을 주는 잘생긴 자'였다고 한다. 사진을 보면 그런 표현만큼은 아닌 것 같지만, 곧 바로 '괴벨스는 베셀에게 악명 높은 돌격대(SA) 제5부대를 맡겼다. 베셀은 사회주의자와 공산주의자들과 싸움을 되풀이하여 금세 이름을 날렸다'고 쓰여있다.

괴벨스는 이 청년에게 기대를 품고 오스트리아 히틀러 유겐트 연구를 위해서 빈으로 보내거나, 베를린에서는 연설을 시키면서 무척 편애했다. 또한 베셀은 인기도 많이 얻었는데, 얼마 지나지 않아 그는 돌격대 제5부대에서 자취를 감추고 말았다.

호르스트 베셀은 프랑크푸르트에 있는 창부에게 붙어살고 있었다. 즉 기둥서방이 되어 있었다. 그 사실에 화가 난 창부의 전 기둥서방이 1월 14일 호르스트 베셀을 권총으로 쏘았고, 그는 중태에 빠져 병원으로 실려 간다.

이 사건이 드러날 때까지 괴벨스는 호르스트 베셀을 배신자라고 비난했을 게 틀림없지만 그가 살아남을 가망이 없다는 사실을 알게 되자마자 화려하게 영웅 만들기 선전을 시작한다. 쿠르트 리스는 이렇게 이야기했다.

며칠 동안 괴벨스는 이 젊은 기둥서방을 계속 칭송했다. 2월 13일 아침, 호르스트 베셀은 세상을 떠났다. 그의 장례식은 나치 대선전용으로 바뀌었다. 연출한 이가 괴벨스였으니 이상할 것도 없다. 강당에 모인 장례식 참석자들을 앞에 두고 괴벨스는 추도 연설을 했고, 그 뒤 그들은 호르스트 베셀의 노래를 불렀다. ……노래가 끝나자 괴벨스는 군중들에게 외쳤다. '호르스트 베셀!' 돌격대 대원들은 명령을 받기라도 한 듯이 '오오' 대답했다. 이 상징적인 의식은 그 뒤 나치 선전에서 빠뜨릴 수 없는 것이 되었다.

장례의 선전화는 이때가 처음이었다고 생각해도 좋을 듯싶다. '호르스트 베셀의 노래'는 베셀이 죽기 5개월 전에 나치당 신문 〈앙그리프〉에 발표한 짧은 시이다. 그러나 시라고 해도 '귀에 익은 몇 가지 나치 표어를 잘 짜깁기한 것'에 지나지 않는다고 쿠르트 리스는 말한다. 맨 처음 가사는 다음과 같다.

기를 높이 내걸어라!
대열을 잘 맞추어라!
돌격대가 당당한 걸음으로 행진한다
공산주의자들과 반동주의자들에게 사살당한
동지들의 영혼이
우리의 대열 속에서 함께 행진한다

죽은 뒤에 괴벨스가 고쳐 썼을지도 모르겠지만, 만일 고치지 않았다면 호르스트 베셀도 꽤나 얄궂은 시를 지었다. '공산주의자들과 반동주의자들에게 사살당한'이라는 구절은 베셀의 죽음에 지나치게 들어맞기 때문이다.

'이 시가 오래된 가락에 맞추어 노래를 부를 수 있음을 눈치 챈 사람이 있어서, 친한 이들끼리 모였을 때, 이렇다 할 감동도 없이 이 노래를 부르기도 했다. 그 노래가 베셀의 장례식에서 처음으로 공개되어 불렸고 그 뒤 나치 당가가 되었다'고 리스는 설명했다.

종교적인 것에 대한 괴벨스의 직관

로저 맨벨과 하인리히 프렌켈이 쓴 《괴벨스의 생애》에 따르면, 그 곡조는 옛날 곡이라기보다 '그 무렵 공산주의자 청년들 사이에서 유행하던 노래들과 잘 맞았다'고 말했다. 더욱이 맨벨과 프렌켈은 다음과 같이 이야기했다.

베셀은 죽음의 관을 머리에 얹은 전사로서 신의 자리에 떠받들어졌다. '호르스트 베셀'의 가락은 찬미가와 조금 닮은 느낌이었는데 더없이 효과적이었다. 종교적인 것에 대한 괴벨스의 본능은 직감적으로 이 노래가 앞으로 나치가 치르는 모든 의식을 장엄하게 만들고 신성하게 해주리라 꿰뚫어보았다. 실제로 이 노래는 나치 운동의 주제가가 되었고, 나치 체제가 끝날 때까지 불려졌다.

살해당한 동지를 묘지로 배웅하는 '감동적이고 선정적인 장면들!'

1932년 1월 26일

우리들은 교외도시 펠세네크에서 살해당한 돌격대 동지 슈바르츠 교수를 묘지로 배웅한다. 감동적이고 선정적인 장면들! 나는 묘지에서 무덤 속을 향해 큰소리로 분노를 한껏 쏟아 부었다.

모아비트 마을에서, 한 번 더 히틀러 유겐트 단원 노르크스가 공산주의자의 칼에 찔려 죽은 곳을 지나갔다. 하얀 벽에 죽어가는 소년의 피로 물든 손자국이 뚜렷하게 남아 있어서, 그것이 어떤 '중요한 경고'를 주는 것만 같다.

그 뒤 집으로 돌아와서 일했지만, 분노와 원한이 걷잡을 수 없이 불타올라 멈출 줄을 몰랐다. 피로도 비관론도 타오르는 분노에 집어삼켜졌다. 마치 흘린 피가 또다시 사람들에게 전해져서 새로운 행위를 목말라하는 듯하다.

묘지로 가서 괴벨스는 연설을 했다. '감동적이고 선정적인 장면들!'이라고 외쳤다. 무엇이 감동적이고 선정적인 것인가. 묘지인가, 장례식인가. 묘지에도 장례식에도 그러한 요소가 있지만, 이 경우에는 살해당한 당원을 장사 지내며 연설을 하는 광경을 떠올려, 감동적이고 선정적인 장면이라고 하는 것이리라. 이말은 괴벨스의 연출로 말미암아 모여든 사람들을 감동시키고 자극해야 한다는 뜻이다. 그것이 선전 효과이기 때문이다.

괴벨스는 히틀러 유겐트 단원 노르크스에 대한 일도 이야기하고 있는데, 그는 3일 전 1월 23일에 공산주의자의 칼에 찔려 죽었다. '바짝 약이 오른 야수처럼 마을 안을 악착같이 뒤쫓은 끝에 악마 같은 녀석이 소년의 가슴을 칼로 꿰뚫은 것이다. 그래도 소년은 어느 집 문까지 기어가 신음하면서 구원을 요청했다'고 그날 일기에 적어두었는데, 마치 하나의 각본과 같은 묘사이다.

자살한 이도 당장(黨葬)을 치러라!

괴벨스의 1월 4일 일기에는 '한 돌격대 지도원이 찾아와 자살한 대원이 나왔는데 당 깃발과 함께 땅에 묻어도 되느냐고 내게 물었다. 나는 그래도 된다고 대답했다'고 씌어 있다. '모든 사람들이 이 고뇌를 견딜 수 있을 만큼 강인하지 않다'는 것이 '그래도 된다'고 답한 이유였다. 이 일기를 보면 괴벨스는 자살한 사람마저도 당장(黨葬)이라는 볼거리로 만들려고 하고 있음을 알 수 있다.

순교극 각본

호르스트 베셀을 순교자로 만드는 각본은 다음과 같다.

그는 공산당 진영에서 당원을 빼돌려 공산당의 커다란 위협이 되었다. 그는 공산당의 눈이 그를 따라다니고 있다는 사실을 알고 밤마다 머무는 곳을 바꾸었는데, 방을 빌리고 있던 여성이 공산당원이었기 때문에 오랜만에 그가 자신의 방으로 돌아온 것을 그 여성이 밀고했다. 1930년 1월 14일 밤이었다. 엘제 콘이라는 소녀가 이끄는 십여 명의 공산당원들이 곧바로 그의 방을 습격했다. 베셀은 방문을 두드리는 소리를 듣고, 돌격대 지도원 피들러라고 생각하여, '리하르트인가, 자, 어서 들어오게' 이렇게 말하면서 문을 연 순간, 입 안에 총탄을 맞아 피에 물들어 죽었다.

1월 27일 일기에는 공산당이 펠세네크 사건에 대해서 심사위원회를 소집했다는 이야기가 씌어 있다. 슈바르츠 교수가 공산당원에게 살해당했다는 괴벨스의 선전에 맞서기 위해서 사실을 밝히려고 나선 것이다. 이에 괴벨스는 '연극이다. 듣기만 해도 가슴이 울컥한다'고 그는 시치미를 뗐다.

1월 27일

살갗을 찢을 듯한 추위 속, 우리들은 히틀러 유겐트 단원 노르크스의 유골을 묘지로 옮겼다. 좁은 관 주위에 모여든 소년소녀들을 향해 진심 어린 연설을 했다. 이 소년의 아버지는 상상했던 것보다 굳센 모습을 보였다. 순박한 노동자인 그의 얼굴은 너무 슬픈 나머지 회색을 띠고 있었다. 호르스트 베셀의 노래를 부르기 시작하자, 그는 한 손을 내뻗고 통한과 애처로운 자랑스러움으로 가슴을 가득 채우며 '기를 높이 내걸어라!' 노래했다.

묘지 출입구 바깥에는 공산주의자들이 늘어서서 다음 희생자를 물색하면서 기다리고 있다. 머지않아 반드시 이 무뢰한들을 붙잡아서 섬멸시켜 주리라!

노르크스의 장례식은 죽은 지 1주일이 지난 뒤에 치러졌다는 사실을 알 수 있다. 장례위원장이라 불러야 할 괴벨스는 물론 여기서도 '진심 어린 연설'을 한다. 같은 단원의 죽음이기도 해서, 히틀러 유겐트 단원들이 이 장례식에 참가하여 그 자리를 빛내고 있다. '한 손을 내뻗고' 호르스트 베셀의 노래를 부르는 소년의 아버지도 장례식을 빛내는 한 사람이다. 더구나 그것을 노리지 않고도 비장함을 높이는 것은, 공산당이 묘지를 멀리서 바라보고 있다는 점이다. 그들 입장에서는 괴벨스가 거짓선전을 못하게 하기 위해서 온 것이겠지만, 결국은 장례식을 더욱 빛나게 만들고 있었다.

4월 29일

돌격대원 우드 커트가 오늘 오후 땅에 묻혔다. 그는 선거날 밤 총에 맞았다. 이번에는 참으로 슬픔에 가득 찬 매장(埋葬)이다. 봄이 미소 짓고 새가 지저귀는데, 여기서는 앞길이 창창한 아까운 젊은 목숨이 무덤 속에 묻혔다.

이 장례위원장이 유능한 이유는 삼류시인과도 같은 감상(感傷)의 재능이 풍부하다는 점에 있다.

11월 2일

돌격대원 할비그를 무덤으로 배웅했다. 그는 공산주의자의 총에 맞아 죽었다. 고아가 된 아이들이 묘지에서 울음을 터뜨렸다. 비통하기 짝이 없다. 이것을 그저 지켜보기만 해야 한다니 끔찍한 일이다.

'비통하기 짝이 없다'고 하지만 그것이야말로 괴벨스가 기대한 것이리라. '고아가 된 아이들이 묘지에서 울음을 터뜨린' 일은 그의 장례 선전에 안성맞춤인 모습일 것이다.

11월 11일

슈네베르크에서 파업을 하던 중 총에 맞아 죽은 돌격대원을 땅에 묻었다. 4만 명이 참가했다. 왕후와 같은 장례식이었다. 묘지에는 하늘 높이 하켄크로이츠 깃발을 단 비행기가 원을 그리며 날아서, 죽은 자에게 마지막 인사를 건네려고 하는 것만 같다. 장례식에 참가한 돌격대원들은 깊은 감동을 받았다.

괴벨스는 스스로 '왕후와 같은 장례식'이라고 황홀해하며 말하고 있다. 그가 처음 돌격대원의 죽음을 볼거리로 만들어 사람들을 종교적으로 취하게 한 채 제 마음대로 조종할 수 있게 만들려고 계획했을 때에는 결코 이렇게 규모가 크지는 않았다.

구경거리로서의 효과에 더해서 잘해야 하나의 시위(示威) 선전이 되는 것이 이제까지 해온 장례 규모였다. 그것은 한낱 돌격대원을 장사 지내기에 어울리는 규모였지만, 그 보여주기 방식을 궁리함에 따라, 갈수록 장례식은 비대해져갔다.

구경거리가 되어가는 장례식

'왕후와 같은 장례식'이라는 괴벨스의 말에는 자만심과 동시에 스스로 한 일이지만 기가 막히는 부분이 있다. 4만 명이 장례식에 참가했다는 사실은 당원들을 움직였다는 점도 있지만, 그보다도 나치스의 구경거리가 된 장례식을 보려고 몰려든 일반인들도 늘어났음을 나타내는 것이 틀림없다.

사람들은 구경거리를 보러 간다는 기분을 느꼈지만, 그 구경거리가 장례식이다 보니 생각 없는 가벼운 모습까지는 보이지 않는다. 바로 여기에 괴벨스가 판 함정이 있다. 만약 이 함정에 빠지고 싶지 않다면 진심으로 구경거리를 보러 가는 기분으로 갈 수밖에 없다. 그러나 군중 속 한 사람이기 때문에 마지막에는 나치스 선전의 도구가 되고 마는 것이다.

하켄크로이츠 깃발을 단 비행기까지 이용되는 것에 이르러서는 장례식이 구경거리를 넘어서 이제는 가장 큰 볼거리가 되어 있음을 알 수 있다. '돌격대원들은 깊은 감동을 받았다'고 괴벨스는 말하지만, 그것은 한 돌격대원의 죽음과 그 장례식에 대한 감동이 아니라, '장례식 연출'과 '장례식 형태' 때문이라고 말해도 좋을 것이다.

하지만 이날 일기에서는 괴벨스가 베를린 당 조직의 재정난을 푸념하며, '참으로 절망적'이라고 말하고 있기 때문에 우스꽝스럽다. 이 당장(黨葬)에 선전비용이 들었을 텐데, 그 점을 걱정하지 않는다는 것은 그에게는 아직 선전비용이 너무나도 부족하다는 뜻이리라.

> 1933년 1월 4일
> 밤, 스포츠궁전이 사람들로 가득 찼다. 우리들은 살해당한 히틀러 유겐트 단원 바그니츠를 위해 비통한 장례식을 올렸다. 이어서 어느 일반논쟁에서, 나는 슐라이허 내각을 해치울 것이다.

이 장례식은 아무래도 밤에 치러진 모양이다. 이제까지는 모두 낮에 치렀다. 더욱이 특이하게도 장소는 언제나처럼 묘지가 아니라 연설회장이다. 괴벨스는 장례식을 이용해 슐라이허 내각을 공격하고 있다. 이것은 엄밀히 말하자면 장례식이라기보다 추도연설회이지 않을까.

퍼레이드가 된 장례식

> 1월 7일
> 히틀러 유겐트 단원 바그니츠를 땅에 묻었다. 베를린 시민들이 참가해 그는 마치 임금님과 같다. 우리들은 정오에 사체안치실로 그의 유골을 받으러 간 뒤, 부슬부슬 내리는 빗속을 꾸불꾸불 길게 이어진 줄을 만들며 베를린

교외로 갔다. 감동적인 모습이다.

　우리들은 모두 살해당한 이 소년의 영구차 뒤를 따라 2시간 반을 걸어갔다. 끝없는 사람 울타리 사이를 지나서 돌격대, 친위대, 히틀러 유겐트 단원 모두가 소년을 묘지까지 배웅했다. 몇십만 명의 사람들이 그 뒤를 따라 걸었다. 땅거미가 질 무렵, 장례 행렬이 묘지에 다다랐다.

　우리들은 지체 없이 죽은 자를 어머니 대지의 품으로 돌려보냈다. 깊이 감동받은 군중들이 서 있었다. 이윽고 한밤중이 되자, 몇만 명의 당원들이 16살 히틀러 유겐트 단원 한 사람의 묘지까지 분열행진을 했다. 이 얼마나 자랑스러운, 멋진 당인가.

1월 4일은 정식 장례가 아니었다는 사실을 여기에서 알 수 있다. 11월 11일 돌격대원 장례식 때, 괴벨스는 '왕후와 같은 장례식'이라고 중얼거렸지만, 여기서는 한 단계 더 올려서 '마치 임금님 같다'고 표현했다.

　이제까지 치른 장례식은 갈수록 규모가 커졌지만, 행진까지 할 만큼 지나치지는 않았다. 묘지가 중심이었다. 그런데 이번에는 베를린 시내에서 교외까지 걸어서 행진해, 죽은 자를 몇십만 명의 사람들이 배웅하고 있다. 안성맞춤으로 비까지 내려서 이 허울 좋은 행진을 꾸며주었다.

　장례를 치른 시간 또한, 정오부터 시작해 한밤중까지 살해당한 히틀러 유겐트 단원을 장사 지내고 있다.

돌격대원의 죽음보다 히틀러 유겐트 단원의 죽음이 더욱 선전효과가 높다

　폭력투쟁에서 살해당한 돌격대 당원보다도, 어린 히틀러 유겐트 단원의 죽음이 훨씬 사람들의 동정을 사고, 선전용 가치가 있다고 본 괴벨스의 눈은 정확했지만 어딘가 속이 빤히 들여다보인다.

　괴벨스 자신도 지나치다고 느끼고 있다. '마치 임금님 같다'는 말에서도 반성이 느껴진다. 이름도 없는 한 소년의 죽음에 이처럼 큰 규모의 장례를 치른 것에 대해서, 그는 '이 얼마나 자랑스러운, 멋진 당'이냐며 스스로 칭찬하고 있지만, 이렇게 갖다 붙인 이유는 어딘가 어울리지 않는다는 생각의 반어적 표현처럼 느껴지기도 한다.

1월 22일

2시에 딱 맞춰서 총통이 도착했다. 돌격대가 칼 리프크네히트 하우스 앞을 행진한다. 듣기만 해도 가슴이 뛰는 듯한 대담무쌍한 행동이다. 묘지 안에서 총통이 연설을 했다. 총통은 호르스트 베셀의 상징적인 의미를 꼬집고 그에 대한 추억을 이야기했다.

이것은 장례식이 아니다. 묘지라는 장소를 이용했다. 행진과 연설을 할 기회를 영적인 장소에서 살리고 있다. 히틀러는 여기서 '호르스트 베셀의 상징적인 의미'를 연설한다.

그것은 무슨 뜻인가. 이날은 호르스트 베셀이 죽은 기념일이었던 것인가. 그렇지 않다. 호르스트 베셀의 기일은 1월 13일이었다.

이즈음 나치스의 선전, 즉 괴벨스의 선전이 지나치게 장례를 통해 이루어진다는 점에서 비롯된, 묘지에서 연설한다는 착상에서 온 설정에 지나지 않는다.

그러나 과연 히틀러는 기회를 놓치지 않고 호르스트 베셀의 이야기를 꺼내고 있다. 호르스트 베셀이라는 사나이를 나치스의 영웅으로 떠받들고, 당장(黨葬)을 정치 선전 도구로 쓰는 것을 상투적인 수단으로 쓰게 된 뒤로 헤아릴 수 없을 만큼 당 지지자들을 늘렸으며, 무엇보다도 선전용 폭력단원인 돌격대 대원들을 격려하는 데에 큰 힘이 되었다.

정치적 위기를 장례식으로 피하다

어떤 의미로 나치스는 하나의 위기에 빠져 있었다. 돌격대장 룀과 그 부하들의 피의 숙청과 오스트리아 수상 돌푸스 암살로 인해 안팎으로 따가운 비난의 눈총을 받고 있었기 때문이다. 윌러-베넷은 《국방군과 히틀러》에서 이렇게 이야기한다.

처음에는 돌격대의 포악함이 사라진 것에 대한 보편적인 만족감이 지배했다. 그러나 학살의 구체적인 규모가 차츰 온 나라에 널리 알려짐에 따라, 공정한 사람들은 하나의 폭정이 또 다른 폭정으로 바뀐 것에 지나지 않고, 돌격대의 잔인함과 부패함이 친위대(SS)와 비밀경찰(게슈타포)의 잔인함과 부패함으로 바뀐 것에 지나지 않는다는 사실을 깨닫고 몸서리쳤다. 군대가 이러한 만행을 알고도 모른 척했다는 사실 또한 많은 사람들에게 충격을 주었다.

윌러–베넷의 또 다른 책 《힌덴부르크에서 히틀러로》에서 그는 이렇게도 말한다.

힌덴부르크는 죽어서도 봉사의 길을 걸어간 것만 같았다. 왜냐하면 이 때 죽은 일만큼 히틀러에게 은혜를 베풀 수는 없었기 때문이다. 6월 30일 사건(룀 숙청)과 돌푸스 암살은 수상(首相)이 나라 안에서 갖는 위치를 크게 상처 입히고 나라 밖에서 얻은 지지를 모두 잃게 만들었다. 히틀러가 확고하게 그의 등 뒤에 단결하는 독일을 이루려고 한 꿈은 깨지고, 나라 안에서조차 그와 프롤레타리아 및 중산 하층 계급과의 관계는 위태로워졌다. 그가 속한 당이 국민들에게 받던 지지는 처음부터 그들로부터 얻었던 것이다.

확실히 위기에 빠져 있었다고도 할 수 있지만, 나치스 제3제국의 독재를 위해서는 언젠가 찾아왔을 도박의 순간이었다. 윌러–베넷은 나치스가 한창 그 위기를 맞이했을 때 힌덴부르크의 죽음은 '히틀러에게 완전한, 의견을 허락하지 않는 권력에 의한 지배와, 나라 안 선전에 모든 힘을 쏟을 수 있는, 하늘의 도움이라고 해야 할 좋은 기회를 주었다'고 말했다.

장례 시위(示威)로 권력을 확고히

히틀러는 고(故) 힌덴부르크 대통령을 향한 칭송과 웅장한 장례식으로 국민들의 눈과 귀를 사로잡아 그들의 의심에서 벗어날 기회를 잡았다. 더욱이 이번에는 한 번에 권력을 제 것으로 만들려는 의도도 감춰져 있었다. 그것은 《히틀러》를 쓴 요아힘 페스트의 글에 드러난다.

7월이 절반쯤 지났을 때, 대통령의 병세는 눈에 띄게 나빠졌다. 그리고 사정을 잘 알고 있는 사람들 사이에서는 금세 그의 죽음에 대한 소문이 날마다 퍼지기 시작했다. 7월 31일, 정부는 처음으로 공보(公報)를 냈고, 다음 날이 되자 소식이 조금 확실해졌을 뿐인데도 히틀러는 존경심을 제쳐놓고 벌써 후계자에 대한 법률을 내각에 제출했다. 그것은 힌덴부르크가 죽음과 동시에 효력을 발휘하며 대통령 자리를 '총통 겸 수상 자리'와 하나로 합친다는 법률이었다. ……

여기저기에서 추도와 애석함이 흘러넘치는 가운데, 미리 충분히 준비되어 새로운 상황을 법적으로 결정하는 법률상 조치는 국민들이 눈치 채지 못하고 끝났다. ……

정부의 고시(告示)에 따라서 내무장관은 국민투표를 준비하는 일을 맡게 되었다. 그것은 이미 '합헌(合憲)'이라고 발표된 수상 자리와 대통령 자리를 하나로 합치는 일에 대해서, '독일 국민들에게 확실하게 허락'을 얻기 위해서였다. ……

이제는 제도적으로도 그 개인에게 하나로 합쳐진 절대 권력을 위장하기 위해, 그는 다음과 같이 딱 잘라 말했다. '고인(故人)의 위대함'을 생각한다면 내가 대통령 자리를 요구하는 일은 도저히 용서받을 수 없다. 그러므로 나는 '공적인 자리에서든 사적인 자리에서든 이제까지처럼 총통 겸 수상이라 불리기'를 원한다'고 말이다.

힌덴부르크가 세상을 떠난 8월 1일, 히틀러는 총통이면서 국가수상이 되는 법령을 선포했고, 8월 2일에는 뒷날 기회주의자라고 비난받는 육해군의 '충성 맹세'를 받아들였다. 이리하여 준비는 모두 끝났다. 나머지는 힌덴부르크의 장례식 선전으로 사람들의 눈과 귀를 사로잡고, 그 권력을 사람들에게 드러내 보이면 된다.

'밤부터 아침까지' 행해진 장례 행진의 효과

독일인이 특별히 느긋한 데가 있는 민족이라고 도저히 생각할 수 없지만, 노이디크에서 타넨베르크까지 나아간 힌덴부르크의 장례 행렬은 6일 오후 8시 30분에 출발하여, 이튿날인 7일 오전 8시에 도착, 12시간이나 걸렸다.

장례 행진이 밤부터 아침까지 행해진 것은 괴벨스의 계산으로 그는 밤의 효과를 효과적으로 이용했다. 이러한 점은 '길가에서 시민들은 집집마다 떡갈나

무 앞에 거친 종이를 더해서 조의(弔意)를 표했고, 큰 초에 불을 붙여 장례 행렬이 가는 길을 밝혔다'는 이야기에서 뚜렷이 엿볼 수 있다.

히틀러는 청동으로 만든 관 16개 하나하나 앞에
차례로 무릎을 굽혀 예를 갖추었다

나치스는 독재체제에 들어간 뒤로 구경거리를 만드는 재주가 더욱 늘었는데, 꼭 장례가 아니더라도 대회나 기념일이 있을 때마다 죽은 자를 끌어들여서 선전전을 펼쳤다.

요아힘 페스트는 다음과 같이 뮌헨 반란 희생자 추도회를 예로 들었다.

1935년 11월 9일 히틀러는 뒷날 의식(儀式)의 모범이 된 웅장한 제전(祭典)을 진행했고, 펠트헤른할레(용장기념관)로 향하는 행진에서 죽은 사람들을 제사 지냈다. ……건축가 루트비히 트로스트는 뮌헨 쾨니히 광장에 고전주의 양식으로 만든 사원을 2개 세웠는데, 그 청동으로 만든 관 16개에는 이 운동으로 희생당한 맨 처음 '피의 증인들'의 유골을 담기로 했다. ……

자동차가 천천히 펠트헤른할레에 도착하자, 히틀러는 팔을 앞으로 뻗은 다음 긴 붉은 융단을 밟으며 계단을 올라갔다. 히틀러가 '침묵의 대화'를 위해 하나하나 관 앞에 무릎을 굽혀 예를 갖추자, 7만 명의 제복을 입은 당원들이 수많은 깃발과 당(黨) 조직이 가진 모든 깃발을 내걸고 죽은 자들의 곁을 따라 묵묵히 행진했다.

이것은 전야제이다. 다음 날 아침이 정식 의식이다.

다음 날 아침, 11월의 약해진 햇볕 속에서 기념 행진이 시작되었다. 1923년 행진하는 길을 따라, 금으로 된 글자로 '운동을 위해 목숨을 바친 사람들'의 이름을 적은 몇백 개의 어두운 붉은색 천으로 덮인 탑 기둥이 세워져 있었다. 확성기는 되풀이하여 '호르스트 베셀의 노래'를 흘려보냈고, 행렬이 희생자들을 태우는 대(臺) 하나에 다다를 때마다 그 앞에서 죽은 자의 이름을 큰소리로 불렀다. ……예전에 행진이 총격 앞에서 무너졌던 펠트헤른할레에서 군 대

표자가 참가하고, 16발의 예포(禮砲)가 뮌헨 도시 위에 울려 퍼졌다. 이어서
히틀러가 커다란 화환을 기념판 위에 놓는 사이에 죽음과 같은 고요함이 퍼
졌다. ……

새로이 장엄하게 연주되는 독일 국가에 맞추어 그들은 모두 죽은 자에게
경의를 표했고, 죽 늘어서서 비스듬히 들어 올린 깃발 행렬을 지나, '승리의 행
진'과 함께 쾨니히 광장으로 갔다. ……

'마지막 점호'로 희생자들의 이름을 부르자, 희생자들을 대신하여 군중들
이 대답함과 동시에 죽은 자들은 '영원의 파수꾼'이 되었다.

죽은 자들을 의식(儀式)이라는 환상공간에 불러들이다

페스트는 나치스가 이 의식을 치르는 구성을 순서대로 남김없이 잘 풀어놓
았다.

나치스는 죽은 자들을 자신들의 환상 공간 속으로 자유롭게 불러들인다. 뮌
헨 반란 희생자들이나, 돌격대 순교자들을 제전(祭典)에 불러들여서 국민들을
나치스로 만들려고 했다.

죽은 자를 이용해서 산 자를 조종하는 구경거리는 장엄한 만큼 오히려 우스
꽝스러움이 있다. 물론 그 연출은 우스꽝스러움을 줄 틈을 내주지 않을 만큼
완벽하리만치 중압적이지만, 그 자리에 없는 사람이 보기에 객관적으로 우스꽝
스럽다.

나치스는 1934년 힌덴부르크가 죽은 뒤, 선전에 마땅한 죽은 자를 얻지 못
했다. 전투가 없어서 희생자를 제사 지낼 수 없었기 때문이다. 그래서 한결같이
나치스가 정권을 손에 쥐기 전에 죽은 자들을 모시며 끊임없이 국민들을 축제
기분이 들게 끌어들이려 하는 것인데, 엄밀히는 장례라고 할 수 없다.

미국 방송기자 윌리엄 샤이러가 쓴 《베를린 일기》를 보면 처음 장례식이 등
장하는 것은 이미 제2차 세계대전이 시작된 1939년 9월이었다.

'총통 위한 죽음'과 '나라 위한 죽음' 사이에는 차별이 있다

9월 26일 베를린

오늘 아침 베르너 폰 프리치 장군의 장례식이 치러졌다. 비가 내려서 춥고

어두웠다. 내가 기억하기로 베를린에서 겪은 가장 음울한 날 가운데 하나였다. 히틀러도 리벤트로프도 힘러도 모습을 보이지 않았다. 그들 모두 이날 오후 전선(前線)에서 베를린으로 돌아왔지만. 신문에 실린 폰 프리치 사망을 알리는 글에는 관례인 '총통을 위해 죽었다'는 말을 생략하고 '나라를 위해 죽었다'고만 씌어 있었다.

베르너 폰 프리치 장군은 무엇 때문에 죽었는가. 특파원 동료는 '프리치는 불구대천의 원수인 힘러의 명령으로 사살되었거나, 아니면 인생에, 그리고 히틀러가 독일을 이런 상태에 빠뜨린 것에 넌더리가 나서 일부러 스스로 죽을 자리를 찾았다, 즉 자살했거나 그 어느 쪽일 것이라는 결론에 이르렀다'고 윌리엄 샤이러는 쓰고 있다.

힘러가 왜 사살을 명령했는가, 또는 왜 죽을 자리를 찾아서 자살이나 다름없는 죽음을 맞이했는가, 거기에 더해서 왜 그러한 장군의 장례식을 치렀는가에 대한 의문이 솟는다. 윌러-베넷은 《국방군과 히틀러》에서 이렇게 이야기한다.

9월 22일, 폴란드 저격병들은 폰 프리치 상급대장이 그 냉정하고 절망적인 용기에 가득 찬 행동을 위해 더없이 좋은 표적이 되어 있다는 사실을 알았다. 그리고 이 고민하는 불행한 영혼에 환영할 만한 죽음이 찾아왔다. ……총통은 그를 정중한 육군장으로 치르도록 명했다. 1938년 3월 군법회의 재판장을 맡았던 헤르만 괴링이 총통 대리로 참석했다. 비에 젖은 베를린 루스트가르텐 광장에서 이 원수(元帥)는 독일 육군의 '실각한 용사'에게 다이아몬드를 박아 넣은, 원수의 지위를 나타내는 지팡이를 들고, 마지막으로 빈정거림이 담긴 조사(弔詞)를 했다. 이 원수 지팡이에 새겨진 날짜는 1938년 2월 4일, 즉 장군들이 결정적으로 권력을 잃어버린 날이었다.

이것은 어찌된 일인가. 프리치의 장례식은 국장이 아니라 육군장이었다는 사실을 알 수 있다. 그러나 괴링은 왜 '빈정거림이 담긴 조사(弔詞)'를 죽은 자에게 늘어놓아야했는가. 그의 원수 지팡이에 새겨진 날짜가, 프리치의 실각과 무슨 관계가 있는 것인가.

프리치는 폴란드에서 저격당해 전사했지, 힘러가 암살한 게 아니라는 사실은 알지만, 왜 블롬베르크 원수와 함께 권좌에 오르게 해준 은인 프리치의 장례식에 히틀러는 참석하지 않았는가.

윌리엄 샤이러는 '프리치만큼 지위를 가진 장군이, 폴란드 저격병이 독일군 부대에게 아주 높은 확률로 손실을 입힌 바르샤바 전선(前線)에서 대체 무엇을 하고 있었던 것일까?' 의문을 던진 뒤, '사실 내가 들은 바로 그는 수도에서 비스와 강 너머 교외를, 작은 정찰대와 함께 나아가다가 저격당했다고 한다. 독일에서 가장 근대적인 군인이 한 일이라기에는 이상하다' 말하며 고개를 갸웃했다.

히틀러는 장례식에 참석하기를 거절했다

더욱이 '히틀러는 장례식에 참석하기를 거부하여 좁은 도량을 드러내보였다. 그는 자신을 거역한 인간을 그 사람이 죽은 뒤에도 용서하지 않았'고 말했다. 대체 프리치는 무엇을 위해 히틀러를 거역했는가. 이것을 알기 위해서는 윌러-베넷이 말하는 '1938년 2월 4일' 그가 실각한 날 이전까지 거슬러 올라가야만 한다.

육군장관이며 독일 국방군 최고사령관인 블롬베르크와 육군총사령관 프리치는 오스트리아와 체코슬로바키아 합병 계획에 반대하고 있었다. 군사력이 제대로 갖추어지지 않은 상태에서 영국과 프랑스를 적으로 돌리게 되어, 독일이 위태로워지리라 생각했기 때문이다. 히틀러는 두 사람을 추방하자고 생각했다.

아내의 과거를 밝혀서 블롬베르크 원수를 매장하다

그는 먼저 블롬베르크 원수를 처리한다. 1938년 1월, 60살에 가까운 블롬베르크는 비서였던 23살 에르나 그룬이라는 여성과 결혼했다. 여기에는 히틀러의 연인 에바 브라운이 얽혀 있다. 에바가 히틀러에게 블롬베르크 부인의 과거를 알고 있느냐고 물었기 때문이다. 그는 곧바로 에르나 그룬에 대해 조사했다. 그 결과는 글렌 인필드가 쓴 《히틀러가 사랑한 여인》에 자세하게 나와 있다.

블롬베르크의 비서인 에르나 그룬은 매춘을 이유로 체포되어 유죄 판결

을 받았었고, 저마다 다른 자세를 취하거나 성행위를 하는 포르노 사진 모델
이라는 과거가 있었다. 더 깊이 조사하니 그녀의 어머니는 베를린에서 마사지
가게 간판을 달고 '사랑'을 팔고 있었다는 사실도 드러났다.

'이걸로 블롬베르크는 다 끝났다'고 히틀러는 에바에게 말했다. 히틀러는 이
사실을 스캔들로 흘려서 마침내 블롬베르크를 사임으로 몰아넣었다. '그는 사
임하고 아내와 함께 일반 시민으로 살기 위해서 뮌헨 남쪽의 작은 바이에른 마
을에 틀어박혔다'고 인필드는 말했다.

스캔들 선전

블롬베르크의 사임 뒤, 그 공석을 두고 괴링과 프리치가 다투었다. 히틀러는
프리치도 블롬베르크처럼 스캔들로 쫓아낼 계획을 세웠다. 인필드는 '프리치는
비밀경찰과 친위대 장관인 힘러, 그 두 조직의 확대를 허락하는 총통을 몰래
비판하고 있었다'고 말했다. 히틀러는 힘러에게 프리치의 사생활을 조사하라고
명했다.

프리치 대장을 동성애 혐의로 매장하다

그 결과, 프리치는 '동성애자'가 되었다. 그러나 프리치는 사임하기를 거부하
고 그 대신 군사법정에서 이 스캔들의 진실 여부를 재판해달라고 요구했다.

괴링이 군법회의 의장이 되었다. 동성애자라고 말했던 증인이 거짓임을 인정
했기 때문에 프리치는 무죄가 되었다. 그러나 '프리치의 무죄는 군사법정에서
밝혀졌지만, 판결내용도 그것 말고 다른 사실은 공표되지 않았다. 호기심 많은
사람들 사이에서는 여전히 프리치에 대한 소문을 주고받았고 소문은 어느 것
이든 프리치에게 해를 끼쳤다. 그는 고발을 두 번 다시 이겨내지 못했다. 히틀러
는 프리치를 육군총사령관 자리에 다시 앉히지 않았다. 그는 강등(降等) 처분
을 받았고, 하급 지휘관이 되었다. 그것이 또다시 소문의 씨앗이 되어 이번 일
을 알고 있는 사람들에게는 그의 유죄를 뒷받침하는 증거라고 여겨졌다'고 인
필드는 그의 책에 써놓았다. 나치스가 폴란드를 침공할 때 사임을 거절한 프리
치는 군인으로서 죽기를 원했다.

그래서 괴링은 순조롭게 블롬베르크의 뒤를 이었을까? 그러나 그 지위를 이어받은 사람은 다름 아닌 히틀러 자신이었다. 눈엣가시였던 국방군을 히틀러는 한번에 자신의 아래로 둔 것이다.

'이제부터 모든 군사력을 내가 직접 지휘한다. 이제까지 있었던 군무부(軍務部) 국방군국(國防軍局)은 국방군 통합사령부가 되어 나의 참모부로서 내가 직접 지휘할 것이다. ……내 지시에 따라 여러 분야에 대한 통일적인 방위체제를 갖추는 것이 통합사령부가 맡아야 할 임무이다' 2월 4일, 히틀러는 라디오를 통해서 이 사실을 널리 알렸다. 그리고 괴링은 원수가 되었다. 프리치 장례식 때 괴링이 들고 있던 원수 지팡이에 '1938년 2월 4일' 날짜가 새겨졌던 것은 바로 그 때문이었다.

전사한 프랑스 장교를 '국빈급'으로 장례를 치르는 모략선전

윌리엄 샤이러는 9월 19일에 묘한 장례식을 치렀다는 사실을 《베를린 일기》에 쓰고 있다.

9월 20일 베를린

자를란트 주 오트바일러에서 어제 독일군은 프랑스군 루이 폴 데샤넬 중위의 장례식을 국빈급으로 치렀다. 그의 아버지는 프랑스 대통령이었다. 그는 서부 방벽을 공격하는 1지대(支隊)를 이끌다가 전사했다.

그의 장례식에서 독일 군악대가 프랑스 국가(國歌) '라 마르세예즈'를 연주했다. 독일군은 이 장례식을 영화 뉴스로 만들어, 자신들은 프랑스에 아무런 원한이 없다고 프랑스인들에게 증명하기 위한 선전에 그 영화를 쓸 예정이다.

죽은 장교가 전 프랑스 대통령의 아들이라는 사실을 알고 국빈급으로 장례를 치르는 점이 나치스답다.

장례식에는 반드시 속셈이 있다

프랑스 파리에서 1938년 11월에 또 하나의 장례식이 치러졌다. 스테판 로란트가 쓴 《지크 하일》에 그 기사가 있다.

17살 유대인 망명자 헤르셸 그륀츠판이 1938년 11월 8일, 파리 독일 대사관 삼등서기관을 맡고 있던 에른스트 폼 라트를 살해했다. 베를린에 있던 괴벨스는 그 행위에 대해서 자발적으로 시위운동을 벌이도록 나치스에게 명령했다. 폼 라트는 나치 당원도, 반유대인주의자도 아니었지만, 나치 독일의 영웅으로 떠받들어졌다.

11월 9일, 라인하르트 하이드리히의 지시에 의해, 나치스는 '유대인 상점 815곳과 집 171곳을 파괴하고, 유대교 사원을 불태워 없앴으며, 유대인 2만 명을 체포'했다.

힌덴부르크 국장(國葬) 뒤로, 장례는 어딘가 뒤죽박죽이 되었다. 《베를린 일기》에 이러한 내용이 있다.

> 1939년 11월 11일 베를린
> 휴전 기념일. 이 얼마나 모순적인가! 뮌헨 맥주홀에서 희생자를 위한 국장이 방송되었다. 히틀러는 참석했지만 연설은 하지 않았다. 루돌프 헤스는 '이번 암살 계획은 우리들에게 어떻게 증오해야 하는가를 가르쳐주었다'고 말했다. 증오하는 방법을 그는 이미 알고 있음에도.

여기서 말하는 '이번 암살 계획'이란 무엇인가. 11월 8일, 뮌헨 뷔르거브로이 켈러에서 맥주홀 반란 기념일을 위해 히틀러는 예고 없이 연설했다. 그가 떠나고 12분 뒤 폭탄이 터져서 7명이 죽은 사건을 가리킨다.

11월 9일 일기에는 '나치 신문, 그 사건 하수인은 영국이다, 영국 첩보기관이라고 외치고 있다!'고 씌어 있고, '이 '암살' 미수 사건은 틀림없이 여론을 히틀러 뒤로 하나로 모으고, 영국을 향한 증오를 불러일으킬 것'이라 억측하고 있다. 그러나 뚜렷하게 나치스는 뒤죽박죽인 상태였다.

라인하르트 하이드리히 장례식(국장)

피비린내 나는 국장이 1942년 6월 9일, 베를린에서 치러졌다. 그것을 지켜본 사람들이 그 피비린내의 실체를 어디까지 알고 있었는지는 모르겠지만, 볼거리에 감동하기보다는 규모가 큰 만큼 프리치 육군장(陸軍葬) 때보다 더 암울한 기분에 사로잡혔을 게 틀림없다.

그 장례식은 보헤미아 모라비아 보호령 부총독 라인하르트 하이드리히의 국장(國葬)이었다. 그는 프라하에서 암살당했다.

원래 하이드리히는 보안부대(SD, 친위대 첩보부) 대장이었다. 그는 젊고 잘생겼으며 펜싱의 명수인 데다가 바이올린 연주를 잘하고 날카롭게 돌아가는 머리와 냉혹한 실행력을 가져서, 히틀러의 가호를 받고 있었다. 히틀러는 보헤미아 모라비아 보호령 총독이 병으로 세상을 떠났기 때문에 그를 대신할 사람으로 하이드리히를 뽑았다.

본보기 시위 선전 – '부임(赴任)하는 날, 대량 처형하다'

프라하에 도착한 1941년 9월 28일, 하이드리히는 바로 그날 본보기를 겸해서 142명의 체코인들을 처형했다. 다음 달 10월에는 248명이 처형당했다. 11월 11일에는 체코 수상 엘리아스 장군이 체포되었다.

하이드리히의 계획은 체코의 여러 지방을 합쳐서 독일의 하나의 주(州)로 만드는 것이었다. 그는 프라하에 도착한 날, 빌리, 보이더 두 장군의 사형집행에 서명했다. 이 두 장군의 친구로, 런던에 있던 체코망명정부 첩보부장 모라베츠 대령이 있었다. 그는 곧바로 하이드리히 암살 특별요원을 보냈다. 그리고 1942년 5월 27일, 3명의 암살요원은 메르세데스 벤츠에 탄 하이드리히를 수류탄으로 상처 입히는 것에 성공한다.

존 브래들리가 쓴《대학살》에 따르면 '히틀러는 암살범을 체포하기 위해, 백만 마르크의 상금을 걸라고 명령했고, 마지막으로 암살계획과 관련된 자는 한 사람도 남김없이 사살할 것, 또한 보복으로 체코인 1만 명을 처형하라고 지시했다'고 한다.

하이드리히 자신은 중상이라고 생각하지 않았지만, 8일 뒤인 6월 4일, 패혈증으로 세상을 떠나고 만다. 그의 시신은 베를린으로 옮겨졌고, 1942년 6월 9일, 국장이 치러졌다.

칼 헤르만 프랑크 국무장관은 곧바로 나치 기관지 〈푈키셔 베오바흐터〉에 다음과 같은 글을 썼다.

독일에게 적의를 가진 체코 범죄세력은 모두 제거될 것이다. 1942년 6월 4일 이른 아침, 라인하르트 하이드리히의 젊고 열정적인 생명은 스러져갔다. 나와 친위대 상급대장 달루게는 그의 죽음을 곁에서 지켜보았는데, 그때 우리는 서로에게 동지가 남기고 간 일을 실행하기로 맹세했다. 그의 명령은 반드시 지켜지리라.

범인은 잡히지 않았다. 그러나 그에 대한 보복으로, 범인이 숨어 있는 곳이라 생각되었던 리디체 마을이 근거도 없이 선택되어 대학살이 일어났다.

긴 장례 행렬─체코 흐라드차니 성(城)에서 베를린까지

하이드리히의 시신은 먼저 독일 총독부가 있었던 흐라드차니 성으로 옮겨졌다. 그곳에서 국장을 치르기 위해 베를린으로 옮겨지게 되는데, 장례 의식에 민감하고 세련된 기술을 가진 나치스는 체코 흐라드차니 성을 장례식의 출발점으로 삼는 방식을 취한다.

캐터필러가 있는 수송용 전차에는 철모를 쓴 보안부대 병사들이 횃불을 손에 든 사진이 있다. 그 전차에는 대포가 붙어 있는데, 그 위에 관을 실었다. 그 관에는 보안부대 깃발을 덮어놓았다.

아군의 사기를 북돋기 위해 대학살 명령을 내리다!

하이드리히 암살 사건은 6월에 일어났다. 히틀러는 정신을 번쩍 차렸다. 당간부가 암살당한 사건은 다음에는 자신도 당할지 모른다는 불안감을 줄 뿐 아니라 연쇄반응을 불러올 수 있는 불길한 현상이었기 때문에, 분노로써 국내에 긴장감을 조성해야 했다. 그가 암살범 수배에 상금까지 걸며 격분한 데에는 그러한 사정이 있었고, 장례식이 끝난 뒤 리디체 마을을 파괴하라는 명령을 내린 것은 국내외에 위압을 가하기 위해서였다.

이 학살사건은 뒷날 세계 각국으로부터 항의받았지만, 그해 늦여름에 독일군은 모든 전선에서 기세가 등등했다.

선전매체로서의 롬멜 장군

그즈음 북아프리카 전선에서는 롬멜 장군이 소수의 병력으로 영국군을 몰아붙여 이집트 엘 알라메인까지 후퇴시켰다.

롬멜 장군의 전공은 그를 영웅으로 만들어 오늘날에는 신화적인 존재가 되었다. 파울 카렐이 쓴 《사막의 여우》에 이런 글이 있다.

> 병사들은 롬멜을 불사신이라고 믿었다. '장군을 맞출 탄환은 없다'며 그들은 감탄을 터뜨리거나 고개를 절레절레 흔들면서 말한다. 실제로 그는 언제나 위험을 감지하고 적의 포탄이 날아오기 몇 초 전에 장갑차의 위치를 바꿔버린다. 사막에서 적의 기관총이 아군을 향하고 있다고 치자. 암벽 사이로 코라도 내밀면 머리통이 날아갈지도 모르는 상황이다. 공격은 진척이 없다. 그럴 때 롬멜 장군이 바람처럼 나타난다. 그는 참호 안에 우뚝 서서 손바닥을 이마 위에 대고 햇빛을 가린다. '지금 뭐하고 있는 건가? 적군이 총을 쏜다고 해서 이런 곳에 숨어들 필요는 없다!' 그가 나서자 금방 적군이 피해를 입었다. 언제나 그런 식이었다.

영국군 병사들에게까지 '불사신 전설'이 침투했다

우연도 있었겠지만 롬멜 장군이 현실적인 관찰자였기 때문에 이런 이야기가 나왔을 것이다. 불사신 전설은 독일 병사들 사이에 널리 퍼졌다. 이 전설은 롬멜이 스스로 최전선에 섰다는 것도 증명해준다. 물론 이 전설은 전선을 넘어서 널리 퍼졌다. 전쟁 포로들이 무인지대 너머로 소문을 나른 것이다. 롬멜은 곧 토미(영국군을 부르는 말) 사이에서도 불사신으로 알려지게 되었다. 영국군 장교들은 눈살을 찌푸리며 부하들이 말하는 소문을 조서에 적어 후방에 보고했다. '롬멜은 그에 대한 전설만으로도 영국군에게 심리적 위협이 될 수 있다' 카렐은 이렇게 썼다. 이 이야기는 1941년 6월의 시점이다. 롬멜이 아프리카 군단의 기갑사단을 전장에 보내 활동을 시작한 때는 1941년 3월 끝 무렵이었으므로 그는 순식간에 불사신 전설에 휩싸였다고 할 수 있다.

전설의 선전 작용은 아군에게는 사기를, 적군에겐 공포를 주다

독일군은 물론 영국군 사이에서도 소문이 돈 롬멜 불사신 전설은 독일군에게는 사기를, 영국군에게는 공포를 주었는데, 이 전설은 자연적으로 일어나 거짓 비슷하게 과대포장되어 가지만 의식적으로 얼마든지 선전 효과를 강화시킬 수 있다. 괴벨스가 그토록 좋은 재료를 놓칠 리가 없다. 케네스 맥시는 《롬멜 전차군단》에서 이렇게 말한다.

독일 본국은 발칸 반도에서 대승리를 거두었다는 보고를 받은 데 이어 북아프리카에서도 승리했다는 이야기로 떠들썩했다. 롬멜 장군과 독일 아프리카 군단의 이름은 나치의 선전을 통해 전국으로 퍼져나갔다. ……이런 선전을 좋아하지 않는 롬멜이 기사를 과장하여 쓴 보도담당자에게 항의하는 일도 있었다.

괴벨스에 의해 롬멜 장군은 그토록 간절히 바라던 '영웅'이 되었다. 쿠르트 리스는 《요제프 괴벨스》에서 다음과 같이 이야기한다.

제2차 세계대전이 시작된 뒤로 괴벨스는 줄곧 '영웅'을 찾고 있었다. 슈라게타나 호르스트 베셀처럼 그의 손에서 날조될 인간을 찾고 있었다. ……그러나 국방군 최고사령부는 이런 영웅화에 반대했다. 제1차 세계대전의 스타였던 장군들은 그 자리에서 내려올 마음이 전혀 없었다. 히틀러조차 좋아하지 않았다. 영웅이나 다른 신이 나타나 한순간에 자기 이름에 그늘을 드리우는 것은 달갑지 않은 일이었다. 그렇다. 그런 일은 충분히 일어날 수 있다. 그러나 괴벨스는 '영웅 찾기'를 포기하지 않았다. 종군기자나 카메라맨이 전장에서 돌아오면 괴벨스는 그들을 한 사람씩 직접 만나 이야기를 나누고 필름을 조사했다. 그 태도에서 장관이 '영웅'화할 수 있는 인간을 필사적으로 찾고 있다는 것을 느꼈다. ……그 역할에 딱 어울리는 비행사들이 몇 명 있었다. 그러나 그들의 목숨은 짧았다. 괴벨스가 유명인으로 만들어준 동시에 그들은 죽어갔다.

영웅은 적당히 오래 살아줘야 한다

괴벨스의 선전광 같은 행동이 잘 드러난 대목이며, 군인을 영웅으로 만드는 일이 얼마나 어려운지도 보여주고 있다. 전장의 영웅은 언제 죽을지 알 수 없으니 적당히 오래 살아줄 영웅이 필요했다.

　　육군 원사 에르빈 롬멜은 영웅이며, 괴벨스도 그에게는 반감을 갖지 않았다. 이 젊은 군인은 장군의 파벌에도 끼지 않고 귀족도 아니었다. ……프랑스를 상대로 롬멜이 눈부신 승리를 거둔 뒤, 괴벨스는 언론매체에 그의 이름을 올려 영웅화했다. ……롬멜은 오래된 나치 당원이며 나치 운동 초기에 히틀러 주변에 있던 SS(나치 친위대) 대원이었다고, 당 대변인은 분명히 밝혔다. 모든 것이 롬멜이 인기를 얻는 기반이 되었다. 부대를 통솔하고 늘 최전선에서 싸우며 자신의 안전을 전혀 중시하지 않는 장군. 종군기자는 롬멜을 계속 그렇게 그렸다.

롬멜은 과대 선전에 항의했다고 케네스 맥시는 말하지만 실제로는 어땠을까. 그 사실을 알려면 하인츠 슈미트의 《롬멜 장군》을 참고하면 좋다. 이 책의 지은이는 롬멜의 측근으로 아프리카 사막 전쟁터에 있었던 사람이기 때문이다. 그는 바르디아와 솔룸의 전장에서 영웅 폰 웨그너에게 기사십자훈장을 수여했을 때의 일을 기술한다.

　　롬멜은 그 훈장을 직접 수여하고 싶다고 말했다. ……5월 19일(1941년), 우리는 아주 긴 대열을 지어 하얀 집을 떠났다. 내 차와 롬멜의 마무트(매머드) 차량이 선두에 섰다. 동행한 무전 트럭이 사령부와 연락을 취했다. 선전반도 함께 있었다. ……영화 촬영기가 준비되어 있었고, 그들은 베른트로부터 롬멜을 선전용 필름에 담으라는 지령을 받고 있었다.

롬멜이 부하에게 직접 훈장을 수여하는 장면에서, 영웅으로 대접받아야 할 사람은 그 부하였지만 사실상 영웅이 된 것은 롬멜이었다. 훈공을 세운 부하에게 기사십자훈장을 수여하는 롬멜에게 스포트라이트를 비추기 위해 선전 촬영대는 바삐 움직였다.

롬멜의 전공을 선전으로 전환했기 때문에 그는 영웅으로 존재한다

폰 웨그너에게 진심 어린 축하를 건네고 촬영기가 돌아가는 가운데 그의 목에 훈장을 달아준 롬멜은 의외로 즐거워보였다. 그는 별다른 거부 없이 촬영대의 요구에 크게 부응했다. '베른트는 철두철미하게 롬멜의 성공을 선전으로 전환해 효과적으로 이용할 방법을 알고 있었으므로 전쟁터에서의 명성을 높이는 데 노력했다. 롬멜의 공적은 독일 내에도 널리 퍼졌다.' 슈미트는 이렇게 말한다. 베른트는 밤마다 영국 BBC 방송의 뉴스를 듣고 롬멜을 위해 번역하는 일을 맡았는데, 정보 선전 역할도 맡았으리라 생각한다.

그 뒤 얼마 지나지 않아 할파야 언덕을 '겁화의 언덕'으로 표현한 영국의 신문기사가 손에 들어왔다. 베른트는 흥미진진하게 그 기사를 읽었고 곧바로 베를린에 있는 괴벨스에게 보냈다. 하나의 전설이 이미 사막에서 태어나 자라고 있었다. 교활하고 신출귀몰하며 민첩하게 돌아다니는 '사막의 여우' 전설이 말이다.

하지만 그러한 전설을 실은 기사는 영국에게 전혀 도움이 되지 않는다. 영국도 그 사실을 모를 리가 없었다. 앨런 무어헤드의 《사막의 전쟁》은 영국군의 시선에서 북아프리카 전선을 그린 것인데, 그 내용을 보면 당연히 보도관제(報道管制)가 깔려 있었음을 알 수 있다.

'영국군의 패배 또는 독일군의 승리에 대해서는 만일 허락을 받더라도 아주 일부분밖에 발표할 수 없었다. 당국은 날마다 세계의 신문과 라디오를 통해 영국군이 새로운 승리를 거두었음을 발표해야만 했다.' 어느 나라나 똑같이 매체를 조작한다기보다 전의가 떨어질 것을 우려했기 때문이었다. 보도의 자유는 '전쟁' 전에는 언제나 무의미하다. 당연히 독일군이 전선을 돌파한 사실은 무시했다. 영국 신문은 '롬멜 포위당하다' 또는 '롬멜 후퇴 중' '독일군은 영국군의 포위망을 뚫고 달아나려고 필사적이다' 같은 제목을 올리라는 주문을 받았다.

희망을 부채질하는 선동에는 반드시 실망이라는 반동이 찾아온다

앨런 무어헤드는 '희망을 부채질한 끝에 나중에 사실에 직면하여 실망하는 일에 대중은 격하게 분노했다'고 비판적이었지만, 영국의 선전 통제는 나치스에 비해서는 약하다고 할까, 그런 저항을 해서라도 보도의 진실과 자유를 존중하는 기풍이 있었다고 할까. 그러나 어느 쪽이든 롬멜을 영웅화하는 데 도움이 되었다.

실력이 있을수록 허상은 비대화된다

그 무렵 영국 수상인 윈스턴 처칠조차도 하원에서 롬멜을 찬미했을 정도였다. 처칠은 《제2차 세계대전》에서 롬멜을 다음처럼 회고한다.

아프리카 전쟁을 통해 롬멜은 기동부대의 조종력, 특히 작전 뒤 빠르게 부대를 재편성해 승기를 타고 더욱 진격하는 점에서 그야말로 전술의 달인이라는 것을 입증했다. ……

롬멜은 그야말로 위대한 전쟁의 도박사이며, 보급문제를 걱정해 적의 저항 따위를 경멸하는 인물이었다. 처음에 독일 최고사령부는 그가 거둔 성공에 놀라고, 이윽고 그를 억제하는 쪽으로 기울었다. 그의 열정과 대담함은 우리에게 견디기 힘든 재난을 주었지만, 그러나 그는 내가 하원에서 찬사를 보내기에 아깝지 않은 인물이었다.

이 말은 노골적인 칭찬에 가깝다. 전쟁이 끝난 뒤에는 여유로운 마음으로 적에 대해 좋은 평가를 할 수도 있겠지만, 처칠은 실제로 1942년 1월, 하원에서 다음과 같은 연설을 했다. '우리에게는 아주 대담하고 유능한 적수가 있습니다. 나는 이 전쟁의 참상과 관계없이 그를 위대한 장군이라고 부르고 싶습니다.'

처칠이 적장 롬멜을 칭찬한 데는 의도가 있었다

처칠은 이때 적장을 칭찬했다는 이유로 비난을 받은 것 같지만, 적이면서도 잘 싸웠다는 본심을 말하고 싶었던 마음 말고 독일 최고사령부와 히틀러의 기분을 언짢게 하지 않으려는 책략도 숨어 있었을지 모른다. 그런데 이 발언을 히틀러는 어떻게 받아들였을까. 적국 수상에게도 칭찬을 받는 영웅이 달가울 리는 없었을 것이다.

국민의 눈을 돌리기 위해 롬멜의 영웅화는 중요했다

롬멜의 주가는 러시아 쪽 동부전선의 작전이 성공을 거두지 못하고 후퇴를 계속하고 있을 때 단번에 올라갔다. 쿠르트 리스는 롬멜의 영웅화는 괴벨스에게 신의 한 수였다고 말한다. '아프리카 군단의 승리는 괴벨스에게 기분 좋은 전환이 되었다. 이 승리 덕분에 러시아와의 전투에서 자신은 물론 국민들의 눈을 돌리게 할 수 있었다. 전쟁이 오래갈수록 괴벨스의 프로파간다(흑색선전) 공작은 롬멜에게 힘을 집중시켰다.'

그런데 괴벨스는 롬멜 장군에게 푹 빠져 있었던 것 같다. '이 온화한 장군은 다른 장군들보다 훨씬 품위 있는 신사였으며, 원시적인 영웅주의라 할 수 있는 그의 소박함이 괴벨스를 사로잡았다.' 리스는 이렇게 해석한다. 괴벨스는 롬멜을 선전 소재로 이용하는 동시에 그에게 호감을 느꼈던 것이다. 사람을 믿지 않는 괴벨스에게는 드문 일이었다.

선전은 그 인물의 본질로 이어지지 않을 때도 본질화되고 만다. 업적이나 성격도 얼마든지 꾸며낼 수 있다. 선전 기술만 있으면 쉬운 일이기 때문이다.

그러나 이런 선전은 오래가지 않았다. 언젠가는 가면 속 민낯이 드러난다. 지속성이 없다. 괴벨스는 선전의 그러한 힘에 말 못할 불안감을 안고 있었을 게 틀림없다.

스탈린그라드 영령들의 장례식

괴벨스의 선전 공작은 러시아에서 패전을 거듭하는 속에서 톱니바퀴의 회전이 날카로워지고 있었다. 국민들은 그 보도를 믿지 못했다.

1943년 2월, 스탈린그라드 전투에서 독일 제6군이 무조건 항복을 선언하자 괴벨스는 예상 못한 수를 두었다. 여느 때와 달리 거짓말을 하지 않고 항복 소식을 알렸다.

괴벨스는 망설임 없이 충격작전을 극대화해 밀고 나갔다. 참담한 전쟁 상황을 라디오를 통해 특별 발표했다. ……그 전까지 특별 발표는 독일의 승리만을 전해 왔다. 이날 발표에서는 팡파르는 없이 차분한 북소리만 사용했다. ……독일의 어두운 군가 '옛 전우'를 북소리에 맞춰 오케스트라가 연주했다. 그날 라디오는 장송행진곡과 엄숙한 음악만 틀었고, 독일 안의 극장은 모조리 문을 닫았다.

쿠르트 리스는 이렇게 썼다. 다음 날 신문에 조의를 표하는 검은 테두리가 쳐지자 국민들은 넋을 잃었다. 스탈린그라드의 상황이 불리하다는 사실은 알고 있었지만, 이렇듯 뚜렷하게 인정해버리면 현실의 무게를 통감하고 그저 침울해 질 수밖에 없었다.

예상 밖의 이 전술은 어떤 반향을 일으켰을까. '워싱턴이나 런던의 정보 선전 담당자는 괴벨스가 미친 게 아니냐고 생각했다.' 한편 쿠르트 리스는 이렇게 말 한다. '국민들은 머리를 얻어맞은 듯한 충격을 느끼면서도 다시 일어선다. 그들 의 한탄은 운명론적인 신비주의로 바뀌었다. 패배와 희생은 그런 '의미'를 갖는 다는 괴벨스의 명제가 그들을 사로잡았다.'

'검은 테두리'를 친 신문을 발표하다

여기에서도 괴벨스는 죽음을 교묘하게 이용했다고 볼 수 있는데, 그는 무서 울 만큼 장례식을 잘 이끌고 있었다. 스탈린그라드에서는 제297보병사단이 항 복했는데, 겨우 살아남은 소수의 독일 병사들은 눈 속에서 계속 전투를 했다. 그 무렵 본국에서는 일제히 검은 테두리를 친 신문을 발행하고 있었던 것이다.

숭고한 모범. 스탈린그라드 근교에서 벌어진 격전. 스탈린그라드 전사들이 남긴 불후의 명예. 죽음을 두려워하지 않는 용감함과 충성심. 총통과 국민과 조국을 위해 그들은 싸우고 죽었다. 장군과 병사들이 서로 손을 잡으면서. 무 기를 들고 보여준 독일군의 단결심이 공포와 고통을 이겨냈다. 죽음의 순간까 지도 총을 쏜 전우. 독일은 존속할 것이며, 그들의 희생은 헛되지 않았다.

이 글은 시어도어 플리비어가 쓴 《스탈린그라드 공방전》에서 인용했다. '국민 전체가 이러한 표제 속 진상을 알고 있었고, 그 공허하고 케케묵은 문구의 뒤 에 숨겨진 무서운 미소를 느끼고 있었다.' 플리비어는 이렇게 논평했지만 오히 려 국민은 괴벨스가 이토록 솔직하게 인정한 데에 놀랐을 것이다. '효과가 있다'

고 한 쿠르트 리스의 해석이 옳았다고 볼 수 있다.

스탈린그라드의 영웅들의 장례식

다만 문제는 살아남은 군인들이 있음에도 그들을 선전의 희생양으로 이용해 독일군이 전멸했다는 보도를 내고 대대적으로 장례식을 치르려 했던 점이다. 플리비어는 한 부인의 이야기를 적었다.

그녀에게 선전부 참사관이 찾아와서 '성대한 장례식을 치르려고 준비 중입니다.' 이런 말을 했다고 한다.

> 그녀는 반사적으로 '싫어요!'라고 대답했다. '무슨 소릴 하세요. 그이는 살아 있다고요!' 그녀는 외쳤다. 싫어요. 안 돼요. 장례식에 나간다는 약속 따위는 못 해요……' '부인, 이것은 제6군 전체의 장례식을 상징하는 의미이니 다시 생각해주시죠.' 참사관이 대답했다. '싫어, 싫어, 싫다고요.' 그녀는 계속 외쳤다.

장례식장은 '국가수상부'로 정하다

생사를 알 수 없는 실종자의 가족에게 장례식 참석을 요청한 것이다. 국가수상부의 모자이크 홀이 장례식장으로 정해졌다. 괴벨스는 표구사들에게 둘러싸여서 검은 포렴이나 검은 조기를 제작하는 일, 촛대를 둘 장소나 상징적인 제6군용 관대(棺臺)를 다루는 법에 대해 지시하고 명령했다.

플리비어는 그 시기에 괴벨스가 어떤 일을 했는지 상세하게 적었다. '그는 전속력으로 돌아가는 인쇄기처럼 일했다. 회의를 하고 신문기자, 카메라맨, 화가 등과 회견했다. 제6군의 사령관부터 모든 병사들의 이력, 전투삽화, 영웅적으로 전사한 예, 국민들에게 남긴 마지막 한마디와 증언들을 생각하고 정리해 선전할 것을 대량으로 만들어내야 했다.'

> 피의 숙청의 위기가 있었던 시대와는 달리, ……나치스 제국 전체에 드리운 위기였으므로 그는 제6군 전군의 죽음을 이용해야 했다. 24명의 장군과 1만 명의 사관과 13만 명의 병사들을 관대 속 거대한 검은 내부로 상징해야 했다. 그들은 그야말로 '훌륭한 시체'였다. 군 사령관은 원수로, 소령은 소장으로 승

격시키고, 기사십자훈장, 갈잎 훈장, 제1, 2급 철십자 훈장을 마구 뿌려야 했다…… 그러나 제6군은, 원수보다 계급이 낮은 군인들은 병사에 이르기까지 모두 죽어야 했다. 완전히 시체가 되어야 했다. 절반만 죽은 시체는 정치적으로 이용할 수가 없었다.

선전 살인 '그들은 반드시 죽어야 한다, 전부 말이다!'

플리비어가 말하는 '절반만 죽은 시체'란 죽음이 확실치 않거나, 포로로 끌려갔거나, 계속 항전 중인 군인 등 생사가 확인되지 않은 이들을 가리켰다. 죽은 자들 또한 괴벨스가 기획한 성대한 장례식이 치러질 때에도 베를린에 도착하지 못한 채 차디찬 얼음 들판에 쓰러져 있었겠지만, "쥐구멍으로 빠져나갔거나 아직도 목숨이 붙어 있는 자는 전 국민을 최후의 노력으로 몰아가는 기획에 모조리 방해가 된다. 놈들은 반드시 죽어야 한다, 전부 말이다!' 이런저런 고민을 얼굴에 고스란히 드러낸 선전장관은 모자이크 홀을 절름거리면서 걸어갔다." 생존자가 있다는 사실은 괴벨스도 알았을 것이다. 그럼에도 산 사람에게 사망 통지를 내리고 처리해버리는 것은 전쟁사에 흔히 있는 일이다.

플리비어는 거의 분노에 가까운 마음으로 이 글을 썼다. '그 사람들은 아직 살아 있는데, 선전은 무자비하게도 가쁜 숨을 쉬며 괴로워하는 환자 앞에서 재봉사를 불러 상복 치수를 재게 한다. 이것이 바로 선전이 스탈린그라드의 장병들과 그 가족들에게 한 짓이었다. 장병들은 아직 살아 있다!'

롬멜 장군의 약화

한편, 롬멜의 운은 1942년 여름, 나일 강까지 영국군을 몰아부친 뒤부터 급격히 나빠진다. 물자 보급이 엘 알라메인에서 두 번이나 영국군에게 가로막혔고, 몽고메리가 제8군 사령관이 된 8월부터는 열악한 병력 때문에 롬멜은 줄곧 후퇴한다. 처음부터 병력은 영국군보다 열세였다. 그럼에도 승리를 거두고 있던 것인데, 이제는 열세를 극복하지 못하고 패하기 시작했다.

1943년 2월, 롬멜은 군 원수(元帥)로 승격했지만, 아프리카 군집단의 사령관을 맡아 북아프리카 전선을 떠나 튀니지로 이동한다. 3월에는 병으로 요양을 한다. 7월에는 연합군이 이탈리아 시칠리아 섬에 상륙했고, 롬멜도 곧 이탈리아로 들어간다. 9월, 이탈리아는 연합군에 항복한다. 10월, 히틀러는 롬멜을 이탈리아 전선 최고사령관으로 삼을 예정이었다. 그러나 갑자기 마음을 바꿨다. 롬멜은 10월 25일, 부인 앞으로 다음과 같은 편지를 보냈다. 리델 하트가 쓴 《롬멜 전기》에 수록된 내용이다.

친애하는 루셰에게
최고사령관 임명은 없던 일이 되었소. 총통이 결국 마음을 바꾼 것이오. 아무튼 총통은 내 임명을 공표하는 명령에 서명하지 않았소. 물론 그 이상 무슨 일이 있었는지는 모르오.
이렇게 된 것은 아마 내가 세운 이탈리아 방어 전략이 총통의 기대치에 미치지 못했거나, 케셀링에게서 지도권을 넘겨받는 게 늦었기 때문일 수도 있소. 물론 전혀 다른 이유가 있을지도 모르겠소. 그래서 케셀링이 얼마 동안 이탈리아에 머물게 되었소. 나는 아마 전임을 가겠지. 나는 언제든 명령에 따라 움직일 뿐이오.

롬멜의 푸념
1943년 11월, 롬멜은 새로운 부임지인 서부전선 노르망디로 떠난다. '나는 전임을 가겠지' 이 말이 왠지 서글프게 느껴진다. 1944년 5월 19일 편지에는 '이틀 전에 처음으로 총통께 전화를 했소. 총통은 기분이 좋아보였고 서방에서 우리가 올린 성과에 대해 진심으로 칭찬해주셨소.' 이렇게 적었는데, 이탈리아 전선이 적군에게 밀린 데에 대한 푸념 섞인 내용도 있었다. 자신의 작전을 받아주지 않은 것에 대한 원망이라고도 할 수 있다.
1944년 6월 5일, 드디어 연합군에 의한 유럽 침공 작전이 시작되었다. 히틀러는 롬멜이 노르망디에서 전면 철수하겠다고 제안한 것을 받아들이지 않았다. 서부전선 사령관인 룬트슈테트 원수와 롬멜은 자신들의 요청으로 프랑스 수아송으로 찾아온 히틀러를 만났다. 히틀러는 그들의 충고를 전혀 귀담아듣지 않았다. 룬트슈테트는 전쟁을 끝내야 한다고 주장했지만 히틀러는 그를 경질하고 클루게 원수를 파견했다. 롬멜은 그 직위에 머물러 있었다. 리델 하트는 《나치스 독일군의 내막》에서 이렇게 말한다.

이때의 인사 과정에서 히틀러가 롬멜을 외면하고 무시한 것은 의미심장하다고 할 수 있다. 롬멜을 자르지는 않았지만. 수아송에서 만난 롬멜의 태도가 히틀러의 마음에 들지 않았던 것이다. 그런데 히틀러에 대한 롬멜의 생각에는 더 큰 변화가 일어나고 있었다. ……

그는 부하 지휘관에게 지금 독일의 유일한 희망은 히틀러를 최대한 빨리 제거하는 것이며, 그 뒤에 연합군과 평화를 타협해야 한다고 말했다. 그러므로 롬멜이 7월 20일에 일어난 히틀러 암살계획의 정점에 이른 음모를 얼마쯤 알고 있었던 것은 사실이다.

히틀러 암살 미수사건이 일어나기 3일 전, 롬멜은 전선에서 차를 타고 가던 도중 낮게 비행한 적기의 공습을 받고 머리를 다쳐 파리의 병원으로 이송되었는데, 곧 독일로 돌아와 울름에 있는 저택에서 요양했다. 여기서도 롬멜은 불사신의 면모를 보여주었지만 얼마 안 있어 그의 강한 운도 끝나는 날이 찾아온다.

장군이 포로가 되면 적군의 선전에 이용된다

히틀러는 암살 미수사건 며칠 뒤인 7월 24일, '빠른 회복을 기원한다'는 전보를 파리의 병원에 있는 롬멜에게 보냈다. 몇 주 뒤, 롬멜이 적의 손에 떨어질 것을 걱정한 히틀러는 롬멜을 독일로 후송한다. 독일의 영웅 롬멜이 적국의 포로가 되면 이는 장군에게 굴욕적인 일일뿐더러 적국에겐 커다란 선전이 되며 군대와 국민의 사기에도 영향을 준다.

그러나 그런 이유뿐 아니라 리델 하트가 추측했듯이 '롬멜을 사형시킬 계획' 때문이었는지도 모른다. 히틀러 암살계획을 모의한 장군들은 차례로 체포되었고, 9월 7일에는 롬멜의 참모장이었던 슈파이델 장군이 체포되었다. 10월 1일, 롬멜은 그를 변호하는 편지를 히틀러에게 보낸다.

10월 7일, 카이델 원수가 베를린에 출두하라는 전보를 전하지만 롬멜은 거절한다. 롬멜의 친구는 히틀러가 롬멜에게는 손을 대지 못할 것이라고 했다. 국민적 영웅을 건드리면 세간의 눈을 집중시킨다는 이유에서였다. 롬멜은 '그렇지 않아. 히틀러는 나를 없애고 싶어 하니까 무슨 수를 쓰긴 쓰겠지.' 이렇게 대답했다고 《롬멜 전기》에 나와 있다.

'나는 아프리카에서 거둔 내 공적을 인정받아 독약을 먹고 죽을 기회를 얻은 것이다.' 아버지는 자조적인 말투로 심부름꾼의 말을 인용하면서 말했다. '독약은 두 장군이 가져왔다. 그 독약은 3초면 죽지. 내가 명령에 따르면 우리 가족, 즉 너희들에게는 아무런 해도 끼치지 않을 게다. 그리고 내 부하들에게도 손을 대지 않겠다고 했지.' '아버지는 그 말을 믿으세요?' 그렇게 묻자 아버지는 이렇게 말했다. '그래, 나는 믿는다. 사건을 조용히 덮는 편이 그들에게는 유리하니까.' ……

'하나부터 열까지 모두 준비되어 있다. 내 장례는 국장으로 치러지겠지. 내 장례식은 울름에서 하기로 부탁해두었다. 알딩거(롬멜의 부하), 15분 안으로 병원에서 자네 쪽으로 연락을 할 것이네. 내가 회의에 가는 도중에 뇌졸중으로 쓰러졌다고 말이야.

롬멜은 자신이 가진 영향력을 잘 알고 있었다. 그래서 가족의 안전을 담보로 자살을 강요하고 국장을 치러준다는 히틀러의 씁쓸한 책략을 받아들였다. 롬멜은 원수의 지팡이를 왼쪽 옆구리에 끼고 두 장군이 기다리는 차에 올랐다.

롬멜 부인은 차가 떠나고 15분 뒤에 머리의 상처가 원인으로 롬멜이 뇌경색으로 죽었다는 연락을 받는다.

국장은 베를린이 아닌 울름으로 정한 탓인지 하이드리히 때와는 달리 나치스의 간부들은 아무도 참석하지 않았다. 총통대리로 참석한 사람은 과거에 프랑스에서 롬멜과 함께 히틀러의 의견에 반대해 퇴출당한 폰 룬트슈테트 원수였다. 그가 추도사를 읽었다. 뒷날 그는 뉘른베르크 재판에서 그 진상을 몰랐고 거짓말도 하지 않았다고 증언했다.

반역자 롬멜을 자살하게 하고 국장을 치러주다

쿠르트 리스는 롬멜에게 자살을 강요하고 국장을 약속한 이 생각은 괴벨스의 머리에서 나온 것이라고 본다. '롬멜이야말로 독일 군인의 모든 덕목을 갖춘 군인이었으며, 더욱 중요한 점은 괴벨스가 신뢰한 유일한 장군이었다는 것이다. 다른 이들은 몰라도 선전가만큼은 옛 친구에게 이러한 비인간적인 선택을 강요할 수 있었고, 괴벨스만이 롬멜이 어느 쪽을 선택할지 알고 있었다.' 그러나 울름에서 국장을 치른 것이 마음에 걸린다. 친구 롬멜의 부탁이기 때문일까. 이제까지의 괴벨스의 장례 선전 기술로 보자면 이 장례식은 무척 소박했다. 아니, 소박하게 하고 싶었을 것이다.

만약 롬멜이 자살을 선택하지 않았다면 괴벨스는 어떻게 처리했을까. SS부대가 투입되어 그를 사살했다면 그 뒤 나치스는 국민에게 어떻게 변명했을까. 그때 곤란해지는 쪽은 괴벨스이니 그는 롬멜에게 도움을 받은 것이나 다름없다. 자살을 거부하지 않을 롬멜의 마음을 꿰뚫어보았다고 해도 괴벨스의 장례 선전술은 약해져 있었다.

9. 패전의 선동

선전의 요점은 전쟁을 하지 않고 이기는 것이다

1945년이라고 하면 제3제국이 멸망한 해이다. 패전은 이미 몇 년 전부터 시작되었다. 선전의 요점은 전쟁을 하지 않고 이기는 것이라고 호언장담했으나 마침내 연합군은 유럽 진군을 시작했다. 이 진군은 선전의 힘을 순수하게 믿었던 사람들의 입장에서는 배신이었으며 자기부정이라고도 할 수 있었다. 물론 선전은 전쟁 중일 때에도 큰 무기로써 그 위력을 발휘했다. 승승장구할 때는 그랬다. 선전의 톱니바퀴는 미끄러지듯이 원활하게 돌아갔다. 그러나 한 번 패배라는 내리막을 타자 그 선전도 냉정함을 잃기 시작했다. 대중조작 기술도 갈수록 무뎌져갔다. 패색을 선전의 힘으로 지울 수는 없었다.

괴벨스가 스위스로 도망쳤다는 유언비어

전시상황이 불리해지면 냉정함을 잃고 오로지 소문을 부정하는 데만 급급해진다. 괴벨스의 '절대 선전'에도 금이 가는 일이 생긴다. 영국 방송이 유언비어를 퍼뜨렸다. 괴벨스가 스위스로 피신했다는 이야기였다. 이는 명백한 헛소문이었지만 이 경우 거짓말이라고 받아치는 데에 무슨 의미가 있었을까.

유언비어는 때때로 진실을 말하기도 한다. 정확하지는 않더라도 알려져서는 안 되는 비밀을 맞히기도 한다. 그렇기에 그것을 무조건 부정해서는 안 되지만 승리의 기세를 탔을 때는 그것이 완전히 거짓임을 증명할 수도 있다.

그러나 형세가 불리하면 그렇게 되지는 않는다. 그 유언비어가 완전히 거짓말이었다 해도 부정하면 할수록 오히려 진실로 받아들여 진다. 그 소문이 사실이니까 황급히 부정한다는 식으로 이해하게 된다. 그렇다면 그 소문의 내용이 진실이든 거짓이든 막을 수 없게 된다.

전쟁 끝 무렵에 이르면 유언비어를 선전하며 발버둥질친다

작가 에리히 케스트너는 괴벨스도 이러한 '유언비어 선전'을 했다고 말한다. 반대 의견을 허용하지 않고 밀어붙이는 선전과 마찬가지로 이것은 사람들에게 반항심을 심어준다고 단언한다. 그 유언비어란 러시아 적군이 베를린으로 쳐들어오면 여자들을 닥치는 대로 강간할 것이라는 내용이었다.

이러한 선전은 전국(戰局)이 말기 증상에 이르렀을 때만 나오는 것인 동시에 선전도 위력을 잃어가고 있음을 뜻한다. 즉 이러한 선전에 숨은 의도는, 폭행에 대한 공포심을 심어주어 시민들로 하여금 베를린을 사수하게 만드는 목적 말고는 없다. 부녀자를 향한 폭력을 막기 위해 시민들이 용기를 내 저항하리라고 기대한 것이다. 이는 제3제국의 패색이 짙음을 스스로 인정하는 마지막 저항이자 발버둥질에 지나지 않는다.

증오선전

그러나 사람들은 이런 이야기에 귀를 기울이지 않았다. 피란민들이나 정부가 퍼뜨린 이야기라고 생각했으며, 선전은 이제 그들에게 별 의미가 없거나 아예 의미가 없었기 때문이다. 1941년에 히틀러가 일방적으로 소련 침공을 명령한 순간부터 독일 국민들은 줄곧 증오선전을 들어야 했다.

나치스는 소련을 가리켜 야만스러운 인간 이하의 짐승들이라고 선전했다. 흐름이 바뀌어 독일군이 소련 전선에서 후퇴를 피할 수 없게 되자, 제3제국의 선전 장관, 요제프 괴벨스는 그 노력에 힘써 베를린에서 선전하는 일에 주력했다.

'우리의 선전은 우리에게 되돌아왔다'

괴벨스의 보좌관인 베르너 나우만 박사는 '러시아인이 어떤 인간인가, 독일인들은 베를린에서 러시아인에게 무엇을 기대할 수 있는가, 이런 것을 설명한 우리의 선전은 대성공을 거두었고, 우리는 베를린 시민들을 공포의 나락으로 떨어뜨렸다'는 것을 넌지시 인정했다. 그러나 1944년 끝 무렵, 나우만은 '우리는 도를 넘었다. 우리의 선전은 우리에게 되돌아왔다.' 이렇게 생각했다.

괴벨스의 표어를 바꾸다

이제는 선전의 양상이 바뀌었다. 히틀러 제국이 차츰 깎여나가고 베를린이 파괴되어 가자, 괴벨스는 공포심을 부추기는 방식에서 사람들을 안심시키는 방식으로 전환했다. 독일 국민들은 이제 승리의 코앞까지 와 있다고 주장했다. 괴벨스가 아무리 그런 말을 해봤자 베를린 시민들 사이에서는 괴이하고도 무의미한 우스갯소리만 생산될 뿐이었다. 그것은 국민들이 자신을 비롯해 권력층과 세계를 비꼬는 집단적 야유라는 형태로 나타났다.

베를린 시민들은 괴벨스의 표어인 '총통은 명령하고 우리는 따른다'를 곧바로 '총통은 명령하고 우리는 그 결과를 참고 견딘다'로 바꾸었다. 괴벨스 선전장관이 독일은 마지막에는 꼭 승리를 거둘 것이라고 말해도, 무례한 패거리들은 엄숙하게 '제군들, 전쟁을 즐겨라. 평화는 두려워해야 한다'라며 비꼬았다.

1941년 나치스가 소련 침공을 시작했을 때, 괴벨스는 국민을 이해시키기 위해 소련에 대해 증오심을 갖도록 부추겼다. 그 작전은 성공했다. 소련 침공이 눈부셨기 때문이다.

'우리는 베를린 시민을 공포의 나락으로 떨어뜨렸다'고 선전부는 호언장담했다. 아군인 독일 국민에게 공포감을 조성해 적군을 향한 증오감을 부추긴 것이 소련과의 전쟁을 합리화하는 동시에 사기를 북돋우는 것으로 이어졌다고 보았다.

그 계산은 틀리지 않았다. 승리를 계속 쥐고 있는 한, 이 공포선전과 증오선전은 틀리지 않았다. 넓은 도로를 질주하는 것이다. 그런데 이 증오와 공포심을 부추기는 선전 수단은 한번 예상이 틀어지면 그 즉시 위기라는 좁은 길로 들어선다. 멈출 줄 모르고 시민의 등을 떠밀며 질주하던 괴벨스의 선동도 단번에 뒷걸음질을 친다.

나치스는 소련 영내에서 나폴레옹의 전철을 밟아 매서운 동장군 앞에 굴복하기에 이르렀으며, 1944년에는 초반의 그 호언장담을 취소해야 했다. 그렇기에 괴벨스의 보좌관인 나우만은 이렇게 말할 수밖에 없었다. '우리는 도를 넘었다. 우리의 선전은 우리에게 되돌아왔다.'

뒤늦은 반성이었다. 승리하고 있을 때 깨달았다면 되돌릴 수 있었겠지만, 소련의 질풍 같은 반격이 시작되어 형세가 뒤바뀔 때부터는 너무 늦었다.

패전은 선전을 악순환시킨다

괴벨스는 공포선전을 그만두고 국민들을 달래고 안심시키는 위로선전으로 180도 전환했는데, 그것이 오히려 불안을 키우고 시민들의 조롱을 사기만 했다. 그리고 국내에 일단 적군의 침공을 허락하고 만 뒤에는 어떠한 비밀 지령을 내려 아군의 불리한 상황을 숨긴다고 한들 원천봉쇄는 불가능했고, 나쁜 정보가 시민들의 입소문을 타고 엄청난 전파력으로 퍼져갔으므로 수많은 선전이 무의미해졌다.

그리고 더욱 상황이 나빠진 것은 시민이 그 선전 수법에 놀아나지 않고 선전을 믿지 않게 되었지만, 이전에 받은 공포심은 고스란히 남아 있다는 점이다. '우리에게 되돌아왔다' 정말 그 말대로였다. 괴벨스가 만들어낸 표어 또한 곧바로 패러디되며 모욕을 당했다.

선전에서 패배를 감추려 하면 적을 돕는 일이 된다

히틀러는 쾨니히스베르크와 브레슬라우의 대관구(大管區) 장관인 코흐와 한케에게 라디오를 통해 '최후의 승리까지 힘들더라도 맡은 임무를 사수하라'는 명령을 내렸다. 이들 지역과 콧부스시에서 나온 운송차 몇 대가 라인강을 지나갔다. 다른 차는 도중에 붙잡히고 말았다. 너무 늦게 움직였던 것이다. 그 원인은 퇴각 조치가 관료적이었을 뿐 아니라 패배를 선전하지 않고 숨기려고 무익한 시도를 했기 때문이다.

선언은 많은 것을 이룰 수 있다. 선전은 체제를 포장할 수 있다. 선전은 염료이다.

그러나 사실을 거꾸로 뒤집으면 적을 돕는 일이 된다. 그렇게 되면 민중이 말하듯이 프로파간다가 '안티간다'가 된다. 그것은 중환자에게 의사를 데려오는 대신 중환자의 얼굴에 화장을 하는 꼴이다.

'선전은 염료다', 그러나 슬픈 염료다

케스트너는 이 글이 나치스의 선전 말기증상에 꼭 들어맞는다고 지적한다. '선전은 염료다'라는 말로, 선전의 힘을 인정하면서도 이제는 나치스의 선전이 '중환자의 얼굴에 화장을 하는' 수준으로 떨어졌음을 꿰뚫어봤다. 슬픈 염료, 그것은 선전의 한계라고 케스트너는 생각했던 것 같다.

괴벨스가 조급해하면 선전도 조급해한다

자기도 모르게 조급해진 괴벨스는 비장한 언사를 이용하게 되었다. 케스트너에 따르면 '선전장관은 패전주의적인 문구를 과장된 말로 허공으로 날려버렸다' 그의 3월 6일자 일기는 나치스의 선전이 얼마나 냉정함을 잃었는지를 단적으로 보여준다.

라디오는 전날 요새 아닌 요새에서 일어난 전투를 또 실황중계했다. 브레슬라우시에서 한 집 한 집 쟁탈하는 전투 상황을 눈앞에 그리듯이 보고했다. 독일과 러시아의 돌격부대가 서로 한 집에서 그 옆집으로, 계단에서 그 다음 계단으로, 발코니에서 그 다음 발코니로 서로 발길질을 하듯이 백병전을 벌이고 있었다. 집이 무너지면 양쪽 모두 그 집더미 밑에 깔리고 말 것이다.

베를린에 소속된 선전중대원들은 이 방송에 몰입했지만, 이런 사실적인 묘사는 청취자들의 불안감만 키울 뿐이었다! 선전부 내부에서의 논의가 거의 정부 부내의 혁명으로 악화되었다. 요컨대 목적을 지나치게 노린 선전의 한계에 대한 의견이 갈린 것이다. 아무도 선전에 한계가 있다는 사실을 부정하지 않았다. 그러나 어디에 한계가 있는지 아는 자는 과연 있었을까.

목적을 지나치게 노린 선전의 한계

괴벨스는 선전에 한계가 있음을 과연 알고 있었을까. 그는 자신의 절대 선전을 신봉하면서 그저 앞만 보고 나아갔다. 선전에는 한계가 있다는 생각 자체를 하지 않았기에 자신의 선전 재능에 자부심을 갖고 그 자부심에 열정과 힘을 점화할 수 있었다. 케스트너가 말한 백병전 실황중계는 괴벨스 같은 선전 천재가 아니면 생각도 못할 일이지만, 그토록 용감하게 실황중계를 시도한 것이 시민들에게 활기를 불어넣는 데 아무런 기여도 하지 못했다는 것을 눈치 채지 못했다.

괴벨스는 나치스 붕괴 직전까지 영화 촬영을 지시했다

영화광이었던 괴벨스는 나치스 붕괴 직전까지 영화를 만들게 했다. 부대를 동원해서 아름다운 계곡에서 촬영을 했다. '최후에는 독일이 승리를 거둘 것이 확실하므로 독일 영화를 만들어야 한다. 그것은 최고사령부의 흔들림 없는 확신을 증명하는 증거가 될 것이다. 베를린 교외에 마련된 촬영소가 안고 있는 제작 위험은 날로 높아지므로 야외촬영 재료를 골라야만 한다.' 이런 이유를 들어 사람들의 의혹에 대답했다. 나치스 붕괴를 앞두고 한 선전은 대중을 빨려들게 하는 힘을 잃었고, 매우 논리적으로 변했다. 논리란 조금만 냉정해지면 허점 투성이라는 것을 느끼지 못한다. 그만큼 논리를 무시했던 나치스가 논리에 빠지고 있다. 나치스의 선전은 패전주의적 기분에 빠지면서 여성성을 잃고 논리적인 남성적 선전으로 변해 갔다. 논리는 논리로 받아치기 쉽다. 일찍이 나치스는 절대로 상대에게 말꼬리를 잡힐 만한 선전을 하지 않았다. 논리를 쓰지 않았기 때문이다. 이용했더라도 기분적 논리밖에 없었다.

히틀러가 자살했다는 소식을 메모한 5월 18일, 케스트너는 다음처럼 기록했다. 그것은 나치스의 선전은 '사실은 선전이 아니었다'라는 의견이었다.

선전은 가장 유용한 것조차 전체국가가 요구하는 것에 미치지 못한다. 선전은 개인 의견이 들어갈 여지를 충분히 남겨두어야 하는 법이다. 훨씬 강제성 있는 방법이 나와야 하며, 그 방법은 나올 것이다. 최면술에 의한 조종은 의사 훈련을 받은 국가위원들이 주도하는 하나의 좋은 방법일 것이다. 수많은 대공장에서 한 주에 한 번 거대한 텔레비전 앞에서 의견을 듣는 것이다. 선전은 설득이며, 의심을 허락한다. 최면술은 확신을 만들어낸다.

의심을 허락하는 선전이야말로 가장 무서운 절대 선전이다

최면술이 하나의 선전 수단으로 쓰일 때, 그것은 설득과 의심할 여지를 말살해버린다. 일부분이 아닌 전체에 그 최면술이 파급될 때는 이미 선전을 넘어 최면술 그 자체가 된다. 그런데 케스트너는 '의심을 허락하는' 선전이야말로 절대 선전으로서 무엇보다 무서운 것이라고 말한다. 현대인은 이 단계 속에서 현재를 삭막하게 살고 있는 것인지도 모른다.

나치스 독일의 패색이 짙어짐과 함께 그들의 선전이 '중환자의 얼굴에 하는 화장' 같은 꼴사나운 모습이 된 것은, 최면술을 걸 능력을 잃고 시민들 또한 최면술에서 깨어나 다시 그 최면에 걸리지 않는 면역성을 얻었기 때문일까. 어느 쪽이든 최면술에는 한계가 있다. 눈을 뜨는 때가 반드시 오기 때문이다.

절대선전

1. 기념우표—신성한 히틀러는 초상권을 요구했다

나는 저 놈을 우체국장으로 만들겠다

힌덴부르크도 말버릇이 험하다. 히틀러가 자신이 수상이 된다면 정부에 협력하겠다며 사실상 정권을 요구했을 때 힌덴부르크 대통령은 냉정하게 거절했지만, 회견이 끝난 뒤 측근에게 다음과 같이 말했다고 한다.

> 저놈이 수상이 된다는 말인가? 나는 저놈을 우체국장으로 만들겠다. 그러면 내 초상화가 그려진 우표나 핥게 될 거야. (윌러—베넷, 《힌덴부르크로부터 히틀러로》)

이는 1932년 있었던 일이다. 그러나 그 이듬해 상황은 역전되어 히틀러가 정권을 거머쥐는데, 그 몇 개월 전까지만 해도 히틀러는 힌덴부르크 대통령에게 그저 보헤미안의 하사일 뿐이었다. 즉 건방진 아이나 마찬가지였다.

대통령은 이미 바이마르 체제 아래서 현존하는 우표 모델이었다. 그가 이렇게 비난하는 말을 하지 않아도 히틀러는 힌덴부르크 초상화가 그려진 우표를 수없이 핥았을 것이다. 그러나 히틀러는 그 사실을 몰랐을 터이며 굴욕적인 일이라고 여긴 적도 없을 것이다. 힌덴부르크의 우표나 핥게 해 주겠다는 말은 거만한 표현일 뿐이다.

우표에는 반드시 뒷면이 존재한다. 뒷면에는 풀이 발라져 있다. 그리고 우표를 붙이려면 핥을 수밖에 없다. 사용하지 않은 우표를 모으는 수집가도 있지만 우표가 제 역할을 할 때는 사람들이 혓바닥으로 뒷면을 핥고 봉투에 부쳐 우체통에 넣은 뒤 우체국에서 소인을 찍고 배달부가 주소지로 배달할 때이다. 그러니 사용하지 않은 우표는 그 사용 가능성을 지닌 단계에서 쓰이지 않아 훌륭히 역할을 마친 우표라고 할 수 없다. 훌륭히 역할을 수행하는 첫걸음은 사람이 뒷면을 핥았을 때 시작된다. 즉 이때부터 우표는 통신 도구가 된다.

한 해에 국민이 얼마나 자주 우표의 그림을 보는가?

이렇게 훌륭히 역할을 수행한 우표는 인쇄된 그림을 보여주며 곳곳을 돌아다닌다. 우표 한 장은 적어도 보낸 이와 받는 이 두 사람 사이를 오간다. 적어도 두 사람은 스치듯 보더라도 우표의 그림을 본다는 말이 된다. 사람들이 우표 그림을 빤히 응시하지는 않더라도 눈에 스칠 가능성은 많다. 국가 선전기관은 이 점을 놓치지 않는다.

'기념'이라는 우표의 기능

기념우표가 말하듯 우표는 기념의 기능도 수행한다. 1939년 9월, 히틀러는 단치히를 방문했다. 한 여성 점원은 광장에서 히틀러가 눈앞을 지나가는 모습을 봤다. 그녀는 히틀러가 눈부시게 보였다. 그래서 그 감동을 기억하기 위해 기념우표를 샀다. 그녀는 아직도 그 우표를 간직하고 있다고 《당신은 히틀러를 봤는가》에서 말했다.

힌덴부르크는 1934년 세상을 떠났다. 그가 죽을 때까지 히틀러 초상이 그려진 우표는 무슨 이유에서인지 발행되지 않았다. 그러니 힌덴부르크는 자신의 혓바닥으로 고작 일개 보헤미안 하사의 초상화를 핥는 굴욕을 겪지 않아도 됐다.

기념행사와 기념우표 연계

선명하게 이빨을 드러내고, 혓바닥을 내밀어 우표를 핥는 독일인 마음에 나치스를 새겨 넣으려 한 때는 1934년, 하켄크로이츠를 우표 중앙에 그려 넣고 색이 변하는 12종 관용우표를 발행하면서부터이다. 이해에는 독수리와 지구가 그려진 항공우표도 있었다. 지구 위에 해가 떠 있으며, 그 속에 하켄크로이츠가 보인다. 나치스는 태양이라는 의미인데, 어딘지 그러한 상징은 작아서 눈에 띄지 않는다. 이를 시작으로 1935년, 소년노동자운동 기념, 히틀러 유겐트 기념, 뉘른베르크 나치스당대회, 히틀러 혁명 기념 등 마침내 우표를 통한 날카로운 기호공격을 시작했다. 그러나 히틀러 초상화를 그려 넣은 우표는 마치 기다리라고 타이르듯 아직 그 모습을 드러내지 않았다.

문화 가면을 쓴 선전우표

이 무렵에는 아직 선전 우표가 문화의 가면을 쓰고 있었다. 1936년, 나치스당 회의 기념우표는 하켄크로이츠 밑에 사람들이 손을 들고 있는 도안으로 강력하게 그 모습을 드러냈지만, 동계구제 자선우표에는 나치스의 건축 문화를 과시했다. 아우토반도 등장한다. 1936년은 올림픽이 열린 해이다. 본디 이런 우표는 기부금을 모으려는 의도로 만들었으며 우편 요금 말고도 기부금이 포함된다. 매우 뛰어난 디자인으로 제작한 우표도 있어서 인기가 많았다. 그러나 어느 나라든 기부금이 포함된 우표는 그리 잘 팔리지 않는데 히틀러의 올림픽 우표도 예외는 아니었다.

히틀러는 자신이 죽은 뒤, 독일의 메카가 될 수 있도록 영묘를 만드는 자세한 계획을 세웠다고 한다. 210미터 높이의 기념탑으로 가장 큰 심리 효과를 얻기 위해 세세한 부분까지 계획했다. 나폴레옹 기념비는 구멍 아래 묻혀 있기 때문에 사람들이 내려다 볼 수밖에 없다는 사실을 발견하고 '나는 죽은 뒤에도 사람들의 마음을 사로잡는 방법을 알고 있다. 나는 그들이 올려다보며 집에 돌아가서도 이야기하고 기억하는 총통이 되리라' 말했다고 한다. 높이가 210미터나 되면 자연스럽게 그럴 것이다.

내려다보는 감각과 올려다보는 감각의 심리 차이

히틀러는 여기서 내려다보는 감각과 올려다보는 감각을 이야기했다. 그런데 히틀러는 좌우 위치감각에도 민감했다. 1933년, 나치스는 '제군의 단결과 충성이 있으면 두 번 다시 나라는 무너지지 않는다'는 표어를 쓴 포스터를 만들었고 히틀러와 힌덴부르크의 얼굴을 잘라낸 사진을 좌우에 붙였다.

히틀러의 좌우감각

이 두 사람을 나란히 놓는 아이디어는 1932년 선거전을 치를 때 괴벨스가 생각해냈다. 왼쪽에 힌덴부르크, 오른쪽에는 히틀러를 배치했다. 왼쪽의 힌덴부르크는 오른쪽의 히틀러보다 높은 위치에 있다. 이 경우 누가 주목을 받느냐면 바로 오른쪽이다. 아무래도 사람의 시선은 오른쪽부터 보게 된다. 힌덴부르크를 높은 곳에 두었기에 존경의 마음을 표시한 것처럼 보이지만 아주 조금 높을 뿐이라 오히려 히틀러를 보호하는 듯이 보인다. 힌덴부르크에게는 굴욕을 안겨주는 배치라고 할 수 있다. 높이가 높다고 반드시 올려다보는 효과가 있다고 기대할 수는 없다. 얼마나 높은지, 왼쪽과 오른쪽 어느 쪽에 있는지에 따라 다르다.

독일과 이탈리아 구획협정 기념우표

1941년 나치스는 이탈리아와 구획협정을 맺는다. 그리고 재빨리 기념우표를 발행했다. 이번에도 히틀러는 오른쪽이고 무솔리니는 왼쪽이다. 그뿐만 아니라 오른쪽 히틀러가 얼굴이 더 크다. 이는 국내 선전용이라기보다는 세계를 향한 선전이라는 사실을 확실하게 보여주는 우표였다. 그런데 동맹국에게 경의를 표하며 무솔리니를 오른쪽에 두는 일은 하지 않는다. 어떤 경우에든 누구보다 히틀러가 눈에 띄어야 한다.

히틀러의 초상 우표는 정권 획득 뒤 4년이 지난 1937년에 만들어졌다

히틀러는 자신의 초상을 우표로 사용하고, 자신을 신격화하는데, 이는 1937년, 히틀러 탄생 48주년 기념우표 때부터이다. 그 전까지 우표는 나치스당 선전에만 이용되었다. 그러다가 드디어 복면을 벗듯 하켄크로이츠처럼 자신의 모습을 기호화하기 시작했다. 서양에서 48이라는 숫자가 어떤 의미가 있는지는 잘 알 수 없지만 우리가 보기에 특별히 의미 있는 숫자는 아니다. 히틀러는 신중히 시기를 살폈다.

뮌헨 비어홀 폭동 20주년 기념(1943년)의 20은 알겠는데 나치스 정권 획득 11주년 기념의 11이라는 숫자는 이해하기 어렵다. 나치스는 숫자가 가진 기성개념을 이용했기에 이상하게 보인다. 그야말로 괴벨스가 자주 말하는 '수단보다는 목적'을 위한 행동이며, 그다지 숫자에 집착하지 않았다. 패색이 짙은 1943년에는 아무래도 과거의 고생을 되돌아보며 사기를 높일 필요가 있었던 것이리라.

히틀러 탄생 기념우표로 자신을 신격화, 기호화하기 시작하다

1937년을 경계로 시작한 히틀러 탄생 기념우표는 1944년 패전할 때까지, 그러니까 48세부터 55세까지 해마다 연례행사처럼 발행했다. 히틀러는 다음과 같은 말을 했다.

머릿속 공간은 한정되어 있으며, 마치 벽처럼 거기에 여러 광고 문구를 장식하면, 여기에 반대하는 자들이 나중에 나타나도, 더 이상 그림을 걸 장소가 없다. 이는 머리라는 아파트를 이미 상대의 가구로 가득 채워버렸기 때문이다.

독일 국민의 머릿속 아파트 벽은 그렇지 않아도 온갖 수단을 동원한 나치스의 기호 습격으로 가득 채워졌는데, 그럼에도 그들의 광고들은 끊임없이 등장했다. 수많은 기념행사는 기호가 출동할 기회가 되니, 히틀러 탄생 기념우표를 해마다 발행해야 했다. 무슨 일이 있어도 히틀러 상징이 사람들의 마음 속 벽을 독점해야 했다.

신은 초상권을 주장했다

자금을 손에 넣기 위한 수단으로 해마다 발행한 탄생 기념우표는 참으로 안성맞춤이었다. 신은 여기에 초상권을 주장했다.

더욱이 탄생 기념우표를 나란히 나열해 보면, 사진을 사용해서 그런지 1943년, 1944년에 들어서 조금 변한 모습도 찾아볼 수 있다. 히틀러가 신이라면 시간을 뛰어넘어 영원히 젊은 모습이어야 하는데, 나이가 드는 모습이 우표에 드러났다.

적대선전 우표 머리숱이 적은 히틀러

폴란드는 그렇게 나이가 드는 히틀러의 모습을 포착해 우표로 만들었다. 나치스가 점령한 폴란드 또한 히틀러 탄생 기념우표를 발행하라는 압박을 받았는데, 1944년 기념우표에는 히틀러의 머리가 숱이 많은 부분과 없는 부분으로 나뉘어져, 마치 대머리를 억지로 감춘 듯한 초라한 모습이다. 단순한 인쇄 실수인지 아니면 폴란드가 일부러 패색이 짙어진 나치스의 틈을 노려 실행한 적대 선전이었는지는 분명하지 않다. 어쨌든 나치스 점령군은 확인을 게을리 했기에 이 우표는 무사히 사람들의 혓바닥 위에 오를 수 있었다.

모략우표

한편 연합군은 모략우표를 만들었다. 1944년 히틀러 암살 사건에 관련된 모략우표이다. 이는 호르스트 베셀 기념우표를 본떠 만들었다. 당 깃발을 든 호르스트 베셀의 초상 대신, 7월 20일 사건의 주모자인 비츨레벤 장군의 초상을 넣었다. 위에는 1944년 8월 8일 교수형이라는 글이 적혀 있다. 우표 오른쪽에는 '마지막 승리는 우리의 것'이라는 말을 그대로 활용해 우표에 의미를 강하게 표현했다. 이처럼 모략우표를 만들 수 있었던 건 우표가 그만큼 사람들 생활 속에서 일상적으로 쓰이며 가까운 존재였고 선전 효과가 뛰어나다는 인식이 있었기 때문이다.

자선우표는 '협동과 자기희생'을 국민에게 강요한다

사회철학자 에릭 호퍼는 대중운동의 활동력은 그 운동이 옳다고 믿는 사람들의 협동과 더불어 자기희생 경향에서 생긴다고 말했다. 우표는 협동과 자기희생 의식을 끌어내는 데 큰 힘을 가지고 있다. 이는 우표 기호공격으로 머릿속 아파트를 가득 채워 나치스와 함께한다는 의식을 국민들에게 심어준다. 게다가 나치스 기념우표는 대부분 자선우표이기 때문에 추가금을 요구하기도 한다. 그런 기념우표를 산다는 행위는 필연적으로 협동과 자기희생 심리를 강하게 만든다.

하켄크로이츠와 함께 노동자 사진을 넣은 기념우표도 그러하며 1938년에 발매한 독수리 마크에 갈고리 십자가를 배열한 국가 사회주의 노동자 전용우표도 그렇다. 여기에는 육해군 기념우표처럼 나치스의 전력을 과시한 우표, 히틀러 도로나 나치스 건축을 그려 넣은 문화 과시 우표와 함께 또 다시 어떤 의도를 숨기고 있어 국민들 머릿속 아파트를 마비시키는 데 큰 역할을 했다.

나치스 기념, 자선우표는 일반 우편요금보다 저렴해야 한다는 상식을 깼다. 첫 히틀러 우표는 6페니히 우표 4장을 한 세트로 만든 소형 시트를 1마르크에

판매했으니 한 장에 세배가 넘는 기부금이 붙은 셈이다. 1938년부터 1942년까지 판매된 히틀러 탄생 기념우표는 12페니히 우표로 38페니히의 기부금을 얻었다.

발매하지 못한 마지막 기념우표

도안까지 모두 완성했지만 발매하지 못한 마지막 우표가 있다. 바로 4월 20일, 히틀러 생일을 기념으로 발매할 예정이었던 특별 기념우표다. 코넬리어스 라이언의 《히틀러 최후의 전투》에 이런 기사가 있다.

베를린 템펠호프의 우정사업본부 건물에서는 우정사업 본부장 빌헬름 오네조르게가 책상에 놓인 아름다운 빛깔의 우표 몇 장을 내려다보고 있었다. 오네조르게는 자신이 처음으로 발행한 우표라서 매우 기분이 좋았다. 화가는 훌륭한 그림을 그렸다. 그리고 총통도 이 우표를 보면 틀림없이 기뻐할 것이다. 하나는 슈마이서 소형총기를 어깨에 맨 친위대원을 넣었으며 다른 하나는 오른손에 횃불을 들고 제복을 입은 나치당 지도자를 그렸다. 오네조르게는 곧 특별 기념우표를 발매할 수 있으리라고 생각했다.

우정사업본부에서 우표를 발행했다는 사실은 알 수 있지만 이 도안을 만들면서 선전 담당 부서가 어떤 역할을 했는지는 이번에도 알 수 없다. 제3제국 조직은 아무래도 밝혀지지 않은 부분이 많은데, 히틀러 유서에 등장하는 신내각 임명 일람표에서 우정사업본부는 언급하지 않았다. 우정사업본부는 선전 담당 부서 소속이었을까?

4월 20일, 56번째 생일을 맞이한 히틀러는 총통관저 지하 방공호에서 각료들의 축하를 받았다. 연합군은 이날이 무슨 날인지 알고 있었으며 다섯 시간이 넘는 대공습으로 선물을 대신했다. 히틀러는 이제까지와는 다르게 화려한 생일 파티는 열지 않았다. 4월 20일, 이제 열흘만 지나면 히틀러는 스스로 목숨을 끊고 제3제국의 막을 내릴 운명이다. 생일 기념우표는 발매하지 못했는데, 이미 우정사업은 기능이 멈춰져 있었다. 우표를 바라보며 오네조르게가 발매일이 얼마 남지 않았다고 웃는 모습은 그야말로 디자인국가의 말기 모습을 잘 보여준다.

독일인의 우표정신

다만 이 발매일이 얼마 남지 않은 우표는 함락되기 직전인 4월 21일, 베를린 시내 몇몇 우체국에서 발매되었다. 나치스는 그들이 무너질 때까지 선전 우표 발행에 노력을 기울였다. 이미 베를린은 포위됐고 밖으로 가는 통신도 끊겼지만 마지막까지 우편업무를 유지했다. 전멸 직전에도 기념우표를 발행한 독일인의 정신은 정말 무시무시하다.

2. 광고—골자를 빼고 빠져나갈 구멍을 만든 허무주의

독재국가 나치스에는 광고가 존재했다

나치스 광고라고는 해도, 정권을 잡은 나치스가 직접 광고를 했다는 말이 아니라 나치스 제3제국 시대 광고라는 뜻이다. 그 무렵 광고주인 기업은 모두 국가가 경제를 통제하는 체제 아래에 있었기 때문에 광고가 필요 없었다고 생각하기 쉽지만 그렇지 않다. 어떻게 된 일일까? 파시즘의 독제 체제에서는 모든 기업이 국영화되었다고 생각하기 쉽다. 이탈리아 비스콘티 감독의 나치스가 정권을 거머쥐기 바로 전 시기를 다룬 한 영화에는 유명한 그룹재벌이 모델로 등장한다. 나치스는 기업과 손을 잡아 정권을 획득했다고 말해도 좋으며 그리 쉽게 파시즘 세계로 변하진 않았다.

국가가 통제하는 체제 아래 기업이 왜 광고를 하는가

국가가 통제하는 체제 아래 기업을 조직했는데 왜 광고가 필요했을까? 광고란 늘 경쟁을 따라다닌다. 경쟁은 독재국가에서 합리적인 일이 아니다. 그래서 통제하는 게 아닌가? 그러나 나치스는 경쟁을 허락했다. 샤흐트 경제총리 식으로 말하면, 나치스라는 공동체에 봉사하기 위한 공정한 경쟁을 기업에 원했기 때문이다. 나치스는 늘 경쟁이라는 수단을 잘 활용했는데 그 경쟁의 자유는 언제나 나치스라는 전체주의 국가를 위한다는 목적이 있어야 했으며, 중요한 상부는 모두 단단한 끈으로 이어져 있다.

직업경쟁 대회의 함정

나치스 논리에 따르면 경쟁은 개인의 자유다. 그러나 경쟁은 개인의 이익이 아니라 공동체로서 국가를 위해 해야만 했다. 경쟁에 이기기 위해 모든 노력을 기울이는 일은 장려하지만 그 성과는 나치스 방침을 따라야만 했다. 이 논리는 기업에도 그대로 적용된다. 나치스가 해마다 직업경쟁 대회를 여는 이유도 이 논리에 따른 것이다. 경쟁심을 불러일으키고 그 일에 집중하면 자신도 모르는 사이에 개 경주의 개처럼 인간이 아닌 존재가 되어버린다. 사실이 그렇다.

나치스 아래 기업은 서로 경쟁해서 기술을 개발하거나, 수주를 받기 위해 고위 관료에게 청탁하기도 했으며, 당연히 광고도 했다. 그렇지만 기업이 독일 국민처럼 순진하게 속아서 진심으로 나치스가 통제하는 대로 충성을 다했는지는 의심스럽다. 기업들은 어디까지나 나치스와 독점적으로 유착했으며 프란츠 노이만이 《베헤모스 : 민족사회주의의 구조와 실천》에서 말했듯이 오히려 자본주의 사회의 생명력을 긍정하는 의미도 가지고 있었다.

광고와 본문의 기묘한 조화

그러나 형식상으로는 기업 사이에 경쟁이 존재하기에 광고가 있는데, 그럼에도 이 광고가 아직도 위화감을 주는 이유는 기업이 나치스가 통제하는 체제에 일단은 순응했기 때문이다. 본문에 실은 나치스 선전과 본문의 기업 광고 역할을 훌륭히 수행하며 이 둘을 실은 잡지 전체가 독특한 조화를 보인다.

광고면을 볼 때 뭔가 어색하다고 느끼는 이유는 군 선전 잡지의 자금을 조달하기 위해 반 강제적으로 광고가 실렸기 때문이며, 광고에 열의를 기울이지 않아서 그렇다. 경쟁을 위한 광고 자체도 마찬가지로 국가가 통제하며 중요한 골자가 빠져 있다. 결국 이 경쟁이라는 이름의 광고는 이름뿐이며 본질은 허무하다.

나치스 체제 아래 광고는 독자들에게 호소하지 않는다

나치스 체제 아래 광고는 모두 독자들에게 아무 것도 호소하지 않는다. 광고 내용이 허무한 데다가 나치스에게 복종한 노예처럼 소비자를 협박하는 성질 때문에 일어난 현상이다. 그러나 사물을 사물로 보여주는 허무한 광고는 결과적으로 독자에게 가장 먼저 호소한다. 그러나 처음부터 이를 의식하고 독자들에게 호소하는 광고는 나치스 시대에는 전혀 없었다.

나치스보다 기업이 더 강했다

국가 통제를 강화하더라도 군사상 필요할 때에는 가격을 완전히 통제하지 못하고 예외 사항을 만들어야만 했다. 즉 나치스는 약소 카르텔을 천 개 이상 정리하는 식으로 기업을 통제하면서도, 독점적인 대기업을 키우면서 그 대기업에 의지할 수밖에 없는 상황이었다. 그들은 전쟁과 함께 차츰 더 산업구조를 중화학공업 중심으로 바꿔야만 했다.

나치스의 기업 통제는 늘 약점에서 빠져나갈 구멍을 만드는 정책이었다. 중화학공업계 광고에서는 시치미를 떼며 아무렇지 않은 척하지만, 기업이 나치스를 지지하는 이면에는 그만큼의 이유가 있다는 사실을 알 수 있다. 광고를 중심으로 생각하면 중소 생활 산업에서 독자들에게 호소하는 광고는 어떻게 보면 전혀 필요하지 않았다. 그럼에도 텅 빈 동굴 같은 대기업 광고는 넘쳐났고 나치스는 교묘하게 빠져나가곤 했다.

3. 만화—처칠은 거짓말쟁이지만 큰 인물이다

반 나치스 선전 만화

나치스는 자신들을 선전하기 위해 여러 시각 매체를 활용했다. 그런데 어찌된 일인지 만화 자료는 구하기 힘들다.

신문, 잡지, 전단지 같이 만화를 실을 가능성이 높은 나치스의 광고자료를 모두 살펴보기란 어렵지만, 그 대신 반 나치스 만화는 쉽게 구할 수 있다. 전쟁 뒤 활발하게 반 나치스 선전을 했기 때문일까?

제1차 세계대전 때 만화는 정치 선전도구로 과감하게 이용되었다. 이어서 제2차 세계대전에서도 여러 나라가 활발하게 사용했다. 그러나 나치스 독일은 만화의 선전효과가 그리 뛰어나지 않다고 생각해 만화를 다른 나라에 비해 가볍게 봤다.

대외선전에는 에로틱한 만화

한편, 대외선전을 위해 에로틱한 만화를 이용하기도 했다. 예를 들어 이런 만화가 있다. 가운을 입은 금발의 여성이 베개가 두 개 놓인 침대에서 편지를 떨어뜨리며 몸부림치고 있다. 미군 병사를 대상으로 한 선전 만화이기에 그 여성의 마음을 영어로 표현하고는 'Ho—hum…' 숨소리를 언어와 그림으로 표현하고는 '편지만으로는 부족해. 나처럼 혈기 왕성한 어른이 지루한 편지로 만족할 리가 없잖아' 이런 말이 적혀 있다.

전의를 잃게 만들려 했다

대외선전 만화는 인간의 관능을 비웃는 작품이 아니라 병사의 성욕을 자극하도록 그려졌다. 그림 자체도 성욕을 불러일으키도록 표현했으며, 여성의 옷이 흐트러져 가슴이 드러나 있다. 이 만화는 선전 전단지에 사용했는데 미군 병사가 고국에서 기다리는 여자를 생각하며 전의를 잃으라는 목적으로 만들었다. 인간의 본성인 성욕을 자극해 집중력을 흐트러뜨리고 전쟁에 회의를 느끼길 원했다.

라디오에서 흘러나온 여성의 달콤한 목소리에 병사들이 동요했다는 이야기가 있을 만큼 이런 만화는 여성이 없는 전쟁터에서만 좋은 성과를 거뒀을 것이다. 컬러로 인쇄한 붉은색 배경의 이 만화는 색채 면에서도 병사들을 자극한다.

선전용 에로틱 만화는 전투에서 졌을 때, 해결책으로 선택한다

에로티시즘 표현은 대중적으로 늘 '금지'라는 쓰라린 경험을 한다. 언제나 권력이 금지 조치를 내린다. 그런데 이 권력이야말로 에로티시즘 수단을 가장 잘 활용하는 집단이라는 사실은 참 역설적이다. 나치스는 역시나 이 수단을 놓치지 않는다. 그러나 만화의 에로티시즘은 전쟁 상황이 매우 불리할 때만 썼다. 초반부터 이 방법을 쓰지는 않으며 전쟁이 교착상태에 들어가거나 패색이 짙을 때야 비로소 이를 벗어날 방법으로 쓴다. 승리의 기세에 한껏 부풀어 있는 사람의 발상이라고는 할 수 없다.

히틀러는 《나의 투쟁》에서 만화를 언급했다. 독일이 제1차 세계대전에서 패배한 이유는 선전 싸움에서 졌기 때문이라는 말이 있었다. 군인으로 싸운 히틀러는 그 사실을 알고 있었다. 그 경험이 전대미문의 선전국가를 만들어내는 계기가 되기도 했다.

제1차 세계대전에서 독일의 만화 선전

히틀러는 만화에 대해 이렇게 말했다.

오스트리아나 독일 만화 선전이 가장 먼저 생각할 법한 상대를 비웃는 성향은 근본적으로 잘못됐다. 실제로 만나보면 곧 상대에게 전혀 다른 신념을 가지게 되기에 이는 뿌리부터 잘못됐으며, 가장 무시무시한 보복이 돌아온다. 왜냐하면 독일 병사가 직접 적의 저항에 부딪혀 이제까지 자신들을 계몽시켜준 존재에게 속았다고 느끼며, 전쟁욕구를 불러일으키거나 마음을 단단하게 만드는 것과는 전혀 반대의 효과를 불러오기 때문이다. 기가 죽는다.

이 문장으로 미루어 어떤 만화를 떠올리면 좋을까?

독일 루덴도르프 장군이 선전기관 설치를 제안했지만 받아들여지지 않았다. 선전전에서 독일은 고립된 존재였다. 오로지 연합군이 기구나 비행기로 뿌리는 전단지를 독일 국민들이 보지 못하도록 노력할 뿐이었다. 루덴도르프 장군의 말을 받아들여 선전기관을 설치했다고 하더라도, 독일에는 연합군이 가진 성전이라는 대의명분이 없었기 때문에 애매모호한 선전을 할 수밖에 없었을 것이다.

한스 티메는《무기에 의지할 수밖에 없는 세계대전》에서 선전전에서 고립이 무엇을 뜻하는지 이렇게 말했다. '독일 국민은 전쟁 중 선전 분야에서 적을 따를 수도 없으며, 또한 이를 바랄 수도, 비난할 수도 없다고 말하면서 오히려 기뻐하기도 했다' 이런 무지하고 몽매한 성향은 이데올로기가 없기 때문이다. 그리고 또 다음과 같이 말했다.

독일의 내부 정치상태와 마찬가지로 외교관계도 독일의 선전에게는 그리 상황이 좋지 못했다. 신흥 독일에는 확고한 정치 전통이 없다. 독일은 대륙의 강국으로 떠올랐지만 아직 넓은 세계의 모든 사정을 충분하고 명료하게 인식하는 데까지 이르지 못했다. 국민의 의지에 호소하고 설득할 수 있는 확실한 목표가 없다. 국민은 전쟁을 할 이유도, 싸울 생각도 없다. 그래서 오랜 세월이 쌓인 국력은 국민들의 영토 욕심을 자극했다. 독일의 영토는 그곳에 존재하는 국민들이 살아가고 세력을 키우기에는 너무나 좁았다. 독일에서 제국주의가 고개를 들었다. 그래서 정신적으로 성숙하기에는 아직 너무 어렸다.

제1차 세계대전 때 독일에는 목표로 삼을 대의명분이 없었다

한스 티메는 이처럼 독일이 왜 제1차 세계대전에서 선전전을 펼칠 수 없었는지 설명했다. 독일이 제국주의라면 프랑스나 영국도 그랬을 터인데, 독일은 미숙했고 국가의 목표가 없었기 때문에 그 선전 싸움에서 크게 질 수밖에 없었다고 주장한다. 연합군은 전쟁이 시작되자마자, 권력에 맞서는 정의라는 표어를 내걸고 싸울 수 있었으며, 독일을 이기적인 욕망을 가진 나라라 비난하고 잔혹한 정복의지를 가진 나라로 자유롭게 공격할 수 있었다. 히틀러는 이 미숙함을 전쟁터에서 직접 겪었다. 독일이 선전을 몰랐을 뿐만 아니라, 늦게나마 선전을 시도

한다 하더라도 무엇보다 대의명분이 없기 때문에 날갯짓이 약할 수밖에 없으며, 모처럼 적에게 던진 공격이 오히려 자신의 얼굴로 되돌아오는 형편이었다. 이때 히틀러의 분노가 나치스가 거대한 선전국가를 만들도록 했다고 할 수 있다.

제1차 세계대전에서 그나마 독일이 했던 선전은 만화처럼 상대를 비웃는 방법이었다. 조소의 기능은 만화의 능력이다. 그러나 대의명분이 없는 조소로는 아무리 상대를 모욕하더라도 전세가 불리해졌을 때는 아무런 쓸모가 없어진다. 히틀러의 말처럼 만화를 믿은 사람은 상대의 엄청난 힘 앞에 오히려 속았다는 느낌을 받는다. 비웃음을 당해야 할 사람치고는 상대는 너무 강하기 때문이다.

영국의 선전만화는 독일인을 야만인이라 생각하게 만들었다
히틀러는 적국의 선전기술을 칭찬하며 이렇게 말했다.

이와 반대로 영국이나 미국의 전시 선전은 심리적으로 옳았다. 그들은 자국민에게 독일인을 야만인이라 생각하게 만들었다. 미리 선전으로 병사들이 두려움에 준비하고 환멸을 일으키지 않도록 노력했다. 지금 그들을 향한 어떤 무시무시한 무기는 그들이 그저 이제까지 받은 계몽이 옳았다는 사실을 확인시켜 준다고 느끼게 했으며 극악무도한 적에게 느끼는 분노와 증오를 높여주고, 아울러 정부의 주장이 옳았다는 신념을 단단하게 해주었다.

히틀러의 이 분석은 정확하다. 영국의 선전은 히틀러가 말했듯이 분명 독일인을 야만인처럼 다뤘다. 우락부락한 체격에 팬티 한 장만 입은 남자가 큰 방망이를 들고 바닥에 쓰러진 연약해 보이는 남자를 내려다보는 그림으로 표현했다. 한편 독일의 선전에서는 미국의 정의를 풍자했다. 나무에 매다는 형벌을 받은 남자에게 군중이 그 아래에서 총을 쏜다. 그 남자를 참혹하게 죽인 사람들은 무죄를 받았다는 풍자다.

그림은 둘째 치고, 정치 선전 효과로 보면 영국의 만화가 훨씬 직설적이고 날카롭다. 독일의 만화는 비유를 사용한 만큼, 말하고자 하는 바와 거리가 너무 멀다. 히틀러가 '대중의 수용능력은 매우 낮으며 이해력이 떨어진다' 말했듯 그 만화는 지나치게 에두른 선전이었다.

정치선전 도구가 된 만화의 불행한 시대

만화는 무엇보다 그림이다. 대상을 희화하고 왜곡하기에 대중에게 친근감을 준다. 아이들이 좋아하는 그림책과 비슷하다. 그러나 만화가 이야기를 전달하는 범위는 넓고, 지적인 유희성까지 갖췄기에 때로는 비유에 비유를 거듭하는 경향이 있다. 그래서 선전이라는 측면에서 보면 만화는 모순되는 부분이 있다. 히틀러 식으로 말하면, 대중은 제공한 소재를 소화하는 것은 물론 기억하는 것도 못하기 때문이다.

그렇다면 만화를 정치 선전 도구로 이용하는 일은 만화 입장에서 보면 매우 불행한 사태라고 할 수 있다. 뛰어난 선전 만화의 조건이 극악한 적을 분노하는 마음과 증오심을 높이는 데에 있다면 이 또한 안타까운 상태라고 할 수 있다.

풍자에서 오는 역효과와 자가 중독

제2차 세계대전은 독일이 전쟁을 시작했다는 점에서는 제1차 세계대전과 다름없다. 그러나 독일은 지난 실수를 되풀이하지 않기 위해 침략을 개시할 때부터 성전이라는 대의명분을 내걸었다. 대의명분이 있으니 적을 야만시하는 수단을 활용할 수 있었다. 그러나 자신들이 일으킨 전쟁이었으며, 초기에 계속 승리를 거두었기에 굳이 만화로 상대를 짐승 같은 야만인이라 다룰 이유도, 필요도 없었다. 이것이 만화를 비판하며 무시하는 경향으로 이어진 게 아닐까? 전의는 피와 땅을 탐하는 세뇌로 북돋을 수 있었고, 다른 매체도 충분했다.

하물며 풍자라는 기능을 가진 만화는 오히려 비유적인 표현을 쓰는 바람에 요점이 흐려질 위험성도 있으며, 역효과를 불러일으키기 쉽다는 점을 히틀러는 이미 꿰뚫어 봤다.

물론 처칠을 시카고 폭력배로 표현하듯이, 만화는 현실을 우스꽝스럽게 표현할 수 있다. 지금 보면 유머 넘치는 작품이지만, 나치스의 선전을 맡은 괴벨스 관점에서 보면 역효과를 불러일으키는 만화일지도 모른다. 괴벨스 식으로 말하면, 풍자하려고 만화를 그리는 바람에, 처칠을 거물로 만든 셈이었다. 또한 사람들에게 비난받고 미움을 받아야 비로소 어엿한 인물이 된다는 말이 있듯, 만화라는 선전이 상대에게 권위를 부여한다는 단점을 괴벨스는 잘 알고 있었다.

굳이 적국을 야만인으로 만들고 아군의 사기를 북돋을 이유도 없었다. 적국에 거대한 우상이 존재하지 않았고 전투에서는 스탈린이든, 처칠이든, 루스벨트든 여러 나라 수상의 우상성이 흩어져 있었기에 특별히 강조해서 무너뜨릴 필요가 없다. 따라서 나치스는 만화의 선전 기능에 그리 주목하지 않았다. 독일인은 유머러스한 성향이 부족하다고는 하지만 유머가 넘치는 나라에서도 만화를 선전 도구로 쓸 때, 유머의 융통성을 거스르게 된다.

히틀러는 연합국 만화가 덕분에 오늘날에도 '거물'로 남았다

이와 달리 반 나치스 진영 나라들은 히틀러를 끔찍한 존재로 만들어 그의 명예를 떨어뜨리려고 끊임없이 만화에서도 노력했다. 나치스 쪽에서 보면, 히틀러 풍자만화는 손도 안 대고 코 푸는 격이라 할 수 있다. 히틀러 본인은 그 만화를 보고 몹시 기분이 나쁠지 모르지만, 우상으로서의 히틀러는 누군가가 자신을 풍자해준 덕분에 대전이 끝난 오늘날에도 어쨌든 '거물'이라는 이미지를 사람들 마음속에 새기고 있다. 악인이었지만 굉장한 사람이었다는 이미지가 사람들 기억에 남아 있다. 상대를 비웃는 일이 오히려 상대에게 득이 된다는 말은 바로 이런 경우를 두고 하는 말이다.

만화의 등장인물이 되면 무료로 선전을 할 수 있다

결과적으로 만화가들은 모두 히틀러를 미워하면서도 사랑해버리는 이미지에 빠져버리고 만다. 히틀러를 무료로 선전해준 꼴이다. 확실히 만화는 히틀러를 비웃고 나치스를 공격하는 데 도움이 되었지만, 세월이 한참 흐른 뒤에도 사람들 마음속에 히틀러의 이미지가 끈질긴 생명력을 지닌 채 살아남을 수 있도록 만들었다. 처칠의 얼굴을 모르는 세대는 더욱더 많아졌지만 히틀러를 모르는 사람은 그다지 많지 않다. 히틀러 따위는 모른다고 말해도 그의 얼굴은 알 것이다. 아직도 영화에서는 히틀러 선전을 계속해주기 때문이다.

반 나치스 진영에서 히틀러 만화로 만든 이미지가 오늘날까지 사라지지 않고 남아 있다는 사실 자체로도 모두에게 경종을 울리고 있다고 말할 수 있다. 반면 이는 사람들 속에 나치스의 매력을 느끼는 마음이 잠재적으로 남아 있다는 증거도 될 수 있다.

4. 영화—레임덕 폭력적인 수단

영화는 마약이나 마찬가지다

영화는 마약과 비슷하다. 괴벨스가 이런 영화의 중독성을 결코 놓칠 리가 없다. 1933년, 히틀러는 수상이 되어 독일 정권을 손에 넣기 전까지 자신이 연설하는 모습을 촬영해, 공원이나 대도시 광장에서 공개 상영하고 성공을 거두었다. 괴벨스는 영화가 라디오보다 더 뛰어난 선전 효과를 올릴 수 있다는 사실을 꿰뚫어봤다. 다만 그 무렵에는 당 재정이 열악해서 영화를 만들기 위한 자금을 모을 수가 없었다.

괴벨스는 《승리의 일기》에서 이렇게 말했다.

우리는 저녁에 루이스 트렌커의 《폭도》을 봤다. 영화 예술의 정점에 선 매우 뛰어난 작품이다. 이로써 우리는 앞으로 영화가 어떻게 발전할지 예측할 수 있다. 엄청난 대규모의 인원을 간결하게 묘사한 점만 봐도 참으로 혁명적이다. 폭도들이 십자가상을 예배당에서 가지고 나오는 장면은 보는 사람의 마음을 깊이 울린다. 이런 장면을 보고 익숙해지기만 한다면 영화로 얼마나 멋진 일을 할 수 있는지 알 수 있다. 모두가 감동했다.

《폭도》를 본 다음 날, 그들은 모여서 같은 영화를 한 번 더 봤다.

우리는 한 번 더 모여서 《폭도》를 봤다. 모두 완전히 빠져서 깊은 감동을 받았다. 실로 예술적인 기분이다.

괴벨스는 이렇게 감탄하는 데 정신없다.

영화는 국민 봉기 개념을 생생하게 보여준다

이 영화는 나폴레옹 점령군에게 맞서는 티롤 지방 사람들의 저항을 주제로 했다. 히틀러가 정권을 잡지 못한 시대의 영화는 제작 수량과 의의에 있어 경제 안정기 수준을 능가했다. 《폭도》처럼 영화들은 대부분 국민 봉기 개념을 생생하게 보여주기 위해서 나폴레옹 시대를 주로 배경으로 삼았다. 이로 미루어 괴벨스가 감동한 이유는 국민 봉기 개념을 영화로 봤기 때문이라고 생각할 수 있다. 베르사유 체제를 굴욕적인 억압이라 부르며 이를 뒤집으려 한 나치스는 국민 봉기 개념을 생생하게 보여준 영화라는 매체가 큰 힘을 가지고 있다는 사실을 발견했다. 괴벨스가 대규모 인원을 간결하게 묘사했다고 말한 부분과 상통한다.

영화는 선전부에 소속됐다

1933년 6월 10일, 선전부는 11개 부서로 나뉘었고 제5부에 영화가 들어갔다. 그곳에서는 영화법 제정, 영화 검열, 국내외 필름 및 영화에 대한 사항, 영화 산업, 영화 경제, 영화 기술, 영화극 고문, 시사영화, 문화영화, 영화배급, 영화 흥행 등을 관리했다. 그러나 세계로 뻗어나가는 독일 영화계를 이런 관리만으로 다스릴 수는 없었다.

마침내 9월, 선전부는 독일 문화원법을 제정했다. 즉 선전부의 협력기관으로 전국 문화 회의를 열고 괴벨스를 의장으로 모든 문화인을 7개 분과회에 밀어 넣었다. 분과회는 방송, 신문, 문학, 미술, 연극, 음악 그리고 영화. 모두 7분과로 이루어졌다. 괴벨스는 총제선언에서 예술 창작에 종사하는 사람들을 통합하고, 이를 체계적으로 구분해 그들 내부에서 생길 모든 장해나 대립을 제거하고, 또한 그들의 도움을 받아 현재 문화재나 앞으로 만들 문화재를 독일 민족의 이익이 되도록 관리하겠다고 말했다.

선전부의 의무, 영화에서 발생하는 모든 유해한 영향을 억압하다

선전부의 의무는 세 가지 목표를 가지고 있다. 독일인의 위대한 정신생활 전통에 따라, 청년을 육체적으로 건전하게 하고, 정신적으로 자유로운 인간으로 육성한다. 독일인의 도덕 감정에 어긋나며 국가 및 국민을 파괴할 수 있는 성질의 내용을 지닌 신앙교리를 억압하고 멀리한다. 저작물 및 출판, 연극, 예술 및 영화에서 발생하는 모든 나쁜 영향을 억압한다. 이 문화통제 정책은 전국 문화회를 설립, 더욱 구체적으로 강화했다.

검열을 법제도로 만들다

1934년 2월, 국가영화법이 통과되어 검열을 법제도로 만들게 됐다. 선전부의 통제 아래 검열위원회를 구성했다. 검열위원회 추천 기준은 첫째 정치·예술적으로 가치가 높을 것, 둘째 정치·예술적으로 가치가 있을 것, 셋째 정치적으로 가치가 있을 것, 넷째 예술적으로 가치가 있을 것, 다섯째 문화적으로 가치가 있을 것, 여섯째 교육적으로 가치가 있을 것. 이 여섯 단계이다.

각본 사전검열

영화법에서는 먼저 극영화의 사전 검열을 법으로 만들었다. 바로 각본 검열이다. 극영화의 초고 및 대본을 검열하고 영화 제작자에게 조언해서 시대정신에 어긋나는 내용은 영화로 만들지 못하게 한다. 영화로 만든 뒤 검열을 통해 상영 금지가 되면, 노력과 물자 낭비에 지나지 않으니 이를 미리 막는다는 목적으로 제정했다. 지극히 나치스다운 발상이지만, 결국 영화가 국영화되지 않는 이상, 업자와의 의견 충돌이 생길 뿐이다. 그래서 이듬해, 사전검열은 업자의 자유의사에 따른다고 개정됐다.

검열을 통과하지 못해도 외국 수출에는 지장이 없다

다만 이 규정에서 흥미로운 점은 검열을 통과하지 못한 영화라도 수출은 허가한다는 점이다. 그렇지만 국가의 중대이익, 공공의 안녕과 질서를 위태롭게 하거나 나치즘, 종교, 도덕, 예술 감정을 손상하거나, 또는 독일인의 위신, 독일과 외국의 관계를 위태롭게 만든다는 이유로 검열을 통과하지 못한 영화는 수출할 수 없다. 외국에 영화를 수출하면 외화 획득에 도움이 될 뿐만 아니라, 나치스의 대외선전 정책과 스파이 활동에 이익이 될지도 모르기 때문에 만든 사전 조치다. 반 나치스 영화가 좋은 효과를 불러올 수도 있다. 괴벨스는 자신의 규정에 스스로가 묶이는 일을 빈틈없이 피했다.

이 밖에도 상영 허가 결정이 있다. 청소년의 도덕 정신 또는 건강 발육에 나쁜 영향을 불러일으키거나, 국민 교육 그리고 독일 정신 교양에 유해한 영향을 미치거나 또는 공상을 지나치게 자극할 우려가 있을 시에는 18세 이하 청소년 및 유아의 관람을 금지한다. 나아가 6세 이하 유아는 보호감독의 책임이 있는 사람을 동반할 때만 영화관에 입장할 수 있다. 여기서 검열은 단순한 단속이라는 소극적인 영역을 벗어나 적극적인 문화정책을 강하게 실천했다는 사실을 알 수 있다.

검열은 다수가 심사하는 제도며 영화인, 미술가, 작가가 반드시 참여한다. 여기에도 괴벨스가 주의 깊게 설치한 함정이 있는데, 영화인 같은 문화인이 나치스의 사상을 따른다면 이보다 안전한 장치는 또 없는 것이다. 그러니 반드시 폭넓은 시야를 가진 사람이 참여한다고 할 수는 없다. 그리고 최종 판단은 모두 괴벨스가 내린다. 한번 허가를 받은 영화라도 선전장관이 보고 상영을 금지하면 재검열에 들어가고, 경우에 따라서는 이미 내린 허가를 취소할 권한이 있다. 공무로 바쁜 괴벨스가 모든 작품을 볼 수는 없다고 생각하기 쉽지만, 선전의 귀재 괴벨스는 영화를 무척 좋아했으며, 그의 눈에 띄지 않는 영화는 거의 없었다.

이 밖에도 외국영화 통제가 있다. 이는 외국영화의 침입을 억제할 뿐만 아니라 독일 영화에 참여하는 비아리아인(유대인)을 몰아내도록 설계했다.

문화영화 강제 상영

그리고 영화 동시상영을 금지하는 대신, 영화검열소가 예술, 국민교육, 문화 또는 국가 정책면에서 가치가 있다고 인정한 문화영화를 상영할 의무가 있다고 정했다. 문화영화에는 정부가 보조금을 지원했다. 문화영화의 강제 상영은 극영화처럼 모르는 사이에 관객에게 스며들어 교화선전을 하는 게 아니라, 직접 교화의 위력을 강요하는 일도 가능케 했다. 즉 문화영화는 나치스 정신으로 가득하며, 아울러 새로운 국가의 세계관을 쟁취하는 투쟁 중에 목적을 의식하며 참여하거나, 효과적으로 참여할 수 있는 주제, 특히 현실 문제를 주제로 해서, 국민 모두가 그 문제의 전모를 알고 해결하는 데 적극적으로 참여할 수 있도록 교화하는 것을 목표로 한다. 결국 문화영화는 선택해서 보는 영화가 아니라, 국가에서 권하는 영화로, 결국엔 보는 사람을 자유롭게 조종할 수 있었다.

5. 방송—악마의 미소, 정보의 악마

검열의 힘 '날개가 없으면 날 수 없고 이가 없으면 씹을 수 없다'

라디오는 온 국민에게 정보를 알리는 가장 큰 무기가 된다. 괴벨스는 그 사실을 이미 나치스 정권을 잡기 전 선거전에서 장렬하게 싸울 무렵부터 강하게 인식하고 있었다.

이 사실은 괴벨스의 《승리의 일기》를 보면 알 수 있는데, 라디오는 그 무렵 정부가 관리했으며, 당연히 그의 마음대로 하지 못했다. 이미 정부 연설은 라디오로 방송했으며, 당에게 방송할 기회까지 주었는데, 그 무렵 정부는 선전을 깊이 인식하며 방송하지는 않았기 때문에 괴벨스가 보기에 오히려 답답했다. 그래서 그는 수상의 연설은 전혀 선전이 되지 않는다고 비난했다.

1922년 7월 18일, 괴벨스가 라디오 연설을 했다. 그러나 이 연설은 생각보다 잘 풀리지 않았다. '처음으로 라디오 연설을 했다. 그러나 아무래도 연설이 효과 없는 기분이 든다. 내무성에 설치한 전국방송위원회가 날개를 자르고 이를 뽑았기 때문이다. 날개가 없으면 날 수 없고 이가 없으면 씹을 수 없다' 그는 이렇게 말하며 아쉬워했다.

9월 20일 일기에 '우리의 라디오 조직은 힘차게 앞으로 나아가고 있지만 아직 우리가 방송국을 이용할 수 있는 수준까지 이르지 못했다'고 적혀 있다. 자신이 직접 한 라디오 연설을 실패한 뒤, 우리는 당에서, 선전부에서 괴벨스가 어떤 조직을 만들려고 했는지는 알 수 없다. 그러나 방송국이 정부 손안에 있는 한, 그들은 자유롭게 이용할 수 있다. 우리는 겨우 정부 라디오 방송에서 나오는 거짓말을 들을 뿐이다. 다만 정부는 라디오를 장악했으면서 이를 선전 도구로 활용하는 수준까지 이르지는 못했다. 오히려 그 사실이 괴벨스를 초초하게 만들었다. 자신이 지휘했다면 더 잘할 수 있으리라는 자신감이 괴벨스를 더욱더 초초하게 만든 것이다.

라디오와 신문이 자유로워지다

그러나 1934년 1월 30일, 마침내 히틀러가 수상 자리에 앉는다. 그 결과, '이번 선거전은 싸우기 쉽겠군. 우리를 위해 국가의 모든 수단을 동원할 수 있다. 라디오와 신문이 자유로워진다!' 괴벨스는 이렇게 흥분했다. 과연 그랬을까?

확실히 권력을 이용해 전국 방송국에서 총통 연설을 보낼 수 있으며, 이제까지 사용했던 연설이나 전단지, 포스터보다 뛰어난 선전 효과를 올릴 수 있다. 그러나 나치스가 방송 원고를 다시 인쇄해 국민들에게 배부한 점을 보면, 또 다른 단점이 있었다는 말이 된다. 아무리 방송국을 마음대로 조종할 수 있어도 어디까지나 방송국뿐이기에 시청자 수가 턱없이 부족했다. 즉 전국에 존재하는 라디오 기기가 라디오로 선전 효과를 발휘하기에는 부족했다.

라디오는 청취자가 부족하다. 그러면 확성기를 이용하자.

괴벨스는 그래서 확성기를 이용하는 방법을 선택한다. 3월 4일, 국민 각성의 날이라는 시위에서 그 성과를 시험했다. 괴벨스는 일기에 이렇게 기록했다.

(히틀러가 연설을 한 뒤) 쾨니히스베르크 성당 종소리가 울려 퍼진다. 이 찬미가는 라디오를 통해 독일 전체로 울려 퍼졌다. 4천만 독일인이 지금 전국의 광장에서 해 질 녘 거리에 서서, 또는 음식점이나 자신의 집에서 확성기에 귀를 기울이며, 시대의 이 위대한 변화에 눈을 뜬다.

3월 13일, 괴벨스는 선전장관으로 임명된다. 그는 라디오를 포함한 여러 선전 도구를 빠르게 통합하기 시작한다.

이 무렵, 라디오는 아직 보편적이지 않은 진귀한 물건이었다. 1928년 독일 우정사업본부는 그 무렵 국내 몇몇 지방에서 시작한 십여 개 회사의 방송 사업에 큰 감독권한을 가지게 되었다. 라디오 수신기를 가진 일반 시민이 지불하는 수신료 또한 독차지했다. 기업에서 광고도 하지 못했다. 우정사업본부는 또한 독일 방송회사까지 감독했다. 이 독일 방송회사는 지방 방송회사 주식을 거의 다 가지고 있었으며 이런 지방 방송회사의 방송을 내보내는 국내송신기를 소유하고 관리했다.

이것이 그때까지의 상황이다.

방송국은 선전부가 지배한다

먼저 괴벨스는 독일 방송회사를 개편하고, 선전부 지배 아래에 두었다. 그리고 라디오 제조 회사에 압력을 행사해 대량으로 라디오를 생산했다. 라디오가 아무리 좋은 속도와 침투력을 가지고 있어도 수신기가 모자라면 소용없기 때문이다.

라디오 대량생산+확성기=5600만 청취자

1933년부터 1934년에 걸쳐, 라디오는 겨우 100만 대밖에 없었는데, 1938년에는 드디어 950만대로 늘었다. 청취자 수도 1932년 430만에서 1935년에는 670만 명으로 늘어났다. 나치스는 전국의 학교, 공장, 공공시설, 공회당, 야외공원에 소리가 크게 들리는 스피커를 설치했다. 괴벨스는 히틀러가 전 국민을 향해 연설할 때, 5600만의 청취자 귀에 연설을 들려줄 수 있다고 주장했다. 초기와 비교해 무려 10배가 늘어났다. 또한 괴벨스는 대중이 라디오를 듣는 습관이 생기기를 가만히 기다리지 않았다. 전국 곳곳에 방송감독소 제도를 만들어 끊임없이 대중과 접촉하며 팸플릿을 만들고, 중요한 방송은 미리 알려 공공시설에 설치한 확성기를 통해 방송을 들을 수 있도록 만들었다.

오락을 제공하며 뉴스 보도를 듣고, 오로지 상품 광고를 하는 매체에 지나지 않았던 라디오는 이렇게 해서 순식간에 정치선전 도구가 되었다.

뉴스의 목적은 정보 제공이 아니라 민중교육이다

나치스에게 라디오는 문화기관이며, 교육기관이고 또한 정치기관이었다. 괴벨스는 전쟁 중에 어떻게 선전정책을 추진할지 고민하며 다음과 같은 점에 특히 주목했다. '뉴스를 어떻게 이용할 것인가? 전쟁 중 뉴스의 목적은 정보 제공이 아니라 민중을 교육하는 데 있다. 바른 정보를 내보내면 오히려 해를 입을 수 있다. 결국 이름은 뉴스지만 나치스의 정치 목적을 위해(그들은 국가를 위해 국민을 위해서라고 말하지만) 보도한다. 만일 크게 패배한 상황을 정직하게 보도하면, 사람들에게 불안을 심어주기 때문이다.'

제작할 때부터 뉴스를 바꾸다

가공한 뉴스는 뉴스가 아니다. 그러나 뉴스의 중요성, 그러니까 사람들이 뉴스를 절대적으로 믿는 믿음이 가져오는 효과를 괴벨스는 알고 있었다. 그래서 그는 라디오 뉴스 보도를 막지 않았다. 오히려 가공했다. 정확히 말하면 뉴스가 아니었다. 겉으로는 뉴스였지만 실질적으로는 뉴스가 아니었다. 괴벨스는 라디오 뉴스 자체를 뉴스처럼 꾸며 선전에 이용했다.

괴벨스는 뉴스 또한 교육매체라고 생각했다. 정보의 정확성보다 국내 여론을 통일하는 게 중요했으며, 나치스의 사상을 보급하는 데 목적이 있었다. 그렇게 가공한 뉴스가 전쟁 중 사람들 눈에 띄지 않는 외지에서 일어난 일을 꾸민 거짓이었다면 그나마 다행이지만, 나라 안까지 전쟁이 영향을 미쳐 자국이 불리하다는 사실을 사람들이 눈으로 뚜렷하게 확인했는데도, 가짜 뉴스를 내보내면 국내 여론을 통일시킬 수 없다. 그래서 괴벨스가 뉴스를 민중의 교육 도구로 삼은 선전 방식은 아군이 유리할 때만 효과를 발휘한다는 위험성을 지녔다. 그러나 승승장구하던 괴벨스는 처음부터 거기까지 생각하지 못했다. 라디오는 절대적인 선전 도구라고만 믿었던 것이다.

해저 통신 때문에 제1차 세계대전에서 독일이 패배했다

제1차 세계대전에서 독일이 패배한 이유는 선전에 실패했기 때문이라고 한다. 1914년, 영국이 선전포고를 한 다음 날인 9월 5일, 영국 해군은 독일의 해저 통신전선을 절단했다. 영국 해군을 위해 절단한 해저 전선에는 대서양을 넘어 미국까지 이어진 중요한 전선도 들어 있었다. 그 가운데 하나는 영국이, 다른 하나는 프랑스가 맡아 이미 연합군 선전에 이용되었다.

즉 해저 전선 때문에 독일은 패배했다. 이 쓰디쓴 교훈이 독일에게 무선통신을 서둘러 개발하도록 만들었고, 이것이 결국 나치스가 전쟁에서 승리할 수 있게 도와줬다. 나치스의 라디오를 이용한 모략과 선전 전술은 다른 나라의 수준을 뛰어넘는다. 얼마 뒤 괴벨스는 영국으로 내보내는 방송에서 이렇게 외친다. '세계대전에서 독일은 선전 때문에 패배했다. 그 시절에는 초보자가 선전을 했기 때문이다. 지금 독일 선전은 전문가가 맡았는데 영국선전은 이제 막 태어난 햇병아리가 하고 있다. 이번에는 독일이 승리할 것이다'

라디오는 새로운 심리전 무기가 되어 제2차 세계대전의 전술을 바꿨다. 총력전이라는 말은 전쟁이 무력뿐만 아니라 선전도 포함한다는 뜻을 가지고 있다.

방송전쟁 전파방해, 전파제한

1926년, 나치스가 폴란드에 침입했을 때 제2차 세계대전은 무력전쟁으로 돌입했고, 다른 나라들도 당연히 방송을 통한 전시체제로 태세를 바꿨다. 영국은 먼저 독일 공습을 경계하고, 방송 때문에 적군 전투기의 목표물이 되는 일을 피하기 위해 전국 방송국 전파를 2개로 제한했다. 그리고 전국 방송국을 하나로 통일해서 호출부호나 지역 뉴스를 막아, 전파와 내용으로 방송국을 식별하지 못하게 만들었다. 그래서 적군 전투기가 야간에 높은 상공에서 폭격하기 어렵게 했다.

그러나 여기서 역설적인 현상이 일어난다. 전파 제한으로 오히려 지방에서는 독일 방송이 잘 들렸고, 방송국을 통일했기 때문에 일부 지역에서 공습이 벌어졌을 뿐인데, 마치 전국에서 공습이 일어난 것처럼, 방송이 국민들에게 혼란을 안겨줬다.

외국 방송 청취 금지 명령

이미 순조롭게 전시체제로 들어간 독일 라디오 방송에서는 특별한 혼란이 벌어지지는 않았지만, 외국 방송 청취 금지명령을 발표하고, 외국 방송을 들은 사람은 최고 사형에 처하는 엄격한 규제로 적국의 거짓 방송을 듣고 국내가 혼란에 빠지는 일을 막았다. 사형은 지나치게 심한 처벌로 보이지만, 국민이 다른 나라의 선전방송을 듣고 동요하는 일을 막으려면 이만큼 엄격해야 할지도 모른다. 국민에게는 황당한 일이지만 유럽 대륙에서는 여러 나라 방송이 뒤엉켜 있기 때문에 외국 방송을 쉽게 들을 수 있었다.

프랑스는 민영 방송국을 바로 육군 관할로 옮겼지만 기능이 빈약해 프랑스에서 프랑스 방송을 들으려고 수신기 다이얼을 돌리면, 반드시 독일 방송이 두세 개 들어와 좀처럼 프랑스 방송을 들을 수가 없다. 겨우 프랑스어로 말하는 방송이 들린다 싶으면 그것은 독일이 프랑스인에게 보내는 선전방송이었다는, 만화같이 우스꽝스러운 상황이 자주 벌어졌다.

정보의 악마

정보는 천사 역할을 했지만 때로는 악마로도 변할 수 있다. 이 정보의 악마는 라디오 음성을 통해 사람들을 덮쳤다. 소리는 악마로 변했다.

6. 올림픽—히틀러는 단 하루만 관람을 쉬었다

올림픽 기간에는 유대인 출입금지 표시가 사라졌다

괴벨스에게 올림픽은 국위선양에 더할 나위 없는 기회였다. 그는 해외 관객의 마음을 사로잡을 만반의 준비를 했다. 몇 주 만에 호텔이나 카페에서 유대인 출입금지 표시가 사라지고, 바닷가에서도 유대인 출입금지 표시가 자취를 감췄다. 율리우스 슈트라이허의 반 유대인 신문도 진열대에 배포하지 않았다.

다른 나라에서 온 관광객은 괴벨스가 예상한 대로 여러 인상을 받았다. 베를린에서 즐겁게 지내는 동안, 신문에서 읽은 강제수용소나 게슈타포 본부 지하실이 거짓말처럼 느껴졌다. 경기에 출전한 사람들 또한 괴벨스의 연출에 취했다.

관광객은 괴벨스가 예상한 대로 인상을 받았다

1932년에 1936년의 올림픽 개최지로 독일이 결정되었다. 아직 나치스가 정권을 잡기 전이었다.

처음에는 올림픽을 그다지 신경 쓰지 않았던 히틀러도 '독일국민의 건강 향상과 정신적인 즐거움'을 위해 이 대회를 나서서 지원해야 한다고 말했다. 이 절호의 선전 기회에 처음부터 히틀러가 왜 관심이 없었는지는 모르겠다. 그러나 개최날짜가 다가올수록 이번에는 오히려 다른 나라에서 반대의 목소리가 높아졌다.

인종에 우열을 정해 차별하고 전쟁을 일으키겠다는 말을 퍼뜨리는 사람이 지배하는 나라에서 올림픽을 여는 것은 올림픽의 본 취지에 어긋나기 때문이었다. 나치스는 당연히 당의 의지에 따라 유대인을 스포츠에서 추방했기에 비난을 받았다. 추방한 사람 가운데는 올림픽 대표 선수가 될 만한 실력 있는 운동선수도 들어 있었다.

미국에서는 선수단을 보내면 안 된다는 보이콧 운동까지 일어났다. 결국 유대인을 독일 팀에서 배척하지 않겠다는 국제 올림픽 위원회의 결의안을 받아들여야만 했다. 왜냐하면 베를린은 순조롭게 대회준비를 하고 있었기 때문이다. 올림픽 개최지를 다른 나라로 변경하거나 여러 나라가 보이콧을 하면 손해가 이만저만이 아니었다. 1934년에는 21명의 유대인 선수가 캠프에 들어갔다고 발표했다.

불황에 활기를 불어넣는 올림픽

1932년, 베를린을 개최지로 결정한 이유는 독일이 제1차 세계대전 때문에 개최를 한번 취소당했으며 그 뒤 열심히 유치를 시도한 사람이 있었기 때문이다. 게다가 그 무렵 독일은 60만 실업자를 짊어지고 불경기에 허덕였으며, 이를 구호할 방책으로 베를린 올림픽을 유치하기로 결정했다고도 할 수 있다.

바이마르공화국 끝 무렵 현상이라기보다 세계적인 불경기 탓이었는데, 1932년 로스엔젤레스 올림픽은 불황에 빠진 미국에 활력을 불어넣었다.

그때 나치스는 공공사업과 군대를 재정비하면서 실업문제를 해결해 가고 있었다. 처음 히틀러가 난색을 표한 까닭은 이러한 사업을 이어 벌였기 때문이 아니었을까? 아니면 겉으로만 그런 반대를 한 것일까? 올림픽 개최 준비에는 돈이 너무 많이 들며 본전을 되찾으려 해도 그럴 자금이 없었는지는 알 수 없지만, 독일이 새로운 선전 국가로 발돋움하기 위해 올림픽에 본격적으로 나서자 이번에는 오히려 세계 여러 나라에서 반대가 일어난 것이다.

경기장을 떠날 때 독일 관중은 쓰레기를 들고 나갔다

올림픽 때는 날마다 수십만 관중을 수용한 경기장인데도 하루도 쓰레기가 떨어져 있는 날이 없었다. 오히려 그것이 이상할 정도였다. 왜냐하면 관중들이 경기장을 떠날 때 독일인들이 저마다 쓰레기를 손에 들고 나와 출구에 설치한 쓰레기통에 버렸기 때문이다.

독일 거리로 들어가 어디를 지나가든 깨끗하게 청소가 되어 있었다. 뒷골목으로 들어가도 티끌 하나 떨어져 있지 않다. 집마다 문손잡이가 반짝반짝 빛난다. 창문의 커튼은 모두 새하얗고, 검은 얼룩은 전혀 보이지 않는다. 유리창은 물론 지문 하나 찍혀 있지 않다. 올림픽에서는 독일 선수가 모두 순백의 유니폼을 입었는데, 말할 필요도 없이 그 유니폼은 청결하고 청정한 정신을 표현하고 있었다.

3위라도 손을 들면 우승한 것처럼 보인다

베를린 올림픽의 시상식 사진을 보면, 독일인이 입상했을 때는 반드시 손을 앞으로 높게 들고 있음을 알 수 있다. 다른 선수들은 거의 똑바로 서서 움직이지 않는 자세다. 그런 선수들 가운데 독일 선수는 더욱더 눈에 띈다. 3위를 했더라도 손을 치켜들면 1위를 한 것처럼 보인다.

건축과 건축기술 대외선전

나치스는 경기장 자체를 장대하게 설계했다. 시각적으로 세계 사람들을 압도하고 나치스의 힘을 과시하기 위해 그렇게 만들었다. 시합에서의 승리뿐만 아니라, 건축계에서도 세계를 이기려 했다. 즉 건축물의 훌륭하고 장엄한 모습을 보여주면서 독일의 건축 기술을 선전하려고 했다고 할 수 있다.

특히 메인 경기장은 최대 규모를 자랑했다. 이를 설계한 베르너 마르히는 만원인 관객이 퇴장하는데 겨우 2분이 걸린다고 자랑했다. 이 마르히는 마흔 살도 채 되지 않는 젊은이였다. 젊음의 박력을 자랑하는 나치스 지도자들은 모두 젊었고, 이들은 건축 분야에서 한창 일할 나이의 건축가가 가장 높은 자리에 서서 실권을 잡도록 만들었다.

나치스 의지와 반대되는 작품이라도 선전에 도움이 된다면 허락했다

선전장관 괴벨스처럼 뛰어난 지능을 가진 사람은 나치스 의지에 반대하는 문학도 허용했다. 그뿐만 아니라, 오히려 그 문학들을 장려하면 국가의 위신을 세우는 데 도움이 된다고 생각했다. 특별히 허락했다고 해서 새로운 국가와 문화 정책에 전혀 위험을 불러오지 않는다. 이런 작가들의 작품은 형식으로도, 내용으로도 민족사회주의 사상에 아무런 영향을 미치지 않기 때문이다. 나치스 의지에 반대하는 문학은 대중을 대상으로 쓴 작품이 많으며, 결코 실험적이지도 않다. 그리고 이 시대의 국제 예술 흐름의 방향을 바꾸지도 못하며, 시사를 평론하는 경향도 없다. 바람직하지 못한 정치 경향을 추구하지도 않는다. 이 문학은 민족사회주의 국가도 신봉한다고 반복해서 분명하게 공언하는 고전주의 및 낭만주의 교양 속에 있다. 이는 오히려 도움이 되며 유익했다. 아울러 비록 의지와는 반대되더라도 선전에 도움이 된다. 바꿔 말하면 새로운 독일은 문화를 이해하고 정신을 파괴하는 주지주의의 탈을 쓰지 않는 한 시민들의 사고나 감각을 지닌 계층에게 정신 자유를 존중한다고 믿게 만들기 위해 나치스는 이런 문학을 이용했다. 그밖에 제3제국 정부요인들은 사회나 문학에서 보이는 시민 잔존물들을 세대상 어쩔 수 없는 현상이라고 봤으며, 비교적 짧은 기간 안에 자연스럽게 해결될 문제라고 생각했다.

독도 약도 되지 않는 문학은 방치하라

무엇보다 괴벨스가 선전에 뛰어난 재능이 있음을 보여주는 것은 해롭지 않은 작품은 방치했다는 점이다. 감시가 붙은 방치이기는 했는데 이는 선전에 도움이 될 때 이용하려는 속셈이 있었기 때문이다. 더욱이 이처럼 독이 되지 않는 작품은 나치스의 선전 마술에 걸려들기 힘든, 그러니까 머리를 비우는 기쁨을 느끼지 못하는 회의주의 지식인들을 위로하는 수단으로 쓸 수 있었다. 아무런 독도 약도 되지 않는 그들을 억압해 반항심을 불러일으키기보다는, 오히려 방치하는 편이 좋다고 생각했다.

게다가 이런 작가들은 나치스 문학 강령에서 허락하는 고전주의나 낭만주의에 상응하는 내용을 담은 경우가 많다. 그들의 고전주의나 낭만주의 쪽이 나치스를 표방하는 깃발 아래 모인 작가들의 고전주의나 낭만주의보다 훨씬 더 이로웠다. 한스 카로사를 예로 들면, 때로 이상한 말, 그러니까 나치스를 옹호하는 말을 내뱉었어도 그의 작품을 지금도 읽을 가치가 있는 이유는 그 뼈대가 다르기 때문이다. 그들은 나치스 선전에 스스로 도움이 되려고 하지 않았지만 이용당했다. 저항도 하지 않았다. 그렇지만 꼭 저항했다고 작품이 훌륭하다고는 할 수 없다.

선전의 속도 면에서 부족한 나치스 소설

아무래도 소설에는 경험에 의하지 않고 머릿속에서 이성에만 호소해 생각하게 만드는 성격과 복잡한 구성이 따라오기 마련이며, 따라서 설명문이 될 수밖에 없다. 그래서 선전의 요소인 빠른 속도를 보여줄 수 없다. 결국 나치스 강령을 따른다고 해도 나치스 소설은 속도가 떨어질 수밖에 없다.

그럼에도 소설을 선전에 이용한 이유는 반 나치스 사상을 토로하는 작가가 아니라면 독도 약도 되지 않는 작품으로 허락한다는 사정 때문이었을까? 나치스는 유대인 작가를 쫓아낸 뒤, 소설가에게 소설을 허락해 그들의 불만을 누그러뜨릴 수 있으며 적어도 소설가의 명성을 이용할 수 있었다.

소설에 선전 효과가 없다면 소설가의 뼈대를 제거할 수 있다

한때 소설가를 꿈꿨던 괴벨스는 여기까지 생각했을 터이다. 어쨌든 문학이 건전한지 그렇지 않은지를 문제 삼을 때는 정치 통제의 그림자가 다가오고 있다고 생각할 수 있다.

8. 대중—눈사태처럼 밀려온다

수도 베를린의 선전공략

《승리의 일기》는 괴벨스가 정치선전을, 스스로 터득한 술수에 대한 반응을 지켜본다는 의미를 가지고 있지만, 1934년에 간행된 《베를린 공략》이라는 책에 이르러서야 그는 선전이란 것을 겨우 파악하게 된다. 이 책은 그 실천의 장으로 뛰어들어간 그즈음 초기 괴벨스의 모습을 보여준다. 베를린 관구 지도자(管區指導者)로 임명된 1926년부터 뉘른베르그 당대회가 열린 1927년 10월까지의 일이다. 그러나 이 두 권의 책이 간행된 시기는 이어지기 때문에 이 또한 선전의 천재로 등장한 괴벨스에 의해 교묘하게 내용이 조작되었을 것으로 보아야한다.

《베를린 공략》의 본디 제목은 《베를린을 위한 투쟁》이다. 뮌헨을 운동의 발상지로 한 나치스는 남부 독일로부터 세력을 확장, 수도 베를린을 최후의 목적지로 삼았다. 괴벨스는 머리말에서 이렇게 말했다.

'그것은 한 나라의 모든 정치적, 정신적, 경제적 그리고 문화적인 힘의 중심을 표현한다.' 당연한 말인지 모르지만 수도를 '개념'으로 파악하고 있다는 데 주목할 필요가 있다. '이 수도로부터 지방으로 이런 힘을 뻗어나가는 것이고, 도시든 촌락이든 이 영향력을 피해 존재할 수 있는 곳은 하나도 없다.' 따라서 그는 베를린을 독일의 중심이라는 막연한 파악 방식이 아닌 영향력을 펼칠 수 있는 장소로서 기능론적으로 파악하고 있다. 사람들이 수도로 모여드는 관념이 있다 해도 수도 중심으로 생각하면 독일의 모든 장소를 향해 길은 뻗어나가는 것이다. 이 《베를린 공략》의 펜을 든 시점에는 이미 그는 베를린으로부터 번져나가는 빛을 지켜보고 있었을 것이다.

괴벨스는 '이 책은 수도 베를린에서의 운동사를 서술하는 것을 목적으로 하고 있다'고 말하는데 객관적인 연대기 따위는 흥미가 없고, 오로지 당을 중심으로 하는 입장에서 쓴 것에 지나지 않다고 했다. '이 책의 지은이는 사태의 경과에 직접 책임감을 가지고 참가한 자이다. 그러므로 그는 그 말의 모든 의미에서 당파를 가지고 있다'고 말한다. '이 책의 지은이는'이라든가 '그는'이라는 표현을 통해 괴벨스가 짐짓 자기를 다른 사람처럼 말하는 화법에 주목해야 하며, 그것은 늘 긴장하고 있었던 괴벨스 자신을 그렇게 표현했다고 볼 수 있다.

그는 이 책을 무엇을 기대하고 썼는가. '이 책은 빛나는 베를린의 운동 발전에 기여한 투사들에게는 위안이 되고 고무적이 되어야 하지만, 두려워 도망치면서 방관한 자들에게는 경고이자 양심의 압박이 되어야 하고, 우리 승리의 진군에 맞서는 자들에게는 위협이며 선전포고가 되어야 한다.' 괴벨스는 이 《베를린 공략》의 목적을 예리하게 분류했다. 함께 싸운 자, 방관자, 그리고 적, 이 세 종류의 인간에 대한 적절한 공작이 필요하다는 것을 알았다. 이 간행물 자체는 그의 자기선전이라고 할 수 있으나, 객관적이 아닌 이 당사(黨史)는 다른 사람들 마음속에 '위안, 고무, 경고, 압박, 위협'이라는 선전적 파급이 되는 것이고, 선전의 기계라는 괴벨스의 탐욕적인 모습을 보여준다고도 할 수 있다. 아무튼 베를린에서 펼친 괴벨스의 선전활동을 하나씩 살펴보기로 한다.

와해(瓦解)에 대항하여

괴벨스는 처음으로 베를린의 관구 지도자로 임명된 것을 그다지 반기지 않았다. 그가 바란 것은 선전부장 자리였지 벽돌과 모르타르의 광야인 베를린 따위는 질색이었다. 그 무렵 베를린은 사회민주당과 공산당이 서로 잘났다고 두각을 나타내는 수도였고, 나치스 조직은 미미했다. 따라서 당에서 입신출세의 길이 잘 열린 괴벨스에게 베를린은 매력이 없는 곳이고 수도를 하나의 방사역학(放射力學)으로 파악한 두뇌로는 도저히 실력을 발휘할 수 없는 도시였다. 그에게 베를린은 그야말로 부정적으로 생각할 수밖에 없는 수도였다.

괴벨스는 그때 28세였는데, 나치스에게도 이 빈약한 조직밖에 없는 베를린이야말로 그들이 노려야 될 대상이요, 일대 전기를 가져올 수 있는 장이라는 사실을 잘 몰랐던 것이다.

나치스는 이 무렵이 재건기였다. 슈트라서 일파와 내부 투쟁이 있었고, 돌격대 문제가 있었다. 요아힘 페스트는 《히틀러》 전기에서 괴벨스의 관구 지도자

임명에 대해 이렇게 쓰고 있다.

히틀러는 괴벨스를 그 직책에 임명하면서 그에게 특별한 전권을 준 것이다. 그것은 대관구 지도자의 지위를 강화할 뿐만 아니라 동시에 슈트라서와의 마찰면도 드러나도록 하는 권한이었다. 즉 돌격대라면 어디에서나 대관구 지도자에 대한 질투심이 많고 스스로 독립성을 지키려고 하는 것이 습성이었는데, 히틀러는 그 돌격대를 확실하게 괴벨스의 소속으로 한 것이다. 슈트라서를 향한 것인지 아니면 그의 반항 에너지를 마비시키려고 한 것인지, 히틀러는 그를 전국 선전 책임자로 승진시킨다. 그러나 두 사람의 항쟁을 불가피하고 또 영속적이 되도록 하기 위해 히틀러는 곧 괴벨스를 슈트라서의 소관 밖에 두었다.

원래 괴벨스는 슈트라서파였는데 그의 승진과 함께 생기는 두 사람의 알력에 착안한 히틀러는 두 사람 사이를 갈라놓고 서로 싸우도록 하는 역학(力學)을 이용한다. 슈트라서는 베를린에 신문사를 만들기 시작한다. 약체인 베를린에 대한 지원책일 뿐만 아니라 괴벨스를 견제하기 위한 수단이기도 했다. 돌격대를 괴벨스에게 맡긴 것은 그에게 힘을 실어줌과 동시에 자주 궤도를 벗어나 감당할 수 없는 돌격대를 거세하는 역할도 있어, 히틀러의 이 빈틈없는 역학적 지휘 솜씨는 경험 많고 교활함 이상이었다.

역장이 발차 신호를 한다. …… 나의 용감한 벤노—고락을 함께한 독일산 셰퍼드인 벤노가 헤어질 때 마지막으로 우렁차게 한 번 짖자 이윽고 긴 열차의 행렬이 플랫폼을 벗어나기 시작했다.

괴벨스는 베를린으로 여행길을 떠날 적 모습을 매우 감상적으로 이렇게 적었다. 그는 통과하는 거리들을 차 안에서 감상에 젖어 바라보면서 지금까지 겪은 싸움을 회고했다. '적이 우리가 약하다는 것을 알았다면 우리를 산산조각으로 짓밟지 않았을 리가 없다. 고작 두셋 소수의 돌격대가 대담하게 방어전을 펴며 나아갔기 때문에 어쨌든 우리는 이 지방으로 진입할 수가 있었다'라고.

폭력과 선전은 둘이 아니고 하나이다

괴벨스는 폭력이 정치투쟁에서 중요한 역할을 한다는 것을 잘 알고 있었다. 투쟁에 선전이 무기가 된다면 그 무기를 보완하는 것은 바로 폭력이었다. 폭력과 선전은 둘이 아니고 하나라고 생각하는 것이다. '새로운 운동의 전진이 혹시 적의 폭력으로 위협받는다면 거기에 대해서는 듣기 좋게 꾸며낸 말이나 연대성, 친목의 호소도 아무 소용이 없다는 것을 알고 있었다. 우리는 우리의 친구가 되려고 한 자에게는 누구든지 먼저 손을 내밀었다. 그러나 주먹을 쥐고 우리를 치려고 하는 자에게는 오직 한 가지, 우리를 향해 들어올린 주먹을 격파하는 수밖에 없었다'고 한다. 나치스의 적이 공산당이라고 하면 이 공산당 또한 폭력과 선전의 두 바퀴를 굴려 투쟁하고 있기 때문에 나치스도 방어를 위해 그렇게 한다기보다도 오히려 더 적극적으로 모방, 대항했다.

라인과 루르 두 강변의 투쟁을 돌이켜보면서 괴벨스는 다시 프로파간다에 대한 의견을 말한다. 이 의견은 이 열책을 집필할 때의 것인지, 베를린으로 가는 이 열차 속에서 생각한 것인지 그 둘 가운데 하나겠지만 그 내용이 히틀러의 생각과 매우 비슷함을 알 수 있다.

프로파간다 그 자체는 아무 원칙적인 방법이 없다. 오직 하나의 목표밖에 없었다. 더욱이 이 목표는 정치에서 언제나 대중의 선동이다. 이 목표를 이루기 위해 유익한 수단은 모두 좋은 것이다. 그리고 이 목표의 곁을 지나가는 수단은 다 나쁜 것이다. 탁상에서 기발한 방법을 생각해 냈다 해도 이 방법이 선전원에 의해 끝내 행위로 응용되지 않든가, 또는 이 선전원에 의해 목표에 이를 수 없다고 하면, 극도로 놀라 당황하는 그런 이론의 선전원은 아무 소용이 없다.

선전의 방법은 일상적인 투쟁 속에서 인과적으로 발전한다. 우리의 선전원으로서 타고난 사람은 한 사람도 없는 것이다. 우리는 일상의 경험에서 유익한 대중적 선전의 수단과 가능성을 배우고, 그것을 되풀이해 응용하는 동안 하나의 체계로 발전시키는 것이다.

근대적인 선전도 본질적으로는 이미 써 온 말의 효과 위에 기초를 두고 있다. 투쟁적인 운동은 위대한 저술가에 의해 만들어지지 않으며 위대한 연설가에 의해 만들어지는 것이다. 글로 쓰인 말은 날마다 일간신문을 통해 수많은 공중(公衆)의 손에 들어오기 때문에 그것이 큰 효과를 갖는다고 생각한다면 오산이다. 연설가의 말은 보통 고작 2,30명에게 호소할 뿐이다—이에 비하면 저술가는 몇만, 때로는 몇십만의 독자에게 정론(政論)을 편다—하지만 말이란 실제로 그것을 직접 들은 사람에게 영향을 줄 뿐만 아니라 그 청중에 의해 100배, 1000배나 전파 선전이 된다. 그래서 효과적인 연설의 암시는 언제나 신문의 논설 암시보다 하늘과 땅의 차이만큼 크다.

근대적 선전은 '낡은 말을 퍼뜨리는' 것이다

그 해석이야 어쨌든 이런 의견은 거의 히틀러의 《나의 투쟁》 속에 자리잡고 있다고 해도 된다. '무엇이 나를 기다리고 있을까.' 불안과 기대를 가지고 베를린에 도착한 괴벨스는 곧 당원들 앞에서 첫 연설을 한다. 이에 대해 한 유대계의 신문이 '괴벨스라는 자가 루르 지방에서 이곳에 나타나 낡아빠진 언사를 퍼뜨렸다'고 비평한 보도를, 괴벨스는 자신에 넘친 필치로 적고 있다. 그가 말한 '근대적 프로파간다'란 무엇인가. 아마 '낡은 말을 퍼뜨린' 것에 있었으리라. 연설은 태곳적부터 있었고 그 자체가 드문 선전매체는 아니다. 대다수의 독자를 가진 신문매체가 훨씬 근대적이라고 생각하는 것이 보통이다.

연설의 스킨십 효과

나치스는 이 평범한 생각을 역전시켜 보였다. 말로 하는 연설의 스킨십이 근대인을 어떻게 포섭하는가를 체험적으로 알고 있었기 때문이다. 백만 부를 발행하는 신문도 문화면은 3천 명도 읽지 않는다는 사실을 알고 있었고, 연설의 전파력이 얼마나 큰지 잘 알고 있었다. 어떻게 쓰느냐에 따라서 이 낡은 무기도 거대한 효력을 발휘한다는 것을 알고 있었다. 히틀러의 연설을 듣기 위해 사람들이 모여들고, 그들의 돈이 나치당의 중대한 운동자금이 되기도 했다는 것은 그 증거이다. 또한 연설이 이벤트가 될 수 있음을 알고 있었다. 그것은 괴벨스보다도 히틀러가 더욱 잘 알고 있어 당을 이끌어 갔던 것이다. 이 무렵 괴벨스는 거의 히틀러의 충실한 실천가였다.

그 무렵 베를린의 나치스는 혼란에 빠져 있어 '극히 소수가 모인 당원이 두 파로 갈라져 있었다. 하나는 찬성파였고 다른 소수는 반대파였다. 괴벨스는 단호한 조치를 취했다. '나는 지난 일은 물론 흘려보내고 새로 씨를 뿌릴 것이다!

라는 표어를 내걸었다. 이 표어에 협력하려고 하지 않은 자는 모두 가차 없이 운동에서 제외시켰다. 이렇게 새 출발을 하면서 우리는 베를린에서 전당원의 약 3분의 1을 잃었다.'

1000명 남짓 되던 당원은 600명으로 줄었다. 당원 숫자보다도 그들의 열의를 선택한 것이다. 그러잖아도 적은 당원을 줄이다니! 쿠르트 리스는 히틀러가 《나의 투쟁》에서 말한, '선전은 이념의 추종자를 얻도록 끊임없이 신경 써야 한다. 한편 조직은 추종자 가운데 열성 있는 자가 당원이 된다는 것을 철저하게 훈련시켜야 한다'는 것을 이렇게 실행한 것이라고 보았다.

'선전은 조직에 선행한다'고 한 히틀러의 선전론은 실행하기에 좋은 조건을 갖추고 있었다. 그러나 선전에는 돈이 든다. 베를린 본부는 돈이 바닥난 상태였다.

운동의 통할기관이 되도록 저렴한 비용으로 활동해야 한다는 사실은 굳이 강조할 것도 없었다. 그러나 또 다른 면에서 지금 목적을 의식한 조직에 공급해야만 하는 일정한 전제 조건이 있다. 그리고 그것을 확보하기 위해 필요한 자금을 조달하는 것이 나의 첫 활동의 목표이자 목적이다.

요컨대 동지들에게 1500마르크의 헌금 의무를 안겨 줌으로써 재정적 바탕을 만드는 일이었다. 이 세상의 구조는 돈 없이 정치선전을 하는 것은 불가능에 가깝고, 그 문제가 늘 고민거리임을 《승리의 일기》에서도 괴벨스는 자주 지적했다. 때문에 그의 베를린에서 당원을 대상으로 한 연설 다음의 선전활동은 돈을 만드는 일이었다. 괴벨스가 보기에 베를린은 일곱 봉인과도 비슷한 불가능을 자기고 활기를 띤 도시였으며 그의 선전 재능은 그것을 알아보고, 이러한 인식으로 이어졌다.

베를린은 센세이션으로 산다. 그것을 모르는 정치선전은 모두 그 목표를 빗나갔다. ……베를린은 고기가 물을 필요로 하듯이 자극적인 사건을 필요로 했다. 이 도시는 이 화젯거리로 살고 있다. 그리고 목표를 모르는 정치선전은 모두 그 목표를 빗나간다. 독일의 당 위기는 모두 베를린에서 시작한다. 그리고 그것은 마땅한 것이다. 베를린은 정치를 심장이 아니라 두뇌라고 이해한다. 그러나 심장이 늘 같은 박자로 뛰는 동안에 두뇌는 몇천 번이나 시험 앞에 서 있는 것이다.

정치선전이 성공하려면 센세이션을 일으키는 외에 다른 방법이 없고, 두뇌로 정치를 이해하는 사람이 많은 이 수도에서는 보통의 사건으로는 아무런 감동을 줄 수 없고, 통하지도 않았다. 베를린에서는 아직 나치스의 존재가 알려지지 않은 상태였다. 그것을 괴벨스는 오히려 다행으로 여겼다.

당의 이름은 아직 무명(無名) 상태나 다름없었다. 그리고 우리 가운데에서 아직 단 한 사람도 어떤 이름을 공중 앞에 내세운 자는 없었다. 그것이 다행이었다.

알려지지 않은 무명은 선전의 건전한 바탕
이 무명성(無名性)은 운동을 펼치는 데 '건전한 바탕'으로 볼 수 있기 때문이다. 괴벨스는 아무 유산도 이어받지 않은 새 풍토에서 선전을 시작할 수 있다고 생각했으며 부채가 없다는 것을 오히려 다행스럽게 받아들였다.

베를린의 돌격대는 꽤 커졌으나 당운동이 이제까지 활발하지 못했기 때문에 그 활동이 오로지 수도 바깥에서 이루어지고 있었다. 그것은 지금까지의 나치스 투쟁이 베를린에서 떨어진 지방에 그 주체가 있었기 때문이며, 베를린의 나치스가 약했기 때문이기도 했다.

정치선전에 폭력의 필요성을 알고 있는 괴벨스가 돌격대 조직을 방치할 리가 없었다. 아무튼 이제까지 당과의 관계가 원만하지 않았던 돌격대를 '베를린의 운동에 새로운 방침'으로 편입한 것이다. '베를린의 돌격대원은 우리가 그들과 함께 수도 확보를 위해 투쟁하는 외에 다른 방법이 없음을 알자, 무조건적으로 우리의 표어에 따랐다. 그리고 운동이 혼란에 빠진 틈에도 그렇게 빨리 새로운 동맥이 되어, 이윽고 당이 적에 대한 승리의 행진 속에 또 하나 진지를 탈취해 갈 수 있었던 것은 주로 이 돌격대원들 덕분이었다'라고 괴벨스는 회고했다. 그리고 베를린의 나치스가 무명이었던 행운을 다음과 같이 되풀이했다.

마르크스주의와 유대의 저널리즘이 그 무렵 우리를 대단하게 여기지 않았던 것이 우리의 행운이었다. 독일공산당 베를린지부가 우리의 정체와 의지를 조금이라도 알았다면 우리의 활동은 초창기부터 무자비하고 무참하게 압살당했을 것이다. 우리의 활동을 몰랐든가, 알아도 우리를 하찮게 생각한 것을 그들은 뒷날 몇 번이나 깊이 후회하게 되었다. 왜냐하면 우리의 맞닥뜨린 과제는 당 자체를 강화하는 데 있었으므로 그와 더불어 우리의 활동은 밖으로 향하기보다는 내부를 향하게 되었고, 목적을 이루기 위한 수단으로 생각되었기 때문이다.

밖으로 향하기보다 먼저 내부의 조직과 인적 위기에 결단을 내려야 했고 그 상황은 멀리 밖을 내다보기 위한 행동이라는 것이 괴벨스의 핑계지만, 쿠르트 리스식으로 말한다면 '이 베를린에서 괴벨스는 어떻게 세력을 넓히려고 했는가. 여기는 많은 일간지가 있는 대도시. 게다가 모두 보도할 수 없을 만큼 중대 뉴스가 넘치는 곳이다. 당원이 고작 6백 명밖에 안 되는 정당에 어떻게 관심을 가지라고 할 수 있겠는가?'라고 했을 것이다. '와해에 대항하여'라는 장은 다음의 글로 마침표를 찍고 있다.

나는 오늘도 어느 날 밤 아무에게도 눈에 띄지 않게 처음부터 투쟁을 함께 해온 2,3명의 동지들과 승합자동차 지붕 위에 앉아 베를린 거리를 가로질러 어느 집회에 타고 갔을 때의 일을 떠올리며 깊은 감동을 느낀다.
거리와 광장에는 대도시의 군중이 개미새끼를 흩뿌려 놓은 것처럼 꿈틀거리고 있었다. 몇천이나 되는 인간이 분명히 아무 목표나 목적이 없이 움직이고 있었다. 모든 것을 이 대도시의 흔들리며 불타는 등불이 뒤덮고 있었다. 그때 한 사람이 걱정스러운 듯 장차 당의 이름과 우리의 이름을 이 거리에 밀어붙여 이 거리의 머릿속에 주입시킬 수가 있을까 하고 물었다. 우리가 그때 믿기도 하고 기대했던 것보다 빨리, 이 막연한 질문을 통해 사실 그 자체에 의해 또렷한 해답을 얻게 된다.

28세의 괴벨스는 베를린의 큰 거리 한가운데 서서 목적도 없이 꾸물거리고 있는 군중을 바라보고 있었는데, 나치스가 전 독일을 제패했을 때는 모든 사람들이 목적을 가지게 되었다는 것도 그의 정열적인 말의 이면에서 느끼지 않으면 안 된다.

질서의 시작

'맹목적으로 대중과 수(數)를 숭배해서는 안 된다. 대중은 우리에게 모습이 없는 소재일 따름이다. 정치가의 손에 의해 비로소 대중이 민중으로, 그리고 민중이 국민이 된다.' 이 말은 히틀러가 두고 쓰는 문구였다. 그는 '인물이 역사를 만든다! 이것은 우리의 움직일 수 없는 확신이다'라고 말했다.

신문에 의해 인위적으로 만들어진 인기는 대개 짧은 동안밖에 이어지지 않는다. 나치스도 똑같이 인위적이었는데, 이 의견은 옳다. 참다운 인기는 비스마르크처럼 인물숭배론까지 가야 하는데 괴벨스의 지론 같지만 인물숭배마저 인위적으로 만든 것이 나치즘이었다. 이 효력은 아직도 사라지지 않고, 예컨대 부정적이든 스스로 경계하든 간에 나치스의 인기는 오늘날도 이어지고 있다.

베를린의 당 성격은 다른 대도시나 농촌의 당과는 큰 차이가 있어야 했다. 그 무렵 베를린은 인구 450만을 헤아리는 대도시였다. 이 끈덕진 아스팔트의 괴물을 조용한 혼수상태에서 깨어나도록 하는 것은 몹시 어려운 일이었다. 거기에 쓰일 수단도 이 도시의 거대함에 어울리는 것이어야 했다. 100만의 인간에게 호소할 때에는 그 또한 100만의 인간에게 이해될 수 있는 말이어야 한다.

히틀러의 의견이라고도 할 수 있으나 히틀러는 커다란 수도 베를린을 경험하지 않았다. 괴벨스의 머릿속에는 '이 도시의 모든 거대함'이 완전히 받아들여지고 있어 그래서 '100만의 인간에게 이해될 수 있는 말'이라는 의견으로 발전했다. 그러나 베를린은 이 작은 당을 거의 무시했고, 아직 100만의 인간에게 호소할 준비를 전혀 갖추지 않았지만 괴벨스는 그럼에도 이렇게 말했다.

사람들이 아니꼬울 만큼 무관심하게 우리를 보고 지나가며 우리에게 고작

동정어린 웃음밖에 남기지 않았다는 것은 우리의 가슴속에 우리로 하여금 차츰 새로운 공개적 선전의 수단을 궁리하게 만들어, 당의 활동성을 높이고, 당이 결국 이 거대한 도시의 숨통도 잠시나마 멈추게 할 최후의 힘을 불러일으켰다—적의 가엾게 여긴 웃음에 숨통을 끊지 않으면 안 되겠다.

또한 그는 좀 과장되지만 이렇게 말했다.

베를린에서는 프로파간다 방식도 이 나라의 나머지 지방에서와는 달랐다. 지방에서의 정치투쟁에 곧잘 써서 효과를 냈던 전단도 이곳에서는 전혀 소용이 없을 것 같다.

그것은 강한 인상을 보일 만큼의 전단을 뿌리는 데 드는 자금이 부족했다기보다는 베를린 시민은 인쇄된 종이에 이미 식상했다는 상황판단에서였다. 이 커다란 도시에서는 전단보다도 플래카드나 집회의 프로파간다가 효과적이라고 의견을 모았는데, 다른 당과 양식을 같이하면 안 되고 '베를린 시민의 생각에 맞아떨어지는 독창성'을 창출해야 했던 것이다. 괴벨스는 베를린이라는 대도시와 한판 승부를 내야 되는 처지에서 그의 선전 재능은 단지 히틀러의 모방, 그것을 넘어서서 시작되었다고 할 수 있다. 거의 반성적으로 솔직하게 괴벨스는 다음과 같이 말했다.

나는 시골에서 왔기 때문에 아직 완전히 지방적인 사고방식에 사로잡혀 있었다. 당장 나에게 대중은 새까맣고 거대한 집단이었다. 그리고 내 자신은 그들을 공략해 내 마음대로 하고 싶은 의욕으로 넘쳐났다. 대중 없이는 베를린에서 오랫동안 버텨 낼 수 없다. 베를린은 인구정책적으로 볼 때 대중의 집단 덩어리다. 여기에서 제 구실을 하고자 하는 사람은 대중이 이해하는 말을 하고, 그 행동 또한 대중에게 동정을 사서 의지하도록 적응해야 한다.

정치연설 형식도 완전히 새롭게 바꿨다. 과거의 연설은 '흐늘흐늘 박력이 부족했다'고 그는 말했다. 선동도 변했다. 베를린에서는 '고풍스런, 이른바 민중적 표현 형태와는 아무 상관이 없는 새로운 근대적인 말이 쓰였다'. 그래서 괴벨스가 '100만의 인간이 이해할 수 있는 말'이라고 했을 때는, 베를린 시민의 새로운 근대적인 말과 다름없다는 것을 알 수 있다. 언어에서 근대적으로 대응했는가는 다른 문제로 치고, 괴벨스의 마음가짐은 그러했다. 화가 묠니르를 기용한 것을 그는 자랑스럽게 말했다.

이 젊은 예술가는 조형적인 표현뿐만 아니라, 힘찬 말을 지어내는 데도 천재적인 교묘한 재능을 가지고 자기 뜻대로 표현하는 드문 인물이었다. 그에게는 그림과 표어가 단 한 번의 직관으로 이루어졌다. 그리고 앞으로 이 두 가지를 함께, 적과 내편을 떠나서 오랫동안 발휘할 수 없는 선동적이고 대중적인 효과를 자아냈다.

이 화가를 기용한 것은 당장 베를린 시민에 대한 근대적 대응이었는지도 모른다. 1927년 1월 1일, 나치스는 포츠담가(街)의 '아편굴'이라고 하던 당사무소에 결별을 고했다. 새 장소로 륫소프가(街)의 사무소로 옮긴 것이다. 진격 개시에 발맞춰 장소도 새롭게 해야 된다는 것이 괴벨스의 주장이었다.

폭행과 저항

어느 정치운동이든 수적으로 적고 그 선동이 날카롭지 못한 채 선전에 적극성이 없으면, 그 운동은 어떤 목적을 위해 싸우든 적으로부터 무시당하게 마련이다. 그러나 그 운동이 발전해 일정 단계를 넘어서고, 그와 함께 공중과 폭넓은 교섭이 이루어지면 적도 항쟁할 수밖에 없게 된다. 적은 지금까지 운동을 너무 등한히 한 탓에 뒤로 밀렸기 때문에, 이번에는 지나친 증오와 거짓말, 비방을 하고 나서면서 잔학한 수단으로 낙후된 것을 회복하려고 안간힘을 쓰게 된다.

이 운동역학적인 이론에는 괴벨스의 육체에 배어든 체험의 향기가 있어 설득력이 있다. '모난 돌이 정 맞는다'는 속담을 떠올리게 하는데, 모난 돌이 맞지 않기 위해서는 '쟁취하려는 사상'만으로는 부족하고, '승부를 거는 권력수단'이 따라야 한다는 것과 '권력이 없는 사상은 아무리 그것이 옳더라도 영원히 이론에 그치고 만다'는 주장과 일맥상통한다.

내부 조직을 다시 살리는 데 2개월이 걸리고, 외부를 향해 선전활동을 시작하자 방어투쟁으로 나온 것은 공산당만이 아니고, 정권을 쥔 사회민주당도 그러했다. '투쟁은 거짓말과 비방으로 개시되었다. 명령을 받은 듯이 신생의 젊은 운동을 압살하려는 선동이 기세를 부렸다'고 괴벨스는 순교자 같은 감개조로 말했다.

두 당의 계열에 속한 어느 신문을 보면 '나치의 흉행(兇行)'이 날마다 지면을 장식할 뿐만 아니라 '이에 보조를 맞추어 거리에서는 매우 잔학한 적색 테러가 기승을 부렸다. 우리 동지들은 집회에서 돌아가는 길에 어둠을 타서 살해당하기도 하고 구타당하기도 했다. ……우리가 사회민주당의 경찰에 보호 요구를 해도 대개의 경우 쇠귀에 경 읽기였다'고 한다. 어느 쪽이 먼저 폭력을 행사했는지 알 수 없었지만 이 반응은 괴벨스 지휘 아래에 있는 자금이 부족한 베를린의 나치에게는 더 이상 바랄 수 없는 일대 선전의 행운을 그들이 대신 안겨준 것이다.

그들은 속마음으로 싫어하며 통분을 느끼지만 우리의 이름을 부르지 않을 수 없었다. 그래서 우리의 당명이 사람들에게 알려지게 되었다. 하루아침에 공공의 관심을 끌게 된 것이다. ……우리는 베를린 시민들의 화제가 되었다. 우리는 그들의 토론 대상이 되었다. 그리고 사람들 사이에 나치란 도대체 어떤 것인가, 그리고 우리는 무엇을 바라고 있는가 하는 문제가 차츰 다루어질 수밖에 없게 되었다.

매도당하든, 증오를 받든 나치스는 단시일에 이름을 떨치게 되었다. 괴벨스의 선전활동은 첫째 나치스의 존재를 적들뿐만 아니라 베를린 시민에게도 마음속 깊이 심는 데 있었고, 그것은 기대 이상으로 성공을 거뒀다고 할 수 있다.

예를 들면 괴벨스는 대담하게도 도발선전의 어트랙션(attraction)[1]을 계획했다.

---

1) 극장에서 손님을 끌기 위하여 짧은 시간 동안에 상연하는 공연물.

제2회 당대회를 공산당이 늘 집회에 쓰고 있는 같은 장소에서 개최한 것이다.

　사회민주주의 국가는 종말을 향해서 가고 있다. 새로운 독일을 건설해야 한다. 전투적인 노동자 여러분, 독일 국민의 운명은 여러분의 손안에 있습니다. 2월 11일, 금요일, 파르스 회관으로!

주제(사회민주주의 사회의 붕괴)

　괴벨스식으로 말하면 승패를 가를 그 선전전을 적의 진영 한가운데에 용감하게 뛰어들어 시험하자는 것이다. 포스터는 공산당이 즐겨 쓰는 검붉은 적색으로 인쇄해, 표어도 '공산당 표어에 못지않은' 도전적인 것이었다. 공산당도 '할 테면 해 봐라, 혼내줄 테니까'라고 신문에 협박조로 응전의 태세를 폈다. 독일공산당 또한 그 선전에 폭력적으로 나오면서 '본때를 보여주겠다'고 벼르며 시비를 걸어 이기려고 할 뿐만 아니라, 분명히 비유 이상으로 철권의 폭력을 이면에 숨기고 있었다. 소렐의 《폭력론》 영향보다 더 많은 것을 공산당의 구체적 행동에서 괴벨스가 배웠음은 틀림없다. 적의 기를 꺾으려면 적과 똑같이 행동을 한다는 논리가 여기에서도 과감히 실행으로 옮겨졌다.

　2월 11일 밤 8시 무렵, 덜커덩거리는 낡은 차로 당대회 장소로 향한 괴벨스는 '기다림과 기대로 가슴이 터질 것 같았다'. 이 대목이 《베를린 공략》 가운데서도 백미라고 할 수 있는 장면으로, 괴벨스의 생애를 통해서 극적인 장면의 하나이고 그 최초라 할 수 있다.

　그리고 이때의 상황은 쿠르트 리스의 《요제프 괴벨스》에 따르면 다음과 같았다. '집회에 앞서 퍼레이드를 준비했다. 전원에게 출동명령이 내려지자, 당원은 나치의 갈고리 십자기를 흔들며 북베를린을 행진했다. 600명의 전(全) 나치당원이 주머니에 고무 곤봉을 숨기고 있었다'. 전성기의 행진에 비하면 소규모이지만 나치스가 베를린에서 처음으로 시위 퍼레이드를 벌인 것이다. 이 장면은 매우 중요하기 때문에 좀 길게 인용한다.

　뮐러 거리를 지나갈 때 이미 우리는 오늘밤에 무사하지는 못하리라는 사실을 알고 있었다. 거리 구석구석에 섬뜩한 집단이 얼쩡거리며 우리를 노리고 있었다. 그들은 분명히 우리 당동지들이 집회장에 들어가기 전에 폭행을 하려고 벼르고 있었다.

파르스 회관 앞에는 시커먼 패거리들이 서 있었는데 그들은 큰 소리로 야비하게 위협하며 분노와 증오를 풀려고 했다.

방호단(防護團)의 지휘자가 그 사이를 헤치고 나와, 회관이 7시 15분부터 이미 경찰에 의해 폐쇄되었고, 3분의 2는 적색전사들로 채워졌다고 알렸다. 그것은 우리가 바라던 것이었다. 어쨌든 여기에서 결전을 치러야 했다. 그래서 우리는 총력을 기울여 준비했던 것이다.

회관으로 들어가자 맥주 냄새와 숨 막힐 듯 화끈한 담배 연기가 자욱하게 코를 찔렀다. 광기어린 소음이 회관 속을 미친 듯 어지럽게 했다. 그 사이를 헤치고 연단으로 가는 것은 쉽지 않았다.

냉혈의 감상주의자인 괴벨스의 펜 끝은 여느 때처럼 지나칠 것으로 생각되지만 오히려 이 대결 장면에서는 그 현실과 분위기의 흥분에 비한다면 좀 부족한 느낌이 든다. 쿠르트 리스의 서술에 따르면 '이때 홀 안에는 고작 몇 명의 사회주의자와 공산주의자가 있을 뿐이고, 홀 밖 거리 여기저기에 수천 명이 우글거리고 있었다' 이것이 사실이라면 회장에서 광기어린 소동으로 요란을 피운 것은 괴벨스의 연출일지도 모른다.

갑자기 내 귀에 수백 명의 복수와 분노의 함성이 들려왔다. '폭도야!', '노동자 백정들!' 이 정도는 가장 부드러운 욕설이다. 그러나 우리 당동지와 돌격대원과의 인사 열풍이 극도의 격정으로 여기에 응답했다. 연단에서도 새된 함성이 들려왔다. 나는 여기에서 즉시, 우리는 소수지만 이 많지 않은 투사들은 싸울 결심이 서 있기에 격전을 이겨 내리라 확신했다.

그 무렵 우리 사이에는 당의 공개 모임에 모두 돌격대의 지도자가 지휘를 맡는 것이 관례로 되어 있었다. 그래서 여기에서도 그러했다. 파울럼이 연단 앞에 가로 막아서서 팔을 들어 조용히 하라고 명했다. 그렇지만 실행하기가 어려웠다. 비웃음이 그에 대한 회답이었다. 욕하는 소리가 더욱더 심하게 회장 구석구석에서 연단으로 날아들었다. 어떤 무리 가운데는 오늘밤에 실컷 마시고 얼근히 취하려는 세계혁명가도 있었다. 이 회장을 조용하게 만드는 것은 불가능했다. 계급의식을 가진 프롤레타리아트는 물론 토론을 하려고 온 것이 아니라 단단히 주먹으로 파시스트의 망령을 때려눕히기 위해서 온 것이다. 우리는 한 순간도 이 진상을 놓치지 않고 지켜보았다. 그러나 또 혹시 여기에서 우리 주장을 펴는데 성공하고, 적이 우리를 위협한 대로 때려눕히지 못한다면 앞으로 베를린에서 승리의 행진을 억제하기 어려울 것임을 알고 있었다.

로저 맨벨과 하인리히 프렌켈의 《괴벨스의 생애》에는 이 회장을 메운 사람들 부류가 쿠르트 리스와는 다르다. '공산주의자들은 집단으로 입장했다'고 한다. 아마 이것이 진실 같은데, 어쨌든 흥하든가 망하든가 결판을 내려고 계산한 괴벨스의 두근거리는 심정을 느낄 수가 있다. 공산당의 움직임도 예상대로 약소한 나치스에 일격을 가해 궤멸시키려고 하는 것이었다. '우리는 한 순간도 이 진상을 놓치지 않았다'는 것이 그 사실을 말해 준다.

연단 앞에는 15명에서 20명의 돌격대원과 방호단원이 대담하게 제복을 입고, 완장을 차고 서 있었다. 그것은 적색분자를 향한 대담한 도전이었다. 연단 위의 내 뒤에는 믿을 수 있는, 선발된 부대가 서 있어, 위태로운 모든 순간에 습격해 오는 적색폭도에 대해 우리의 생명을 지키고, 필요한 경우에는 폭력으로써 그들을 격퇴할 준비가 되어 있었다.

공산주의자들은 전술에서 확실히 하나의 오류를 범했다. 그들은 아주 적은 무리를 회장 전체에 분산시켜 놓고, 나머지 인원을 밀집된 집단에 의지하도록 했으며, 게다가 회장 오른편 뒤쪽을 차지하도록 했다. 이로써—나는 곧 그들의 속셈을 알아챘는데—소요의 근원지가 있었다. 그래서 여기가 공격을 한다면 가장 먼저일 것이고, 또 공격당할 수밖에 없었던 곳이다. 사회자가 개회를 선언할 때마다 이곳에서 복면을 쓴 자가 의자 위에 일어나 새된 소리로 틀에 박힌 욕설을 외쳤다—'의사일정으로 들어가라!' 그러면 그 욕설을 수백 명이 따라서 외쳐, 이윽고 거친 소리와 노래로 이어졌다.

대중으로부터 그 지도자나 유혹자를 떼 놓으면 그들은 주인을 잃어 손쉽게 처치할 수 있다. 따라서 우리의 전술은, 그 동지의 배후를 안전하다고 착각하고 있는 겁쟁이 사주자(使嗾者)를 어떻게든 꼼짝 못하도록 해야 했다. 우리는 이것을 시도해 두세 번 잘해 냈다. 사회자는 벌써 목쉰 소리로 갈수록 격렬해진 소요가 일어나는 쪽으로 외쳤다.

　—'토론 기회는 보고한 뒤에 있다! 그러나 의사일정은 우리가 정한다!'

　하지만 이 모두가 어려운 상대에게는 통하지 않는 시도였다. 끊임없이 야유를 하며 떠들썩하게 소란을 피우면서 집회를 망치려는 수작이 마침내 복수의 열전으로 몰아붙였다.

　이윽고 자연발생적으로 명령도 없이 폭력적인 파괴가 이어졌다. 집회를 원만하게 조용히 치르려던 시도가 모두 효과가 없다는 것을 알았을 때, 나는 호위대장을 한쪽으로 불렀다. 그에 이어 그의 부하들이 몇 갈래로 나뉘어 소란을 피우고 있는 공산당원의 집단 속으로 들어갔다. 그리고 깜짝 놀라 당황한 적색분자들이 조금도 눈치채지 못한 동안에 우리 동지들은 사주자를 의자에서 끌어내려, 소란을 피운 야유꾼 사이를 통해 연단 쪽으로 끌어왔다.

　이 회장 투쟁에서 괴벨스는 끝까지 소수인 열세를 역전시키는 전술로 나아갔다. '대담무쌍'하고 '상대를 깔본다'는 '불타는 투지'만이 수의 열세를 해결하는 전술이었다. 그 외에 무엇이 또 있겠는가. 아무리 적이 수를 자랑해도 그 수에는 약점이 있었다. 그 약점에 공격을 집중한다는 에너지 절약책을 펼친 것이다. 그것이 지도자를 저격해 회중(會衆)과의 이간을 꾀한 것인데, 훈련된 공산주의자들에게는 일시적 효과밖에 없음을 알자 괴벨스는 그 이간책을 더 대담하게 썼다. 결국 '우리 동지들은 사주자를 의자에서 끌어내려 소란을 피우고 있는 야유꾼들 사이의 연단 쪽으로 끌어왔다'는 것이다. 폭력이었다.

　이런 현상은 지금까지 없었던 일이다. 그리고 내가 예측했던 일이 마침내 일어나고 말았다. 맥주병을 내던지자 요란한 소리를 내며 병은 땅바닥에 떨어졌다. 그와 동시에 회장(會場)에서의 첫 전투신호가 울렸다. 의자는 부서지고 낡은 책상 다리가 떨어지며 순식간에 병과 컵이 책상 위에 쌓이더니 이윽고 내던져졌다. 이 10분 동안의 전투는 일진일퇴했다. 병, 컵, 책상 다리, 의자 다리가 닥치는 대로 목표도 없이 공중으로 날아갔다. 귀가 먹먹할 정도의 포효가 시작되었다. 빨간색 야수가 풀려 나와 이제 그 먹잇감을 찾아 날뛰었다.

많은 경우 회장 안의 난투가 일어나는 중에는 그런 행동은 하나하나의 국면으로는 거의 의식되지 않는다. 그리고 나중에야 비로소 다시 기억으로 떠오르는 것이다. 나는 지금도 내 평생 잊지 못할 하나의 광경이 눈앞에 나타난다. 연단 위에 한 젊은, 내가 모르는 돌격대원이 서서 집회의 사회자를 지키기 위해, 그가 쥐고 있던 것을 덤벼드는 빨간색 폭도 가운데로 내던졌다. 느닷없이 멀리서 날아든 맥주병이 그의 머리에 맞았다. 피가 심하게 관자놀이에 흘렀다. 그는 비명을 지르며 땅바닥으로 떨어졌다. 2,3초 뒤에 그는 다시 일어나 책상 위에 있는 물병을 잡아 회장 한가운데로 내던졌는데 그것이 거기에 있는 적의 머리에 맞아 깨졌다.

쿠르트 리스에 따르면 '몇백 개의 맥주잔이 공중을 날아다녔다' 그런 소용돌이 속에 '의사일정으로 들어가라'는 등 공산당 동조자인 '노동자'가 고함을 지르자 '다음 순간 그 사나이는 나치 돌격대 6명에 둘러싸여 밖으로 끌려 나갔다. 그 패거리 두세 명이 도우려고 왔다. 달루게가 무대에서 맥주잔을 집어들어 그들에게 내던졌다. 그중 한 명에게 명중해 쓰러졌다.'

그 직후부터였던 것 같다. 사회를 진행하던 달루게는 베를린 돌격대장이다. 쿠르트 리스는 '노동자들도 사태의 실상을 알게 되었다. 이 소동은 미리 계획되고 교묘하게 연출된 나치의 책략이다. 갑자기 곳곳의 문이 열리더니 싸우는 능력이 아주 뛰어난 SA(나치 돌격대)대원 수십 명이 뛰어들어왔다'고 한다. 이것이 아마도 그날의 진상인 것 같다.

이 젊은이의 얼굴이 지금도 내 눈에는 선하다. 이 전광석화같이 연출된 일화는 내 뇌리에 새겨져 지워지지 않는다. 파르스 회관에서 중상을 입은 이 돌격대원은 얼마 뒤에 내가 영원히 믿을 수 있는 가장 좋은 전우가 되었다.

적색 폭도들이 큰소리로 외치고 욕설을 퍼부으며 떠났을 때, 비로소 우리는 이 투쟁이 얼마나 격렬하고 또 손실이 컸던가를 확인할 수 있었다. 연단에는 10명이나 되는 사람이 피로 물들어 누워 있었고, 주로 이마와 머리에 입은 상처였는데 두 사람은 심한 뇌진탕으로 쓰러진 중환자였다. 책상과 연단으로 통하는 계단은 완전히 시뻘겋게 물들어 있었다. 회당 전체가 폐허로 변했다.

그리고 피와 파편으로 뒤범벅이 된 이 거친 마당에 갑자기 다시 키 큰 우리 돌격대장이 자기 자리에 나타나 돌부처처럼 평정한 모습으로 성명을 냈다.— '집회를 계속합니다. 보고자에게 발언을 허락합니다.'

나는 그런 상황에서도 그처럼 침착하게 말한 것을 내 평생 다시 보지 못했다. 내 배후에는 피에 젖은 채로 아파 신음하는 중상의 돌격대 전우들이 있었다. 내 주위에는 파편과 부서진 의자 다리, 깨진 맥주병들이 피로 얼룩져 있었다. 집회가 모두 얼음처럼 차갑고 조용한 가운데 진행되었다.

이 부분에 대해서는 전기 작가들에 의해 그 허상이 밝혀졌다. 순교자로 꾸미는 것은 종교선전뿐 아니라 정치선전의 고전(古典)인데, 이를 조금씩 또는 대담하게 이용한 것이 나치이고, 여기에서 괴벨스는 폭력사태의 발생을 전제로 순교극(殉敎劇)을 연출했다. 맨벨과 프렌켈의 저서에서는 괴벨스가 말한 '영원히 내가 믿을 수 있고, 또 가장 좋은, 전우'가 된 중상 입은 돌격대원은 '전혀 알려지지 않았던 알베르트 넉이라는 이름의 사나이로, 그는 몸을 뒤틀며 괴로워했는데 물론 그것은 연극이었다. 그 밖에 붕대를 감고 들것에 실려 나간 사나이들은 모두 돌격대원 행세를 한 배우들로 그들 또한 부상은 전혀 입지 않았다. 그들은 돌격대원을 영웅 또는 순교자로 꾸미기 위해 도운 것이다'. 이것을 염두에 두고 다음 글을 읽으면 웃음이 나올 듯한 야릇함과 함께 괴벨스도 어지간한 인물은 아니라는 느낌이 든다.

그 무렵, 우리는 아직 교육받은 위생병이 없었다. 변두리에 있었던 우리는 우리의 중상자들을 이른바 프롤레타리아적 노동자 자선단체로 보낼 수밖에 없었다. 그리고 이때 회장(會場) 문 앞에서는 화가 나서 말도 할 수 없는 광경이 벌어졌다. 전 세계의 친목을 위해 싸운다고 하는 사람을 탈을 쓴 짐승 무리들이 분통을 터뜨리면서 의지할 데 없는 우리의 가엾은 중상자를 매도하며, 예를 들면 '이 돼지새끼들이 아직도 뻗지 않았어?'라고 악담을 퍼부은 것이다.

그런 상황에서 차분한 연설은 도저히 불가능했다. 내가 연설을 시작하려

하자 또 위생병이 회장으로 들어와 크게 다친 돌격대원을 연단에서 내려 심하게 흔들리는 들것에 실어 밖으로 나갔다. 이 난폭한 인류의 사도로부터 문가에서 극단적으로 질낮은 욕설을 들은 그들 가운데 한 사람이 절망한 나머지 큰소리로 외쳤는데, 그 소리는 연단에 있는 나한테도 들렸다. 나는 연설을 멈추었고—아직 공산당 타격대가 두셋 흩어져 있었다—그들은 이제 이 뜻하지 않은 싸움 속에서 조용히, 그리고 기가 죽은 듯이 귀퉁이로 몰려갔다. 그리고 회장에서 밖으로 나가 중상을 입은 돌격대 전우들에게 작별인사를 했다.

나는 연설 마지막에 처음으로 이름 없는 돌격대원에 대해 말했다.

이 처참한 충돌에, 말하자면 타협적인 결말의 계기를 만들어준 하나의 유쾌한 체험을 여기에서 언급하지 않을 수 없다. 보고 뒤 토론에 들어갔을 때, 청년 독일동맹 일원이라는 한 속물이 토론 참가를 신청했다. 목가적인 비장한 투로 친목과 평화를 말하는 감동적인 호소로써 이 유혈이 무의미하고 부도덕하다는 것을 우리의 앞에서 떠들며, 단결만이 모두에게 도움이 된다고 설명했다. 그는 모인 사람들 앞에서 큰절을 한 뒤 애국적인 시를 읊었는데, 그로써 공허한 허튼 소리에 결말을 지으려고 할 때, 모든 청중이 폭소를 터뜨리자, 한 정직한 돌격대원이 이때 알맞은 야유로 응답했다. '뭐라고, 이 서푼짜리 시인아!'

이 유쾌한 일화로써 파르스 회관의 전투는 끝을 맺었다. 경찰은 밖에서 거리를 정리했다. 돌격대와 방호대는 무사히 퇴장했다. 베를린의 나치즘 운동이 결정적으로 발전한 날은 이렇게 끝났다.

이 책은 나치스가 독일의 정권을 장악한 다음에 출판되었는데, 괴벨스는 이 사건의 숨겨진 면을 조금도 드러내지 않았다. 천재적인 선전 능력을 자랑하려면 바로 그 이면의 속임수를 밝혀야 감탄을 자아낼 수 있을 텐데, 아무래도 어디까지나 순교극으로 또 그 수를 써먹으려고 진상을 밝히지 않은 것 같다. 그의 붉은 혓바닥이 보이는 듯하다. 쿠르트 리스는 이 조작극을 이렇게 묘사했다.

다친 나치 돌격대 대원을 실은 들것을 청중이 잘 보이는 곳에 방치했다. 신음 소리가 들렸다. 괴벨스가 지령한 것이다. ……

괴벨스는 아무렇지도 않게 뒤돌아보며 부상자와 손을 꽉 쥔 채 청중에게 부르짖었다. "이 용감한 사람들의 손을 쥐지 않을 수가 없습니다." 감동으로 떨리는 목소리가 이어졌다. "내가 빨리 오늘밤의 의제를 말할 수 없는 것을 여러분도 알 것이요. 지금부터 무명의 SA대원에 대해 말하겠습니다." ……

괴벨스는 연설했다. 몇 분 뒤에 다친 SA대원 한 사람의 들것이 밖으로 떠났다. 10분 간격을 두고 다른 대원들도 한 사람 한 사람 실려 나갔다. 10분마다 청중은 분노와 동정심을 드러냈다. 이것이야말로 괴벨스가 노린 수작이었다.

이 연출이 운명을 건 승부로써 공산당이 늘 쓰던 회관에 들어가기 전부터 이미 연습되어 있었다면 놀라운 일이고, 또 SA대원이 몸부림치며 괴로워한 것까지도 즉흥적 연기였다면 더욱 경악할 일이다. 연설을 중단하면서 10분마다 무대 위에 누워 있는 대원을 나르는 것은 즉흥적 연출의 냄새가 나지만, 대원들에게 연극 연습을 시킨 괴벨스의 솜씨는 놀랄 수밖에 없다.

이 파르스 회관 사건은 공산당이나 노동자들 머릿속에 나치스를 새겨 넣은 중요한 계기가 되었을 뿐만 아니라, 신출내기 괴벨스의 존재를 베를린의 나치스들에게도 강력하게 심어주는 효과를 낳았다.

난투극이 한창 벌어지고 있을 때, 단상에는 팔짱을 낀 괴벨스가 태연히 서 있었다. 괴벨스의 태도는 나치 돌격대(SA) 대원들의 눈길을 끌었다. 그는 피하려고 하지 않았다. 겁을 내지도 않았다. 무릎이 떨리지도 않았다. 대원들은 감동했다. 저기에 괴벨스가 있다! 가냘프고 몸이 작은 절름발이가 용기를 보인 것이다. 괴벨스는 대원들에게 존경의 대상이 되었다. 이날부터 SA대원들은 괴벨스를 '박사'라고 불렀다. 그들은 박사를 대단한 사람으로 여겼던 것이다.

쿠르트 리스는 감정을 담아 이날 괴벨스의 영광스러운 출발을 장식하고 있다. 경찰의 출동과 개입까지도 연출 계획 속에 포함되어 있었다. 그리고 그들은 배우처럼 직무를 집행했다. 회장에서 난무한 맥주병 따위는 미리 복도에 준비했던 것 같다. 게다가 이 충돌은 회관 밖에서도 이루어져 거리 모퉁이 여기저기가 시끄러웠던 것 같다.

　다음 날 신문들은 이날의 사건을 일제히 보도했다. '유대 신문에 실린 거짓보도를 전하려고 해도 말로는 다할 수 없다'고 득의양양하게 쓰고 있다. 그렇다. 혹 거짓 기사라 하더라도 이름 없는 나치스는 이날 밤의 도전적인 선전으로 베를린에서 눈부시게 이름을 떨쳤기 때문이다. '비적(匪賊)'이니 '노동자 백정'이니 여러 악담을 들었지만 괴벨스는 '명예로운 칭호에 지나지 않는다'고 의견을 밝혔다.

　히틀러는 말이 무력하다는 것을 알고 있었다. 그래서 이용할 때에는 바로 폭력으로 말을 썼는데, 괴벨스는 여기에서도 되풀이하듯이 말했다.

　나치즘은 행동을 원칙으로 하지 말을 원칙으로 하지 않는다. 이 원칙의 변호인은 토론을 타락시키는 것을 경계해야 된다. 우리는 화사한 문체나 향불 같은 것을 이해하기 위해서나, 유대인의 문명을 옹호하는 문인과 겨루기 위해서 이렇게 하는 것은 아니다. 나치즘은 꼭 필요하다면 이 수단도 쓸지 모르지만 그러나 무슨 일이 있어도 그것이 나치즘의 목적이 되어서는 안 된다.

　여기에서는 일단 문필의 힘을 부정했지만, 실제로 이 문학청년 출신인 괴벨스에게 어떻게 그 문필을 '행동의 원칙'으로 살리는가가 과제였을 것이다. 괴벨스에게 베를린 시험장은 히틀러의 《나의 투쟁》을 실천할 기회였던 셈이다. '우리는 또 훌륭한 말이나 정밀한 문체를 가지고 유대인 문필가를 따라잡아야 하며, 그들에게 경의를 표해야 된다는 생각을 하면 안 된다. 그들에게 존경심을 일으킬 수 있는 것은 결국 권력뿐이다. 그리고 그들의 턱밑에 주먹을 갖다 댈 때 비로소 그들의 시끄러운 소리가 진정되는 것'이라고 괴벨스는 말했다. 이 말은 권력을 차지한 다음 일이지만, 베를린 나치스의 '시끄러운 소리'를 드러내는 힘이 있었다고 할 것이다.

9. 돌격대의 양식 형성

무명의 돌격대원

베를린에서 수행한 괴벨스 선전활동이 대성공을 이룬 것은 돌격대의 이용에 있었다. 돌격대원을 어떤 선전활동에 활용했다기보다도 돌격대원 자체를 나치스의 상징으로 삼은 것이다. 요컨대 그 움직임과 작용을 폭력을 쓰는 선전탑으로 쓴 것이다. 이것으로써 베를린 시민에게 익숙하지 않았던 나치스의 이름을 알리는 데 성공한 것이다.

> 무명의 돌격대원…… 이 말은 그날 나치즘 안에서 일어나 위협에 맞서는, 독일 국민의 방위를 맡은 전투적 전사를 나타내는 조형적 표현이 되었던 것이다.

괴벨스의 이 과장된 말 가운데 주목해야 할 선동 구호가 들어 있다. '무명의 돌격대원', 이 '무명'이란 의미는, 대원은 오로지 안목이 없다는 것이 아니고, 무명의 힘을 치켜세우는 것도 아니다. 이 '무명'은 돌격대원을 이름 없는 존재로 만듦으로써 집단에서 솟아나는 힘을 의미한다. 괴벨스가 돌격대원을 하나의 물체처럼 보는 것은 '전투적인 정치적 전사를 말로 나타내는 조형적 표현'이라고 간추릴 수 있다.

하나의 조형(造型)으로서 돌격대원을 파악한 것이다. '갈색옷을 걸치고, 그로써 정치생활의 건달이 된다'는 것이 그 조형이다. 그리고 그들은 'SA(나치 돌격대)'라는 이름으로 불리었는데 이에 대해 괴벨스는 다음과 같이 말했다.

> 다음으로 SA라고 하는 것은 슈포르트 압타일룽(Sportabteilung, 스포츠 학과)의 약자든가 아니면 슈투름 압타일룽(Sturmabteilung, 돌격대)의 약자가 아닌가

라는 논쟁이 있었다. 이 점에 대해서는 어느 것이나 상관이 없었다. 왜냐하면 약자로 표현한다는 것이 이미 하나의 개념이 되어 있기 때문이다. 이 약자는 언제나 나치즘 운동에서 새 독일을 대표하는 정치적 전사의 표상으로 여겨지는 것이다.

약자의 의미 따위는 아무래도 좋다. 약자 그 자체가 중요하며, 약자를 편리한 기호로서 조형적 개념으로 파악하는 것이 뚜렷해야 된다.

이 조형적 '무명의 돌격대원'이 하는 일은 '운동이 폭력에 맞닥뜨렸을 때 운동을 지키고, 운동에 가해진 폭력을 분쇄하는 임무를 맡는' 것으로 괴벨스의 베를린 취임 제1탄에서 성공을 거두는 데 기초가 된다. 나치스의 존재를 뚜렷하게 한 'SA(나치 돌격대)'라고 하는 조형적인 폭력을 포함한 약자의 활용은 괴벨스의 독창적인 생각이라고 하기보다, 그즈음에 당면한 적인 마르크스주의에서 배웠다고도 할 수 있다.

마르크스주의는 다 아는 바와 같이 폭력으로 컸다. 마르크스주의는 폭행으로 거리를 점령했다. 그리고 부르주아 정당들은 단 하나도 거기에 해당하는 곳이 없었으므로, 나치의 운동이 등장하기까지는 계속해서 독주할 수가 있었다. 그리고 다음과 같이 결론이 나오게 된다.

이제 거리는 근대적 정치로 특징지어졌다. 거리를 차지하는 자가 대중을 차지할 수 있다. 그리고 대중을 차지하는 자가 그와 함께 권력을 차지하는 것이다. 오랜 세월에 걸쳐 민중 속의 사람에게 존경심을 일으키게 한 것은 힘과 규율과의 전개였다. 정당한 수단으로 주장되고 필요한 에너지로 관철된 좋은 사상은 오랫동안에 반드시 광범한 대중을 얻게 된다.

여기에서 말하는 것은 거리의 지배이다. 폭력만이 거리를 지배할 수 있다는 것이 괴벨스의 도시론이고, 그것을 그는 공산당의 방법론에서 배워 감히 도전함으로써 '나치스의 기호를 베를린에 새겨 넣으려고 했다. 공산주의로부터 '거리의 지배권'을 빼앗지 않으면 대중을 차지할 수 없다는 것을, 그때 폭력 대 폭력의 투쟁을 통해 배우고, 괴벨스는 단시일에 마르크스주의를 꿰뚫어보게 되었다고 할 수 있다.

나치즘의 운동은 '돌격대' 형태와 함께 가장 활동적인 선전대를 창설한 것이다. 모든 선전활동에서 나치즘 운동은 이 돌격대를 이용할 수가 있었다. 그들로써 나치즘의 운동은 선전전에는 모두 많은 자금을 써야 되는 다른 정당들과는 비교도 안 될 만큼 유리한 고지를 차지했다. 이런 면에서도 나치당 지도부는 가끔 비난을 받았다. 운동의 전투부대가 선전활동에서는 부르주아적인 전단을 붙이는 부대로 변신해 버린다고도 했다. 이 비난들은 완전히 선전의 본질을 벗어난 것이다. 근대적인 정치적 투쟁은 근대적인 정치적 수단으로 싸워야 한다. 그리고 모든 정치적 수단 가운데 가장 근대적인 것이 선전이다. 이것은 근본적으로 또 정치운동이 사용할 수 있는 가장 위험한 무기이기도 하다. 다른 모든 수단에 대해서는 대항수단이 있다. 그러나 선전만은 그 효과에 있어 억제하기 어렵다. 돌격대가 선전활동을 수행하려고 하면 그것은 오직 근대적인 정치수단으로 쓸 뿐이었다. 이것은 결코, 그 본디의 의미, 그 가운데에서 그것이 옹호하는 목표와 모순되는 것은 아니다.

여기에 돌격대가 선전대일 수도 있는 이유와 근대적인 정치운동에서 활동할 수 있는 '가장 위험한 무기'는 선전이라고 한 괴벨스의 힘찬 선언을 들어볼 수 있다. 괴벨스의 일기 등을 보아도 정치와 선전에 얼마나 많은 돈이 드는가를 알 수 있는데, 선전대이기도 한 돌격대는 지금 절약의 의미까지 담당한 것을 알 수 있다. 돌격대 자체의 모임이 가두투쟁에서 효과적인 역할을 하는 선전체임과 동시에 그 각 대원은 '집회를 막고, 또는 게시할 전단을 붙이든가 뿌리며 그 신문을 위해 예약을 한다'든가 하는 선전활동도 했는데, 이 두 가지 역할을 맡아하는 대원의 머릿속에 끊임없이 어떤 신념을 심어주어 그 임무의 중요성을 고취할 필요가 있었다.

이 정치선전의 중요성을 나치스와 괴벨스가 어디에서 배웠는가? '마르크스주의가 나타난 이래, 또 프롤레타리아 대중이 조직된 이래로 근대적인 정치투쟁의 새로운 표현형태'라는 것을 공산주의에서 배운 것과 마찬가지로, 제1차 세계대전의 선전전에서 당한 쓰라린 경험으로부터 또한 배웠다. 여기에 대해 히틀러도 같은 말을 했는데, 괴벨스는 다음과 같은 구체적 사례를 들고 있다.

적이 발명해 우리에게 쓴 모든 무기에 대해 우리 기사들은 대항무기를 발명했다. 우리는 방독면도 고사포도 가지고 있다. 우리에게 없었던 것은 오직 연합국의 파렴치한 기만전에 맞설 수 있는, 국가 지도부에 의한 대규모로 조직된 세계선전뿐이었다. 여기에서 우리는 무방비인 채 적인 연합국의 사주 선전에 내맡겨지고 말았다.

1년 동안이나 외국에서 독일 병사에게 손이 잘린 벨기에의 어린이와 독일 사관(士官)의 잔인한 행위가 영화관, 극장, 신문을 통해 대중들이 되풀이해 보게 된 것이다. 이 군중심리를 이용, 미국의 금융왕은 연합국을 사수해 전쟁으로 내몰 수가 있었고, 연합국은 싸우고 있는 병사들에게 그들은 문명과 인류를 위해, 그리고 야만과 문화파괴의 위협에 맞서 전쟁을 하고 있다는 의식을 심어줄 수 있었던 것이다.

괴벨스는 이처럼 밉상스럽고 또 샘이 난 듯이 말하고 있다. 제1차 세계대전의 계략은 괴벨스의 이 선전 안목에 의해 이제는 이미 진부화되어 사실이 철저히 확인되었다.

이 장에서 괴벨스는 화가 뮬니르를 선전에 기용한 것을 자랑스럽게 언급했다. 그는 그림엽서를 선전에 이용하는 데 착안했다.

이 무렵에 우리의 화가인 뮬니르는 그의 매혹적인 돌격대 투쟁 화집을 그렸다. 그것은 여섯 장의, 열성 넘치는 표현으로 가득한 그림엽서였다. 우리가 베를린을 탈취하기 위해 처참한 투쟁을 겪었던 예술적 표현이었다. '잊지 말라, 베를린 돌격대를!'이라는 화제로 부상당한 돌격대원을 그려, 유명해진 이 그림은 바로 이때에 그렸던 것이다. 이 그림은 번개 속의 섬광처럼 나치스 운동에 밝은 빛이 되었다. 모든 시선이 영웅적인 베를린 돌격대원의 투쟁에 쏟아졌다. 베를린 공략투쟁은 단번에 전국에 알려졌다.

괴벨스의 말처럼 참으로 전국에 알려진 효과가 있었는지 어쩐지는 알 수 없으나 그림엽서 작전 아이디어는 주목할 가치가 있다.

괴벨스가 베를린에서 조직하려고 한 돌격대는 분명히 예전과는 달랐다. 그는 그 대원의 분석부터 파악해 나갔다.

그들은 주로 프롤레테리아아적 사람들로 구성되었고, 실업자가 대부분을 차지했다. 어떤 정치적 사상을 믿을 뿐만 아니라, 또 그것을 위해 투쟁하는 것은 노동자의 본질이다. 노동자는 가진 것이 없다. 그리고 무산자는 언제나 재빨리 온몸을 던져 노동을 향해 나아갈 준비가 되어 있다. 그는 실제 쇠사슬 말고는 잃을 것이 없다. 그러므로 어떤 정치적 확신을 위한 그의 믿음은 부르주아적인 감정을 가진 사람과는 전혀 다른 헌신과 감격으로 넘쳐 있는 것이다.

폭력의 선전적 육체로서 돌격대원이 '정치생활의 건달'일 필요가 있다고 하면, 그들은 아무것도 잃을 것이 없는 인간이란 것은 필수조건이 되며, 무산의 프롤레타리아는 물론, 실업자가 많았던 그 무렵 그 지도력과 조직력을 어떻게 하느냐에 따라 예리한 행동의 힘을 발휘한다는 것 또한 간파한 것이다. 문제는 그들의 마음속에 '정치적 확신'을 갖도록 하는 것, 즉 나치에 대한 신앙을 심어 주는 것이고, 그렇게 하면 그들이 '헌신과 감격'을 가지고 폭발하는 선봉장들이 될 수 있다는 것을 알았다. 요아힘 페스트가 쓴 《히틀러》 전기에서 '괴벨스는 자기의 출발을 순교자 의식과 공모자의 감정으로 장식할 수 있었다'고 언급한 것은 돌격대의 성원에 대해 그의 판단이 적중함으로써 생긴 말이다.

시간이 경과하는 동안에 돌격대의 정신과 성격으로부터 하나의 일정한 생활과 회화 양식이 형성되었다. 돌격대원은 하나의 새로운 정치형(型)이다. 그리고 돌격대는 회화나 태도에서도 그 내적 본질에 부합한 외형을 만들어 냈다.

선전전에 나설 때뿐만 아니라 그 일상생활까지도 틀에 맞도록 괴벨스의 지배를 받는 느낌이다. 이 틀에 맞도록 하기 위해서는 정신성이라는 이름의 기계적 사고를 그들 안에 불어넣어야 했다. '동지'라든가 '공동의 이상'이라는 '함께 하는 것'을 좋아하는 '정신'이다.

놀랍게 당 전체에 모범이 되는 것은 돌격대 최후의 편성된 대열에까지 이르고 있는 동지적 정신이다. 돌격대에서는 노동자도, 부르주아도, 농민도, 시민도 나이와 지위의 높고 낮음 없이 같은 대열을 만들어 행진한다. 계급 차이나 신분 차이도 없다. 모두가 하나의 공동적 이상에 봉사한다. 그리고 통일된 제복이 같은 사상을 표현한다. 여기에서는 학생이 젊은 노동자에게 손을 내밀고, 또 귀공자도 아주 가난한 백성의 아들과 나란히 행진한다. 어떤 위험에도 불의한 일에도 함께 견딘다.

'전당(全黨)' '대열(隊列)' '동지' '공동' '봉사' '통일' '제복(制服)' 이런 말은, 자기 박탈의 기계화를 위한 달콤한 꿀맛 같은 말이기도 하다. 이 정신이라는 이름의 기계화로써 돌격대원은 수도의 한가운데로 행진해 가는 것이다. 그리고 용감이란 이름 아래 공산당이나 때로는 경관과도 싸운다는 '가두'의 쟁탈전이 시작된다.

그때 거기에는 당연히 다치는 사람들도 생길 뿐 아니라 체포되는 사람도 나오게 된다. 괴벨스는 기회를 놓치지 않고 그것을 순교자 정신으로 치켜세워 갔다. 신앙이 무너지는 것을 막기 위해서는 그렇게 해야 한다. '경멸당하고, 조소거리가 되고, 당정(黨政)이 비겁하다는 비난이 쏟아지고, 건달패라는 모멸을 겪고, 정치적 야수라는 낙인이 찍히면서도 베를린의 돌격대원은 빛나는 붉은 깃발 뒤에서 미래를 바라보며 행복한 전진을 해 나아갔다'는 말이 괴벨스의 입을 통해 그들에게 전해진다.

가시밭길을 가는 발전

나치즘은 처음부터 의회에서는 결코 싸우지 않았다. 그들은 일찍부터 전단, 게시(揭示), 대중 집회, 가두시위 등 근대적인 선전수단을 썼다. 그럴 때마다 곧 마르크스주의와 부딪혔다. 필연적으로 이 마르크스주의에 싸움을 걸 필요가 생긴다. 그리고 투쟁을 성공적으로 이루려고 하면 적이 써먹던 방법과 같은 수단을 쓸 수밖에 없었다.

이것을 반대로 말하면 마르크스주의 또한 정치투쟁에 '근대적 선전수단'을 쓰고 있다. 요컨대 그것을 먼저 썼다는 뜻이다. 폭력 또한 그렇게 폭력 선전을 하고 싶지 않지만 상대가 폭력을 휘둘러 짓밟으려고 하기 때문에 '싫으면서도 폭력에 대해 폭력을 쓰지 않을 수 없었던 것이다'라고 괴벨스식 논리가 된다. 그러나 그렇지 않고 굳이 적극적으로 사용한 데에 괴벨스의 돌변한 날카로운 관찰력을 이미 보았는데, 숫자상으로 너무나 열세이고 공산당의 위협뿐만 아니라 관헌 집회금지라든가 체포, 재판에 회부되는 가운데 지속해 싸울 수 있었다는 것에는 어떤 계산이 깔려 있었던 것인가.

박해로 쓰러지는 것은 약자이다. 강자는 박해당하면 도리어 강해진다. 강자는 어려움을 겪을 때 힘을 얻는다. 그리고 강자에게 쓰이는 강력수단은 결국 모두 약자의 저항을 강하게 할 뿐이라는 것은 영원히 변치 않는 진리이다.
우리의 경우도 그랬다.

이 역학적인 발언에는 일리가 있다. 괴벨스는 이상과 신념이 있었기 때문에 저항이 강했던 것처럼 말했다. 이 시점에서는 강자였던 독일공산당은 약자인 나치스의 강한 부분으로부터, 강자인 자기들의 약한 부분을 공격당했다고 할 수 있다.

베를린, 이 도시에서 마르크스주의는 국가 파괴적 경향을 위한 싸움터가 준비되어 있는 것을 눈치챘다. 여기에서 마르크스주의의 비현실적인 이데올로기를 위한 눈과 귀가 열렸다. 베를린에서 마르크스주의는 손쉽게 받아들여져 곤궁과 궁핍으로부터 구제해줄 신이라도 만난 듯이 신뢰를 얻었다. 마르크스주의는 베를린에서 그 지위를 굳히고, 그것을 옹호했다.

괴벨스는 베를린이라는 도시를 가장 먼저 파악하고 대중에게 마르크스주의를 신봉하도록 하는 데까지 진척시킨 것은 다름 아닌 공산당이라는 사실을 알았다. 이 힘을 인정하고 나서 반대 투쟁을 시작한 것이 괴벨스가 이끄는 베를린의 나치스이다. '우리는 떳떳이 인정한다. 우리의 목표는 거리를 탈취하는 데 있었다. 가두를 획득함과 동시에 우리는 대중과 국민을 우리 편으로 끌어들이려고 생각했던 것이다.'
그런데 이 거리도 독일 공산주의가 먼저 차지했기에 뒤를 쫓듯이 괴벨스의 나치스가 '가두 탈취'에 나선 것이다.

시련의 채찍

가두투쟁의 적이 독일 공산당뿐만 아니라 베를린 경찰청에도 대항해야 하는 것을 이 장(章)에서는 말한다.

사회민주당이 야당이었던 시절, '베를린 경찰청장은 그들의 증오, 비판의 대상이었다.' 그러나 사민당이 정권을 장악하자 '베를린 경찰청장의 지위를 여당의 많은 보류권(保留權) 가운데 하나로 보도록' 하고 '불쾌한 모든 반대의견을 국가적 수단과 방법으로 억누르도록' 했다고 하는데, 괴벨스의 이 주장은 이치에 닿지 않는 주장이라고만 할 수 없을 것이다. 그것은 정치의 원리이며, 나치스가 정권을 잡았을 때는 더 철저한 경찰조직으로 억압한 것을 보아도 알 수 있다. 권력이 있는 곳에 경찰 조직은 늘 따라 다닌다. 힘의 유지가 얽혀 있는 이상 아무렇게나 방관하지 않았다.

나치즘의 운동은 반유대주의였기 때문에 유대인이 많이 모여 있는 사회민주당의 경찰이 나치즘 대항의 방책을 취하는 것도 당연하다고 할 것이다.

'갑자기 우리의 집회에 알렉산더 광장(경찰청)의 첩자가 꿈틀대기 시작했다. 행진이나 시위나 나치스 중역의 모임은 모두 경찰의 엄중한 감시를 받았다. 그들은 운동의 중요한 순간에 관헌 명령으로 금지를 시키는데 필요한 자료를 모으려는 기대를 가지고 직업적인 첩자를 조직 내부에 일원으로서 침투시켰다'라고 하는데, 이 또한 괴벨스식의 터무니 없는 소리라고만 할 수는 없다.

경찰 부총장은 베른할트 와이스 박사로 유대인으로 짐작되는데, 나치스는 그를 공격했다.

와이스 박사! 그는 이제 곧 선동적인 표어가 되었다. 나치당원은 누구나 다 그를 알게 되었다. 당원들은 모두 수없이 많은 풍자화나 사진, 만화를 통해 그의 인상을 뇌리에 생생하게 심었다. 우리의 운동에 대한 방어투쟁이 경찰청 쪽에서 있을 때에는 그가 이 투쟁의 지도자라고 생각했다. 따라서 알렉산더 광장에서 우리가 폭행당하면 그는 이 모든 것에 대한 책임을 지게 되었다.

여기에서는 실력자라고 하지만 이름조차 몰랐던 희미한 존재인 와이스 박사를 유명하게, 더욱이 철저하게 익살스럽게 만들어 도전하고 있다. 미더운 돌격대원에게는 그의 무명성을 치켜세우는 수단을 쓰도록 하는 한편, 이름없이 희미하게 지내고 싶은 적의 존재를 유명하게 만들어 상대를 분쇄한다는 대담한 곡예는, 뮌헨 시대보다도 베를린에서 갑자기 괴벨스에게는 매우 쉬운 기술로 가능케 하는 것을 알 수 있다. '겉으로 드러난 실상'의 허실을 괴벨스는 차가운 정열로써 비로소 행동으로 옮기고 있음을 알 수 있었다.

1927년 5월 1일, 괴벨스가 베를린에 도착한 때로부터 어느새 반년 가까운 시일이 지나갔다. 이날 5월 1일은 히틀러의 연설회가 크루 회관에서 이루어졌다. 히틀러에게 베를린에서의 연설은 처음이었다. 그 또한 괴벨스와 마찬가지로 아무리 뮌헨에서 설쳤다 하더라도 베를린에서는 한낱 시골뜨기이며, 어떤 의미에서는 무명이라고도 할 수 있다.

그래서 당수였던 히틀러가 베를린에 처음 등장했을 무렵에는 나름대로 준비가 되어 있어야 했다. 그러기 위해 선봉장인 괴벨스를 베를린에 파견했던 것이다. 그 성과가 적어도 나치스의 존재를 이 수도의 시민에게 알도록 했을 때, 그것을 꿰뚫어 보도록 한 다음에 히틀러가 등장하게 된 것이다.

그러나 그때 히틀러에게는 연설 금지 명령이 내려져 있었다. 때문에 연설을 할 수 있는 곳은 적어도 당원 집회밖에 없었다.

우리는 마치 5월 1일에 시행될 공산주의자의 모든 도발 시도를 피하기 위해 이 회관을 선택했다. 왜냐하면 우리의 의도는 이 모임을 투쟁집회로 여기는 것이 아니고, 총통의 첫 등장으로 베를린에서 당의 나치즘 운동에 새롭고 큰 충격을 주어, 대중 앞에 그 현재 세력의 잠정적인 모습을 보이는 데 있었기 때문이다. 집회는 기대 이상으로 성공이었다, 크루 회관의 큰 객실은 등록당원으로 가득찬 성황을 이루었다. 그리고 아돌프 히틀러의 연설은 그 예리한 선동성과 원칙적인 깊이에 있어, 아직 그를 본 적도, 들어본 적도 없는 많은 청중의 가슴에 우레와 같은 감동을 불러일으켰다.

총통의 첫 등장에 등록당원만으로 출입을 제한한 것은 부정적인 면을 역전시키려는, 승승장구한 괴벨스에 의해 세워졌던 작전으로 보인다. '공산주의자의 모든 도발을 피하기 위하여' 대중 앞에서 히틀러는 연설을 금지당했기 때문에 그 모임을 순수한 '당원 집회'로 한정했다. 지금까지 법규와 공산당과 싸웠던 전투에서 벗어나서 진행되는 히틀러 총통의 첫 당원집회 연설은 비공식적이기 때문에 오히려 효과를 거둘 것이라는 계산이 깔려 있었다. 더욱이 연설장소를 베를린 중심가의 오래된 오락장으로 잡은 것도 잘된 일이었다.

히틀러의 베를린 첫 등장을 비공식적 집회로 한 것은 그야말로 적절했다. 히틀러의 존재를 베를린 당원들에게 신비스럽게 알릴 뿐만 아니라, '일부러 도발을 피한다'고 하는 계략에는 공산주의자들 또한 혀를 내둘렀다. 그리고 관원들과 공산당의 첩자가 그 회장에 숨어들 것도 당연히 계산을 했으리라. 그러자 이제까지 요란스럽게 떠들어대던 정당들과 부르주아 신문 또한 이때에는 이상하리만큼 침묵을 지켰다. 베를린의 신문들은 어떤 조치를 취했는가? 괴벨스의 말을 믿는다면 이렇다.

그들은 여기에서도 그들의 성격에 어울리는 태도로 나왔다. 이 집회가 시작되기도 전에 어느 일요신문은 벌써, 이 집회는 열리기도 전에 탄압받았다는 허위보도를 했다. 그 기사는 처음부터 끝까지 모욕과 무고와 저질스러운 거짓말로 이루어졌다. 그들은 아돌프 히틀러를 막된 범죄자나 다름없이 다루며, 참으로 분노를 참을 수 없는 보도로 그의 운동을 비방했다.

다음 날 모든 유대 신문에 나온 기사도 그에 못잖은 비열한 내용이었다. 그중에서도 이른바 국수주의적 부르주아 신문이 이 저널리스트적 무책임한 보도에 대해서 한마디 오보도 지적하지 않을 뿐 아니라, 아돌프 히틀러의 첫 베를린 방문을 모욕적인 침묵이라 하며, 두세 가지 말도 안 되는 심술궂은 주의 사항까지 덧붙여 얼버무렸다는 사실을 알았을 때, 우리 당 동지들은 분노가 절정에 이르렀다. 나는 마른 침을 삼키며 숨을 죽이고 듣고 있는 대중 앞에서 신문 보도를 하나하나 읽어준 다음 반드시 그 진실과 거짓들을 맞서게 했다. 그것은 놀랄 만큼 효과가 커서 청중을 격분으로 이끌었다. 그래요! 옳소!를 연호했다.

괴벨스의 말에 좀 미화가 있을지 모르지만 그가 여기에서 보인 '대치법(對置 法)'의 응용은 볼 만한 가치가 있다. '대치법'이란 하나의 속임수였다. 이 방법을 선택한 것만으로도 거짓이 사실로 대치되어 그 '진상'이 갑자기 진실성을 띠게 된다. 이 경우는 나치스에게 이롭게 되는 것이 틀림없는데, 여기에서 보인 설득 력은 방법론으로서 교란작전으로도 이용될 수 있는 것이다. 세상에서 '진상이 란 것'은 그래서 모두 의심스런 요소가 있다고 봐도 된다. '대치'의 속임수에 의 해 다음에 나오는 '진상'이라 불리는 것이 모두 옳다는 착각을 일으키게 하기 때문이다. 그러나 이것이 본격적으로 들어갔을 때, 그야말로 하나의 야릇한 현 상이 일어난다. 경찰청장이 나치스에 대해 베를린에서 정치활동 정지처분을 내 리게 되었기 때문이다. 《베를린 공략》에서 괴벨스는 담담하게 그 과정을 다음 과 같이 썼다.

내가 저널리즘 논박을 마치고 본론으로 들어가려고 할 때, 넓은 객실 중앙 의 오른쪽에서 확실히 술에 취한 한 사나이가 일어섰다. 나는 담배 연기 틈새 로 꽉 찬 사람들 속에서 불쑥 일어난, 술에 취해 홍조를 띤 얼굴을 보았다.

숨막힐 듯한 정적 속에 문제의 이 사나이는 도발적인 거만한 태도로 나를 모욕하는 야유를 퍼부었다―처음에 나는 그 의미를 알지 못했다―청중을 자극하려는 야유의 되풀이. 그런 거친 태도에 내가 휘둘리지 않자 그는 더욱 화가 났다.

그가 분명히 첩자라는 것을 눈치챘다. 그래서 무슨 일이 있어도 나는 그 도 발에 놀아나지 않겠다는 결심으로, 순서가 틀어진 것을 가볍게 넘기려고 했 다. 나는 몇 초 동안 연설을 멈추고, 문제의 선동자에게 쏘아붙이듯이 말했다 ―'당신은 이 집회를 방해하고 싶은가? 당신은 우리가 호주권을 행사해 밖으 로 끌려 나가기를 바라는가!'

문제의 사나이가 여기에 꺾이지 않고 도발을 계속하려 하자, 2, 3명의 대담 한 돌격대원이 들어와 그의 뺨을 두세 번 갈기고, 그의 목과 다리를 들면서 밖으로 끌고 나갔다.

괴벨스는 단상에서 매우 냉정하고 침착하게 자가선전을 한 느낌이지만 여기에는 또 다른 이면이 있었다. 한 시간 반이나 이어진 연설에서 '아무도 토론을 요청하지 않았기 때문에 집회는 그것으로 막을 내렸다'는 것이다. 경찰이 뛰어와서 청중의 무기 유무를 조사할 때도 '나는 거부하지 않고 이 조치에 따르도록 권하자 집회는 다시 조용해졌다'고 자신의 침착성을 자랑했는데, 여기까지는 모두 계산대로 되었을 것이다. 요컨대 연설을 방해하려고 한 사나이도 경찰의 침입도 다 예측했다는 것이다. 연설을 방해한 사나이의 등장으로 공산당의 사주를 받고 잠입한 첩자의 입까지 봉쇄를 한 셈이다. 회장에 온 2, 3천 명의 당원에게도 무기를 가져오지 않도록 지령했으니 어서 보시라고 하며 신사적으로 나간 것이다.

여기까지는 그럴듯했다. 그러나 예상 밖의 일이 일어난다. 술에 취한 도발자는 '선교목사의 명함'을 가지고 있었기 때문이다. 그는 병원으로 뛰어갔다. 의사는 폭행을 확인했다. 여기까지도 괴벨스는 예측했던 일이 아닌가 싶다. 요컨대 병원으로 뛰어감으로써 이 도발자는 괴벨스의 첩자가 아니라는 사실을 증명하려던 것이다.

그런데 지나치게 정교하게 꾸며진 그 속임수가 오히려 화근이 되었다. 문제의 도발자를 좀 거칠게 다루며 큰 객실에서 끌어낼 때 노련한 목사에게 가해진 뺨따귀가 지금 어느 병원에서 죽음과 싸우고 있는 가엾은 희생자의 두개골을 깬 곤봉의 혹독한 타격으로 날조되는 그런 사태가 일어난 것이다.

결국 괴벨스에 의해 날조되었던 목사의 상처가 그렇게는 꿰뚫어 보지 못한 적의 진영에 의해 이제까지 날조된 영웅으로 바뀌어, 나치스를 공격할 절호의 기회가 되어 버린 것이다. 지금까지 수많은 폭력행위에 의한 운동정지 기회를 노리고 있던 경찰은 괴벨스에 의해 이 집회에서는 보기좋게 엎어치기를 당했지만 괴벨스가 그럴싸하게 연극을 보이기 위해 갈긴 뺨따귀 연기가 뒤틀리고 만 것이다.

'이만하면 충분해.'
'권력도 끝장났어. 이 범죄적인 태도를 분쇄하라!'
'당국이 현장 검증을 하러 오기 전에 먼저 한 사람의 목사가 타살되어야 했을까?'

괴벨스식으로 말한다면 '저널리즘 견강부회의 모든 법칙'을 구사해 '유대의 여러 기관지'는 떠들어댄 것이다. 마침내 활동정지 처분의 공문서가 발행되었다. 며칠 뒤에는 이 목사가 상습적인 주정꾼이기 때문에 성직에서 쫓겨난 것이 드러나 웃음거리가 되었는데 때를 놓쳐 나중에 후회하게 만든 셈이다. 쿠르트 리스는 이 목사 사건 후일담을 빈정댈 거리로 썼다.

'히틀러가 정권을 차지한 다음, 1934년에 그 목사는 케슬링이라는 작은 도시의 근로소장(勤勞所長)이 되었다. 그 이전부터 여기에서 나치당 지구(地區) 지도자를 하고 있었단다.'

어쨌든 이 시기에 괴벨스는 아슬아슬한 줄타기를 했던 것으로 생각된다. 이 사건 무렵, 히틀러는 여전히 베를린에 머물고 있었다. 그즈음 신문은 이 두 사람의 관계를 둘러싸고 헛소문을 냈다.

괴벨스는 이렇게도 말했다. '그들은 나에게 베를린을 떠나라고 권고했는데, 그것은 분명히 내가 있는 것이 불쾌하고 귀찮았기 때문이며, 그들은 내가 떠남으로써 오히려 당을 내부로부터 분쇄할 기회를 노려보려고 했기 때문이다.'

이 사건으로 일단 괴벨스의 선전 재능은 봉쇄당했는데, 여기에서 그는 마지못해 다시 임무에 착수, 베를린이라는 도시가 어떤 것인가를 재확인한다.

수도(首都)를 위한 싸움 뒤의 경과 속에서 자기가 맡았던 작업이 크다는 것을 알았다. 베를린을 우리가 탈취할 수 있다면 진실로 모든 것을 차지하는 것이 된다. 수도는 그 나라의 중심이다. 여기에서 의식의 흐름이 전국민 사이에 끊임없이 전달된다. 베를린을 민족을 위해 탈환하는 것은 사실상 역사적인 임무이고 또 가장 힘들지만 보람찬 일이다.

히틀러가 정권을 차지한 다음에 한 말이기 때문에 실제보다 보태어서 이 말을 이해해야 한다. 베를린 등장 이래로 끊임없이 아슬아슬한 줄타기로 승부를 해 온 괴벨스가 진정 처음으로 어려운 곤경에 처했다고 할 수 있다.

사주(使嗾)와 박해

대단한 괴벨스도 베를린에서의 공적활동 금지에는 위축됐다. 《베를린 공략》에서는 그 '금지가 당파적 행위이며, 객관적인 직무집행과는 그다지 관계가 없는 것'이라고 부정하지만, 경찰청이 '당파적 행위'를 하도록 부추긴 것은 나치스이고, 그런 의미에서는 성공했다고 할 수 있으나, 이 사건이 공적 활동 금지까지 당하게 하면, 아무래도 몸을 사릴 수밖에 없다. 그럼에도 괴벨스는 간섭을 비난하며 아직도 의기양양하기는 했지만 그것은 고작 어딘가 멀리서 들려오는 개짖는 소리나 같은 것이었다.

우리의 운동인 선전활동은 오로지 대중적 집회를 여는 것이었다. 더욱이 법문의 조항을 아무리 널리 해석해도 대중이 스스로 어떤 명칭으로 어떤 세계관을 갖는 것을 금할 수는 없었다. 따라서 익명으로 집회를 소집해 거기에서 나치즘을 말할 가능성은 아직 남아 있는 셈이다. 우리도 처음으로 그것을 시도했다. 그러나 경찰청은 곧 반격 태세로 나와, 공공의 평화와 안전을 해치는 것이며, 금지된 조직의 지속이라고 여겨야 된다는 규준에 따라 집회라는 집회는 철저히 금지당했다.

확실히 불굴의 투지라고 할 수 있을 만큼 괴벨스는 운동 정지는 있을 수 없다는 듯이 잇따라 어떻게든 끊임없이 아이디어를 생각해 냈다. '익명의 집회'에 대해 쿠르트 리스는 다음과 같은 조사(調査)를 기록했다.

'당은 지하로 잠복했다. 괴벨스는 당활동의 위장공작(僞裝工作)에 착수하여 체육 클럽, 야외 스포츠 클럽 같은 무난한 단체를 만들었다. 교화적인 이름을 가진 이런 새로운 조직은 괴벨스에게 정치활동의 연단(演壇)을 제공한다. 경찰청은 괴벨스에게 연설 금지령이 내렸다고 통고했다.'

이 금지령은 베를린뿐만 아니라 거의 독일 전 지역에 적용되기 때문에 그를 차츰 옥죄는 것이었다. 잇따라 위장공작을 위해 꾸며낸 '클럽'들은 모두 적발되었는데 언젠가는 청소년을 교화하고 교육선전에 기초가 되었을 것이다. 이런 고육지책도 탄로났지만, 괴벨스는 여전히 끈덕지게 버텼다.

그 다음으로 우리가 시도한 것은 적어도 의회에 자리를 가진 우리나라 국회의원에게 베를린의 선거민 대중 앞에서 연설을 시키는 것이었다.

이 또한 금지처분을 당하는 경우가 많았고 그의 아이디어도 조금씩 줄어드는 모습을 보였다. 게다가 폭력을 옳다고 하는 나치스 선전에 대해서 권력은 단호한 단속에 나섰다. '사회민주당의 경찰청'을 가진 정부에 대해 괴벨스는 모른 체할 수밖에 없었다.

국민으로부터 그 고뇌의 대변자를 빼앗으면 그와 함께 무정부 상태가 열린다. 왜냐하면 정부에 대해 가장 격렬하고 융통성 없는 판결을 내리는 것은 우리가 아니기 때문이다. 대중이야말로 우리보다 훨씬 융통성 없는 격렬한 생각을 가지고 있다. 국민 가운데 미미한 존재로 말을 제대로 사용하는 법을 배우지 못한 자는 마음속에 숨기고 있는 말을 하지 않고, 분노가 쌓임에 따라 날카로운 형태로 표현하는 것이다.

'고뇌의 대변자'란 물론 나치스를 말한다. 이 고뇌의 대변자는 자기편을 든다고 생각한다. '대중'을 후광처럼 뒤에서 비쳐준다. '말을 제대로 쓰는 법을 배우지 못한 자' 그것이 대중이라는 생각이고, 그런 사람들은 탄압을 받는 '고뇌의 대변자'를 위해 이제 분노를 정부에 터뜨릴 것이라고 대중론을 역설한 것이다. 물론 이 시점에서 그렇게 생각한다고는 말할 수 없다. 다음에는 뭐든지 말할 수 있다. 괴벨스는 이렇게도 말했다.

나치즘 운동은 지배층에게는 말하자면 안전판이다. 이 안전판으로 말미암아 대중의 격분은 하나의 배출구를 갖게 된다. 이 배출구가 막히면 분노와 증오심은 대중 자신 속으로 퍼지다가 이것이 부글부글 끓게 되면 통제할 수 없게 된다.

지나친 강변이라고 할 수도 있으나, 대중 에너지론의 관점에서 보면 이 역학에는 경청할 만한 면도 있다. 대중의 대변자인 나치의 운동이 활발할 때는 에너지가 방출되기 때문에 오히려 안전한데, 탄압해 버리면 배출구를 잃고 안으로 쌓인 것이 언젠가는 폭발해 수습할 수 없게 된다는 것이다. 이 충고는 패자의 변이라기보다 애당초 정권을 얻고 난 다음의 발언으로, 대중 에너지 이론에는 이해가 가는 점도 있다.

그리고 이 금지령 아래, 돌격대원의 배지나 기, 갈색 셔츠 같은 '상징'이 내부로 향해 어떤 효과를 가져왔는가도 설명한다.

그들이 자랑스럽게 입던 갈색 셔츠를 벗기고, 당의 상징인 기(旗)도 둘둘 말아 넣었다. 이제 이 기도 들고 다닐 수가 없다.

우리는 소곤소곤, 그리고 내성적으로 윗도리 주머니 구석에 자기의 당원증을 숨겨 넣었다. 이 휘장을 차고 있는 것이 보이게 되면 의연한 태도를 지닌 것으로 인정되었다. 법률의 눈에서 벗어나면 곧 수천 명이 이 휘장을 차고, 베를린 거리에도 차츰 눈에 띄게 되었다. 이 휘장을 찬 사람은 그것으로써 그의 반항의지를 나타낸 것이다. 그는 대중 앞에서 어떤 일이 있어도 거기에 맞서 투쟁을 계속할 의지가 있다는 것을 성명하는 셈이다. 그는 모든 절대적 세계에 도전하며, 나치즘과 유대의 비인간주의 사이의 싸움은 결국 우리의 승리로 끝이 날 것이라고 선언한 것이다.

이 내용이 사실인지 의심스럽지만, 괴벨스는 상징적인 것의 착용이 '반항의 의지'라든가 '투쟁을 계속할 의지'를 보이는 것으로 대변되어, 그것을 '자랑'스러워하는 단순한 면에서 에너지화할 수 있다는 것을 간파한 것이다. 상징을 만일 밖으로 내보이지 못하더라도 숨기고 있는 것만으로 하나의 힘이 된다는 것을 꿰뚫어 본 것이다.

이처럼 은밀하게 선전활동을 할 수밖에 없는 괴벨스는 또 다시 새로운 아이디어를 내게 된다. 그것은 '저널리즘에 출판을 통해 몸을 지킬 가능성을 얻고자 하는 기대'였다.

우리는 자체적인 신문이 없다. 따라서 우리에게 연설이 허락되지 않는 대신, 글을 쓰도록 해야 한다고 생각했다. 우리의 계획은 조직에 도움이 되어야만 했다. 지도부와 대중 사이의 파괴된 연락을 다시 결합해야만 했다. 당의 동지들로 하여금 적어도 1주일에 한 번은 운동에 대한 신앙을 강화시켜 다시 분발하도록 해야 한다.

그 결과가 '공격'이라는 뜻의 제목을 가진 〈앙그리프〉라는 유명한 주간지이다. 이 잡지에는 '억압당한 자를 위하여! 착취자에 대하여!'라는 부제가 붙여졌다.

괴벨스의 친구 유리우스 리펠트는 이 주간지 발간 아이디어는 다음과 같은 자리에서 떠올랐다고 적었다.

우리는 여러 잡담을 하고 나서 소박한 저녁 식사를 했다. 회식이 끝나자 괴벨스는 피아노 앞에 앉아 군가를 두세 곡 쳤다. 베를린 사람들이 아직까지 들어보지 못한 노래였다. 괴벨스는 갑자기 피아노를 닫고 일어섰다. '멋진 생각이 떠올랐어. 주간지를 내야 해. 주간지에는 연단에서 하지 못한 말을 쓸 수 있지 않아?' (쿠르트 리스, 《요제프 괴벨스》)

주간지 〈앙그리프〉

인간이 하는 모든 일에는 시기라는 것이 있다. 괴벨스가 〈앙그리프〉 창간을 생각하게 된 것은 나치스 운동이 금지와 탄압으로 좌절당하고 있을 때였다. 기술적으로나 자금면에서나 그 창간은 그도 인정할 만큼 참담했다. 아무리 아이디어가 좋고, 불굴의 투지가 충만했다 하더라도 시기 선택을 잘못하면 발만 동동 구르는 결과가 된다는 것을 괴벨스는 뼈저리게 느꼈다.

어느새 한여름이 되었다. 한산한 시기가 시작되었다. 베를린의 정치생활도 차츰 느슨해지고 예리함을 잃었다. 국회는 휴회를 하고, 소요라든가 큰 정치적 돌발사건 같은 것은 한동안 일어날 것 같지 않았다. 수도에서의 나치즘운동도 겉으로 보기에는 붕괴되었기에 여기에 대해 신문도 완전히 떠들어대지 않았다.

그렇게 어려움을 겪는 상황에서 괴벨스는 '우리의 시간과 모든 힘은 돈 걱정으로 지새웠다. 돈 또 돈, 그리고 언제나 돈! 이었다.' '집회를 열 수 있다면' 하고 불평했다. 이렇게 속도가 떨어진 시기에는 좋은 기운이 있을 수 없다.

나치스의 자금 출처를 의심하는 일이 많았다. 괴벨스의 말에 따르면 무솔리니한테서 돈이 온다는 소문도 있었던 것 같다. 그는 집회 입장료로 모두 자급자족한다고 했다. 이것이 진실한 대답이 아니라는 것은 이미 밝혀졌지만, 입장료를 받은 것 또한 사실이다.

'일반 사람들이 이것을 이해하지 못하는 것은, 우리와 비교되는 다른 정당들이 입장하는 사람들로부터 입장료를 전혀 받지 않기 때문이다. 그들은 무료인데다 맥주까지 서비스해 회장을 겨우 채울 수 있는 상태이다.'

다른 당은 맥주를 공짜로 주면서 대중을 낚아 들이는데, 나치스는 당당히 입장료를 받으면서 회장을 사람들로 가득 채운다는 것이다. 돈을 받는 것에 대해 사람들은 고마워하는 면도 있기 때문에 자금원의 필요뿐만 아니라 노역에도 썼다. 동지들의 연대감을 조성하는 데도 입장료가 도움이 되고, 나치스 집회에 가면 뭔가 재미있는 일이 있을 것 같다는 오락적 욕구에서, 공짜 맥주에 쓸데없는 연설을 듣는 것보다 돈을 내는 것이 낫다고 생각하는 대중도 있었다. 다른 당의 첩자도 많이 왔기 때문에 그들에게도 입장료를 물리는 것은 통쾌한 일이었다. 괴벨스는 이런 일이 가능한 것은 연설의 힘 때문이라고 장담했다.

다른 당들은 연사가 적기 때문이고, 또 하나는 이런 집회에서 말하는 정치적 견해가 광범한 민중에게 전혀 흥미가 없기 때문이며, 또 그들을 끌어들일 만한 매력이 없기 때문이다.

대중이 현재의 긴급한 시국문제를 나치당 집회에서 누구나 알기 쉬운 말로 다루어진다는 것을 알게 되자, 몇만 몇십만이나 되는 수많은 군중이 우리의 집회에 몰려들었다. 이 집회에서 대중은 계시, 자극, 희망과 신념을 얻게 되었다. 여기에서 그들은 전후의 혼란 속에서 그들이 절망하고 있을 때 몸을 의탁할 곳을 찾은 것이다. 이 운동을 위해서 그들은 지갑을 털어 마지막 한

푼까지 낼 준비가 되어 있었다.

한편 그들이 신문에 실패한 까닭은 집회 금지로 말미암아 '대중과의 정신적 접촉을 할 수 없을 뿐만 아니라 가장 중요한 자금줄이 막혀 버렸기 때문이다.' 이렇게 괴벨스는 주장하고 싶지만, 그것은 오히려 현상적인, 반복적인 원인이었고 시대의 대세에는 속수무책이었던 것이다.

이처럼 괴벨스가 그와 같은 시국을 잘 타지 못했기에 〈앙그리프〉 주간지의 실패를 거기에 돌리는 것은 선전가로서 자부심에도 어긋난 일이며, 뒷날 집필한 《베를린 공략》에서도 그와 같은 시대의 공기에 모든 책임을 돌릴 수는 없었다. 도리어 '아직 너무 미숙했던 탓'이라고 솔직하게 자가비판을 하는 것이 겸손하다는 평을 들을 수 있었으리라.

이 시기에 나치스는 사회민주당 정부의 경찰청에 의해 집회금지라는 가장 치명적인 타격만 입은 것은 아니었다. 그들이 다음과 같은 태세로 나왔다고 괴벨스는 말한다. 그것은 나치스의 선전을 어떻게 해야 봉쇄할 수 있는가 하는 전술로, 여기에는 어지간한 그도 속수무책이었다. 그들이 어떻게 대항선전을 펴는가 하면 이런 것이다.

우리는 여태 헛발질을 했다. 적은 결코 투쟁에 응하지 않았다. 우리가 그들을 공격하려고 하면 그들은 그것을 회피했다. 그들은 침묵전술의 안전지대로 몸을 피했다. 어떤 선동수단으로도 그들을 숨어 있는 곳에서 끌어낼 수가 없다. 그들은 결코 우리를 입에 올리지도 않았다. 나치즘이라는 말은 베를린에서 금기어가 되었다. 신문도 우리 이름을 되도록 들먹이지 않으려고 했다. 유대신문에서도 비밀지령이라도 있었던 것처럼 우리에 대한 글이 자취를 감췄다. 그들은 한걸음 더 나아가 오직 침묵을 지킴으로써 과거의 태도나 소란을 잊도록 하려고 힘쓴 것이다.

마치 최후 수단처럼 느껴진다. 완전히 무시하고 반응하지 않는다는 봉쇄술이다. 나치스를 공격하면 나치스를 선전해 주는 꼴이 된다는 것을 이제야 알게 된 것이다. 나치스의 선전전에 맞서기 위해서는 이것밖에 없다고 하는 궁극적인 지혜인데 어쩐지 뒷북을 치는 듯한 느낌이다. 베를린 전체가 나치스에게 애먹었다고 선언하는 것 같았기 때문이다. 나치스 초기부터 이 전술을 썼다면 모르지만, 이미 때를 놓친 듯했다. 한편 괴벨스는 이때 겁 없이 거드름을 피우고 있을 여유는 없었던 모양이다.

이것은 우리에게 처참하고 공공연한 공격보다 훨씬 견디기 어려운 일이었다. 왜냐하면 그것으로써 우리가 영향을 줄 수 있는 가능성을 모조리 빼앗기고 만 꼴이 되었기 때문이다. 적은 은닉처에 숨어, 비겁한 침묵과 무시 전술로 전선에 걸쳐 우리를 파멸시키려고 했다.

그렇게 그들은 이를 갈고 있었다. 그러나 이 시기에 안간힘을 쓴 것은 다음에 중요한 의미를 갖게 된다. 인간은 늘 움직이지 않으면 갑자기 움직일 수 없기 때문이다. 이와 같은 생태적 통찰에서는 아니지만, 그 비겁한 침묵과 무시를 이겨낸 '불굴정신'을 괴벨스는 자가선전식으로 이렇게 말했다.

그래도 우리는 활동을 멈추지 않았다. 그것은 감격에서가 아니라, 절망적인 증오심에서였다. 우리는 적에게 승리를 안겨주고, 그들 앞에 어쩔 수 없이 굴복하고 싶지 않았기 때문이다. 이 반항심이 우리가 제지할 수 없을 것처럼 보였던 쇠퇴의 위기에 맞닥뜨리자 오히려 분발해 투쟁을 계속할 용기를 주었다.

이것이 새로운 광명을 불러왔다는 것이다. 그는 극적으로 말하고 싶어하지만, 괴벨스는 이 계략을 육체적, 동물적으로 살펴 알고 있는 사람으로 여겨진다.

집회금지를 당한 것은 괴벨스가 자기에게 맡겨진 베를린 조직을 유명하게 하려고, 지나치게 폭력사태로 몰고 갔던 탓이라고 한다. 그러나 그 때문에 선전의 날개가 꺾이고 의기소침해진 괴벨스는 다른 한편 '자기의 출발점을 순교자 의식과 공모자 감정으로 장식할 수 있었다'는 것이 된다. 괴벨스는 곧 분발해 때를 잘못 잡은 것으로 금방 역전되어 간다.

10. 연설 금지의 역효과와 역선전

1927년의 뉘른베르크

    합창과 깃발, 연설과 횃불행렬을 포함한 대시위 운동이 나치스 연차대회의 인기종목으로서 펼쳐졌다. 선전을 위한 대행진과 동지적 결합을 과시하는 시위—그런 행사가 모두 끝나는 데는 3주일이 걸렸다. 씨는 이미 뿌려지고, 그 뿌리가 사회 깊숙이 뻗어 갔다. 얼마 뒤엔 뉘른베르크는 나치가 그 위용을 독일 전국에, 아니 전 세계에 보여주는 전시장이 될 것이다. 1927년의 당대회는 말하자면 그것을 위한 최후의 무대 연습이었다.

《괴벨스의 생애》을 쓴 로저 맨벨과 하인리히 프렌켈은 위와 같이 말했다. 한편 앨런 불럭은 《히틀러》 전기에서 다음과 같이 말한다.

    1927년 8월의 제1회 뉘른베르크 당기념회에는 돌격대원 3만이 당총재 앞을 분열행진했다고 한다. 1926년의 1만 7천 명에서, 당원수는 1927년에는 4만 명으로, 그리고 1928년 끝 무렵에는 6만으로 늘어났다.

이 사실을 보면 아무리 히틀러가 연설을 금지당했다고 해도, 집회금지로 큰 타격을 받은 것은 지나치게 힘이 넘쳤던 미숙한 베를린의 지도자 괴벨스뿐이고, 당 전체로서는 착실하게 당원을 늘려가고 있었던 것이다. 그리고 당대회는 4만 당원 가운데 돌격대원 3만을 동원했음을 알 수 있다.

이런 당대회를 열기까지, 괴벨스가 얼마나 힘을 가졌는지는 알 수 없다. 그러나 《베를린 공략》에는 당대회는 어떻게 치러야 되는가를 다음과 같이 말하고 있다.

나치당 당대회는 다른 정당들의 대회와는 본질적으로 달랐다. 다른 당의 당대회는 그것을 여는 사람들이 의회주의적 성질을 가지고 있는 데서 단지 값싼 토론 기회로 여겨졌다. 거기에는 주로 그다지 내용도 없는 협의를 하기 위해 각지에서 당 대표들이 모여 들었다. 당의 정책이 비판적으로 검토되고, 이 토론 결과를 대개 과장된 문장으로 이른바 결의라는 형식으로 그 시대의 흐름을 나타내고 있음을 알 수 있다. ……그들은 자주 이런 결의 가운데 당내에서 파열음을 내고 있는 잠재적 대립을 덮어 버리는 데 급급했다. 1년 내내 충실히 그리고 어김없이 지방에서 당을 위해 일하고 있는 사람들은 이런 상황을 마음 아프고 또 불유쾌하게 느낄 수밖에 없었다.

그런데 괴벨스의 당대회에 대한 견해는 어떠했을까? 그는 그것을 거의 선전 이외의 어떤 것도 아니라고 생각했다.

우리의 당대회는 모든 조직을 위한 열병식이다. 당의 동지들은 모두, 그 중에서도 특히 돌격대원들은 다들 당대회에 스스로 출석해 거기 나온 당의 동지들 사이에서 함께 일하는 것을 대단한 명예로 여겼다. 당대회는 절대로 아무런 소용도 없는 토론에는 기회를 주지 않는다. 반대로 그것은 공중이 보는 앞에서 전체로서의 당의 통일, 결속 및 실패 없는 투쟁력과 지도력, 당대회 사이의 긴밀한 결합된 모습을 보여주지 않으면 안 된다. 당대회에서 당 동지들은 새로운 용기와 새로운 힘을 모아야 한다. 돌격대 행사의 협조는 날카로운 결의의 비타협적인 규정과 마찬가지이다. 우리는 그들을 분발시켜 강화해야 한다. 그들은 다시 태어난 자세로 당대회에서 그들이 이제까지 해오던 역할로 돌아가야 한다.

그 시대에는 모든 조직을 위한 열병식이라는 발상이 있었음을 알 수 있다. 그 열병식은 당의 통일과 결속을 보여주는 역할을 했다. 또 안으로는 동지에게 용기와 힘을 북돋운다. 이것이 괴벨스가 《베를린 공략》을 쓴 시점에서 생각했던 당대회론이다.

1년 전 바이마르에서 열린 당대회는 내부 결속에 역점을 두었으나 1927년 뉘른베르크 대회는 전국에 당세를 과시할 목적으로 열렸다. 준비에 한 달이 걸렸던 모양이다.

'전국의 각 조직이 동서남북에서 모여 시위 대중행진에 도취하려고 생각했다'라고 괴벨스는 말했다. 취하도록 하고, 한껏 넋을 빼앗기도록 하는 것이 이 대회의 목적이었다고 해도 과언이 아니다.

그 시위는 대회장에서만 발휘된 것이 아니고, 뉘른베르크까지 가는 길에서의 도보행진도 기대했다. 괴벨스가 이끈 베를린의 대원은 뉘른베르크 당대회 3주일 전에 50여 명의 실업자로 이루어진 돌격대원이 이미 도보행진을 시작해 베를린에서 뉘른베르크로 갔다. 수도의 경계를 벗어나자 그들은 그리운 제복으로 갈아입고, 보조를 맞추어 몇백 킬로나 되는 길을 목적지를 향해 희망차게 나아갔다.

도보행진으로 대회장에 도착한다는 행진의 원형(元型)은 여기에서 만들어졌다. 그러나 40개 지역 각지 당원이 모두 그렇게 하지는 않았다. 요아힘 페스트는 '기(旗)와 악대로 장식된 특별열차에 올라타고, 돌격대와 당의 여러 단체가 전국 방방곡곡에서 찾아왔다'고 말하고 있기 때문이다. 정부의 탄압을 피하기 위해 열차에 한꺼번에 타지 않았는지도 모르고, 그래서 베를린 경계를 벗어나 제복으로 갈아입었는지도 모르지만, 이러한 행위들은 나중에 하나의 선전유형이 된다. 괴벨스의 말로 이 행진은 '국민혁명의 독일전투에 나서서 진군하고 있는 것을 보여주어야 한다. 국민이 완전한 신앙과 신뢰를 가지고 나치즘의 대중행진을 지켜보았다'고 하는 인상적인 효과가 기대되는 것이다. 이 당대회 모습을 괴벨스의 감격에 찬 문장에서 살펴본다.

토요일 밤엔 이슬비가 내렸다. 이른 아침 시내로 들어가자, 벌써 뉘른베르크는 완전히 새로워진 면모를 띠고 있었다. 갈색 셔츠가 서로 어깨를 스치며 긴 열을 이루고 거리를 지나 그들의 본영 쪽으로 행진했다. 이미 거리거리를 뒤덮은 깃발 장식 속에서 악대의 음향이 들려왔다.

정오 무렵에 대회는 개최되었다. 아름다운 문화협회 회관은 축제 분위기에 취한 사람들로 가득 찼다. 문이 열리고 회중의 끊임없는 환호 속에 아돌프 히틀러가 친위대를 거느리고 입장했다.

간결하게 정리된 지침적인 보고 형식으로, 당 정책이 뚜렷하고도 타협 없이 확정되었다. 대회는 오후 7시까지 이어졌다. 이윽고 뉘른베르크는, 행진하는 나치스트의 대중운동으로 들끓어 올랐다. 밤 10시 무렵 '도이체 호프' 앞에서 횃불을 받친 돌격대원들이 총통의 앞을 행진할 때는 그들 한 사람 한 사람이 이 당과 함께 무너진 독일의, 사납게 놀치는 큰 바다 한가운데 우람한 바위가 되어 우뚝 세워진 것을 의식하게 되었다.

이윽고 위대한 날이 밝았다. 아침 8시에 나치당 돌격대가 위대한 대중의 흥미를 위해 루이트볼타인에 모였을 때에는 아직 도시의 상공을 안개가 뒤덮고 있었다. 갈색 부대가 모범적인 규율 속에 끊임없이 몰려 들어와 한 시간 뒤에는 넓은 테라스가 밀집한 군중으로 가득 찼다.

히틀러가 그의 충성스런 대중의 그칠 줄 모르는 환호 속에 등장하자 어두운 구름 사이에서 태양이 나타났다. 자연스러운 움직임 가운데 새로운 당기의 수여식이 있었다.

낡은 색은 가라앉고 말았다. 옛 독일 깃발은 짓밟혀 더럽게 되었다. 우리는 우리의 믿음에 어울리는 새로운 상징을 수여하는 것이다.

……중앙시장에서는 안을 자세히 볼 수 없는 군중의 행진이 이루어졌다. 그것은 끊임없이 한 시간이나 이어졌다! 뒤에서 뒤에서 갈색 무리가 행진해 와서는 그들의 총통에게 인사했다.

태양이 곳곳을 비췄다. 그리고 끊임없이 꽃이 던져졌다.

젊은 독일이 행진한다.

투쟁의 시련을 겪은 베를린 돌격대가 맨 앞에 섰다. 그들은 끊임없는 환호소리와 함께 비를 맞고, 꽃 세례를 받았다. 그들은 처음으로 독일 국민의 심장에 맞춰졌던 것이다.

그 사이로 도보돌격대가 들어왔다. 그들은 약속받은 아름다움과 품위, 그들의 나라에서 보장해야 할 일과 빵도 얻지 못하고 전단과 신문과 책을 배낭에 가득 채워 7월에 뉘른베르크를 향해 떠난 베를린의 독일 노동자였다.

일찍이 문학청년이었던 괴벨스는 마치 감격한 보도기자의 눈, 또는 선전 문장가처럼 온갖 아름다운 말로 그 모습을 기분 좋은 듯이 서술했다. 이 대회에서는 괴벨스가 아직 대회 연출자 자리에 없었던 것으로 생각되지만, 그는 스스로 흠뻑 도취되어 기묘한 인상을 준다. 그러나 이때는 그가 아직 베를린의 한 지역지도자에 지나지 않았고, 자기가 거느린 관구의 당원 행진을 특별히 정성을 들여 묘사하는 것을 잊지 않았다.

그들 600명의 당원을 선두로 행진이 시작되었다. 그들은 1년 동안 가장 어려운 투쟁을 겪고 나서 여기까지 왔기 때문에 지금 꽃 폭풍을 받고 있는 것이다. 그들은 그 꽃을 차례차례 띠 사이에 끼었다. 모자도 금세 꽃술처럼 되었다. 아가씨들은 그들에게 웃음을 보내고 윙크도 했다.

그리고 이제 그들은 총통 앞을 행진하고 있다. 몇천 몇만 명이 만세를 부르짖고 있다. 그 소리도 그들의 귀에는 거의 들리지 않는다. 그들은 띠 사이에서 꽃을 꺼내 환호하는 군중에게 던지고 있다…….

그리고 밤이 되자 모두 지쳐 축 늘어졌다. 비가 오기 시작했다. 대표자 회의의 매혹적인 마지막 시위 모습으로 운동의 집중적 투쟁이 한 번 더 펼쳐졌다. 거리에서는 환호성이 울리고, 흥분한 사람들로 넘쳐났다. 새로운 국가가 벌써 생겨나기라도 한 듯이 활기를 띠었다.

북치는 소리와 피리소리가 들려왔다. 그리움을 가진 독일 젊은이의 신선한 심장만이 아직도 분출할 수 있는 감격이다. 그날 밤, 일곱 군데의 대중집회에서 당의 위대한 연설가들이 몇만 사람들 앞에서 연설했다.

밤의 장막이 내렸다. 위대한 혜택을 받은 대회는 끝났다. 이 대회는 그곳에 참가한 모든 사람에게 앞으로 1년 동안의 활동, 배려와 투쟁을 위한 힘의 원천이 되어야 한다.

꽃을 띠에 끼어, 그것을 군중에게 되던져 보낸다는 것은 베를린의 돌격대만이 괴벨스의 지시에 따라 보여준 것일까? 집회 금지의 나날과 〈앙그리프〉 주간지에서 부진했던 울분을 여기에서 한꺼번에 날려 버릴 것 같은 행사가 되었다.

이 대회에는 다른 나라 대표단도 참가했던 것 같다. 히틀러 유겐트도 처음으로 등장했다. 갈색 제복도 통일했다. 페스트는 이 제복을 이렇게 설명했다.

'히틀러까지도 로스바흐 구 식민지 보안대의 장비로부터 채택한 돌격대용 갈

색 셔츠를 착용했다. 그렇기는 하지만, 그는 이 갈색 셔츠를 볼품없다고 보았다'

위기의 극복

뉘른베르크의 당대회는 침체상태에 빠져 내부 분열까지 일어나고 있던 나치스의 내부 형세의 결속을 꾀한 하나의 큰 투기였다.

괴벨스는 거짓말같이 원기가 왕성해졌다.

당대회는 우리의 일상 활동에까지도 그 영향을 드러냈다. 한산한 시기를 지나, 그 모든 우려와 곤궁을 겪었던 여름이 지나갔다. 그리고 모든 면에서 뉘른베르크 대회가 승리를 약속한 등대처럼 빛을 비쳐주고 있었다.

이처럼 밝은 빛이 회복되었다. 이렇게 흐린 다음 맑아진 가을 하늘과도 같은 상황은 이 힘에 넘친 사나이 괴벨스에게 하나의 능력으로 작용할 계기가 될 수도 있다.

유럽의 하한기(夏閑期), 그중에서도 독일의 수도 베를린 사람들은 직업활동을 멈추고 피서를 가는 이들이 많아, 거리에는 행인들이 뚝 끊어져 속도를 잃은 시공간이 해마다 어김없이 찾아왔다. 이 시기에 괴벨스는 활동하기 위해 안간힘을 써보았지만, 달리 효과가 없어 낙담한다. 그러나 그는 도리어 용수철처럼 튀어오르기도 했다. 그 자신이 어려서부터 고민했으리라 짐작되는 변덕스런 성격이 도리어 운 좋게도 그야말로 정치선전의 일이 그의 천직인 듯한 인상마저 느끼게 했다.

앨런 불럭은 히틀러의 성격을 '일찍이 기가 꺾인 적이 없는 데다, 언젠가 행운이 찾아와 마침내 모든 일이 자기 뜻대로 잘 되는 날이 온다는 확신을 갖고, 스스로 그 믿음을 버리지 않을 뿐만 아니라, 그 신념을 다른 사람에게 감염시켜 그들의 신념을 활기차게 하는 그런 능력을 가진 인물이었다'고 평가했다. 그 진단이 맞다면 괴벨스는 히틀러의 감염자이다.

특히 '모든 일이 자기 뜻대로 잘 되는 날이 온다는 확신'을 가지게 된 점이 가장 감염이 잘된 것이다. 특히 그는 자기가 꾸민 거짓도 스스로 믿음으로써 확신적인 신념으로 여기며 살게 된다. 베를린에서의 집회 금지와 〈앙그리프〉 주간지의 실패에 따른 피해 의식은 실제로는, 탄압하는 쪽은 나치스의 존재를 그다지 중시하지 않았음에도 불구하고, '박해하는 것이 마치 유행처럼 되었다'고 믿고, 분노의 이를 가는 등 다양한 반응을 보였다.

또 다른 예를 들면, 다른 당의 당대회를 무능하다고 비난하면서 나치스의 변사단(辯士團)을 자랑하는데, 그때 '우리는 이런 연사들을 계통적으로 학교에 보내 위대한 수사가로 교육한 것은 아니었다'고 이야기한 것은 틀림없는 거짓말로 드러났다.

1926년 끝 무렵에 나치스는 연사학교를 세웠다. 이 학교는 활동가들에게 연설 기술, 지식, 재료 등을 제공했으며, 당 자체 보고에 따르면 1932년 끝 무렵까지 6만여 명의 연사를 양성했다.

이는 페스트가 소개한 사실인데, 괴벨스가 다른 정당의 당대회가 무의미함을 주장하기 위해서는 이처럼 거짓말을 아무렇지도 않게 하며, 그 거짓말이 그의 논리를 확실히 강렬하게 만들고 있음을 보여준다. 더구나 다른 당대회가 당찮은 일이라는 지적과 나치스의 변사단이 다른 정당보다 우월한 것도 사실이라는 거짓말은 그의 논리를 조금도 손상하지 않는다. 스스로 거짓말을 믿음으로써 그것은 더이상 거짓말이 아니라고 하는 능력을 괴벨스는 몸에 지니기 시작했다.

뉘른베르크의 전국 당대회는 침체 속에 있던 나치스에게 기적적으로 살아날 생명력을 주었는데, 그것은 1년 전 바이마르 당대회에서 시도한 마술적 의식의 효과를 몸소 겪은 히틀러가 더욱더 대대적으로 시도해보려는 것이었다.

나치스의 신문은 참가자가 3만, 또는 10만이라고도 했으나, 그 실제 수는 1만 5천에서 1만이 되지 않았다고 하니, 부풀린 선전이지만 그렇다 해도 조금도 놀라거나 질릴 필요는 없다. 세상에 알리기보다도 내부 결속을 위해 유익했다고 평가되는 대회였다. 이 대회의 마술적 쇼가 보여준 의미는 괴벨스가 말했듯이 '뉘른베르크라는 이름이 대다수의 당 동지들에게 비할 데 없는 마력을 의미했다. 이 뉘른베르크라는 이름은 그들에겐 독일 그 자체를 뜻했다'는 것이다.

쇼의 마력도 그러하지만 당대회 결과는 '뉘른베르크'라는 지명을 '독일 전국에' 감동시켰다. 지명은 상징이 되어 당원들 머릿속에 새겨져 버리는 힘이다. 뉘른베르크는 고대 로마제국의 도시이다. 이 역사적 영광스런 이미지는 그야말로 히틀러에게 어울리는 선택이었다고 하는데, 그러기에 그 뒤, 이곳에서 당대회가 열려 성지처럼 되어 갔다. 이러한 제1회 대회는 그 쇼의 면에서도 훗날에 위대성을 갖지 않았을 것이고, 히틀러도 싫어했다는 그 갈색 제복으로는 오히려 대외적으로 이상한 느낌밖에 주지 않았을 것이 분명하다. 무엇보다도 뉘른베르크라는 지명이 당원들에게 강한 동경의 이미지를 심어준 것이 중요했다.

괴벨스는 뉘른베르크 대회에서 베를린 대원들의 분투를 《베를린 공략》에서 과장해서 쓰고 있다. 그러나 이 과장도 하나의 신앙 수단이 되어 있어, 나치스의 다른 당원들이 본다면, 사실은 그리 대단한 활동으로 생각되지 않은 것도 의식 과잉일 만큼 자기들은 해냈다고 믿는다든가, 믿어버리고 있어, 이 믿음은 아무도 당해 내지 못하고 침묵할 수밖에 없게 된다.

베를린으로 돌아온 괴벨스 산하의 당원은 곧 체포되었다. 그의 증언에 따르면, 체포된 사람은 6백이나 된다. 그러나 이때 마치 하한기의 침체에서 벗어나, 뉘른베르크의 감격을 연장시켜 괴벨스의 선전을 위한 두뇌도 최대한 가동하기 시작했다. 〈잉그립〉 주간지는 갑자기 활기를 회복하기 시작했다. 그리고 만화가 선전에 중요한 무기가 되었다. 만화 아이디어도 괴벨스가 생각해 낸 것이 아닌가 생각될 정도였다.

물론 괴벨스의 연설은 여전히 금지된 상태였다. 그에 대해 그는 이렇게 말했다.

어떤 사람에게 연설을 금지시키더라도 만일 점점 많은 당원이 그는 진리를 말하기 때문에 수도에서 연설이 허락되지 않는다고 하는 의혹을 사게 된다면 그것은 결국 무슨 소용이 있겠는가! 또 이 금지를 회피할 가능성이 있다고 하면 그 또한 무슨 소용이 있겠는가! 예를 들어 당과 전혀 관계가 없는 '정치학교'를 세운다. 이 학교에서 연설을 금지당한 연설가가 강사로 들어가면, 이 학교는 곧 베를린의 어느 공개적 정치집회에서 볼 수 없는 그런 대중적 효과를 얻는 것이다.

괴벨스는 연설 금지가 갖는 역효과와 역선전에 빠진 모습을 꿰뚫어 보았다. 물론 '그는 진리를 말하기 때문에 수도에서 연설이 허락되지 않는 것이다'라고 베를린의 나치스에 대한, 또는 괴벨스에 대한 생각을 사람들이 달리 한 것처럼 보이지는 않지만, 인간은 곧잘 그런 정치적 연민에 빠지기 쉽다. 가능하면 좋은 쪽으로 생각하는 괴벨스의 '자기 사랑'을 여기에서도 볼 수 있다. 만일 어떤 금지도 회피할 방법이 있다면 그 금지는 짐짓 호박에 침주기 꼴이 되어 마침내 오히려 금지자 스스로 비판받게 되고 역선전이 되어 원수를 만들기도 한다. '금지를 회피할 가능성'을 괴벨스는 재빨리 찾아냈다.

베를린에서 당원 집회가 금지되자, 우리는 곧 포츠담으로 모였다. 모인 사람의 수는 수십 명이 줄었으나, 그들은 당기(黨旗)에 대해 충성심을 맹세했다. 그들은 거기에 참석했다는 사실만으로도 그들이 큰일을 위해 충성을 지키고, 위험 속에서도 참고 견딘다고 밝혔다. 포츠담에서 그들은 낡은 제복을 잘 차려입고, 갈색 셔츠에 히틀러 모자를 쓰고, 가슴에는 당원증을 찬 자세로 나치스 당원임을 과시했다.

베를린에서 집회를 막는다면 포츠담에서 열겠다는 것이다. 포츠담뿐만 아니라 수도 주변의 다른 곳으로도 나갔다.

독일 공산당을 상대로 마음을 들여다보는 듯한 치열한 토론을 자주 함으로써 가까운 곳 지역을 하나하나 점령해 갔다. 수도 근처에 근거지를 만들어, 그곳에서 선전을 강화했으므로 그 반향과 결과는 베를린으로도 들어갔다.

이에 대해 괴벨스는 '결국 어떤 수단에 대해서도 맞설 방법이 있다는 것이다'라며 자화자찬했다.

인간의 발상과 아이디어는 궁지로 몰릴 때 더욱 샘솟는다. 베를린의 괴벨스에게서 그 사례를 보게 되는데, 그가 살아 온 개인적인 인생 가운데 모처럼 얻은 지위였기 때문에 괴벨스는 더욱 필사적이었다.

탄압기관이 집회 주변에 놀라울 정도로 공포감을 조성할 때만 일시적으로 그 운동을 가로막을 수 있다. 그러나 간사한 작은 술책을 쓴다면 그것은 늘 그들이 기획한 목표의 반대되는 결과를 가져 올 것이다.

만일 금지가 자주 역선전이 되기 쉽다면 그런 금지를 어기지 않고 선전을 실행할 방법은 없는 것인가? 괴벨스에 따르면 '결국 어떤 수단에 대해서도 대항 방법이 있다'는 것인데, '놀라울 정도로 공포감을 조성할 때만' 운동이 일시적으로 금지된다고 괴벨스는 말했다. 이는 묘하게도 예언적인 대사라고 말하지 않을 수 없다. 왜냐하면 이 시점에선 나치스가 탄압받고 금지당한 처지에 있지만 얼마 뒤에 다시 입장이 역전되기 때문이다. 나치스는 수많은 금지령을 갖고 시민과 반대운동자를 가로막기 시작했다. '놀라울 정도의 공포감으로' 사람들을 철저히 밑바닥에 빠뜨리는 것이다. 그러나 그 공포정치도 '겨우 일시적으로 잠시 운동을 가로막는다'고 예언한 것도 자신의 운명을 알아 맞힌 것이나 다름없으니, 참으로 우스꽝스럽다. 그리고 그는 대중론이라 칭할 수 있을지는 알 수 없는, 국민론을 부르짖는다.

국민은 뚜렷한 정의감을 가지고 있다. 우리가 금지를 이겨 내지 못하고 무너져 버렸다면 닭 한 마리조차 우리를 위해 울어주지 않았을 것이다. 그러나 우리는 자신의 힘으로 목숨을 다해 그들의 금지와 그것으로 의도된 목적을 극복했으므로 폭넓은 대중의 동정심을 탈환한 것이다. 공산주의자도 그 가슴 한 구석엔 우리에 대한 일말의 이해와 존경심이 있다. ……민중은 언제나 오로지 자신의 힘으로 박해와 곤궁을 이겨낼 수 있는 자들에게 느끼는 애착을 향수한 것이다.

국민의 정의감이란 무엇인가? 그것은 '동정심'을 느낄 때라고 괴벨스가 말하는 것으로 여겨진다. 그 '동정심'은 스스로의 힘으로 금지와 싸우고 있을 때에 생긴다. 정의라는 것은 '동정심'을 사지 못할 때는 정의로서 승화될 수 없을지도 모른다. 이런 괴벨스의 정의론은 대중을 여성으로 볼 때에만 얻을 수 있는지도 모른다. 남자를 포함한 대중 속에 있는 모성애를 자극하는 것이 대중의 정의감에 의한 동정과 지지를 받을 수 있는 길이란 말과 같다.

나치스의 선전술은 줄곧 열세에 놓여 있던 체험에서 비롯해 거의 모두 역산적(逆算的)으로 꾸며 낸 술수가 아니었을까. 그 역산을 재역산하여 대중을 조작한 것이 정권을 획득해 독재의 길을 간 나치스의 모습이었으리라.

묵살과 관헌의 속박으로써 우리를 굴복시키려고 한 시도는 실패했다. 그들은 끝없이 비열한 신문 〈캄파냐〉에 의해 먼저 우리를 유명해지게 했다. 우리 당의 대표자가 널리 알려지고, 당 또한 명성을 얻었다. 우리는 우리의 적으로 하여금 이름이 나게 했지만, 적도 우리를 유명하게 한 것이다.

괴벨스는 적의 비열함, 그들의 묵살과 속박이 나치스와 히틀러를 도리어 유명하게 만들고, 그 이름을 대중에게 잘 알도록 해주었다고 말한다. 이것은 하나의 선전 방식이다. 적을 공격하고 상대함으로써 적을 유명하게 한다는 것은 선전 세계에서는 자주 있는 일이기 때문이다. 이 자각은 페스트의 다음 말과도 어떤 점에서 상통한다.

히틀러 자신은 연설 금지 때문에 오히려 덕을 보았다. 왜냐하면 집회장을 채우지 못해 웃음거리가 되는 찬밥 신세일 때도 연설 금지 덕분으로 히틀러라는 이름이 손상받지 않아도 되었기 때문이다. 이 사실이 밝혀졌으므로 그는 이윽고 스스로 활동을 삼가게 된다. 1927년에 그는 57회의 공개연설을 했지만 2년 뒤 그의 횟수는 29회로 줄어든다. 히틀러는 이 무렵이 되어 신비로운 은둔상태가 자신에게 얼마나 유리하게 작용했는지를 비로소 깨달은 듯하다. 대중 앞에 복귀하자마자 그는 불리한 정세라는 강대한 적과 경쟁하게 되어 버렸다. 곧 실패하기 시작하고, 비판이 쏟아졌다.

금지당해 아무것도 하지 않는 것이 오히려 동정을 사고 동정을 넘어 신비로 이어지는, 공짜 선전효과가 되는 것이다.

우리는 불사신이다.
위대한 운동은 모두 무명상태에서 시작된다. 어떤 개인의 머리에서 처음으로 나온 사상이다. 이 개인을 어떤 사상의 천재적 발명가처럼 생각한다면 그것은 잘못이다. 이 개인은 운명적으로 인정받고, 국민이 은밀히 느끼며 가슴으로 동경하고 있는 것을 말로 나타냈을 뿐이다. 그는 광범한 대중이 이해할 수 없는 충동을 대신 표현해 주는 것이다. 우리의 젊은 사상이 대중 사이로 전달된 경우에도 대중은 스스로 그것을 분명히 느꼈다.

괴벨스의 《베를린 공략》도 나치스 막바지에 이르러 마지막 장이 된다. 그는 아무래도 선전의 요체가 정황을 파악하는 데 있고, 그것을 감지한 듯하다. 정황론이란 그 시대에 살고 있는 사람이 누구나 막연히 느끼면서도 말로 나타내지 못한 것을 단번에 표현해 주는 것이다. 공감이란 그 대변자를 발견할 때의 놀라움이다. 그러나 괴벨스는 '공감'을 달리 말했다. '그것은 내가 언제나 믿고 생각하며 궁리하던 것이다. 그것은 확실히 내가 추구하는 것이다. 내가 느끼거나 어렴풋이 감지한 것이다.'

다시 말을 바꾸면, '대중의 동경과 예감을 나타낸 말'로 지지자를 얻을 수 있는 것이다.

다음에 나치스가 승리한 것은 우연성도 있고, 선전의 기술적 계략도 있었으나 근본적으로는 이런 정황 속에서 인심을 잘 파악했음을 인정하지 않을 수 없다. 그 정황 파악은 오직 사람들이 베르사유 체제 아래 정치에 매우 큰 불만이 있었다는 것과 지나치게 복잡한 가치관의 혼란 속에서 무언가 새로운 것에 자기를 맡기고 싶다는 가장 위험한 충동이 그들의 무기력한 심리에 싹트고 있었고, 그것을 나치스가 포착했기 때문일 것이다. 그 몽롱한 상태의 대중에게 하고 싶은 말을 던져준 것이 나치스이다. 괴벨스는 오만하게도 마치 자신이 선발된 사람이나 된 듯이 '국민이 은밀히 느끼며, 가슴에 동경하고 있는 것을 말로 표현하는 것이다'라고 주장했다.

그러나 괴벨스는 사람들이 곧 그것을 이해하지 못하기 때문에, 이 시대를 돌파할 '위대한 세계관'은 4단계를 거쳐야 한다고 규정한다. 그것은 일종의 순교(殉敎) 교육 규정이라고 해도 무관하다.

그 4단계 가운데 첫 단계는 '무명상태로 멈춰 있는 것'이다. 그것은 '말없이 참을수록 강해지기도 하는지를 시험한다'고, 여기서는 인내를 강조한다.

두 번째 단계는 무명에서 벗어나 주위에서 '냉소'를 받는 상태이다. 적에게 투쟁심을 일으켜, 묵살되고 압살당해 버리면 밑천까지 날리므로, 오히려 냉소를 받는 것이 낫다는 것이다. 그것은 존재를 인정받는다는 것보다 무시를 당하지 않았다는 것이고, '적에게 냉소를 당해야 비로소 자기가 강해졌음을 느낀다'는 좋은 결과를 낳는다. 요컨대 '적이 냉소할 뿐 아무것도 하지 않은 동안에, 우리의 운동은 힘과 열정을 얻기 때문'이라는 것이다. 게다가 나치스 당원의 명예욕을 부추겨 '우리는 너희들이 비웃을 수 없도록 해줄 거야!'라는 희망에 불타는 이점도 제시하고 있다.

세 번째 단계에서는 '거짓말과 비방'에 의한 투쟁이 시작된다. 냉소로는 끝낼 수 없어 '거짓말과 비방'이라는 언어를 무기로 싸움을 걸어 온다. 이렇게 되면 확실히 그 존재가 장애물이 된다. 그러나 '거짓말과 비방'의 언론투쟁에서 상대를 일축할 수 있다고 깔보고 있다. 그것은 예정된 함정이라고 괴벨스는 말한다. 이 시기에 그는 거기까지 냉정하게 생각할 만한 여유가 있었다고는 보이지 않지만 이 《베를린 공략》은 아무래도 정권획득 뒤에 쓰였기 때문에 좀더 차분히 말할 수 있었다.

적은 날마다 새로 말을 만들어 낸다. ……이 거짓말도 처음에는 내성적이고 판단력이 없는 대중에게 인상적이 되기도 한다. 그러나 그것은 적이 대중을 우리의 운동과 그 운동 지도자와 직접의 개인적 접촉을 묶어 놓을 수 있도록 한동안만 가능한 것이다. 그것을 할 수 없게 되면 적의 패배가 된다. 이제 그만큼 자주 속아 온 대중이 자기의 눈으로 우리의 운동과 그 운동의 지도자를 알 기회를 갖는 순간에 그들은 이제까지 잘못 전해진 우리 운동의 진상과 다르다는 사실을 알게 되는 것이다. 이젠 대중이 모욕을 느낀다. 왜냐하면 민중은 속아 넘어 갈 뻔할 때만큼 크나큰 분노를 느끼지 않을 수 없기 때문이다.

선동전술은 나치스의 장기인데, 선동에는 선동으로 맞섰지만, 선동을 같이 한다면 강자보다도 약자가 이긴다는 확신이 괴벨스에겐 있었다. '그들이 대중에게 거짓말을 한 것이 현실과 차이가 너무 뚜렷하면 거짓말이 그것을 발설한 자에게 돌아가 파멸적인 영향을 주는 것'이라는 논리이다. 여기에는 어느 정도 진리가 있다. 그것은 집권 측의 선동이 눈에 띄기 쉽기 때문이다.

마지막 단계는 '박해'이다. 비방으로는 안 되는 것을 폭력으로 나올 경우를 말한다. 폭력은 어느 쪽이 먼저 썼는지 알 수 없지만 순교자 의식을 선전에 쓰고 있는 괴벨스는 폭력적 박해로 상대가 나오는 경우조차 이제까지 3단계의 시련도 견디어 냈기 때문에 쉽게 꺾일 리가 없다고 한다.

이 4단계에서 당황해 폭력으로 나온다면 이미 때가 늦었다고 한다. 괴벨스는 '그 수단이 늘 행차 뒤의 나팔같이 되는 것은 제도의 비극이다. 이것을 더 빨리 썼다면 아마 성공했을 것이다'라고까지 단언했다.

무명—냉소—비방—폭력 그렇게 차츰 억압의 강도가 높아지지만 그럴수록 강해진다는 것을 그들은 알지 못한다고 괴벨스는 웃어 보였다.

'그에게는, 폭행은 적이 그를 인정한 것, 적이 그를 미워하고 있는 것, 더욱이 적을 인정하기 때문에 그리고 적이 그를 두려워하는 나머지 그를 증오한다는 증거이다. 피를 흘리게 되면 운동을 더욱 긴밀히 교착시킬 뿐이다'

이러한 결론에 이르게 된다. 1927년 무렵엔 괴벨스가 말했듯이 고조된 대중의 성황을 보여줬다고는 생각하지 않지만, 그의 요설은 다음과 같이 국민이 하고 싶은 말을 선점해 지나치게 조금 우쭐댄 것 같기도 하다.

그들이 이 운동에 일격을 가하면 국민이 '내가 맞았다'라고 말하며 나오고, 운동 중에 한 사람이 비방당하면 몇백만 명이 '그것은 나야'라고 외치는 것이다. 추종자 한 명이 어두운 거리에서 구타라도 당하는 날이면 대중이 들고 일어나 위압적으로 성명을 한다—'몇백만이 나를 보고 있어, 그리고 이 사람들이 모두 재판관이라고'.

조금 연극조로 대중을 머릿속에서 움직이고 있는데, 한번이라도 인간, '대중'이란 존재를 생각하는 일을 하게 되면 무의식중에 이렇게 난폭한 몽상을 하게 되는지도 모른다. 1927년 10월 29일. 괴벨스의 서른 번째 생일이었다. 그날 '행복한 기습'이 그에게 찾아왔다.

정오쯤 경찰청에서 편지가 왔는데, 그 편지에는 요 4개월 이상이나 붙어 다니던 연설 금지가 풀려, 경찰청에 미리 집회개최를 통고해 승인을 받을 경우에는 연설을 허용한다는 것이다.

이 연설 금지 해제는 정부당국이 아직도 나치스를 얕보고 있다는 증거 가운데 하나이다. 마이너스의 조건 속에서 열심히 끌어올린 플러스의 조건을 한꺼번에 날려버리듯, 또는 지나친 장난기에 취해 괴벨스는 '이것은 예기치 않았던 우연한 행복이었다. 이제부터는 끊임없이 열릴 집회에 대중이 우르르 밀어닥칠 것이 틀림없다'고 만세를 불렀다.

이 최초의 축하 소식을 시작으로 동지들로부터 축사와 전보가 전달되고, 생일 파티가 열렸으며, 어느 정치부원이 보낸 소포 안에는 주간지 〈앙그리프〉의 새로운 예약자 명부가 들어 있어, 그를 기쁘게 했다.

괴벨스에게는 그야말로 꿈 같은 하루였고, 운명론자처럼 품고 있는 말을 서슴없이 했다. 괴벨스 개인과 당의 운명이 일치한 날이기도 했다.

누구의 생애에나 모든 행복과 모든 불행이 일시에 찾아오는 게 아닌가 그렇게 생각되는 날이 있다. 그런 경우에 인간은 겹친 행복으로 지난날의 불행에 대해 보상을 받게 된다. 또한 겹친 불행으로써 과거의 행복에 대한 형벌을 가해야 될 것이다, 그런 식으로 상상할 수 있는 것이다.

겹친 불행과 겹친 행복이 괴벨스가 베를린 지역 지도자로 임명된 1년 동안에 우르르 함께 온 것이다. 인간의 일생에는 이런 일이 있기도 한다.

이렇게 내적으로 흥분하기 쉬운 성격과 냉철한 성격을 통틀어 객체로 드러낸 20세기의 흔치 않은 선전적 인간 괴벨스도 이날만은 '운명'이란 의식 앞에 무릎을 꿇었다.

운명은 이 순간을 위해 유쾌하고, 또는 불쾌한 기습 모두를 저장해 놓고, 그것을 이제 넉넉히 운명에 사로잡힌 자, 또는 거기에 은혜를 입은 자 위에 쏟아 부었다.

11. 아침 몸치장에 45분이 걸렸다

괴벨스는 식사를 할 때에는 검소한 상차림에 적게 먹었고 그것을 미덕으로 생각하는 데가 있어, 그의 집으로 초대를 받았을 때는, 미리 배를 채우고 가야 한다는 말이 있었다. 그러나 그의 생활방식에 낭비벽이 없었던 게 아니다. 괴벨스는 옷에 돈을 썼다. 쿠르트 리스는 《요제프 괴벨스》에서 다음과 같이 말한다.

신사복은 100벌이나 되고 관청과 별장에 몇 벌씩 걸어놓고 필요할 때 갈아 입었다. 내복과 와이셔츠를 적어도 하루 두 번, 구두도 몇 번씩 바꿔 신었다. 비서에 따르면 그는 색깔, 모양, 재질이 다른 구두를 150컬레나 가지고 있었다.

괴벨스의 신사복은 '몇백 벌'이라는 이야기도 있다. 인간은 보통 모든 것에 인색하지만은 않다. 인색한 측면이 있으면서도 어떤 것에는 극도로 집착해 다른 사람에게는 믿기지 않을 만큼 낭비를 하기도 한다.

가계에 대해서도 괴벨스는 꽤 인색한 것 같은데, 히틀러처럼 자기의 생활에는 관심이 없거나 채식주의자와 같이 금욕주의를 실천한 것도 아니다. 그러나 그는 옷에 대해서는 대단히 집착했다. 나치스 간부 중에는 괴링처럼 놀랄 정도로 옷에 사치를 부리는 사람이 있는데, 그의 경우는 젊어서부터 멋쟁이란 말을 들었고, 갑자기 출세한 뒤에는 그 취미에 더욱 몰입했다. 괴벨스를 괴링의 반열에 두는 것은 어떨까?

히틀러와 괴링 그리고 괴벨스 세 사람을 놓고 잠시 살펴보자. 멋의 센스에서는 괴링이 뛰어났다. 히틀러는 멋과는 거리가 멀었다.

그 무렵 공개된 히틀러의 사진은 모두 검열을 받았을 것이고, 호프만이라는 전담 사진사가 있어 총통 우상 만들기에 가담해 그럴듯한 수정과 화장을 했으므로, 그다지 이상하게는 보이지 않았다. 그러나 히틀러가 특별한 멋쟁이로 생각되지는 않았으며 그렇다고 볼품이 없지도 않아, 사람들을 신앙으로 이끄는 위엄은 있었다.

그러나 괴링은 멋쟁이였다. 하지만 옷을 맵시 있게 입었다고는 할 수 없었다. 그는 무엇보다 훤칠한 외모를 지녔다. 제1차 세계대전 때 격추왕이라는 공군의 스타가 되었는데 그 무렵은 훤칠한 키에 날씬한 미남의 멋쟁이였다. 그렇지만 그 뒤 맥주통처럼 살이 쪄 배불뚝이라는 말을 듣게 되었는데 그조차 어떻게 할 수 없는 일이었다. 그는 직접 운전하는 요트를 즐겼다. 프트리츠는 괴링이 항해에 나설 때의 차림을 이렇게 묘사했다.

그는 머리 꼭대기에서 발끝까지 새하얀 옷으로 꾸몄다. 목과 어깨는 당초 모양으로 꾸미고, 배에는 손너비만 한 금 허리띠를 둘렀으며, 그 왼쪽에 은빛 찬란한 단검을 찼다. 게다가 머리에는 흰색 차양없는 모자를 쓴 늠름한 모습은 자유분방한 스포츠맨처럼 보였다'

괴링은 화려한 것을 좋아했다. 그는 나치스 군부에 속해 있었으므로 사생활은 어떻든, 공적인 자리에서는 제복을 입는 것이 상식이었지만 실제로 나치스의 상층 권력 지위에 있는 사람은 제복을 사복화하는 면이 있었던 것 같다. 괴링은 스스로 제복을 디자인해 입을 뿐만 아니라 일률적이어야 할 제복에도 손을 댄 것같이 보인다.

괴벨스는 옷을 잘 입을 수 있는 조건을 갖추고 있었다. 작은 키에 날씬한 몸매, 거기에 얼굴이 갸름하게 생겼기 때문이다. 개성이 강하다기보다도 악당 같은 면모에 발은 절름발이였다. 그가 얄미울 정도로 옷을 재치있게 잘 입는 것은 이 불리한 육체조건을 바탕으로 출발한 것이라 할 수 있다. 쿠르트 리스의 《괴벨스》는 머리말에서 다음과 같이 쓰고 있다.

1945년 봄, 제3제국의 멸망이 가까워진 베를린 대공습이 한창일 때, 선전 장관은 사저인 방공호 금고에서 색깔이 바랜 사진을 꺼내 주위에 있는 사람에게 보였다. 파울 요제프 괴벨스 5세, 하얀 깃이 달린 검은 벨벳 옷을 입고 있다. 야위고 작은 몸에 어울리지 않은 큰 머리. 고지식하게 크게 뜬 큰 눈. 격정이 없고 품행이 좋은 어린이와는 거리가 먼 괴로움을 숨긴 인간―이것이 그 사진의 인상이다.

멸망이 가까운 방공호 속에서 그가 유년기의 사진을 꺼내어 심복인 부하들에게 보였다는 사실에, 야릇한 느낌을 받지 않을 수 없다.

괴벨스도 이 무렵까지는 건강한 보통 소년이었던 것 같다. 그런데 일곱 살 무렵 불행한 일이 생겼다. 골수염을 앓게 된 것이다. 왼쪽 허벅지를 수술해야만 했다. 회복은 했지만 왼쪽 다리가 오른쪽 다리보다 8센티미터나 짧아져 가늘고 약해져버린 것이다. '아드님은 평생 절름발이로, 거기에 맞는 구두와 부목(副木)으로 살아야 될 겁니다'라고 의사는 그의 부모에게 말했다. 이 수술 때문에 괴벨스는 그 뒤 장애를 갖고 태어난 사람으로 여겨졌다.

괴벨스가 나치스 독일의 패망을 눈앞에 두고 자기의 유년기 사진을 부하에게 꺼내 보인 까닭은 자기의 운명을 결정한 것이 바로 이 다리 때문이었다는 사실을 은연중 말하고 싶었던 것은 아닐까. 괴벨스의 복장 감각이 자신의 약점을 감싸려는 데서 이루어졌다는 것에는 이의가 없다. 로저 맨벨과 하인리히 프렌켈의 《괴벨스의 생애》에는 소년시대부터 '그는 육체적 결함에서 오는 열등감을 학력 과시로써 메우는 방법을 일찍부터 터득했다'고 전기작가들은 적고 있다.

그는 어려서부터 사람들 눈에 띄도록 노력했는데 그것은 자기의 결함을 숨긴 전체가 눈에 띄기를 기대했던 것 같다. 소년시대에 그는 학예회에서 뛰어난 어린이였으며 그 사진도 남아 있다. 이 무렵부터 그는 아름다운 음성으로 웅변의 재능을 발휘했다고 한다.

연극 지망생이었을 때 극장으로 취직을 하려고 찾아온 괴벨스를 만난 감독의 기억으로는 몸차림은 말쑥했으나 초라한 모습에 절뚝발이였다고 한다. 이 무렵은 가난한 시절이었으므로 옷차림을 말쑥하게 하려고 해도 절름발이 결함을 숨길 수는 없었을 것이다.

나치스에 입당해 히틀러의 측근이 되었을 무렵, 괴벨스는 히틀러의 옷차림새에 반했던 일이 전기작가들에 의해 설명되고 있다. '히틀러는 그의 유명한 '운전복'을 입고 있었다. 가죽으로 만든 재킷으로 오픈카를 탈 때에 편리하기 때문에 1920년대에 유행했다. '사회주의자' 괴벨스는 히틀러의 이런 '신사적 스타일'

에 완전히 심취했다.

히틀러는 옷을 맵시 있게 입는 편은 아니었으나 장소에 따라 눈에 띄는 차림을 하는 감각은 있었던 것 같다. 괴벨스도 재빨리 흉내를 냈는지 그 또한 운전복 같은 재킷을 입고 천천히 걸어가는 사진이 있다. 그러나 괴벨스에게는 그다지 어울리지 않는다.

1926년, 그는 베를린 지구 지도자로 임명되었다. 그래서 뮌헨을 떠났다. 그때 그는 알파카의 검정 윗도리와 플란넬 바지에 하얀 레인코트를 걸치고 있었다. 이 레인코트는 그 뒤 몇 년 동안 그의 트레이드마크가 되어, 이 차림으로 몇백 번이나 사진에 찍히게 된다.

나중의 옷에 대한 집착에 비한다면 하잘것없는 조신함이라 하겠지만, 이 무렵 괴벨스는 히틀러의 모방에 열을 내고 있을 때라, 그 복장 계획도 눈에 띄는 것 하나에 집착함으로써 자기의 트레이드마크로 하려는 의도를 알 수 있다.

히틀러를 모방했다고 하는 까닭은 이 무렵 그는 운전복 외에 바바리코트를 열심히 입었기 때문이고, 괴벨스도 그것을 흉내낸 느낌이 있다. 다만 히틀러는 아무렇게나 입는 데 반해 괴벨스는 맵시를 내어 입었다. 팔을 끼고 웃는다든가 손을 앞으로 끼고 웃는다든가 하는 자세도 정치운동에 자신감이 생겨서인지 꽤 잘 어울린다. 1930년 무렵도 괴벨스는 아직 이 코트를 입고 있었다. 투표를 마치고 나오는 괴벨스를 찍은 사진이 그것을 증명한다.

국회의원이 된 뒤에, 특히 정권을 잡은 뒤의 사진을 보면 거기에서 흥미로운 공통점을 발견할 수 있다. 괴벨스가 같은 옷을 거의 입지 않은 것과, 유력인사나 간부와 자리를 같이할 때, 다른 사람들과 완전히 다른 차림을 하고 온다는 것이다.

1933년에 새 각료와 나란히 찍은 사진을 보면 군인각료는 군복이고 민정관료는 신사복이다. 새 내각 기념촬영이라고 해서 모두 하나같이 모닝코트를 입어야 하는 것은 아니었다. 그중에서도 괴벨스는 한결 눈에 띄었다. 모두 검정 일색인데 그만이 위에는 밝은 바탕에 주머니가 넷인 재킷을 입고, 아래는 검정 바지를 입었기 때문이다. 중앙에 히틀러 수상이 서고, 그 곁에 두 손을 맞잡은 괴벨스가 있었는데 히틀러는 희미해 보이고 괴벨스만 돋보인다.

그의 멋은 어느 나라의 전통일까? 분명히 독일은 아니다. 괴벨스의 어머니는 네덜란드인으로 그가 태어난 곳은 벨기에, 프랑스와 네덜란드에 인접한 국경에서 가깝다. 차가운 느낌은 독일적으로 여겨지지만 골격은 프랑스 사람에 가까운 것 같다.

괴벨스가 선전장관으로서 해야 할 일은, 옷차림에 대해 말한다면 다음과 같은 것이다. 예컨대 대중과 군인에게 제복을 공급함으로써 어떻게 그들을 공동화(空洞化)시키느냐 하는 것이다. 제복을 입은 군인을 행진시킴으로써 관중을 황홀하게 만들고, 그 제복을 동경하도록 하고, 반대로 그것을 입은 군인을 그 제복 속에 갇히게 해 백치화(白痴化)하는 것이다.

본디 독일은 군복에 그다지 좋은 감각을 갖고 있지 않았으나, 나치스는 최초의 상징이 된 갈색 제복을 한결 향상시킨 옷을 정권을 잡은 뒤에 만들어, 군복뿐만 아니라 히틀러 유겐트와 노동봉사단에도 제복화를 추진, 모든 독일인을 차츰 제복인간으로 규격화하려고 했다.

히틀러에 대해서도 예외가 아니었다. 총통인 히틀러를 같은 제복으로 국한시킬 필요는 없었으나, 이 커다란 간판인 인물을 허구화하기 위해서는 그 옷차림에도 주의를 기울여야 했다. 본디 복장에 무관심한 이 독재자를 묶어놓을 수는 없으나 대중 앞에 설 때나 사진을 찍을 때는 총통에 어울리는 모습으로 서 있도록 해야 했다.

괴벨스가 신문기자들을 상대로 '총통께서 다음과 같은 복장으로 열병을 하는 모습을 상상해 보시오. 새하얀 열대용 헬멧을 쓰고, 여기엔 모기장도 달려있지. 게다가 색안경, 거기에 딱 어울리는 하얀 열대복을 입으면 어떨까? 여러분, 그래도 괜찮을까요?'라고 말한 사실을 쿠르트 리스는 적었는데, 이렇게 되지 않도록 하는 것이 선전장관인 그의 역할이다.

그렇다면 돈과 힘이 그에게 따라왔으니까, 자기의 복장에 차츰 개성을 살린 것은 매우 반나치적 행위이고, 모순되는 것이 아니었을까?

그렇다. 괴벨스는 이 모순을 감히 의도적으로 저지른 것이다. 나치스가 만들어 낸 제복은 아무리 센스 없는 인간도 모양이 좋게 보이도록 강력한 포장으로서의 기능을 갖고 있었지만, 괴벨스는 그 기능을 스스로 선전장관으로 운용하면서도 자기의 복장은 정반대로 어긋나게 입었던 것이다. 다만 그는 그것을 눈에 띄지 않도록 했다. 눈에 띄지 않도록 반나치적으로 복장의 센스를 공공연하게 즐겼고, 그것은 눈에 띄지 않기 때문에 한결 더 눈에 띄었으나 눈에 띄지 않은 데 역점을 두었으므로 지탄의 대상이 되지 않았고, 그 눈에 띄지 않은 것은 그들의 선전을 위한 연출에 어울리기도 했다.

그러나 그가 이면에서 나치스를 연출했다 해도 완전히 흑막이 되는 것을 좋아하지는 않았다. 눈에 띄도록 하는 것이 그가 살아가는 방식이었다. 그러므로 눈에 띄지 않도록 눈에 띄어야 되는 것이다. 그야말로 멋의 정신이고, 선전의 귀재에 어울리는 방식이라 하기보다 무엇보다도 이 행위를 하도록 만든 배후에는 일곱 살 때 불구가 된 다리에 대한 보상행위가 어두운 그림자처럼 늘 따라다니고 있었다.

날카로운 선전논리라든가 그늘의 지배자로서의 훌륭한 분별력을 얻기 위해서 신체 장애를 필요로 하지는 않는다. 괴벨스는 신체의 장애를 짊어지고 있기 때문에 오히려 더 날카롭게 발견하고, 그것을 귀신같이 연출할 수 있었다. 프트리츠는 괴벨스를 다음과 같이 관찰했는데, 이는 경청할 만하다.

지체가 부자유스런 괴벨스 박사는 우리가 살면서 공기를 필요로 하듯, 거짓말 없이는 살 수 없는 남자였다. 어딘가 어수룩한 이를 온갖 술수로 걸려들게 하면 그는 그늘에서 도둑놈처럼 즐거워했다. 어딘가 만족스런 미소를 짓고 있는 눈이 이렇게 말하는 것 같다. '그 얼간이를 보기좋게 홀리지 않았어?' 그가 뻔뻔스럽고, 흑과 백을 구슬리는 능력에는 몹시 놀랄 수밖에 없었다.

이 거짓말 잘하는 재능은 다른 사람뿐만 아니라 자기까지도 보기 좋게 홀렸다. 이 자기기만과 다른 사람에 대한 모독적인 속임수는 모두 일곱 살 때 불구가 된 다리 때문이며, 참과 거짓 사이를 운전하는 재주도 여기에서 길러졌다는 것은 괴벨스 자신이 누구보다도 잘 알고 있었으리라. 다가오고 있는 죽음을 기다리면서 다섯 살 때 사진을 바라보는 괴벨스의 모습을 떠올리면 기묘한 기분이 든다. 그런데 동정하기에는 그의 거짓말 솜씨가 너무나 많은 인간을 파멸로 몰아갔다고 느낄 것이다. 아니, 20세기에 탄생한 악마가 괴벨스에게 씌워졌다고 해야 할지 모른다.

히틀러 악의 발언

1. 선동

**가장 단순한 개념을 1000번은 되풀이해야 비로소
대중은 그 개념을 기억할 수 있다.** (대중조작 - 《나의 투쟁》에서)

히틀러에게 대중은 늘 어리석은 존재였다. 히틀러는 대중은 머리 회전이 느리기 때문에 한 가지를 알기까지 늘 일정한 시간이 필요하며, 대중은 냉정한 숙고가 아닌 감정적인 지각으로 자신의 사고와 행동을 결정한다고 말한다. 즉 대중에게는 이성보다 감정에 호소해야 하며, 그 방법은 단순한 슬로건을 되풀이함으로 세뇌시켜야 한다는 것이 히틀러가 다다른 결론이었다.

**나는 천국을 지옥이라고 믿게 할 수 있으며
반대로 지옥과 같은 비참한 생활도 천국이라 믿게 할 수도 있다.**

(프로파간다의 마법 - 《나의 투쟁》에서)

히틀러는 프로파간다(선전)로 대중이 착각하게 만들고 눈앞의 진실을 전혀 다른 것으로 가장하는 것을 '기술'이라고 불렀다. 히틀러는 정권을 잡은 뒤에도 줄곧 이 '기술'을 구사했다. 예를 들어 그는 경영자를 '종업원의 지도자'로, 독재를 '더욱 차원이 높은 민주주의'로, 전쟁 준비를 '평화의 확보'로 바꿔버린다. 이것은 그가 가난하던 시절에 대중의 불만을 다른 곳으로 돌리기 위해 정권이 쓰던 방식에서 배운 것이다.

**대중의 눈에는
단 하나의 적에게만 투쟁하는 것으로 보여야 한다.**

(적을 하나로 묶기 - 《나의 투쟁》에서)

히틀러는 위대한 지도자란 민중의 주의를 분산시키지 않고 단 하나의 표적에 집중하게 하는 사람이라 생각했다. 이를 통해 더욱더 운동으로 끌어당기는 자석의 힘이 커지며, 타격 또한 커지게 된다고 생각했다. 아울러 만약 여러 적을 공격하고 있다고 해도 그것이 한 범주에 속한다고 믿게 하는 것이 위대한 지도자의 천재적 재능이라고 말했다. 이러한 발언의 배경에는 사고가 결여된 대중이 사물의 본질을 잃어버린다는 그의 인간관이 깔려 있다.

선전은 영원히 대중에게만 향해야 한다! (선전선동 대상 – 《나의 투쟁》에서)

히틀러는 '선전'에는 두 가지 목적이 있다고 생각했다. 하나는 본디부터 학식이 있는 사람들의 교양을 더욱 높이며 그들의 통찰력에 호소하는 것. 그리고 다른 하나는 어느 일정한 사실, 과정, 필연성 등으로 대중의 주의를 환기하는 것. 둘 가운데 두 번째 경우가 중요하다고 말한다. '선전' 내용은 학술적인 요소를 가능한 한 생략하고 그 지적 수준을 프로파간다 대상이 되는 사람들 가운데 가장 머리 나쁜 자의 이해력에 맞추어야 한다고 생각했다.

대중의 수용능력은 몹시 한정적이다.
이해력은 작고 망각력은 크다. (대중은 우둔하다 – 《나의 투쟁》에서)

대중에게 '선전'할 때의 주의점에 대한 발언이다. 히틀러는 선전 내용은 중점만 간단하게 슬로건 같은 형태로 하여 대상자의 머릿속에 끝까지 남을 수 있도록 해야 한다고 말했다. 이는 각국이 전쟁 상황에서 하던 '선전'에서 배운 것이었다. 앞선 대전에서 독일은 적을 비웃는 선전까지 했지만, 적의 반격에 독일 병사들은 주눅 들며 자신이 선전에 속았다고 느꼈다. 한편 적을 '야만인'이라고 가르쳤던 영미 병사들은, 총을 든 적과 마주쳤을 때 자국의 선전과 주장을 굳게 믿었다.

회장 분위기가 내 연설에 영향을 끼치듯
연설 시작 '시간' 또한 큰 영향을 끼친다. (연설의 시각 – 《나의 투쟁》에서)

히틀러는 수많은 연설 경험을 통해 같은 연설, 같은 연설자, 같은 주제라고 해도 그것이 오전 10시인가, 오후 3시인가 또는 해가 밝은 낮에 하는가, 어두운 밤에 하는가에 따라 완전히 효과가 다르다는 사실을 알게 되었다. 그는 아침이나 낮에는 사람들은 자신과 다른 의도나 의견을 선동하는 시도에 강하게 저항할 수 있지만, 밤이 되면 너무도 쉽게 강한 의지를 가진 지배력에 복종한다고 분석했다.

위대한 운동은 위대한 저술가가 아닌
위대한 연설가로 인해 확대된다. (연설의 효과 – 《나의 투쟁》에서)

자신이 직접 자기의 발언들을 모아 저술한 《나의 투쟁 I》(1925년 간행) 머리말의 한 구절이다. 그는 이 무렵부터 대중을 동원하기 위해서는 문자보다 목소리로 호소하는 것이 훨씬 효과적이라고 확신했다. 여기서 히틀러는 펜은 단지 혁명의 이론적 근거를 뒷받침해주기 위한 것이며, 대중을 선동할 힘은 없다고 말했다. 또한 위대한 이론가가 위대한 지도자가 되는 경우는 드물며, 선동자가 지도자에 더욱더 적합하다고 생각했다.

대중에게 이념을 전달할 수 있는 선동자는
언제나 심리학자여야만 한다. (심리학 소양 – 《나의 투쟁》에서)

히틀러는 이렇게 말한다. '인간에 대해 잘 모르고 세상물정 모르는 이론가보다, 심리학 소양을 갖춘 선동자가 지도자에 훨씬 걸맞다'.

빈에 있던 시절, 궁정도서관을 정기적으로 이용했던 히틀러는 프랑스 심리학자 르 봉의 《군중심리》 독일어판을 즐겨 읽었다고 한다. 르 봉은 이 책에서 군중은 의지가 강한 사람의 말에 귀를 잘 기울이며, 누구든지 되풀이해서 단언하면 그에 대한 대중의 비판 능력이 마비되고 암시를 받기 쉬워진다고 말한다.

사람들은 약한 자를 지배하는 것보다
강한 자에게 따르는 것을 더 선호한다. (대중심리 – 《나의 투쟁》에서)

히틀러가 빈에 머물던 무렵 사회민주당계 〈노동자 신문〉이 노동자들의 시위를 이끌었다. 히틀러는 〈노동자 신문〉을 '어디서 긁어모은 유언비어 쪼가리'라고 불렀다. 사회민주당이 노동자 신문과 다른 문헌들을 통해 '빨간(사회민주당) 신문만 읽고 빨간 집회만 출석하라, 빨간 책만 읽어라' 등 무리하게 요구하며 대중을 망쳐놓았다고 생각했다. 히틀러는 이를 보며 대중은 애원하는 자보다 지배하는 자를 원하며 다른 선전을 허용하지 않는 배타적이고 일방적인 선전을 선호한다는 결론에 이르렀다.

그들은 오히려 정신과 힘이 약한 자를 강렬하게 칭찬한다.

(약자를 내편으로–《나의 투쟁》에서)

여기서 '그들'이란 사회민주당을 가리킨다. 히틀러는 빈 시절, 사회민주당을 관찰하며 당이 부르주아 등 '강한 자'들을 공격하고 큰소리로 약자를 더 칭찬하고 있다는 것을 깨달았다. 밑바닥 생활을 보내는 최하층민들은 자신들을 칭찬해주는 사람에게 감격해 칭찬만으로도 이 사람 말고는 아무도 자신들을 신경 써 주지 않을 것이라 생각하게 된다. 그들은 사회민주당 선전의 '비열함'을 이해하려고도 이해할 방법도 없이 마침내 사회민주당 쪽에 서게 되었다고 히틀러는 생각했다.

우리 독일인이 다시 일어서기 위해서는
천재적인 독재자가 필요하다. (눈먼 독재자–1920년 4월 27일)

군복을 입고 연설한 히틀러는 제1차 세계대전이 일어나기 전의, 번영하던 독일을 회고하며 오늘의 경제적 파멸 상태와 전쟁 전의 상황을 대비시켰다. 아울러 번영을 되찾기 위해서는 공화제와 군주제가 아닌, 독재가 필요하다고 주장했다. '부패한 의회'와 투쟁하는 나치당 강령에 따른 것이었다. 이때 히틀러는 당 운동을 더욱 활성화하기 위해 선동연설을 했는데 그의 연설은 대중의 높은 인기를 얻었다. 그는 갈수록 강렬하게 '지도자'로서 활동하는 자신을 의식하게 된다.

본능을 깨워 마음을 사로잡고 선동하는 것이
나에게 주어진 사명이다. (본능을 자극하라 – 1920년 8월 13일)

히틀러는 반유대주의를 주제로 한 연설에서 중산층 회사원과 노동자 2000명에게 자신의 과제를 노골적으로 말했다. 나치당 강령은 독일인의 피를 이어받은 사람만이 국민이라 정의하며, 독일 국민의 생활 유지가 곤란해지면 유대인을 국외로 추방해야 한다고 주장했다. 나치당이 '노동자의 당'이라고 했던 것을 생각하면, 국민의 경제적 어려움을 이용해 배타주의로 유도했음을 알 수 있다.

**우리 과제는 독재자를 받아들일 준비가 충분히 되어 있는 민중을
독재자에게 제공하는 것이다.** (독재자를 받아들여라 – 1923년 5월 4일)

1921년 7월 29일, 히틀러는 나치당 당수(黨首)에 취임하면서 가장 먼저 독재적으로 지도권을 손에 움켜쥐었다. 이듬해 10월, 이탈리아에서 무솔리니가 민병조직(民兵組織)인 검은셔츠단을 이끌고 로마로 진군해 쿠데타로 정권을 장악하는데, 주위에서는 그런 무솔리니와 히틀러의 이미지를 겹쳐 생각하기 시작했다. 히틀러 또한 이제 자신을 지도자로서 의식하며 머지않아 자신이 독재자가 될 것을 사람들에게 시사했다. 그러면서 '큰 꿈'을 심는 교활한 언변을 토했다.

**나는 스스로 책임을 질 것이기에
다른 사람에게 조건을 지시받지 않을 것이다.
나는 이 정치운동에서 일어나는 것들에 대해
다시 전면적인 책임을 질 것이다!** (지도자원리 – 1925년 2월 27일)

형무소에서 풀려나고 2개월이 지나, 히틀러는 신생 나치당 집회에서 운동을 다시 시작하는 주제로 연설을 했다. 사람들에게 이것저것 조건을 지시받지 않겠다는 말은, 당 내부에 존재하는 자신의 의견에 대립하는 자들을 두고 한 말이었다. 그는 반대 의견에 일일이 대응하지 않고, 모두가 자신에게 복종할 것을 요구했다. 이러한 그의 사상은 '지도자 원리'로 이론화되었고, 히틀러는 당의 강령마저 뛰어넘는 글자 그대로 독재적 지도자로서 지위를 굳혀나갔다.

**하늘이 우리에게 축복을 주신다면
우리는 절대 파멸하지 않는다.** (연설의 함정 – 1927년 3월 6일)

히틀러의 과도한 말과 행동이 위험하다고 여겨, 바이에른 주정부 등은 히틀러에게 2년간 공개연설을 금지했다. 주정부의 금지가 풀린 첫 연설에서 히틀러는 나치당 승리에 대해 흔들림 없는 자신감을 보였다. 그의 발언에는 그만의 웅변술이 숨겨져 있었다. 그는 운동이 '파멸하지 않는다'는 것에 '하늘의 축복'을 전제로 했는데, 그 축복이 주어질지 그 여부는 누구도 알 수 없다. 즉 아무런 근거도 제시하지 않은 채 그저 신봉자들의 감정에 호소하며, 자신의 말을 교묘하게 믿어버리도록 하는 것이다.

나를 믿어라!

여기에는 모든 이상, 위대한 이상의 힘이 있다.

(청중에게 암시를 걸다 – 1932년 1월 27일)

히틀러는 이날, 독일 철광업의 중심지인 뒤셀도르프 공업단지에서 유력한 공업자본가 300명에게 연설을 했다. 히틀러가 말한 '이상(理想)'이란, 독일이 다시 한번 국제사회에서 '권력적 지위'를 쟁취하는 것이다. 이 연설로 히틀러는 자본가들이 독일 지위를 회복하며, 독일의 혁명세력을 막을 수 있는 사람은 자신밖에 없다고 믿게 했다. 자본가들은 히틀러에게 막대한 정치자금을 기부했다. 그러나 이해 3월 히틀러는 대통령 선거에서 힌덴부르크에게 패하고 만다.

우리는 신이 결정한 사명을 완수하기 위해서

선택된 사람들이다. (청중에게 암시를 걸다 – 1932년 7월 3일)

나치당 바로 아래 군사조직인 '돌격대(SA)'의 대원 1만 5천 명에게 연설할 때의 발언이다. 돌격대 인원수는 이 무렵 17만 명까지 늘어났다. 나치당이 권력을 차지한 뒤, 돌격대 인원은 200만 명까지 불어나게 된다. 히틀러는 그들에게 엘리트 의식을 심어주며 동시에 권력 탈취를 위해 크게 이용했지만, 어느덧 독재가 시작되고 그들이 쓸모 없어지자 1934년 6월, 숙청을 시작했다. 참모장 룀 무리를 모략에 빠뜨려 공격대와 관련 없는 사람들까지 포함해 정적(政敵) 100명 이상을 재판도 하지 않은 채 처형해 버렸다.

관리할 수 있는 것은 오로지 열광한 대중뿐이다.

감정 없이 둔감한 대중이야말로 공동체에서 가장 위험하다.

(전권위임법 – 1933년 3월 23일)

이날 국회에서는 나치정권에게 무제한 입법권을 부여하는 뜻에서 '전권위임법(수권법)'이 성립된다. 명실공히 히틀러의 독재가 시작된 것이다. 소실된 국회의사당을 대신해 회의장이 된 베를린 오페라하우스 벽은 거대한 갈고리 십자가 깃발로 뒤덮였고, 히틀러는 갈색 당복(黨服) 차림으로 등장했다. 그는 나치당에 동질화되지 않고 결코 히틀러를 열광적으로 추종하지 않는 정적(政敵)과 국민을 강하게 위압했다. 독일 국민은 열광하며 나치당 관리를 받아들일지, 조용히 국가의 적이 될지 양자택일을 강요당했다.

**만일 신이, 독일 지도자인 나를 이 마을로 부르신 거라면,
그것은 나에게 한 가지 임무가 주어졌기 때문이다.**

(신에게 선택받은 지도자 – 1938년 3월 12일)

이날 오전 8시 독일군은 오스트리아 공격을 개시하는데, 오스트리아는 아무런 대항 없이 독일에 병합되어 버렸다. 히틀러는 오후에 자전거로 국경을 넘으며 열광적인 군중의 환호 속에 고향에 입성했다. 그리고 그날 저녁, 린츠 시청 발코니에서 위와 같은 연설을 했다. 그가 말하는 '임무'란 오스트리아를 독일 국가로 돌려놓는 것으로, 이는 오스트리아를 병합한 자신이 신에게 독일 국가 지도자로 선택받았다는 논리로 귀결되었다.

**생활이 단순한 인간일수록
신앙을 좇으며 무작정 신앙에 매달린다.** (신앙에 매달리는 자 – 1941년 10월 3일)

히틀러가 말한 '생활이 단순한 인간'이란 '작물이 말라가는 것을 잠자코 보고 있을 수밖에 없는 농민'이다. 유물주의자였던 히틀러에게 종교란, 본디 과학지식이 미숙한 인간이 자연을 이해하기 위한 '버팀목'과 같은 것이었는데, 어느새 수단이 목적이 되어버렸다고 생각했다. 이제 그는 기독교의 가르침이 황당무계의 절정에 이르렀고, 이런 기독교를 과학의 진보로 자연사시켜 버리는 것이 가장 좋다고 말했다.

**'일반적으로'라고 말하면서 나에게 호언장담하는 녀석들이 있는데,
그 '일반적으로'란 도대체 무엇이란 말인가?
현재의 소문을 지금 제대로 분석해두지 않으면
아무런 도움도 되지 않는다.** (정세 분석 – 1941년 10월 30일)

영국 정세보고 내용이 제대로 되지 않은 것에 화가 난 히틀러가 외무부 간부를 꾸짖으며 한 발언이다. 그는 정보의 상대적 가치를 알기 위해서는 다른 무리의 몇 가지 의견 또한 파악해 두어야 한다고 말했다. 히틀러는 자신의 연설에 대한 국민의 반응을 게슈타포(나치 비밀경찰)를 시켜 상세하게 여론 조사하도

록 지시하는가 하면, 독일의 군비증강에 불안해하는 주변국에게 '평화'를 위해서라며 안심시키고 설득해 정세 분석을 철저히 하고자 했다. 그 정세 분석을 할 때 가장 중요한 것은 자신의 역사관과 세계관에 그 분석들을 짜 맞추는 것이었다.

지배당하는 인간들이 아무것도 생각하지 않는 것은 정부에게 행운이다. (생각 없는 국민들 – 1942년 1월 18일)

히틀러는 어째서 나치당 강령을 개정하지 않는지 물으며 자신이 직접 화제를 꺼낸 다음, 위와 같은 발언을 했다.

그가 말하고자 하는 바는 대중은 사상이 없다는 것이다. 이날 독일은 새롭게 일본, 이탈리아와 군사협정을 맺었다. 영국의 침공으로 실패를 맛보긴 했지만 앞으로의 전쟁에 대해서는 낙관적이었다. 그는 나치당 강령에 대해서 인류역사의 일부가 되었다고까지 말했다. 그에게는 이미 자신의 사상에 대해 사람들이 완벽하게 복종하는 날이 금세 다가오는 게 보였다.

2. 열광

'민중주의', '다수파', '세계양심', '세계연대', '세계평화', '예술 국제성' 따위의
관념이 우리 인종의식을 무너뜨리고 겁쟁이들을 키웠다.

(민족공동체 – 1922년 9월 18일)

1922년 6월, 독일은 제1차 세계대전 패전 배상금(18억 마르크) 지불로 환시세
에 큰 혼란이 벌어지게 되었다. 8월, 독일은 배상금 지불 연장을 요구하지만 거
부당했고, 역사상 유례 없는 하이퍼인플레이션이 시작되었다. 히틀러와 나치당
은 독일민족 혈통으로 연결된 '민족공동체'를 표방하며 배타성을 숨기려 하지
않았는데, 이러한 정세는 그들이 국제협조에 기대하는 것이 얼마나 부질없는가
를 선전하는 아주 좋은 기회가 된다.

어떠한 경제정책도 칼 없이는 불가능하다.
어떠한 공업화도 권력 없이는 불가능하다. (펜보다 칼 – 1923년 4월 10일)

같은 해 1월, 프랑스, 벨기에 두 나라는 독일이 제1차 세계대전 배상금 지불
의무를 이행치 않았다는 이유로 루르지방을 군사로 점령, 약 6만 명의 군사가
315만 명의 독일 주민을 지배했다. 이 연설이 있기 열흘 전, 프랑스군이 자동차
를 몰수하기 위해 이곳 공장으로 밀어닥쳤고, 이를 항의하던 독일인 노동자들
약 40명이 죽고 다치는 사건이 일어났다. 이러한 사회불안이 오히려 우익 세력
신장의 밑바탕이 되어 프랑스와의 전쟁을 대비하고, 독일군 고관까지도 히틀러
와 회담을 하게 되었다.

바이마르공화국은 국민으로부터 도덕을 빼앗고
입법을 이용해 국민에게 거짓된 교육을 한다. (바이마르공화국 – 1923년 9월 12일)

1918년 11월, 제1차 세계대전에서 패배할 조짐이 짙어지자, 독일 각 지역에서

는 혁명이 일어나고, 황제 빌헬름 2세는 네덜란드로 망명해 버린다. 이로 말미암아 사회민주당이 주도하는 정부가 세워졌고, 새 정부는 연합국과 휴전조약을 맺었다. 전쟁이 끝나고 독일 경제가 거액의 배상금으로 고통받을 때, 히틀러는 조국이 단두대에 매달려 있던 순간에 공화국을 만들었다고 새 정부를 거세게 비난했다. 그는 전쟁을 틈타 태어난 바이마르공화국의 정당성과 역사관을 부정함으로써 급격한 인플레이션 때문에 괴로워하는 국민의 환심을 샀다.

내일 아침, 독일 국민정부가 독일에 세워져 있거나,
우리들이 죽거나 둘 중 하나이다. (뮌헨 폭동 – 1923년 11월 8일)
히틀러는 이날 '뮌헨 폭동'이라 불리는 쿠데타를 실행했다. 비어홀에 모인 3000명의 청중들에게 죄 많은 도시 베를린으로 진격하겠다고 선언하고, 위와 같은 양자선택법을 써서 강한 결의를 드러냈다. 이 발언은 좌파 유대인으로부터 독일을 다시 힘으로 되찾아야 한다는 선동이었으며, 실패하면 순교도 불사한다는 강한 압력이었다. 이 쿠데타는 실패로 끝나고 히틀러는 체포되었다.

독일주의 확보는 오스트리아 말살을 전제로 한다.
국민 감정은 왕조적 애국주의와 결코 같지 않다. (새로운 국가상 –《나의 투쟁》에서)
오스트리아에서 태어난 히틀러는 독일 민족을 향한 애정을 키워나가며 그 쇠락을 불러온 오스트리아 군주 합스부르크가를 증오했다. 히틀러는 차츰 무너져 가는 낡은 봉건적 국가역사를 잘라내고, 민족주의를 바탕으로 한 독일국가를 세우는 꿈을 꾸었다. 그는 15살 때 이미 왕조적 '애국주의'와 민족주의적 '국가주의'를 구별했다고 스스로 말하며, 자기 자신을 '국가주의자'로 인식했다.

사회적 활동은, 가소로우며 무의미한 복지에 도취시킬 뿐이다!
그것을 과제로 인정해서는 안 된다. (무의미한 복지 –《나의 투쟁》에서)
경제적으로 풍족한 계층 사람들이 그렇지 못한 사람들의 고통을 이해할 수 없다. 그렇기에 부족한 것 없는 풍족한 사람들에 의해 실행되는 사회적 정책은 무의미하며 갖지 못한 사람들에 의해 거부당하게 된다. 이것이 히틀러가 말하는 '가소로우며 무의미한 복지'이다. 히틀러는 이보다 사회 조직에 파고들어 (대중을) 타락 또는 잘못으로 이끄는 근본적 원인을 없애야 한다는 의견을 가졌다.

민주주의는 '삶의 오물뿐만 아니라,
불 속에서 태어난 괴물'을 만들어 냈다. (마르크스주의 –《나의 투쟁》에서)

여기서 말하는 '오물과 불'이란 마르크스주의를 가리킨다. 거기서 태어난 괴물이란 오스트리아의회를 가리킨다. 히틀러는 오스트리아 의회주의가 서구민주주의와 마르크스주의가 합쳐져 생겨났다고 보고 이를 적대시했다. 또한 그때, 오스트리아 의회에서 독일인이 다수파를 차지하지 못해 독일인의 이익에 냉담하다고 생각하던 히틀러는, 의회주의 형식 그 자체를 재앙의 씨앗이라고 여겼다.

다수는 언제나 우둔한 대표자이며 비굴한 대표자이다.

(다수결주의의 부정 –《나의 투쟁》에서)

다수결을 혐오한 히틀러는 다수결의 폐해로 '국가제도의 가장 중요한 지위와 직무가 빠르게 교체되어 놀라게 된다'고 말했다. 히틀러는 다수결을 중요하게 생각하는 사람들은 중요한 일을 결정할 때 책임을 회피하는 비열함을 갖고 있다고 여겼다. 그리고 그러한 사람들은 우수한 두뇌로 정말로 중요한 것을 발견해 책임감 있게 실행하려는 천재들을 재빠르게 알아채고 혐오하며, 다수결의 힘으로 배제해버린다고 생각했다.

비열한 인간들이 '여론'의 3분의 2를 제조하고
그 거품에서 의회주의라는 비너스가 태어났다. (유대계 신문 –《나의 투쟁》에서)

여기서 말하는 '여론'이란 신문 등을 통한 '계몽'을 뜻한다. 히틀러는 신문을 발행하는 기관(예를 들어 사회민주당)의 소유자나 그 여론을 이끄는 이들은 모두 유대인이라고 생각했다. 그가 어떻게 증오하든 의회주의를 '비너스'라고 표현한 까닭은 불가사의하다. 추측해보면, 혐오하던 기독교가 모든 인류에 대한 불변의 사랑을 '신의 사랑'이라고 표현한 것에 대해, 있을 수 없는 일이라고 야유를 담아 사랑의 신 비너스에 빗댄 것일지도 모른다.

보통선거에서 천재가 태어난다는 따위의 허튼소리를
아무리 격렬히 반대해도 지나치지 않다. (보통선거의 멸시 – 《나의 투쟁》에서)

히틀러는 대중 안에서 많은 후보자가 나오는 보통선거를 다음과 같은 이유에서 멸시했다. '대중이 대표자를 뽑으려 해도 그들은 식견이 없기 때문에 그 사람들에게 뽑힌 정치가가 정신과 지성면에서 뛰어난 사람이라고 생각할 수 없다. 본디 천재는 세계사에 개인으로 등장한다. 따라서 만일 대중에 의해 뽑힌 정치가가 5000명이 있다고 해도 모두 뛰어난 능력을 발휘하지는 않는다.'

과잉인구를 이주시키기 위해서 새로운 영토를 찾는 것은
미래를 생각할 때 무한한 이익이다. (영토 확장의 야망 – 《나의 투쟁》에서)

문화적으로는 뒤떨어졌으나 잔인한 (러시아인 같은) 민족은 가장 큰 생활권을 갖기 위해서 무한히 증가하나, 문화적으로는 뛰어나지만 망설이는 (독일인과 같은) 인종은 영토적인 제한을 깨지 못한다. 이에 따라, 인구 증가를 제한한다는 것이 히틀러가 생각한 국토관이었다. 히틀러가 빈에서 뮌헨으로 옮겨 온 1913년 무렵, 독일은 해마다 약 90만 명의 인구가 늘어났으며, 히틀러는 미래를 위해 '새로운 영토'가 필요하다고 생각했다.

우리에게 회의는 목적이 아니다.
목적에 이르는 하나의 수단에 지나지 않는다. (회의는 오직 수단 – 1930년 9월 16일)

9월 14일. 나치당은 국회선거에서 사회민주당에 이어 제2당으로 진출했다. 그럼에도 히틀러는 '우리는 하는 수 없이 강요에 의해 의회적 정당이 되었을 뿐'이라며 의회제 민주주의를 거부하는 연설을 했다. 보통 이와 같은 주장을 하면 선거전에 불리할 것이라 생각했지만, 나치당은 지도를 받는 사람들에게 무조건 복종과 충성을 요구하는 독자적인 '지도자 원리'를 결속하며, 기존의 정치에 불만을 품은 대중들을 끌어들였다.

국방군은 정부를 지키기 위해서가 아니라
사람들이 살아갈 권리를 지키기 위해서 존재한다. (정부의 압력 – 1932년 9월 7일)

이 발언은 힌덴부르크 정권의 파펜 내각을 향해 던진 협박이다. 같은 해 7월

31일, 총선거에서 나치당은 제1당으로 진출했다. 히틀러는 부수상으로서의 입각 요청을 거부하고 어디까지나 수상의 지위를 요구했으며 그 아래, 돌격대를 중심으로 무장봉기 세력의 주장이 높아져만 갔다. 8월, 공산당원과 그 가족을 살상한 돌격대원 5명에게 사형 판결이 나자, 돌격대는 정부에 더욱더 강력한 협박을 한다. 히틀러가 연설에서 한 이 발언은 만일 나치당이 테러를 일으켜도 군대는 국민의 지지를 잃은 정부를 지키지 않는다는 의미이다.

나라의 정치적 의사와 국민 의사의 동질화가 완성되었다.

(언론통제 – 1933년 3월 12일)

3월 5일, 국회 선거에서 나치당은 288의석을 획득하고 공산당을 비합법화한다. 히틀러는 공산당의 81의석까지 빼앗아 단독 과반수를 차지했다. 그 직후 히틀러가 연설에서 처음 한 말은 '동질화'였다. 전 독일 나치화는 국가 목표가 되었으며, 국민의 정신적 자유를 차츰 빼앗아가게 된다. 히틀러는 연설 다음 날, 정신적 국민동원을 위해 국민계몽 선전기관을 창설했다. 괴벨스를 장관으로 임명하고 보도, 문학, 조형예술, 영화, 연극, 라디오 내용을 거의 예외 없이 철저히 통제하기 시작했다.

만약 모든 독일 국민이 하나가 되어
우리 내부에 지닌 정신을 움직이게 된다면
독일은 절대로 무너지지도 사라지지도 않을 것이다.

(국민정신의 나치화 – 1933년 4월 8일)

히틀러가 돌격대와 친위대 대원들에게 연설한 내용이다. 이날 나치당 정권이 성립시킨 '공무원법' 효력이 발생해 유대인 정부 관리 약 5000명이 해고되었다. 이미 전권위임법도 완성되어 본격적인 독재체제를 시작하는 히틀러는 소련과 영국, 프랑스와의 대결을 위해서 국민 '정신'의 나치화를 진행해 나간다. 5월 2일, 유대인과 정적(政敵)인 사회민주당을 지반으로 활동하는 노동조합을 금지하고, 10일 사회민주당을 배제했다. 이로써 독일 국민은 정책을 선택하는 자유마저 잃어버리고 만다.

우리 앞에 독일이 있으며 우리와 함께 독일이 나아간다.

그리고 우리 뒤로 독일이 따라온다. (히틀러 유겐트 – 1933년 9월 2일)

기록영화 〈의지의 승리〉에 담긴 청소년 조직 히틀러 유겐트의 점호에서 외친 말이다. 나치당 사조직으로 출발한 히틀러 유겐트는 2년 뒤 법적으로 인정받은 공식 단체가 된다. 10살부터 18살까지 청소년 모두를 대상으로 했으며, 가입이 의무화 되었다. 히틀러가 점호에서 외친 이 말의 '앞에'는 선도자를, 그리고 '함께'는 동시대인을, 마지막으로 '뒤에'는 후계세대를 가리킨다. 나치당은 그들에게 단련과 복종을 요구했으며, 전쟁이 수렁에 빠졌을 때는 전투에도 투입시켰다.

독일인 제군!

15년 동안 지속된 불법행위는

바로 지금 종언을 맞이하려 하고 있다. (자르지방 귀속 – 1935년 1월 15일)

독일과 프랑스 국경지대인 자르지방 귀속을 두고 진행된 주민투표가 끝난 뒤, 히틀러가 연설에서 한 말이다. 베르사유조약으로 1920년부터 15년 동안 공업지대 자르지방과 그 탄전은 국제연맹의 관리 아래 놓였었다. 프랑스 의존도가 높은 곳이라, 1933년 나치당 정권이 성립하자, 많은 반나치파가 이 지방으로 도망왔다. 그들은 국제연맹이 계속해서 관리하기를 요구했으나, 히틀러는 주민들에게 '독일인 의식'을 부추겨 주민투표를 시행한 뒤, 이 지방을 독일에 귀속해 버린다.

독일 국민은 좁은 생활 터전 때문에

식재료와 원료의 부족으로 고통받고 있다. (생활터전 확보 – 1935년 5월 21일)

두 번째 '평화연설'의 핵심은 '생활 터전'이었다. 나치당은 강령으로 과잉인구를 이주시키기 위한 토지를 요구했다. 히틀러는 《나의 투쟁》에서 동쪽 지방을 생활 터전으로 획득하려는 야심을 드러낸 바가 있었다. 즉 이 연설대로 독일이 동쪽 지방을 생활 터전으로 확보했다면, 서구의 '정숙과 평화'가 유지되었을 것이라고 해석할 수도 있다. 침략을 부정하면서 영토 확대를 지향하는 것은 엄청난 모순이었지만, 소련에게만 경계심을 가졌던 영국은 독일군의 재군비를 쉽게 허용하고 만다.

우리는 덧없는 존재지만,
독일은 계속해서 존재해 나아갈 것이다.
우리는 죽을 테지만
독일은 영원히 살아 있을 것이다. (히틀러=모든 독일인–1936년 3월 12일)

베르사유조약에 따라 비무장지대가 된 라인란트로 쳐들어갈 것인지에 대해 옳고 그름을 따진 국민투표를 하면서, 히틀러는 연설을 통해 도화선에 불을 댕겼다. 히틀러가 '우리'라고 말할 때 앞뒤 문맥에 따라 듣는 사람은 '히틀러와 나치당원들'을 의미한다고 받아들인다. 그러나 이 연설에서는 '독일'이라는 말을 넣음으로써 듣는 이로 하여 '히틀러와 독일인(민족)'을 의미한다고 느끼도록 뚜렷이 나타내고 있다.

몇천만 명이나 되는 독일인이 국경에서 검문당하는 것을
나는 견딜 수 없다! (오스트리아 합병–1938년 2월 20일)

오스트리아로 방송된 첫 국회연설에서 한 발언이다. 히틀러는 오스트리아 합병의 야심을 노골적으로 드러내 전쟁에 대한 국민의 불안을 부채질했다. 반대파에게 타협을 강요하고 나치당 지지자의 사기를 고양시킨 것이다. 그는 오스트리아 문제로 다른 나라가 방해한다면 번개처럼 빠르게 행동할 것이라고 말하며 모든 외국에 못을 박는 말도 잊지 않았다. 이 시점부터 히틀러의 발언은 국내보다 나라 밖에서 더욱 큰 영향을 끼치게 되었다.

앞으로 독일 땅을
결코 다른 나라에게 빼앗기는 일은 없을 것이다! (논리 바꿔치기–1938년 10월 3일)

1939년 9월 29일, 히틀러는 영국, 프랑스, 이탈리아 수뇌들과 뮌헨에서 회담을 했다. 그리고 많은 독일인이 살고 있는 체코슬로바키아 수데티 지방을 요구하여 끝내 승인을 얻어내고야 만다. 한 달 뒤, 독일군은 수데티에 침입을 시작했으며, 히틀러도 현지로 가서 연설을 했다. 이것은 군사력으로 파괴하지 않았다고는 하나 틀림없는 침략이었다. 그러나 히틀러는 마치 빼앗긴 땅을 되찾은 것처럼 교묘히 논리를 바꿔치기 했다. 이런 연설에 귀를 기울이던 모든 외국은 히틀러가 영토를 '되찾으면' 만족해 잠잠해지리라 착각했다.

공무원들은 자신이 주도권 잡는 것을
무엇보다 두려워한다. (공무원은 쓸모없다–1941년 8월 1일)

히틀러는 융통성 없는 방식을 싫어해 아무 궁리도 하지 않는다고 여긴 문관 조직보다는 군대를 더욱 선호했다. 본디 갖고 있던 침략 지향적 성향과 전쟁 실행이 히틀러의 야망에 박차를 가하고 있었다. 군대는 잘못된 명령을 철폐하기보다 현실 상황을 타파하는 것을 우선시해 업적을 세운 사람은 늘 크게 평가받았기 때문이다. 전쟁에서 승리하면 유럽 대륙을 통치할 수 있게 될지 모르나, 대륙은 태양이 떠오르는 곳부터 독일과 완전히 다르기 때문에, 무엇이든 획일성만 고집하고 아무것도 생각하지 않은 문관들의 소심함은 비판대상이었다.

그 누구도 올림픽이 외국에서 신용을 높여주고
독일의 위신을 높여주는 다시 없을 기회라는 것을 생각하지 않았다.

(올림픽을 정치에 이용–1942년 4월 12일)

히틀러는 베를린올림픽(1936년)을 위한 경기장 건설비로 110~140만 마르크를 생각했으나 최종 금액은 4300마르크가 들었다. 그렇지만 독일은 올림픽으로 5억 마르크 이상 외화를 벌어들였기 때문에 성공적 개최였다고 말한다. 전쟁에 대해서도 히틀러는 이와 같은 방식으로 생각했다. 그는 유사시 이기지 못하는 군대에는 1페니도 쓸 수 없다고 말했다. 반면, 돈을 얼마나 쓰든 이기기만 하면 상관없다는 것이다.

비서나 점원, 나아가 예술가 등
일하는 여성이 생활할 수 있는 수입을 확실하게 한 것 또한
우리의 크나큰 성과이다. (여성고용 촉진–1942년 5월 20일)

나치당의 여성정책은 임기응변적이었다. 히틀러가 바라는 여성관은 혈통 증식을 위해서 아이를 많이 낳는 헌신적인 주부였으며, 가정에만 있길 원했다. 그러나 선거에서 여성들의 표를 잃는 것을 우려해 '이성(異性)동지'라고 부르며 여성을 존중하는 척했다. 이렇게 하여 정권을 잡은 히틀러는 국가와 지자체의 여성 관료들을 곧바로 한결같이 해고해 버렸다. 그러다가 전쟁으로 말미암아 노동력이 부족해지자, 히틀러는 노동현장에 다시 여성을 동원했으며 국방의무도 지게 했다. 그러면서도 여자들을 정식 병사로 인정하지는 않았다.

3. 투쟁

우리는 이미 외국의 식민지가 되었다.
그것은 우리 스스로가 가장 비굴한 태도를 취하며
자기 자신의 명예를 훼손하면서까지 적의 식민지화를 도왔기 때문이다.

(유대인—1922년 4월 12일)

이 말은 독일은 이미 유대인들에게 빼앗겼으며, 그런 기회를 제공한 사람들은 공평과 공정을 찬양하는 민주주의 신봉자들이었다는 의미이다. 나치즘은 민주주의 또한 유대인이 만들어 낸 것이라 여겼다. 그 밖에 의회주의, 마르크스주의, 볼셰비즘, 자유주의, 평등주의 그리고 독일 제국을 나락으로 빠뜨린 제1차 세계대전 등 '모든 반독일적인 것을 창조한 자'는 유대인이라 생각했다.

사유재산은
스스로 노동을 통해 취득한 것만을 의미한다. (국민재산 탈환—1923년 4월 27일)

이 발언은 토지를 매각이나 투기의 대상으로 해서는 안 된다는 것을 말하며 그런 이유로 이야기한 것이다. 나치당 강령에는 '불로소득 철폐, 기생지주 타도'가 들어가 있는데, 이 연설은 유대인이 이권을 독점하고 있다는 주장을 전제로 한다. 히틀러는 본디 독일인이 소유해야 할 '국민의 재산'인 토지를 유대인에게 빼앗겼으며, 그것을 허용하게 한 법률을 반드시 개정해야 하는데 그러기 위해서는 여론을 조작하는 언론에서도 유대인을 추방해야 한다고 말했다.

실제로 이 심상치 않은 사회는 사려 깊음이 결여되었다.

(불안정한 사회—《나의 투쟁》에서)

'이 심상치 않은 사회'란 노동자 사회를 가리킨다. 히틀러는 빈에서 보조 노동자로 일했었다. 일은 쉽게 찾을 수 있었지만 그 일은 어이없이 사라지기도 한다.

이처럼 히틀러 자신도 몇 번이나 실직을 겪었다. 이러한 불안정한 사회에 기댈 수밖에 없는 노동자들은 얼마간의 수입과 무수입 사이에서 흔들리다 끝내 다 포기하고 추락해버렸다. 히틀러 또한 그러한 현실을 한 사람의 노동자로서 체험했다.

손에는 옷과 속옷이 든 트렁크를 들고
마음에는 흔들림 없는 의지를 품은 채 나는 빈으로 향했다.

(빈에서의 시절–《나의 투쟁》에서)

아버지의 유산이 어머니의 병원비로 다 사라지고, 히틀러는 고아연금만으로 살아갈 수 없는 처지가 되었다. 그가 품은 '흔들림 없는 의지'란 관리 이외의 무언가가 되려던 의지를 말한다. 1907년 9월, 미술대학 입시에 떨어진 히틀러는 화가보다 건축가가 자신에게 더 맞다고 생각하며, 보조 노동자와 화공(畫工)으로 빈곤한 생활을 하며 인생관을 키워 갔다. 그는 인간을 알게 되면서 공허하며 거친 외부와 내부에 있는 본질을 구별하는 법을 배웠다고 말했다.

우리 발전에 좀 더 나은 기반을 만드는 깊은 사회적 책임감과
이를 저지하는 괴물을 쓰러뜨리려는 굳건한 결의 (사회적 책임감–《나의 투쟁》에서)

대중이 불안정한 생활에 동요해 '세상이 뭐 다 그렇지'라고 자포자기하며 추락하는 상황—이를 타개하기 위해 히틀러는 두 가지가 필요하다고 생각했다. 하나는 지금 있는 세계의 형태를 단순하게 받아들이는 것이다. 지금 상황을 수정을 하는 것이 아니라, 새롭게 출발해 이전까지와 전혀 다른 사회를 만드는 것을 뜻한다. 또 다른 하나는 '그런 것은 불가능하다'며 두려워하고 도전하려 하지 않는 사람들의 저항을 극복하는 결의다.

오늘날 독일의 토양은
우리 운동으로 더할 나위 없는 양질의 토양이 되었다.

(역풍 속 허세–1925년 12월 12일)

히틀러의 이 발언은 그 무렵 정세에 빗대어 보면 '허세'였다. 이 무렵 나치당은 상황이 갈수록 나빠지고 있었다. 이듬해 1926년, 노벨 평화상을 수상한 외무장관 슈트레제만이 미국의 후원으로 배상금 감액을 성공시키고, 국제연맹 가입도 이루어 독일의 정치·경제는 안정을 찾아가고 있었다. 사회 혼란에 편승해 당세를 넓혀 가던 나치당에게는 역풍이 아닐 수 없었다. 그러나 아직 영토문제 등독일 국민의 '반발의 씨'는 남아 있었으며, 히틀러는 그러한 영토들을 언급하며운동의 사기를 지켜나가고자 했다.

예수 그리스도는 부패한 세계에서 일어서서 신앙을 가르쳤다.
처음에는 모두 그를 비웃었지만
뒷날 그 신앙은 크나큰 세계적 운동이 되었다. (공들인 연설 준비-1925년 12월 12일)
히틀러는 연설하기 며칠 전, 그 구성을 공들여 다듬었다. 예를 들어 12월, 연설 내용을 절묘하게 크리스마스와 연결지어, 예수의 가르침이 널리 퍼질 때까지의 수난의 과정을 나치당 세력 확장 과정과 겹쳐지도록 연설했다. 그와 함께 자기 자신을 예수에 빗댐으로써 인류의 '구세주' 이미지를 내세웠다. 히틀러는 유대인과 함께 기독교 또한 증오했지만, '예수는 아리아 인의 피를 갖고 있다'고 굳게 믿었다.

역사상 중대한 사건들처럼 세계사는 개개의 활동 성과이다.
역사는 결코 다수결의 성과가 아니다. (다수결로 결정하지 말라-1926년 11월 22일)
히틀러는 민족과 세계를 누가 지도해야 하는가라는 문제는 개개인의 자질로 결정되며, 어리석은 다수 대중의 의사에 영향을 받아서는 안 된다고 생각했다. 그에게는 다수결에 부치는 민주주의 회의제 또한 누군가의 목적을 이루기 위한 도구에 지나지 않았다. 그리고 그는 독일이 민주주의로 말미암아 명예가 손상되었으며, 그 시작은 유대인이라고 생각했다.

베르사유조약으로 독일이 붕괴되고
세계경제가 카오스 속에 빠지는 것을
나는 결코 보고 싶지 않다. (베르사유조약의 무효-1931년 12월 5일)
1929년 세계 공황으로 독일 경제는 다시 괴멸상태에 빠졌다. 나치당은 국민의 불안에 편승해 당세를 넓히고, 이듬해 국회에서 제2당으로 진출하게 된다.

국제적 관심이 높아질수록 히틀러는 다른 나라 언론을 적극적으로 이용, 국제 사회를 위협했다. 이 발언에 담긴 것은 '경제적 대혼란이 싫다면 베르사유조약에 따른 독일 압박을 그만두어라', '내가 권력을 잡으면 베르사유조약은 파기할 것이다'라는 이중 협박이다.

사람들은 부르주아 정당에 의한 체제를 바라지 않는다.
단 한 명의 인물이 책임을 지는 것을 바란다. (나치당 약진–1931년 12월 7일)

1930년, 나치당은 국회선거에서 제2당으로 진출하지만 전체 577의석 중 겨우 107석을 차지하는 것에 그쳤다. 15당파가 난입한 국회는 합의를 이루지 못하고, 독일의 정치 경제 위기는 더욱 깊어만 갔다. 그러나 히틀러는 거리낌없이 자신을 '독재자 후보'로 내세웠다. 언론과의 인터뷰에서는 '대통령 후보가 될 생각은 없다'고 말하면서도 '단 한 명의 인물'이란 말을 써서 독일을 이끌어 갈 사람은 자신이라고 암시했다.

우리는 우리 눈으로 직접 독일인의 생활이 몰락해 가는 모습을 목격했다.
우리 국민은 인플레이션을 견뎌야 했으며
인플레이션은 많은 국민으로부터 모아놓은 재산을 빼앗아 갔다.

(혼란의 총괄–1933년 2월 10일)

같은 해 1월 30일, 히틀러는 수상에 취임했다. 그는 권력을 손안에 넣고 이전 위정자들을 가차없이 단죄했다. 특히 '가장 무서운 범죄'의 '모든 책임'이 있다고 여긴 '1918년 11월의 인물들', 즉 독일에서의 혁명과 제1차 세계대전의 종결(패전)을 이끈 지도자들의 단죄에 힘을 쏟았다. 히틀러는 이러한 형태로 전후 환란의 역사를 총괄해 보여주며, 독일이 차츰 다른 국가가 되어 가는 것을 국민들에게 간접적으로 인정하도록 요구했다.

부자들의 소유물인 자동차
자동차는 국민을 빈부, 두 계층으로 나누어버리는 도구일 뿐이다.

(국민차 구상–1933년 2월 11일)

이날 개막한 베를린국제모터쇼에서 히틀러는 '국민차' 구상에 대해 밝혔다.

독일 민족이 대륙을 지배해야 한다고 생각하던 히틀러에게 자동차 보급은 반드시 필요한 일이었다. 빈부 상관없이 독일인이 자동차로 대륙을 달려 독일의 경제, 문화권을 넓히려 했다. 이 구상에 따라 저명한 설계자 페르디난트 포르셰가 진보적인 기술 체제를 갖춘 소형차(폭스바겐)를 개발했다.

군축문제 해결 없이 경제재건 없다. (거짓 평화연설-1933년 5월 17일)

미국 대통령 루스벨트는 세계 44개국에 발본적 이익이 되는 군축을 제안했다. 이 제안에 히틀러는 '평화연설'을 실시했는데, 그 내용은 문제 해결을 위해 전쟁을 이용한 것에 대한 비판이었다. 베르사유조약에 따라 군비를 축소하는 독일을 본받아 다른 나라도 군축해야 한다는 내용이었다. 히틀러는 거기에 자국의 경제 사정을 엮어 더욱 설득력을 실었다. 국제사회는 크게 안도했지만 이것은 단지 히틀러가 시간을 벌기 위한 발언이었다는 것은 그 뒤 역사가 증명한다.

지금 세계 속에서 독일의 힘을 진전시키기 위해 필요한 것은 질서이다.

(질서-1933년 7월 2일)

히틀러가 돌격대 간부들 '견제'를 위해 한 연설이다. 여기서 히틀러가 말하는 '질서'란 그의 독재 권력에 모두가 따르는 상태를 말한다. 300만 명이나 되는 인원을 거느리던 돌격대였지만, 그 안에는 사회주의적인 사상을 갖고 있는 자들 또한 많았다. 히틀러는 보수파와의 협력을 중시했지만, 참모장 룀 이하의 돌격대원들은 자본가나 지주와 타협하지 않고 사회주의적 정책을 내세우는 '제2혁명'을 주장했다. 히틀러와의 알력이 더욱 심화되었다.

그들에게
'나는 믿는다'라는 신념의 고백만으로는 충분하지 않다.
'나는 싸운다'라는 투쟁의 맹세가 필요하다.

(프로파간다 영화-1934년 9월 5일~9월10일)

뉘른베르크에서 있었던 나치 전당대회 모습은 〈의지의 승리〉라는 기록영화에 담겼다. 이 발언은 그 폐회연설에서 한 말이다. 히틀러가 말한 '그들'이란 '진정으로 충성을 다하는 활동적 전사'가 되는 '극소수 정예 대원'을 가리키는 것으로, 나치당원을 독일 엘리트라 칭찬한 것이다. 이 장면 다음으로 영화에서는 19초 동안 요란한 박수 갈채와 만세 소리를 비추어 사람들의 열광적인 반응을 과시한다. 이 영화를 본 당원들은 감격하고 고무될 것이며, 국민들은 나치에 저항할 의욕을 잃어버릴 것이다.

나는 '불가능'이란 말을 증오한다.
그것은 언제나 비겁한 자들의 면죄부이다.
감히 위대한 결단을 단행하지 않는 인간들의 면죄부가 되는 것이다.

(불가능은 비겁함–1938년 5월 26일)

국민자동차로 계획된 폭스바겐 제조공장 기공식에서 히틀러가 한 발언이다. 히틀러는 5년 전, 자동차 '생산비와 유지비를 민중의 수입과 맞추어야 한다'고 제창했으나 주위로부터 '불가능하다'는 반대운동이 일어났다. 그러나 히틀러는 몇 가지 정책들을 세운 뒤 이러한 반대에 맞서서 실행에 옮긴다. 그는 그때마다 반대파에게 '비겁자'라는 낙인을 찍으며 자신을 따르지 않는 자들은 입을 막고, 우직하게 자신에게 오류가 없음을 강하게 밀고 나갔다.

체코슬로바키아가 이 요구를 받아들이거나
우리가 우리의 손으로 이 자유를 찾으러 가거나
둘 가운데 하나이다. (체코 침입–1938년 9월 26일)

히틀러는 뮌헨회의에 앞서 실시된 당대회에서 베르사유 조약에 의해 오스트리아가 체코슬로바키아로 넘겨주었던 수데티 지방의 '반환'을 요구했다. 히틀러가 연설에서 말하는 '자유'는 그 지방에서 독일계 주민들이 '압박'을 받고 있으니 '해방'시킨다는 논리였다. 이는 영토를 내놓을지, 독일과 전쟁을 할지 둘 가운데 하나를 선택하라는 최후통첩이었다. 결과적으로 영국과 프랑스 등 주변국들은 물러서고 히틀러는 자신의 의도대로 목적을 이루었다.

이렇게 수십 년에 걸쳐 행해진 평화 프로파간다에 대한 우려

(평화에 안주하게 하지 않는다–1938년 11월 10일)

히틀러는 이 비밀 연설을 위해 언론계 대표들을 불러 모았다. 그는 앞으로 평화를 언급하지 않고 국민들의 마음을 전쟁 준비로 쏟게 해야 한다는 내용으로 연설했다. 이 말을 하기 전에 히틀러는 이제까지 자신이 평화를 말해 온 까닭은 필요에 의해 그렇게 했던 것이며, 그 덕분에 (주위 여러 나라들을 속이고) 영토와 전쟁에 필요한 장비들을 쟁취할 수 있었다고 말했다. 그 과정에서 그가 크게 우려한 것은 독일 국민이 단순히 평화에 안주해버리는 것뿐이었다.

평화를 위한 공격 (히틀러의 어법–1939년 9월 1일)

히틀러는 이 연설에서 폴란드 정규군이 지난밤 독일을 공격했으며, 독일은 가차 없이 반격을 가했다면서 상대가 먼저 공격해 와서 폴란드 침공을 단행할 수밖에 없었다고 말한다. 이처럼 '먼저 공격해왔다'라는 주장은 히틀러의 주특기였다. 또한 모순되는 단어와 단어를 조합해 상대의 인상을 조작하는 이중어법도 히틀러 발언에 자주 쓰였는데, '평화를 위한 공격'은 그 전형이라고 할 수 있다.

안심하라.

그것은 시작된다. (유머–1940년 9월 4일)

독일은 이해 북미와 서구 각국을 침공했고, 6월 14일 파리에 무혈 입성했다. 독일은 영국에 군사력을 과시하면서 평화를 제안하지만 처칠 수상이 이를 즉각 거부했다. 독일군은 영국 상륙작전 전단계인 항공결전에서 힘들게 전투하게 된다. 영국이 영국공격은 왜 시작되지 않는지 물으며 비웃자, 히틀러는 유머를 섞어 교묘한 연설로 되받아쳤다. '안심하라. 그것은 시작된다'는 히틀러의 연설로 국민 사기는 높아졌고, 이 말은 유행어가 되기도 했다.

결단의 정신이란 무턱대고 행동하는 것이 아니다.

내 안의 확신이 행동하라고 명할 때 결코 망설이지 않는 것이다.

(결단력–1941년 9월 17일)

여기에서 말하는 '결단'이란, 소련과의 전쟁을 개시할 때 내린 결정을 가리킨다. 독일은 소련과 싸움을 시작함으로써 영국 등 서부전선에서 동부전선까지 더해져 '양면작전(兩面作戰)' 태세를 취하게 되었다. 작전에서 가장 피해야 할 것은 모험주의지만, 히틀러는 그렇지 않다고 강하게 주장했다. 그러나 독소전쟁 배경에는 영국 본토 항공결전의 실패가 영향을 끼쳤으며, 히틀러는 그 실패를 무마하기 위한 '도박과 같은 결단'을 내린 것이다.

사람이 호랑이잡기
호랑이가 사람잡기
지구는 돌고 있다.
강한 자가 자신의 의사를 행사한다. 그것이 자연 법칙이다.

(약육강식-1941년 9월 23일)

히틀러는 러시아인을 '미개민족'이라고 여겼으나, 공산주의 사상은 나치즘과 닮은 어떠한 힘을 숨기고 있다고 생각해 그 사상에 대해서는 모독하지 않았다. 침략전쟁에서 승리를 확신할 때조차 소련이 이기고 독일이 지는 경우까지 염두에 두고 있었다. 그렇게 되면 '미래는 모두 승리한 동쪽 나라의 것이 될 것'이라고도 말하며, 성공(승리)해야 모든 것이 정당화된다는 사상을 더욱더 철저히 했다.

인상적인 무대장치는 꼭 필요하다.
노력해서 만들어야만 한다. (무대장치-1941년 10월 21일)

히틀러는 오페라 가수의 발성과 몸짓을 개인적으로 교습받아 익히는 등, 인상적인 연설을 만들어내기 위해 고심했다. 그러면서 프로파간다 교재로 사진이나 기록영화를 사용하고, 자신의 '목소리'를 더욱 널리 퍼지게 하기 위해 라디오나 확성기와 같은 최신 장치도 선거활동에 재빠르게 활용했다. 그는 또한 민족결속을 강하게 하는 '장(場)'을 만드는 데도 여념이 없었다. 일 년에 한 번 대대적으로 당대회나 수확감사제 등을 열면서 프로파간다에 이용했다.

국가의 정치적 단계에서 독립은
그 국가의 군사력뿐만이 아니라
자급자족 태도에 따라 좌우된다. (생존권과 영토-1941년 10월 26일)

히틀러가 독일 국민의 '생활터전'으로 유럽 동부 영토를 요구한 것에서 알 수 있듯이, 히틀러에게 국가와 자급자족의 관계는 매우 중요했다. 히틀러는 또한 철저하게 대륙을 지향, 바다 건너 멀리 떨어진 식민지에는 관심을 보이지 않았다. 이 때문에 해군의 힘을 이해하려고조차 하지 않았다. 아프리카 대륙에서 수입한 것은 커피, 홍차로 충분하다고 생각하며 그 밖의 것들은 유럽 안에서도 손에 넣을 수 있다고 말했다.

동부지역에 아우토반을 깔아버리면
거리문제는 해결될 것이다. (아우토반—1942년 7월 18일)

히틀러가 건설한 아우토반은 세계 최초로 만들어진 본격 고속도로 네트워크로 독일이 자동차 대국으로 성장하는 밑바탕이 되었다. 건설 사업에는 실업자 대책이라는 목적도 있었다. 그러나 가장 큰 배경에는 도로교통을 통해 독일 세력권의 경제, 문화적인 성취감을 얻으려는 구상이 깔려 있었다. 즉 소련 등으로부터 빼앗은 동부 '생활터전'으로부터 독일 영토까지의 국경을 없애버리는 것이 목적이었다. 이렇게 동쪽 침략과 아우토반 네트워크의 확대는 한 묶음이 되었다.

'실패할지도 모른다'
이런 나약한 생각을 하면
이 작전은 분명 실패한다. (나약한 작전은 실패한다—1942년 8월 21일)

히틀러는 다른 자리에서도 '결단의 정신이란 무턱대고 행동하는 것이 아니다. 자기 자신 안에서 확신을 갖고 명할 때 결코 망설이지 않는 것이다'라고 말했다. 베를린올림픽과 같이 그는 결단과 대범함을 중시했다. 그러나 세상에서 그러한 일이 평가받는 것은 성공했을 때뿐이다.

히틀러의 객관성과 진중함이 결여된 작전개입이 제2차 세계대전에서 독일을 군사적 패배로 이끌었다는 것은 널리 알려진 사실이다.

4. 편집광

**감정적인 요인에서 생긴 순수한 반유대주의에 대한
그 궁극적 표현은 포그럼(집단학살)에서만 찾을 수 있다.**

(반유대주의의 각성-1919년 9월 16일)

히틀러가 상사 마이어 장관에게 제출한 보고서의 한 구절로, 이것은 히틀러 사상의 원형이 되었다. 이 시기에는 아직 '정치운동으로서의 반유대주의는(포그럼으로 이어지는) 감정적 요인으로 규정되어서는 안 된다', '사실 인식에 따라 규정되어야 한다'고 말하고 있다. 그가 목표로 하는 '이성적인 반유대주의'란 '유대인의 모든 특권을 계획적, 합리적으로 정복해 나가는 것'이라고 말했다. 그는 궁극적으로 '모든 유대인 제거'를 행하려 했으며, 마침내 무자비한 집단 학살을 자행하고야 만다.

**본질적인 것은 유지해 나가고
본질적이지 않은 것은 잊어버릴 것.** (역사 교육-《나의 투쟁》에서)

히틀러가 역사교육에 대해서 언급한 말이다. 역사를 배울 때 중요한 것은 사건의 이름이나 날짜가 아니다. 원인과 귀결을 알아야 한다는 것이 히틀러의 역사관이었다. 히틀러에게 역사는 독일 민족주의의 큰 기둥이었다. 그는 중학생 시절 린츠의 실업학교에서 역사를 잘 가르쳤던 선생님을 만나면서 역사를 좋아하게 되었다. 그 시절 그는 오스트리아를 지배하던 합스부르크가(家)가 독일 민족에게 불리한 통치를 한다고 생각하며 '혁명'을 꿈꾸었다.

**지금 온갖 무기로 자기 자신을 지키려 하지 않는 것은
자신을 실제로 포기하고 마는 것이다.** (언론의 자유는 독-《나의 투쟁》에서)

그 무렵 독일에서는 '유대계'로 여겨졌던 〈프랑크푸르터 차이퉁〉과 같은 신문이 품위의 상징으로 여겨졌기 때문에, 언론의 자유는 히틀러에게 '유대인에 의한 민족기만과 국민 중독화'와 같은 것이었다. 그리고 그는 '이 중독은 현재 어떠한 방해도 받지 않으며, 우리 국민의 혈액 안에 들어와 효과를 드러내고, 국가는 이 중독이란 병을 박멸할 힘을 갖고 있지 못했다'고 말하면서 나라의 '무방비함'을 한탄했다.

**우수한 인종 존속의 전제란
국가가 아닌, 그 자격을 갖춘 민족이다.** (아리아인 지상주의-《나의 투쟁》에서)

히틀러는 '아리아인' 지상주의자로, 국가라는 틀보다도 높은 가치의 문화를 창조해 내는 '인종'을 중요시했다. 본디 아리아인이란, 인도와 유럽어족을 모두 일컫는 말이어서, 정의 내리기 애매했다. 히틀러는 자신이 증오하는 유대인 일부만을 '명예 아리아 인종'으로 여겨졌으며, 아시아인은 이류민족(二流民族)으로 여겼었다. 그러다가 삼국동맹을 맺은 일본이 우방국이 되자, 이제는 일본인을 '명예 아리아 인종'으로 여기며 논리를 짜 맞추려고 했다.

**마르크스주의가 승리하면 우리는 멸망한다.
반대로 우리가 승리하면
마르크스주의는 송두리째 뿌리 뽑힐 것이다.
우리 또한 인정사정 보지 않는다.** (할 것인가 할 수 있는가-1926년 2월 28일)

마지막까지 항복을 거부한 것처럼 보이기 위해 '할 것인가, 할 수 있는가'라는 자세가 히틀러에게 주어졌다. 이 자세는 측근들에게도 공유되어, 괴링 원수는 수용소에서 폭력을 당하고 있던 공산당 당수 텔만에게 다음과 같이 말하기도 했다. '만약 권력을 잡은 것이 너희들이라면 지금 너희들은 나를 때리는 것으로 끝나지 않았을 게다.' 이러한 나치스의 자세는 정적과 유대인에게 이어지는 잔인함도 드러낸다.

나는 오늘 다시 한번 예언자로서 말하고자 한다.
유대인들이 또다시 여러 국민을 세계대전으로 몰아넣는다면
유대인종의 말살이 그 결과가 될 것이다. (예언이란 이름의 현실–1939년 1월 30일)

이전 해 11월, '수정의 밤'으로 알려진 조직적인 유대인 습격, 체포가 독일 전 지역에서 일어났다. 이 연설은 언뜻 보면 '만약 ~라면 ~일 것이다' 형식이어서 '유대인종 말살'을 불확정적인 미래로 말하는 것처럼 보이지만 사실은 그렇지 않다. '예언'이라는 말을 씀으로써 미래에 그것이 일어나리라고 강한 확신을 갖고 말하는 것이다. 또한 '오늘 다시 한번'이라고 말함으로써 히틀러의 말은 반드시 현실이 될 것이라는 왜곡된 의지를 사람들에게 심어주었다.

내가 옳았다는 것이 앞으로 더욱 분명해질 것이다. (홀로코스트–1941년 1월 30일)

'옳았다'라는 것은 유럽 유대인이 '위기'에 빠질 것이라는 '예언'을 말한다. 이 해 6월 독소전쟁이 시작되자 나치스 독일은 소련 침공지역에서 유대인 학살을 시작했다. 독일을 비롯해 점령지에 있던 유대인들도 동쪽 지방으로 보내버렸다. 그리고 이듬해 1월 20일, 나치 고관들은 '유럽 유대인 문제의 최종 해결'을 반제 회의에서 토의하고, 1942년부터 아우슈비츠 등의 절멸수용소에서 유대인 홀로코스트를 시작했다.

폭격기 개발이 최우선 과제이다.
전투기 개발은 그 다음이다. (폭격기에 대한 고집–1942년 2월 9일)

독일군은 전쟁이 시작되기 전 1938년부터 신형 전투기를 구상했다. 그들은 제트엔진 개발을 진행했으나 히틀러는 폭격기를 고집한다. 연합국 군대의 대규모 폭격에 대한 보복과 유럽대륙이 침공하는 것을 막는 것이 히틀러의 목적이었다. 독일군에 의해 완성된 제트엔진은 그 특성에 맞지 않아 폭격작전에서 성과를 올릴 수 없었다. 뒤늦게나마 공군들의 전투에 투입된 제트기가 우수한 성능을 보여주었는데, 이것은 히틀러의 군사적 지식이 부족했음을 보여주는 사례이다.

예전 유대인은 나의 예언을 비웃었다.

그러나 지금은 어떠한가!

이제 웃고 있는 유대인은 더 이상 없지 않은가! (아우슈비츠의 악몽–1942년 9월 30일)

히틀러가 동계 빈곤구제사업 캠페인을 시작하며 한 이 연설은 유대인 말살선언이라고 볼 수 있다. 이 연설을 하고 나서 5일 뒤, 친위대 전국지도자인 히틀러는 독일 국내 강제수용소에 있는 모든 유대인을 폴란드 아우슈비츠수용소로 이동시키라고 명령한다. 독일이 폴란드 침공을 시작한 때는 1939년 9월 1일이었다. 나치스 독일은 폴란드에서 전쟁할 때 무려 300만 명의 유대인을 죽였다.

우리 뒤에 있던 다리는 불타버렸다.

이제 우리에겐 마지막 승리를 향한 길밖에 없다.

(항복이란 말은 없다–1943년 10월 7일)

9월 8일 동맹국이었던 이탈리아가 연합국에 무조건 항복을 선언하고 만다. 소련군은 키예프(현재의 키이우) 탈환을 눈앞에 두고 있었다. 히틀러는 전쟁이 시작될 때부터 '내가 모르는 유일한 단어는 항복이다'라고 말해 왔지만 독일의 패배 조짐은 갈수록 짙어져 갔다. 그러나 오히려 그러한 상황 때문에 히틀러는 더욱 '마지막 승리를 향한 길밖에 없다'는 말밖에 할 수 없었는지도 모른다.

만약 때가 온다면

섭리에 의해 주어진 우리의 생활을 지키기 위해

이 전쟁을 새롭게 재검토해야 한다. (열세는 신의 뜻–1943년 11월 8일)

독일군은 스탈린그라드에서 크게 패하고 나서(2월) 줄곧 후퇴하게 되고, 자국 땅이 전쟁터가 될 가능성은 더욱더 현실로 다가오기 시작한다. 이 발언은 그것을 나타내고 있다. '섭리'란 본디 자연계를 지배하는 법칙이나 법칙을 만든 창조주(신)의 의사나 계획을 의미하는 말이다. 그러나 히틀러는 그것을 '사람의 능력을 뛰어넘는 것'이라는 의미로 바꿔 지나칠 만큼 자기 정당화를 위해 사용하고 있다. 전쟁에 지고 있는 것도 하늘의 뜻이니 어쩔 수 없다는 의미인 것이다.

순종이라면 견뎌내는 상황도

잡종은 견뎌내지 못하는 경우가 수없이 많다. (순혈주의–《나의 투쟁》에서)

순수한 '아리아 인종' 혈통을 고집했던 히틀러는 여러 인종의 피가 섞인 '잡종'에 대해서 위와 같이 말했다. 그에 따르면 여러 인종의 피가 섞이면 본디 가지고 있던 가치를 잃어버리고 만다. 인종적으로 분열하면 불안정하고, 매사에 대처할 때 어설픈 처리밖에 할 수 없게 된다. 인종적 분열은 인종적으로 통일된 경우보다 분명 더 불리하며, 빠르게 몰락할 가능성이 있다는 참으로 제멋대로의 이론이다.

5. 애증

나는 아버지를 존경하고 어머니는 사랑했다. (부모에 대해서–《나의 투쟁》에서)

히틀러의 아버지 알로이스는 세관 사무관이었는데 학식은 없었으나 세관 사무관이 된 것을 자랑스럽게 생각했다. 그래서 히틀러도 어느 정도 아버지를 존경하고 있었을 것이다. 그러나 소년기 때 히틀러는 아버지와 말다툼이 끊이지 않았다. 아버지가 히틀러에게 자신과 같은 관리가 되라고 강요하는 것은 참을 수 없었다. 아버지는 히틀러가 14살 때 돌아가셨고, 원하는 대로 미술학교에 입학하라고 허락해준 히틀러 어머니 클라라는 4년 뒤 세상을 떴다. 히틀러에게 어머니의 죽음은 아버지가 돌아가셨을 때와는 비교할 수 없는, 더 큰 충격이었다.

나는 존경하는 것만을 사랑하며
내가 알고 있는 것만을 존경한다. (애국교육–《나의 투쟁》에서)

히틀러는 위대한 독일 국가를 세우기 위해서 국가를 자랑스럽게 여기는 '국민'이 필요하다고 생각했다. 그리고 국민들이 자긍심을 갖기 위해서는 조국과 민족의 위대함을 잘 알아야 한다고 생각했다. 그러기 위해 먼저 사회를 건전하게 만들고, 조국 문화, 경제, 정치를 가르쳐야 한다고 말했다. 이러한 교육이 없이 어린 시절부터 국가나 권위에 대해 비판과 험담만을 듣는다면 제대로 된 인간으로 자라날 수 없다고 주장하기도 했다.

더욱더 순수한 조국을 만들기 위해
나는 외국에 물든 나라 안에 있는 자들이 하루빨리 정화되기를 바란다.

(제1차 세계대전–1915년 2월 5일)

히틀러는 전해 8월 바이에른 왕국 육군으로 입대하고, 제1차 세계대전에 출전했으며 그해 12월 훈장을 받았다. 히틀러가 뮌헨 지인에게 보낸 편지에는 피비린내 나는 육박전의 모습과 함께 그의 정치적 의사가 적혀 있다. 그 내용은 이러했다. '우리들의 큰 희생으로 고국만은 더럽혀지지 않았으면 좋겠다. 그러기 위해서는 외부 적들을 쳐부수는 것만으로는 부족하다. 내부의 국제주의까지 부숴버려야 한다.' 그에게 이미 강렬한 국가주의적 싹이 자라나고 있었던 것이다.

민족주의자가 통치할지 마르크스주의자가 통치할지는
투표로 정해야 할 문제가 아니라, 도덕과 품위가 결정할 문제이다.

(공산주의의 증오-1924년 2월 26일~3월 21일)

뮌헨폭동 실패로 나치당은 해산되지만 기소된 히틀러는 법정을 자기 선전의 장으로 만들어 냈다. 그는 쿠데타계획을 인정하면서도 반역죄는 인정하지 않았다. 검사가 '법적 구속력이 있는 투표 기회를 만들고 싶었는가?'라고 질문하자 그는 마르크스주의자에게 통치를 허락하는 투표는 무의미하며 '도덕과 품위'를 갖춘 자신들이 국가를 통치하는 것이 마땅하다고 대답한다. 민주주의적 방법이 아닌 권력 탈취가 올바른 행위라고 주장했던 것이다.

고요한 정적과 평화 말고 내가 무엇을 바랄 수 있겠는가?

(협박에 의한 평화-1935년 5월 21일)

이해 히틀러는 영토 확장 야심을 서서히 드러낸다. 먼저 1월, 그는 베르사유조약에 따라 국제연맹의 관리 아래에 놓였던 서부 자를란트 지방에서 강력한 프로파간다를 펼치기 시작했다. 어디에 속할지를 정하는 주민투표에서 90.8%의 지지를 얻게 되어 독일은 자를란트를 되찾는다. 3월, 그는 베르사유조약에서 금지된 공군보유와 징병제 부활을 선언했다. 이에 대해 주변국이 불안을 나타내자 두 번째 평화연설을 실시하는데, 그 문맥 속에는 독일을 화나게 하지 않으려면 가만히 보고 있으라는 협박이 강하게 드러났다.

인류의 문화유산과 '미적인 작품' 모두
'교육'이란 이름의 강제에서 태어난 것이다. (교육이란 이름의 강제-1941년 7월 5일)

독소전쟁이 시작되고 2주가 지난 이날, 히틀러는 러시아인을 깎아내리며 말했다. '러시아인은 강제하지 않으면 일하지 않으며, 야생으로 돌아가려는 본능을 갖고 있다. 그들이 말하는 혁명의 전형은 본능의 영향을 받은 폭력혁명인 것이다. 그런 러시아를 통치하기 위해서는 막강한 힘이 필요하다.'

이 발언의 배경에는 러시아 영토를 빼앗아, 아리아인의 피가 흐르는 일부 러시아인을 독일 교육으로 '국민화'해 지배하고, 세계의 패권을 차지하려는 히틀러의 야망이 있었다.

기독교의 탄생은 인류를 덮친 최악의 사건이다. (기독교의 부정-1941년 7월 11일)

히틀러는 예수 그리스도는 '아리아인의 피를 갖고 있다'며 경애했다. 그러나 기독교는 예수가 죽은 뒤 유대인들이 멋대로 그 교의를 고쳐버린 것이라 여겼다. 따라서 그에게 기독교는 볼셰비즘과 함께 증오의 대상이었다. 기독교가 없었다면 이슬람교도 없었을 것이고, 서구세계가 오스만제국에게 유린당하는 일 또한 일어나지 않는다. 그리고 로마제국의 유산은 게르만 민족이 이어받아 세계제국으로 발전시켜 나갔을 것이다. 이것이 히틀러의 역사관이었다.

무솔리니야말로 과거 위대한 황제들의 계승자이다.

(무솔리니에 대한 경의-1941년 7월 21일)

사회당원이었으며 여러 방면의 사상에 능통하고 학식이 높았던 무솔리니는 히틀러를 싫어했다. 독일과 이탈리아의 관계가 진전됨에 따라 둘의 관계는 차츰 좋아지긴 했지만, 1939년 이후 독일이 전쟁을 시작했음에도 이탈리아는 좀처럼 참전하려고 하지 않았다. 그런 무솔리니에 대해 히틀러의 측근들은 회의적이었다. 그러나 히틀러는 쿠데타(로마 진군)로 정권을 잡은 무솔리니의 '공적'에 감복하며 오랫동안 그에게 경의의 마음을 갖고 있었다.

나는 스탈린이 1941년에 반격할 것이라고 예측했다.
그렇기 때문에 먼저 손을 써서 전쟁을 시작해야 했다.

(소련 침공의 정당화-1941년 9월 17일)

1941년 6월 22일, 전쟁이 시작되기 전날 밤 소련에서는 기계화 보병사단을 새롭게 편성하는 등의 움직임이 보였다. 한편, 스탈린은 독일이 전쟁준비를 하고 있다는 정보를 '거짓 정보'로 받아들이고 국경 방위를 소홀히 했다. 히틀러의 위 발언은 폴란드 침공 때처럼, 먼저 싸움을 걸어왔기 때문에 행동했다는 자기 정당화로 사용하고 있다. 정면 전쟁이라는 상식파괴의 전쟁에 대해 국방군 상위부의 동요가 컸기 때문에 이러한 정당화가 필요했다.

나는 파리를 파괴하지 않고 전쟁을 끝낼 수 있어 참으로 다행으로 여긴다. 상트페테르부르크와 모스크바가 파괴되는 것은 냉정하게 있을 수 있지만, 파리를 파괴해야 한다면 마음이 몹시 아팠을 것이다.

(파리에 대한 애정–1941년 10월 29일)

1년 전 독일군이 파리에 아무런 사상자 없이 입성했을 때 히틀러는 직접 현지를 찾았다. 독일과 오스트리아밖에 모르던 히틀러에게는 흔치 않은 일이었다. 히틀러는 볼셰비즘의 박멸과 동쪽 영토의 획득을 위해 소련 주요 도시들을 파괴하는 것이 중요하다고 생각했으나, 서구 도시에 특별한 파괴욕을 드러내지 않았다. 그가 프랑스를 침공한 이유는 다수의 유럽 제국들이 프랑스와의 동맹에 의지했기 때문이다.

국가에서 유일하며 진정 가치 있는 재산은 위대한 인물들이다.

(우수한 독일인–1942년 1월 13일)

히틀러가 작곡가 브루크너를 비롯해 그의 마음에 드는 예술가들에 대해서 이야기할 때 자주 언급하던 말이다. 그러나 결국 '위대한 인물'은 바로 자기 자신을 가리킨다. 그는 자신이 매우 운이 좋지만, 독일 민족은 그보다 더 운이 좋다고 말했다. 또한 스스로 독일의 군사를 재정비하지 않았더라면, 소련의 공산화 물결을 멈출 수 없었을 것이라고 자부한다. 히틀러는 민족주의자로서 독일인의 '우수함'을 믿었지만, 그 이상으로 자기 자신 또한 역사적 존재로서 크게 의식했다.

**결혼의 나쁜 면은 권리이다.
그 점에서 애인이 훨씬 낫다.
의무는 적으며, 모두 선물로 이야기를 정리해 버릴 수 있다.**

(결혼관–1942년 1월 25일)

히틀러가 결혼을 거부한 것은, 남자는 자기 사상의 노예이며 무언가를 이룰

때 생각에 좌우당한다고 생각했기 때문이다. 그리고 모든 것을 위해 아내와 자식조차도 버려야 할 때가 있기 때문이라고 또한 말했다. 뒷날 히틀러의 아내가 되는 에바 브라운은 다른 여성에 대한 질투, 그리고 히틀러의 바쁜 일정에 대한 불만 때문에 두 번이나 자살을 시도했다. 히틀러가 조카인 겔리와도 삼촌과 조카 관계를 넘어선 애정관계를 맺었던 것 또한 잘 알려져 있다. 그는 1931년 겔리가 자살했을 때 정계 은퇴를 생각할 만큼 초췌했다.

처칠은 정치에서 최악의 창부 같은 녀석이다. (처칠–1942년 2월 18일)

히틀러는 영국인을 '순수한 게르만 민족 정복자'로 여기며 경의를 표했지만, 수상 취임 전부터 유대인 박해를 비난한 처칠에게 격렬한 증오를 나타냈다. 처칠은 제2차 세계대전이 시작되기 전, 영국의 다른 보수정치가들이 '독일 공산당 정권보다는 나치당이 낫다'고 말하는 상황 속에도 나치스 독일에 대한 강경한 태도를 끝까지 고치지 않았다. 이러한 처칠의 태도는 대중의 인기로 이어졌으며, 전시 상황에서는 수상이 되어 히틀러의 야망을 저지하게 된다.

현재 전쟁은 죽느냐 사느냐에 걸려 있으며
가장 중요한 것은 이기는 것이다.
그 목적을 위해 악마와도 손을 잡아야 한다. (일본–1942년 5월 17일)

이 발언은 어째서 독일이 일본과 손을 잡는가라는 질문에 대한 히틀러의 대답이었다. '악마'라는 표현은 '인종적 원칙에 어긋나는 것이 아닌가'라는 의문은 당찮은 말이라며 딱 잘라버리기 위해 사용한 것이다. 히틀러는 제1차 세계대전 때 영국이 일본과 손을 잡고 독일에 일격을 가했던 것을 기억하고 있었다. 그러나 언제가 되든 참전했을 미국에게 유럽국가와 태평양의 정면 작전을 강행하기 위해서 일본과 동맹을 맺을 필요가 있었다.

스탈린은 야수이기도, 거인이기도 하다. (스탈린–1942년 8월 9일)

소련의 지도자 스탈린은 히틀러가 공공연히 인정한 라이벌이었다. 스탈린은 히틀러처럼 대혁명을 실행하고, 정적과 반대파를 말살했다. 또한 무자비할 만큼 국민을 엄격하게 통제해 세계 정복의 야망을 숨기려 하지 않았다. 히틀러는

'유대인이 만든 공산주의'는 혐오했으나, 쇠퇴하는 현대문명을 폭력으로 잘라버린 스탈린의 야만성은 두려워했다. 히틀러에게 제2차 세계대전은 독일과 소련 사이의 결정적 전투이며 자신과 스탈린의 대결이기도 했다.

**만일 마지막에 내 곁에서 사람들이 모두 떠나버린다 해도
장교 제군은 모두 내 곁에 남아 검을 뽑고 나를 지켜주겠지.**

(침묵하는 연설–1944년 1월 27일)

이전 해 11월, 영국군의 베를린 대공습이 있었고, 1월, 소련은 레닌그라드 지역을 900일에 걸쳐 포위하던 독일로부터 드디어 해방되었다. 히틀러는 총통사령부에 원수와 최고지도관들을 모아놓고 위의 연설을 했다. 그때 '총통, 정말로 마지막이 올 겁니다'라며 야유하는 사람이 있었다. 스탈린그라드 작전 때 히틀러에게 거듭 개입당해 불만을 갖고 있던 명장 만슈타인 원수였다. 이에 히틀러는 더 이상 견디지 못하고 연설을 바로 끝내버리고 만다.

**독일은 완전히 파괴될 것이다.
그러나 독일은 반드시 부활할 것이다.** (마지막 예언–1945년 4월 2일)

측근 보어만이 적어 남긴 그의 마지막 발언이다. 그는 이어서 이렇게 말한다.
'역사와 지리의 법칙은 양국(미국과 소련)에 군사적인 것이든, 경제 및 이데올로기 영역의 것이든, 힘의 시련을 줄 것이다.……그리고 양국은 언젠가 유럽에 살아남을 유일한 민족, 독일민족에게 지지를 구해야 한다는 사실을 깨닫게 될 것이다.'
독일은 분명 부활했다. 그러나 히틀러의 역사관은 좀 더 역동적으로 전개해 나가는 세계 모습을 예측하지는 못했다.

사상 최대 선동가 파울 요제프 괴벨스의 프로파간다

괴벨스는 히틀러 나치 정권 선전을 담당해 크게 활약한 인물이다. 그는 독일 나치스 정권의 국가대중계몽선전장관 자리에 앉아 새 선전수단 구사, 교묘한 선동정치로 1930년대 당세 확장에 크게 기여했으며 나치 선전 및 미화를 책임졌다. 독일 국민들이 나치 정권을 호의적으로 받아들이게 된 것은 괴벨스의 헌신 때문인 것으로 여겨지고 있다. 괴벨스는 다리가 굽었기 때문에 제1차 세계대전 때 병역을 면제받았는데, 이는 그에게 강렬한 보상심리를 유발함으로써 그의 인생을 불운하게 몰아가는 불씨가 되었다.

괴벨스는 1922년 하이델베르크대학에서 독일문헌학으로 박사학위를 취득했다. 그 뒤 문학·연극·언론계에서 활동하던 그를 히틀러가 베를린지구당 위원장에 임명하면서 나치당에 입당했다. 그는 곧 국가선전기구를 장악하고, 최후까지 히틀러를 보좌했다. 히틀러 시대와 나치 프로파간다를 이해하기 위해서는 괴벨스를 빼놓을 수 없다.

괴벨스의 생애

파울 요제프 괴벨스(Paul Joseph Goebbels)는 1897년 10월 29일 독일 라인란트 지방의 라이트(Rheydt)에서 태어났다. 괴벨스의 할아버지 콘라트 괴벨스는 농부였으나, 그 무렵 농촌 사람들은 도시 노동자로서의 삶이 자신들에게 더 나은 삶이 되리라 믿고 공업 도시로 이동하는 사람들이 많았다. 콘라트도 이 가운데 한 명이었는데, 공업도시 라이트로 이주해서 결혼하고 요제프 괴벨스의 아버지인 프리츠 괴벨스를 1867년에 낳은 뒤 평생을 노동자로 살았다. 요제프 괴벨스의 아버지 프리츠도 직물 공장에서 단순 노동자일 뿐이었으나, 부지런했기 때문에 곧 공장 지배인(프티부르주아)이 된다. 프리츠 괴벨스는 1892년에 카타리나 오덴하우젠과 결혼해 아들 셋과 딸 셋을 낳았는데 요제프 괴벨스는 넷째로 태어났다.

프리츠 괴벨스는 독일인의 미덕을 두루 갖춘 인물이었다. 그는 공장 급사로 직장 생활을 시작했지만 근면 성실함 하나로 사무원과 경리를 거쳐 공장 지배인으로까지 승진한 것이다. 이러한 환경은 괴벨스의 성격 형성에 큰 영향을 미쳤다. 아버지로부터 물려받은 가톨릭 신앙심과 충성심, 애국심, 의무감은 왜곡되어 히틀러에 대한 맹종이 됐다. 또한 '프티부르주아'로서 부자와 권력자에게 느끼는 상대적 박탈감은 사회주의에 대한 친근감과 극렬한 반(反)유대주의로 이어진다.

파울 요제프 괴벨스(1897~1945)

이에 못지않게 괴벨스에게 영향을 준 것은 그의 신체적 콤플렉스였다. 그는 어릴 때 폐렴을 앓아 죽을 고비를 넘겼다. 폐렴으로부터 살아났으나 대신 몸이 허약해졌다. 네 살 무렵 골수염에 걸려 오른쪽 다리가 마비되었다. 그의 가족은 괴벨스를 치료하기 위해 온갖 노력을 다했지만 수술은 실패로 돌아갔고, 그는 굽은 다리가 됐다. 이런 신체적 결함 때문에 괴벨스는 어린 시절부터 주위로부터 동정 어린 시선, 또는 놀림을 받으며 자라났다. 그는 자기 자신을 열등한 사람으로 생각하게 되고, 내성적으로 변했다. 이 결함은 그에게 강렬한 보상심리를 유발함으로써 불운한 인생의 불씨가 된다. 제1차 세계대전 때 괴벨스는 다리가 굽었기 때문에 병역을 면제받았는데, 뒷날 그의 정적들은 이것을 악마의 갈라진 발톱과 절뚝이는 걸음걸이에 비유하기도 했다.

어린 괴벨스는 자신의 열등감을 극복할 수 있는 방안을 찾아냈다. 바로 공부였다. 신체적인 결함을 지식으로 만회하려고 했기 때문에 뒷날 그가 지식인이 되는 계기가 된다. 그는 반에서 성적이 가장 뛰어난 학생 중 하나였다. 상급

1916년(19세)의 괴벨스

학교에 가서는 그런 성향이 더욱 더 강해졌는데 괴벨스는 상급 학교에서도 최상의 성적을 거두었다. 그 때문에 그의 친구들은 그에게 여러 가지 도움을 청하는 일이 잦아졌고 괴벨스는 그 과정에서 우월감을 느꼈다.

한편, 학창 시절 괴벨스는 연극에 빠져들었다. 그는 어린 나이에도 효과적인 대사와 동작, 몸짓을 구사할 줄 알았다. 공상과 자만심에 빠져 있던 괴벨스는 일상생활에서도 늘 자신이 남에게 어떻게 보일 것인가를 의식하면서 행동했다. 뒷날 선전선동의 대가(大家)가 될 자질이 이때부터 드러난 셈이다.

괴벨스가 고등학교(김나지움)에 다니고 있던 1914년 제1차 세계대전이 터졌다. 전쟁이 일어났을 때 괴벨스는 조국을 위해 출전해 전선에서 싸우기를 바랐다. 그는 1년 자원 복무 능력 증명서를 마련해둘 정도로 그 행동을 고귀하고 숭고하게 여겼지만 그 증명서는 효력이 없게 되었고 그저 대체 복무를 하게 되었을 뿐이었다. 괴벨스는 비전투원으로서 활약함으로써라도 소속감을 가지려고 노력한다. 전쟁 중에 그의 형 한스가 프랑스군에 포로로 잡혔고 누나 엘리자베트가 폐결핵으로 세상을 떠났다. 이런 혼란 속에도 1917년 괴벨스는 아비투어(대학입학시험)에 합격했는데, 독일어 작문시험에서 최고점수를 받았다. 덕분에 동기들을 대표해서 졸업사를 낭독했는데, 졸업사가 끝난 뒤 교장은 괴벨스의 어깨를 두드리며 유능한 웅변가가 될 재능은 없는 것 같다고 말했다. 괴벨스의 재능을 제대로 알아보지 못한 것이다.

그러던 중 괴벨스는 조국구호사업회의 행정병으로 소집되어 잠시 근무하지만 상관들은 그의 굽은 다리와 군인답지 못한 외모를 보고 곧 괴벨스를 다시

하이델베르크대학교 1922년 괴벨스는 이 대학교에서 독일문헌학 박사학위를 받았다.

집으로 돌려 보내버렸다. 한편 괴벨스의 기대와 믿음과는 다르게 전쟁은 독일의 항복으로 끝이 나고, 그 결과 괴벨스는 신앙을 잃어버린다.

괴벨스는 본대학과 프라이부르크대학에서 공부했다. 대부분의 동시대인들이 그러했듯이 패전으로 말미암아 더욱 뜨거워진 민족주의의 열정에 괴벨스 또한 휩싸이게 되었다. 대학시절 한 친구의 소개로 사회주의와 공산주의 사상에 눈뜨게 된 그는 나중에 상류계급 흉내를 내기는 했지만 줄곧 반(反)부르주아적 태도를 지켜나갔다. 이 시절 괴벨스는 부유한 부르주아 출신 안카 슈탈헤름을 만나 사랑에 빠졌다. 안카와 만나는 내내 괴벨스는 가난한 자신의 처지에 대한 열등감에서 헤어나지 못했다. 그는 이렇게 자조했다. "나는 불가촉천민이자 추방민, 단지 잠시 체류를 허가받은 자이다. 이러한 처지는 내가 다른 자보다 성적이나 지적 능력이 떨어지기 때문이 아니라, 오로지 다른 자들이 아버지 주머니에서 흥청망청 꺼내 쓰는 돈이 내게는 없기 때문이다."

안카와 괴벨스는 결국 헤어진다. 괴벨스는 '돈이 으뜸인 더러운 세상'에 대한 분노에 사로잡혔다. 이 무렵 그는 사회주의에 관심을 갖기 시작했다. 괴벨스가 슈펭글러의 《서구의 몰락》을 읽은 것도 이때였다. 슈펭글러를 통해 괴벨스는 자기가 사는 시대를 '영혼이 없는, 물질의 시대'라고 인식했고, 그 책임을 유대인들에게 돌렸다.

1922년 괴벨스는 가톨릭 재단의 장학금을 받아 하이델베르크대학에서 독일문헌학으로 박사학위를 받았다. 박사학위를 받은 뒤에는 자기 자신을 언제나 박사라고 불렀다. 그 뒤 괴벨스는 문학·연극·언론계에서 거의 무보수로 활동했다. 괴벨스도, 그의 부모도, '박사'가 되면 탄탄대로가 열리리라 생각했다. 그러나 패전 뒤 극심한 정치·경제적 혼란 속에서 '박사'라고 해서 뾰족한 수가 있지는 않았다. 드레스덴은행에 취직했지만 고작 8개월 뒤 그는 해고당했다. 괴벨스는 금융자본주의와 이를 배후에서 조종하는 유대인들에 대한 증오를 키웠다.

독문학을 전공했고 몇 차례 크고 작은 언론에 칼럼을 기고한 적이 있는 괴벨스는 자신에게 맞는 직장은 언론계라고 생각했다. 그는 〈베를리너 타게블라트〉 등 여러 언론사의 문을 두드렸지만, 뜻을 이루지 못했다. 공교롭게도 그가 지원했던 언론사 대부분이 유대인 소유였다. 괴벨스는 자기가 언론계에 들어가지 못하는 이유는 '독일인의 문화·정신의 영역'까지 유대인들이 지배하고 있기 때문이라고 여겼다.

괴벨스가 이즈음 정계에 입문했더라도 그의 정치행로는 크게 달라졌을 것이다. 그는 우연히 나치스에 입당한다. 1924년 가을 괴벨스는 국가사회주의자들과 사귀게 되었다. 천부적 달변이었던 그는 곧 '국가사회주의 독일노동자당'(NSDAP)의 엘버펠트 지구 사무장이자 격주로 발행되는 국가사회주의 잡지의 편집장이 된다. 히틀러는 1926년 11월 괴벨스를 베를린 지구당 위원장에 임명했다. NSDAP, 즉 나치당은 바이에른에서 창당되어 발전한 것으로 수도 베를린에는 당 조직이 없었다. 괴벨스가 베를린 지구의 책임자로 임명된 것은 나치당의 좌익인 반자본주의파 그레고어 슈트라서와 우익인 당총재 아돌프 히틀러 사이의 대결에서 현명한 선택을 한 덕분이었다.

담대하고 위험을 피할 줄 모르는 성격인 괴벨스는 1933년 1월 히틀러가 집권할 때까지 베를린에서 나치 세력을 강화해갔다. 1928년 히틀러는 이 유능한 웅변가이자 뛰어난 선전원이며 재기에 찬 저널리스트(괴벨스는 〈앙그리프(공격)〉 편집장이었으며, 1940~45년 〈라이히(제국)〉 편집을 맡음)를 독일 전역을 총괄하는 나치당 선전감독관으로 임명했다.

괴벨스는 히틀러를 총통으로 만들기 위한 신화를 창조했으며, 당의 행사 및 시위의식을 제정하고 정력적인 연설을 행함으로써 독일 대중을 나치즘으로 끌어들이는 데 결정적인 역할을 수행했다.

나치당이 집권에 성공하자 괴벨스는 국가선전기구를 장악할 수 있었다. '국민계몽선전부'가 그를 위해 만들어졌고 신설된 제3제국의 '문화원' 원장도 겸임했다. 괴벨스는 문화원 원장으로서 선전은 물론 언론·연극·영화·문학·음악·미술계까지 손을 뻗쳤다. 그러나 국외선전·출판·연극·문학에 대해서는 부분적인 통제권만을

정치집회에서 연설하는 괴벨스(1932) 손을 허리에 대고 연설하는 이런 자세는 의도된 것으로, 연설자가 실권자임을 보여주고자 했다.

행사했는데, 그 이유는 관할권을 놓고 심한 마찰을 빚은 까닭이었다. 괴벨스는 음악이나 미술을 규제하는 데는 거의 흥미를 보이지 않았으며 고등학교 교육과 같은 영역까지 자신의 권한을 확대하지는 못했다.

괴벨스의 문화정책은 상당히 개방적이었으나 극단적인 국가사회주의자들의 압력에 굴복할 수밖에 없었다. 끊임없는 선동은 청중의 귀를 마비시킬 따름이라는 논리 때문에 선전 메시지들조차 제약을 받았다.

괴벨스는 교조주의보다는 효율성을, 원칙보다는 편의를 우선시하는 인물이었다. 그의 영향력은 1937~38년에 약화되었다. 1931년 중상류층 여성과 결혼하여 이미 6명의 자녀를 두고 있던 그는 이 기간 동안 체코슬로바키아 출신 여배우와 사랑에 빠졌고, 이로 말미암아 자신의 일과 가정을 거의 돌보지 않았다. 그의 처지는 제2차 세계대전이 일어났어도 크게 달라지지 않았다. 승리하고 있을 때는 선전책임자가 할 일이 그다지 많지 않기 때문이었다. 독일군이 스탈린

선동적인 몸짓으로 연설하는 군복차림의 괴벨스

그라드와 아프리카에서 패배해 전세가 역전되면서 괴벨스는 절정기를 맞게 된다. 비로소 그는 패배에 굴하지 않고 끝까지 버티는 선전의 대가로서 진면목을 보일 수 있었다.

괴벨스가 그 무렵 상황을 왜곡 선전했다고 생각한다면 그것은 잘못이다. 오히려 그가 직접 돌아다니면서 신문과 라디오를 통한 선전활동에 주력했던 것은 대중의 희망을 불러일으키는 것이 목적이었다. 그 방편으로 괴벨스는 역사적인 예를 들고 여러 사례들을 비교했으며, 이른바 불변의 역사법칙이라는 것을 만들어내고, 마지막 수단으로 어떤 종류의 비밀병기들을 언급하기까지 했다. 유력한 나치 간부들이 벙커와 요새로 숨어버린 한참 뒤에도 괴벨스는 대중 앞에 끊임없이 다가서는 용기를 보였다. 이때 보여준 의연한 모습은 그때까지 너무나도 부정적이었던 그의 이미지를 크게 개선시켰다.

괴벨스의 활동은 특히 후방의 전력을 강화하는 데 효과적이었으며 바야흐로 총력전의 주창자가 되었다. 1944년 7월 20일 감행된 히틀러 암살미수사건은 히틀러가 괴벨스를 자기 곁으로 불러들이는 계기가 된다. 8월 25일 괴벨스는 '총력전을 위한 제3제국 전권위원'이 되었으나 그가 곧 탄식했듯이 모든 것이 너무 늦게 왔다.

1945년 5월 1일 괴벨스는 베를린의 포위된 벙커 안에서 초창기 나치 지도자들 가운데 유일한 심복으로 히틀러를 보좌하고 있었다. 그리고 이 재능 있는 나치의 무대감독은 아내와 6명의 아이들을 살해 후 자살을 함으로써 소름끼치는 잔혹극의 연출을 마쳤다. 죽기 전날 그는 히틀러의 뜻에 따라 제국의 총리로 임명되었다. 단 하루 동안, 고작 몇 평방미터의 공간 속에서 그는 그렇게

오토 폰 비스마르크의 마지막 후계
자가 되었다.

괴벨스와 나치 프로파간다

나치 프로파간다의 주역은 정치도
군사도 예술도 아니다. 선전이다. 선
전은 어딘가에 종속된다. 무언가에
봉사한다. 오늘날의 텔레비전 CF나
광고 포스터에서도 무언가 선전할
대상이 있다. 선전하는 대상이 주역
이다. 선전 대상을 널리 알리거나 팔
기 위해 선전은 존재한다.

정치와 선전이 이어진 경우도 마찬
가지이다. 보통 '나치 프로파간다'란
나치스라는 정당의 프로파간다를 말

히틀러와 함께 있는 괴벨스와 그의 딸 헬가(1932)

한다. 당의 선전이다. 정당이니 물론 정치 목적이 있을 것이다. 정당에 속한 정
치가에게는 무언가 분명 정치적인 신념이 있다. 정책을 갖고 있다. 이런 것들이
실질적으로 정치를 구성한다. 그 실질적인 요소를 지지받기 위해 정치 선전을
한다. 선전은 정치의 도구이다. 수단이다.

나치스의 프로파간다는 선전의 절대성을 나타낸다. 즉 나치스는 정당으로서
실현하고 싶은 정치 내용을 먼저 가지고 있으며 이를 선전하고 싶은 집단으로
는 보기 어렵다는 판단이 이 책의 대전제이다. 그들에게는 선전이 먼저였다. 나
치스의 선전은 정치를 위한 기술이 아니다. 정치는 선전을 완수하기 위한 상대
적인 도구였다. 선전하면 반드시 압도적인 효과가 나타나 엄청난 인기를 끌 내
용, 이를 찾아서 정당의 사상이나 정책으로 삼았다. 괴벨스는 효과적인 선전을
위해 정치 내용을 선택했다. 정치가 먼저가 아니라 선전선동이 먼저였다. 그것
이 나치스의 정체다.

19세기 끝 무렵부터 제1차 세계대전 시절까지 독일 정치에서는 두 가지 이데
올로기가 집요하게 줄곧 대립했다. 바로 민족주의와 사회주의다. 독일 민족주

1933년 5월 10일에 벌어진 나치스의 분서(서적을 불태움) 사건

의는 황제를 정점으로 국민이 결속해야 한다고 주장했다. 거기에 자본주의와
자유시장을 하나로 묶었다. 독일 사회주의는 황제를 정점으로 하는 국민 결속
을 부정했다. 국민이 아니라 국경을 뛰어넘은 노동자 계급의 연대를 중시했다.
거기에 사유재산 제한 등 시책과 계획경제를 하나로 묶었다. 국론은 극단적인
둘로 분열해 갔으며 마침내 제1차 세계대전 끝 무렵 독일제국은 안에서부터 무
너졌다. 바깥의 적에게 패배하기 전에 국가라는 통일성을 유지하지 못했다.

　나치스는 이 시대 경험을 교훈으로 탄생했다. 그들은 민족사회주의를 내걸
었다. 민족주의와 사회주의의 장점만 취해 화합하려고 한 것이다. 독일 국민은
민족주의나 사회주의 어느 한쪽을 오랜 세월 지지해왔다. 그렇다면 둘의 지지
세력을 하나로 결집할 가능성이 있는 것은 마땅히 둘을 합친 사상이 된다. 민
족주의와 사회주의를 붙여서 만든 민족사회주의. 황제 대신 독재자 아래서
민족 단결을 촉진한다. 게다가 국제주의가 아니라 일국주의를 전제로 한 사회
주의 시책을 어느 정도 도입했다.

　그리고 효과적으로 단결하기 위해서는 무언가를 배제하는 행위가 동반될수
록 좋다. 따돌릴 존재를 만들면 다른 이들의 결속은 단단해지기 때문이다. 그

래서 히틀러의 나치스, 그리고 괴벨스는 유대인 배척이라는 슬로건을 찾아낸다. 사실 이는 나치스가 독창적으로 생각해낸 슬로건은 아니었다. 러시아에서 스페인에 이르기까지 온 유럽의 오랜 역사 속에서 집요하게 반복되었다. 떠돌이 민족인 유대인을 배제하면 그 나라나 지역에서 사는 역사, 전통, 권리를 본래 가져야 하는 민족의 모습이 순수하게 떠오른다는 신앙으로써 유대인 배척 슬로건은 언제나 유럽을 떠도는 망령과도 같았다.

괴벨스와 헤르만 괴링(1937)

이러한 형태로 나치스는 민족주의와 사회주의, 유대인 배척을 조합했다. 이 사상은 히틀러의 개성에서 만들어졌다기보다는 근대 독일 정치를 마케팅하면서 거의 자동적으로 생겨났다고 생각하는 편이 이해하기 쉽다. 그렇지 않으면 독일 국민이 그토록 열광적으로 나치스를 지지할 리가 없다. 제아무리 괴벨스가 선전선동을 잘해도, 히틀러가 뛰어난 캐릭터를 만들어 냈다고 해도 애초에 다수파의 지지를 얻기 힘든 정치 주장을 해서는 선전효과에도 한계가 있다. 나치스는 선전이 먼저 있었다. 선전하면 반드시 국민들이 열광할 게 틀림없다. 그런 사상과 이미지를 동원했다. 국민주의와 사회주의는 현실에서 어떻게 이어져야 좋은가? 애초에 정말 이어질 수 있는 사상인가? 유대인 배척이라고는 하지만 실제로는 어디까지 어떤 요령으로 실행하는가? 그런 사항은 선전 뒤에 정해도 된다. 지지를 얻기 쉬운 내용을 먼저 선전한다. 그 선전이 계산대로 인기를 끈다면 선전에 맞춘 내용을 정치에서 실행해야만 한다. 나치스에서는 선전이 제1원인이었으며 정치는 그 결과였다. 정치가 선전에 종속된 것이다.

제1차 세계대전 뒤 바이마르공화국 시대에 선전하면 가장 많은 지지를 받을

최대공약수의 정치내용을 절묘하게 더하고 곱해 나간 정당. 그것이 바로 나치
스였다. 역사가 전혀 없으며 그런 의미로 국민의 신뢰를 아직 얻지 못한 신흥정
당이 짧은 시간에 인기를 거머쥐고 정권의 자리에 오르기 위한 주의주장. 선전
할수록 인기를 얻을 주의주장. 그런 주의주장을 모아서 단단하게 응축해 나간
것이 나치스였다. 그 결과 그들은 생각대로 권력을 손에 넣었다. 그러나 그렇게
되면 선전한 내용들을 실현해야만 한다. 인기는 얻었지만 실제로 실현하기 어
려운 이야기를 국민에게 선전하며 약속해버렸다. 그 약속을 실행하려 하면 파
멸에 몰린다. 실현 가능성보다 선전 효과를 무조건 앞세웠으니 마땅한 결과였
다. 히틀러 나치스 정권은 12년밖에 이어지지 못했다.

그런 나치스의 행동이 유별난 것일까? 아니, 이상하기는커녕 민주주의 정치
에서는 매우 마땅한, 지나치게 순수하리만치 정상적인 행보를 응축할 수 있는
한 응축했다. 정치 민주화가 진행되면 진행될수록 선거권은 확대된다. 정치가
대중화된다. 국정에 참여하려면 선거에서 이겨야만 한다. 선거에 이긴다는 말
은 대중의 지지를 모았다는 뜻이다. 대중을 동원하지 않고 정권은 잡을 수가
없다. 여기서 문제가 되는 것이 대중이 얼마나 정치를 이해하느냐와 대중의 교
육 수준이다. 의무교육 기간을 아무리 늘려도 갈수록 복잡해지는 근대사회 구
조를 누구나가 고도로 이해하는 수준까지는 따라잡기 힘들다. 따라잡기는커
녕 오히려 더욱 거리가 멀어진다. 국가사회가 가진 모든 어려운 문제를 국민 모
두가 높은 수준으로 토론하는 근대국가. 그런 나라는 세계 어디에도 존재하지
않는다. 근대 정치는 차츰 더 복잡해진다. 그렇지만 그 정치는 민주주의를 바
탕으로 하는 한 선거로 유지된다. 대중에게는 복잡한 정치가 잘 보이지 않는
다. 대중의 지지를 얻으려면 정치는 알기 쉬워야 한다. 대중에게 호소하고 선전
하기 쉬운 정책 카드를 많이 제시하면 선거에 이길 수 있다. 선전하기 쉬운 정
책이란 그 시절에 받아들이기 쉬운 정책이다. 받아들이기 쉬운 정책이란 정치
가가 생각하는 이상(理想)보다 마케팅에서 나온다. 해당 시기에 선전효과가 큰
정치 내용이나 정치 이야기를 정책으로 선택하면 권력을 잡을 수 있다. 선전이
먼저라는 말이다. 선전하기 쉬운지 어려운지로 정책이 정해진다. 선전의 손안에
정치가 있다.

정치를 위한 선전에서 선전을 위한 정치로. 사실 그 항로는 나치스만이 걸어

온 기이한 항로가 아니다. 근대
민주주의의 추세가 만들어냈으
며 오늘날 세계에서도 많건 적건
곳곳에서 볼 수 있다. 이 항로를
아주 충실하게 따라온 대표적인
예가 나치스였을 뿐이다. 나치 프
로파간다는 민주주의 정치가 이
르는 하나의 결말이다. 그 골을
향해 나치스는 민족주의와 사회
주의, 유대인 배척이라는 세 장의
카드를 억지로 묶어서 재빠르게
가장 먼저 달려갔다.

괴벨스가 히틀러의 부탁으로 아내와 화해한 뒤 함께
찍은 사진(1938, 오베르잘츠베르크 별장)

대중은 어느 세상이든 결속을
가장 기뻐한다. 근대 대중은 근
대의 산업문명과 도시문명의 소
산이다. 옛 농촌이나 어촌의 민중
과 다르게 마을이나 대가족의 연

대로 유지되지 않는다. 도시에서 고독하고 쓸쓸하게 살아간다. 누군가와 이어
지고 싶다는 소망이 강하다. 이럴 때 결속이라는 환상을 주는 것은 민족주의
다. '우리는 독일인이다!', '우리는 한국인이다!'와 같은 민족주의가 국민의 마음
에 스며든다.

그리고 또 하나, 대중은 배당을 좋아한다. 그 나라가 자본주의라면 약육강
식의 경제활동에 기본적으로 따르게 된다. 경쟁사회는 빈부격차를 낳는다. 대
중은 때때로 격차에 원념을 품은 존재로 나타난다. 그들을 잠깐이라도 만족
시키려면 배당을 주어야 한다. 바로 복지국가 성향의 사회주의 시책이다. 그런
데 배당을 주려면 재원이 필요하다. 나치스는 좋은 방법을 생각해냈다. 유대인
의 재산을 빼앗아 재원을 만들어낸 것이다. 유대인을 배제하면 국민을 민족적
으로 더욱 단단히 결집할 수 있다. 이 선전으로 민족주의가 열기를 띤다. 유대
인을 배제해서 그들이 쌓은 재산을 몰수하면 경제성장을 하지 않아도 국고가

유대인 배지 괴벨스는 모든 독일계 유대인들에게 유대인임을 증명하는 노란 배지를 달 것을 명령했다.

늘어나며 국민에게 배당을 줄 수 있다. 사회주의도 활발해진다. 유대인 배척으로 국민주의도 사회주의도 상승세를 타는 것이다.

소수민족을 배제하는 과정이 끝나면 민족주의의 열광은 사그라질 것이다. 빼앗은 부(富)를 모두 분배하고 다음 재원이 없다면 사회주의 시책도 곧 막다른 길에 이른다. 만일 나치스가 정권 지속성이나 정책 합리성을 고려하는 정당이었다면, 즉 정치를 진지하게 주역으로 생각하고 선전을 부속물로 생각하는 정당이었다면 민족의외 사회주의, 유대인 배척을 묶어서 선동하는 위험한 선택은 절대 생각하지 못했을 것이다. 그러나 선전이 절대적이고 찰나의 인기가 절대적이었기에 가능한 선택이었다. 그리고 실제로 나치스는 선택했다. 대중이 열광하는 카드를 계속 선정적으로 제시한다면 거의 틀림없이 일시적인 성공을 거둘 수 있다. 그러나 선전해버린 허풍을 실현하려고 실제로 행동으로 옮기면 마땅히 파탄에 이른다. 이 모든 것을 극적으로 눈 깜짝할 사이에 강렬하게 세계 역사에 새기고 떠난 것이 나치스였다.

많은 사람들은 그런 나치스를 광신적인 정치집단이라고 생각한다. 비정상적인 정치사상이 교묘한 선전으로 퍼진 결과라고 말한다. 그러나 나치스는 절대 선전집단이다. 대중이 가장 잘 받아들일 만한 소재를 정치사상으로 선택한 집단이라는 의미이다. 광신적인 정치집단이 대중을 억지로 끌고 다닌 것이 아니다. 절대 선전집단이 대중의 내재된 욕망을 철저하게 증폭시킨 것이다. 그 과정은 어땠는지. 결과는 어떻게 되었는지. 이 책은 나치 프로파간다라는 그 큰 물줄기를 분석하고 있다. 대중사회와 민주주의가 합쳐진 사회가 이어지는 한 이 책이 언급한 내용들은 결코 빛바래지 않는다. 나치스를 주제로 서술한 내용은 오늘날에도 세상 곳곳에서 펼쳐지는 일이기 때문이다.

'수정의 밤(1938년 11월 9일 밤 나치스가 저지른 유대인 학살사건)' 이후 방화에 의해 파괴된 뮌헨에 있는 유대교 교회당

나치스는 광신적 정치집단인가?

히틀러가 정권을 잡은 것은 1933년, 제3제국이라 부른 나치스 체제가 무너진 것은 1945년, 겨우 12년 세월이었다. 그 사이 아우슈비츠를 비롯해 광기에 휩싸인 무시무시한 현실이 있었다. 그 체제의 핵심 기능을 수행한 것을 여기서는 선전이라는 이름으로 요약했다. 괴벨스를 시작으로 하는 선전형 인간 집단이 마음대로 국민을 조종했다. 그렇지만 위대한 사상가와 시인의 나라 백성이었던 사람들이 어째서 그토록 잔인한 사형집행인과 재판관 나라의 국민으로 전락하고 말았을까? 어떻게 순순히 나치스의 신앙 체제에 편입되었을까?

심리적으로도 사회적으로도 까다로운 문제가 많아 나치스 연구에서는 저마다의 사례 하나하나는 몰라도 총체적으로 선전을 살펴보는 일은 거의 불가능했다. 그러나 이 책이 흥미를 끄는 이유는 나치스의 뛰어난 선전 전략과 수사학을 만날 수 있는 한편, 아주 가까운 인간을 인식하는 방법과도 깊은 연관이 있기 때문이다. 시대와 나라는 달라도 누구나 세상을 살아가면서 작은 괴벨스, 작은 히틀러와 만났거나 지금도 마주보고 있다. 한번 체제가 정비되면 바로 사람들은 빠르게 변질돼 간다.

히틀러 유겐트 휘장

히틀러는 참으로 수수께끼로 가득한 인물이다. 이상한 소년, 이상한 청년이었으며 원래대로라면 몇몇 사람에게만 기묘한 인상을 남겨주고 사라졌을 유형의 인물이다. 그것이 시대의 큰 파도 속에서 뛰어난 말솜씨를 무기 삼아 기어 올라와 정권을 잡은 동안 신이 내린 듯한 명확한 판단과 결단력을 발휘했다. 그리고 독재로 지위를 굳힌 뒤 무서울 만큼 자신의 망상에 집착하며 권력을 욕심냈다.

그러나 짐짓 특이한 인물이라 권력이 절정에 이르렀을 무렵 처음으로 유언을 적었고 시체 안치 방법부터 동생이나 이복형제 나아가 하인에 이르기까지 연금 금액에서 지불방법까지 지시했다. 또한 패전 전날 밤 소련군의 총공격을 받던 베를린 관저 지하 방공호에서 언젠가 건설할 예정이었던 제국수도 모형을 바라보며 자살하기 하루 전에 오랜 연인이었던 에바 브라운과 결혼식을 올렸다.

이 이상한 사나이를 이해하기 위해서 히틀러의 헤어스타일, 눈빛에 시선을 두는 것도 흥미로운 일이다. 5대 5로 가르마를 타거나 6대 4로 나누거나 7대 3으로 바꾸거나. 머리카락이 스르륵 흘러내릴 때 쓸어 올리는 손동작. 그리고 사람의 마음을 사로잡는 히틀러의 눈빛. 전해 오는 사진 등을 보면 히틀러의 눈빛은 상대의 눈을 빤히 쳐다보며 시선을 피하지 않는 기술이다. 말하자면 매력적인 수법이며 날마다 투쟁하는 동물들의 더없이 상식적인 시선 처리 방법이다. 이 시선을 다루는 기술은 히틀러가 민중의 지지를 모은 뛰어난 말솜씨와 일맥상통한다. 1930년대 독일에서 히틀러의 말은 압도적인 힘으로 대중에게 영향을 미쳤다. 그 전형적인 말투는 매우 단순한 방식에서 나왔다. 간결하고 명료하게 단언할 것, 이를 꾸준히 반복할 것. 복잡한 논의는 섞지 않고 '악의 축과의 대결' 같이 단순화한 양자택일로 접근한다. 논점을 흑백구조로 제시하며 이를 반복해서 말한다. 사람들이 공감한다고 느끼면 단호한 말투로 대담하게 단정한다. 이는 히틀러 자신이 끊임없이 정치의 기본 원리로 말해온 것이며 특히 나치스가 쑥쑥 성장한 과정에 효과적이었다.

이러한 방법이 성과를 거둔 이유는 단순화와 반복, 단정이 위력을 발휘하는 토양이 있었기 때문이다. 제1차 세계대전에서 패배한 뒤 독일은 걷잡을 수 없는 불황과 실업자로 고통 받았다. 이제껏 유래를 찾을 수 없는 거대한 인플레로 독일 국민의 척추에 해당하는 중산계급이 선조 대대로 이어받은 저축을 잃었다. 연금으로는 빵 하나 살 수가 없다.

1930년대 히틀러 유겐트 제복

살아가는 보람을 잃어버리고 앞날은 불안하다. 그런 정신상태 속에 나치스는 구세주로 나타났다. 적폐를 청산하고 밝은 미래를 가져다준다. 이를 방해하는 적은 누구인가? 공산주의와 유대인을 지명하며 반복하고 또 반복해 단죄한다. 그 언어와 화법이 동시에 나치스의 정치 현실을 보이지 않게 만든다. 오로지 선전에 뛰어난 실력을 가진 사나이가 카리스마를 지니면 어떻게 되는가? 토론을 거절하고 자신과 다른 의견에는 귀를 기울이지 않으며 잘못은 절대 인정하지 않는다.

커다란 깃발을 들고 큰북을 두드리면서 수많은 청소년 부대가 행진한다. 야산 행진, 캠프, 승마, 오토바이, 사격, 집회. 히틀러 총통을 필두로 모든 사람들이 제복을 입었다. 나치당 간부들이 입는 유니폼이다. 군대 군복은 물론이고 나치당원, 부인부, 소녀부, 소년부, 청소년단, 돌격대, 친위대, 해골군단, 노동전선에 통합된 노동자······. 저마다 정해진 제복을 입는다. 뉘른베르크 나치당 전당대회 사진을 보면 사람들이 장대한 제복의 숲을 이루고 있다. 곧게 서서 긴밀하게 밀집해 한 치의 흐트러짐 없이 이동한다. 나치스 독일은 역사상 보기 힘든 제복국가였다. 이 책이 반복해서 말하듯 나치스 간부는 제복이 가진 복종과 규율, 강력한 대중 선동의 힘을 마음껏 이용했다.

제국 군인이 위세를 떨치던 시대는 제1차 세계대전과 함께 끝났으며 베르사유조약은 독일에서 모든 군사비 지출을 금지했지만 재향군인은 아무렇지 않게 옛 군복을 입고 집회를 열었다. 국수단체는 독자적인 스타일로 제복을 만들어 〈라인강의 수호자〉를 부르며 행진했다. 투구집단, 적색전선투쟁단, 국가인민당, 국기단······ 저마다가 제복집단으로 기세를 떨치며 반복해서 충돌했다. 패전국 독일의 1920년대는 혼란이 극에 달했다. 알록달록한 제복이 어지럽게 뒤섞인 시대였다.

그 안에서 나치스 갈색 제복집단이 하루하루 세력을 넓혔다. 자주 대집회를 열며 프로그램을 극적으로 꾸미는 데 능숙했다. 제국의 갈색과 대조적으로 깃발은 알록달록 화려하다. 그 깃발을 들고 음악대의 행진곡에 맞춰 질서 정연하게 입장한다. 한쪽 손을 높이 들고 구호를 반복한다. 마지막으로 당수가 측근들과 함께 엄숙하게 등장한다. 간부들이 중앙에 착석하면 대규모 교향악단이 베토벤의 〈에그몬트 서곡〉을 연주한다. 이러한 전술들은 그야말로 소년을 노린 전략이었다. 어린 제복집단 가입은 처음에는 임의였지만 차츰 의무가 됐으며 1936년 12월 1일 공포한 히틀러 청소년단 법(히틀러 유겐트 법)에 따라 법으로 정했다.

'제1조 독일 영토 안에 거주하는 모든 독일 청년단은 히틀러 청소년단(넓은 의미의 히틀러 유겐트)에 통괄된다.'

제1조 제2항부터 연령에 따른 복종의무를 규정했다.

10~14세 소년 : 독일 소년단(약칭 DJ)

14~18세 청년 : 히틀러 청년단(좁은 의미의 히틀러 유겐트 HJ)

10~14세 소녀 : 소녀연맹(JM)

14~21세 여성 : 독일소녀동맹(BDM)

리더는 영리하고 이상으로 부푼 소년 소녀들이었다. 이를 나치스 관료들이

교묘하게 유도해 이끌어
간다.

소년 소녀들은 특히 보기 좋은 제복을 받았으며 총통 탄생일 전날 입단식에서 자랑스럽게 외쳤다. '나는 히틀러 총통에게 충실히 자신을 버리고 충성할 것을 맹세합니다.'

법령으로 만든 뒤 관용구가 될 만큼 철저한 독일식 철저함으로 조직화해 나갔다. 독일 국방군에 군단, 사단, 대대, 여단,

나치당 인종정책국에 의해 선택된 히틀러 유겐트 대원들

연대, 중대, 소대 등등의 구별이 있듯이 히틀러 청소년단도 군대를 따라 세밀하게 구분했다. 히틀러 유겐트의 경우는 다음과 같다.

대지방구 5

지방구 22

관구 83

소관구 330

저마다에 지도자(Führer)가 있으며 공적에 따라 소관구 지도자 → 관구 지도자 → 지방구 소년단부 지도자 이렇게 승진해 나간다. 마지막으로 국가의 청소년 조직에는 32개의 계급이 존재했다.

히틀러 유겐트의 정점은 해마다 9월 뉘른베르크에서 열리는 당대회에 독일 전국 대표 2천여 명이 도보로 여러 곳에서 부대를 만들며 모여드는 '아돌프 히틀러 행진'이었다. 지역에 따라서는 수백 킬로미터에 이른다. 사진 속에는 그들 가운데에서 기수가 든 국기가 상당히 무거워 보인다.

먼저 깃발의 무게로 주의를 환기하고 나아가 걸어온다는 것의 마력을 언급한다. 단조롭고 긴 보행 속에서 잡념이 사라지고 오직 하나의 사명감만이 의지

가 된다. 종교인들이 반드시 신앙을 가진 사람들에게 긴 순례 여행을 시키는 것과 마찬가지로 특유의 자정작용, 또는 공동(空洞)작용을 정치권력은 원했다. 그곳에서 발휘하는 텅 빈 열정은 정의라는 아름다운 이름 아래 매우 강한 폭력을 발휘한다.

히틀러 유겐트라는 형태, 즉 선전체가 나치스 조직 속에서 어떻게 변모해 왔는가. 이는 다른 내용도 시사한다. 나치스 독일의 중심이 된 친위대(SS)나 국가보안본부(RSHA)는 원래 지적이며 교양 있는 청년층으로 이루어져 있었다. 거의 모두 총명하고 이상으로 부푼 젊은이들이었다. 그 지식인 부대가 눈 깜짝할 사이에 변질된다. 동유럽 유대인 절멸이라는 무시무시한 계획의 실행자가 되었다. 히틀러 유겐트를 통해 그 위의 청년들이 나치스 조직의 유능한 관료로 첨예화 되어가는 과정이다. 그 틀을 제시해 나간다.

소년이 전쟁놀이와 기계공작을 좋아하는 것도 히틀러는 잘 알고 있었다. 스포츠로 건강을 유지하고 투쟁심과 단체정신을 훈련하며 그들의 유희 본능을 이용했지만 이는 인식하지 못한 채 빠져드는 군사훈련이었다.

히틀러 유겐트가 받는 신체훈련은 평화로운 스포츠라 불렀지만 그런 척을 한 것뿐이라는 사실은 캠프에서 실시한 지도 항목 일람을 보면 잘 알 수 있다. 이는 A, B, C로 나눠져 있으며 A는 야외훈련, B는 신체훈련, C는 총기훈련에 해당한다. 시험 삼아 A의 야외훈련 프로그램을 살펴보면 다음과 같다.

1. 대열편성훈련.

2. 지도 읽는 법(축척 1 : 25,000과 1 : 100,000).
컴퍼스로 방위를 찾는 방법, 컴퍼스 없이 방위를 찾는 방법.

3. 여러 종류의 지형 묘사(토지의 상태, 경관 판단).

4. 조준훈련, 거리 측정.

5. 엄폐물 찾기, 카무플라주(위장), 위장도로 건설로 적을 잘못된 길로 이끈다.

6. 갈림길 찾기, 보고활동 및 지도 스케치.

7. 대열해산훈련.

8. 행진 중에 대열 엄호.

9. 텐트 치는 법과 삽 사용하는 법.

10. 위치확인과 방위 찾기(야간 포함).

마지막으로 억지로 가져다 붙인 것처럼 간단한 야외 게임이 있다. 한눈에 보기에도 이것이 평화로운 스포츠가 아니라 앞으로 일어날 전쟁을 위한 초보 훈련이라는 사실을 알 수 있다. 2, 4, 10은 예를 들어 폭탄 투하에 반드시 필요하다. B의 신체훈련은 도구를 사용하지 않는 훈련으로 시작해 복싱, 기계체조, 수영, 크로스컨트리, 원반던지기 등이 있다. C의 총기 훈련은 작은 구경의 총을 사용해 사격의 기본을 익힌다. 그리고 지도자항목에서는 별도

소총 사격훈련을 하는 히틀러 유겐트(1943)

로 D에 해당하는 항목이 있다. 중무장 행군 규정이다. 거기서는 열 살부터 저마다 연령에 따라 하루에 걷는 보행거리, 긴 행군의 경우, 짊어진 짐의 무게까지 정해뒀다. 예를 들어 15세부터 18세까지는 다음과 같다.

15세 22km 18km 5kg

16세 25km 20km 5kg

17세 25km 20km 7kg

18세 30km 25km 10kg

역사는 자주 얄궂은 보복을 한다. 열다섯 살 소년이 5킬로그램의 짐을 짊어지고 하루에 18킬로미터의 행군을 계속한다. 몇 년 지나지 않아 결과가 나왔다. 징병검사에서 뜻밖의 사실이 판명된다. 평발, 외반족이 특출하게 많다. 보통 평발은 큰 코, 두꺼운 입술과 함께 유대인을 야유하려고 만화에서 묘사하는 소도구인데 뮌헨 의학주보는 바로 그 평발이 병역의무 연령대 아리아인의 37~38%에 이른다고 보고했다. 나치스 관료의 규범 청소년 프로그램이 가장

정확하게 그 제복이 얼마나 비인간적인지를 폭로했다.

그러나 이는 우연한 실수였으며 나치스 간부들은 치밀했다. 히틀러 유겐트 최고지도자로 아직 20대인 발두어 폰 시라흐를 임명했다. 그는 명문인 척하는 단순하고 감정적인 청년으로 게다가 미숙한 시인이었다. 물론 단순하고 감정적인 미숙한 시인만큼 평화로운 스포츠로 위장하는 데 걸맞은 인물은 없었다.

공허한 정치운동 나치 프로파간다

독일은 파시즘과 군국주의에 빠졌다. 그 독일은 제2차 세계대전에서 산산조각으로 부서지며 패배했다. 뉘른베르크 재판에서 단죄를 받았다. 세계대전 뒤 독일은 분단됐다. 나치스 체제와 파시즘을 모조리 몰아냈다. 독일에서 히틀러와 나치스는 자신이 직접 얼굴과 조직, 복장을 선전하며 마지막까지 공허한 정치를 퍼뜨렸다.

히틀러는 아리아인을 필두로 한 민중은 확신했지만 대중은 조금도 믿지 않았다. 대중의 관념은 변덕스러우며 대중의 신념은 선입견에 지나지 않고 대중의 본질은 자신은 돌아보지 않고 언동에 참가하는 데 있다는 사실을 꿰뚫어봤다. 대중은 큰 거짓말에 쉽게 속는다는 사실을 알고 있었다. 그래서 나치스는 민중의 대중화를 선전 전략으로 삼았다.

민중을 대중화하는 것이 선전이다. 연설은 그림자이다. 유창한 말이 가진 힘은 폭력이 가진 힘과 매우 비슷하다. 대중은 어중간한 것을 싫어한다. 대중은 대우받고 싶어한다. 여론이란 모두 계몽이다. 감격하려면 도취가 필요하다. 선전은 절대적이며 주관적이고 일방적이어야만 한다. 대중은 주인공이 어디서 왔는지 궁금해한다. 항의의 힘은 전투의 힘으로 변하면 된다. 최면이 아니라 히스테리가 필요하다. 대중이 전투적으로 변하려면 육체도 선전의 힘이 되어야 한다. 남자에게는 힘을, 여자에게는 아름다움을. 선전하고 싶은 일을 실행한다면 바로 사진이나 영상으로 만든다. 선전의 힘은 일상을 공허하게 하는 것이다.

이 책은 히틀러와 괴벨스의 선전 전략사상을 설명한 뒤에 그들이 나와 우리를 어떻게 나눠서 사용했는지, 외부를 믿게 만들기 위해 내부를 세뇌해 둬야만 하는 순서와 프로파간다를 어떻게 조직했는지, 정치와 선전 기술을 일치시키는 일을 어떻게 시작했는지 이런 문제를 명확하게 기술했다. 그리고 군복, 제복,

하켄크로이츠, 훈장 등 상징이 가진 의미. 행진, 선거운동, 연설 전술, 분서가 가진 의미. 선전 장치가 왜 관능적인 것이 될 수 있었는가의 의미. 즉 나치스가 온힘을 다해 가동시킨 정체불명의 데몬스트레이션(demonstration)의 정체를 열거했다. 문화이용은 이런 시나리오를 바탕으로 히틀러 나치스가 도시, 건축, 스포츠, 올림픽, 미술작품, 기념우표, 포스터, 광고, 캐리커처에 라디오, 신문, 잡지, 미디어에 나아가 영화로 집약한 데몬스트레이션의 관능적인 비밀에 접근했다.

드럼과 트럼펫을 든 히틀러 유겐트

히틀러 나치스의 특기는 한마디로 말해 마물(魔物)을 동공이곡(同工異曲)으로 만들어 과감하게 보여주는 기술이었다. 그래서 밖으로 나온 마물은 늘 비슷한 힘을 발휘했다. 나치스는 다양성이나 복잡성을 싫어했다.

그 대신 어떻게 동공이곡을 따분하지 않게 만들지 그 점에 집중했다. 그러기 위해 연출을 극적으로 높이고 대중을 끌어당기는 기술자나 표현자가 필요했다. 건축에서는 알베르트 슈페어가 뽑혔다. 이 건축가는 베를린 공과대학교에서 기능주의 건축가 하인리히 테세노브에게 배우고 나치스 건축가로 파울 트로스트의 뒤를 이었다. 슈페어가 중시한 것은 대칭성, 축선성, 기념성이었다. 이 방침을 바탕으로 당본부, 총통 저택, 체펠린 비행장, 아우토반(고속도로), 올림픽 경기장, 빛의 대성당, 그리고 베를린 개조계획과 게르마니아 구상에 착수했다. 게르마니아란 히틀러가 꿈꾼 대독일민족제국을 말한다.

그 밖에도 많은 건축가나 디자이너를 기용했지만 모두가 히틀러를 만족시켜야만 했다. 이렇게 나치스의 마물은 당당한 위용 속에서 동공이곡을 가지고

라디오 제공 1938년 괴벨스의 생일에 자유 라디오가 베를린 시민들에게 분배되었다.

나타났다.

영화제작은 선전부의 일이 되었다. 영화회사 우파(UFA)의 대표 알프레드 후겐베르크가 재무장관이 된 뒤부터 뉴스영화 만들기를 기본으로 이 노선을 본격화했다. 스크린 위의 마물로 허구의 영웅 호르스트 베셀을 날조하고 프로파간다는 영상을 통한 데몬스트레이션이 되었다. 여기에 발탁된 인물이 레니 리펜슈탈이다. 유명한 〈올림피아 : 민족의 축제〉의 감독이다. 레니 리펜슈탈의 촬영 기술과 연출력을 널리 알린 베를린 올림픽은 히틀러가 세상에 공공연하게 마물의 힘을 보여줄 절호의 데몬스트레이션이 되었다. 1936년 8월 1일 30개의 트럼펫이 팡파르를 울렸고 리하르트 슈트라우스가 만든 올림픽 찬가를 연주하자 11만 명의 관중이 일제히 하일 히틀러!(Heil Hitler)를 외쳤다.

이 선전은 엄청난 성공을 거두었다. 그곳에 처음으로 성화 릴레이가 도착한 일, 만국기를 계양한 일, 앙투카를 벽돌색으로 만든 일, 고급스런 선수 숙소 등은 오늘날 올림픽의 기본 모델로 답습됐다. 오늘날 올림픽 연출은 거의 다 베릴린 올림픽을 모방한 것이다.

라디오를 세상에 유행시킨 사람은 나치스 선전장관 괴벨스와 미국 대통령 루스벨트였다. 두 사람은 거의 같은 시기에 라디오로 담화를 하며 선전 전략의 최전선으로 사용했다. 왜 라디오를 사용했을까? 선전주체를 인격화하기 위해서이다. 이 경우 인격은 목소리와 말투이다.

나치스의 선전 전략에서 고집한 일이 많지만 이 선전 주체를 인격화한다는 것, 다시 말해 어떤 주체든 정치적으로 미화해서 대중의 지도자 상이 될 수 있다는 것만큼 나치스가 중요하게 생

최전방 전선에서 뉴스영화 제작 장면(1941)

각한 일은 없었다. 여기에는 또 최신기술과 결탁해야 한다는 확신이 있었다. 라디오는 이를 위한 강력한 확성 기술 장치가 되었다.

그러나 어떤 주체든 정치적으로 미화해서 대중의 지도자 상이 될 수 있다는 말은 오늘날에는 도저히 실현 불가능한 일이다. 왜냐하면 오늘날에는 어떤 지도자라 하더라도 한 번이나 여러 번 큰 실수를 저지르면 그 자리에서 내려와야 하기 때문이다. 나치스식 선전 전략은 그것이 위에서 아래로 제공하는 방식이라면 오늘날에는 더 이상 성립하기 어렵다. 이 책은 그 사실을 집요하게 언급한다.

이 책이 말하는 것은 또 하나 있다. 그것은 히틀러와 괴벨스의 선전 전략이 그 뒤 차례차례 부드럽고 민주적으로 개량이 많이 되기는 했지만 그 골자는 거의 다 그대로 현대 미디어 사회에서 마땅하게 여기는 상투적인 수단이 되었다는 사실이다.

이 책은 나치스 정치를 프로파간다=선전이라는 시점으로 파악하고 그들이

만들어 낸 제복이나 행진, 당대회, 연설, 방송, 영화 같이 다양한 정치 문화 현상이 얼마나 그 시대 사람들을 끌어당겼느냐는 점에서 주목하고 있다. 이 책은 2차 세계대전 뒤 연구로 밝혀진 나치스의 정치 선전 방식을 역사 사실로 객관적이면서도 체계적으로 그려내는 형식 대신, 동시대 독일인이나 다른 외국인들이 나치스 시대 독일에 대한 인상을 기록한 책을 읽어나가며 나치스의 정치운동을 동시대 사람들의 생생한 시점으로 소개하면서 고찰하는 비평 형식을 따랐다. 때문에 나치스의 선전이 정치에서 효과를 발휘하고 대중이 거기에 매료된 그 시대의 분위기를 생생하게 그려내고 있다.

그러나 이 책의 특징은 그런 동시대의 나치스 책을 많이 다루고 있다는 형식에서 나오는 박진감뿐만이 아니다. 이 책은 애초에 선전이라는 개념을 이해하는 방식 자체가 독특하며 오히려 그것이 이 책 전체 내용의 특징이다. 또한 괴벨스가 공식으로 간행한 일기는 그저 그의 선전 전략이나 정치 행동을 알기 위한 기록으로만 읽히지 않고 그 일지 자체를 하나의 선전으로 봐도 무방하다.

나치스의 선전=프로파간다라는 말을 들으면 우리는 바로 하켄크로이츠라는 독특한 상징, 통일된 제복 디자인, 선거 슬로건이나 깃발, 당대회에서의 장엄한 행진이나 서치라이트, 횃불을 절묘하게 이용한 아름다운 행렬, 히틀러의 매력적인 연설과 몸짓 그리고 알베르트 슈페어의 체펠린 비행장 같이 장엄한 건축물 등이 떠오른다.

우리는 나치스가 정치를 볼거리 가득한 예술로 만드는 데 성공한 정치 운동이라는 인상을 강하게 갖고 있다. 이 때문에 괴벨스의 일기를 하나의 선전으로 보는 이 책의 관점은 기존의 관점과는 또 다른 재미를 느끼게 한다. 실제 괴벨스의 〈승리의 일기〉는 1932년 1월 1일부터 1933년 5월 1일까지를 쓴 일기이다. 시기로 보면 히틀러가 대통령 선거에 출마해 패배하기는 했지만(1932년 3월) 국회의원 선거에서 나치스가 제1당이 되어 세력을 회복하고(1932년 7월), 히틀러가 수상으로 지명되고(1933년 1월), 국회의사당 방화사건으로 공산당을 쇠퇴하게 만드는(1933년 2월) 일련의 사건이 일어난 시기이다. 이렇게 독제체제를 만들어가기까지의 정치 승리 과정을 당의 선전부장이었던 괴벨스가 일기 형태로 개인적으로 기록했다. 그러나 이 책에서는 개인용으로 쓴 일기를 일부러 공개 간행한 이유는 이것이 단순한 사실 기록이 아니라 일기체로 쓴 자기 선전책이

신무기 실험 관전 1943년 8월, 괴벨스(가운데)와 군수부장관 알베르트 슈페어(괴벨스 왼쪽)가 페네뮌데 육군연구센터에서 실시된 신무기 실험을 관전하고 있다.

라고 보고 있다. 즉 연설이나 라디오방송, 포스터 같이 쉽게 알 수 있는 선전만 예로 들지 않고 언뜻 보기에 선전처럼 보이지 않는 나치스의 정치 활동 속에서 선전 성향을 읽어낸 것이 이 책의 중요한 특징이라고 할 수 있다.

실제로 괴벨스 일기에 적힌 다양한 정치 사건을 분석할 때 SA(나치스 돌격대)가 공산당과 거리에서 일으킨 유혈 폭력 충돌은 그것 자체로도 사람들의 주의를 끌며 공감하는 사람들을 늘린다는 육탄 선전의미를 가진다고 볼 수 있으며 당의 세력이 약해진 1933년 1월에 정치에서 중요하지 않은 리페주 선거에 히틀러가 직접 18곳에서 연설을 하는 등 막대한 자금과 노력을 들여 승리를 거두자 이를 눈부신 리페의 승리라며 기관지 등에서 떠들썩하게 선전해서 작은 선거 승리에 큰 선전 효과를 주었다고도 분석했다. 말하자면 나치스의 정치운동 자체가 처음부터 선전성에서 만들어졌다는 사실을 보려고 한 것이다. 즉 나치스는 스스로 대본을 쓰고 연기하듯이 선전을 확대해 나가는 공허한 정치운동이라고 할 수 있다.

그런 의미에서 이 책의 독특한 시점은 선전을 단순한 볼거리로 보지 않고 공허한 정치운동의 자기 확대로 읽어야만 흥미 깊게 이해할 수 있다. 예를 들어 제복 디자인을 보면 제복의 디자인이 이를 보는 사람에게 주는 미적인 효과가 아니라 제복을 입는 것이 나치스 당원에게 목적 이외의 모든 것을 배제하게 하는 심리 효과를 준다는 사실을 중심으로 분석했다. 그리고 행진을 예로 들면 행진이 보는 사람에게 주는 흥분보다 참가자들이 행진하면서 얻을 수 있는 흥분을 지적한다. 분서를 예로 들면 투광기에 비춰진 어두운 밤 광장에서 벌어졌다는 스펙터클 효과에 주목하기는 하지만 아무래도 많은 학생들을 동원해서 시행했다는(대량의 책을 손으로 전달해 불까지 옮겼다) 공허한 의식 성질을 강조했고 장례식에서는 붕대를 칭칭 감은 부상자를 관에 넣어 연설대 옆에 두고 괴벨스가 영웅인 것처럼 연설하거나 단 한 사람의 소년을 위해 수만 명의 대원을 동원해 묘지까지 분열 행진을 하는 모습에서 의식의 공허함을 느낄 수 있다.

이처럼 행사를 보는 사람의 감정이 아니라 거기에 참가하는 사람의 감정으로 나치스 정치운동의 자기선전 확대를 읽어내는 것이 이 책의 방식이라고 할 수 있다. 그러나 이 책은 그런 공허한 정치 선전이 성공적으로 확대해 간 체계만이 아니라 그런 선전의 자기 확대 기능이 균형을 잃고 움직임을 멈추는 순간을 표현하고자 했다.

대중들은 아무리 정부가 선전으로 정보를 통제하더라도 자신들의 불안과 희망에서 유언비어를 퍼뜨리고 정부의 선전을 무효로 만들어버릴 가능성을 지닌 존재이다.

세계대전이 끝난 뒤 히틀러가 아직 살아 있다는 유언비어가 곳곳에서 생겨나고 반대로 전쟁 중에 히틀러가 죽었다는 유언비어도 나타났는데 이 책은 그러한 유언비어가 나치스의 선전을 흔든 체계를 분석하고 있다.

괴벨스가 스위스로 도망쳤다는 이야기는 독일인의 전의를 상실시키기 위해 영국이 흘린 유언비어에 지나지 않았다. 만일 나치스가 우세한 시절이었다면 그 유언비어는 그대로 놔두어도 괜찮았다. 그러나 패색이 짙어지고 완전히 자신감을 잃은 나치스는 이 유언비어를 독일인들이 믿으면 큰일이라고 생각해 서둘러 방송에서 이를 부정해버렸다. 그렇지만 바로 황급히 부정했다는 그 사실

라우반 방어의 공으로 철십자 훈장을 받은 히틀러 유겐트 소속 16세의 휘브너와 악수를 나누는 괴벨스(1945년 3월 9일)

을 통해 케스트너는 독일의 패배가 다가왔다는 사실을 느꼈다. 그래서 결국 영국의 유언비어 방송은 부정당한 덕분에 일정한 효과를 거두었다. 여기에는 그야말로 선전으로 자기 확대를 해나간 정치운동이 반대로 선전으로 무너져가는 모습을 볼 수 있다.

선전의 힘으로 커진 공허한 정치운동은 또 선전의 힘으로 그 공허함을 드러냈다. 선전은 반드시 절대가 아니다. 그것이 이 책의 나치스 분석이 가리키는 방향을 보여준다. 그리고 상업선전으로 우리의 사생활이 완전히 변해 간다는 공허한 역사 사태를 비판하는 것이기도 하다. 그런 소비 사회화가 뒤덮은 사회를 살아가는 우리는 이 책을 어떻게 읽으면 좋을까? 그것이야 말로 이 책을 읽는 우리의 숙제일 것이다.

추영현

1930년 해남에서 태어나다. 1955년 서울대학교 사범대학·서울신문학원 졸업. 조선
일보·한국일보·경향신문 기자로 활동. 1964년 반공법 위반 필화사건으로 징역 1년
집행유예 2년. 성탄 전야 가석방. 1974년 한국일보 재직중 대통령 긴급조치 1,4호
위반으로 군법회의에서 15년 징역형. 1978년 8·15 특별 가석방. 명동성당 가톨릭교
회사 연구소 편집위원·한국가톨릭대사전 편집장. 2008년 대통령 긴급조치 위반
재심청구, 대법원에서 반공법 등 무죄 확정. 지은책《조선민주주의인민공화국》, 옮
긴책 로크《인간지성론》베네딕트《국화와 칼》스피노자《에티카》《정치론》

GOEBBELS PROPAGANDA
괴벨스 프로파간다
추영현 옮겨 엮음
1판 1쇄 발행/2019. 3. 1
2판 1쇄 발행/2023. 2. 1
발행인 고윤주
발행처 동서문화사
창업 1956. 12. 12. 등록 16-3799
서울 중구 마른내로 144(쌍림동)
☎ 546-0331~3 Fax. 545-0331
www.dongsuhbook.com
이 책의 출판권은 동서문화사가 소유합니다.
의장권 제호권 편집권은 저작권법에 의해 보호를 받는 출판물이므로
무단전재와 무단복제를 금합니다.
사업자등록번호 211-87-75330
ISBN 978-89-497-1820-0 03920